Vocabulário de
FOUCAULT

Um percurso pelos seus
temas, conceitos e autores

Edgardo Castro

Vocabulário de
FOUCAULT

Um percurso pelos seus
temas, conceitos e autores

Tradução
Luis Reyes Gil

3ª edição | REVISTA E AMPLIADA

autêntica

Copyright © 2004 Edgardo Castro
Copyright desta edição © 2004 Autêntica Editora

Título original: *El vocabulario de Michel Foucault: un recorrido alfabético por sus temas, conceptos y autores*

Todos os direitos reservados pela Autêntica Editora Ltda. Nenhuma parte desta publicação poderá ser reproduzida, seja por meios mecânicos, eletrônicos, seja via cópia xerográfica, sem a autorização prévia da Editora.

EDITORAS RESPONSÁVEIS
Rejane Dias
Cecília Martins

REVISÃO
Aline Sobreira
Ana Carolina Lins
Anna Izabella Miranda
Danielle Sales
Jacqueline Gutierrez
Marina Guedes

CAPA
Diogo Droschi
(Sobre imagem de Raymond Depardon/Magnum Photos)

DIAGRAMAÇÃO
Waldênia Alvarenga

Dados Internacionais de Catalogação na Publicação (CIP)
(Câmara Brasileira do Livro)

Castro, Edgardo
    Vocabulário de Foucault : Um percurso pelos seus temas, conceitos e autores / Edgardo Castro ; tradução Luis Reyes Gil. – 3. ed. rev. amp. – Belo Horizonte : Autêntica, 2024.

    Título original: *El vocabulario de Michel Foucault : un recorrido alfabético por sus temas, conceptos y autores*
    ISBN 978-85-8217-870-6

    1. Filosofia - Dicionários 2. Foucault, Michel, 1926-1984 - Dicionários I. Título.

09-04716   CDD-103

Índice para catálogo sistemático:
1. Filosofia : Dicionários 103

Belo Horizonte
Rua Carlos Turner, 420
Silveira . 31140-520
Belo Horizonte . MG
Tel.: (55 31) 3465 4500

São Paulo
Av. Paulista, 2.073, Conjunto Nacional
Horsa I . Salas 404-406 . Bela Vista
01311-940 . São Paulo . SP
Tel.: (55 11) 3034 4468

www.grupoautentica.com.br
SAC: atendimentoleitor@grupoautentica.com.br

A meus pais, Manuela e Edgardo,
e a meu filho Marcos, *in memoriam*.

SUMÁRIO

Verbetes	9
Introdução	15
Instruções para o uso	17
Vocabulário de Foucault	25
As obras e as páginas	451

VERBETES

A

A priori histórico / *A priori historique*	25
Absolutismo / *Absolutisme*	26
Abstinência / *Abstinence*	28
Acontecimento / *Événement*	29
Afeminado / *Efféminé*	31
Agostinho, Santo (354-430)	31
Alcibíades	32
Aleturgia / *Alèthurgie*	33
Alienação / *Aliénation*	34
Althusser, Louis (1918-1990)	34
Anachóresis (retiro)	34
Animalidade / *Animalité*	35
Animalização / *Animalisation*	36
Anormal / *Anormal*	36
Antiguidade / *Antiquité*	37
Antipsiquiatria / *Antipsychiatrie*	39
Antissemitismo / *Antisémitisme*	39
Antropologia / *Anthropologie*	40
Aphrodísia	42
Arendt, Hannah (1906-1975)	46
Ariès, Philippe (1914-1984)	46
Aristófanes (~445-~380 a.C.)	47
Aristóteles (~386-~322 a.C.)	47
Arqueologia / *Archéologie*	48
Arquitetura / *Architecture*	50
Arquivo / *Archive*	50
Ars erotica (Arte erótica)	51
Artaud, Antonin (1896-1948)	52
Artemidoro (séc. II)	52
Artes de governar / *Arts de gouverner*	52
Artes de viver / *Arts de vivre*	54
Ascese / *Ascèse*	55
Autor / *Auteur*	56

B

Bachelard, Gaston (1884-1962)	58
Bacon, Francis (1561-1626)	58
Barbárie / *Barbarie*	59
Barroco / *Baroque*	60
Barthes, Roland (1915-1980)	60
Basaglia, Franco (1924-1980)	61
Bataille, Georges (1897-1962)	61
Baudelaire, Charles (1821-1867)	61
Beccaria, Cesare (1738-1794)	62
Behaviorismo / *Béhaviorisme*	62
Benjamin, Walter (1892-1940)	62
Bentham, Jeremy (1748-1832)	62
Bergson, Henri (1859-1941)	63
Bichat, Marie François Xavier (1771-1802)	63
Binswanger, Ludwig (1881-1966)	63
Bio-história / *Bio-histoire*	63
Biologia / *Biologie*	64
Biopoder / *Biopouvoir*	65
Biopoiética / *Biopoïétique*	67
Biopolítica / *Biopolitique*	68
Bios	70
Bissexualidade / *Bisexualité*	71
Blanchot, Maurice (1907-2003)	71
Bloch, Marc (1886-1944)	72
Bopp, Franz (1791-1867)	72
Borges, Jorge Luis (1899-1986)	72
Botero, Giovanni (1544-1617)	73
Boulainvilliers, Henri de (1658-1722)	73
Boulez, Pierre (1925-2016)	73
Braudel, Fernand (1902-1985)	74
Brown, Peter (1935-)	74
Burguesia / *Bourgeoisie*	74

C

Cabanis, Pierre-Jean-Georges (1757-1808)	76
Canguilhem, Georges (1904-1995)	76
Capitalismo / *Capitalisme*	77
Carne / *Chair*	79
Cassiano, João (~360-~435)	89
Castel, Robert (1933-2013)	89
Castigo / *Châtiment, Punition*	90
Cervantes Saavedra, Miguel de (1547-1616)	91
Chemnitz, Bogislaw Philipp von (1605-1678)	91
Chomsky, Avram Noam (1928-)	91
Cícero, Marco Túlio (106-43 a.C.)	92
Ciências Humanas / *Sciences Humaines*	92
Cinismo / *Cynisme*	93
Clausewitz, Carl von (1780-1831)	93
Clemente de Alexandria (séc. II-III)	93
Clínica / *Clinique*	93
Cogito	98
Colonialismo / *Colonialisme*	98
Comentário / *Commentaire*	99
Conduta / *Conduite*	99
Confissão / *Aveu, Confession, Exagoreusis*	100
Contrato / *Contrat*	106
Controle / *Contrôle*	106
Conversão / *Epistrophé, Metánoia, Conversion*	107
Corpo / *Corps*	109
Cristianismo / *Christianisme*	113
Crítica / *Critique*	115
Cuidado / *Epiméleia, Cura, Souci*	118
Cuvier, Georges (1769-1832)	122

D

Darwin, Charles (1809-1882)	123
Degeneração / *Dégénérescence*	123
Deleuze, Gilles (1925-1995)	124
Democracia / *Démocratie*	126
Derrida, Jacques (1930-2004)	127
Descartes, René (1596-1650)	128
Descontinuidade / *Discontinuité*	129
Desejo / *Désir*	130
Despsiquiatrização / *Dépsychiatrisation*	132
Diagnosticar / *Diagnostiquer*	133
Dialética / *Dialectique*	133
Dietética / *Diététique*	135
Direitos do homem / *Droits de l'homme*	136
Disciplina / *Discipline*	136
Discurso / *Discours*	142
Dispositivo / *Dispositif*	147
Documento / *Document*	151
Dogmatismo / *Dogmatisme*	151
Dominação / *Domination*	152
Dom Quixote	154
Doutrina / *Doctrine*	154
Dumézil, Georges (1898-1986)	155
Durkheim, Émile (1858-1917)	158

E

Economia / *Économie*	159
Econômica / *Économique*	159
Édipo	161
Educação / *Éducation*	162
Elefante / *Éléphant*	163
Enciclopédia / *Encyclopédie*	164
Enkráteia	164
Enunciado / *Énoncé*	164
Epicuro (~341-~270 a.C.)	166
Episteme / *Épistémè*	166
Episteme clássica / *Épistémè classique*	168
Episteme moderna / *Épistémè moderne*	171
Episteme renascentista	171
Epiteto (~50-~125)	172
Época Clássica / *Âge Classique*	173
Eros	174
Erótica / *Érotique*	174
Escola / *École*	175
Escola dos Anais / *École des Annales*	175
Espaço / *Espace*	176
Estado / *État*	177
Estado de direito / *État de droit*	180
Estética da existência / *Esthétique de l'existence*	180
Estratégia / *Stratégie*	181
Estruturalismo / *Structuralisme*	182

Éthos	183	Heterotopia / *Hétérotopie*	228
Ética / *Éthique*	184	Hiena / *Hyène*	228
Europa	187	História / *Histoire*	229
Exame / *Exame*	187	Historicismo / *Historicisme*	232
Existencialismo / *Existentialisme*	189	Hobbes, Thomas (1588-1679)	233
Exomologêsis	190	Hölderlin, Johann Christian Friedrich	
Experiência / *Expérience*	190	(1770-1843)	234
		Holocausto / *Holocauste*	234
F		Homem / *Homme*	234
Família / *Famille*	192	Homossexualidade / *Homosexualité*	239
Fascismo / *Fascisme*	194	Humanismo/ *Humanisme*	240
Fausto	194	Husserl, Edmund (1859-1938)	242
Fenomenologia / *Phénoménologie*	195	*Hypomnémata* (registros)	242
Feudalismo / *Féodalité, Féodalisme*	197	Hyppolite, Jean (1907-1968)	243
Ficção / *Fiction*	198		
Filodemo de Gádara (~110-~35 a.C.)	199	**I**	
Filosofia / *Philosophie*	199	*Iatriké* (medicina)	244
Fiscalidade / *Fiscalité*	203	Ideologia / *Idéologie*	244
Flaubert, Gustave (1821-1880)	203	Ilegalidade / *Illégalisme*	245
Formação discursiva / *Formation discursive*	204	Imaginação / *Imagination*	246
Formalização / *Formalisation*	207	Individualização / *Individualisation*	247
Freud, Sigmund (1856-1939)	207	Instituições de sequestro /	
		Institutions de séquestration	247
G		Intelectual / *Intellectuel*	248
Galeno (~129-~210)	210	Interioridade / *Intériorité*	250
Gay	210	Interpretação / *Interprétation*	251
Genealogia / *Généalogie*	211	Investigação / *Enquête*	252
Gênio / *Génie*	213	Irã	255
Gnosticismo / *Gnosticisme*	213		
Governamentalidade / *Gouvernementalité*	214	**J**	
Grupo de Informação sobre		Jarry, Alfred (1873-1907)	257
as Prisões (GIP)	218	Justi, Johann Heinrich Gottlob von	
Guerra / *Guerre*	218	(1717-1771)	257
Gulag	221		
		K	
H		Kafka, Franz (1883-1924)	258
Habermas, Jürgen (1929-)	222	Kant, Immanuel (1724-1804)	258
Hadot, Pierre (1922-2010)	222	Klossowski, Pierre (1905-2001)	261
Hegel, Georg Wilhelm Friedrich			
(1770-1831)	223	**L**	
Heidegger, Martin (1889-1976)	224	Lacan, Jacques (1901-1981)	262
Hermafroditismo / *Hermaphrodisme*	225	Lamarck, Jean-Baptiste (1744-1829)	262
Hermenêutica / *Herméneutique*	227	Lebre / *Lièvre*	263

Lei / *Loi*	263
Lepra / *Lèpre*	263
Liberalismo / *Libéralisme*	264
Liberdade / *Liberté*	273
Libertinagem / *Libertinage*	276
Libido / *Libido*	276
Linguagem / *Langage*	277
Literatura / *Littérature*	280
Lombroso, Cesare (1835-1909)	282
Loucura / *Folie*	282
Luta / *Lutte*	307

M

Mallarmé, Stéphane (1842-1898)	310
Maquiavel, Nicolau (1469-1527)	310
Marx, Karl (1818-1883)	311
Marxismo / *Marxisme*	313
Masturbação / *Masturbation*	316
Materialismo / *Matérialisme*	316
Medicalização / *Médicalisation*	316
Modernidade / *Modernité*	318
Montaigne, Michel de (1533-1592)	320

N

Nazismo / *Nazisme*	321
Nietzsche, Friedrich (1844-1900)	322
Norma, Normalidade, Normalização / *Norme, Normalité, Normalisation*	325
Nosopolítica / *Noso-politique*	327

O

Obediência / *Obéissance*	328
Ontologia do presente, Ontologia histórica / *Ontologie du présent, Ontologie historique*	328

P

Panóptico / *Panoptique*	330
Parresia	332
Pascal, Blaise (1623-1662)	345
Pedagogia / *Pédagogie*	345
Pitagorismo / *Pythagorisme*	346
Platão (~428-~347 a.C.)	347
Plutarco (46-~125)	348

Poder / *Pouvoir*	348
Poder pastoral / *Pouvoir pastoral*	354
Polícia / *Police*	357
População / *Population*	358
Positividade / *Positivité*	359
Prática / *Pratique*	359
Prisão / *Prison*	360
Psicanálise / *Psychanalyse*	365
Psicologia / *Psychologie*	367
Psiquiatria / *Psychiatrie*	369

R

Raça / *Race*	389
Racionalidade / *Rationalité*	389
Racismo / *Racisme*	391
Razão de Estado / *Raison d'État*	393
Reich, Wilhelm (1897-1957)	397
Religião / *Religion*	397
Repressão / *Répression*	399
Resistência / *Résistance*	401
Revolução / *Révolution*	402
Richelieu, Armand-Jean du Plessis, cardeal e duque de (1585-1642)	406
Roussel, Raymond (1877-1933)	406

S

Saber / *Savoir*	408
Sade, Donatien Alphonse François, marquês de (1740-1814)	409
Salvação / *Salut*	410
Sexualidade / *Sexualité*	411
Shakespeare, William (1564-1616)	418
Si mesmo / *Soi-même*	418
Soberania / *Souveraineté*	418
Sofistas / *Sophistes*	421
Sujeito, Subjetivação, Subjetividade / *Sujet, Subjectivation, Subjectivité*	422

T

Tática / *Tactique*	426
Técnica, Tecnologia / *Technique, Technologie*	427
Teleologia / *Téléologie*	428
Território / *Territoire*	428

Tertuliano (~160-~220) 429
Totalidade / *Totalité* 429
Tradição / *Tradition* 430
Transcendental / *Trascendental* 430
Transgressão / *Transgression* 430

U
Ubuesco / *Ubuesque* 432
Utopia / *Utopie* 432

V
Verdade, Veridicção / *Vérité, Véridiction* 434
Vontade de saber / *Volonté de savoir* 443

W
Weber, Max (1864-1920) 448

X
Xenofonte (~430-~354 a.C.) 450

INTRODUÇÃO

Minha ideia inicial havia sido elaborar um índice completo dos textos de Michel Foucault, sem nenhum tipo de seleção ou filtro de dados. O presente trabalho difere daquela ideia sobretudo por uma razão: não é um índice, mas um vocabulário constituído por uma seleção limitada de termos, no qual exponho os sentidos mais relevantes de cada conceito abordado. Muitos termos poderiam ter sido agrupados, mas nem sempre optei por fazê-lo. Em alguns casos, o fiz, a fim de não me estender demais, mas em outros mantive-os separados para facilitar a consulta por termo, e não por tema. De qualquer modo, para limitar a extensão e evitar excessivas duplicações, às vezes faço a remissão de um verbete a outro.

Além de apresentar os contextos mais relevantes de cada termo abordado, às vezes cito de forma direta alguns textos de Foucault, sobretudo quando são particularmente relevantes, esclarecedores ou apenas provocativos. As traduções são minhas. O corpus de textos a partir do qual foi elaborado este dicionário está constituído pelas edições dos escritos de Michel Foucault em língua francesa.

* * *

Em 2004 foi publicada uma primeira versão deste vocabulário, sob o título *El vocabulario de Michel Foucault*. Em razão do aparecimento de novos textos do autor, publiquei em 2011 uma edição revisada e ampliada, com o presente título, pela Siglo XXI argentina. Nessa oportunidade, corrigi as erratas encontradas, ampliei alguns verbetes, reformulei outros e acrescentei novos. Os verbetes incorporados permitiram reduzir a extensão de outros já existentes e, ao mesmo tempo, introduzir novos temas. Sete anos depois, o surgimento de outros textos de Michel Foucault me obriga a retomar a tarefa.

Nesta edição (tradução da edição em espanhol de 2018), porém, não se trata apenas de incorporar o novo material surgido, mas de encerrar uma etapa no estudo do vocabulário foucaultiano, pelo menos por duas razões. Em primeiro lugar, porque já apareceram todos os cursos ministrados por Foucault no Collège de France, o aguardadíssimo *Les Aveux de la chair*, quarto volume da *Histoire de la sexualité*, e também uma edição de suas obras na célebre Bibliothèque de la Pléiade. Em segundo lugar, porque também foi publicada uma série de dicionários sobre o autor que me permitem dispor de pontos de referência e confrontação com meu próprio trabalho. Entre os mais significativos podem ser mencionados os seguintes. No ano de 2002, apareceu o trabalho de Judith Revel intitulado *Le Vocabulaire de Foucault* (Paris, Ellipses, 72 páginas, reunindo cerca de 33 verbetes). Em 2008, este trabalho foi ampliado e editado como *Dictionnaire Foucault* (Paris, Ellipses, 173 páginas, 70 verbetes). Também em língua francesa, foi publicado em 2004 um *Abécédaire de Michel Foucault*, elaborado por Stéfan Leclercq, François-Xavier Ajavon e outros (Paris, Vrin, 124 páginas, 68 verbetes), e em 2014 o *Abécédaire Foucault*, de Alain Brossat (Paris, Demopolis, 360 páginas, 26 verbetes). Em alemão, foi publicada em 2007 a primeira edição do trabalho de Michael Ruoff, *Foucault-Lexikon* (Stuttgart, UTB, 261 páginas, 81 verbetes, precedidos por uma apresentação geral do pensamento do autor). E, por último, em inglês, sob a edição de Leonard Lawlor e John Nale, em 2014, foi publicado *The Cambridge Foucault Lexicon* (Nova York, Cambridge University Press, 741 páginas, 117 verbetes). Alguns desses trabalhos são de autoria individual; outros são obras coletivas. Alguns têm um perfil mais lexicográfico, isto é, mais orientado ao corpus textual, como o presente trabalho; outros, mais hermenêutico, voltado à interpretação do pensamento foucaultiano.

Ambos os aspectos, o estado atual das publicações de Foucault e os trabalhos sobre seu vocabulário, foram levados em conta nesta nova edição do *Vocabulário de Foucault*. A partir desse ponto de vista, não se trata mais, como disse, de uma mera ampliação por meio da incorporação de novos textos, mas de um balanço conceitual do vocabulário de Foucault e da tarefa que empreendi há quase quinze anos.

Entre outras mudanças em relação às edições anteriores, suprimi a seção correspondente à totalidade das referências do termo abordado em cada verbete. A existência de versões digitais das obras tornou isso desnecessário.

* * *

Quero agradecer ao Grupo Autêntica, especialmente a Rejane Santos e Cecília Martins, por ter acolhido esta obra em seu prestigioso catálogo. Também quero expressar meu agradecimento ao Conselho Nacional de Pesquisas Científicas e Técnicas da Argentina (Conicet), que, dentro dos moldes de suas políticas de pesquisa, permitiu a elaboração deste trabalho.

* * *

O filólogo renascentista Joseph Justus Scaliger sustentou uma vez que os grandes criminosos – os homens infames, diria Foucault – não deveriam ser condenados à morte nem a trabalhos forçados, mas a compilar dicionários. Sabia muito bem do que falava. No meu caso, foi uma condenação extremamente prazerosa. Uma espécie de maldição, no entanto, me acompanha cada vez que estamos prestes a publicar uma nova versão deste trabalho: assim que é concluída a redação final, anuncia-se ou surge um escrito relevante do autor. Na edição do ano de 2004, foi a publicação de *Le Pouvoir psychiatrique* (Paris, Gallimard-Seuil); na de 2011, a das *Leçons sur la volonté de savoir* (Paris, Gallimard-Seuil); e, desta vez, a de *Les Aveux de la chair* (Paris, Gallimard). Como sempre, decidi retomar a tarefa e incorporar o material publicado até 2018 (ano da edição original em espanhol). Na edição de 2024 da minha *Introdução a Foucault*, também publicada pela Autêntica, o leitor interessado encontrará uma visão geral dos escritos de Michel Foucault publicados até 2023.

1984 *L'Usage des plaisirs: histoire de la sexualité 2*. Paris: Gallimard. Edição brasileira: *História da sexualidade II: o uso dos prazeres*. Rio de Janeiro: Graal, 1998.

1984 *Le Souci de soi: histoire de la sexualité 3*. Paris: Gallimard. Edição brasileira: *História da sexualidade III: o cuidado de si*. Rio de Janeiro: Graal, 2005.

2015 *Œuvres*, Paris, Gallimard, Bibliothèque de la Pléiade, 2 v.

Esses dois volumes (3.380 páginas no total) contêm a quase totalidade dos livros publicados por Foucault em vida. Foram deixados de lado *Maladie mentale et personnalité* e *Maladie mentale et psychologie*. Foram incluídos, além dos livros, alguns textos curtos, a maioria de *Dits et écrits*.

B. Textos reunidos na compilação *Dits et écrits* de 1994, reeditada em 2001

1994 *Dits et écrits*, Paris: Gallimard, 4 v.

Compilação que na sua primeira edição constou de quatro volumes, reunindo 364 textos do autor publicados em vida ou destinados por ele à publicação, aparecidos entre 1954 e 1988. Em 2001, foi levada a cabo uma reedição desta obra, desta vez em dois volumes. Na edição francesa, os textos foram reunidos em ordem cronológica. Em outras línguas, apareceram ordenados por assunto e em diferentes coleções. Edição brasileira: *Ditos e escritos*, Rio de Janeiro: Forense Universitária, 1999-2014. 10 v. Utilizamos as seguintes edições: v. I: 1999, v. II: 2000, v. III: 2009, v. IV: 2006, v. V: 2006, v. VI: 2010, v. VII: 2011, v. VIII: 2012, v. IX: 2014, v. X: 2014.

C. Cursos no Collège de France

1997 *"Il faut défendre la société"*. *Cours au Collège de France, 1976*. Paris: Gallimard-Seuil. Edição brasileira: *Em defesa da sociedade*. São Paulo: Martins Fontes, 2005.

1999 *Les Anormaux*. *Cours au Collège de France, 1974-1975*. Paris: Gallimard-Seuil. Edição brasileira: *Os anormais*. São Paulo: Martins Fontes, 2001.

2001 *L'Herméneutique du sujet*. *Cours au Collège de France, 1981-1982*. Paris: Gallimard-Seuil. Edição brasileira: *A hermenêutica do sujeito*. São Paulo: Martins Fontes, 2006.

2003 *Le Pouvoir psychiatrique*. *Cours au Collège de France, 1973-1974*. Paris: Gallimard-Seuil. Edição brasileira: *O poder psiquiátrico*. São Paulo: Martins Fontes, 2006.

2004 *Sécurité, territoire, population*. *Cours au Collège de France, 1977-1978*. Paris: Gallimard-Seuil. Edição brasileira: *Segurança, território, população*. São Paulo: Martins Fontes, 2008.

2004 *Naissance de la biopolitique*. *Cours au Collège de France, 1978-1979*. Paris: Gallimard-Seuil. Edição brasileira: *Nascimento da biopolítica*. São Paulo: Martins Fontes, 2008.

2008 *Le Gouvernement de soi et des autres*. *Cours au Collège de France, 1982-1983*. Paris: Gallimard-Seuil. Edição brasileira: *O governo de si e dos outros*. São Paulo: Martins Fontes, 2010.

2009 *Le Courage de la vérité: le gouvernement de soi et des autres II*. *Cours au Collège de France, 1983-1984*. Paris: Gallimard-Seuil. Edição brasileira: *A coragem da verdade*. São Paulo: Martins Fontes, 2011.

2011 *Leçons sur la volonté de savoir. Cours au Collège de France. 1970-1971. Suivi de Le savoir d'Œdipe*. Paris: Gallimard-Seuil. Edição brasileira: *Aulas sobre a vontade de saber*. São Paulo: Martins Fontes, 2014.

2012 *Du gouvernement des vivants. Cours au Collège de France. 1979-1980*, Paris: EHESS-Gallimard-Seuil. Edição brasileira: *O governo dos vivos*, São Paulo: Martins Fontes, 2014.

2013 *La Société punitive. Cours au Collège de France, 1972-1973*. Paris: EHESS-Gallimard-Seuil. Edição brasileira: *A sociedade punitiva*. São Paulo: Martins Fontes, 2016.

2014 *Subjectivité et vérité. Cours au Collège de France, 1980-1981*. Paris: EHESS-Gallimard-Seuil. Edição brasileira: *Subjetividade e verdade*. São Paulo: Martins Fontes, 2016.

2015 *Théories et institutions pénales. Cours au Collège de France, 1971-1972*. Paris: EHESS-Gallimard-Seuil. Edição brasileira: *Teorias e instituições penais*. São Paulo: WMF Martins Fontes, 2020.

). Outros cursos, seminários, conferências, artigos ou textos não incluídos em *Dits et écrits*, mas publicados em vida de maneira impressa ou oral

2004 *La Peinture de Manet. Suivi de Michel Foucault, un regard*. Paris: Seuil. Edição brasileira: "A pintura de Manet", Goiânia, v. 8, n. 2, p. 259-285, jul.-dez. 2010.

2007 *Dialogue. Raymond Aron-Michel Foucault*. Paris: Lignes.

2008 *Anthropologie du point de vue pragmatique. Introduction à l'*Anthropologie. Paris: Vrin. Edição brasileira: *Gênese e estrutura da* Antropologia *de Kant*. São Paulo: Loyola, 2011. A edição francesa compreende o texto de Kant, *Antropologia do ponto de vista pragmático*, e a "Introduction à l'*Anthropologie* de Kant" de Foucault, que constitui o primeiro volume de sua tese secundária de doutorado. A edição em língua espanhola contém apenas o texto de Foucault. Em 1964, a própria editora Vrin havia publicado a tradução do texto de Kant, que constituía o segundo volume da tese secundária de doutorado de Foucault, com uma "*notice historique*" de apenas quatro páginas escrita por Foucault à guisa de introdução.

Até sua publicação, o primeiro volume de sua tese de doutorado esteve disponível, para consulta, na biblioteca da Sorbonne.

2009 *Le Corps utopique, Les Hétérotopies*. Paris: Lignes. Edição brasileira: *O corpo utópico, as heterotopias*. São Paulo: n-1, 2013.

2011 *Le Beau danger: entretien avec Claude Bonnefoy*. Paris: EHESS. Edição brasileira: *O belo perigo* e *A grande estrangeira*. Belo Horizonte: Autêntica, 2016.

2012 *Mal faire, dire vrai: fonction de l'aveu en justice. Cours de Louvain, 1981*. Louvain-Chicago: Presses Universitaires de Louvain-University of Chicago Press. Edição brasileira: *Malfazer, dizer verdadeiro*. São Paulo: WMF Martins Fontes, 2018.

2013 *La Grande étrangère: à propos de littérature*. Paris: EHESS. Edição brasileira: *O belo perigo* e *A grande estrangeira*. Belo Horizonte: Autêntica, 2016.

2013 *L'Origine de l'herméneutique de soi. Conférences prononcées à Dartmouth College, 1980*. Paris: Vrin.

2015 *Qu'est-ce que la critique? Suivi de* La culture de soi. Paris: Vrin. Edição portuguesa: *O que é a crítica*. Lisboa: Texto & Grafia, 2017.

Este trabalho reúne duas conferências. A conferência intitulada "Qu'est-ce que la critique?" foi pronunciada na Société Française de Philosophie em 27 de maio de 1978. Em uma versão diferente, esta conferência já havia sido publicada no *Bulletin de la Société Française de Philosophie* (v. 84, n. 2, abr.-jun. 1990, p. 35-63). A partir dos manuscritos de Foucault, a versão de 2015 inclui os parágrafos que não foram lidos.

A outra conferência, "La culture de soi", foi pronunciada na Universidade da Califórnia em 12 de abril de 1983.

2016 *Discours et vérité: précédé de La parrèsia*, Paris: Vrin.

Este trabalho reúne o seminário ou ciclo de seis conferências na Universidade da Califórnia, em out.-nov. 1983, e uma conferência em Grenoble, de maio de 1982, sobre a *parresia*.

Do seminário ou ciclo de conferências, segundo a denominação adotada pelos diferentes editores, circulou uma versão em inglês, *Fearless Speech* (Los Angeles, Semiotext(e), 2001) e, a partir desta, a tradução em língua espanhola *Discurso y verdad en la antigua Grecia* (Buenos Aires, Paidós, 2004). Diferentemente da edição de 2016, à qual me remeto no presente trabalho, as de 2001 e 2004 se baseiam, pelo menos em parte, em resumos daqueles que participaram do seminário. Consequentemente, têm uma extensão mais reduzida. A edição de 2016, ao contrário, faz uso, além das gravações disponíveis, das anotações das conferências, elaboradas pelo próprio Foucault.

2016 "La littérature et la folie", *Critique*, n. 835, 2016, p. 965-981. Conferência de Michel Foucault.

2017 *Dire vrai sur soi-même. Conférences prononcées à l'Université Victoria de Toronto, 1982*. Paris: Vrin. Edição brasileira: *Dizer a verdade sobre si. Conferências na Universidade Victoria, Toronto, 1982*. São Paulo: Ubu, 2022.

E. Escritos póstumos em sentido estrito

2011 "Les ménines de Picasso", *L'Herne Foucault*. Paris: L'Herne, p. 15-34. Reprodução fotostática de um rascunho escrito a máquina por Foucault.

2011 "Le livre et le sujet", *L'Herne Foucault*. Paris: L'Herne, p. 70-91.

Trata-se da "Introduction" à primeira versão, inédita, de *L'Archéologie du savoir*.

2016 "Homère, les récits, l'éducation, les discours", *La Nouvelle Revue Française*, n. 616, jan. 2016, p. 111-150.

Estas páginas fazem parte de uma versão de *L'Archéologie du savoir* que foi deixada de lado por Michel Foucault.

2018 *Les Aveux de la chair: histoire de la sexualité 4*. Paris: Gallimard. Edição portuguesa: *História da sexualidade: as confissões da carne*. Lisboa: Relógio D'Água, 2019.

Duas observações finais sobre a biblioteca foucaultiana. Em primeiro lugar, na lista dos textos que compõem cada uma das seções em que organizei as publicações de Michel Foucault na língua original faltam alguns dos "livros" que têm circulado em língua portuguesa. Para mencionar dois dos mais relevantes: *Microfísica do poder* (São Paulo, Paz e Terra, 2021) e *Microfísica del poder* (Madri: La Piqueta, 1978; nova edição em espanhol: Buenos Aires:

Siglo XXI, no prelo) e *A verdade e as formas jurídicas* (Rio de Janeiro: Nau Editora, 2002). O primeiro é, na realidade, uma compilação de textos que, na língua original, fazem parte de *Dits et écrits* e dos cursos no Collège de France. O segundo é um ciclo de conferências que também vêm sendo incluídas em *Dits et écrits*.

Em segundo lugar, é preciso ter presente que o futuro da biblioteca foucaultiana está determinado, em grande medida, pelos fundos de arquivo depositados no Institut Mémoires de l'Édition contemporaine (IMEc) e na Bibliothèque nationale de France (BnF). Esta última adquiriu cinco caixas de documentos em 1994 e, em 2014, cento e dez caixas consideradas o "tesouro de Michel Foucault". Entre outros escritos, essas caixas contêm os manuscritos de diferentes cursos, ainda inéditos, e de vinte e nove cadernos que constituem uma espécie de diário intelectual do filósofo.

II. Indicações gerais

1. *Estrutura dos verbetes*

Tenho seguido um modelo duplo na organização dos verbetes. Todas as entradas do vocabulário estão assinaladas em letra maiúscula e negrito; por exemplo: **DESEJO**. Após o termo em português, indica-se o termo correspondente na língua original, a partir do qual foi elaborado o verbete em questão. Para aqueles verbetes que abordam um tema extenso ou com numerosas relações, diferenciei os contextos por meio de termos em negrito, com a letra inicial em maiúscula, seguidos de um ponto; por exemplo: **Saber**. Algumas vezes precisei introduzir distinções dentro de cada contexto. Nesses casos, utilizei números e parênteses; por exemplo: 1) **Representação**. Desse modo, é possível distinguir três níveis num artigo: **DESEJO** (entrada), **Saber** (contexto), 1) **Representação** (subcontexto). Às vezes, além disso, utilizei o ponto médio (•) para estabelecer divisões no texto. Para os verbetes menos complexos, ou deixei de estabelecer divisões ou recorri simplesmente ao ponto médio (•).

2. *Referências cruzadas*

Para formar uma ideia precisa de alguns temas abordados por Foucault, em especial aqueles de maior relevância, será necessário consultar vários verbetes. Indico um possível caminho a seguir colocando em itálico a entrada do verbete ao qual se faz remissão. Por exemplo: "Ver: *Episteme*".

3. *Referências bibliográficas*

No corpo dos verbetes, usei abreviaturas para as referências bibliográficas, cuja lista encontra-se na seção logo a seguir.

Já que este vocabulário foi elaborado a partir das obras de Foucault na língua original, quando menciono o título completo de seus escritos faço-o em francês. Isso não dificulta a compreensão para os leitores de língua portuguesa e facilita a utilização das abreviaturas empregadas. Quanto às obras de outros autores, na medida em que exista uma tradução, será mencionada em português.

4. Bibliografia

As edições das quais me servi estão indicadas na seção final, "As obras e as páginas". Como já assinalei, incluo aqui as equivalências entre as páginas das edições utilizadas e o conteúdo do índice. Desse modo, o leitor interessado poderá passar das referências do corpo dos artigos à sua tradução para o português, à recente edição das obras de Michel Foucault na Bibliothèque de la Pléiade ou à edição de 2001 da compilação *Dits et écrits*.

III. Abreviaturas das obras

Para remissões às obras de Foucault, utilizo as seguintes abreviaturas:

AN	*Les Anormaux* [*Os anormais*]
AS	*L'Archéologie du savoir* [*A arqueologia do saber*]
CUH	*Le Corps utopique, Les Hétérotopies* [*O corpo utópico, as heterotopias*]
CV	*Le Courage de la vérité: le gouvernement de soi et des autres II* [*A coragem da verdade*]
DE1	*Dits et écrits I* de 1994 [*Ditos e escritos* I]
DE2	*Dits et écrits II* de 1994 [*Ditos e escritos* II]
DE3	*Dits et écrits III* de 1994 [*Ditos e escritos* III]
DE4	*Dits et écrits IV* de 1994 [*Ditos e escritos* IV]
DFA	*Dialogue. Raymond Aron-Michel Foucault* [Diálogo. Raymond Aron e Michel Foucault]
DGDV	*Du gouvernement des vivants* [*O governo dos vivos*]
DV	*Discours et vérité* [*Discurso e verdade*]
DVSM	*Dire vrai sur soi-même* [*Dizer a verdade sobre si*]
EP1	*Œuvres, v. I* [*Obras*, v. I]
EP2	*Œuvres, v. II* [*Obras*, v. II]
GSA	*Le Gouvernement de soi et des autres* [*O governo de si e dos outros*]
HF	*Histoire de la folie à l'âge classique* [*História da loucura na Idade Clássica*]
HRED	"Homère, les récits, l'éducation, les discours" [Homero, os relatos, a educação, os discursos]
HS	*L'Herméneutique du sujet* [*A hermenêutica do sujeito*]
HS1	*La Volonté de savoir: histoire de la sexualité 1* [*História da sexualidade 1: a vontade de saber*]
HS2	*L'Usage des plaisirs: histoire de la sexualité 2* [*História da sexualidade 2: o uso dos prazeres*]
HS3	*Le Souci de soi: histoire de la sexualité 3* [*História da sexualidade 3: o cuidado de si*]
HS4	*Les Aveux de la chair: histoire de la sexualité 4* [*História da sexualidade 4: as confissões da carne*]

IAK	"Introduction à l'*Anthropologie* de Kant" [Uma leitura de Kant: introdução à *Antropologia* no sentido pragmático]
IDS	"*Il faut défendre la société*" [Em defesa da sociedade]
LBD	*Le Beau danger* [O belo perigo]
LF	"La littérature et la folie" [A literatura e a loucura]
LGE	*La Grande étrangère* [A grande estrangeira]
LS	"Le livre et le sujet" [O livro e o sujeito]
LSP	*La Société punitive* [A sociedade punitiva]
LVS	*Leçons sur la volonté de savoir* [Lições sobre a vontade de saber]
MC	*Les Mots et les choses* [As palavras e as coisas]
MFDV	*Mal faire, dire vrai* [Malfazer, dizer verdadeiro]
MMPE	*Maladie mentale et personnalité* [Doença mental e personalidade]
MMPS	*Maladie mentale et psychologie* [Doença mental e psicologia]
NB	*Naissance de la biopolitique* [O nascimento da biopolítica]
NC	*Naissance de la clinique* [O nascimento da clínica]
OD	*L'Ordre du discours* [A ordem do discurso]
OHS	*L'Origine de l'herméneutique de soi* [A origem da hermenêutica de si]
PM	*La Peinture de Manet* ["A pintura de Manet"]
PP	*Le Pouvoir psychiatrique* [O poder psiquiátrico]
QQC	*Qu'est-ce que la critique?* [O que é a crítica?]
RR	*Raymond Roussel* [Raymond Roussel]
SP	*Surveiller et punir* [Vigiar e punir]
STP	*Sécurité, territoire, population* [Segurança, território, população]
SV	*Subjectivité et vérité* [Subjetividade e verdade]
ThIP	*Théories et institutions pénales* [Teorias e instituições penais]

1. *A PRIORI* HISTÓRICO / *A priori historique*

Foucault recorre à expressão "*a priori* histórico" para falar do objeto da arqueologia em *Les Mots et les choses* e em *L'Archéologie du savoir*. Na primeira destas obras, o *a priori* histórico é o fundo sobre o qual "puderam aparecer as ideias, constituir-se as ciências, refletir sobre as experiências na filosofia, formar as racionalidades", e também onde foram desfeitas e desapareceram (**MC**, 13). Em *L'Archéologie du savoir*, são-nos oferecidas maiores precisões a respeito. A seção V do capítulo III intitula-se justamente "L'a priori historique et l'archive". A positividade de um discurso, sustenta Foucault, desempenha a função de um *a priori* histórico (**AS**, 167). A partir dessa perspectiva, o *a priori* histórico é apresentado como o conjunto daquelas condições que tornam possível na história, isto é, em determinada época, as formações discursivas (por exemplo, as ciências humanas). Ver: *Positividade*. • Embora nas duas obras mencionadas a noção de *a priori* histórico alcance uma conceptualização propriamente foucaultiana, o uso da expressão remonta aos primeiros trabalhos do nosso autor. Com efeito, em 1957, em "La recherche scientifique et la psychologie", Foucault fala de "um dos *a priori* históricos da psicologia, em sua forma atual" (**DE1**, 138). Neste caso, refere-se às diferentes formas de exclusão que atravessam o campo da psicologia; por exemplo, ser científica ou não. • Além da expressão "*a priori* histórico", Foucault serve-se de outras similares, como "*a priori* concreto" (**HF**, 176; **MMPS**, 101; **NC**, XI) e "*a priori* conceitual e histórico" (**DE1**, 155), que remetem às condições que tornaram possível em determinado momento o aparecimento da psicopatologia e da medicina clínica. • O *a priori* formal e o histórico não são nem do mesmo nível nem da mesma natureza (**AS**, 168-169). O *a priori* histórico, com efeito, não diz respeito às condições lógicas de formação dos juízos (como as categorias kantianas do entendimento), mas ao conjunto de condições que tornam possível o aparecimento e a transformação das formações discursivas, isto é, à regularidade segundo a qual, em um determinado período, são constituídos os sujeitos dos enunciados, seus objetos ou as modalidades enunciativas. Ver: *Formação discursiva*. • Com relação ao desejo, encontramos também em Foucault a expressão "transcendental histórico" (**SV**, 293). O desejo é, precisamente, o transcendental histórico da história da sexualidade.

2. ABSOLUTISMO / *Absolutisme*

Com o termo "absolutismo", Foucault refere-se principalmente à forma de organização do poder do rei e da burguesia na França durante os séculos XVII e XVIII, caracterizada pelo exercício administrativamente centralizado e pessoal de um poder que se adquire por herança. Segundo uma expressão de Foucault no curso *Théories et institutions pénales*, o absolutismo tem sido definido a partir do "rei louco", numa referência a Carlos VI (**ThIP**, 174). • No contexto da análise das formas modernas do poder, Foucault ocupa-se repetidas vezes da monarquia absoluta: com relação à loucura, às formas do suplício, às funções do aparato policial do Estado, ao surgimento do Estado governamentalizado e à formação do discurso histórico da guerra de raças. Principalmente a partir de *Surveiller et punir*, Foucault se interessa em mostrar como o exercício absoluto do poder monárquico funcionava em cumplicidade com outras formas de poder, que tinham a própria especificidade, e como, além disso, foi aos poucos se transformando para dar lugar ao Estado governamentalizado. A passagem do hospital geral ao asilo psiquiátrico e do suplício à disciplina, entre outros, assinala essa transformação.

Criação do hospital geral. A fundação do Hospital Geral de Paris data de 1656. À primeira vista, trata-se de uma reorganização por meio da qual se unifica a administração de várias instituições já existentes, entre as quais se encontram a Salpêtrière e a Bicêtre, que a partir de então foram destinadas a receber, alojar e alimentar os pobres de Paris. Ao diretor-geral, cargo de caráter vitalício, era-lhe conferido o poder de autoridade, direção, comércio, polícia, jurisdição, correção e castigo sobre todos os pobres da cidade que se encontrassem dentro ou fora dos edifícios destinados ao hospital. Sem vínculo com nenhuma ideia médica, entre a justiça e a polícia aparece assim, segundo Foucault, a terceira ordem da repressão. A nova instituição logo irá se estender por todo o reino até se converter, para além de suas fronteiras, num fenômeno europeu. No entanto, na França, a constituição da monarquia absoluta e o renascimento católico na época da Contrarreforma lhe darão um caráter particular, de cumplicidade e competência entre o poder secular e o da igreja (**HF**, 77). Ver: *Loucura*.

Direito de castigar. Até o século XVIII, o suplício como castigo não funcionava como modo de reparação moral, mas como cerimônia política. O delito era considerado uma ofensa e um desafio à soberania do rei, ao *corpo do rei*. O caráter aterrador e excessivo do suplício, como na execução de Damiens que Foucault descreve no início de *Surveiller et punir*, tinha a finalidade de reconstruir a soberania desafiada. Era um espetáculo que, em seu excesso, queria mostrar a supremacia do monarca e, assim, conseguir que fosse reconhecida por seus súditos (**DE2**, 726). Uma vingança ao mesmo tempo pessoal e pública. Nesse sentido, o direito de castigar que o monarca detém pode ser considerado um prolongamento do "direito de espada", o direito de vida e de morte inerente à soberania (**SP**, 52). Ao se referir à teoria política que coloca o rei acima das leis do reino, Foucault observa que, na época do absolutismo, alguns autores afirmam que, quando o rei castiga, o faz segundo a equidade, e não segundo a justiça. Como Deus, que inspira suas ações, a função do rei é fazer felizes os bons e castigar os maus. E nisso consiste a equidade, que é mais justa que a justiça dos parlamentos. Desse modo, na concepção absolutista, o rei não se situa acima da lei porque sua vontade seja a lei, como se pensava dos imperadores romanos, mas porque suas ações estão dirigidas por Deus no sentido da equidade (**ThIP**, 174).

Polícia. Entre as transformações das práticas disciplinares durante a Época Clássica, Foucault assinala a estatização dos mecanismos disciplinares. Enquanto na Inglaterra, por essa mesma época, grupos privados de inspiração religiosa asseguravam o controle social, na França era a polícia que assumia em geral a função disciplinar. No entanto, embora a organização centralizada do aparato policial possa ser vista como expressão do absolutismo monárquico, a função de polícia é correlata ao corpo social e deve chegar até seus limites extremos, até os mínimos detalhes. Nesse sentido, o objeto da polícia não é o Estado ou o reino como corpo visível do monarca, mas "tudo o que acontece", "as coisas de cada instante" (**SP**, 215). Ver: *Polícia*.

Saber governamental. Estado governamentalizado. O século XIX marca o fim do absolutismo e, com ele, o fim da sua forma de exercer o poder. O exercício do poder começa a requerer a intervenção de certo saber a respeito da ação de governar, que engloba o conhecimento dos processos econômicos, sociais e demográficos. Durante a primeira metade do século XIX, esse saber se estruturou por meio do domínio da economia. Mas os efeitos da reorganização da economia sobre a vida das pessoas tornaram necessário outro tipo de disciplinas (a medicina, a psiquiatria, a psicologia), a fim de corrigir as distorções e adaptar os indivíduos às novas formas do desenvolvimento econômico. Desse modo, o poder político adquire uma forma terapêutica (**DE2**, 433-434).

Ordem do rei (*lettre de cachet*). Mesmo que a utilização das *lettres de cachet* (uma carta do rei, com seu selo, contendo uma ordem de detenção) tenha sido uma prática circunscrita a um período de tempo reduzido, não por isso resulta insignificante do ponto de vista da história do poder. De acordo com Foucault, essa prática não deve ser vista como a irrupção da arbitrariedade do poder real na vida cotidiana. Antes, articula-se segundo circuitos complexos e um jogo combinado de solicitações e respostas. Todos podiam servir-se delas conforme seus interesses. Por isso é possível concebê-las como uma forma de distribuição da soberania absoluta (**DE3**, 247).

Discurso histórico. Podemos considerar o curso *"Il faut défendre la société"* como uma genealogia do discurso histórico moderno. Foucault opõe o que denomina "história jupiteriana" ao discurso da "guerra de raças". A primeira, tal como era praticada durante o Império Romano e também na Idade Média, era concebida como um ritual de fortalecimento da soberania. Por um lado, ao contar a história dos reis, dos poderosos e de suas vitórias, liga juridicamente os homens ao poder pela continuidade da lei; por outro lado, ao narrar exemplos e proezas, fascina e atrai. Dupla função da história jupiteriana: relato do direito do poder e intensificação de sua glória; discurso do Estado sobre o Estado, do poder sobre o poder. Em relação à história jupiteriana, o discurso da guerra de raças pode ser visto como uma contra-história: rompe a unidade da soberania e, sobretudo, obscurece sua glória. A história dos soberanos já não incluirá a dos súditos; a história de uns não é a história dos outros. Os relatos de proezas e façanhas já não são senão a narração, por parte dos que venceram, das lutas de dominação, de conquista, de opressão. Aparece, então, um novo sujeito da história: a nação, a raça (**IDS**, 60-63, 116-117). Essa nova forma da história foi utilizada tanto pelos defensores do absolutismo como por seus opositores. Por exemplo, na Inglaterra, por James I e pelos parlamentares que a ele se opunham (**IDS**, 88-89). Na França, com Henri de Boulainvilliers, e como parte da reação nobiliária, o discurso da guerra de raças teve como objetivo desarticular o relato que ligava a administração ao absolutismo, isto é, a ordem jurídica e a ordem econômico-administrativa. Para expressá-lo de outro modo, através desse discurso a nobreza tentou separar a vontade absoluta do soberano da completa docilidade da administração. Como na Inglaterra, o discurso da guerra de raças foi utilizado na França pelas posições políticas dos mais diversos matizes. O absolutismo, por sua vez, também se apropriou dele (**IDS**, 118-119).

3. **ABSTINÊNCIA** / *Abstinence*

Seria fácil mostrar, segundo Foucault, que a história da sexualidade não pode ser dividida em uma etapa de permissão e outra de restrições, uma que não impunha limites e outra que promovia a abstinência, e que corresponderiam, respectivamente, ao paganismo e ao cristianismo. O primeiro grande texto cristão dedicado à prática sexual (o cap. X, livro II de *O pedagogo*, de Clemente de Alexandria) apoia-se não só na Escritura, mas em preceitos, disposições e exemplos tomados diretamente da filosofia antiga. Embora com valores e localizações diferentes, tanto no paganismo quanto no cristianismo, a problematização do prazer sexual e, consequentemente, da abstinência, tem sido parte fundamental da ascese do indivíduo. • Essa continuidade entre os modelos morais do paganismo e do cristianismo, insiste Foucault, é de todo modo parcial. Entre eles há diferença notáveis. Assim, por exemplo, no cristianismo deparamos com uma maior valorização da virgindade, mas, ao mesmo tempo, com uma concepção da sexualidade nos moldes do matrimônio menos restritiva que no estoicismo (**SV**, 251). • A Antiguidade Clássica honrou as figuras dos heróis virtuosos, como Apolônio de Tiana, que fez votos de castidade e passou a vida sem manter relações sexuais. Porém, para além desse caso extremo, a abstinência como ascese aparece vinculada a dois temas centrais da ética antiga: o domínio do indivíduo sobre si e o conhecimento de si mesmo. Aqui deparamos, por exemplo, com as figuras de Agesilau, em Xenofonte, e de Sócrates, em Platão (**HS2**, 26-27). • Nos epicuristas, o exercício da abstinência servia para marcar o limite a partir do qual a privação se convertia em sofrimento; para os estoicos, por sua vez, consistia numa preparação para eventuais privações (**HS3**, 75-76). • No marco geral da evolução da ascese na Antiguidade, a relação entre abstinência e conhecimento de si tende a ocupar o primeiro lugar, acima da relação entre ascese e governo de si mesmo (**HS3**, 85). • Para Foucault, a recomendação da virgindade nos primeiros séculos do cristianismo não consiste numa extensão das práticas filosóficas da abstenção. Por um lado, o cristianismo outorgou um novo significado à continência sexual, como a promessa de outro mundo, e novos instrumentos, como o exame do desejo e sua verbalização. Por outro, lutou contra o encratismo, a tendência interna que queria impor a todos a exigência da castidade. Por isso, na formação da experiência cristã da *carne*, a prática da virgindade constitui uma prática específica (**HS4**, 151-153), à qual Foucault dedica toda a segunda parte de *Les Aveux de la chair* (**HS4**, 147-245), o quarto volume da *Histoire de la sexualité*. Ver: *Carne*.

4. ACONTECIMENTO / *Événement*

Foucault se serve do conceito de acontecimento para caracterizar a modalidade de análise histórica da arqueologia e também sua concepção geral da atividade filosófica: a arqueologia é uma descrição dos discursos como acontecimentos, e a tarefa da filosofia consiste em diagnosticar o que acontece, a atualidade. Como ele mesmo observa em *L'Ordre du discours* em relação ao acontecimento, trata-se de uma categoria paradoxal, que coloca problemas "temíveis" e que foi "raramente levada em consideração pelos filósofos" (**OD**, 59). O termo "acontecimento" tem vários sentidos em sua obra: acontecimento arqueológico, acontecimento discursivo, acontecimento como relações de força, como atividade de "acontecimentalizar", como sentido da *Aufklärung* europeia, como forma de subjetivação na prática da *parresia*. Todos esses sentidos, apesar de sua diversidade, estão conectados e suas relações permitem descrever em linhas gerais o percurso filosófico de Foucault.

Acontecimento arqueológico, acontecimento discursivo. Numa primeira aproximação, podemos distinguir dois sentidos gerais do termo "acontecimento" em Foucault: acontecimento arqueológico e acontecimento discursivo. De acordo com o primeiro, a mutação de uma episteme a outra é pensada como o acontecimento que estabelece uma nova ordem no campo do saber (**MC**, 229-230). Dele, só é possível advertir os signos, os efeitos (o surgimento do homem como acontecimento epistêmico, por exemplo), sua disposição manifesta (**MC**, 318). No segundo sentido, os enunciados como acontecimentos, como objetos de descrição da arqueologia, são precisamente os efeitos regulares no plano do discurso da ruptura estabelecida por um acontecimento arqueológico (**AS**, 40). Desse modo, Foucault opõe a análise discursiva em termos de acontecimento às análises que abordam os discursos do ponto de vista da língua ou do sentido, da estrutura ou do sujeito. A descrição em termos de acontecimento leva em consideração, em lugar das condições gramaticais ou de significação, as condições de existência que determinam a materialidade própria do enunciado (**AS**, 40-41, 137-138). • Sobre a relação entre acontecimento arqueológico e acontecimento discursivo, entre surgimento e configuração das práticas, Foucault se desloca de uma posição mais extrema e limitada a uma mais matizada e ampla. Em *Les Mots et les choses*, o acontecimento arqueológico é concebido, com efeito, como uma ruptura radical manifesta apenas em seus efeitos discursivos. À medida que Foucault estende o domínio da análise ao não discursivo (dispositivos e práticas em geral), o aparecimento de novas práticas (acontecimentos na segunda acepção do termo, embora já não apenas discursivos) deixa de ser pensado como um acontecimento em certo sentido oculto. De fato, já não se trata apenas de afirmar o aparecimento de novas práticas, mas também de analisar sua formação. A partir dessa perspectiva, há certa primazia do acontecimento, concebido como regularidade histórica de uma determinada prática, sobre a ideia de acontecimento como ruptura ou mutação. • Tocamos aqui num ponto medular do pensamento de Foucault: como pensar a relação entre novidade e regularidade sem fazer da novidade uma espécie de "abertura" (como em Heidegger), nem converter as práticas em uma espécie de "*a priori*" da história, do acontecimento como novidade? Como pensar, ao mesmo tempo, a transformação e a descontinuidade? Para isso, Foucault, ao longo de suas investigações, tenta encontrar um equilíbrio entre o acontecimento como ruptura e como regularidade, sem cair no velho conceito de "tradição" ou no mais recente de "estrutura". Trata-se, em suma, de pensar essa relação assumindo a descontinuidade das regularidades, o acaso de suas transformações, a materialidade de suas condições de existência (**OD**, 61).

Luta, relações de força. Para este fim, Foucault utilizará conceitos como luta, táticas, estratégias. O termo "acontecimento" adquire, então, um terceiro sentido (no qual se percebe a presença de Nietzsche, nos escritos de Foucault da década de 1970, e, mais tarde, por volta do final da sua vida, a relevância de Kant): o acontecimento como relação de forças. Na história, as lutas são levadas a cabo por meio das práticas disponíveis, mas, nesse uso, elas se transformam e se inserem em novas táticas e estratégias. Nesse terceiro sentido, o conceito de acontecimento se entrelaça com os conceitos de diagnóstico e de atualidade. A história efetiva, como a entende Nietzsche, faz ressurgir o acontecimento (as relações de força) naquilo que pode ter de único e agudo. Desse modo, se opõe à história tradicional que o dissolve no movimento teleológico ou no encadeamento natural (**DE2**, 148). A tarefa da filosofia consiste em diagnosticar as forças que configuram nossa atualidade (**DE3**, 573). Ver: *Diagnosticar*.

Acontecimentalizar. Aparece, assim, um quarto sentido do termo "acontecimento" que se expressa com o verbo *événementialiser*, acontecimentalizar, como método de trabalho histórico-filosófico. Com esse neologismo, Foucault faz referência a uma forma de proceder que se caracteriza, em primeiro lugar, por uma ruptura: fazer surgir a singularidade quando se está tentado a fazer referência a uma constante histórica, a um caráter antropológico ou a uma evidência que se impõe de maneira inquestionável a todos. Mostrar, por exemplo, que não há que tomar como evidente que os loucos sejam reconhecidos como doentes mentais. Em segundo lugar, essa forma de proceder caracteriza-se também por desvelar as conexões, os encontros, os apoios, os bloqueios, os jogos de força, as estratégias que permitiram formar, em um momento dado, o que em seguida irá se apresentar como evidente. Segundo Foucault, isso implica uma multiplicação causal: 1) uma análise dos acontecimentos segundo os processos múltiplos que os constituem (por exemplo, no caso da prisão, os processos de penalização da reclusão, a constituição de espaços pedagógicos fechados, o funcionamento da recompensa e da punição); 2) uma análise do acontecimento como um polígono de inteligibilidade, sem que seja possível definir de antemão o número de lados; 3) um polimorfismo crescente dos elementos que entram em relação, das relações descritas, dos domínios de referência (**DE4**, 24-25).

Deleuze. Foucault se ocupa da noção de acontecimento na obra de Deleuze em sua resenha de *Logique du sens*. Ver: *Deleuze*.

Revolução, Iluminismo. A propósito da célebre resposta de Kant à pergunta "O que é o Iluminismo?", surge outro sentido do termo "acontecimento" nos textos de Foucault. Este tem a ver com o que Kant considera um signo "*rememorativum, demonstrativum, pronosticum*", isto é, um signo que mostre que as coisas têm sido sempre assim, que também acontecem assim no presente e que continuarão a suceder sempre da mesma maneira. Um signo dessas características permite determinar se existe ou não um progresso na história da humanidade. Para Kant, o acontecimento da Revolução Francesa reúne essas condições. O que constitui o valor de acontecimento (de signo rememorativo, demonstrativo e prognóstico) não é a própria Revolução, nem seu êxito ou fracasso, mas o entusiasmo que suscita e que, segundo Kant, põe de manifesto uma disposição moral da humanidade (**DE4**, 684-685). Foucault estende essas considerações ao Iluminismo em geral, como acontecimento que inaugura a Modernidade europeia. "O que é o iluminismo?" e "O que é a revolução?" são as questões que definem a interrogação filosófica kantiana a respeito da atualidade. Se, com as *Críticas*, Kant fundou uma das linhas fundamentais da filosofia moderna – a analítica da verdade, que levanta questões sobre as condições do conhecimento verdadeiro –, com essas duas perguntas Kant inaugurou a outra grande tradição: a ontologia do presente, que se questiona sobre a significação filosófica da atualidade. "Não são os restos da *Aufklärung* o que é preciso preservar; é a questão mesma desse acontecimento e de seu sentido histórico (a questão da historicidade do pensamento do universal) o que é necessário ter presente e conservar no espírito como aquilo que deve ser pensado" (**DE4**, 687). Por isso, poder-se-ia considerar como uma filosofia do acontecimento não só a arqueologia dos discursos, mas também a ontologia do presente, na qual o próprio Foucault se situa, isto é, a genealogia e a ética. • Na primeira lição do curso de 1983, publicado em 2008, encontramos as mesmas reflexões sobre o breve escrito kantiano (**GSA**, 8-22).

Dramática do discurso. A propósito da *parresia*, Foucault propõe uma dramática do discurso, que teria como uma de suas tarefas a análise do modo em que o acontecimento da enunciação pode modificar o ser do sujeito enunciador (**GSA**, 66). Ver: *Parresia*.

Dispositivos de segurança. Uma das características fundamentais dos dispositivos de segurança é a relação que se estabelece neles entre governo e aleatoriedade do acontecimento (**STP**, 22). Ver: *Dispositivo*.

Vontade de saber. "Por acontecimento discursivo não entendo um fato que teria lugar em um discurso, em um texto; e sim um acontecimento que se dispersa nas instituições, nas leis, nas vitórias ou nas derrotas políticas, nas reivindicações, nos comportamentos, nas revoltas, nas reações" (**LVS**, 187). Ver: *Vontade de saber*.

5. AFEMINADO / *Efféminé*

A linha de separação que existia na Antiguidade entre um homem viril e um afeminado não coincide com a oposição atual entre hétero e homossexualidade, nem se reduz à oposição entre homossexualidade ativa e passiva; marca, antes, uma diferença de atitude em relação aos prazeres. Os signos do afeminado serão a preguiça, a indolência, a rejeição a atividades pesadas, o gosto pelos perfumes, pelos adornos. Para os gregos, a negatividade ética não está associada à passividade em relação ao próprio sexo, mas em relação aos prazeres em geral, à falta de temperança (**HS2**, 99).

6. AGOSTINHO, SANTO (354-430)

As referências de Foucault às obras de Santo Agostinho se articulam sobretudo em torno da ideia da "carne" e do célebre livro XIV da *Cidade de Deus*. Agostinho retoma uma fórmula célebre na Antiguidade e nos oferece ali uma descrição do ato sexual como uma espécie de espasmo: o desejo apodera-se do homem inteiro, sacode-o, sobressalta-o, mescla as paixões da alma aos apetites carnais... Pois bem, Agostinho admite a possibilidade de existirem relações sexuais no paraíso, isto é, antes da *queda*, onde não teriam esta modalidade quase epiléptica. Sua forma atual, definida pelo caráter involuntário e excessivo do desejo, é uma consequência da *queda* ou do *pecado original*. Segundo Agostinho, este teria consistido na desobediência da vontade humana com relação à vontade divina. O efeito dessa desobediência foi a desobediência interna do homem. Santo Agostinho denomina "libido" o princípio do movimento autônomo, desobediente, dos órgãos sexuais. Desse modo, sua força, sua origem e seus efeitos se convertem no principal problema da vontade. O conceito de *carne* faz referência ao corpo conquistado pela libido. Posto que esse desejo provenha de Deus (embora, certamente, não em sua dinâmica atual), à diferença do proposto por Platão, nossa luta espiritual não consistirá em dirigir nosso olhar para o alto, mas para dentro, para baixo, a fim de decifrar os movimentos da alma (**DE4**, 174-177). • Os dois últimos capítulos de *Les Aveux de la chair*, "O bem e os bens do matrimônio" e "A libidinização do sexo" (**HS4**, 283-361), são dedicados ao pensamento de Santo Agostinho sobre o matrimônio e o desejo sexual. Com relação a esses dois temas, Foucault mostra as modificações introduzidas por Agostinho e também suas projeções no cristianismo medieval e na Modernidade. Ver: *Carne*. • Sobre a questão do desejo, as referências a Agostinho também fazem parte dos desenvolvimentos foucaultianos sobre a prática da confissão (**OHS**, 107-108). Nesse sentido, Foucault sustenta que "a grande questão, a questão de Santo Agostinho, mas que ainda é a nossa, é: o que ocorre na verdade com o nosso desejo?" (**SV**, 170).

7. ALCIBÍADES

O *Alcibíades I*, o diálogo que os antigos atribuíram a Platão, é analisado no marco de dois grandes temas: a *epiméleia heautoû*, ou cuidado de si mesmo, e a noção de *parresia*.

Cuidado. Para Foucault, este diálogo constitui a primeira grande emergência teórica da problemática do cuidado de si mesmo (**HS**, 46), onde é abordada a partir de suas relações com a política, a pedagogia e o conhecimento de si (**DE4**, 213-218, 355, 789). O curso no Collège de France de 1981-1982 está dedicado a analisar de maneira minuciosa o *Alcibíades I* (**HS**, 27-77). Ver: *Cuidado*.

Parresia. Para mostrar as profundas diferenças entre elas, na lição de 16 de fevereiro de 1983, a propósito da noção de *parresia*, Foucault compara o *Alcibíades I*, ou, melhor dizendo, a relação entre Sócrates e Alcibíades que aparece descrita no diálogo, com a relação entre Platão e o tirano Dionísio (**GSA**, 207-209, 222-224). No primeiro caso, o vínculo está motivado pelo eros; no segundo, por uma obrigação. • No último curso de Foucault, o *Alcibíades I* é também objeto de comparação, desta vez com o *Laques* de Platão (**CV**, 117-119, 145-149). Para Foucault, no *Alcibíades I* enraíza-se uma tradição do cuidado de si mesmo que conduz a uma metafísica da alma; no *Laques*, em contraposição, outra que conduz a uma estética da existência. Ver: *Parresia*.

8. ALETURGIA / *Alèthurgie*

Trata-se de um termo utilizado por Foucault para se referir aos modos de aparição e manifestação da verdade. Sua análise tem sido um dos temas dominantes nos cursos *Du gouvernement des vivants* e *Mal faire, dire vrai*, dedicados a estudar a relação entre o governo dos homens e as formas do dizer verdadeiro, a veridicção. Pelo nome "fictício" de aleturgia deve-se entender: "O conjunto de procedimentos possíveis, verbais ou não, por meio dos quais se expõe à luz o que é dado por verdadeiro em oposição ao falso, ao oculto, ao indizível, ao imprevisível, ao esquecimento" (**DGDV**, 8).

Poder. "Não há exercício do poder sem algo assim como uma aleturgia", sem que esteja acompanhado por alguma forma de manifestação da verdade (**DGDV**, 8). A força do poder, para Foucault, não é independente da manifestação do verdadeiro (**DGDV**, 10). A esse respeito, insiste que não há que restringir a relação entre o exercício do poder e a manifestação da verdade aos conhecimentos que resultam úteis para a ação de governar, como poderiam ser a economia e o direito, mas que é necessário tomá-la num sentido muito mais amplo, que inclua também aqueles conhecimentos suntuários ou suplementares que constituem os adereços do poder (**DGDV**, 18).

Édipo. Em lugar de fazê-lo a partir da perspectiva do desejo e do inconsciente, Foucault lê o *Édipo Rei* de Sófocles como uma tragédia aletúrgica, de manifestação da verdade (**DGDV**, 24). Ver: *Édipo*.

Formas de aleturgia. Na análise da tragédia *Édipo Rei*, de Sófocles, Foucault distingue duas formas de aleturgia. Por um lado, a aleturgia religiosa, a verdade dos deuses que se manifesta segundo a ritualidade própria do oráculo; por outro, a judicial, a dos serviçais e escravos, que implica testemunhos, interrogatórios e ameaça de castigo em caso de perjúrio. Entre a aleturgia dos deuses e a dos escravos, como um caminho da primeira à segunda, há que agregar uma terceira forma, a aleturgia dos reis, caracterizada pelo juramento (**DGDV**, 39-40).

Autoaleturgia. Na análise das relações entre as formas de condução dos homens e as de manifestação da verdade, entre governo e veridicção, Foucault se interessa sobretudo pela prática que denomina autoaleturgia, pelas formas de manifestação da verdade em que está implicada, de maneira reflexiva, a subjetividade (**DGDV**, 47-48), isto é, pela prática da confissão. O curso *Mal faire, dire vrai* pode ser considerado uma história das formas da confissão, desde Homero até nossos dias. Ver: *Confissão*.

Epistemologia. Foucault opõe epistemologia e aleturgia. A análise epistemológica estuda as estruturas dos discursos considerados verdadeiros; a análise aletúrgica, por sua vez, as formas de manifestação da verdade, sobretudo o modo em que, no ato de dizer, o sujeito constitui a si mesmo como sujeito de veridicção, em lugar de manifestação da verdade (**CV**, 4). Ver: *Parresia*. Apesar dessa distinção, Foucault considera que a ciência e o conhecimento objetivo são, em última instância, uma determinada forma de aleturgia (**DGDV**, 9). Ver: *Verdade*.

Exomologêsis, exagoreusis. Sobre a *exomologêsis*, a manifestação do estado de penitência e de gestos penitenciais, e a *exagoreusis*, a expressão verbal das próprias faltas – isto é, sobre a penitência e a confissão, poderíamos dizer –, Foucault afirma que são as duas grandes formas de aleturgia no cristianismo dos primeiros séculos, que se justapõem e se combinam. "Dualidade, pois, de procedimentos de verdade, dualidade de formas de aleturgia ou de maneiras para que o cristão faça de si mesmo – de seu corpo e de sua alma, de sua vida e de seu discurso – o lugar de emergência da verdade do mal, do qual quer se purificar." (**HS4**, 380).

9. ALIENAÇÃO / *Aliénation*

No verbete *Loucura*, ocupamo-nos do conceito de alienação em toda a sua extensão. Em linhas gerais, Foucault passa de uma concepção na qual se combinam, e às vezes se sobrepõem, os registros histórico, sociológico e psicológico para uma concepção mais complexa e estruturada. Desse modo, em *Maladie mentale et personnalité*, a alienação mental é concebida como uma internalização da alienação histórico-social. Em *Histoire de la folie à l'âge classique*, no entanto, a alienação mental é o produto das práticas que alienam, não o espírito, a mente, mas a pessoa, a liberdade daqueles que são reconhecidos como doentes mentais. Desse modo, a discriminação histórica entre o normal e o patológico constrói as formas de alienação: "Não há verdade para a psicologia que não seja, ao mesmo tempo, alienação para o homem" (**HF**, 548). Ver: *Loucura, Psiquiatria*.

10. ALTHUSSER, LOUIS (1918-1990)

À diferença de Althusser, Foucault não afirma nenhuma ruptura epistemológica a propósito de Marx; para ele, Marx, junto com Ricardo, faz parte do quadro geral da episteme moderna (**DE1**, 587). • Interrogado acerca da categoria de estruturalismo, Foucault separa-se de Althusser ao afirmar que, enquanto este busca o sistema em relação com a ideologia, ele, por sua vez, busca-o em relação com o conhecimento. Em idêntico sentido, assegura que há poucas coisas em comum entre os chamados estruturalistas: Althusser, Lacan, Lévi-Strauss e o próprio Foucault (**DE1**, 653, 665). • Althusser liberou o marxismo de seu componente humanista (**DE2**, 272). • Althusser, Lacan e Foucault têm em comum problematizar a filosofia do sujeito (**DE4**, 52).

11. *ANACHÓRESIS* (retiro)

Entre as práticas de si mesmo da Antiguidade, encontramos a *anachóresis*, o retiro. O termo *anachóresis* tinha dois sentidos na linguagem corrente da época: a retirada de um exército e a fuga de um escravo que deixa a *chóra* (**HS**, 204). No contexto das práticas de si mesmo, significa ausentar-se do mundo em que o indivíduo se encontra imerso: interromper o contato com o mundo exterior, não ter sensações, não se preocupar com o que ocorre à volta, fazer como se não se visse o que acontece. Trata-se de uma ausência visível aos outros (**HS**, 47). • Reelaborada filosoficamente, a encontramos no *Fédon* de Platão (**HS**, 49). • Marco Aurélio consagra uma extensa passagem (*Pensamentos*, IV, 3) à descrição dessa técnica (**HS3**, 66, **HS**, 50). • A escritura de si mesmo aparece nos textos da Antiguidade como uma técnica complementar da *anachóresis* (**DE4**, 415). Ver: *Hypomnémata*. • A ascese cristã, em especial a partir do desenvolvimento do cenobitismo, levou a cabo uma forte crítica do que pode haver de individualista na prática do anacoretismo (**HS3**, 57).

12. **ANIMALIDADE** / *Animalité*

A animalidade aparece em vários momentos-chave das análises de Foucault: em relação à loucura, à formação do biopoder, à formação da experiência sexual dos *aphrodísia* e à carne, à figura do filósofo cínico e ao vínculo entre subjetividade e verdade.

Loucura. Nos bestiários medievais, os valores da humanidade eram expressos através de símbolos. A imagem de um pássaro de pescoço comprido era uma representação frequente da sabedoria. No Renascimento, entretanto, as relações entre a animalidade e a humanidade se inverteram: são os animais que revelam ao homem sua natureza secreta. Os animais se convertem na imagem do que acontece com a alma quando é dominada pelo desejo (**HF**, 36-37). • Os séculos XVII e XVIII mostraram um pudor extremo diante de todo o inumano, exceto a respeito da loucura. Deparamos, por isso, com a desrazão que se oculta e, ao mesmo tempo, com a loucura que se mostra e adquire a figura da monstruosidade animal. Sua violência é objeto de espetáculo. Ela é enclausurada por sua periculosidade social; no entanto, é mostrada pela liberdade animal, que manifesta a relação imediata do homem com sua animalidade (**HF**, 198-199). • Sem perseguir a finalidade de castigar ou de corrigir, os loucos, cuja violência animal era difícil de dominar, foram objeto de práticas extremas de sujeição (eram atados às paredes, às camas, com grilhões nas pernas, nos pulsos, no pescoço etc.). Através dessa violência sem medida, a imagem da animalidade atormenta o mundo do asilo. Posteriormente, em uma perspectiva evolucionista, essa animalidade será considerada como a essência da enfermidade. Na Época Clássica, ao contrário, é signo de que o louco não está doente. A animalidade, com efeito, protege-o das debilidades que a loucura provoca. Essa animalidade feroz exigia ser domada, domesticada. Através da animalidade, a loucura não encontrará as leis da natureza, mas as mil formas de um bestiário em que o mal já não tem lugar. Entre a experiência da animalidade como manifestação das potências do mal e a nossa experiência positiva, evolucionista, situa-se então a experiência negativa da Época Clássica, quando, na loucura, a relação com a animalidade termina por suprimir a natureza humana (**HF**, 198). • Por volta do final do século XVIII, porém, a tranquilidade do animal constitui um traço próprio da bondade da natureza. Agora, será afastando-se da vida imediata do animal – isto é, com o surgimento do meio – que surgirá a possibilidade da loucura. O meio em que se situa o louco, lugar de ruptura entre o homem e a imediatez da natureza, desempenhará, assim, o papel que até então havia sido o da animalidade (**HF**, 465-467). • A lenda do encontro entre Pinel e Couthon conta a história do louco que é purificado de sua animalidade violenta e selvagem. Resta-lhe agora uma animalidade dócil, que não reage com violência à coerção e ao adestramento (**HF**, 592-593).

Biologia. Para o saber da vida do século XIX, a animalidade representa novos poderes fantásticos, já que nela se percebe melhor o enigma da vida (**MC**, 289-291).

Politicidade, biopoder. Foucault sustenta que durante milênios o homem foi, como para Aristóteles, um animal que, além disso, era capaz de uma existência política. O homem moderno, ao contrário, é um animal em cuja política está em jogo a própria vida como ser vivente (**HS1**, 188). Ver: *Biologia, Biopoder*.

Aphrodísia, carne. Algumas figuras da animalidade têm desempenhado função determinante na formação da ética ocidental da sexualidade, tanto no paganismo como no cristianismo: o elefante, a hiena, a lebre. O elefante tem sido um exemplo recorrente de discrição e medida; a hiena, da lascívia, e a lebre, de devassidão. Ver: *Elefante, Hiena, Lebre*.

Cinismo. A animalidade representou um papel determinante na filosofia antiga: distinguindo-se do animal, o homem afirmava-se como tal. No cinismo, ao contrário, a animalidade desempenha uma função positiva e se converte em regra de comportamento. A vida de retidão, para os cínicos, implica não ter mais necessidades que as que têm os animais (**CV**, 244). Ver: *Cinismo*.

Subjetividade e verdade. Em SV, Foucault interroga-se a respeito das relações do sujeito consigo mesmo a partir do momento em que nessas relações o sujeito deve descobrir a verdade sobre si mesmo. Para chegar a esta formulação do problema, Foucault inicia seu curso retomando uma das imagens animais que tem estado presente desde a Antiguidade: a fábula do elefante, cujo comportamento é visto como exemplo moral (**SV**, 3-11).

13. ANIMALIZAÇÃO / *Animalisation*

Nas leituras da obra de Foucault em chave biopolítica, costuma-se sustentar que nosso autor a concebe como uma forma de animalização da vida humana. O termo "animalização", no entanto, aparece apenas uma vez em seus escritos publicados em francês até este momento. O contexto em que aparece é o da relação entre animalidade e desejo sexual na medicina da época de Galeno. Para Foucault, com efeito, o pensamento médico dessa época propõe uma animalização da *epithumia* (**HS3**, 160).

14. ANORMAL / *Anormal*

Alienação. Para a patologia clássica, primeiro é o anormal em estado puro que cristaliza em torno de si as condutas patológicas que constituirão a enfermidade mental e a alteração da personalidade, das quais decorre a alienação mental. Segundo a análise de *Maladie mentale et personnalité*, haveria que inverter os termos, isto é, partir da alienação social e histórica para definir em último lugar o anormal (**MMPE**, 103-105).

Genealogia do anormal. Para Foucault, o campo da anomalia, tal como funciona no século XIX, constituiu-se a partir de três elementos, ou melhor, de três figuras que pouco a pouco o dominaram: o monstro humano, o indivíduo a corrigir e o masturbador. • O lugar de aparecimento do monstro é o jurídico-biológico: ele representa uma violação das leis dos homens e da natureza. Trata-se de uma figura ambígua: transgride a lei, mas não é possível responder à sua violência por meio da lei; surge a partir das leis da natureza, mas manifesta-se como uma contranatureza. A monstruosidade representa, desse modo, o desdobramento de todas as irregularidades possíveis mediante o jogo da natureza. Nesse sentido, o monstro se apresenta como o princípio de inteligibilidade de toda anomalia. Por isso, é necessário buscar o que há de monstruoso mesmo nas pequenas irregularidades. O anormal será um monstro cotidiano, pálido, banalizado. • O espaço do indivíduo a corrigir é muito mais restrito que o do monstro: não é a lei e a natureza, mas simplesmente a família e as instituições vinculadas a ele (a escola, a paróquia, o bairro, a rua). Mas trata-se de um personagem muito mais frequente. É também uma figura ambígua: o indivíduo a corrigir aparece como tal na medida em que é incorrigível, quando a família e as instituições, com suas regras e seus métodos, fracassaram. O anormal será não apenas um monstro empalidecido, mas também um incorrigível que terá de ser colocado em um meio de correção apropriado. • O espaço do masturbador é ainda mais restrito que o das figuras anteriores: é o quarto; mas sua frequência é muito maior, quase universal (trata-se de um segredo que todos compartilham, mas ninguém comunica). A genealogia do indivíduo normal nos remete a essas três figuras: o monstro, o incorrigível, o onanista (**AN**, 56).

Sexualidade e psiquiatria. A partir da figura do monstro, o campo do anormal, tal como vai se configurando na psiquiatria do século XIX, será dominado pela noção de instinto, e atravessado pela natureza sexual do instinto. Por um lado, porque serão aplicadas a este campo as noções provenientes dos fenômenos da herança e da degeneração. Por outro, porque logo ficarão estabelecidas como parte deste campo as desordens de caráter sexual. Entre 1880 e 1890, a sexualidade aparecerá como o princípio etiológico de toda anomalia (**AN**, 155-156). As aulas de 19 e 25 de fevereiro de 1975 de *Les Anormaux* estão dedicadas ao modo como a sexualidade ingressa no campo da psiquiatria a partir da prática cristã da confissão – isto é, do surgimento do corpo do prazer e do desejo nas práticas penitenciais – e da medicalização das convulsões como modelo neurológico da doença mental. • Por esse caminho abre-se a possibilidade de incorporar a problemática da masturbação como objeto da psiquiatria e, ao mesmo tempo, a problemática da medicalização da família. O nexo entre anomalia e instinto aparecerá precocemente na infância. "A psiquiatria, tal como a tenho descrito, passou da análise da doença mental como delírio à análise da anomalia como desordem do instinto" (**AN**, 208). Ver: *Degeneração, Norma*.

Instituições de sequestro. Em *La Société punitive*, Foucault fala de instituições de sequestro (*séquestration*) na sociedade capitalista para se referir a estabelecimentos nos quais, como sucede na fábrica, uma autoridade se apodera de algo (um corpo, o tempo), retira-o da livre circulação e o mantém fixo num determinado ponto (**LSP**, 214). "Estar sequestrado é estar apanhado dentro de uma discursividade, por sua vez ininterrupta no tempo, produzida desde o exterior por uma autoridade e ordenada necessariamente ao que é normal e ao que é anormal" (**LSP**, 222).

15. ANTIGUIDADE / *Antiquité*

Em seus livros publicados em vida, até aparecer o segundo volume da *Histoire de la sexualité*, Foucault ocupou-se quase com exclusividade do que denomina "Época Clássica" e da "Modernidade". Em outros termos, do período que vai do século XVII até nossos dias. A expressão "Época Clássica", utilizada tanto em seus textos como no título de *Histoire de la folie à l'âge classique*, não faz referência à Antiguidade grega ou romana, mas aos séculos XVII e XVIII. Em *L'Usage des plaisirs*, no entanto, Foucault se ocupa da Antiguidade. Nas primeiras páginas, explica essa decisão dizendo que, depois de ter analisado os jogos de verdade nas ciências empíricas dos séculos XVII e XVIII e os jogos de verdade nas relações de poder, era necessário ocupar-se também dos jogos de verdade na relação do sujeito consigo mesmo. A partir dessa perspectiva, a genealogia do homem de desejo iniciada com **HS1** requeria estender a análise à Antiguidade Clássica (**HS2**, 12). Esta é, com efeito, a tarefa dos volumes segundo e terceiro da *Histoire de la sexualité*, ambos publicados em 1984, oito anos após o primeiro volume. O que acabamos de dizer refere-se estritamente aos livros publicados em vida por Foucault. A publicação da totalidade de seus cursos no Collège de France, iniciada em 1997 e concluída em 2015, nos oferece um panorama ao mesmo tempo diferente e complementar. Por um lado, não deparamos com o mencionado salto temporal de oito anos, mas com um progressivo deslocamento desde os problemas da Modernidade em direção aos autores antigos. Por outro lado, para além da explicação oferecida no início de *L'Usage des plaisirs*, nos permite compreender com mais detalhes o caminho percorrido por Foucault para chegar da Modernidade à Antiguidade. Da perspectiva de seus cursos, é preciso assinalar pelo menos três pontos essenciais. Em primeiro lugar, que já no primeiro curso dos anos 1970-1971, *Leçons sur la volonté de savoir*, Foucault se ocupa de forma ampla da Antiguidade: de Homero, Hesíodo, Sófocles, Aristóteles, os sofistas etc. Neste curso, o interesse geral de Foucault está em contrapor duas morfologias da vontade de verdade: a aristotélica e a nietzschiana (**LVS**, 219). Com efeito, enquanto para Aristóteles o conhecimento é conatural ao homem e o conduz à verdade, para Nietzsche, ao contrário, é uma invenção e uma falsificação. Mas, para além dessa contraposição, Foucault detém-se na análise exaustiva das formas do discurso verdadeiro nos rituais e nas práticas judiciais da Grécia Antiga. A intenção de Foucault é destrinchar como a administração de justiça na Grécia e o saber que esta requeria confluíram numa noção de verdade entendida como "o que é possível ver, constatar, calcular e o que obedece a leis semelhantes às que regem a ordem do mundo" (**LVS**, 221). Alguns desses temas, em particular a leitura de *Édipo Rei* de Sófocles, serão retomados por Foucault repetidas vezes nos anos posteriores. Em segundo lugar, é necessário levar em conta que nos cursos subsequentes, até o ano de 1975, Foucault se ocupa daqueles temas que serão o berço conceitual de *Surveiller et punir* e *La Volonté de savoir*, isto é, a penalidade, as formas de castigo, a psiquiatria, a anormalidade. A partir de 1975 e até 1979, em contrapartida, os temas abordados por Foucault em seus cursos enquadram-se dentro da problemática da biopolítica, da formação de um poder que tem por objeto a vida biológica da população. Pois bem, neste contexto, com a emergência em suas investigações das noções de governo e de governabilidade e a análise do que ele denomina o poder pastoral, reaparece o interesse de Foucault pelos autores antigos. Nesse caso, como ocorre em *Sécurité, territoire, population*, em particular pelo *Político* de Platão (**STP**, 139 e ss.). Em terceiro lugar, deve-se assinalar que, logo após os cursos biopolíticos (*"Il faut défendre la société"*, *Sécurité, territoire, population*, *Naissance de la biopolitique*), os últimos cinco cursos de Foucault no Collège de France, de 1979 a 1984, são dedicados à Antiguidade: *Du gouvernement des vivants*, *Subjectivité et vérité*, *L'Herméneutique du sujet*, *Le Gouvernement de soi et des autres* e *Le Courage de la vérité*. No marco geral da noção de governo de si mesmo e dos outros, esses cursos abordam fundamentalmente duas problemáticas: as noções de cuidado e de dizer verdadeiro (veridicção, *parresia*), de Platão até os cínicos. Ver: *Cinismo, Cuidado, Platão, Parresia, Verdade*. A articulação entre cuidado e veridicção define o sentido final dessas investigações. É necessário assinalar, sobretudo tendo em conta as teses sustentadas em *Leçons sur la volonté de savoir*, seu primeiro curso, que através desse longo percurso pela Antiguidade Foucault modificou sua concepção dos jogos de verdade e fez pé firme não na verdade do poder, das formas de dominação e coerção, mas no poder da verdade e suas formas de manifestação. Ver: *Aleturgia*. Esse aspecto fica claro em especial na releitura do *Édipo Rei* de Sófocles desenvolvida na lição de 23 de janeiro de 1980 do curso *Du gouvernement des vivants*. • O percurso pela Antiguidade, no entanto, não está guiado pela nostalgia, não oferece um modelo que haveria que repetir. Foucault, com efeito, sente-se "completamente livre" em relação aos gregos (**DE4**, 702). • A partir da perspectiva, aberta por esses cursos, de uma história do dizer verdadeiro, Foucault interpreta a filosofia moderna, ou ao menos uma parte essencial dela (Descartes, Kant), como uma recuperação da dimensão parresiástica da filosofia antiga (**GSA**, 321).

16. ANTIPSIQUIATRIA / *Antipsychiatrie*

"Pode-se, então, chamar de antipsiquiatria todo movimento pelo qual a questão da verdade é novamente posta em jogo na relação entre o louco e o psiquiatra" (**PP**, 137). Embora durante a composição de *Histoire de la folie à l'âge classique* Foucault desconhecesse a existência do movimento da antipsiquiatria, esta obra tem sido vinculada a ele. O movimento antipsiquiátrico na Inglaterra e nos Estados Unidos (T. S. Szasz) tomou esta obra e utilizou-a (**DE2**, 523). • O curso dos anos 1973-1974 no Collège de France, *Le Pouvoir psychiatrique*, está dedicado justamente às relações de poder na formação da psiquiatria. Neste curso, o que caracteriza a antipsiquiatria (diferentemente da despsiquiatrização) é a luta contra a instituição asilar e contra as formas de poder na relação entre o médico e o doente. Ver: *Despsiquiatrização*. Esquirol dava cinco razões para a existência do asilo: garantir a segurança pessoal do enfermo e da família, preservar os enfermos das influências externas, vencer suas resistências pessoais, submetê-los a um regime médico, impor-lhes novos hábitos intelectuais e morais. O alvo da antipsiquiatria é essa distribuição do poder dentro da instituição asilar (**DE2**, 684; **PP**, 349-350). • Sobre a histeria como a primeira forma de antipsiquiatria, ver: *Psiquiatria*. • A oposição da antipsiquiatria ao asilo pode terminar, segundo Foucault, numa multiplicação da psiquiatria fora do asilo (**DE2**, 232).

17. ANTISSEMITISMO / *Antisémitisme*

O antigo antissemitismo de caráter religioso foi utilizado pelo racismo de Estado apenas a partir do século XIX, desde o momento em que a pureza da raça e sua integridade se converteram em uma questão de Estado (**IDS**, 76-77). Foucault situa esse momento como uma etapa no desenvolvimento da noção de guerra de raças que analisa em *"Il faut défendre la société"*. Ver: *Biopoder, Guerra*.

18. ANTROPOLOGIA / *Anthropologie*

Foucault apresentou retrospectivamente seu trabalho como uma análise histórica dos diferentes modos de subjetivação (**DE4**, 222-223). Nesse sentido, a subjetividade foi o eixo de todo o seu percurso histórico-filosófico. No entanto, tal projeto não constitui de nenhuma maneira uma antropologia, nem no sentido filosófico, nem no sentido das Ciências Humanas. Desde a extensa introdução à edição francesa da obra de L. Binswanger, *Traum und Existenz*, até *Les Mots et les choses* e as obras posteriores, pode-se descobrir seu progressivo afastamento da antropologia tal como era praticada no contexto intelectual em que se formou Foucault. • À distância, no curso de 1980-1981, *Subjectivité et vérité*, Foucault se expressa nesses termos: "A subjetividade é concebida como o que se constitui e se transforma na relação que mantém com sua própria verdade. Não há teoria do sujeito independente da relação com a verdade" (**SV**, 15). Nesse contexto, esclarece que a abordagem da questão da subjetividade em relação com a verdade não implica nenhuma teoria universal do sujeito nem uma antropologia universalmente válida, mas uma análise filosófica das práticas históricas nas quais a subjetividade se constitui em relação às formas do dizer verdadeiro.

A via real da antropologia. "Na antropologia contemporânea, a obra de Binswanger nos parece seguir o caminho apropriado. Ele considerou 'de viés' o problema da ontologia e da antropologia, indo diretamente à existência concreta, seus desenvolvimentos e seus conteúdos históricos" (**DE1**, 67). Binswanger vai e vem das formas antropológicas às condições ontológicas da existência. Não se trata, contudo, de uma aplicação dos métodos da filosofia da análise existencial (Heidegger) aos dados da experiência (nesse caso, clínica), mas de alcançar o ponto em que se articulam as formas e as condições da existência. Desse modo, a antropologia de Binswanger evita uma distinção *a priori* entre ontologia e antropologia ou uma divisão desta em filosofia e psicologia. Além desse reconhecimento ao texto e ao procedimento de Binswanger, Foucault prometia, nessa introdução, uma obra posterior, na qual teria que situar a análise existencial no desenvolvimento da reflexão contemporânea sobre o homem. Nela, mostraria a inflexão da fenomenologia sobre a antropologia e os fundamentos propostos à reflexão concreta sobre o homem. Uma antropologia que se opõe a todo positivismo psicológico e a situa em um contexto ontológico (**DE1**, 65-66). Esta obra nunca veio à luz.

A antropologia de Kant. A "Introduction à l'*Anthropologie* de Kant" constitui o primeiro volume da tese complementar de Foucault para obtenção do doutorado. Embora este trabalho remonte ao final da década de 1950, foi publicado apenas em 2008. Nele, depois de ocupar-se da gênese do texto de Kant, Foucault analisa a inserção da *Antropologia em sentido pragmático* no pensamento kantiano. Sem seguir uma ordem cronológica estrita, trata primeiro da relação da *Antropologia* com os escritos do período pré-crítico, e em seguida de sua relação com os últimos trabalhos de Kant. O nexo com os escritos do período crítico, que numa linha do tempo ficariam entre os dois anteriores, é estudado apenas no final da seção, embora de maneira muito mais desenvolvida. • A propósito da relação com o pensamento crítico, um tema recebe particular atenção por parte de Foucault: o *Gemüt*, o ânimo. Não é difícil compreender a razão, pois, embora a *Antropologia* conduza a um conhecimento cosmopolita do homem, apenas suas páginas finais se ocupam do homem que habita o mundo. A maior parte do texto é dedicada a um estudo do *Gemüt*, cujas faculdades regem a organização do pensamento de Kant. Foucault então se pergunta: de que maneira a análise do *Gemüt* conduz a um conhecimento do homem como cidadão do mundo? (**IAK**, 35). A resposta pode ser resumida em poucas palavras: isto é possível na medida em que, na *Antropologia*, o universal nasce no meio da experiência, no movimento do verdadeiramente temporal. • Tendo em conta sobretudo a tensão existente na *Antropologia* entre seu ponto de apoio nas críticas e a filosofia transcendental à qual se dirige, da qual as *Críticas* são apenas uma propedêutica, Foucault trata de estabelecer a estrutura e a especificidade da antropologia kantiana. Quanto à estrutura, esta é sistemática, na medida em que expõe o todo de seu conteúdo (não a totalidade), segundo a divisão que estabelece entre didática (onde Kant repete o percurso das três críticas) e característica (onde se aborda a questão da história e o destino da humanidade). Com relação à sua especificidade, esta é popular. Foucault ocupa-se de mostrar com precisão como se deve entender este adjetivo. Segundo as observações do próprio Kant na *Lógica*, a popularidade faz referência a uma determinada perfeição do conhecimento, à certeza de que "o todo é dado na inesgotável multiplicidade do diverso" (**IAK**, 59). • Foucault presta particular atenção às projeções da *Antropologia* de Kant na filosofia contemporânea. A esse respeito sustenta: "Um dia dever-se-á considerar toda a história da filosofia pós-kantiana e contemporânea do ponto de vista dessa confusão sustentada, isto é, a partir dessa confusão denunciada" (**IAK**, 67). De que confusão se trata? Nada mais nada menos que do próprio projeto da antropologia e de seu estatuto misto. Com efeito, a antropologia se localiza entre o trabalho das *Críticas* e a filosofia transcendental, em um lugar intermediário definido como interrogação acerca do originário, isto é, sobre a relação entre a dispersão temporal e a universalidade. A partir daqui buscará, sem consegui-lo, conciliar o *a priori* (a relação entre passividade e espontaneidade) das *Críticas* com o fundamental (o nexo entre verdade e liberdade) da filosofia transcendental. Vemos como são esboçados aqui os conceitos que irão articular em seguida as páginas decisivas de *Les Mots et les choses* sobre a analítica da finitude. Ver: Homem.

O sonho antropológico. "A antropologia constitui, talvez, a disposição fundamental que dirige e conduz o pensamento filosófico desde Kant até nós" (**MC**, 353). Desde o momento em que a representação perdeu o poder de determinar por si só o jogo da análise e da síntese, isto é, com o desaparecimento da episteme clássica, a antropologia, como analítica da finitude, converteu-se nessa disposição fundamental. Apareceu, assim, essa forma de reflexão mista, na qual os conteúdos empíricos (do homem como ser vivente, trabalhador e falante) são subsumidos em um discurso que se eleva até a presunção do transcendental. Por meio dessa *dobra* do empírico e do transcendental, a filosofia entrou no sonho antropológico: todo conhecimento empírico, se concerne ao homem, vale como campo filosófico possível, em que se pode descobrir o fundamento do conhecimento, a definição de seus limites e a verdade (**MC**, 352). Essa dobra delimita o terreno em que germinaram as Ciências Humanas (a psicologia, a sociologia, a análise dos mitos e da literatura). O surgimento das Contraciências Humanas (a etnologia, a psicanálise, a linguística) nos anuncia que o homem está por desaparecer. Mas Foucault vê, sobretudo em Nietzsche, o primeiro esforço para desenraizar o pensamento da antropologia, para despertar o pensamento de seu sonho antropológico (**MC**, 353).

Filosofia da história e arqueologia. À diferença das filosofias da história, a descrição arqueológica dos enunciados se propõe multiplicar na análise as instâncias da diferença e da descontinuidade. Não se trata, para ela, de recorrer a um sujeito único (a consciência, a razão, a humanidade) como suporte de uma história contínua na qual o passado encontra sua verdade no presente, e na qual este, em forma de promessa, antecipa um futuro mais pleno. Antes, o contrário: multiplicar as rupturas, evitar as visadas retrospectivas, renunciar à pletora do sentido ou à tirania do significante. Dessa perspectiva, a arqueologia rompe com essa solidariedade constitutiva entre a antropologia e a filosofia da história (**AS**, 26).

Ver: *Homem, Humanismo, Sujeito*.

19. *APHRODÍSIA*

O termo grego *aphrodísia* é um adjetivo substantivado que os latinos traduziram por *venerea* e para o qual a *Suda*, enciclopédia greco-bizantina de fins do século X, propõe o significado de as "coisas" ou os "atos de Afrodite". Esses atos são queridos pela própria natureza, aos quais ela associa um prazer intenso e aos quais conduz por meio de uma força sempre suscetível de excesso e revolta (**HS2**, 43, 47). Foucault resume o sentido de seus trabalhos acerca dos *aphrodísia* sustentando que uma história da sexualidade não deve partir da noção de repressão do desejo, mas de como nas formas de governo de si e dos outros o desejo tem sido "isolado e exaltado, e se formou a partir daí uma determinada relação do sujeito consigo mesmo que sofreu algumas transformações, porque é vista desenvolvendo-se, organizando-se, e dividindo-se em um dispositivo que foi, primeiro, o da "carne", e depois se converterá, muito mais tarde, no da sexualidade" (**SV**, 293). Uma história da sexualidade, entendida como uma genealogia do homem de desejo, deve partir, então, da experiência grega dos *aphrodísia* para chegar à experiência moderna da sexualidade, passando pela experiência cristã da carne. • Enquanto o volume primeiro da *Histoire de la sexualité* está dedicado à formação da experiência moderna da sexualidade, os volumes segundo e terceiro centram-se no tema dos *aphrodísia*. O segundo, *L'Usage des plaisirs*, cujo título traduz a expressão grega *chrêsis aphrodisiôn*, está dedicado à experiência dos *aphrodísia* na Grécia clássica, e o terceiro, *Le Souci de soi*, cujo título traduz a expressão grega *epiméleia heautoû*, à experiência dos *aphrodísia* no mundo helenístico e no Império Romano • Antes da publicação desses volumes em 1984, os *aphrodísia* constituem o tema do curso de 1981, *Subjectivité et vérité*. De fato, os volumes segundo e terceiro da *Histoire de la sexualité* podem ser vistos como uma reelaboração das investigações expostas neste curso, às quais irão somar-se as análises acerca do cuidado de si elaboradas em *L'Herméneutique du sujet*. • A respeito da noção de *aphrodísia*, o material do curso *Subjectivité et vérité* e dos volumes segundo e terceiro da *Histoire de la sexualité* pode ser organizado da seguinte maneira: 1) A elaboração da problemática ética dos *aphrodísia*, que foi abordada em particular no primeiro capítulo de *L'Usage des plaisirs* e nas lições de 4, 11, 18 e 25 de janeiro de 1981 do curso *Subjectivité et vérité*. Em *L'Usage des plaisirs*, Foucault centra-se no sentido do termo *aphrodísia* para a cultura grega, sobretudo clássica, como campo de problematização ética em relação às noções de *chrêsis e enkráteia* (ver: *Enkráteia*), de liberdade e verdade. No curso, Foucault se detém, em vez disso, na obra de Artemidoro e com mais detalhe na fábula do elefante (ver: *Elefante*), que menciona apenas uma vez em *L'Usage des plaisirs*. Como na introdução desse volume, também no curso são enfatizadas a noção de experiência ética e as distinções entre as três experiências que o guiarão ao longo de sua exposição: a experiência pagã dos *aphrodísia*, a experiência cristã da carne e a experiência moderna da sexualidade. Em oposição à noção de experiência, tanto no plano histórico como metodológico, Foucault critica, no curso de 1981, o que denomina a ilusão do código ou a miragem jurídica. 2) Depois de apresentar a problematização ética dos *aphrodísia* na cultura grega clássica, *L'Usage des plaisirs* trata dos três âmbitos fundamentais de preocupação a esse respeito: em relação à saúde, a *dietética*; em relação à casa (*oikos*), a *econômica*, e por último, em relação à pederastia, a *erótica*. Ver: *Dietética, Econômica, Erótica*. A cada um desses âmbitos são dedicados os capítulos segundo, terceiro e quarto da obra, respectivamente. Em *Subjectivité et vérité*, as questões da dietética clássica não têm desenvolvimentos significativos; as da econômica dos autores clássicos (Xenofonte, Pseudo-Aristóteles) são analisadas na lição de 11 de fevereiro de 1981; em relação à erótica clássica, encontram-se algumas breves reflexões mais ao final da lição de 28 de janeiro daquele ano. 3) O último capítulo de *L'Usage des plaisirs*, intitulado "O verdadeiro amor", trata da relação entre os *aphrodísia* e a verdade no âmbito da erótica entre mestre e discípulo. Em *Subjectivité et vérité*, essa questão também é abordada ao final da lição de 28 de janeiro. 4) Pode-se dizer que o volume terceiro, *Le Souci de soi*, projeta os temas abordados em *L'Usage des plaisirs* para os primeiros séculos da nossa era. O primeiro capítulo ocupa-se da obra de Artemidoro, tema já abordado em *Subjectivité et vérité*, sobretudo na lição de 21 de janeiro de 1981. 5) O capítulo seguinte, o segundo, detém-se na noção de cuidado de si e cultura de si, e na evolução dessas noções e práticas nas culturas helenística e imperial. Neste capítulo, Foucault retoma, brevemente, alguns dos desenvolvimentos de *L'Herméneutique du sujet*. As expressões *souci de soi* (cuidado de si) e *culture de soi* (cultura de si) não são encontradas em *Subjectivité et vérité*. 6) O capítulo terceiro de *Le Souci de soi* ocupa-se das explicações dadas pelos historiadores sobre as razões da modificação da experiência dos *aphrodísia* nas épocas helenística e imperial, isto é, as mudanças na prática do matrimônio e na política. Estas questões são tratadas na lição de 11 de março do curso *Subjectivité et vérité*. 7) Os capítulos seguintes de *Le Souci de soi* abordam a questão dos *aphrodísia* em relação ao corpo (o quarto capítulo), às mulheres e ao matrimônio (o quinto) e aos jovens (o sexto). Esses capítulos são paralelos, respectivamente, aos capítulos segundo, terceiro e quarto de *L'Usage des plaisirs*. Em *Subjectivité et vérité* as considerações em torno da relação entre os *aphrodísia* e a saúde na época helenística não ocupam muito espaço. Já quanto à questão do matrimônio nos primeiros séculos de nossa época, pode-se dizer que é o tema geral do curso a partir da lição de 25 de fevereiro de 1981. A desqualificação do amor pelos jovens, tema do capítulo sexto de *Le Souci de soi*, é tratada na lição de 4 de março de 1981. As últimas lições do curso são dedicadas a contrapor a experiência pagã dos *aphrodísia* à experiência cristã da carne e a realizar uma espécie de balanço conclusivo da evolução histórica da ética dos *aphrodísia*.

A problematização ética dos *aphrodísia*. À diferença da noção cristã de "carne" e da moderna noção de "sexualidade", os *aphrodísia* não foram objeto nem de classificação nem de deciframento (**HS2**, 47). Sua problematização ética ou, para utilizar o vocabulário foucaultiano, a maneira pela qual se converteram em substância ética, responde a uma forma de interrogação diferente da cristã e da moderna. Por um lado, mais do que a morfologia do ato, o que está em primeiro plano é sua dinâmica, isto é, o que liga o ato ao desejo e ao prazer. A interrogação cristã e moderna, por sua vez, estruturou-se sobre a base de sua separação. Por outro lado, quanto ao objeto de interrogação ética, a problematização dos gregos se articula em torno de duas questões: a quantidade e a polaridade. Em relação à quantidade, a preocupação concerne à intensidade dos atos e sua frequência. Desse modo, os *aphrodísia* caem no campo da virtude da continência e do vício da incontinência. Quanto à polaridade, isto é, aos papéis ativo ou passivo que podem ser desempenhados nas relações sexuais, a preocupação dos gregos passa por certo isomorfismo com a situação que "por natureza" é ocupada na sociedade: a atividade é própria do homem e, mais ainda, do cidadão; a passividade, por sua vez, é própria das mulheres e dos escravos. De novo, à diferença da noção moderna, não deparamos aqui com a sexualidade concebida como algo comum a homens e mulheres (**HS2**, 53-56). • Na classificação dos prazeres, os *aphrodísia* aparecem como inferiores. Essa condição, no entanto, diferentemente da noção cristã de carne, não depende do estado de natureza caída, do pecado das origens, mas do fato de que são prazeres comuns ao homem e ao animal. A intensidade do desejo sexual, por meio do qual a natureza assegura a continuidade da espécie, faz deles uma preocupação ética maior. Nesse sentido, do ponto de vista dos prazeres, a analogia entre os *aphrodísia* e os prazeres da mesa (a bebida e a comida) foi uma das constantes do pensamento grego. • De maneira sucinta, a interrogação ética dos gregos acerca dos *aphrodísia* se resume à pergunta "Como usá-los?". Não se trata então de uma problematização do desejo ou do prazer, mas do exercício, da *chrêsis*.

Princípios da experiência ética dos *aphrodísia*. Na lição de 4 de fevereiro de 1981, de *Subjectivité et vérité*, Foucault se detém especificamente nos dois princípios que regem a experiência ética dos antigos acerca dos *aphrodísia*. Aqui se apoia em *A chave dos sonhos*, de Artemidoro, mas o mesmo vale para a Antiguidade Clássica . 1) **Princípio de isomorfismo**. Na função social e na função nas relações sexuais deve haver um isomorfismo. Um ato sexual será adequado, então, quando quem for ativo na sociedade desempenhar o mesmo papel nas relações sexuais. E quanto a quem é passivo, aplica-se um critério idêntico. Uma relação sexual entre o senhor e um escravo é, dessa perspectiva, adequada; mas a situação inversa romperia o princípio do isomorfismo. A relação entre o marido e a esposa localiza-se no cume dos isomorfismos possíveis. 2) **Princípio de atividade**. À diferença do princípio de isomorfismo, que remete ao âmbito do social e do *nómos* (regra), o princípio de atividade remete à *physis* (natureza) e, nesse caso específico, à penetração. A respeito, Foucault destaca que esta experiência ética está centrada no *éthos* do varão adulto. Portanto, a naturalidade deve ser entendida como atividade, como penetração. A naturalidade do ato sexual é a penetração. Bem, este princípio de atividade não está proposto em termos relacionais, entre quem penetra, o sujeito, e quem é penetrado, o objeto, mas em relação ao próprio sujeito da penetração, na relação que este mantém com seus próprios prazeres. Segundo este princípio, assim como de acordo com o princípio de isomorfismo, o varão adulto deve ser senhor dos outros, soberano dos outros, ele deve ser também soberano de si mesmo, senhor de seus prazeres. A busca indefinida de prazeres é vista como uma forma de feminização de si mesmo e, portanto, não conforme à sua natureza (**SV**, 86-90).

A evolução da experiência ética dos *aphrodísia* nas épocas helenística e imperial. Como dissemos, o curso dos anos 1980-1981 no Collège de France, *Subjectivité et vérité*, pode ser visto como a investigação preparatória dos temas abordados em *L'Usage des plaisirs* e *Le Souci de soi*. Neste curso, Foucault dedica a lição de 4 de fevereiro de 1981 à evolução da experiência ética dos *aphrodísia* dentro da cultura pagã, da Grécia clássica à época helenística, e a de 25 de março de 1981 à relação entre a ética sexual antiga e a do cristianismo.

A supervalorização do matrimônio. Quanto às diferenças entre a ética dos *aphrodísia* nos períodos clássico e helenístico, neste último a supervalorização do matrimônio e a desvalorização do prazer aparecem como características mais acentuadas. Nos séculos I e II de nossa era, com efeito, o matrimônio será, segundo Foucault, separado das outras relações sociais e convertido em regra da ética dos *aphrodísia* (**SV**, 104). Esta supervalorização do matrimônio modificará o princípio de isomorfismo da experiência ética clássica. O princípio de isomorfismo será substituído pelo princípio da localização exclusiva das relações sexuais no âmbito da conjugalidade. Por outro lado, todo prazer, inclusive o ativo, será criticável (**SV**, 105). "Esta valorização do matrimônio como lugar único da relação sexual legítima nos conduz à ideia segundo a qual não pode haver relação sexual que não seja conjugal. E a transformação do princípio de atividade em crítica do prazer como passividade nos conduz à ideia de um ato sexual hedonistamente neutralizado" (**SV**, 106).

Três grandes transformações. Na lição de 4 de março de *Subjectivité et vérité*, Foucault resume as transformações da ética dos *aphrodísia* nas épocas helenística e imperial romana em torno de três eixos: 1) A problematização dos *aphrodísia* se ocupa cada vez menos da questão da pederastia; já o amor entre o homem e a mulher e, com maior precisão ainda, entre o marido e a mulher, é objeto de uma atenção crescente. 2) Nas artes de viver da época, consequentemente, observa-se também um aumento gradual da tendência a localizar os *aphrodísia* no âmbito dos prazeres legítimos, isto é, no matrimônio. 3) Vincular cada vez mais a relação do sujeito consigo mesmo, no uso dos *aphrodísia*, com a relação pessoal entre esposo e esposa (**SV**, 177). A partir dessas transformações, a ética dos prazeres dos primeiros séculos da nossa era culminará na completa desqualificação do amor entre o homem adulto e o jovem (**SV**, 199). Nesse contexto, compreende-se a atenção que Foucault dá à evolução da prática matrimonial nesta época, à qual dedica a lição inteira de 11 de março de *Subjectivité et vérité*. • Todos esses temas são retomados no terceiro volume da *Histoire de la sexualité*. Como em *Subjectivité et vérité*, Foucault começa com a análise de *A chave dos sonhos* de Artemidoro e se estende até Sêneca, Galeno, Epiteto, Plutarco e Marco Aurélio. A problematização ética do matrimônio e do amor pelos jovens, como já assinalamos, é abordada nos capítulos quinto e sexto respectivamente. O quarto capítulo, por sua vez, explora um tema menos desenvolvido no curso: a problematização do corpo na medicina da época. Em poucas palavras, no helenismo nos encontramos, definitivamente, com uma ética mais rigorosa, já que se modifica a maneira de definir a relação entre o sujeito e sua atividade sexual (**HS3**, 269).

Cristianismo. O cristianismo apropriou-se dos códigos da ética dos *aphrodísia* do paganismo da época. No entanto, a continuidade dos códigos éticos da conduta sexual entre a Antiguidade e o cristianismo (**HS2**, 21, 26-27; **SV**, 257-258) é apenas relativa. Na moral cristã, a problematização da carne já não será uma questão de *uso*, mas de deciframento dos *arcanos* do desejo pelas formas e funções de um conjunto de atos cuidadosamente definidos (**HS2**, 106), dando lugar assim a uma hermenêutica do desejo e do si mesmo. Ver: *Cristianismo*.

As confissões da carne. A formação da experiência cristã da carne a partir da ética filosófica dos *aphrodísia*, com suas continuidades e transformações, é um dos temas centrais do quarto volume da *Histoire de la sexualité, Les Aveux de la chair*. Ver: *Carne*.

O nascimento do desejo. Nas transformações da ética dos *aphrodísia*, primeiro na época helenística e depois com o cristianismo, será rompida a unidade entre corpo, desejo e prazer que a caracterizava na Grécia clássica. O desejo emergirá acima dos outros elementos, convertendo-se no "princípio de subjetivação/objetivação dos atos sexuais", no "transcendental histórico" de qualquer história da sexualidade (**SV**, 293).

Subjetividade e verdade. A relação entre subjetividade e verdade constitui o tema central do curso de 1981 no Collège de France, intitulado precisamente *Subjectivité et vérité*. Um dos momentos decisivos dessa relação ocorre quando a questão da verdade em relação ao *eros* se desloca do campo da pedagogia, isto é, a verdade que se deve transmitir, ao âmbito de si mesmo, à própria verdade. "Quando os *aphrodísia* estiverem vinculados a uma arte de conduzir-se na qual a tecnologia de si se oriente para si mesmo e a obrigação da verdade já não seja aquela que consiste em transmitir a verdade a outro, mas em descobri-la em si mesmo, evidentemente estaremos em um regime completamente diferente daquele dos *aphrodísia*" (**SV**, 97). Ver: *Ética, Sexualidade*.

20. ARENDT, HANNAH (1906-1975)

Nos textos publicados até o momento, encontramos uma única referência de Foucault a Hannah Arendt; as outras aparecem em perguntas que lhe foram formuladas. Nesta única referência, que surge também como resposta a uma consulta, Foucault assinala que, diferentemente de Arendt, não se pode estabelecer uma distinção taxativa entre "relação de dominação" e "relação de poder" (**DE4**, 589).

21. ARIÈS, PHILIPPE (1914-1984)

O encontro entre Foucault e Ariès remonta à época da publicação de *Histoire de la folie à l'âge classique*. Na realidade, foi Ariès, consultor da editora Plon, quem deu impulso ao seu lançamento (**DE4**, 649). • Foucault considerou Philippe Ariès o criador da história das mentalidades, a história que relata o que o homem faz de si mesmo como espécie vivente (**DE3**, 503). Mais tarde, no artigo publicado por ocasião de seu falecimento, mais do que como uma "história das mentalidades", considerou os trabalhos de Ariès como uma "história das práticas" da "estilização da existência", isto é, das formas pelas quais o homem se manifesta, se inventa, se esquece ou se nega em sua fatalidade de ser vivente e mortal (**DE4**, 648). Essa história das práticas toma por objeto as condutas que concernem à vida e à morte, o modo pelo qual a vida se converte em história. • Foucault situa os próprios trabalhos na linha teórica de Ariès (**DE4**, 650).

22. ARISTÓFANES (~445-~380 a.C.)

Quatro comédias de Aristófanes são citadas em *L'Usage des plaisirs*; são elas: *Assembleia de mulheres, As tesmoforiantes, Os cavaleiros* e *Os acarnenses*. Foucault faz referência a essas comédias principalmente em razão das descrições desqualificadoras dos efeminados e da prática da pederastia (Agatão, principalmente) (**HS2**, 26, 211, 241-242, 255; **DE4**, 551-552). • Encontramos também várias referências à figura literária de Aristófanes em *O banquete*, de Platão (**HS2**, 255-256).

23. ARISTÓTELES (~386-~322 a.C.)

Ética dos prazeres. Foucault se ocupa de Aristóteles a propósito de numerosos temas vinculados à ética dos prazeres: a desqualificação moral das relações extraconjugais (**HS2**, 24); a noção de intemperança que, para Aristóteles, concerne aos prazeres do corpo (excluindo os da visão, da audição e do olfato) (**HS2**, 49-50); os prazeres naturais, nos quais as únicas faltas que podem ser cometidas são da ordem da quantidade (**HS2**, 54-55); a passividade da mulher (**HS2**, 56); acerca da relação entre desejo e razão (**HS2**, 60); sobre o nexo entre prazeres da mesa e prazeres do amor (**HS2**, 61-64); acerca da distinção entre *sophrosýne* e *enkráteia* (**HS2**, 75-82); da liberdade e da escravidão na cidade e no indivíduo com relação ao governo dos prazeres (**HS2**, 92-99); sobre o perigo para a saúde pelo abuso dos prazeres sexuais (**HS2**, 134-138); acerca da reprodução (**HS2**, 148-150); sobre a relação entre atividade sexual e morte (**HS2**, 152); as políticas da temperança (**HS2**, 193-200).

As categorias. Sobre a teoria clássica do signo e sua crítica à doutrina das categorias de Aristóteles (**DE1**, 643-644).

Vontade de saber. Seu primeiro curso no Collège de France, *Leçons sur la volonté de savoir* (1970-1971), foi dedicado à morfologia da vontade de saber. A esse respeito, Foucault considera dois modelos teóricos: Aristóteles – a naturalidade do conhecimento e sua relação com a verdade – e Nietzsche – o conhecimento como invenção e falsidade. Dessa perspectiva, Foucault analisa em detalhe o início da *Metafísica*, e, em particular, a afirmação aristotélica segundo a qual os homens desejam saber por natureza. Foucault sustentará que, em Aristóteles, a verdade desempenha uma tripla função: assegura a passagem do desejo ao conhecimento, funda a anterioridade do conhecimento em relação ao desejo e a identidade do sujeito no desejo e no conhecimento (**LVS**, 24). Ver: *Vontade de saber*.

Sofistas. Aristóteles leva a cabo a verdadeira exclusão dos sofistas da história da filosofia (**LVS**, 50).

Parresía. Foucault ocupa-se de Aristóteles também em vários momentos-chave de seu último curso, *Le Courage de la vérité*, a propósito da relação entre *parresia* e coragem, e também entre *parresia* e democracia. Por um lado, com efeito, Aristóteles considera que a grandeza de alma implica a prática da *parresia* (**CV**, 13); por outro, sustenta a dificuldade e até mesmo a impossibilidade da prática da *parresia* no regime democrático (**CV**, 46-51, 56).

24. ARQUEOLOGIA / *Archéologie*

Nos escritos de Foucault, a expressão "arqueologia do saber" remonta à *Histoire de la folie à l'âge classique* (**HF**, 314).

Ordem. *Les Mots et les choses* tem por subtítulo *Une archéologie des sciences humaines*. O prefácio, com efeito, apresenta a obra não como uma história no sentido tradicional do termo, mas como uma arqueologia cujos problemas de método serão estudados em uma obra posterior (**MC**, 13). Entre os "códigos fundamentais de uma cultura" e as teorias científicas e filosóficas que explicam por que há uma ordem, existe para Foucault uma "região intermediária" – "mais sólida, mais arcaica, menos duvidosa, sempre mais verdadeira que as teorias" (**MC**, 12) – que fixa, como experiência da ordem, as condições históricas de possibilidade dos saberes. A arqueologia se propõe analisar, precisamente, essa "experiência desnuda" da ordem. Dessa perspectiva, em *Les Mots et les choses* não nos é mostrado o movimento quase ininterrupto da *ratio* europeia, mas duas grandes descontinuidades: a que separa o Renascimento da Época Clássica e a que distancia esta da Modernidade (**MC**, 13-14).

História, monumento, documento. A arqueologia do saber se situa no momento de transformação no qual a história redefine sua posição a respeito dos documentos. A tarefa primeira da história já não consiste em interpretar o documento, determinar se diz a verdade ou assinalar seu valor expressivo, mas antes em trabalhá-lo desde o interior (**AS**, 14). Em outros termos, em lugar de tratar os monumentos como documentos (lugar da memória do passado), trata os documentos como monumentos. Não busca neles os rastros que os homens tenham podido deixar, mas isola seus elementos, agrupa-os, estabelece relações, reúne-os segundo níveis de pertinência. Os principais efeitos de superfície dessa mudança da história em relação ao estatuto do documento têm sido, no campo da história das ideias, a multiplicação das rupturas e, na história propriamente dita, o surgimento dos grandes períodos (**AS**, 15). Outras consequências têm sido a importância outorgada à noção de descontinuidade (**AS**, 16-17); a possibilidade de abordar uma história geral, não uma história global (**AS**, 17-19); o surgimento de novos problemas metodológicos (constituição de um corpus coerente, determinação do princípio de seleção, definição do nível de análise, delimitação de conjuntos articulados, estabelecimento das relações entre eles) (**AS**, 19-20).

História das ideias. Como resposta a esses novos problemas metodológicos, Foucault elaborou uma série de noções (*formações discursivas, positividade, arquivo*) e definiu um domínio de análise (*enunciados, campo enunciativo, práticas discursivas*). "A arqueologia descreve os discursos como práticas específicas no elemento do arquivo" (**AS**, 174). Nesse sentido, a arqueologia se distingue da história das ideias. Os grandes temas da história das ideias são a gênese, a continuidade, a totalização, a passagem da não filosofia à filosofia, da não cientificidade à ciência, da não literatura à obra. A arqueologia não é uma disciplina interpretativa; não trata os documentos como signos de outra coisa, mas os descreve como práticas. Por isso, não persegue estabelecer a transição contínua e insensível que une todo discurso ao que o precede e ao que o segue, e sim determinar sua especificidade. Não está subordinada à obra (para encontrar ali a expressão da individualidade ou da sociedade, a instância do sujeito criador – não é nem psicologia nem sociologia); define, isso sim, práticas discursivas que atravessam as obras. Por último, também não pretende estabelecer a identidade do que foi dito (o que os homens pensaram, quiseram, tentaram ou desejaram dizer no momento em que proferiram seus discursos), mas é uma reescrita dos discursos ao nível de sua exterioridade (**AS**, 182-183). Entre a arqueologia e a história das ideias encontramos quatro grandes diferenças: 1) Com relação à atribuição da novidade, a arqueologia não busca as invenções ou o momento em que algo foi dito pela primeira vez, mas a regularidade dos enunciados. 2) Com relação à análise das contradições, as formações discursivas, objeto da descrição arqueológica, não são um texto ideal, contínuo; a descrição arqueológica preserva suas múltiplas asperezas. 3) Com relação às descrições comparativas, ao suspender a primazia do sujeito e, desse modo, não reduzir o discurso à expressão de algo que ocorre no interior de um *cogito*, a arqueologia não pretende converter-se numa análise causal dos enunciados que permitiria relacionar ponto por ponto uma descoberta ou um fato, um conceito e uma estrutura social. A arqueologia se inscreve na história geral; quer mostrar como a história (as instituições, os processos econômicos, as relações sociais) pode dar lugar a tipos definidos de discurso. 4) Com relação ao estabelecimento das transformações, a contemporaneidade de várias transformações não significa para a arqueologia uma coincidência cronológica exata. Numerosas relações são possíveis entre elas. "Ruptura" é o nome que recebem as transformações que afetam o regime geral de uma ou de várias formações discursivas. Por isso, a *época* não é a unidade de base. Se a arqueologia fala de época, o faz a propósito de práticas discursivas determinadas. Foucault aborda cada um desses temas em *L'Archéologie du savoir* (**AS**, 184-231).

Formalização e interpretação. A arqueologia define uma metodologia de análise dos discursos que não é nem formalista nem interpretativa (**AS**, 177). Enquanto a unidade de trabalho das metodologias formalistas é a proposição-significante e a da interpretação é a frase-significado, a arqueologia se ocupa de *enunciados* e *formações discursivas*. Ver: Enunciado, Formação discursiva.

Outras arqueologias. Até a publicação de *L'Archéologie du savoir* em 1969, a *episteme* era uma modalidade de interrogação dos saberes. Nesse sentido, tratava-se de arqueologias orientadas à episteme. De todo modo, Foucault pensa na possibilidade de outras descrições arqueológicas, não orientadas à episteme: uma arqueologia da sexualidade, da pintura, da política (**AS**, 251-254).

Geologia, genealogia. "A arqueologia, como a entendo, não é parente da geologia (como análise do subsolo) nem da genealogia (como descrição dos começos e das sucessões), é a análise do discurso em sua modalidade de arquivo" (**DE1**, 595).

Kant. O termo "arqueologia" foi utilizado por Kant para referir-se a uma história filosófica da filosofia, isto é, uma história escrita a partir dos princípios da razão, e não dos relatos empíricos. Foucault afirma esta ascendência kantiana da arqueologia para opor-se à opinião de G. Steiner, que a situa em relação a Freud (**DE2**, 221).

Poder, verdade. A publicação de *L'Archéologie du savoir* pode ser vista, por sua vez, como um ponto de chegada e de partida. Com efeito, Foucault exporá nesta obra uma concepção da arqueologia centrada nas formações discursivas e sua regularidade, buscando explicar o procedimento utilizado em suas obras anteriores. No entanto, ao final deste trabalho, como assinalamos, o próprio autor vislumbra a possibilidade de outras arqueologias, orientadas à sexualidade, à política ou à arte. Seguindo este caminho, Foucault incorporará a análise das relações de poder para explicar as formações discursivas, em particular as ciências humanas. Desse modo, a arqueologia se abre às investigações genealógicas. Mas este não é o ponto final das investigações foucaultianas em torno do saber. Em seus últimos cursos no Collège de France, com efeito, as relações entre saber e discurso e saber e poder se completarão a partir da análise entre o saber e a verdade. A esse respeito, Foucault sustenta: "Ao passar da noção de saber-poder à noção de governo mediante a verdade, trata-se essencialmente de dar um conteúdo positivo e diferenciado aos termos saber e poder" (**DGDV**, 13).

25. ARQUITETURA / *Architecture*

Desde seus primeiros escritos, o tema da arquitetura está estreitamente vinculado à questão do poder. Assim, na *Histoire de la folie à l'âge classique*, fala-se de uma instituição de correção perfeita, "segundo o rigor de uma geometria que é ao mesmo tempo arquitetônica e moral. Todo fragmento de espaço possui os valores simbólicos de um inferno social meticuloso" (**HF**, 535). • Na época de *Naissance de la clinique*, Foucault concebeu a ideia, embora logo a deixasse de lado, de um estudo sobre a arquitetura dos hospitais. A respeito, sustenta: "Examinando os diferentes projetos arquitetônicos após o segundo incêndio do Hôtel-Dieu, em 1772, dei-me conta de até que ponto a inteira visibilidade dos corpos, dos indivíduos e das coisas sob um olhar centralizado havia sido um dos princípios diretores mais constantes" (**DE3**, 190). • Quanto à relação entre arquitetura e poder, Foucault distingue uma arquitetura do espetáculo e outra da vigilância, cuja forma paradigmática é o Panóptico de Bentham (**DE2**, 608). Esta relação entre arquitetura e poder toma forma através do modo em que a organização do espaço distribui o movimento do olhar e determina a visibilidade. A arquitetura dos templos, dos palácios e dos teatros responde ao jogo da visibilidade no exercício tradicional do poder (**SP**, 218); a correspondente ao poder disciplinar será a arquitetura das prisões, dos hospitais e das escolas. Ver: *Panóptico*. • Foucault retoma a distinção entre uma arquitetura do espetáculo e outra da vigilância da obra de N. Julius sobre as prisões, *Vorlesungen über die Gefängnisskunde* (**LSP**, 24, 39). • A partir de fins do século XVIII, a arquitetura começa a estar vinculada aos problemas do urbanismo e da população, em lugar de estar orientada à manifestação do poder (**DE3**, 192). • Na conversação com J.-P. Barou e M. Perrot intitulada "L'Œil du pouvoir" (**DE3**, 190-207), pode-se encontrar uma apresentação geral das considerações de Foucault sobre a relação entre arquitetura e poder.

26. ARQUIVO / *Archive*

Em Foucault, o termo "arquivo" não faz referência, como na linguagem corrente, nem ao conjunto de documentos que uma cultura conserva como memória e testemunho de seu passado, nem à instituição encarregada de acumulá-los. O arquivo é, antes, o sistema das condições históricas de possibilidade dos enunciados (**AS**, 170). Com efeito, os enunciados, considerados como acontecimentos discursivos, não são nem a mera transcrição do pensamento em discurso, nem o simples jogo das circunstâncias. Os enunciados como acontecimentos possuem uma regularidade específica, que rege sua formação e suas transformações. Por isso, o arquivo determina também, desse modo, que os enunciados não se acumulem em uma multidão amorfa ou que simplesmente se inscrevam em uma linearidade sem ruptura. As regras do arquivo definem: os limites e as formas da *dizibilidade* (do quê e como é possível falar); os limites e as formas da *conservação* (quais enunciados estão destinados a ingressar na memória dos homens pela recitação, a pedagogia, o ensino, e quais podem ser reutilizados); os limites e as formas da memória tal como aparece em cada formação discursiva (que enunciados reconhece como válidos, discutíveis ou inválidos, quais são identificados como próprios e quais como estranhos); os limites e as formas da *reativação* (que enunciados anteriores ou de outra cultura retém, valoriza ou reconstitui e a que transformações, comentários, exegeses ou análise os submete); os limites e as formas da *apropriação* (como se define a relação do discurso com seu autor, que indivíduos ou grupos têm direito a determinada classe de enunciados; como a luta por encarregar-se dos enunciados se desenvolve entre as classes, as nações ou as coletividades) (**AS**, 169-171, **DE1**, 681-683). • "Entendo por 'arquivo' o conjunto dos discursos efetivamente pronunciados. O arquivo é considerado não só um conjunto de acontecimentos que tiveram lugar de uma vez e para sempre e ficaram em suspenso, no limbo ou no purgatório da história, mas também como um conjunto que continua funcionando, que se transforma através da história, que brinda a outros discursos a possibilidade de aparecer" (**DE1**, 772). • Não se pode descrever de forma exaustiva o arquivo de uma sociedade ou de uma civilização (**AS**, 171). • O umbral de existência do arquivo está fixado pelo que separa nossos discursos do que já não podemos dizer. Por isso, o arquivo concerne a algo que é nosso, mas não à nossa atualidade (**AS**, 172). • "A arqueologia é, em sentido estrito, a ciência desse arquivo" (**DE1**, 499).

27. *ARS EROTICA* (Arte erótica)

Segundo Foucault, historicamente existem dois procedimentos para produzir a verdade do sexo: a *ars erotica* e a *scientia sexualis*. Na *ars erotica*, a verdade do sexo se extrai do prazer mesmo, de sua prática, de sua experiência. China, Japão, Índia e as sociedades árabe-muçulmanas dotaram-se de uma *ars erotica* (**HS1**, 77). Na *scientia sexualis*, por sua vez, a verdade do sexo é da ordem do discurso. • Ainda que a nossa civilização tenha dado lugar a uma *scientia sexualis*, a *ars erotica* não desapareceu; ela subsiste, por exemplo, na direção de consciência, na busca da união espiritual, no prazer da verdade (**HS1**, 94-95). • "Um dos numerosos pontos em que cometi um erro neste livro [*La Volonté de savoir*] é naquilo que eu disse a respeito da *ars erotica*. Eu a opunha à *scientia sexualis*. Mas é necessário ser mais preciso. Os gregos e os romanos não tinham nenhuma *ars erotica* em comparação com a *ars erotica* dos chineses (ou digamos que não era algo muito importante em sua cultura). Eles tinham uma *tékhne toû bioû*, uma técnica de vida, na qual economia do prazer desempenhava papel muito importante. Nessa 'arte de viver', a ideia segundo a qual era necessário exercer um domínio perfeito sobre si mesmo converteu-se rapidamente no problema central. E a hermenêutica cristã de si constituiu uma nova elaboração dessa *tékhne*" (**DE4**, 390, 615).

28. ARTAUD, ANTONIN (1896-1948)

Em Artaud expressa-se a consciência trágica da loucura (**HF**, 47). • A obra de Artaud, como a de Roussel, põe de manifesto o novo modo de ser da literatura, no qual a linguagem deixa de estar subordinada ao sujeito (**MC**, 395). • Em Artaud, a linguagem discursiva está destinada a desatar-se na violência do corpo e do grito, e o pensamento, abandonando a interioridade charlatã da consciência, converte-se em energia material, sofrimento da carne, persecução e desgarramento do sujeito (**DE1**, 522). • Em Artaud, deparamos com uma linguagem "que parte de uma ausência e fala de uma ausência", de um "vazio fundamental onde faltam as palavras" (**LGE**, 44).

29. ARTEMIDORO (séc. II)

Foucault consagra a primeira parte de *Le Souci de soi* à análise do texto *A chave dos sonhos* desse filósofo pagão do século II (**HS3**, 16-50). Três capítulos dessa obra estão dedicados aos sonhos sexuais, que podem ser compreendidos à luz da economia, das relações sociais, do sucesso e do fracasso do indivíduo e de sua vida política e cotidiana. Nesse sentido, Artemidoro está próximo de Freud. No entanto, para Artemidoro, o valor social do sonho não depende da natureza do ato sexual, mas do estatuto social dos *partenaires* (**DE4**, 174). • Antes da publicação de *Le Souci de soi*, Foucault havia-se ocupado do livro de Artemidoro na lição de 21 de janeiro de 1981 do curso *Subjectivité et vérité*. Com o recurso à obra de Artemidoro, Foucault pretende duas coisas. Por um lado, desfazer-se da ideia de uma sexualidade trans-histórica e de um código universal sobre a sexualidade (a ilusão do código, a miragem jurídica), para mostrar, em contrapartida, a percepção ética a seu respeito (**SV**, 99-100). Por outro, estabelecer um ponto de partida para a análise da evolução da ética sexual antiga no paganismo (**SV**, 103). Nesse sentido, a obra de Artemidoro mostra como funcionam os dois grandes princípios da ética sexual dos antigos: o princípio de isomorfismo (deve haver equivalência entre as relações sociais e as sexuais; por exemplo, se alguém desempenha uma função ativa na sociedade, deve cumprir a mesma função no âmbito das relações sexuais) e o princípio da atividade (não ser passivo, já não em relação ao outro, mas sobretudo em relação a si próprio; por exemplo, escravo dos próprios prazeres) (**SV**, 82, 86, 91). Ver: *Aphrodísia, Sexualidade*.

30. ARTES DE GOVERNAR / *Arts de gouverner*

De acordo com a primeira lição do curso *Naissance de la biopolitique*, a expressão "artes de governar", que em geral aparece no plural, deve ser tomada em sentido restrito, o que se aplica tanto ao termo "arte" como a "governar". Com relação a "arte", não se trata, com efeito, do modo em que se tem governado, mas da maneira em que a prática de governar tem sido objeto de reflexão. Com relação a "governar", Foucault concentra sua análise apenas nas práticas políticas de governo. Por artes de governar devemos entender, então, a racionalização da prática governamental no exercício da soberania política (**NB**, 3-4). • Estas artes de governar fundam suas raízes no que a Igreja grega chamou de *tékhne tekhnon* (técnica das técnicas) e a Igreja romana chamou de *ars artium* (arte das artes), isto é, as práticas de direção de consciência particularmente presentes nos âmbitos conventuais como modo de conduzir os monges. A partir do século XV assiste-se, no entanto, a um processo de laicização dessas técnicas, que se estenderam a toda a sociedade civil, e de multiplicação (governo dos filhos, dos pobres, dos soldados etc.) (**QQC**, 36). Na raiz dos processos de laicização e multiplicação, no século XVI, em uma época de forte concentração estatal e de dissidência religiosa (aparição dos grandes Estados territoriais e administrativos, surgimento da reforma protestante etc.), entre o gênero literário "conselhos para o príncipe" e os tratados acerca da polícia (ver: *Polícia*), aparece uma série de tratados que se apresentam sob a denominação comum de "artes de governar" (**STP**, 92). Toda essa literatura, e suas correspondentes práticas, foram possíveis por uma série de motivos, entre os quais é necessário assinalar a expansão demográfica, a abundância monetária, o aumento da produção agrícola e, em particular, a emergência da população como problema (**STP**, 107).

Maquiavel. Toda essa literatura acerca do governo toma como contraponto *O príncipe* de Maquiavel. É possível, portanto, falar de um gênero anti-Maquiavel, cujos representantes explícitos foram Ambrogio Politi, Innocent Gentillet e Frederico II; e, de maneira menos explícita, embora também determinada, Thomas Elyot, Guillaume de La Perrière e François de La Mothe Le Vayer (**STP**, 94). *O príncipe* de Maquiavel caracteriza-se, segundo esses autores, pela relação de exterioridade do príncipe com relação ao seu principado, pois este não lhe pertence por nenhuma condição natural ou jurídica. Seu principado chega-lhe por tradição ou foi conquistado pela violência. O nexo entre o príncipe e seu principado, por isso, é frágil e está sempre ameaçado. O objetivo do príncipe é manter e fortalecer esse vínculo e, para conseguir isso, deve determinar quais são os perigos e manipular as relações de força. A essa concepção da política se opõe o gênero "artes de governar".

Características. Foucault enumera quatro grandes características da concepção do governo na literatura das artes de governar: 1) À diferença de Maquiavel, sem negar suas especificidades, os autores desses tratados sustentam, em geral, uma continuidade entre o governo político, a economia e a moral; em primeiro lugar, uma continuidade ascendente: quem queira governar o Estado deve poder governar a si mesmo; em segundo lugar, uma continuidade descendente: em um Estado bem governado, os pais sabem governar suas famílias e os indivíduos a si mesmos. A questão fundamental que domina toda essa imensa literatura é como a economia, entendida como gestão da família e da casa, concerne ao âmbito do Estado. "A arte de governar é, precisamente, a arte de exercer o poder sob a forma e segundo o modelo da economia" (**STP**, 98). • A partir dessa problemática, o termo "economia" começa a adquirir seu sentido moderno como "um nível de realidade, um campo de intervenção para o governo, através de uma série de processos complexos e, creio, absolutamente capitais para nossa história. Pois isso é governar e ser governado" (**STP**, 99). 2) Segundo os autores desse gênero, não se governa o território, mas as coisas. É nisto que a soberania, que tem por objeto o território, se diferencia do governo (**STP**, 101). 3) Mais que de um bem comum (entendido, segundo a teoria da soberania, como a submissão à lei), é necessário falar de um conjunto de fins específicos. 4) O bom governo não deve se servir do aguilhão, mas da paciência, da sabedoria e da diligência.

Soberania, família, população. As artes de governar se situam entre o quadro demasiado rígido da teoria da soberania e o modelo demasiado frágil, do ponto de vista político, da administração familiar (**STP**, 108). O saber estatístico, que começa a se formar por essa época, mostra, com efeito, que os fenômenos da população são irredutíveis ao modelo familiar. A família deixa de ser por isso um modelo para a política e se converte em seu objetivo e instrumento. A emergência da população, no entanto, não elimina o problema da soberania, ao contrário, torna-o mais agudo (**STP**, 110).

Crítica. O processo de governamentalização do Ocidente, de extensão e multiplicação das artes de governar, tem sido acompanhado, para Foucault, pela interrogação acerca de como não ser governado ou, para ser mais preciso, como não ser governado de tal ou qual modo. Essa pergunta e, por sua vez, a atitude política que a acompanha, constituem, para Foucault, uma primeira definição da crítica (**QQC**, 36-37).

Confissões da carne. O capítulo IV da primeira parte de *Les Aveux de la chair*, intitulado "L'art des arts" (**HS4**, 106-145), trata da maneira em que o cristianismo assimilou, ao transformá-las, as práticas da direção de consciência, o exame de si e a confissão, o que deu lugar a uma nova experiência ética do sexo e do desejo. Segundo a tese de Foucault, as práticas da direção frequentes nas escolas filosóficas, sobretudo das épocas helenística e imperial romana, não foram acolhidas no seio do cristianismo antes do século IV (**HS4**, 113). Sua apropriação e reelaboração teve lugar, além disso, no processo de formação das instituições monásticas (**HS4**, 115). Nesse contexto, a "direção é indispensável para quem queira caminhar em direção à vida perfeita: nem o ardor individual da ascese nem a generalidade da regra podem substituí-la" (**HS4**, 117). Ver: *Carne*.

31. ARTES DE VIVER / *Arts de vivre*

A expressão grega que se traduz por arte de viver é *tékhne peri bion* (**SV**, 36). A artes de viver, em particular dos primeiros séculos de nossa era, constituem um dos temas centrais das investigações de Foucault a partir de *Subjectivité et vérité* (1980-1981). Na lição de 14 de janeiro desse curso, ele as aborda a partir da célebre fábula do elefante. Ver: *Elefante*. As artes de viver são "procedimentos reflexivos, elaborados, sistematizados, que ensinam aos indivíduos a maneira em que podem alcançar um determinado modo de ser, mediante a gestão da própria vida, o controle e a transformação de si mesmo por si mesmo" (**SV**, 37). O objeto desses procedimentos é o *bios*, a maneira de viver, o que fazemos com o que nos acontece. Essas artes se ocupam dos momentos fortes da vida (morte, exílio, ruína) e das atividades (falar em público, exercitar a memória), mas também da existência em geral, isto é, o regime do corpo e da alma (**SV**, 31). Implicam: 1) uma relação com os outros, pois são aprendidos e ensinados; 2) uma relação com a verdade, com um saber que se aprende e que é necessário interiorizar, e 3) uma relação do indivíduo consigo mesmo de contínuo exame. *Máthesis, melete, áskesis* são os termos gregos com os quais são nomeadas, respectivamente, cada uma dessas atividades (**SV**, 34-35). • Na época helenística se dá uma inversão das relações entre arte de viver e cuidado de si. Enquanto na Grécia clássica o cuidado de si era parte das artes de viver, um de seus momentos, durante o helenismo a arte de viver será uma parte do cuidado. Viver será viver para si (**HS**, 429-430). • "A arte de viver é matar a psicologia, é criar, consigo e com os outros, individualidades, seres, relações, qualidades que não tenham nome. Se não conseguimos fazer isto na vida, ela não merece ser vivida" (**DE4**, 256).

32. ASCESE / *Ascèse*

Ascese antiga e ascese cristã. À diferença das conotações que esse vocábulo sugere atualmente, a ascese não era para os antigos um caminho de progressiva renúncia a si mesmo. Tratava-se antes do trabalho de constituição de si mesmo, da formação de uma relação consigo mesmo que fosse plena, acabada, completa, autossuficiente e capaz de produzir a transfiguração do sujeito que é a felicidade de estar consigo mesmo (**HS**, 305). Nesse sentido, a filosofia, enquanto forma de vida, não era apenas uma prática discursiva, mas uma ascese, um trabalho do sujeito sobre si (**GSA**, 202, 326). Ver: *Cuidado*, *Parresia*. • Nossa noção de ascese está determinada pela herança cristã. Foucault assinala três diferenças conceituais entre a ascese filosófica antiga, helenística e romana, e a ascese cristã: a ascese antiga, como mencionamos, 1) não está orientada à renúncia a si mesmo, mas à constituição de si mesmo; 2) não está regulada pelos sacrifícios, mas pelo dotar-se de algo que não se tem; 3) não busca vincular o indivíduo à lei, mas à verdade (**HS**, 316). • O sentido e a função fundamental da ascese filosófica helenístico-romana foram assegurar a subjetivação do discurso verdadeiro, fazer com que o eu se converta em sujeito de enunciação do discurso verdadeiro. Não se trata, então, da objetivação de si em um discurso verdadeiro, mas da subjetivação de um discurso verdadeiro: trata-se de tornar próprias, na vida, as coisas que se sabe, os discursos que se escuta e que se reconhece como verdadeiros. "Fazer sua a verdade, converter-se em sujeito de enunciação do discurso verdadeiro: creio que é esse o coração mesmo da ascese filosófica" (**HS**, 317).

Cinismo. Acerca da ascese cínica, ver: *Cinismo*.

Cristianismo. Foucault se interessa pela questão da verdade do ponto de vista das práticas de subjetivação, isto é, na medida em que o acesso à verdade é possível a partir da relação que o sujeito estabelece consigo mesmo (**DGDV**, 111). Dessa perspectiva, leva a cabo uma análise pormenorizada do vínculo entre ascese e verdade nos Padres da Igreja, em particular, em Tertuliano e seus contemporâneos (séculos II e III), e também nas instituições monásticas. Para Foucault, uma das características definidoras do regime de verdade do cristianismo é a bipolaridade entre a fé (os ensinamentos, a doutrina) e a confissão (a manifestação da verdade da alma), entre "o Oriente da fé e o Ocidente da confissão" (**DGDV**, 131). Em sua opinião, esses dois momentos começam a separar-se na época de Tertuliano, que decompõe a experiência da *metánoia* (conversão) em dois momentos: a ascese e a iluminação. Antes de receber a iluminação da fé, faz-se necessária, para preparar-se para o batismo, a ascese da alma e do corpo mediante, por exemplo, jejuns e vigílias (**DGDV**, 127). Essa exigência de uma exercitação purificatória do corpo e da alma será também, para os Padres da Igreja, uma das características da disciplina da penitência. • A necessidade da verbalização das faltas por parte do pecador, segundo Foucault, não provém, no entanto, nem da ascese batismal nem da ascese da penitência, mas da ascese monástica, entendida como um aprimoramento contínuo da vida cristã (**DGDV**, 222), cujas formas extremas devem ser evitadas mediante a prática da *discretio*, isto é, o discernimento entre o relaxamento e o excesso (**DGDV**, 285).

Descartes, filosofia moderna. Segundo Foucault, Descartes rompeu com a concepção da filosofia como ascese. Para aceder à verdade, é suficiente a evidência, basta um sujeito que seja capaz de ver o evidente. A evidência substituiu assim a ascese (**DE4**, 630; **HS**, 15-16, 19, 29). É interessante fazer referência à interpretação histórica que Foucault nos oferece dessa ruptura cartesiana: a separação entre verdade e ascese não seria uma consequência do desenvolvimento da ciência moderna, mas da teologia medieval, em especial da inspirada em Aristóteles. O modelo do sujeito cognoscente cartesiano implicava um Deus concebido em termos cognoscitivos. O conflito entre espiritualidade e ciência foi precedido pelo conflito entre espiritualidade e teologia (**HS**, 28). Na Antiguidade, no entanto, o acesso à verdade exige do sujeito pôr em jogo o próprio ser, que ele se transforme mediante o trabalho da ascese. Na realidade, ascese e *eros* foram as duas grandes formas da espiritualidade ocidental mediante as quais o sujeito se modifica para ter acesso à verdade (**HS**, 17). Apesar dessa interpretação do cartesianismo como ruptura com a ascese, Foucault também sustenta, por outro lado, que a filosofia moderna, começando por Descartes, pode ser vista como uma recuperação das características da filosofia antiga; entre elas, a ascese (**GSA**, 321, 325-326).

Ascese e Modernidade. A ascese caracteriza também a atitude da Modernidade. Aqui Foucault faz referência a Baudelaire (**DE4**, 570-571).

Poder pastoral. A ascese ou, para sermos mais precisos, o ascetismo é considerado por Foucault como uma contraconduta com relação ao poder pastoral (**STP**, 209). Ver: *Conduta, Poder pastoral*.

As confissões da carne. Sobre a ascese monástica, cujo eixo é a obediência, em relação com a formação da experiência cristã da carne, ver: *Carne*.

33. AUTOR / *Auteur*

A arqueologia deixa de lado as noções com as quais tradicionalmente se escreveu a história do conhecimento e das ciências, a história da literatura e da filosofia; em particular, as categorias de *obra, livro* e *autor*. Quanto a esta última, para além das questões metodológicas da arqueologia, a crítica à noção de autor faz parte da crítica geral, do ponto de vista da filosofia, à noção de sujeito, à função fundadora do sujeito. O questionamento da noção de autor está presente também na crítica literária e na relação escritura/morte. • Foucault ocupou-se em detalhe da função-autor em *L'Archéologie du savoir*, em *L'Ordre du discours* e na conferência na Société Française de Philosophie intitulada, precisamente, "Qu'est-ce qu'un auteur?" (**DE1**, 789-821).

Nome próprio. O "autor" não funciona como um nome próprio: a relação entre o autor e o que nomeia não é isomorfa com a relação entre o nome próprio e o indivíduo que designa. Foucault nos oferece vários exemplos. Descobrir que Pierre Dupont não é médico ou não vive em Paris não modifica o nexo de designação. Do mesmo modo, se descubro que Shakespeare não nasceu na casa que se visita como seu lugar natal, isso não altera o funcionamento do nome do autor. Ao contrário, se for descoberto que não é o autor dos *Sonetos* ou que é o autor do *Novum Organum* de Bacon, que Shakespeare e Bacon são a mesma pessoa, então se modifica inteiramente o funcionamento do nome do autor.

Função-autor. Foucault distingue quatro características fundamentais da função-autor: 1) Está ligada a um sistema jurídico e institucional que rodeia, determina e articula o universo dos discursos que são objeto de apropriação. Esta relação de propriedade é secundária com relação à apropriação penal. Com efeito, os discursos começaram a possuir um autor na medida em que este podia ser castigado. O discurso tem sido ao longo da história um gesto carregado de riscos antes de ingressar no circuito da propriedade. 2) Não se exerce de maneira uniforme nem com as mesmas características em relação a todos os discursos, em todas as épocas e em todas as civilizações. Alguns discursos circulam sem recorrer a um autor como princípio de seu sentido ou de sua eficácia: notas cotidianas que se lançam quase de imediato, decretos, contratos, fórmulas técnicas. Porém, mesmo nos campos onde geralmente se requer um autor (a literatura, a filosofia e a ciência), este não funciona da mesma maneira: na Idade Média, por exemplo, o valor científico de um texto provinha de seu autor; mas, a partir do século XVII, essa função não cessa de debilitar-se, até desaparecer (no discurso científico serve apenas para dar nome a um teorema, a um efeito, a uma síndrome). No campo da literatura, entretanto, a atribuição a um autor não deixou de se fortalecer, enquanto na Idade Média este permanecia no anonimato (**OD**, 30-31; **DE1**, 799-800). 3) A função-autor não está definida pela atribuição espontânea a seu produtor, mas por uma série de operações específicas e complexas. • Para Foucault, a maneira pela qual a crítica literária define o autor deriva diretamente da maneira pela qual a tradição cristã determinou a autenticidade. Foucault refere-se a São Jerônimo (**DE1**, 801). Desse modo, o autor, como fonte da expressão, permite explicar a presença de certos fatos em uma obra, sua transformação, sua deformação, mas também confere certa unidade aos discursos, permite superar as contradições. 4) A função-autor não remete pura e simplesmente a um indivíduo real, pode dar lugar a vários *egos* simultaneamente. O sujeito que fala no prefácio de um tratado de matemática não é o mesmo que se expressa no desenvolvimento de uma demonstração ou se estende sobre as dificuldades e obstáculos que encontrou no decorrer de seu trabalho (**DE1**, 803).

Fundadores de discursividade. Alguns autores não são apenas autores de suas obras, mas também da possibilidade de outros discursos e das regras de sua formação. Por exemplo, Marx ou Freud. A instauração da discursividade é distinta da fundação da cientificidade. Aquela não é da ordem da generalidade formal, mas da abertura de um campo de aplicações a respeito das quais se mantém por trás. "Para falar de maneira muito esquemática, a obra desses instauradores não se situa em relação à ciência e ao espaço que ela desenha, mas é a ciência ou a discursividade que se referem à sua obra como suas coordenadas primeiras" (**DE1**, 807). A partir daqui, compreende-se essa necessidade que guia todas as exigências de retorno à origem, de redescoberta, de reatualização.

B

34. BACHELARD, GASTON (1884-1962)

Foucault se refere a Gaston Bachelard sobretudo em relação à noção de atos e cortes epistemológicos, e em razão de tais noções situa-o entre as figuras centrais que operaram a transformação do campo da história das ideias, das ciências, da filosofia. Com a noção de corte epistemológico, Bachelard suspendeu a acumulação indefinida de conhecimentos. Com efeito, Bachelard não busca estabelecer nem o começo silencioso dos conhecimentos nem os primeiros precursores, mas o aparecimento de um novo tipo de racionalidade (**AS**, 11). • Foucault também faz referência à função que Bachelard atribui à imaginação na percepção (**DE1**, 114). • Para além de todas as oposições que possam servir para descrever o panorama da filosofia francesa do século XX (marxistas e não marxistas, freudianos e não freudianos, especialistas e não especialistas etc.), Foucault propõe separar uma filosofia da experiência, do sujeito e do sentido, de uma filosofia do saber, da racionalidade e do conceito. Na primeira, encontramos Sartre e Merleau-Ponty; na segunda, Cavaillès, Bachelard e Canguilhem (**DE3**, 430). Apesar das diferenças de estilo, entendido como interrogação histórica da racionalidade, o equivalente dessa segunda linha de pensamento no panorama alemão seria a Escola de Frankfurt (**DE3**, 432-433).

35. BACON, FRANCIS (1561-1626)

Semelhança. Encontramos em Bacon uma crítica da semelhança que, à diferença de Descartes, não concerne às relações de ordem e igualdade entre as coisas. Trata-se de uma doutrina do *quid pro quo*, dos *idola* do teatro e do foro, que nos fazem crer que as coisas se assemelham ao que apreendemos ali (**MC**, 65). • No início da Época Clássica, Bacon buscou introduzir a metodologia da *inquisitio* (investigação) nas ciências empíricas. Foucault entende aqui por *inquisitio* o procedimento político-judicial, tal como é encontrado, por exemplo, na Inquisição (**SP**, 227; **DE2**, 391). Ver: *Investigação*.

Sedição e revolta. No contexto da análise da razão de Estado, a respeito da questão da obediência Foucault toma como eixo de análise a distinção, estabelecida por Bacon, entre dois gêneros de causas das sedições: as materiais e as ocasionais. As primeiras são a indigência excessiva e o descontentamento que, em geral, remete a alguma forma de indigência. As sedições "que provêm do ventre são as piores de todas" (**STP**, 274). Entre as segundas podem ser encontradas as mudanças na religião ou na distribuição dos privilégios. A cada uma dessas causas correspondem certos remédios. Como contraposição às causas materiais, por exemplo, ele recomenda castigar o luxo e combater a preguiça e a vadiagem. Com relação às ocasionais, Bacon observa que o povo, demasiado lento às vezes, rebela-se incitado pelos nobres. Por isso, o remédio passa, definitivamente, por comprar ou executar alguns membros da nobreza. As rebeliões e sedições que surgem do descontentamento do povo, por sua vez, são mais difíceis de manejar. Em todo caso, sempre se deve conservar um pouco de esperança e, sobretudo, impedir que o povo encontre um líder na nobreza.

Maquiavel. Foucault realiza um estudo pormenorizado das reflexões de Bacon sobre as revoltas e as sedições, para compará-lo com a reflexão política de Maquiavel: 1) A preocupação de Maquiavel está em manter o poder do príncipe ou, mais precisamente, determinar como fazer frente às ameaças que buscam despojá-lo de seu principado. Nada disso aparece no texto de Bacon. 2) Enquanto para Maquiavel o problema mais importante é o dos grandes e notáveis que ameaçam o príncipe, para Bacon, ao contrário, é o próprio povo que é o objeto do governo. 3) Para Maquiavel, a questão dos qualificativos do príncipe (justo ou injusto, por exemplo) reveste-se de um caráter essencial. Para Bacon, ao contrário, o problema na verdade relevante é o cálculo econômico da riqueza e de sua circulação e o manejo da opinião (**STP**, 277-278). Ver: *Richelieu*. • "Não tenho o costume de dar conselhos sobre o trabalho universitário, mas se algum dos senhores quiser estudar Bacon, acho que não perderia seu tempo" (**STP**, 273).

36. BARBÁRIE / *Barbarie*

Foucault ocupou-se da figura do bárbaro e da barbárie em relação à formação do discurso histórico e, de maneira mais específica, do discurso histórico da guerra de raças.

O selvagem e o bárbaro. Na formação do pensamento jurídico e político do século XVIII, a figura do selvagem que abandona os bosques para pactuar e fundar sociedade desempenhou um papel fundamental. Inclinado ao intercâmbio e à troca, seria uma versão elementar do homo œconomicus, daí a bondade natural de sua figura. O discurso histórico-político inaugurado por Boulainvilliers erigiu, contra o selvagem, a figura do bárbaro. Entre elas, podem ser estabelecidas as seguintes diferenças: 1) O selvagem deixa de sê-lo quando ingressa na sociedade. É selvagem apenas em estado insocial. Já o bárbaro se define em relação às fronteiras do Estado e da civilização; quer destruir essas fronteiras e apropriar-se da civilização. Não ingressa na história para fundar a sociedade, mas para incendiá-la e destruí-la. 2) O bárbaro não é um vetor de intercâmbio, mas de dominação. Não leva a cabo a ocupação primitiva do solo, mas a rapina, a pilhagem. Sua relação com a propriedade é sempre de segundo grau. À diferença do selvagem, nunca cede sua liberdade. Para o bárbaro, o governo adota sempre uma forma militar: não se funda numa cessão de direitos, mas na dominação. Nesse sentido, é o homem da história.

Revolução. No discurso histórico-político do século XVIII, cuja formação é analisada em *"Il faut défendre la société"*, o problema não era "revolução ou barbárie", mas "revolução e barbárie", isto é, como filtrar a barbárie constitutiva de toda revolução (**IDS**, 176-177, 179-180). Por isso, um dos maiores problemas do pensamento político moderno será encontrar o justo equilíbrio entre barbárie e constituição: o que é preciso manter e o que há de se rechaçar da barbárie para encontrar uma constituição equilibrada do Estado? (**IDS**, 173-176).

Castigo. Não se deve pensar a prática punitiva do suplício em termos de barbárie. Não se trata de uma prática irracional, mas de um mecanismo, de certa lógica do castigo (**SP**, 60; **DE2**, 584).

37. BARROCO / *Baroque*

Barroco, teatro e loucura. Um dos eixos do teatro barroco foi a extravagância dos espíritos que não dominam suas quimeras, como Dom Quixote (**MMPS**, 79). • O bufão era, no Renascimento e no Barroco, o personagem que dizia a verdade, uma espécie de profeta que, à diferença do profeta judeu-cristão, não sabe que diz a verdade. • Os personagens barrocos dividem-se entre os que dominam sua vontade e os que são portadores da verdade, isto é, entre os que não estão loucos e os que estão. No louco há verdade, mas não vontade de verdade (**DE2**, 110-112). O personagem do louco representa a verdade irresponsável (**DE3**, 489). • O personagem da tragédia clássica, à diferença do personagem barroco, não pode estar louco (**HF**, 312-313). Terá que esperar até o século XIX – sua literatura, Nietzsche e a psicanálise – para reencontrar o mútuo pertencimento entre loucura e verdade (**DE2**, 112).

Barroco e semelhança. No início do século XVII, durante o período Barroco, o pensamento, diferentemente do que ocorria no Renascimento, deixa de mover-se no domínio da semelhança (**MC**, 65). O Barroco é o triunfo da ilusão cósmica, do *quid pro quo*, do sonho e das visões, do *trompe-l'œil*.

38. BARTHES, ROLAND (1915-1980)

Em resposta a uma pergunta sobre o pertencimento de Lévi-Strauss, Lacan, Althusser, Barthes e do próprio Foucault ao estruturalismo, nosso autor assinala que o específico do estruturalismo é problematizar a importância do sujeito humano, da consciência. Desse modo, a crítica literária de Barthes implica uma análise da obra que não se refere à psicologia nem à individualidade nem à biografia pessoal do autor, mas às estruturas autônomas, suas leis, seus princípios construtivos (**DE1**, 653). • Foucault sugere, sem maiores precisões a respeito, que seria possível vincular o caráter intransitivo da escritura de que fala Barthes (o fato de a escritura estar orientada para si mesma) com a função de transgressão (**DE2**, 114). Ver: *Transgressão*. • Ao introduzir a noção de escritura, Barthes buscava descobrir um nível específico a partir do qual se pudesse fazer a história da literatura como literatura, atenta à sua especificidade, para além dos indivíduos, com suas próprias leis de condicionamento e transformação (**DE2**, 270). • Foucault considera que o caminho de Barthes e o seu divergem tanto quanto a literatura da não literatura (**DE2**, 801). • "Esses signos, reais, pelos quais cada palavra, cada frase indica que pertence à literatura, é o que a crítica recente, a partir de Roland Barthes, chama de escritura" (**LGE**, 90).

39. BASAGLIA, FRANCO (1924-1980)

Para Foucault, o que Basaglia, como Bernheim e Laing, problematizou é a maneira pela qual o poder do médico está implicado na verdade do que diz. O característico das instituições médicas é uma separação taxativa entre os que têm a verdade e os que não a têm (**DE2**, 681). Ver: *Antipsiquiatria*.

40. BATAILLE, GEORGES (1897-1962)

O "Préface à la transgression" (**DE1**, 233-250) constitui uma homenagem à obra de Bataille. "Talvez a emergência da sexualidade em nossa cultura seja um acontecimento com valores múltiplos: está ligada à morte de Deus e ao vazio que esta deixa nos limites de nosso pensamento; está ligada também ao surgimento, ainda que surdo e vacilante, de uma forma de pensamento em que a interrogação sobre limite substitui a busca da totalidade, e em que o gesto da transgressão substitui o movimento das contradições" (**DE1**, 248). Ver: *Transgressão*.

41. BAUDELAIRE, CHARLES (1821-1867)

Em um dos artigos sobre a famosa resposta de Kant à pergunta "O que é o Iluminismo?", Foucault aborda a Modernidade como um *éthos*, isto é, como uma *atitude*, e não como uma época. Para caracterizar essa atitude de Modernidade, aparece a figura de Baudelaire. Dois textos constituem as referências de Foucault a esse respeito: *O pintor da vida moderna* e "Do heroísmo na vida moderna". A partir deles, são indicadas quatro características da Modernidade: 1) Tornar heroico o presente: a atitude de Modernidade, à diferença da moda, não consiste apenas em seguir o curso dos tempos – o fugaz, o passageiro –, mas antes em captar o que há de eterno no momento que passa. 2) Um heroísmo irônico: a Modernidade é para Baudelaire um exercício no qual a atenção extrema ao real se confronta com uma prática da liberdade que respeita o real e ao mesmo tempo o viola. 3) Uma relação que é necessário estabelecer consigo mesmo (dandismo): ser moderno não consiste em aceitar a si mesmo tal como se é, mas tomar-se como o objeto de uma elaboração complexa e exigente (ascetismo). 4) Para Baudelaire, essa atitude só pode ter lugar na arte, e não na sociedade ou na política (**DE4**, 569-571).

42. BECCARIA, CESARE (1738-1794)

"Os reformadores, e em particular Beccaria, que se levantaram contra a tortura e os excessos punitivos do despotismo monárquico, não propunham de nenhuma maneira a prisão como alternativa. Seus projetos, como os de Beccaria, eram claros: apoiavam-se em uma nova economia penal que tendia a ajustar as penas à natureza de cada delito. Assim, propunham a pena de morte para os assassinatos, o confisco dos bens para os ladrões e, por certo, a prisão, mas apenas para os delitos contra a liberdade" (**DE2**, 726). Ver: *Prisão*.

43. BEHAVIORISMO / *Béhaviorisme*

Psicologia. Foucault escreve a seção "La psychologie de 1850 à 1950" no segundo volume da obra de Denis Huisman e Alfred Weber, *Histoire de la philosophie européenne* (**DE1**, 120-137). O behaviorismo, segundo Foucault, busca "o sentido adaptativo das condutas a partir das manifestações objetivas do comportamento. Sem fazer intervir a experiência vivida, nem o estudo das estruturas nervosas e seus processos, deve ser possível encontrar a unidade do comportamento confrontando a análise das estimulações e a das reações" (**DE1**, 130). Foucault distingue duas espécies de behaviorismo: molecular (realiza a análise em seus segmentos mais elementares) e molar (segue as articulações significativas do conjunto).

História do conhecimento. Segundo uma objeção que lhe foi formulada algumas vezes, os estudos históricos de Foucault deixam pouco espaço à criatividade dos indivíduos. Nesse sentido, poder-se-ia pensar que seu trabalho tem a marca de certo behaviorismo (**DE2**, 490). A controvérsia foi suscitada num debate televisivo com Chomsky, que combatia o behaviorismo na linguística a fim de recuperar a criatividade do sujeito. Para Foucault, a questão do sujeito é diferente no behaviorismo e na história do conhecimento. Aqui resulta difícil atribuir a um inventor os fenômenos coletivos ou gerais. No entanto, a história se apresenta como um obstáculo para o acesso do sujeito à verdade (mitos, preconceitos etc.). Para Foucault, à diferença de Chomsky, trata-se de analisar a capacidade produtiva do conhecimento como prática coletiva e de ressituar os indivíduos e seus conhecimentos no desenvolvimento do saber (**DE2**, 480).

44. BENJAMIN, WALTER (1892-1940)

Foucault se refere ao estudo de Benjamin sobre Baudelaire, intitulado "Sobre alguns temas em Baudelaire", a propósito da noção de estética da existência (**HS2**, 17).

45. BENTHAM, JEREMY (1748-1832)

"Peço desculpas aos historiadores da filosofia por esta afirmação, mas creio que Bentham é mais importante para nossa sociedade que Kant ou Hegel. Dever-se-ia render-lhe homenagem em cada uma de nossas sociedades. Foi ele quem programou, definiu e descreveu, da maneira mais precisa, as formas de poder em que vivemos, e quem apresentou um maravilhoso e célebre pequeno modelo dessa sociedade da ortopedia generalizada: o famoso *Panóptico*" (**DE2**, 594). Ver: *Disciplina*, *Panóptico*.

46. BERGSON, HENRI (1859-1941)

Com relação à espacialização que caracteriza o conhecimento da vida no marco da anatomia patológica, de cuja genealogia se ocupa Foucault em Naissance de la clinique, Bergson vai no sentido contrário: busca no tempo, e contra o espaço, as condições sob as quais é possível pensar a individualidade. Com a formação da clínica, o indivíduo se ofereceu ao saber através de um longo movimento de espacialização. Bichat, um século antes que Bergson, deu uma lição mais rigorosa a respeito: a morte se converteu no espaço de abertura do indivíduo à linguagem e ao conceito (**NC**, 174-175). • "Quando era estudante, uma espécie de bergsonismo latente dominava a filosofia francesa. Digo 'bergsonismo', não que tudo isso tenha sido a realidade de Bergson, longe disso. Havia certo privilégio concedido a todas as análises temporais em detrimento do espaço, considerado como algo morto e fixo" (**DE3**, 576). • "Creio que ninguém havia imaginado que a linguagem, depois de tudo, não era tempo, e sim espaço. Ninguém imaginara isso exceto Bergson, sou obrigado a constatá-lo, embora seja alguém de quem não gosto muito. Bergson teve a ideia de que, depois de tudo, a linguagem não era tempo, e sim espaço" (**LGE**, 130).

47. BICHAT, MARIE FRANÇOIS XAVIER (1771-1802)

"Com Bichat, o conhecimento da vida encontra sua origem na destruição da vida e em seu extremo oposto. Na morte, a enfermidade e a vida dizem sua verdade" (**NC**, 148). Ver: *Clínica*.

48. BINSWANGER, LUDWIG (1881-1966)

Foucault dedicou uma extensa introdução à tradução francesa da obra de Ludwig Binswanger, *Le Rêve et l'existence* (**DE1**, 65-119). Este texto pode ser considerado o ponto de maior aproximação entre Foucault e a fenomenologia. Ver: *Antropologia*, *Fenomenologia*.

49. BIO-HISTÓRIA / *Bio-histoire*

Poder-se-ia chamar desse modo as pressões pelas quais os movimentos da história interferem com os processos da vida (**HS1**, 188). Na conferência do Rio de Janeiro de

1974, intitulada "La naissance de la médecine sociale", Foucault define a bio-história nos seguintes termos: "O efeito, no nível biológico, da intervenção médica, o rastro que pode deixar na espécie humana a forte intervenção médica que começa no século XVIII. Com efeito, a história da espécie humana não é indiferente à medicalização" (**DE3**, 207). Ver: *Biopoder*.

50. BIOLOGIA / *Biologie*

As condições de possibilidade da biologia. Foucault não aborda a história do conhecimento em termos de continuidade, mas de descontinuidade e ruptura. Pergunta-se ele a respeito do que torna possível que em um momento dado certas coisas tenham sido ditas de determinada maneira. As condições de possibilidade do saber atuam no plano da simultaneidade (**MC**, 14). Por isso, pode afirmar, sem causar estranheza no leitor advertido, que nem a *biologia* (nem os outros saberes da Modernidade: a economia política, a filologia) nem a vida existiam antes do século XIX. Durante a Época Clássica, só existiam os seres viventes e a História Natural (**MC**, 139, 173). Porém, é necessário precisá-lo: quando desaparece a episteme clássica, a biologia não vem substituir a História Natural; antes, ela se constitui onde essa não existia (**MC**, 220). • Lamarck, com sua noção de organização, encerrou a época da História Natural e entreabriu a da biologia (**MC**, 243). • A partir de Cuvier, a noção de *função*, que por certo já existia na Época Clássica, vai desempenhar um novo papel e, consequentemente, será definida em outros termos. Na Época Clássica era utilizada para estabelecer, por meio de identidades e diferenças, a ordem das coisas. Depois de Cuvier, no entanto, será o termo médio que permitirá vincular conjuntos de elementos desprovidos de toda identidade. Surgirão, então, novas relações: de coexistência (um órgão ou um conjunto de órgãos não pode estar presente em um animal sem que outro órgão ou conjunto de órgão também estejam); de hierarquia interna (o sistema nervoso aparecerá como determinante de toda disposição orgânica), e de dependência em relação a um plano de organização (a preeminência de uma função implica que o organismo responde a um plano). À diferença da História Natural, não deparamos com um campo unitário de visibilidade e ordem, mas com uma série de oposições cujos termos não se situam no mesmo nível (órgãos secundários, visíveis/órgãos primários, ocultos; órgãos/funções) (**MC**, 281). • Do século XVIII ao XIX, a cultura europeia realizou modificações fundamentais na espacialização do vivente. Para a Época Clássica, o vivente era uma cela ou uma série de celas no quadro taxonômico dos seres. A partir de Cuvier, os seres vivos se envolvem sobre si mesmos e rompem suas proximidades taxonômicas. Esse novo espaço é o das condições da vida (**MC**, 287). A ruptura do espaço clássico permitiu descobrir uma historicidade específica da vida: a da manutenção de suas condições de existência (**MC**, 288).

Animalidade, morte. Já que só os organismos podem morrer, é desde as profundezas da vida que sobrevém a morte. A vida, nesse sentido, torna-se selvagem; daí os novos poderes imaginários da animalidade (**MC**, 289-291). O objeto da História Natural, na Época Clássica, é o conjunto das diferenças observáveis entre os seres viventes; o objeto da biologia consiste naquilo que é capaz de viver e suscetível de morrer (**DE2**, 55).

Cuvier e a história da biologia (Geoffroy Saint-Hilaire, Darwin). Em *Dits et écrits* (**DE2**, 30-66), encontra-se uma extensa discussão acerca da situação de Cuvier na história da biologia. Ali, Foucault defende e precisa sua posição a esse respeito. A taxonomia clássica da História Natural era uma ciência das espécies, definia as diferenças que separavam umas espécies de outras e as classificava para estabelecer entre elas uma ordem hierárquica. O problema da História Natural consistia, então, em determinar como estabelecer espécies bem fundadas. Desse modo, surge a polêmica entre sistematizadores (partidários de um sistema artificial) e metodistas (defensores de um método natural). Para Darwin, em contrapartida, deve-se começar pelo conhecimento do indivíduo e suas variações. A obra de Cuvier torna possível essa transformação. Com a introdução da anatomia comparada, mostra que as categorias subordinadas ou superiores à espécie não são regiões de semelhança, e sim tipos de organização. A partir desse momento, pertencer a uma espécie será possuir uma determinada organização (e não possuir certas características). O conjunto de estruturas anatômico-funcionais fisiologicamente dirigidas define as condições de existência do indivíduo. • Cuvier e Geoffroy Saint-Hilaire resolveram o mesmo problema: como marcar uma identidade orgânica de acordo com uma constante que não nos é dada de imediato? Cuvier recorre à noção de função; Saint-Hilaire a rechaça e a substitui pelo princípio da posição e da transformação no espaço (**DE2**, 42).

Ecologia. Deve-se a Darwin a integração da ecologia à biologia (**DE2**, 56).

Ciências Humanas (psicologia). Foucault fala de modelos constitutivos das Ciências Humanas – tomados das ciências empíricas, como a biologia. No caso da formação da psicologia, tratar-se-ia da oposição função-norma, que também exerceu sua influência nas outras Ciências Humanas, como, por exemplo, na disciplina sociológica (**MC**, 366-369).

Raça. "O que é novo no século XIX é o surgimento de uma biologia de tipo racista, centrada por completo ao redor da concepção de degeneração. O racismo não foi em seus inícios uma ideologia política. Foi uma ideologia científica elogiada por toda parte, em Morel e em outros. E foram primeiro os socialistas, a esquerda antes que a direita, que a utilizaram com fins políticos" (**DE3**, 324).

Modernidade. Desde o momento em que a espécie ingressa no jogo das estratégias políticas, alcançamos o "umbral da modernidade biológica" (**HS1**, 188). A partir do século XVIII, a vida se converteu em um objeto de poder (**DE4**, 194).

População. Em *Sécurité, territoire, population*, o curso de 1977-1978, encontramos outra explicação sobre as condições históricas do surgimento da biologia, que se aplica também ao surgimento da economia política e da filologia histórica. Segundo Foucault, o que permitiu a formação desses saberes foi o surgimento, como conceito e como realidade, da população (**STP**, 80).

Ver: *Animalidade, Biopoder, Racismo*.

51. BIOPODER / *Biopouvoir*

As noções de biopoder e biopolítica, que Foucault escreve às vezes com um hífen entre os dois componentes, deram lugar nos últimos anos a uma reinterpretação de sua obra. Esta tendência foi alimentada e favorecida pelo progressivo surgimento de seus cursos no Collège de France. Embora Foucault atribua um sentido preciso ao termo "biopoder", reconhece que pode assumir dois alcances diferentes. O sentido geral faz referência às formas de exercício do poder que têm por objeto a vida biológica do homem. Entendido dessa maneira, inclui tanto o poder exercido sobre os corpos dos indivíduos (as disciplinas, a anatomopolítica) como o que se exerce sobre a população ou a espécie (a biopolítica). Assim, a biopolítica aparece como uma das duas formas possíveis do biopoder (**HS1**, 185). Em seu sentido restrito, o termo "biopoder", em vez disso, é entendido como sinônimo de biopolítica (**IDS**, 216; **STP**, 23). Este uso remete ao "conjunto de mecanismos pelos quais aquilo que na espécie humana constitui seus traços biológicos fundamentais pode ingressar na política" (**STP**, 3).

Disciplina, biopolítica. Acerca do conceito de biopoder tomado em seu sentido mais amplo, a última parte da *Volonté de savoir* e a aula de 17 de março do curso *"Il faut défendre la société"*, de 1976, devem ser considerados os textos de referência fundamentais. No primeiro, a análise do biopoder aparece depois da descrição da formação do dispositivo de sexualidade, e acaba na questão do racismo moderno, um racismo biológico e de Estado. No segundo, o biopoder surge ao final de um extenso percurso no qual Foucault analisa as transformações do conceito de guerra de raças. Em ambos os casos, o biopoder se apresenta em sua dupla face, como poder sobre a vida (as políticas da vida biológica, entre elas as políticas da sexualidade) e como poder sobre a morte (o racismo). Trata-se, definitivamente, da politização da vida da espécie considerada em termos biológicos, isto é, do homem como ser vivente. A formação do biopoder, para Foucault, pode ser abordada a partir das teorias do direito, da teoria política (os juristas dos séculos XVII e XVIII colocaram a questão do direito de vida e morte, da relação entre a preservação da vida, o contrato que dá origem à sociedade e a soberania) ou ao nível dos mecanismos, das técnicas e das tecnologias do poder. Foucault elege esta última perspectiva (**IDS**, 214-215). • Para ele, a partir da Época Clássica, assistimos no Ocidente a uma profunda transformação dos mecanismos de poder. Junto ao antigo direito soberano de fazer morrer ou deixar viver, surge um poder de fazer viver ou abandonar à morte. A partir do século XVII e até meados do século XVIII, organizou-se um poder em torno da vida, sob duas formas principais que não são antitéticas, e sim atravessadas por um plexo de relações: por um lado, as disciplinas (uma anatomopolítica do corpo humano), que têm como objeto o corpo individual, considerado uma máquina; por outro, uma biopolítica da população, do corpo-espécie, cujo objeto será o corpo vivente, suporte dos processos biológicos (nascimento, mortalidade, saúde, duração da vida) (**HS1**, 183). • Pela primeira vez, o fato de viver não constitui uma base que emerge de vez em quando, com a morte e a fatalidade; ingressa no campo de controle do saber e das intervenções do poder (**HS1**, 187).

Capitalismo. Foucault se distancia da interpretação weberiana e sustenta que, mais que a moral ascética, o determinante para a formação do capitalismo foi o ingresso da vida na história. Assim, o biopoder foi um elemento indispensável para o desenvolvimento do capitalismo e serviu para assegurar a inserção controlada dos corpos no aparato produtivo e ajustar os fenômenos da população aos processos econômicos (**HS1**, 185-186).

Sexualidade. O sexo funciona como dobradiça das duas direções em que se desdobrou o biopoder: a disciplina e a biopolítica. Cada uma das quatro grandes políticas do sexo que se desenvolveram na Modernidade foi uma maneira de articular as técnicas disciplinares do indivíduo com os procedimentos ordenadores da população. Duas delas se apoiaram na problemática da regulação das populações (o tema da descendência, da saúde coletiva) e produziram efeitos no nível da disciplina: a sexualização da infância e a histerização do corpo da mulher. As outras duas, inversamente, se assentaram nas disciplinas e obtiveram efeitos na instância da população: controle dos nascimentos, psiquiatrização das perversões (**HS1**, 191-193).

Sangue e sexualidade. "São os novos procedimentos do poder elaborados durante a Época Clássica e implementados no século XIX os que fizeram com que nossas sociedades passassem de uma *simbólica do sangue* [poder derramar o sangue, possuir o mesmo sangue] a uma *analítica da sexualidade*" (**HS1**, 195).

Racismo. O racismo assegura a função de morte na economia do biopoder (**IDS**, 230).

Lei, norma, sociedade normalizadora. O surgimento da problemática da população explica a importância crescente da norma e, consequentemente, da normalidade, em detrimento do sistema jurídico da lei (**HS1**, 189). As nossas são sociedades de normalização, onde as normas que disciplinam os indivíduos se articulam com os mecanismos que regulam as populações (**IDS**, 225). A sexualidade é o maior exemplo desse cruzamento ortogonal de disciplina e biopolítica, mas também o são a cidade ideal, a cidade operária, a cidade utópica do século XIX (**IDS**, 223-224). "Uma sociedade normalizadora é o efeito histórico de uma tecnologia de poder centrada na vida" (**HS1**, 190). Essa forma do poder, ao mesmo tempo individualizante e totalizante, é para Foucault a característica fundamental do poder moderno: "Desde um começo, o Estado foi ao mesmo tempo individualizante e totalitário" (**DE4**, 161). "Ao conseguir combinar esses dois jogos, o jogo da cidade e do cidadão e o jogo do pastor e do rebanho, naquilo que chamamos de Estados modernos, nossas sociedades revelaram ser verdadeiramente demoníacas" (**DE4**, 147).

Soberania. O poder, organizado em termos de soberania, tornou-se inoperante para manejar o corpo econômico e político de uma sociedade em vias de explosão demográfica e, ao mesmo tempo, de industrialização. Por isso, de maneira intuitiva e no plano local, apareceram instituições como a escola, o hospital, o quartel, a fábrica. Em seguida, no século XVIII, foi necessária uma nova adaptação do poder para enfrentar os fenômenos globais de população e os processos biológicos e sociológicos das massas humanas (**IDS**, 222-223).

Conhecimento. Se a questão do homem foi colocada em função de sua especificidade como ser vivente e de suas relações com outros seres vivos, isso se deu em razão do ingresso da vida na história (**HS1**, 189).

Normação e normalização. Foucault distingue entre normação e normalização para descrever o vínculo que mantêm com a norma, respectivamente, a disciplina e a biopolítica. Na normação, à diferença da normalização, há uma prioridade da norma. Ver: *Norma*. Ver também: *Biopolítica, Disciplina, Liberalismo, Medicalização, População, Poder, Razão de Estado*.

52. BIOPOIÉTICA / *Biopoïétique*

A biopoiética "trata da conduta estético-moral da existência individual"; a biopolítica, por sua vez, "da normalização das condutas sexuais em função do que é considerado politicamente como exigência da população" (**SV**, 37).

53. BIOPOLÍTICA / *Biopolitique*

Deve-se entender por biopolítica a maneira em que, a partir do século XVIII, procurou-se racionalizar os problemas colocados à prática governamental pelos fenômenos próprios de um conjunto de seres viventes enquanto população: saúde, higiene, natalidade, longevidade, raça (**DE3**, 818). Essa nova forma de poder se ocupará então do seguinte: 1) Da proporção de nascimentos e óbitos, das taxas de reprodução, da fecundidade da população; em uma palavra, da demografia. 2) Das enfermidades endêmicas: da natureza, extensão, duração, intensidade das enfermidades reinantes na população; em resumo, da higiene pública. 3) Da velhice, das enfermidades que deixam o indivíduo fora do mercado de trabalho; também, então, dos seguros individuais e coletivos, da aposentadoria. 4) Das relações com o meio geográfico, com o clima; isto é, do urbanismo e da ecologia. Nesse sentido, pode-se falar da biopolítica como regulação da vida biológica da população por parte do Estado (**IDS**, 223). • Com a constituição de um biopoder e uma biopolítica, segundo uma célebre expressão de Foucault, alcançou-se o "umbral de modernidade biológica" (**HS1**, 188). "Durante milênios, o homem seguiu sendo o que era para Aristóteles: um animal vivente e, além disso, capaz de uma existência política; o homem moderno é um animal em cuja política está em jogo sua vida de ser vivente" (**HS1**, 188). • A noções de biopoder e biopolítica deram lugar a um renovado interesse pelos trabalhos de Michel Foucault. A publicação de suas aulas tem alimentado e favorecido essa tendência. Com efeito, Foucault abordou ambas as problemáticas em três de seus cursos no Collège de France: *"Il faut défendre la société"* (de 1976), *Sécurité, territoire, population* (de 1977-1978) e *Naissance de la biopolitique* (1978-1979). Em geral, os cursos que ministrou no Collège de France desde 1971 até 1984 podem ser considerados o canteiro de obras de seus livros. As problemáticas e os temas dos cursos que ministrou entre 1971 e 1975 foram retomados e reformulados em *Surveiller et punir* e *La Volonté de savoir*. O mesmo pode ser dito da relação entre os cursos do período 1980-1984 e os dois últimos volumes de *Histoire de la sexualité*. No entanto, isso não se dá com os cursos dos anos 1975-1979. Excetuando a parte final de *La Volonté de savoir*, nenhum dos livros de Foucault retoma ou desenvolve as questões abordadas nesses cursos, em particular o que poderia denominar-se uma genealogia do biopoder. Interrogado a respeito em 1983, Foucault responde: "Não tenho tempo de fazê-la agora, mas seria possível fazê-la. Com efeito, é necessário que a escreva" (**DE4**, 386). • Até onde sabemos, Foucault utiliza pela primeira vez o conceito de biopolítica em 1974, na segunda de suas conferências sobre medicina social na Universidade do Rio de Janeiro,[1] intitulada "La naissance de la médecine sociale" (**DE3**, 207-228). Mesmo sem ter publicado nenhum livro sobre esse tema, Foucault aborda repetidas vezes o conceito de biopolítica e sua problemática, em particular entre 1974 e 1979, e, do mesmo modo que com o conceito de poder em sentido amplo, ele também não oferece nenhuma teoria geral a respeito dessa noção. Em suas conferências, artigos e cursos, encontramos de preferência análises historicamente situadas, nas quais tenta mostrar a especificidade dos mecanismos de poder e de seu funcionamento. Em termos esquemáticos, podemos dizer que nesse período

---

[1] A palestra de Foucault foi realizada em 30 de outubro de 1974 na antiga Universidade do Estado da Guanabara (UEG), atual UERJ. (N.T.)

deparamos com quatro enfoques ou vias de acesso ao conceito de biopolítica que, embora não se excluam de maneira necessária, não ganharam de Foucault uma explicação detalhada de suas relações. 1) Na mencionada conferência de 1974, a noção de biopolítica aparece em relação com a formação, ao longo do século XVIII, de uma medicina social. Nesse contexto, Foucault sustenta: "O controle da sociedade sobre os indivíduos não se realiza apenas pela consciência ou pela ideologia, mas também no corpo e com o corpo. Para a sociedade capitalista, é a biopolítica o que importa acima de tudo, o biológico, o somático, o corporal. O corpo é uma realidade biopolítica, a medicina é uma estratégia biopolítica" (**DE3**, 210). 2) Em *La Volonté de savoir*, os conceitos de biopoder e biopolítica são introduzidos a partir do conceito de soberania. Enquanto o poder soberano é um poder de fazer morrer ou deixar viver, o biopoder e a biopolítica são um poder de fazer viver ou deixar morrer: "Haveríamos que falar de biopolítica para designar o que faz entrar a vida e seus mecanismos no domínio dos cálculos explícitos e o que faz do poder-saber um agente de transformação da vida humana" (**HS1**, 188). Desse modo, "poderíamos dizer que o velho direito de fazer morrer ou deixar viver foi substituído por um poder de fazer viver ou abandonar à morte" (**HS1**, 181). Embora Foucault utilize aqui o verbo "substituir" para falar da relação entre a biopolítica e o poder soberano, nas mesmas páginas de *La Volonté de savoir* fala também de complementaridade: "A velha potência de morte na qual se simbolizava o poder soberano está agora cuidadosamente recoberta pela administração dos corpos e pela gestão calculadora da vida" (**HS1**, 183-184). 3) No curso *"Il faut défendre la société"*, de 1976, isto é, contemporâneo à publicação de *La Volonté de savoir*, a noção de biopolítica se entrelaça não só com a de soberania, mas com a de guerra ou, mais precisamente, com a de guerra de raças. Dessa perspectiva, segundo Foucault, o racismo contemporâneo é um racismo estatal e biológico. Este foi possível a partir do momento em que, no Ocidente, o Estado se encarregou da gestão da vida da população. O racismo, estatal e biológico, "faz funcionar, põe em jogo esta relação de tipo guerreiro – 'se você quer viver, é necessário que o outro morra'–, de uma maneira que é nova por inteiro e que é precisamente compatível com o exercício do biopoder" (**IDS**, 227-228). Sob esse olhar, Foucault esclarece a relação entre a constituição de uma biopolítica e o direito soberano: "Para ser exato, não veio substituir [a biopolítica à soberania], mas veio completar [completá-la]" (**IDS**, 214). 4) Em *Sécurité, territoire, population* e, em particular, em *Naissance de la biopolitique,* a noção de "biopolítica" é enquadrada no contexto do surgimento da economia política e do liberalismo. A análise da biopolítica só pode ser levada a cabo quando se tiver compreendido "do que se trata nesse regime que é o liberalismo" (**NB**, 24). • A biopolítica como gestão da vida biológica da população foi abordada por Foucault, então, a partir de quatro ângulos diferentes: o surgimento da medicina social, o direito soberano, a transformação da guerra de raças e o surgimento da governamentalidade liberal. Para além dos matizes de cada um desses enfoques, em todos eles trata-se sempre da gestão da vida biológica da população por parte do Estado. • "A descoberta da população é, junto com a descoberta do indivíduo e do corpo adestrável [*dressable*], o outro núcleo tecnológico em torno do qual os procedimentos políticos do Ocidente se transformaram" (**DE4**, 193). • Embora o termo "biopolítica" esteja ausente em *L'Archéologie du savoir,* encontramos nesta obra um texto que pode ser considerado uma definição precisa do conceito de biopolítica. Ao referir-se aos campos das formações discursivas, nesse caso da medicina, Foucault escreve:

"Esses campos estão constituídos pela massa da população administrativamente enquadrada e controlada, avaliada segundo determinadas normas da vida e da saúde, analisada segundo as formas dos registros documentais e estatísticos" (**AS**, 214).

Dispositivos de segurança. A biopolítica foi possível graças à formação dos dispositivos de segurança. Ver: *Dispositivo*.

Disciplina. Entre a biopolítica e a disciplina podem ser estabelecidas várias diferenças: 1) Quanto ao objeto: a disciplina tem como objeto o corpo individual; a biopolítica, o corpo múltiplo, a população, o homem como ser vivente, como pertencente a uma espécie biológica. 2) Quanto aos fenômenos considerados: enquanto a disciplina se ocupa dos fenômenos individuais, a biopolítica estuda fenômenos de massa, em série, de longa duração. 3) Quanto a seus mecanismos: os mecanismos da disciplina são da ordem do adestramento do corpo (vigilância hierárquica, exames individuais, exercícios repetitivos); os da biopolítica são mecanismos de previsão, de estimativa estatística, medidas globais. 4) Quanto à finalidade: a disciplina propõe-se obter corpos úteis do ponto de vista econômico e dóceis a partir de uma visão política; a biopolítica persegue o equilíbrio da população, sua homeostase, sua regulação (**IDS**, 216-220). Ver: *Biopoder, Disciplina, Liberalismo, População, Razão de Estado*.

54. BIOS

A distinção entre *bios* e *zoe*, dois termos gregos que se traduzem por "vida", desempenhou uma função importante no debate contemporâneo sobre a biopolítica. Essa distinção não aparece em nenhum dos livros de Foucault publicados com o autor em vida. No entanto, a encontramos nos cursos publicados após sua morte, embora não seja utilizada para definir a noção de biopolítica, mas introduzida em *Subjectivité et vérité*, o curso dos anos 1980-1981, para explicar a noção de técnicas de vida, de artes da existência. Com efeito, o *bios*, e não a *zoe*, é o objeto dessas técnicas e artes (**SV**, 36). • Enquanto a *zoe* é "ter a propriedade de viver", "a qualidade de ser vivente", o *bios* significa "levar a vida" e remete à maneira de viver essa vida, de conduzi-la à forma em que pode ser qualificada de feliz ou infeliz (**SV**, 36). • "O que mais se aproxima do que entendemos por subjetividade é a noção de *bios*. O *bios* é a subjetividade grega" (**SV**, 255).

Subjetividade cristã e moderna. Entre o *bios* grego, por um lado, e as noções cristã e moderna de subjetividade, Foucault estabelece três diferenças fundamentais: 1) o *bios* grego não remete a um mais além, a uma finalidade absoluta e comum, mas aos fins que cada um pode se propor; 2) não requer uma conversão, mas um trabalho contínuo sobre si mesmo; e 3) não remete a uma autenticidade oculta que seria necessário descobrir, mas aos fins que a pessoa se proponha alcançar (**SV**, 256).

***Lógos*, *parresia*, verdade**. A relação entre *bios* e *lógos*, isto é, a ideia de uma vida razoável, é abordada com extremo detalhe por Foucault na conferência de 14 de novembro de 1983 em Berkeley (**DV**, 179-211). A partir dessa perspectiva, Foucault se concentra em particular na figura de Sócrates, na medida em que "não se ocupa dos fatos da vida", mas "das relações entre o *bios* como vida, como estilo de vida, e o *lógos*" (**DV**, 198). As relações harmoniosas entre *bios* e *lógos* são o fundamento da função parresiástica de Sócrates, o que o converte em um *basanos* (pedra de toque) para seus contemporâneos (**DV**, 203). • A relação entre o *bios*, o *lógos* e o dizer verdadeiro é também um dos eixos do último curso de Michel Foucault no Collège de France, *Le Courage de la vérité*. Aqui, detém-se em primeiro lugar no *Laques*, de Platão, para mostrar como, à diferença do *Alcibíades,* do qual se ocupara em *L'Herméneutique du sujet*, o objeto do cuidado de si mesmo não é a alma, mas o *bios* (**CV**, 118). A partir disso, Foucault mostra também de que modo em Sócrates surge uma *parresia* ética. Na relação entre cuidado e *bios* requer-se a verdade entendida como dizer verdadeiro, onde se deve mostrar a harmonia entre o que se diz e o que se vive (**CV**, 138-139). • Como no *Alcibíades*, também o *Laques* se ocupa do conhecimento de si; mas, de novo, não se trata do conhecimento da alma como realidade divina, mas do exame da maneira de conduzir-se (**CV**, 148). • A relação entre *bios* e verdade ou, mais precisamente, a noção de vida verdadeira é também objeto de uma análise minuciosa em *Le Courage de la vérité*. Foucault explora quatro dimensões dessa expressão nos escritos platônicos: vida não dissimulada; vida sem mescla de bem e de mal; vida conforme os princípios do *lógos* e vida não sujeita às perturbações (**CV**, 204 e ss.).

Cinismo. A questão do *bios*, entendido como a forma de vida, é uma das chaves da leitura foucaultiana do cinismo. A vida do cínico, seu *bios*, deve ser uma manifestação da verdade, uma aleturgia (**CV**, 159). Nos cínicos, "o *bios philosophikos* (a vida filosófica) como vida reta é a animalidade do ser humano considerada como um desafio, praticada como um exercício e exposta diante dos outros como um escândalo" (**CV**, 245). Ver: *Cinismo, Estética da existência, Parresia*.

55. BISSEXUALIDADE / *Bisexualité*

A propósito dos gregos, pode-se falar de bissexualidade apenas no sentido de que podiam amar igualmente um jovem e uma jovem. Mas não viam nisso duas espécies diferentes de desejo ou pulsão (**HS2**, 208).

56. BLANCHOT, MAURICE (1907-2003)

"Blanchot é, em certa medida, o Hegel da literatura, mas, ao mesmo tempo, situa-se como antípoda de Hegel" (**DE2**, 124). Essa afirmação nos permite medir a importância que Foucault atribui a Maurice Blanchot. Como fez com Raymond Roussel, a quem com frequência o vincula (**DE1**, 168), dedicou-lhe um escrito inteiro: "La pensée du dehors" (**DE1**, 518-539). "Durante um longo período, houve em mim uma espécie de conflito mal resolvido entre a paixão por Blanchot e Bataille e, por outra parte, o interesse que me despertavam determinados estudos positivos, como os de Dumézil e Lévi-Strauss, por exemplo. No fundo, essas duas orientações, cujo único denominador comum estava constituído talvez pelo problema religioso, contribuíram em igual medida para conduzir-me ao tema do desaparecimento do sujeito" (**DE1**, 614).

Literatura e representação, o "fora" e a interioridade. Em sentido estrito, o que se deve entender por "literatura" não é da ordem da interiorização, mas de um passo em direção ao fora. A linguagem escapa, então, ao modo de ser do discurso, à dinastia da representação. Desse modo, a literatura, como surgimento da linguagem em seu ser bruto, mostra sua incompatibilidade com a consciência de si e a identidade (**DE1**, 520-521). "Ao fazer aparecer esta instância da literatura como 'lugar comum', espaço vazio onde vêm alojar-se as obras, creio que ele [Blanchot] atribuiu à crítica contemporânea o que deve ser seu objeto, o que torna possível seu trabalho, ao mesmo tempo, de exatidão e invenção" (**DE1**, 293). O discurso reflexivo, por sua vez, pretende reconduzir a experiência do fora à interioridade, à consciência na qual, como descrição do vivido, o fora se converte em experiência (**DE1**, 523).

Atração. "A atração é para Blanchot o que para Sade é, sem dúvida, o desejo, para Nietzsche a força, para Artaud a materialidade do pensamento, para Bataille a transgressão: a experiência pura e mais desnuda do fora" (**DE1**, 525-526).

Literatura, morte. "A linguagem de Blanchot se dirige à morte. Não para triunfar sobre ela com palavras de glória, mas para manter-se nessa dimensão órfica onde o canto, tornado possível e necessário pela morte, nunca possa olhar a morte cara a cara nem torná-la visível, ainda que lhe fale e fale dela em uma impossibilidade que promete o murmúrio ao infinito" (**DE1**, 336). Ver: *Literatura*.

57. BLOCH, MARC (1886-1944)

Para Foucault, Bloch, assim como Fernand Braudel, pôs fim ao mito filosófico da história, isto é, a uma história concebida como uma vasta continuidade na qual se articulam a liberdade dos indivíduos e as condições socioeconômicas (**DE1**, 667). Ver: *Escola dos Anais*.

58. BOPP, FRANZ (1791-1867)

"Apenas os que não sabem ler estranharão que eu tenha aprendido mais claramente em Cuvier, em Bopp, em Ricardo, do que em Kant ou Hegel" (**MC**, 318). Foucault se refere aqui à disposição da episteme moderna, ao pensamento da finitude. Ver: *Homem*, *Linguagem*.

59. BORGES, JORGE LUIS (1899-1986)

Segundo Foucault, *Les Mots et les choses* nasceu de um texto de Borges intitulado "O idioma analítico de John Wilkins". Trata-se de uma classificação de animais de certa enciclopédia chinesa, que, segundo Foucault, põe de manifesto a heterotopia. "A monstruosidade que Borges faz circular em sua enumeração consiste, ao contrário, em que o espaço comum dos encontros se acha arruinado" (**MC**, 8).

60. BOTERO, GIOVANNI (1544-1617)

Foucault se interessa pela obra de Giovanni Botero no marco da análise da razão de Estado, que define como "um conhecimento perfeito dos meios pelos quais os Estados se formam, se mantêm, se fortalecem e crescem" (**STP**, 296). Ver: *Razão de Estado*.

61. BOULAINVILLIERS, HENRI DE (1658-1722)

Uma parte considerável de *"Il faut défendre la société"* é dedicada à análise da obra de Boulainvilliers. Com vistas à educação do Duque da Borgonha, Luís XIV requereu de seus *intendentes* que preparassem informes sobre cada uma das áreas de sua competência. A nobreza que rodeava o duque, formada em parte por um núcleo que se opunha às políticas absolutistas do rei, encarregou a Boulainvilliers a tarefa de reescrever os informes e transmiti-los ao duque herdeiro. Boulainvilliers reconstrói nos seguintes termos a situação das Gálias antes da invasão dos francos: ao chegar, os romanos desarmaram a velha aristocracia guerreira do país e formaram uma nova, não mais de caráter militar, mas administrativo (que conhece o direito romano e se expressa em latim). Diante da ameaça de invasão, os ocupantes tiveram que recorrer a um exército de mercenários, o que exigiu, para arcar com sua manutenção, aumentar a carga fiscal e, consequentemente, acarretou a desvalorização e o empobrecimento do país. Os francos eram, por sua vez, uma aristocracia guerreira que elegia um rei para guiá-la em tempos de conflagração e para que fizesse as vezes de magistrado em épocas de paz. Pois bem, o rei dos francos recorreu aos mercenários gauleses para afirmar seu poder. Selou-se assim uma aliança entre o trono e a antiga aristocracia guerreira, gaulesa, reforçada pela relação da Igreja com ambos. A ignorância da nobreza franca (do latim, das práticas jurídicas, da administração) foi, na análise de Boulainvilliers, a causa de sua pobreza.

História e guerra. Boulainvilliers generaliza o conceito de guerra em suas análises históricas. Ver: *Guerra*.

O sujeito da história. Com Boulainvilliers, aparece um novo sujeito da história: o *continuum histórico-político* (**IDS**, 151).

62. BOULEZ, PIERRE (1925-2016)

"Na época em que aprendíamos os privilégios do sentido, do vivido, do carnal, da experiência originária, dos conteúdos subjetivos ou das significações sociais, encontrar Boulez e sua música foi ver o século XX sob um ângulo que não era familiar: o da longa batalha em torno do 'formal'; foi reconhecer como na Rússia, na Alemanha, na Áustria, na Europa Central, através da música, da pintura, da arquitetura, ou da filosofia, da linguística ou da mitologia, o trabalho do formal havia desafiado os velhos problemas e abalado as maneiras de pensar" (**DE4**, 220).

63. BRAUDEL, FERNAND (1902-1985)

Como Marc Bloch, Braudel rompeu com o mito filosófico da história contínua. Ver: *Escola dos Anais*.

64. BROWN, PETER (1935-)

Os escritos de Peter Brown desempenharam um papel de primeira ordem na abordagem foucaultiana da Antiguidade (**HS2**, 14). • Ambos coincidem na tarefa de estabelecer de que modo a sexualidade se converteu no sismógrafo da subjetividade (**DE4**, 172). • Brown concede à noção de estilo uma importância fundamental em sua maneira de escrever a história; nessa linha podem situar-se os trabalhos de Foucault (**DE4**, 650, 698). Ver: *Estética da exist*ência.

65. BURGUESIA / *Bourgeoisie*

Ilegalidade. A economia da ilegalidade se reestruturou com a formação da sociedade capitalista. Por um lado, encontramos a ilegalidade que concerne à propriedade (o roubo, por exemplo); por outro, tem-se aquela que concerne aos direitos (fraude, evasão fiscal). Tribunais comuns e castigos, para a primeira; tribunais especiais com transações e acordos, para a segunda. A esta separação corresponde uma oposição de classes: a ilegalidade que concerne à propriedade será própria das classes populares; a ilegalidade relativa aos direitos, da burguesia. A reforma penal nasceu da intersecção das lutas burguesas contra o suprapoder da monarquia e o infrapoder da ilegalidade popular (**SP**, 89-90).

Sexualidade. "Não imaginemos a burguesia castrando-se de maneira simbólica para negar melhor aos outros o direito de ter um sexo e de usá-lo à vontade. É necessário antes vê-la ocupada, a partir de meados do século XVIII, em dotar-se de uma sexualidade e em constituir-se a partir dela um corpo específico, um corpo 'de classe', com uma saúde, uma higiene, uma descendência, uma raça: autossexualização de seu corpo, encarnação do sexo em seu próprio corpo, endogamia do sexo e do corpo" (**HS1**, 164). • A burguesia converteu o sangue azul dos nobres em um bom organismo e uma sexualidade saudável e tagarela (*bavarde*) (**HS1**, 166, 168).

Conhecimento histórico. Para Foucault, contrariamente ao que se costuma dizer, a burguesia, à diferença da aristocracia, foi a menos interessada em historicizar seu discurso político e a mais reticente em fazê-lo. A razão é simples: a burguesia não podia se reconhecer para além de meados da Idade Média. Assim, durante muito tempo foi anti-historicista. Durante a primeira parte do século XVIII foi partidária do despotismo esclarecido, uma forma de limitação do poder real que não passava pela história, mas pelo saber, a filosofia, a técnica, a administração. Durante a segunda metade do século XVIII, procurou fugir do historicismo exigindo uma constituição; daí a importância do direito natural, do contrato social. A burguesia foi partidária de Rousseau (**IDS**, 186), e seu anti-historicismo só se modificou a partir da convocação dos Estados Gerais (**IDS**, 187). Essa mudança de postura foi levada a cabo por meio da reelaboração política da ideia de "nação". Foucault toma como exemplo o texto *O que é o Terceiro Estado?*, de Sieyès, para mostrar como se abre caminho à dialetização da história e como, consequentemente, se torna possível uma filosofia da história (**IDS**, 210-212).

Interesse da burguesia, dominação da burguesia, repressão. "Creio que se pode deduzir qualquer coisa do fenômeno geral da dominação da classe burguesa" (**DE3**, 182). Para Foucault não há que partir da noção de dominação da burguesia, e sim mais de baixo, dos mecanismos de controle da loucura, da repressão, das proibições que concernem à sexualidade, e mostrar, então, quais foram os agentes reais desses mecanismos de controle: o entorno imediato, a família, os pais, os médicos, a polícia. Seu interesse se dirige menos aos efeitos do que aos mecanismos, que, precisamente, se formaram a partir de baixo e depois, em razão de sua utilidade, foram colonizados não só pela burguesia, mas pelo Estado em geral. Foucault reage aqui contra as posições de Wilhelm Reich e Reimut Reiche. • "As noções de *burguesia* e *interesse da burguesia* é provável que careçam de conteúdo real" (**DE3**, 183). Do princípio de dominação da burguesia poder-se-ia deduzir exatamente o contrário do que se tem deduzido; por exemplo, que desde o momento em que se converte na classe dominante, restringem-se ou se abandonam os controles da sexualidade infantil e se estimula a aprendizagem sexual, a precocidade sexual, para reconstituir, por meio da sexualidade, a força de trabalho (**IDS**, 28).

Monarquia, discurso jurídico. "O vocabulário, a forma do direito, tem sido o sistema de representação do poder comum à burguesia e à monarquia" (**DE4**, 185). Ver: *Família*, *História*.

66. CABANIS, PIERRE-JEAN-GEORGES (1757-1808)

Diário de asilo. Cabanis concebe a ideia, que pode considerar-se como a forma inicial das histórias clínicas, de um "diário de asilo", onde são registrados, de maneira escrupulosa, o quadro de cada enfermidade, os efeitos dos remédios, a dissecção dos cadáveres. Cria também um registro por nome dos internados (**HF**, 550).
Clínica. Acerca da intervenção de Cabanis na organização da medicina na França após a Revolução, ver: *Clínica*.

67. CANGUILHEM, GEORGES (1904-1995)

Segundo Foucault, sem a figura de Canguilhem é impossível compreender o debate dos marxistas franceses, o trabalho sociológico de autores como Bourdieu, Castel e Passeron, as discussões dos psicanalistas lacanianos ou o debate de ideias em torno dos acontecimentos de 1968 (**DE4**, 763-764).
Arqueologia. As análises de Canguilhem mostram que a história de um conceito não é a de seu aperfeiçoamento progressivo em termos de racionalidade, mas a dos diferentes campos de constituição e validade, a de suas regras sucessivas de uso. Canguilhem distingue, ademais, entre as escalas micro e macroscópicas na história das ciências (**AS**, 11). • Foucault tomou o termo "monumento", com o sentido que tem na arqueologia, de Georges Canguilhem (**DE1**, 682, 708).
História das ciências. Para Foucault, a filosofia francesa contemporânea teria começado com as conferências pronunciadas por Husserl em 1929, isto é, as *Meditações cartesianas*. A partir daqui, deparamos com uma dupla recepção da fenomenologia de Husserl: uma na linha de uma filosofia do sujeito (Sartre, por exemplo) e outra na linha de uma teoria da ciência (Cavaillès, Koyré, Bachelard e Canguilhem). Ademais, esses últimos retomaram, desde o campo da história das ciências, a célebre questão da *Aufklärung*, que propõe como problema

a relação entre a razão e sua história. • Canguilhem, por sua parte, deslocou a análise das disciplinas formais e axiomatizadas para o campo da biologia e da medicina. Por esse caminho, efetuou uma reestruturação do domínio da análise histórica das ciências. Seu trabalho pode resumir-se em quatro pontos: 1) É introduzido o tema da descontinuidade. 2) A história da descontinuidade não se estabelece de uma vez para sempre, ela mesma é descontínua. Em outros termos, uma história do discurso verdadeiro é necessariamente recorrente. Daí que, em Canguilhem, a análise da descontinuidade e a relação entre a história das ciências e a epistemologia sigam juntas. 3) Canguilhem mostrou a especificidade das ciências da vida e o vínculo fundamental biologia-vitalismo. 4) A história da biologia de Canguilhem é fundamentalmente uma história da formação dos conceitos (**DE3**, 530-539). • "Nietzsche dizia da verdade que era a mais profunda mentira. Canguilhem, que está ao mesmo tempo longe e perto de Nietzsche, diria talvez que é, no enorme calendário da vida, o erro mais recente; diria que a separação verdadeiro-falso e o valor outorgado à verdade constituem a mais singular maneira de viver que tenha podido inventar uma vida que, desde o fundo de sua origem, traz em si a eventualidade do erro" (**DE3**, 441). Por isso, poderíamos dizer que o que a fenomenologia perguntou ao vivido (*vécu*), Canguilhem, por sua vez, perguntou ao vivente (*le vivant*).

Nietzsche. "Li Nietzsche um pouco por acaso e me surpreendeu ver que Canguilhem, que era o historiador das ciências mais influente nessa época na França, estava também muito interessado em Nietzsche" (**DE4**, 436).

68. CAPITALISMO / *Capitalisme*

Neoliberalismo. Foucault assinala que, para os neoliberais alemães, o jurídico não é da ordem da superestrutura, isto é, uma mera expressão das relações econômicas. Nesse sentido, os neoliberais se situam do lado de Max Weber, e não de Karl Marx. Mais que as forças produtivas, os neoliberais analisam as relações de produção como um conjunto de atividades reguladas juridicamente. Dessa perspectiva, a história do capitalismo não pode ser senão uma história econômico-institucional (**NB**, 169). Não existe, por isso, um capitalismo com uma dinâmica única e um destino inevitável, e sim diferentes formas históricas que, longe de se reduzirem a uma única lógica necessária do capital, abrem a possibilidade de novas formas de capitalismo. Por isso, assinala também Foucault, os neoliberais sustentam, ao mesmo tempo, o mínimo de intervencionismo econômico e o máximo de intervencionismo jurídico (**NB**, 172).

Max Weber. Enquanto Marx buscou definir a lógica contraditória do capital, para Max Weber, ao contrário, o problema é a racionalidade irracional da sociedade capitalista, o que supõe deslocar-se do capital ao capitalismo (**NB**, 109).

Biopoder, medicalização. O biopoder tem sido um elemento indispensável para o desenvolvimento do capitalismo, já que por seu intermédio assegurou-se a inserção dos corpos no aparato produtivo, e os fenômenos demográficos foram ajustados aos processos econômicos. Segundo Foucault, o biopoder tem sido muito mais determinante para o desenvolvimento do capitalismo do que a moral ascética (a renúncia ao corpo, a mortificação)

(**HS1**, 185-186). • "Eu sustento a hipótese de que com o capitalismo não se passou de uma medicina coletiva a uma medicina privada, mas se produziu justamente o contrário. [...] o controle da sociedade sobre os indivíduos não se efetua apenas pela consciência ou pela ideologia, mas também no corpo e com o corpo" (**DE3**, 209-210).

História. Na ideologia burguesa, a história teve a função de mostrar como as grandes unidades nacionais, das quais o capitalismo necessitava, vinham de longe e haviam mantido sua unidade apesar das revoluções (**DE2**, 272).

Asilo. Com o desenvolvimento do capitalismo e a passagem à sua fase industrial em fins do século XVIII e começo do XIX, foi necessária uma massa de desocupados como instrumento da política salarial. Então, as instituições de reclusão em massa deixaram de ser úteis e até se tornaram perigosas. Por isso, foram logo substituídas por um sistema hospitalar com dupla utilidade: por um lado, para quem não podia trabalhar por razões físicas e, por outro, para quem estava impedido por razões de outra índole. • A hospitalização não está destinada, a partir do século XIX, a absorver o desemprego, mas a mantê-lo no nível mais alto possível: "O doente mental não é a verdade por fim descoberta do fenômeno da loucura; é seu avatar estritamente capitalista na história etnológica do louco" (**DE3**, 499).

Administração da justiça, polícia. No século XVII entra em crise o sistema de administração da justiça herdado da sociedade feudal. Foucault analisa, concretamente, o caso das sublevações populares na França entre 1639 e 1640, às quais o chanceler Pierre Séguier teve que fazer frente, sem sucesso. Como consequência delas aparecem novas instituições para o exercício da justiça: centralização nas mãos do rei mediante as figuras de intendentes de justiça, aparição da polícia como força de repressão, prática da reclusão e da deportação. Todo esse novo sistema está ligado ao capitalismo nascente (**ThIP**, 104). "É necessário dizer que o capitalismo não pode subsistir sem um aparato de repressão cuja função principal é ser antissedição" (**ThIP**, 106). • No curso *Société punitive*, posterior a *Théories et institutions pénales*, Foucault foi crítico da noção de plebe sediciosa utilizada nesse último (**LSP**, 1444). • O exercício da função de polícia por parte do Estado no século XVIII, como forma de controle ético-jurídico, sobretudo da vida cotidiana das classes baixas, está ligado aos movimentos e desenvolvimentos do capitalismo (**LSP**, 113).

Prisão. A prisão tem sido aceita como forma geral da penalidade porque o capitalismo, na instauração de suas próprias formas de poder político, utilizou a coerção (**LSP**, 114).

Ilegalismo. O capitalismo considerará como ilegalismo infralegal tudo aquilo que pode impedir-lhe a utilização do capital, não só a fortuna da burguesia, como também o próprio corpo dos operários (**LSP**, 177-178). "A imoralidade operária está constituída por tudo aquilo por meio do qual o operário escapa à lei do mercado do emprego tal como o capitalismo queira constituí-la" (**LSP**, 178).

Instituições de sequestro. As instituições que se caracterizam porque o indivíduo fica o tempo todo ocupado com atividades de produção, disciplinares ou de diversão, as instituições de sequestro, são um dos pontos fundamentais do superpoder que o capitalismo organiza através do aparato estatal (**LSP**, 216).

Categorias de autoanálise. O século XIX, segundo Foucault, elaborou duas categorias de autoanálise da sociedade ocidental: a categoria sociorreligiosa do judeu-cristianismo e a socioeconômica do capitalismo. O pensamento de Feuerbach serve-se da primeira; o de

Marx, da segunda. A obra de Weber representa a tentativa mais razoável de combinação de ambas (**SV**, 43-44).

69. CARNE / *Chair*

O conceito de "carne" faz referência ao corpo atravessado pelo desejo, à concupiscência, à libido. A *carne cristã* é a sexualidade capturada dentro da subjetividade (**DE3**, 566).

As confissões da carne. O volume quatro da *Histoire de la sexualité*, intitulado *Les Aveux de la chair*, pode ser considerado uma genealogia do homem-desejo a partir da teologia cristã da carne dos séculos II ao V. A intenção geral de Foucault é mostrar como, com Clemente de Alexandria, leva-se a cabo a passagem da moral pagã dos *aphrodísia* à moral cristã do matrimônio e, com Santo Agostinho, são lançadas as bases não só do que será a moral sexual do cristianismo, mas também da Modernidade. • *Les Aveux de la chair* compõe-se de três partes subdivididas em seções. É necessário esclarecer que, no texto mesmo, algumas vezes se utiliza o termo "capítulo" para se referir às partes e outras vezes, para remeter às seções. Para evitar mal entendidos, reservamos o termo "capítulo" para as seções em que se divide cada parte. A primeira, intitulada "La formation d'une nouvelle expérience", descreve como tomou forma a experiência cristã do sexo a partir do código prescritivo do paganismo, a institucionalização do catecumenato e a penitência pós-batismal (a segunda penitência), e a cristianização das práticas da direção de consciência (exame e confissão). • A segunda parte da obra, intitulada "Être vierge", trata do ideal da virgindade, sobretudo no âmbito da vida monástica, e da relação entre a virgindade e o conhecimento de si no marco das práticas de subjetivação elaboradas pelo cristianismo. A terceira parte, "Être marié", é dedicada à vida matrimonial a partir da perspectiva da teologia agostiniana. Do último capítulo, intitulado "La libidinisation du sexe", pode-se dizer que constitui não só o final do volume quatro da *Histoire de la sexualité*, como também seu objetivo. Santo Agostinho, com efeito, desenvolve uma teoria das relações entre o ato sexual e a concupiscência (**HS4**, 406) cujas consequências se projetam até nossos dias. • **A formação de uma nova experiência**. A primeira parte de *Les Aveux de la chair* centra-se na análise do capítulo 10 do livro II de *O pedagogo*, de Clemente de Alexandria (~150-~215), dedicado à moral matrimonial. O interesse de Foucault por esse texto deve-se, em grande medida, ao fato de se situar entre a experiência ética dos *aphrodísia* da época helenística e a experiência cristã da carne, que mais tarde alcançará sua formulação paradigmática com Santo Agostinho. Por um lado, no que concerne ao código, ao conjunto de prescrições sobre o permitido e o proibido, deparamos com uma "grande continuidade" em relação aos textos da filosofia e da moral pagã: proibição do adultério, do desenfreamento, da prostituição infantil, condenação da homossexualidade (**HS4**, 48). Por outro lado, esse texto difere dessa experiência ética da carne pelo fato de o conhecimento de si e a transformação de si estarem em função da relação entre a anulação do mal e a manifestação da verdade (**HS4**, 49), a partir de uma natureza humana concebida em termos de pecado original e queda. Em relação à continuidade dos códigos éticos, Foucault repetidas vezes insiste em que não se trata de uma simples apropriação que se reduziria a decorar com citações bíblicas os preceitos pagãos. Clemente repensou esses códigos a partir de uma concepção articulada do *Lógos*, que se expressa através da natureza animal do homem, de sua natureza racional e da *Escritura*. Além disso, Clemente é o primeiro a entrecruzar a problematização do prazer sexual, os *aphrodísia* e a ética conjugal, algo que não sucedia na moral pagã; nesse sentido, pela primeira vez, deparamos com "todo um regime de atos sexuais que não se estabelece em função da sabedoria e da saúde individual, mas sobretudo do ponto de vista das regras intrínsecas do matrimônio" (**HS4**, 21). O capítulo 10 do livro II de *O pedagogo* é, de fato, um manual de regras de vida para as relações sexuais no âmbito matrimonial. • Foucault sublinha como Clemente distingue entre o objetivo (*skopos*) e a finalidade (*telos*) do matrimônio. O objetivo é a procriação, mas a finalidade é estabelecer uma sinergia entre o homem e Deus através não do ato sexual, mas da procriação (**HS4**, 24). Dessa perspectiva, analisa a reelaboração levada a cabo por Clemente dos exemplos morais que nos oferece a natureza animal, da qual o homem faz parte – concretamente, os da hiena e da lebre. Ver: *Hiena*, *Lebre*. Para Clemente, a natureza animal do homem indica que deve haver uma coextensão entre procriação e ato sexual e que está proibido tudo o que se possa fazer por fora dos órgãos sexuais e tudo o que possa ser acrescentado à fecundação (**HS4**, 34). Também a natureza racional do homem é fonte de ensinamento moral. Como já o mostram os ensinamentos dos filósofos sobre a temperança e, sobretudo, os de Platão acerca do domínio da alma sobre o corpo (**HS4**, 35, 37). • O segundo capítulo da primeira parte de *Les Aveux de la chair*, intitulado "Le baptême laborieux", ocupa-se das mudanças na doutrina e na prática do batismo durante o século II. O escrito de Tertuliano sobre o batismo (precisamente, *De baptismo*) dá conta de uma série de deslocamentos. O principal deles é o que, mais tarde, dará lugar à instituição do catecumenato, isto é, de preparação para o batismo. Em Tertuliano, segundo a análise de Foucault, deparamos com um deslocamento triplo: os procedimentos de purificação devem preceder o perdão e o rito de imersão batismal. Nesses procedimentos, o homem deve atuar sobre si mesmo, ser ele mesmo agente de purificação. A purificação, sob a forma da penitência, converte-se numa condição prévia do batismo e o "catecumenato constitui um tempo de preparação, muito longo (pode durar três anos), no qual a catequese e o ensino das verdades e das regras estão associados a um conjunto de prescrições morais, de obrigações rituais e de práticas e deveres" (**HS4**, 66). Entre as práticas do catecumenato, encontramos o interrogatório acerca das condições de vida do candidato ao batismo, os exorcismos e a confissão dos pecados. Esta última consistia em manifestar a consciência de ser pecador, mais do que numa verbalização detalhada das faltas cometidas. Em todo caso, o aspecto que Foucault quer enfatizar é que a passagem do pecado à graça "não pode ser levada a cabo sem determinados 'atos de verdade'", que "o 'dizer a verdade sobre si mesmo' é essencial nesse jogo da purificação e da salvação" (**HS4**, 72). • O *Pastor de Hermas*, texto cristão do século II que alguns autores consideraram como revelado, nos fala de uma segunda penitência, posterior à do batismo, através da qual aqueles que tivessem pecado depois de serem batizados poderiam reconciliar-se com a Igreja. No terceiro capítulo da primeira parte de *Les Aveux de la chair*, intitulado precisamente "La seconde pénitence", Foucault se interessa pelas formas canônicas assumidas por esta prática no século III. A segunda penitência foi organizada tomando como referência estruturas penitenciais do batismo, da qual era, de certa forma, uma repetição. Mais que de um ato ou de uma série de ações, tratava-se de um estado, de converter-se de novo em penitente, durante o qual a ênfase era colocada no trabalho da alma sobre si mesma (**HS4**, 83-84). Ao ser canonicamente admitido nesse estado, era-se guiado durante a passagem por ele por meio de uma cerimônia de readmissão na comunidade cristã. • Assim, tal como no catecumenato batismal, nessa segunda penitência deparamos com a prática do exame. Em primeiro lugar, a fim de poder admiti-lo no estado de penitente, havia o exame do candidato: de suas faltas, sua sinceridade, seu modo de vida etc. Em segundo lugar, da conduta do pecador durante seu período de penitência: seus remorsos, sua vontade de viver de modo cristão, o cumprimento das penitências impostas etc. Nessas práticas, que recebem, em conjunto, o nome de *confessio*, em latim, e de *exomologêsis*, em grego (**HS4**, 89), pode distinguir-se uma série de elementos. 1) A exposição da solicitação de ser admitido no estado de penitente. Nesse ato, a verbalização das faltas é apenas uma condição prévia à penitência e, no limite, não é necessária, pois não é uma parte essencial da segunda penitência. 2) Para sair do estado de penitente também se requeria um ato de *exomologêsis*, de manifestação do penitente, em geral, no umbral da igreja, mediante súplicas a Deus e aos fiéis presentes para que fosse recebido de novo na comunidade cristã (**HS4**, 91). A verbalização das faltas também não era uma parte essencial desses rituais. 3) O termo *exomologêsis* não se refere só ao penitente, ao seu ingresso nesse estado e sua saída, mas também ao desenvolvimento do procedimento penitencial. Durante esse período, com efeito, pede-se ao pecador que confesse, isto é, que manifeste publicamente que cometeu pecado, que ele se reconheça e se sinta pecador e se diga arrependido. Segundo a terminologia de Tertuliano, requeria-se a *publicatio sui*, a publicação de si mesmo (**HS4**, 95). • Através desses procedimentos, a manifestação da verdade tem lugar segundo dois eixos: por um lado, a formulação verbal e privada, com a que se determina o ingresso no estado de penitente, e, por outro, a manifestação global e pública do fato de ser pecador e, ao mesmo tempo, penitente. A manifestação verbal e pública, que não requeria a enunciação detalhada das faltas, mas antes um conjunto rigoroso de práticas (como o jejum, o cilício, as súplicas), definia o estado de penitente, que os Padres da Igreja conceberam em relação com o martírio, isto é, com a vida e a morte. O estado de penitente, com efeito, era a *exomologêsis*, a manifestação da morte da vida de pecado e da nova vida a que se tinha acesso por meio da conversão. Por isso, para obter o perdão, o penitente devia manifestar o que deixava de ser e, ao final do processo, o que já não era. Alguns séculos mais tarde, na história da penitência eclesiástica, as coisas se inverterão. A verbalização detalhada das faltas ocupará o lugar central e, por meio dela, o pecador não deverá manifestar o que não é, mas o que é (**HS4**, 105). • O exame de si mesmo e a exposição de si mesmo a um guia ou mestre, a fim de obter seu conselho, têm uma longa história no domínio da filosofia antiga, especialmente da época helenística. Com essas práticas procurava-se estabelecer pautas de comportamento racional para o futuro e que o indivíduo exercesse sobre si mesmo uma relação de domínio ou de se colocar como senhor de si (**HS4**, 106, 112-113). O cristianismo retomará essas práticas com um sentido e uma finalidade diferentes. A relação de direção entre discípulo e mestre e o exame de consciência serão, com efeito, peças essenciais da vida monástica (**HS4**, 115), mas essas práticas estarão atravessadas pela dimensão de uma obediência que implicará a renúncia à própria vontade e a submissão à de outro, precisamente à do diretor, sem cuja orientação é impossível uma autêntica vida de monge. A obediência exata do discípulo ao mestre constitui uma das especificidades do cristianismo (**HS4**, 121). Trata-se de uma observância que deve ser global: o monge tem que obedecer sempre e em tudo, seu ofício é obedecer. Essa submissão reside mais na forma que no conteúdo e não tem outra finalidade que em si mesma (**HS4**, 124). Os Padres latinos a definem com três conceitos: *subditio* (querer o que os outros querem), *patientia* (querer não querer) e *humilitas* (renunciar à vontade) (**HS4**, 125). Para defini-la adequadamente, é necessário um quarto conceito: *discretio*. O monge, com efeito, deve evitar tanto o excesso de ascetismo como qualquer relaxamento, por mínimo que seja; mas não pode fazê-lo por si mesmo, por mais adiantado que esteja na vida espiritual. A necessidade de um mestre resulta inevitável. Nessa relação de direção, o exame minucioso de si mesmo será inseparável da abertura da alma ao diretor de consciência. Este exame-confissão é o que o monasticismo oriental chama de *exagoreusis* (**HS4**, 133). Não se trata apenas nem fundamentalmente de expor as próprias faltas, a *exagoreusis* não é um tribunal (**HS4**, 144), trata-se antes de colocar em palavras os movimentos da alma, suas *cogitationes*, os segredos da consciência, os *arcana conscientiae* (**HS4**, 138). Na exposição de si mesmo, o monge diz e mostra o estado de sua alma ao diretor, e esse dizer já é uma forma de expulsar o mal que perturba sua alma e liberar-se dele e do diabo que habita seu corpo. Foucault assinala a contradição que atravessa essa forma da espiritualidade cristã: "A veridicção de si está ligada fundamentalmente à renúncia a si mesmo" (**HS4**, 145). Desse modo, a *exagoreusis*, a enunciação dos movimentos do pensamento, se distingue da *exomologêsis*, a manifestação de ser pecador, e ao mesmo tempo a complementa (**HS4**, 366). • Como já se assinalou, a segunda parte de *Les Aveux de la chair* está dedicada ao ideal cristão da virgindade. Para Foucault, a concepção cristã da carne se formou em relação com a questão da virgindade, mais do que com a acentuação das proibições da moral sexual do paganismo (**HS4**, 153). Segundo suas próprias palavras "o lugar central do sexo na subjetividade ocidental já se delineia claramente na formação dessa mística da virgindade" dos autores cristãos do século IV (**HS4**, 202). • Se em Tertuliano, sustenta Foucault, nos encontramos ainda com uma moral rigorosa da continência, nos escritos de São Cipriano (século III) e sobretudo de Metódio de Olimpo (séculos III e IV) se expõe "a primeira grande elaboração de uma concepção sistemática e desenvolvida da virgindade" (**HS4**, 161). Assim, nos três primeiros discursos de *O banquete* de Metódio, de uma perspectiva histórico-teológica, a virgindade aparece como uma época do mundo que retoma a ação criadora de Deus a partir da Encarnação de seu Filho. Os quatro discursos seguintes, por sua vez, exaltam a situação humana nessa nova época e as recompensas divinas (**HS4**, 166-167). Esses discursos põem de manifesto como, na concepção cristã, em seu fundamento a virgindade não é objeto de prescrição; pelo contrário, caracteriza o momento em que Deus e a criatura já não se comunicam por meio da Lei, mas da salvação. • Os autores posteriores a Cipriano e Metódio, como Gregório de Nissa e Ambrósio de Milão, aprofundaram essas ideias em um novo contexto, marcado pelo desenvolvimento da ascese, das instituições monásticas e das técnicas de governo de si (**HS4**, 177). Por esse caminho, tomará forma o que esses autores denominaram "a arte e a ciência da virgindade" (**HS4**, 178). Os autores cristãos se esforçarão por distinguir e separar as formas pagãs da continência e a virgindade cristã. Mesmo quando retomam os velhos temas da tranquilidade e do ócio com que os autores pagãos justificavam a continência, a virgindade cristã será uma eleição pessoal que se inscreve no plano geral de salvação querido por Deus. Se para Clemente de Alexandria a procriação era um ato que se vinculava com a ação criadora de Deus, a época da virgindade romperá com esse esquema. Será a época do acabamento do mundo, da lei, do reino da morte e da conjunção dos sexos (**HS4**, 201); é um fragmento na terra da realidade celeste e definitiva, um matrimônio segundo o espírito e não segundo a carne (**HS4**, 198). Mas o estado de virgindade é também uma situação de combate contra as insídias do mal e as tentações. A mística da virgindade está acompanhada da arte de ser virgem, que implica um modo particular de relação da alma consigo mesma. A virgem, segundo as metáforas da época, é como uma cidade assediada ou como um atleta. É necessário que esteja sempre alerta e preparada. Além disso, como acontece com a vida dos monges, para poder levar adiante esse combate não pode prescindir da intervenção de um diretor (**HS4**, 203). • Sobre a arte da virgindade, Foucault analisa o tratado da *Verdadeira integridade da virgindade*, atribuído tradicionalmente a Basílio de Cesareia e em data mais recente a Basílio de Ancira, e algumas passagens-chave das *Instituições cenobíticas* e das *Conferências* de Cassiano. É possível que o primeiro esteja dirigido a um grupo de virgens e o segundo, aos monges que vivem em comunidade ou em solidão. O interesse de Foucault por esses escritos não se focaliza no desenvolvimento da teologia mística da virgindade, mas nas regras da arte de ser e manter-se virgem. No texto de Basílio de Ancira encontramos, em primeiro lugar, as indicações necessárias para isolar o corpo das incitações da carne: seguir como guia de análise os sentidos e insistir detidamente no tato. E, em segundo lugar, as recomendações a respeito do cuidado da alma: as imagens, os movimentos espontâneos do pensamento, as ilusões, as semelhanças (**HS4**, 214). Cassiano, por sua parte, descreve seis graus no caminho da virgindade ou, segundo seu próprio vocabulário, da castidade, desde a irrupção na alma de movimentos que escapam à vontade até a desaparição das poluções noturnas (**HS4**, 237-239). Os temas da pureza do coração e do combate espiritual atravessam todas essas considerações. Em ambos os autores, para além de suas diferenças quanto a vocabulário e a destinatários previstos, notamos a elaboração de toda uma tecnologia para vigiar, analisar e diagnosticar na própria alma os perigos da sedução e as forças obscuras que podem assediá-la (**HS4**, 244). Para Foucault, o que aqui está em jogo não é a falta, mas a tentação (**HS4**, 230). Desse modo, constitui-se uma forma de subjetivação em que as obrigações de buscar a verdade acerca de si mesmo e desdizê-la são indissociáveis. "A subjetivação da ética sexual, a produção indefinida de verdade, a colocação em jogo de relações de combate e de dependência em relação ao outro [o demônio e o diretor, respectivamente] constituem um todo" (**HS4**, 245). • A terceira parte de *Les Aveux de la chair* está dedicada, como já se disse, à questão do matrimônio no cristianismo e, especificamente, em Santo Agostinho. Nos primeiros séculos, afirma Foucault, com exceção do capítulo 10 do livro II de *O pedagogo* de Clemente de Alexandria, não deparamos com tratados acerca da vida matrimonial nem do ponto de vista teórico nem do prático, isto é, sobre as regras que devem guiar a vida dos esposos. Já no século IV começa a desenvolver-se esse gênero de escritos (**HS4**, 250). Um novo contexto explica seu surgimento. Por um lado, a necessidade de ajustar a vida dos cristãos nesse mundo aos modos da vida monástica, da qual os Padres da Igreja haviam-se ocupado abundantemente nos primeiros séculos. Por outro, o cristianismo se converte, por essa época, na religião oficial do Império. Definitivamente, nos encontramos com um fortalecimento dos ideais da vida ascética e com o apoio recíproco que podem brindar-se as instituições imperiais e as eclesiásticas. Desse modo, a família aparece como "o primeiro ponto de articulação entre a conduta moral dos indivíduos e o sistema das leis universais" (**HS4**, 253). • Para analisar essas mudanças, Foucault se ocupa dos escritos homiléticos da época, em especial os de São João Crisóstomo, que é tomado como exemplo e testemunha desse gênero. A intenção de Foucault é mostrar como a problematização das relações sexuais entre os esposos já não se centra, como sucedia em Clemente de Alexandria, na função procriadora da sexualidade, mas na questão da concupiscência, da fornicação (**HS4**, 254, 273). • Nos textos de Crisóstomo deparamos, de novo, com os preceitos que já estavam presentes na sabedoria pagã acerca da vida matrimonial: a desigualdade natural entre o homem e a mulher, o princípio de complementaridade entre eles, a exigência de respeito e pudor, a reciprocidade nas obrigações ou a relevância do nexo afetivo entre os esposos. Mas todos esses elementos encontram seu fundamento em uma teologia do matrimônio que, entre outras coisas, busca revalorizar a vida matrimonial e colocá-la quase ao mesmo nível da vida monástica. A união entre o homem e a mulher, para Crisóstomo, foi querida por Deus desde a criação e é a imagem natural da união entre Cristo e sua Igreja. Pois bem, nessa teologia, a procriação, enquanto concernente aos fins da vida matrimonial, aparece em segundo lugar ou simplesmente não aparece. Assim, Crisóstomo rompe com a correlação entre criação e procriação que constituía a base da teologia matrimonial de Clemente de Alexandria. Para Crisóstomo, a finalidade principal do matrimônio é evitar a fornicação, a concupiscência. O matrimônio existe, em primeiro lugar, para que sejamos continentes e, só em segundo lugar, pais (**HS4**, 268). "Esta definição da função do matrimônio é importante. Em lugar de situar o nexo matrimonial em uma economia geral, natural ou social, da procriação, situa-a (pelo menos na medida em que a Terra já está povoada e a plenitude dos tempos chegou) em uma economia individual da *epithumia*, do desejo e da concupiscência" (**HS4**, 273). • Pois bem, enquanto a vida ascética dos monges, e por conseguinte a virgindade, é uma questão de eleição, a vida matrimonial, nos escritos de Crisóstomo, aparece como objeto de obrigação. As próprias relações sexuais, para que possam cumprir a função de evitar a concupiscência dos esposos, se convertem em um dever, que é pensado em termos de propriedade e dívida. Assistimos, desse modo, a um processo de juridificação da vida matrimonial através do qual a instituição religiosa terá acesso às relações íntimas entre os esposos (**HS4**, 280). Nesse sentido, sublinha Foucault, à diferença dos preceitos da vida monástica, a vida matrimonial tomará a forma de uma jurisdição mais que de uma veridicção (**HS4**, 282). • "Le bien et les biens du mariage" é o título do segundo capítulo da terceira parte de *Les Aveux de la chair*. Assim como o capítulo seguinte e último da obra, está dedicado ao pensamento de Santo Agostinho e, como indica o título, à doutrina acerca do bem e dos bens do matrimônio. A teologia dos autores precedentes já havia estabelecido solidamente a superioridade do estado de virgindade, sem que isso a constituísse em uma obrigação para qualquer cristão, e também o fato de que, em si mesmo, o matrimônio não era um mal. O interesse de Foucault se concentra, nesse capítulo, nos deslocamentos que realiza Santo Agostinho sobre a base desse fundo doutrinal. Agostinho, com efeito, sem negar o caráter menor do estado matrimonial com relação ao virginal, busca, por um lado, elaborar uma doutrina comum na qual seja possível englobar ambos os estados, a partir de um elemento comum e, ao mesmo tempo, fundamental: o sujeito e o desejo. Por outro lado, esforça-se por fundar a forma própria do estado matrimonial, precisamente a partir da doutrina dos bens do matrimônio (**HS4**, 288). Agostinho, sustenta Foucault, elaborará a primeira grande sistematização cristã da vida matrimonial que constituirá uma referência essencial ao longo da época medieval e moderna (**HS4**, 305). • Em Agostinho, as relações entre virgindade e matrimônio têm, de fato, uma complexidade maior que nos autores precedentes; complexidade que, em última instância, deriva de uma leitura diferente da situação do primeiro casal, Adão e Eva, no paraíso. Com efeito, Agostinho sustenta a existência, ao menos como possibilidade, das relações carnais antes da queda. O sexo, portanto, não é uma consequência da queda, mas o que decorre dela, sim, é a dinâmica que adotará a partir dessa. Uma primeira consequência dessa leitura das páginas do livro do *Gênesis* é a elevação do valor do matrimônio já desde a época paradisíaca. De fato, na doutrina de Agostinho, podem distinguir-se quatro etapas do matrimônio, em relação com as quais é necessário pensar os bens do estado conjugal: 1) no paraíso, onde existe uma *societas* conjugal corporal e espiritual; 2) após a queda, quando alguns movidos pela paixão e outros pela piedade propagaram a raça humana; 3) na época atual, depois da primeira vinda do Salvador, na qual alguns estão dedicados aos bens espirituais e outros continuam povoando a Terra; 4) na cidade celeste, onde todos os redimidos terão um único espírito em união com Deus. Pois bem, ao longo dessa descrição agostiniana, o matrimônio é pensado do ponto de vista da *societas* que, para além das formas das diferentes etapas históricas e meta-históricas, formam todos os crentes e que é sempre superior a qualquer de suas partes, isto é, a da virgindade e a do matrimônio. Dessa perspectiva, o matrimônio aparece como um bem inclusive antes da procriação. A relação entre o homem e a mulher, com efeito, se apresenta como natural, torna possível a complementaridade dos sexos, a amizade e o parentesco que são a base da sociedade (**HS4**, 311). • Nesse contexto, sublinha Foucault, aparece com frequência o conceito de pacto, de claras conotações jurídicas. No entanto, na descrição de Agostinho, o pacto que funda a sociedade matrimonial vai muito além do âmbito do jurídico e do que cada um dos esposos pode alcançar por si mesmo. Os bens da sociedade matrimonial são, com efeito, a fidelidade e o sacramento. Pois bem, a procriação é também um dos bens do matrimônio e, apesar de ser inferior aos dois anteriores, constitui sua finalidade. • O último capítulo de *Les Aveux de la chair* se ocupa da maneira pela qual, no pensamento de Santo Agostinho, a libido se converte na dimensão fundamental do desejo sexual. "La libidinisation du sexe" é, precisamente, seu título. No centro dessa operação, que no entender de Foucault foi "essencial na história de nossa moral" (**HS4**, 328), estão, por um lado, a interpretação da queda, isto é, do pecado de Adão e Eva nas origens; e por outro, a polêmica que Agostinho sustenta com seus contemporâneos Pelágio e Juliano de Eclano. O primeiro negava o pecado das origens, e o segundo – tal como, em certo sentido, era tradicional até no paganismo – fazia consistir a concupiscência no excesso que caracteriza o ato sexual. Agostinho, por sua parte, não só sustenta a existência do pecado das origens e do desejo sexual ainda antes da queda, mas sobretudo concebe a concupiscência como própria da natureza do homem a partir da queda, e não como algo externo ao sujeito e ao desejo. Para maior precisão: a concupiscência não se situa entre a alma e o corpo nem entre a matéria e o espírito, mas no sujeito mesmo, em sua vontade. É a força involuntária que habita na própria vontade do homem (**HS4**, 338). "A 'autonomia' da concupiscência é a lei do sujeito quando é isso que quer sua própria vontade" (**HS4**, 345). O pecado das origens tem sido, para Agostinho, um pecado de desobediência a Deus. Pois bem, segundo o princípio agostiniano da *inobedentia reciproca*, a desobediência em relação a Deus fez que a própria natureza do homem se tornasse internamente desobediente. Desse modo, se no paraíso o corpo e a alma, os órgãos e as faculdades eram obedientes às decisões do homem, depois da queda, já não é mais assim. • Como consequência dessa leitura do episódio do livro do Gênese – e esse é o ponto que interessa a Foucault –, Agostinho efetua um deslocamento nas noções com as quais se concebia a economia dos desejos e dos prazeres, e sua moral. Com efeito, até então, os conceitos-chave eram a impureza – que contaminava desde fora a natureza humana – e o excesso em relação à medida dos atos. Para Agostinho, em contrapartida, a concupiscência é uma dimensão interna do homem, e a bondade ou maldade dos atos não depende de algo externo que possa contaminá-lo ou simplesmente da quantidade dos atos, mas da natureza interna do sujeito, da relação que se estabelece com essa dimensão involuntária da vontade. Aparecem assim duas noções das quais depende ainda nossa moral sexual: consentimento e uso (**HS4**, 329-330), que possibilitaram a juridificação das relações sexuais ou, em outros termos, a conjunção do sujeito de desejo com o sujeito de direito (**HS4**, 351, 355-356) característica da moral sexual do Ocidente. Com efeito, o consentimento que o sujeito pode prestar à dimensão involuntária de sua vontade e o uso que pode fazer, em relação com esse consentimento, dos órgãos sexuais constituem, para Agostinho, um objeto de reato ou, segundo o vocabulário teológico, de pecado. • Em relação à introdução desses conceitos e de suas implicações, Foucault afirma: "Os efeitos e as consequências da teoria agostiniana da concupiscência têm sido, evidentemente, consideráveis. Queria destacar um aspecto que concerne ao governo das almas e da conduta sexual dos esposos em particular. Trata-se da 'juridificação' [das condutas sexuais], ou melhor, da colocação em funcionamento dos elementos que permitem pensar em termos jurídicos, de práticas, 'regras', 'prescrições' e 'recomendações', e que haviam [sido] concebidas até agora em forma de ascese espiritual e de técnicas de purificação da alma" (**HS4**, 351). • Os gregos, sustenta Foucault, haviam pensado o ato sexual como um bloco paroxístico no qual confluíam a pulsão, o prazer e a relação com o outro. O cristianismo dissociou este bloco estabelecendo regras de vida, monásticas e matrimoniais, a arte de conduzir os outros e de conduzir-se em relação ao desejo e à concupiscência, técnicas de exame, práticas de confissão, uma teoria do desejo vinculada à queda e ao pecado. Com Agostinho, essa pluralidade de elementos recompõe sua unidade, mas já não em torno dos prazeres e de seu uso, mas a partir da relação entre o sujeito e seu desejo (**HS4**, 361), entre a vontade e a libido.

Poder pastoral. O cristianismo encontrou um meio para estabelecer um tipo de poder que controlasse os indivíduos por meio de sua sexualidade. Mas, no fundo, a sexualidade nunca constituiu um mal absoluto; foi antes algo que requeria uma vigilância contínua. Através da problemática da carne instaurou-se o poder pastoral sobre os indivíduos (**DE3**, 565-566). Ver: *Poder*.

Pastoral da carne, confissão. Com a Contrarreforma, a extensão da confissão não cessa de crescer. Por um lado, nos países católicos acelera-se o ritmo da prática da confissão; por outro, concede-se cada vez maior importância à carne, à sua presença nos pensamentos, nos desejos, na imaginação, enfim, em todos os movimentos do corpo e da alma (**HS1**, 27-28). Assim, a carne tende a converter-se na raiz de todos os pecados. • "Nas sociedades cristãs o sexo tem sido o que era necessário examinar, vigiar, confessar, transformar em discurso" (**DE3**, 257). Foucault aborda a evolução da confissão e do poder pastoral em *Volonté de savoir* (**HS1**, 71-98) e nas aulas de 19 e 26 de fevereiro de 1975 de *Les Anormaux* (**AN**, 155-215). Ver: *Confissão*.

Bruxas e possuídas. As práticas da confissão, o exame de consciência e a direção espiritual não têm sido as únicas expressões culturais da pastoral da carne. Foucault menciona outras duas: o *misticismo* e a *possessão*. Trata rapidamente do primeiro, mas se detém longamente sobre a segunda para mostrar-nos quais vínculos existem, por um lado, entre possessão e técnica de exame e, por outro, entre os problemas colocados pelos fenômenos de possessão e a história da psiquiatria, isto é, a configuração da anormalidade. Antes de mais nada, Foucault distingue e separa a possessão da bruxaria. Ambos os fenômenos, com certeza, têm lugar em correlação com o profundo processo de cristianização que se origina na Reforma e na Contrarreforma, mas são separados por certa distância temporal: a bruxaria é mais frequente no século XVI e a possessão no XVII. Foucault assinala uma série de distinções: 1) Quanto ao lugar, a bruxa aparece como um fenômeno exterior, periférico (nos bosques, nas montanhas, nas regiões marítimas, lugares aos quais a cristandade medieval não havia chegado inteiramente). A bruxa será julgada, reprimida, queimada e destruída pelos tribunais e oficiais da Inquisição. A possessão, ao contrário, é um fenômeno interno, próprio dos lugares em que o cristianismo se encontra plenamente instalado, onde funcionam os mecanismos do discurso exaustivo e a autoridade exclusiva (a confissão do penitente e o confessor, respectivamente): no convento, nas casas religiosas. O sujeito da possessão está marcado pela religião: a superiora, a prioresa. 2) Quanto aos personagens envolvidos, a bruxaria põe em jogo dois personagens: a bruxa e o diabo. Na possessão, há pelo menos três personagens que, por sua vez, se desdobram e multiplicam: a possuída, o diabo e o confessor-diretor de consciência. A figura do confessor-diretor se desdobra (conforme seja bom ou mau), seguindo as contradições da estrutura eclesiástica, como a oposição entre clérigos seculares e regulares. O papel da possuída se desdobra na serva dócil ao demônio e na que resiste à sua influência. O corpo mesmo da possuída se desdobra ou se multiplica em uma infinidade de movimentos, convulsões, tremores, dores, prazeres. Assim, apresenta-se como um campo de batalha entre elementos que se opõem. 3) Quanto à forma da relação, entre a bruxa e o diabo estabelece-se um contato, particularmente sexual. Entre a possuída e o diabo não há pacto nem mero contato, mas um habitar, uma impregnação, uma residência insidiosa. 4) Sobre o consentimento, existe entre a bruxa e o diabo, sim, um pacto: a forma da relação é de tipo jurídico. A vontade da possuída, ao contrário, traz o signo de todas as ambiguidades do desejo: o jogo dos pequenos prazeres, das sensações imperceptíveis, os consentimentos minúsculos, do querer e não querer. 5) Quanto ao corpo, se o da bruxa é um corpo marcado, o da possuída, por sua vez, é aquele em que a forma plástica do combate com o diabo se apresenta como convulsão. A carne convulsionada é o corpo atravessado pela exigência de exame, submetido à obrigação da confissão exaustiva, e simultaneamente eriçado contra o exame e a confissão. O corpo da possuída é produto de certa tecnologia de poder, um capítulo da história política do corpo. • A partir da possessão, surge desse corpo um problema fundamental para o exercício do poder pastoral: como manter e desenvolver as tecnologias de governo das almas, mas evitando os efeitos de resistência, os contragolpes? Como continuar com o exame e a confissão, mas sem gerar convulsões? Para resolver a questão, foram instaurados três tipos de procedimentos: 1) A moderação interna, a retórica e as exigências de estilo nos discursos de exame e confissão. 2)A passagem da convulsão ao domínio da medicina: como manifestação paroxística do sistema nervoso, a convulsão tem sido, de fato, a forma primeira das patologias neurológicas. Será pensada, então, como um estado de liberação involuntária dos automatismos, que se converterá no modelo para pensar o instintivo. 3) O apoio dos sistemas disciplinares e educacionais (**AN**, 187-212).

Masturbação, família. A atenuação das indiscrições discursivas tem sido acompanhada por uma reestruturação do espaço (dormitórios, internatos) ou, melhor dizendo, pela adequação do espaço aos requisitos da vigilância. Nesse movimento de transferência da palavra ao espaço aparecem a grande cruzada contra a masturbação (que Foucault analisa na aula de 5 de março de 1975 do curso *Les Anormaux*) e o gênero discursivo "contra a masturbação". Trata-se de um discurso diferente tanto da pastoral da carne quanto da psicopatologia sexual do século XIX. Por um lado, não se expressa em termos de prazer e desejo; por outro, não se trata, em sentido estrito, de sexualidade (**AN**, 219). • A partir dessa grande campanha contra a masturbação, estabelecem-se novas relações entre pais e filhos. Os primeiros são encarregados de buscar cheiros, vestígios, sinais das práticas de seus filhos. A problemática da carne cristã se transfere, assim, à família (**AN**, 249).

Sexualidade. A experiência da sexualidade se distingue da experiência cristã da carne (**HS2**, 11), mas é necessário seguir a formação do dispositivo de sexualidade como uma transformação da experiência cristã da carne. Desse modo, ali onde a Idade Média havia organizado um discurso unitário acerca da carne, encontraremos, mais tarde, uma discursividade dispersa, múltipla: a demografia, a biologia, a medicina, a psiquiatria, a psicologia, a moral, a pedagogia, a crítica política (**HS1**, 46). Mais tarde, todo o discurso e a tecnologia do sexo se ordenarão para a medicina: "A *carne* é rebaixada ao organismo" (**HS1**, 155). Ambas, a experiência da carne e a da sexualidade, concernem ao homem de desejo (**HS2**, 11; **DE4**, 540).

***Aphrodísia*, cristianismo.** Entre a ética sexual da Antiguidade e a do cristianismo há, para Foucault, continuidades e rupturas. De início, Foucault descarta a ideia de que a Antiguidade representa uma época de ouro da sexualidade a respeito da qual o cristianismo introduziu uma época de restrições ou repressão. A diferença entre a experiência antiga dos *aphrodísia* e a experiência cristã da carne pode ser analisada a partir de um triângulo que está presente em ambas, embora de maneira distinta. Esse triângulo é constituído pela afirmação da proximidade entre o ato sexual e a morte, o afastamento que produz com relação à verdade, e a desconfiança, que exige uma codificação e uma regulamentação (**SV**, 158). A diferença fundamental entre ambas experiências passa, para Foucault, pelo vínculo entre o ato sexual e o acesso à verdade. Para os cristãos, a purificação requerida para poder acessar a verdade "implica que cada um estabeleça consigo mesmo uma relação que lhe permita descobrir, em si mesmo, tudo o que possa trair a presença secreta de um ato sexual" (**SV**, 159). Desse modo, retoma-se um nexo entre verdade e desejo que, para ser desentranhado, requererá um mestre de vida, um diretor de consciência (**SV**, 161). • Foucault resume nesses termos o resultado de suas investigações sobre a relação entre a experiência pagã dos *aphrodísia* e a cristã da carne. O paganismo elaborou a própria ética dos *aphrodísia*, com suas correspondentes formas de codificação. Pouco a pouco, essa ética conjugalizou a experiência dos *aphrodísia*. A ética conjugalizada do paganismo foi retomada pelo cristianismo para elaborar suas primeiras formulações morais. Posteriormente, a partir daqui, o cristianismo elaborou sua própria experiência da carne (**SV**, 179). Esse processo não consistiu em introduzir novos modelos de comportamento ou discursos teóricos, mas em elaborar novas técnicas de si, de subjetivação (**SV**, 258-259). Ver: *Confissão, Ética, Família, Masturbação, Poder, Agostinho, Sexualidade.*

70. CASSIANO, JOÃO (~360-~435)

Foucault presta particular atenção às *Instituições cenobíticas*, de Cassiano. Apoia-se nessa obra para estudar a evolução das práticas da confissão nas instituições monásticas, um processo fundamental da formação do poder pastoral (**STP**, 170). • Foucault realiza uma análise pormenorizada das posições de João Cassiano sobre a direção de consciência, o exame de si mesmo e a necessidade da verbalização no ato da confissão nas lições de 19 e de 26 de março de 1980 de seu curso *Du gouvernement des vivants*, na conferência de 24 de novembro de 1980, publicada em *L'Origine de l'herméneutique de soi* (**OHS**, 77-86), e nas lições de 6 e 13 de maio de 1981 do curso *Mal faire, dire vrai*. Ver: *Confissão, Poder pastoral.*

Freud. Para Cassiano, em relação aos pensamentos, cada indivíduo, assim como faz o cambista com as moedas, deve verificar a autenticidade de suas representações. Foucault encontra uma forte analogia entre a imagem do cambista e a noção de censura em Freud (**OHS**, 81; **MFDV**, 162). Sustenta, por isso, que "as relações entre o dispositivo freudiano e as técnicas da espiritualidade cristã" poderiam ser "um campo de investigação muito interessante" (**OHS**, 82). No curso *Du gouvernement des vivants*, a noção freudiana de censura é posta em relação com as práticas estoicas do exame de consciência (**DGDV**, 237). • As obras de Cassiano, *Instituições cenobíticas* e *Conferências*, constituem um frequente material de referência em *Les Aveux de la chair*, em particular para o capítulo "L'art des arts", sobre a direção de consciência, o exame e a confissão na cultura monacal. Ver: *Carne.*

71. CASTEL, ROBERT (1933-2013)

Em *Le Psychanalysme* (Paris, 1973), Castel aborda a questão da psicanálise do ponto de vista das relações de poder. Segundo Foucault, a tese de Castel consiste em afirmar que a psicanálise procura deslocar, modificando-as, as relações de poder da psiquiatria tradicional (**DE2**, 639-640; **DE3**, 77). Foucault se interessa também por outra obra, *L'Ordre psychiatrique* (Paris, 1977), na qual Castel mostra como "a loucura, a partir de agora, faz parte da nossa relação com os outros e com nós mesmos, assim como a ordem psiquiátrica atravessa nossas condições de existência cotidiana" (**DE3**, 274). • Além das conclusões dos trabalhos de Robert Castel, Foucault valoriza também seu método (**STP**, 120-121). • Ver uma apreciação geral da obra desse autor por parte de Foucault em "L'Asile illimité" (**DE2**, 271-275).

72. CASTIGO / *Châtiment, Punition*

Embora já esteja muito presente em *Histoire de la folie à l'âge classique*, o tema do poder se coloca no centro da obra de Foucault com *Surveiller et punir*, em relação à questão do castigo. Quatro regras gerais guiam aqui a análise das modalidades do castigo: 1) Não centrar o estudo dos mecanismos punitivos apenas em seus efeitos negativos, repressivos, que correspondem à sanção, mas antes na série de efeitos positivos que esses mecanismos podem induzir, o que implica concebê-los como uma função social complexa. 2) Considerar os castigos do ponto de vista da tática política. A punição não é só a consequência da aplicação de regras jurídicas ou um indicador das estruturas sociais, mas uma técnica específica no campo geral dos procedimentos de poder. 3) Situar a tecnologia do poder como princípio da humanização da penalidade e do conhecimento do homem. 4) Investigar se o ingresso do saber científico, da "alma", na prática judicial não é o efeito de uma transformação nos modos em que as relações de poder investem o corpo (**SP**, 28). • O corpo, com efeito, encontra-se imerso em um campo político. As relações de poder operam sobre ele: infligem-lhe o suplício, marcam-no, obrigam-no a trabalhar, a realizar certas cerimônias, exigem-lhe certos signos. Trata-se, definitivamente, de toda uma estratégia de sujeição. Para isso, não se recorre apenas à violência ou à ideologia, mas também ao cálculo, à organização, às técnicas. Há uma ciência do corpo que não é só o conhecimento de seu funcionamento e o manejo de suas forças com o fim de submetê-lo. Essa ciência constitui uma tecnologia política do corpo, difusa e multiforme, raras vezes formulada em discursos sistemáticos, que não se localiza nem em um tipo definido de instituição nem no aparato do Estado. Trata-se antes de uma *microfísica do poder*. Por isso, não devemos pensar o poder como uma propriedade, mas como uma estratégia constituída por disposições, manobras, táticas, técnicas, funcionamentos etc. Nesse sentido, não há analogia nem homologia; as relações de poder não reproduzem no nível dos indivíduos a forma geral da lei ou do governo. Desse modo, o corpo aparece como uma realidade histórica na qual se articulam os efeitos de certo tipo de poder e certas formas de saber. Através deles, a alma se converteu no cárcere do corpo. • Em poucas palavras, *Surveiller et punir*, ao analisar as relações entre as técnicas do poder e o corpo, é, ao mesmo tempo, uma genealogia da sociedade disciplinar e das ciências humanas (**SP**, 28-29). Foucault estuda três momentos da tecnologia do castigo: o suplício, a punição generalizada da reforma penal de fins do século XVIII e a disciplina. Ver: *Corpo, Disciplina*. • "Historicamente, o penal é o político. Em todo caso, é aquilo de que o político se serve para impor um castigo que é muito mais que a reparação de um dano, ou sua compensação ou sua consequência" (**ThIP**, 192). • A noção de punição é o eixo do curso intitulado *Société punitive* (1972-1973). Foucault parte da distinção entre quatro formas de castigo: excluir, compensar, marcar, confinar (**LSP**, 8-9). A intenção de Foucault nesse curso é mostrar como as diferentes formas de castigo "não desempenham a mesma função nem, de fato, respondem à mesma economia do poder" nos diferentes sistemas políticos (**LSP**, 10). Para levá-lo a cabo, Foucault vale-se, por um lado, do conceito de penalidade como analisador do poder e, por outro, da noção de guerra civil para compreender as lutas sociais. Por isso, sustenta ele, "a noção de guerra civil deve ser colocada no centro de todas as análises da penalidade" (**LSP**, 14), "a guerra civil é o estado permanente a partir do qual se podem e se devem compreender algumas dessas táticas de luta das quais a penalidade é precisamente um exemplo privilegiado" (**LSP**, 15).

73. CERVANTES SAAVEDRA, MIGUEL DE (1547-1616)

Em Cervantes, nada conduz a loucura à verdade ou à razão; a loucura se relaciona com a presunção e com todas as complacências da imaginação (**HF**, 58-59). • "O trágico de *Dom Quixote* não habita a loucura mesma do personagem, não é a força profunda de sua linguagem. Em *Dom Quixote*, o trágico se situa no pequeno espaço vazio, na distância, às vezes imperceptível, que permite não só aos leitores, mas aos outros personagens, a Sancho e definitivamente ao próprio Dom Quixote, ter consciência dessa loucura" (**LGE**, 32). Ver: *Dom Quixote*.

74. CHEMNITZ, BOGISLAW PHILIPP VON (1605-1678)

Foucault se ocupa da obra de Chemnitz, autor da *Dissertatio de Ratione Status in Imperio nostro Romano-Germanico* no marco da análise da razão de Estado. Chemnitz define a razão de Estado nos seguintes termos: certa consideração política necessária para todas as questões públicas, conselhos e projetos, cujo único objetivo é a preservação, a expansão e a felicidade do Estado. Ver: *Razão de Estado*.

75. CHOMSKY, AVRAM NOAM (1928-)

"Ao estudar a 'linguística cartesiana', Chomsky não aproxima a gramática dos clássicos e a linguística atual. Propõe-se antes a fazer aparecer, como seu porvir e seu futuro lugar comum, uma gramática na qual a linguagem já não seria mais analisada como um conjunto de elementos discretos, mas como uma atividade criadora, na qual as estruturas profundas estariam desenhadas por baixo das figuras superficiais e visíveis da língua" (**DE1**, 733). • Em "De la nature humaine: justice contre pouvoir" (**DE2**, 471-512) e em *Sur la nature humaine: comprendre le pouvoir*, de Michel Foucault e Noam Chomsky, podemos encontrar um extenso debate entre os dois. Embora o tema da discussão proposto fosse "Da natureza humana: justiça e poder", a primeira parte aborda a história do conhecimento e, mais adiante, é apresentada uma confrontação acerca da criatividade do sujeito. A última parte se ocupa dos interesses políticos de cada um. Foucault sustenta: "A meu ver, numa sociedade como a nossa, a verdadeira tarefa política é criticar o jogo das instituições [as instituições do saber, de previdência social, assistenciais] aparentemente neutras e independentes; criticá-las e atacá-las de maneira que a violência política que é exercida nelas nas sombras seja desmascarada e se possa lutar contra ela" (**DE2**, 496). Dessa perspectiva, Foucault responde a Chomsky: "O senhor não pode me impedir de acreditar que as noções e conceitos de natureza humana, de justiça, de realização da essência humana sejam noções e conceitos que foram formados dentro de nossa civilização, em nosso tipo de saber, em nossa forma de filosofia, e que, consequentemente, fazem parte de nosso sistema de classes, e que não se pode, por lamentável que seja, fazer valer essas noções para descrever ou justificar um combate que deveria (que deve, em princípio) mudar os fundamentos mesmos da nossa sociedade. Há nisso uma extrapolação da qual não consigo encontrar a justificação histórica" (**DE2**, 506).

76. CÍCERO, MARCO TÚLIO (106-43 a.C.)

Foucault se ocupa várias vezes de Cícero em *L'Herméneutique du sujet*, isto é, na análise da cultura do cuidado de si na época helenístico-romana; em relação à crítica da educação recebida (**HS,** 92-93); à enfermidade/*páthos*; ao vício (**HS,** 94 95); à retórica (**HS,** 366-367). • As reflexões de Cícero sobre a importância da memória no exame de si dos pitagóricos são retomadas em vários dos cursos de Foucault (**DGDV,** 234; **MFDV,** 93; **DV,** 270).

77. CIÊNCIAS HUMANAS / *Sciences humaines*

Les Mots et les choses tem por subtítulo *Une archéologie des sciences humaines*, e o último capítulo da obra, intitulado precisamente "Les sciences humaines", é dedicado a esse tema. Para Foucault, no umbral da Modernidade, por volta do fim do século XVIII, "apareceu pela primeira vez essa estranha figura do saber que chamamos 'homem', que abriu espaço próprio às ciências humanas" (**MC, 16**). Ver: *Homem*. • Essa explicação sobre o surgimento das ciências humanas, em termos de mutação epistêmica, não é a única que encontramos na obra de Foucault. À medida que avança em suas investigações e o seu interesse se focaliza em outros eixos de problematização, Foucault remeterá a origem das ciências humanas à formação das disciplinas modernas, ao surgimento da biopolítica e à hermenêutica de si. Assim, em *Surveiller et punir*, afirmará que todas as ciências ou vertentes de análise cujo nome começa com o prefixo "psico" têm sua origem na inversão dos procedimentos de individualização, isto é, quando, através das disciplinas, já não é ao rei que o poder dirige seu olhar, mas aos súditos, aos indivíduos (**SP,** 195). Ver: *Disciplina*. Mais tarde, em *Sécurité, territoire, population*, afirmará que o homem tal como foi pensado pelas ciências humanas e pelo humanismo do século XIX não é mais que "uma figura da população" (**STP,** 81), do sujeito da biopolítica. Ver: *Biopolítica*. Por último, em consonância com seus últimos trabalhos, sustentou que o quadro histórico das ciências humanas é o projeto da hermenêutica de si, isto é, de ter feito do si mesmo um objeto de interpretação (**OHS,** 124-125). • Para além de suas diferenças, não é necessário ver uma contradição entre essas explicações acerca do surgimento das ciências humanas; elas podem ser lidas de maneira complementar. Assim, em *Les Mots et les choses*, o enfoque foucaultiano faz pé firme na forma epistêmica das ciências do homem (seus modelos de referência nas outras ciências, suas categorias constitutivas etc.). Em contrapartida, em *Surveiller et punir* e em *Sécurité, territoire, population*, enfatiza as matrizes sociopolíticas das ciências humanas (das que têm por objeto os indivíduos, como a psicologia, no primeiro trabalho, e das que têm por objeto a sociedade, no segundo). Por último, ao situar as ciências humanas no marco mais amplo da hermenêutica de si, Foucault as inscreve na história das práticas de subjetividade. Ver: *Homem*.

78. CINISMO / *Cynisme*

No marco de seu estudo da *parresia*, Foucault presta particular atenção ao cinismo, no qual se verifica uma relação imediata, sem mediações doutrinais, entre a exigência do dizer verdadeiro e o *bios*: "O cinismo faz da vida, da existência, do *bios*, o que se poderia chamar uma *aleturgia*, uma manifestação da verdade" (**CV**, 159). A relação entre cinismo e *parresia* é também objeto da lição de 21 de novembro de 1983 do curso *Discours et vérité*. Ver: *Bios*, *Parresia*.

79. CLAUSEWITZ, CARL VON (1780-1831)

Em *"Il faut défendre la société"*, Foucault analisa a inversão discursiva proposta por Clausewitz quando afirmou que a política é a continuação da guerra por outros meios. Trata-se do discurso da guerra de raças (**DE3**, 171-172; **IDS**, 16). Ver: *Guerra*.

80. CLEMENTE DE ALEXANDRIA (séc. II-III)

Clemente de Alexandria é um dos Padres da Igreja a que Foucault dedica particular atenção do ponto de vista da formação da moral sexual do cristianismo. Clemente aparece como o elo entre a ética dos *aphrodísia* do helenismo e a ética cristã da carne a que Santo Agostinho dará sua formulação paradigmática (**HS4**, 48-49). O capítulo 10 do livro II de *O pedagogo*, de Clemente de Alexandria, é objeto de análise na primeira parte do primeiro capítulo de *Les Aveux de la chair* e do curso *Subjectivité et vérité* (**SV**, 231-232). Ver: *Carne*. As diferenças em relação a Tertuliano sobre o catecumenato, isto é, a preparação para o batismo, são analisadas em *Du gouvernement des vivants*. Tertuliano, com efeito, introduz na estrutura do catecumenato uma polaridade entre fé e confissão que não se encontra em Clemente (**DGDV**, 131). No mesmo curso, Foucault se ocupa da questão do conhecimento de si e do governo de si em Clemente de Alexandria (**DGDV**, 248-250).

81. CLÍNICA / *Clinique*

O nascimento da clínica. Foucault começa *La naissance de la clinique* contrapondo dois textos: um de meados do século XVIII, de Pomme, e outro, menos de cem anos posterior, de Bayle. A partir deles define o propósito do livro: descrever o que tornou possível a mutação do discurso que se verifica entre uma obra e outra, que deve ser analisada não em seus conteúdos temáticos ou modalidades lógicas, mas apontando para essa "região onde as 'coisas' e as 'palavras' ainda não estão separadas, onde ainda se pertencem, ao rés da linguagem, à maneira de ver e à maneira de dizer" (**NC**, VII). A clínica responde, assim, mais que a um descobrimento do valor da observação e do fortalecimento da objetividade, a uma reestruturação das formas de ver e de falar. Para Descartes e Malebranche, ver era perceber, mas desde que despojando a percepção de seu corpo sensível, tornando-a transparente para o exercício do espírito. No final do século XVIII, ver consistirá em reconhecer à experiência sua maior opacidade corporal. "É essa reorganização *formal e em profundidade*, mais que o abandono das teorias e dos velhos sistemas, o que abriu a possibilidade de uma *experiência clínica*, o que suspendeu a velha proibição aristotélica: finalmente será possível ter um discurso com estrutura científica sobre o indivíduo" (**NC**, X). Essa reestruturação foi levada a cabo através de sucessivas elaborações e reelaborações: da medicina das espécies à medicina epidêmica, depois à medicina dos sintomas, à medicina anatomopatológica e, por último, à medicina das febres.

Medicina das espécies, medicina das epidemias. Foucault distingue três formas de espacialização da enfermidade. *Primária*: o espaço em que a medicina das espécies situava as enfermidades, um território de homologias onde não se designa nenhum lugar ao indivíduo; um espaço lógico de configuração. *Secundária*: também em relação à medicina das espécies, a exigência de uma percepção aguda do singular, de maneira independente das estruturas médicas coletivas, livre de todo olhar grupal e da experiência hospitalar. *Terciária*: o conjunto de gestos por meio dos quais uma enfermidade, em uma sociedade, é rodeada, abordada medicamente e isolada. Para a medicina das espécies, o hospital, como a civilização, é um lugar artificial, onde a enfermidade corre o risco de perder sua identidade; o lugar natural da enfermidade é a família. Mas o exercício da medicina de assistência familiar, dos cuidados a domicílio, só pode encontrar apoio em uma estrutura socialmente controlada do exercício da arte de curar. Nessa nova forma de espacialização institucional da enfermidade, a medicina das espécies desaparecerá e surgirá a clínica (**NC**, 18-19). • A medicina das epidemias e a das espécies se opõem como a percepção coletiva de um fenômeno global e a percepção individual da essência de uma enfermidade. Ambas, no entanto, encontram-se diante de um mesmo problema: a definição do estatuto político da medicina. Essa é a origem da Société Royale de Médecine (1776), órgão de controle das epidemias e de centralização do saber, e de seu conflito com a Faculdade de Medicina (**NC**, 31). Desse modo, nos anos que se seguem à Revolução Francesa aparecerão dois grandes mitos: o mito de uma profissão médica nacionalizada, organizada como o clero e revestida, com relação à saúde e ao corpo, de poderes semelhantes aos que se exercem sobre a alma; e o mito do desparecimento total da enfermidade em uma sociedade sem distúrbios nem paixões, restituída à sua saúde originária (**NC**, 31-32). Ao se vincular ao destino do Estado, a medicina já não será apenas o corpo das técnicas e conhecimentos de cura, mas também um conhecimento do homem saudável, do homem não enfermo, do homem modelo. Por isso, a medicina do século XIX se orienta mais pela normalidade que pela saúde (Claude Bernard, por exemplo). Dessa maneira, o objeto das ciências do homem (suas condutas, suas realizações individuais e sociais) é um campo dividido pelo princípio do normal e do patológico (**NC**, 35-36).

Reforma das instituições da medicina. A oposição entre a medicina das espécies e a medicina das epidemias exigia reorganizar o espaço da enfermidade, de modo que desse lugar às espécies patológicas, à enfermidade em sua totalidade, à elaboração de um conhecimento acerca da saúde da população. Nesse ponto convergem as exigências da ideologia política e da tecnologia médica. Por volta do final do século XVIII, assistimos na França a uma série de reformas das instituições médicas. 1) Nas instituições hospitalares: descentralização da assistência (confiada agora às instâncias comunais); separação entre assistência e repressão. Ao mesmo tempo em que se descentraliza a assistência, medicaliza-se seu exercício. O médico determinará a quem se deve prestar assistência e emitirá juízos acerca da moral e da saúde pública (**NC**, 40-41). 2) No exercício e no ensino da medicina: requisito de estudos universitários e públicos; abolição das corporações.

A protoclínica. A organização da clínica não é correlata ao descobrimento do individual na medicina. Também a necessidade da prática no ensino da medicina era amplamente reconhecida (**NC**, 58). Nesse sentido, Foucault fala de uma protoclínica de fins do século XVIII. É necessário, então, distinguir a protoclínica tanto da prática espontânea como da clínica propriamente dita. Foucault assinala cinco características da protoclínica: 1) Mais que um estudo sucessivo e coletivo dos casos, deve tornar sensível o corpo da nosologia. 2) O corpo do qual se ocupa o hospital é o corpo da enfermidade, não o do enfermo, que é apenas um exemplo. 3) Não é um instrumento para descobrir a verdade, mas certa maneira de dispor das verdades já conhecidas. 4) A protoclínica é apenas pedagógica. 5) Não é uma estrutura da experiência médica, mas uma prova do saber já constituído (**NC**, 58-62).

Os hospitais, Cabanis. Para remediar essa situação, durante a época da Revolução foram tomadas várias medidas capitais. 1) *Medidas do 14 frimário do ano III*: Antoine-François de Fourcroy apresenta à Convenção um projeto baseado no modelo da École Centrale des Travaux Publics que prevê a criação de uma École de Santé em Paris, distinta da Faculdade, lugar de um saber esotérico e livresco. Nela, os alunos realizarão experiências químicas, dissecções anatômicas, operações cirúrgicas. "A clínica se converte em um momento essencial da coerência científica, mas também da utilidade social e da pureza política da nova organização médica" (**NC**, 70). Mas não se trata apenas de experimentação; essa clínica se define ademais como um saber múltiplo da natureza e do homem em sociedade. 2) *Reformas e discussões dos anos V e VI*: reconstituição das sociedades médicas que haviam desaparecido com a universidade, especialmente com a Société de Santé; criação de cinco escolas de saúde, segundo o projeto de Calès, para estabelecer um corpo médico qualificado por um sistema de estudo e exames. 3) *Intervenção de Cabanis e reorganização do ano XI*: Foucault analisa *Rapport fait au nom de la Commission d'Instruction Publique, et projet de résolution, sur un mode provisoire de police médicale*, apresentado por Cabanis perante o Conselho dos Quinhentos. • No contexto das ideias liberais, isto é, da liberdade de indústria e do juízo dos consumidores acerca da utilidade do que consomem, Cabanis distingue entre a determinação do valor de uma mercadoria mediante a preferência dos consumidores e a necessidade de fixar o valor de algumas por decreto. Trata-se, nesse último caso, das mercadorias que servem para estabelecer o valor de outras (os metais preciosos) ou daquelas em que os erros podem ser funestos quando se trata do indivíduo humano. Como conciliar, então, a liberdade de indústria, máxima econômica fundamental, com a necessidade de fixar por decreto o valor daqueles bens que concernem à existência dos indivíduos? A solução de Cabanis consiste em distinguir entre um juízo acerca dos produtos (prerrogativa dos consumidores) e um juízo acerca da competência de quem os produz (prerrogativa do governo). O informe de Cabanis não foi aceito; contudo, sua proposta converteu-se na solução adotada para dar à medicina o estatuto de profissão liberal que conserva até nossos dias. O princípio de controle será estabelecido a partir da noção de competência, isto é, das virtualidades que caracterizam a própria pessoa do médico (saber, experiência, probidade). E aqui que a relação entre a aquisição do saber e o exame será determinante. "Desse modo, dentro de um liberalismo econômico manifestamente inspirado em Adam Smith, define-se uma profissão ao mesmo tempo 'liberal' e fechada" (**NC**, 81). Cabanis distingue, além disso, os doutores e os oficiais da saúde, que se ocuparão sobretudo da gente de vida mais simples (os trabalhadores, os camponeses). Não só quanto à organização da profissão médica (transmissão e exercício do saber médico), mas também com relação à organização dos hospitais, era necessário encontrar uma solução compatível com os princípios liberais. Mostrava-se impossível a utopia de uma sociedade sem hospícios nem hospitais. Paris, por exemplo, no ano II, precisava fazer frente a mais de sessenta mil pobres. Por outro lado, a hospitalização, entre outros inconvenientes, tornava custoso demais o tratamento das enfermidades. Os hospitais foram então confiados às administrações comunais: cada comuna se convertia em responsável por sua miséria e pela maneira como se protegia dela, mediante uma espécie de contrato entre seus membros ricos e pobres (**NC**, 83). Outro contrato (silencioso, segundo Foucault) se estabelece entre a nova estrutura hospitalar e a clínica na qual se formam os médicos: o mal de uns é transformado para os outros em experiência (**NC**, 85). O hospital se transforma no lugar da experimentação. Assim, em um regime de liberdade econômica, o hospital encontra a possibilidade de interessar aos ricos. A clínica será, do ponto de vista do pobre, o "juro pago pela capitalização hospitalar consentida pelo rico" (**NC**, 85).

Signos e casos, a medicina dos sintomas. "Não é, portanto, o conceito da enfermidade o que mudou primeiro para depois mudar a maneira de reconhecê-la; não foi o sistema semiótico o que foi modificado para que depois a teoria mudasse, mas tudo mudou ao mesmo tempo e, mais profundamente, a relação da doença com esse olhar ao qual ela se oferece e que, ao mesmo tempo, a constitui" (**NC**, 89). Essa modificação concerne em particular à estrutura linguística do signo e à estrutura aleatória do caso. O sintoma converte-se em signo para um olhar sensível à diferença, à simultaneidade ou à sucessão, e à frequência (**NC**, 92-93). Já não se trata de reconhecer a enfermidade nos sintomas, mas da presença exaustiva da enfermidade neles. Desse modo, é possível a superposição entre o ver e o dizer (**NC**, 95). Quanto à percepção do *caso*, é necessário ter em conta a complexidade das combinações (daquilo que a natureza associa em sua gênese), o princípio de analogia (o estudo combinatório dos elementos põe em relevo formas análogas de coexistência ou de sucessão que permitem identificar os sintomas da enfermidade), a percepção das frequências (a certeza médica não se constitui a partir da individualidade observada exaustivamente, mas a partir de uma multiplicidade de fatos individuais), o cálculo dos graus de certeza (do caráter mais ou menos necessário de uma implicação). "A clínica abre um campo que se tornou 'visível' pela introdução na área do patológico de estruturas gramaticais e probabilísticas. Estas podem ser historicamente datadas, porque são contemporâneas de Condillac e seus sucessores" (**NC**, 105). Ver: *Saber*. Em sua forma inicial, a experiência clínica representa um equilíbrio entre o ver e o falar, entre o olhar e o dizer, um equilíbrio precário que tem como postulado que todo o visível é enunciável e que o totalmente enunciável é totalmente visível. Mas a lógica de Condillac, que serviu de modelo epistemológico à clínica, não permitia uma ciência na qual o visível e o dizível se correspondessem inteiramente (**NC**, 116-117). Como consequência dessa dificuldade na evolução da clínica, a combinação deixará de ser sua operação fundamental e a transcrição sintática tomará seu lugar. Desse modo, a clínica se afastará do pensamento de Condillac e se oporá a ele. Aqui nos encontramos com Cabanis e com toda uma série de transformações do olhar clínico. "O olho clínico descobre um parentesco com um novo sentido, que lhe prescreve sua norma e sua estrutura epistemológica: já não é o ouvido estendido para uma linguagem, é o dedo indicador apalpando as profundidades. Daí a metáfora do tato pela qual, sem cessar, os médicos vão definir o que é seu olhar" (**NC**, 123).

Abrir cadáveres, a medicina anatomopatológica. Com a medicina anatomopatológica, o corpo tangível se instalará no centro da experiência clínica. Bichat substitui o princípio de diversificação segundo os órgãos de Morgagni pelo princípio de isomorfismo dos tecidos fundado na identidade simultânea da conformação exterior, das estruturas, das propriedades vitais e das funções (**NC**, 129). A noção de tecido deslocará a de órgão, e a de lesão, a de sintoma (**NC**, 141-142). • Com a anatomia patológica, diferentemente do que ocorria no século XVIII, a relação entre a vida, a enfermidade e a morte será pensada cientificamente. A enfermidade ingressa na relação interior, constante e móvel, da vida com a morte. "Não é porque adoeceu que o homem morre; é sobretudo porque pode morrer que lhe acontece estar doente. [...] a morte é a enfermidade tornada possível na vida. [...] Daí a importância que assumiu, desde o aparecimento da anatomia patológica, o conceito de *degeneração*" (**NC**, 158).

A medicina das febres. Com a medicina das febres assistimos ao último passo na reorganização do olhar médico como clínica: da anatomia à fisiologia. Com a obra de François Broussais se abandonam as diferenças entre a anatomia patológica e a análise dos sintomas. Trata-se de uma medicina dos órgãos em sofrimento que comporta três momentos: determinar o órgão que sofre, explicar como alcançou esse estado e indicar o que é necessário fazer para revertê-lo (**NC**, 196).

As ciências do homem. Com a morte integrada à episteme da experiência médica, a enfermidade se desprendeu de sua contranatureza e se fez carne no corpo vivente dos indivíduos. O primeiro discurso científico sobre o indivíduo teve que passar assim pelo momento da morte. "A possibilidade para o indivíduo de ser, ao mesmo tempo, sujeito e objeto de seu próprio conhecimento implica que foi invertido o jogo da finitude no saber" (**NC**, 201). Desse modo, o pensamento médico se insere por completo no estatuto filosófico do ho mem (**NC**, 202). Ver: *Homem*.

Descrição, enunciação. O discurso clínico não é só da ordem da descrição; sua formação implica um conjunto de hipóteses sobre a vida e a morte, opções éticas, decisões terapêuticas, regulamentos institucionais, modelos de ensino. Por outro lado, a descrição não cessou de modificar-se. De Bichat até a patologia celular, mudaram as escalas e os pontos de referência. O sistema de informação (a inspeção visual, a auscultação e a palpação, o uso do microscópio e os testes biológicos) se modificou. Também se modificou a correlação entre o anatomoclínico e os processos fisiopatológicos. Em suma, configurou-se de outra maneira a posição do sujeito que olha para o enfermo (**AS**, 47-48). • No discurso clínico, o médico é, por turnos, o que interroga, o olho que observa, o dedo que toca, o que decifra os signos, o técnico de laboratório. Assim, coloca-se em jogo todo um conjunto de relações entre o hospital (lugar de assistência, de observação e de terapia) e um grupo de técnicas e códigos de percepção do corpo humano (**AS**, 73).

Olhar, sujeito. Na medida em que as modalidades de enunciação manifestam a dispersão do sujeito, e não a síntese ou a função unificadora, a expressão "olho clínico" não é muito feliz (**AS**, 74).

Ciência, formação discursiva. A clínica não é uma ciência; nem responde aos critérios formais nem alcança o rigor da física ou da química. É o resultado de observações empíricas, ensaios, prescrições terapêuticas, regulamentos institucionais. Mas esta não ciência não exclui a ciência (nem vice-versa): estabeleceu relações precisas com a fisiologia, a química, a microbiologia. Seria presunçoso atribuir à anatomia patológica o estatuto de falsa ciência (**AS**, 236). Trata-se antes de uma formação discursiva que não se reduz à ciência nem à condição de uma disciplina pouco científica.

82. COGITO

O *cogito* e o impensado. O *cogito* é uma das figuras da analítica da finitude. Ver: *Homem*.

Cartesiano e kantiano. Foucault fala de um duplo deslocamento do *cogito* moderno (isto é, a partir de Kant) a respeito do cartesiano: 1) À diferença do *cogito* de Descartes, o moderno não é a forma geral de todo pensamento (inclusive do erro e da ilusão); trata-se antes de fazer valer a distância que separa e ao mesmo tempo une o pensamento e o não pensamento. 2) O *cogito* moderno, mais que como um descobrimento, apresenta-se como uma tarefa: a de explicitar a articulação entre pensamento e não pensamento. Por isso, o "eu penso" não conduz à evidência do "eu sou" (**MC**, 334-335).

Fenomenologia. A fenomenologia uniu o tema cartesiano do *cogito* ao motivo transcendental que Kant deduziu de sua crítica de Hume (**MC**, 336).

Enunciado. A análise dos enunciados realiza-se sem referência a um *cogito* (**AS**, 160-161). Ver: *Discurso*.

Loucura. As páginas de *Histoire de la folie à l'âge classique* dedicadas a Descartes deram lugar a uma polêmica sobre a relação entre *cogito* e loucura, entre Foucault e Derrida. Este último tratou o tema em um capítulo de sua obra *A escritura e a diferença*, intitulado "Cogito e história da loucura". Enquanto para Foucault se trata de uma relação de exclusão total, para Derrida, ao contrário, a loucura afeta apenas de maneira contingente algumas regiões da percepção sensível (a hipótese do sonho, em todo caso, seria mais ampla que a da loucura). Foucault responderá extensamente em duas ocasiões: "Mon corps, ce papier, ce feu" (**DE2**, 245-268) e "Réponse à Derrida" (**DE2**, 281-295).

83. COLONIALISMO / *Colonialisme*

Para além de algumas considerações esparsas em seus escritos, Foucault serve-se dos conceitos de colonialismo e colonização sobretudo em *Le Pouvoir psychiatrique* • Por volta do final do século XVI, houve, segundo Foucault, um efeito bumerangue. As práticas coloniais começam a se instalar nos mecanismos de poder e nas instituições jurídicas da própria sociedade europeia, em uma espécie de colonialismo interno (**IDS**, 89). • "O objeto de minha história é em parte a colonização imperialista dentro do próprio espaço europeu" (**DE3**, 581). Nesse sentido, Foucault fala de colonização, por exemplo, a propósito da disciplinarização escolar dos jovens (**PP**, 68-69). • A colonização mediante as técnicas disciplinares caracteriza as missões jesuíticas, que apresentavam um sistema de vigilância e um sistema penal permanentes (**PP**, 70-71). • Foucault distingue duas fases da colonização: a conquista armada e a colonização em profundidade, que consiste em impor o modelo familiar aos resíduos da história como, por exemplo, os loucos e os povos colonizados (**PP**, 110). • A fase colonialista das disciplinas consiste em fazer trabalhar os indivíduos disciplinarizados, não só em mantê-los tranquilos e controlados (**PP**, 127). • A partir da Idade Média, assiste-se a um duplo movimento de colonização, em profundidade e em extensão, em todo o planeta, que coloca sob exame os corpos e os gestos dos homens (**PP**, 246).

84. COMENTÁRIO / *Commentaire*

Segundo Foucault, na episteme renascentista, saber consiste em comentar. No espaço delimitado pela defasagem entre o universo das semelhanças entre as marcas das coisas, seus signos, e o universo das semelhanças entre as coisas mesmas, situa-se todo o saber da episteme renascentista: tanto a *eruditio*, deciframento da semelhança dos signos, como a *divinatio*, deciframento das similitudes das coisas. Por isso, saber não é para o Renascimento nem ver nem demonstrar, mas comentar, dobrar uma linguagem com outra. Ver: *Episteme renascentista*. • O trabalho de comentar é uma tarefa infinita, pois todo comentário pode ser, igualmente, objeto de outro comentário. Mas, ao mesmo tempo, por baixo de todo comentário, situa-se o Texto primitivo, cujo sentido deve-se restituir (**MC**, 56).

Controle discursivo. Acerca do comentário como forma de controle discursivo, ver: *Discurso*.

85. CONDUTA / *Conduite*

O termo francês *conduite*, que pode significar tanto a maneira de se conduzir como a de conduzir os outros, "é um dos que melhor permite compreender o que há de específico nas relações de poder" (**DE4**, 237). No curso *Du gouvernement des vivants* (1979-1980), Foucault recapitula suas investigações precedentes e afirma: "Nos cursos dos dois últimos anos, tratei de esboçar um pouco esta noção de governo, que me parece muito mais operacional que a noção de poder. Sem dúvida, devemos entender 'governo' não no sentido restrito e atual de instância suprema das decisões executivas e administrativas nos sistemas estatais, mas no sentido amplo, e por outro lado antigo, de mecanismos e procedimentos destinados a conduzir os homens, a dirigir a conduta dos homens, a conduzir a conduta dos homens" (**DGDV**, 13-14).

Poder pastoral. "Economia das almas" é a expressão utilizada por Gregório de Nacianzo para falar do pastorado. Ver: *Poder pastoral*. A expressão grega *oikonomia psychon* (economia das almas) foi depois traduzida para o latim por *regimen animarum* (regime das almas). Foucault propõe como tradução apropriada ao francês a expressão *conduite des âmes* (condução das almas) (**NB**, 196-197).

Contraconduta. As reflexões em torno da noção de conduta se situam no marco das análises de Foucault sobre a formação do poder pastoral; o mesmo ocorre com a noção de contraconduta. Ver: *Poder pastoral*. Ao longo de sua exposição acerca das formas de resistência ao poder pastoral, Foucault utiliza uma série de conceitos: resistência, revolta, desobediência etc. Pergunta-se, depois de tê-los empregado, se é possível encontrar uma categoria que os reúna. Em primeiro lugar, ocupa-se de descartar o conceito de dissidência, pela facilidade com que pode substancializar-se e dar origem ao "dissidente" e mais às consequentes formas de santificação e heroísmo: "Faria-me arrancar a língua antes de empregá-lo [o termo "dissidente"]" (**STP**, 204). Por isso, em lugar de falar de dissidência ou de inconduta – que tem um sentido negativo – em relação às formas de resistência ao poder pastoral em particular, e às formas de governamentalização em geral, Foucault propõe o conceito de contraconduta (**STP**, 205). • O curso *Sécurité, territoire, population* conclui com algumas observações sobre as contracondutas surgidas em relação à governamentalidade moderna e, mais precisamente, em relação à razão de Estado. Ver: *Razão de Estado*. Em primeiro lugar, contra a historicidade própria dessa nova governamentalidade que excluía as escatologias do Império dos últimos dias, desenvolveram-se formas de contraconduta que em essência afirmam que virá uma época em que o tempo indefinido chegará ao seu fim e a sociedade civil substituirá o Estado. A segunda grande forma de contraconduta será a reivindicação de direitos, não em termos jurídicos, mas fundamentais, através da qual a população romperá seu nexo de obediência com o Estado. Assim, junto com as novas formas de escatologia aparecerá o direito absoluto à sedição e à revolução. Por último, também ocorrerá isso com a ideia de nação, entendida como sujeito de direito frente às formas de governamentalidade estatal (**STP**, 365).

Filosofia. Ao longo do século XVI assistimos a uma profunda transformação das formas de exercício do poder pastoral, que leva a propor o problema da condução, do governo dos homens, tanto no domínio privado como no público. Desse modo, reaparece na filosofia uma das questões fundamentais na época helenística, mas que havia quase desaparecido durante a Idade Média: como conduzir-se? A respeito, Foucault se refere em particular a Descartes (**STP**, 236).

86. CONFISSÃO / *Aveu, Confession, Exagoreusis*

"O homem ocidental se converteu em um animal de confissão" (**HS1**, 80). • "A confissão é um ato verbal mediante o qual o sujeito afirma algo acerca do que é, vincula-se a essa verdade, situa-se em uma relação de dependência em relação a outro e, ao mesmo tempo, modifica a relação que tem consigo" (**MFDV**, 7). • De todos os dispositivos de poder, a confissão é aquele ao qual Foucault dedicou maior atenção desde a época de seus primeiros cursos no Collège de France, em particular *Le Pouvoir psychiatrique* (1973-1974) e sobretudo *Les Anormaux* (1974-1975). Embora em seus livros publicados em vida só tenha abordado o tema em *Volonté de savoir*, que retoma parte do material daqueles dois cursos, a confissão é um dos tópicos mais frequentes em seus últimos anos de trabalho, a partir de 1980. Durante esse período, a questão, circunscrita em seus primeiros cursos à prática cristã da confissão na Modernidade e a seu uso nas instituições psiquiátricas do século XIX, será colocada a partir de um ponto de vista muito mais amplo, em termos tanto históricos quanto conceituais. Por um lado, com efeito, Foucault remontará à Antiguidade; por outro, abordará a confissão da perspectiva conceitual dos regimes ou jogos de verdade e das técnicas de si, ou, em outras palavras, da veridicção e do cuidado de si. Por esse caminho, Foucault ver-se-á conduzido à noção de *parresia*, do dizer verdadeiro como parte do cuidado de si na Antiguidade (eixo temático de seus últimos dois cursos no Collège de France, *Le Gouvernement de soi et des autres* e *Le Courage de la vérité*). Desse modo, a questão da confissão se inscreve no marco mais geral da relação entre subjetividade e verdade. Esse ciclo de investigações culminará com a análise, que podemos supor inconclusa devido à morte de Foucault, das diferenças entre a *parresia* dos antigos e a *parresia* nos primeiros séculos do cristianismo, quando começa a tomar forma a confissão cristã (introdução do princípio de obediência, desconfiança a respeito de si mesmo etc.). • Além dos cursos no Collège de France, também outros estão dedicados ao tema da confissão. O curso de 1981 em Louvain, *Mal faire, dire vrai: fonction de l'aveu en justice*, pode ser visto como uma história do dispositivo da confissão desde a Antiguidade até o século XX e, ao mesmo tempo, como uma exposição de conjunto de seus numerosos trabalhos sobre essa questão. Nesse curso, ademais, Foucault se ocupa das relações entre as formas do dizer verdadeiro e do dizer justo, da veridicção e, no sentido literal do termo, da jurisdição. As duas conferências pronunciadas em Dartmouth em 1980, publicadas como *L'Origine de l'herméneutique de soi*, têm também como eixo a questão da confissão. A primeira está dedicada às formas da confissão na Antiguidade e a segunda, no cristianismo. As conferências de Berkeley de 1983 e Grenoble de 1982, publicadas em conjunto sob o título *Discours et vérité*, focalizam, por sua vez, a questão do dizer verdadeiro na Antiguidade. • Ao longo de todas essas análises, Foucault aborda uma série de práticas que, em ordem cronológica, podem apresentar-se da seguinte maneira: na Antiguidade, as diferentes formas de confissão, a prática do exame de si, a *parresia*; no cristianismo dos primeiros séculos, a *exomologêsis* e a *exagoreusis*; na Idade Média, a penitência tarifada; a partir da época da Reforma, a confissão sacramental em relação à pastoral da carne; nos séculos XIX e XX, as formas da confissão nas práticas terapêuticas da psiquiatria e da psicanálise e, por último, nas práticas judiciais. Para além dos elementos comuns que possam ser estabelecidos, o objetivo de Foucault não é mostrar uma linha de continuidade que, de maneira ininterrupta, chegaria da Antiguidade até nossos dias. Seu interesse é antes mostrar como em cada uma dessas práticas foi problematizada a relação entre o sujeito e a verdade ou, mais precisamente, entre a relação que o sujeito estabelece consigo mesmo e os outros e as diferentes formas do dizer verdadeiro. Nesse sentido, Foucault sustenta: "A hermenêutica moderna de si enterra suas raízes muito mais nessas técnicas cristãs [da confissão] do que nas técnicas clássicas. O *gnothi seauton* tem muito menos influência em nossas sociedades, em nossa cultura, do que imaginamos" (**OHS**, 65). • Em *Mal faire, dire vrai*, com uma fórmula que só aparece nesse curso, Foucault define seu trabalho como uma "etnologia política e institucional do dizer verdadeiro, da palavra verdadeira" (**MFDV**, 17). Nesse mesmo curso, Foucault concebe a tarefa de uma filosofia crítica, que expressa sua própria posição, como interrogação acerca dos diferentes jogos de verdade, sobre como puderam aparecer na história e em que condições (**MFDV**, 9).

Homero, Hesíodo, Sófocles. Se agruparmos os trabalhos de Foucault não segundo a ordem em que foram elaborados, mas de acordo com a cronologia dos temas e autores estudados, as análises em torno da confissão começam com Homero, Hesíodo e Sófocles. A abordagem desses autores, da perspectiva das formas do dizer verdadeiro, remonta ao primeiro curso de Foucault de 1970-1971, *Leçons sur la volonté de savoir* (exceto as primeiras quatro lições, o resto do curso se ocupa deles), e é retomada em sucessivas oportunidades, sobretudo nas lições de 22 e 28 de abril de 1981 de *Mal faire, dire vrai* e nas de 16, 23 e 30 de janeiro de 1980 de *Du gouvernement des vivants*, onde nosso autor estuda o quanto concerne a Sófocles. Como acabamos de dizer, a perspectiva que domina a leitura da *Ilíada*, da *Odisseia*, dos *Trabalhos e os dias* e do *Édipo Rei* é a das formas do dizer verdadeiro, que, apesar de incluí-la, excede a questão da confissão. Ver: *Verdade*. Quanto à confissão em seu sentido mais restrito, a leitura foucaultiana de Homero, Hesíodo e Sófocles se inscreve no marco das práticas judiciais. Assim, ocupa-se em particular da confissão de Antíloco, na *Ilíada*, e do escravo que, em *Édipo Rei*, sob ameaça, narra as origens de Édipo. Quanto ao primeiro, sua confissão ou quase confissão, segundo uma expressão utilizada pelo próprio Foucault, consiste em restaurar, dentro da estrutura agonística, isto é, da disputa entre rivais, as formas nas quais a verdade das forças devia aparecer ritualmente (**MFDV**, 32). Foucault se refere ao entredito entre Antíloco e Menelau, que se resolve, em um contexto ritualizado de administração de justiça, quando Antíloco afirma que Menelau é mais forte e o precedia na corrida de carros que originou a disputa. A confissão de Antíloco, como vemos, não consiste, então, em reconhecer uma falta. Também em um contexto ritualizado de administração de justiça, a cargo do próprio Édipo, deparamos com uma confissão em *Édipo Rei*, a do escravo que havia sido testemunha das verdadeiras origens de Édipo. Trata-se, como podemos ver, da confissão de uma testemunha. Nessa ocasião, destaca Foucault, "a confissão se introduz nessa representação ritual, cultural e politicamente tão importante, que a cidade ateniense oferecia a si mesma" (**MFDV**, 70). As confissões de Antíloco (restabelecimento de uma relação de força) e do escravo-testemunha (confissão--testemunho) respondem a dois rituais diferentes de administração da justiça. Foucault se serve da obra de Hesíodo para marcar o momento de transição entre um e outro.

Eurípides, Platão. Na análise da *parresia*, em *Le Gouvernement de soi et des autres*, Foucault aborda a temática da confissão em dois momentos-chave. Em primeiro lugar, em relação ao *Ion* de Eurípides, detém-se na análise da dupla confissão de Creusa: a de imprecação e a de confidência (**GSA**, 127-130). Em segundo lugar, em relação às *Górgias* de Platão, mais precisamente com a declaração de Sócrates de que, para salvar-se, é necessário ser o primeiro em acusar-se dos próprios crimes. A respeito, Foucault se pergunta se é possível ver aqui o deslocamento da *parresia* como prática política à *parresia* tal como será exercida na confissão cristã (**GSA**, 331). A resposta é negativa (**GSA**, 332-333).

Exame de si, confissão ao diretor de consciência. Em sentido estrito, segundo Foucault, não encontramos o ritual da confissão nem na Antiguidade grega nem na helenística, nem na romana. Existem, sim, certas instâncias, como o exame de consciência e algumas práticas de consulta, e a obrigação de dizer a verdade ao diretor de consciência ou ao médico, ou de ser franco com os amigos, mas esse "dizer a verdade" não conduz, como no cristianismo, à salvação. O sujeito da Antiguidade se convertia em sujeito de verdade de um modo muito diferente ao obrante no dispositivo da confissão. Na Antiguidade, a verdade em questão era a dos discursos verdadeiros (**HS**, 346-347), enquanto na confissão cristã o sujeito da enunciação deve ser o referente do enunciado; na filosofia greco-romana, pelo contrário, na prática da direção espiritual, quem tem que estar presente na verdade do discurso é o guia espiritual. É ele quem deve poder dizer: "Essa verdade que te digo, tu a vês em mim" (**HS**, 391). Acerca das práticas do exame de si e da confissão ao diretor de consciência, ademais das lições de 3 e 10 de março de 1982 do curso *L'Herméneutique du sujet*, podem consultar-se a conferência "Subjectivité et vérité" e o início da conferência "Christianisme et aveu", em *L'Origine de l'herméneutique de soi*.

Exomologêsis, exagoreusis. Os primeiros séculos do cristianismo. O momento em que a tarefa de dizer a verdade sobre si mesmo se inscreve no procedimento indispensável da salvação foi, sem dúvida alguma, capital na história da subjetividade ocidental (**HS**, 346). A história da prática penitencial do século II ao século V mostra que a *exomologêsis* (confissão, reconhecimento) não era uma confissão verbal analítica, nem das faltas nem das circunstâncias, e não obtinha a remissão pelo único fato de ser formulada na forma canônica ante quem tinha o poder de desculpar os pecados. A penitência era antes um estado ao qual se ingressava e do qual se saía ritualmente: nesse lapso, o penitente reconhecia suas faltas com sacrifícios, austeridade, modo de vida. A expressão verbal não tinha um papel fundamental. Nas instituições monásticas (Foucault se ocupa das obras de Cassiano *Instituições cenobíticas* e *Conferências*), a *exagoreusis* (confissão) se enquadra no marco da direção espiritual. Aqui é necessário analisar o modo de dependência em relação ao mestre, a maneira de levar a cabo o exame de consciência e a obrigação de dizer tudo a respeito dos movimentos da alma. A confissão prescrita por Cassiano não é a mera enunciação das faltas cometidas, nem uma exposição global do estado da alma, mas a verbalização permanente de todos os movimentos do espírito (**DE4**, 125-128). Acerca dessas duas práticas, ver as lições de 6, 13, 20 e 27 de fevereiro e 5, 12, 19 e 26 de março de 1980 do curso *Du gouvernement des vivants*; a lição de 29 de abril de 1981 de *Mal faire, dire vrai*, e a conferência "Christianisme et aveu" de *L'Origine de l'herméneutique de soi*.

A partir da Idade Média, durante a Reforma. Na evolução da prática cristã da penitência é necessário prestar atenção, por um lado, à relação confissão/penitência, e por outro, à função da confissão. Quanto ao primeiro aspecto, como dissemos, originariamente a confissão não fazia parte do núcleo da penitência. Quanto ao segundo, a função da confissão na penitência teve modificações notáveis. A partir do século VI, com o que se denominou a "penitência tarifada", a confissão começa a inscrever-se no coração dessa prática. Trata-se de um modelo irlandês, não latino, de matriz laica, judicial e penal. Como cada falta grave requeria uma satisfação proporcional, a enumeração das faltas, sua confissão, se tornou necessária. Pois bem, a confissão por si mesma não tem valor eficaz, já que só permite que o sacerdote estabeleça a pena. A partir do século XIII, assistimos a uma reinserção da confissão nos mecanismos do poder eclesiástico. O Concílio de Latrão de 1215 estabelecia a obrigação para todos os cristãos de confessar suas faltas graves. A frequência dessa prática devia ser ao menos anual, mas recomendava-se que fosse mensal ou semanal. A prática da confissão se converte assim em uma obrigação regular, contínua e exaustiva (abrange tanto os pecados graves quanto os veniais). O sacerdote, por sua vez, será quem garante, com suas perguntas, essa exaustividade. • A partir do século XVI, assistimos a um processo de cristianização em profundidade, que envolve a extensão do domínio da confissão: a vida do indivíduo deve passar quase em sua totalidade por esse filtro. Esse processo implica também um fortalecimento da figura do confessor: além da absolvição, disporá do direito de exame da vida do penitente e de toda uma série de técnicas para levar isso a cabo. Também a partir do século XVI, desde a pastoral de São Carlos Borromeu, junto com a confissão irá se desenvolver a prática da direção de consciência. Com o diretor há que abordar tudo o que concerne à pessoa interior: pequenas penas do espírito, tentações e maus hábitos, repugnância ao bem etc. Durante a época da Reforma e da Contrarreforma, a prática da confissão transforma-se, especialmente em relação ao sexto mandamento ("Não cometer atos impuros"): o antigo exame era um inventário das relações permitidas e proibidas; já o novo é um percurso meticuloso do corpo, uma anatomia do desejo, uma cartografia pecaminosa do corpo (**AN**, 155-186). A esse respeito, ver as lições de 19 e 26 de fevereiro de 1975 do curso *Les Anormaux* e a seção "L'incitation aux discours" de *Volonté de savoir*. • A resistência à confissão pode ser vista como uma contraconduta em relação ao poder pastoral (**STP**, 197-213).

A confissão na prática judicial. Na Época Clássica, o corpo do condenado era não só o objeto do castigo, do suplício: estava inscrito no procedimento que devia produzir a verdade acerca do crime. Naquela época, o procedimento penal, apesar de seu caráter secreto (era celebrado na ausência do acusado), escrito e submetido a regras rigorosas, tendia necessariamente à confissão. Esta é uma prova tão forte que não requer outras e é ao mesmo tempo uma vitória sobre o acusado (**SP**, 42). No entanto, por importante que seja, a confissão não basta para condenar; é necessário que venha acompanhada por indícios que mostrem sua veracidade e, além disso, se for o caso, o juiz deve realizar indagações complementares. Por outro lado, deve ser obtida com observância de certas formalidades e garantias; apesar do uso da força, da coerção e da tortura, exige-se que seja "espontânea". Daí o caráter ambíguo da confissão no procedimento penal da Época Clássica: elemento de prova e contrapartida da informação, efeito da coerção e transação semivoluntária (**SP**, 43). Nos catálogos de prova judicial, a confissão aparece nos séculos XIII e XIV (**SP**, 43).
• Embora o curso *Mal faire, dire vrai* tenha por subtítulo *Fonction de l'aveu en justice*, se deixarmos de lado a análise dos rituais judiciais na antiga Grécia, só a última lição, de 20 de maio de 1981, ocupa-se da confissão nas instituições jurídico-legais. Aqui, a atenção de Foucault e suas considerações críticas se concentram no momento em que, por volta do final do século XIX e começo do XX, à exigência de que o acusado confesse se foi ou não autor dos delitos que lhe são imputados, soma-se a exigência de que confesse também o quê ou quem ele é. Essa exigência tem ido de mãos dadas com desenvolvimentos da psiquiatria e da psicanálise. Não se trata, por isso, da hermenêutica de si do cristianismo, da verbalização exaustiva dos pecados, mas de uma forma de deciframento da subjetividade próxima da hermenêutica dos textos (**MFDV**, 224-226).

Psiquiatria, psicanálise. Para Foucault, algumas das técnicas e objetos da direção de consciência do cristianismo foram importados para o campo da psiquiatria e, portanto, da instituição asilar (**PP**, 172, 175). • Acerca da função da confissão na psiquiatria, Foucault, em várias oportunidades remete ao relato do doutor Leuret, publicado em 1840, sobre haver curado um de seus pacientes. Esse episódio faz parte do que na época se denominava "tratamento moral" da loucura. Concretamente, a fim de que o enfermo confesse e reconheça a verdade, ele é submetido a várias duchas geladas. Na medida em que reconhece a verdade e, portanto, se afasta do delírio, a confissão é considerada uma parte essencial da operação terapêutica (**PP**, 158-160; **MFDV**, 1-2). • A lição de 30 de janeiro de 1974 do curso *Le Pouvoir psychiatrique* está dedicada à questão da verdade na psiquiatria do século XIX. Segundo Foucault, a psiquiatria enfrentou essa questão mediante três procedimentos: a confissão, a droga e o magnetismo. Com a confissão como recurso terapêutico, a psiquiatria se propõe atualizar os sintomas, suscitar a alucinação, provocar a crise histérica (**PP**, 276). • "Freud transferirá a confissão da rígida retórica barroca da Igreja para o relaxante divã da psicanálise" (**DE3**, 675). • É necessário apreciar com cuidado as afirmações de Foucault sobre as possíveis continuidades entre a espiritualidade cristã, a psiquiatria do século XIX e a psicanálise. Algumas das que temos citado deixam entrever ou explicitamente sustentam uma forma de continuidade. Outras, porém, são mais moderadas. Assim, à distância, no debate sobre a conferência "Subjectivité et vérité", publicado em *L'Origine de l'herméneutique de soi*, a respeito dessas possíveis formas de continuidade, Foucault afirma: "Mas essa explicação não me satisfaz, porque é difícil encontrar nas técnicas psiquiátricas do século XIX algo que esteja em relação com as técnicas espirituais" (**OHS**, 111).

Scientia sexualis. Segundo Foucault, ao longo da história há dois grandes procedimentos para produzir a verdade do sexo: a *ars erotica* e a *scientia sexualis*. Na primeira, a verdade do sexo é extraída do prazer mesmo; na segunda, aparece em um procedimento de saber-poder cujo eixo é a confissão (*aveu*). Mesmo com a confissão tendo permanecido encastrada no ritual da penitência durante séculos, ela perdeu sua localização ritual exclusiva com a Reforma e a Contrarreforma, a pedagogia do século XVIII e a medicina do século XIX. A confissão começou a ser utilizada em toda uma série de relações: pais-filhos, alunos-pedagogos, enfermos-psiquiatras, delinquentes-especialistas. No que concerne ao sexo, o ritual da confissão sofreu várias transformações que permitiram ajustá-lo à regularidade científica: 1) pela codificação clínica do "fazer-falar" (combinando o relato com os signos e sintomas decifráveis); 2) pelo postulado de uma causalidade geral e difusa (o sexo pode ser causa de tudo e de qualquer coisa); 3) pelo princípio de uma latência intrínseca da sexualidade; 4) pelo método da interpretação; e 5) pela a medicalização dos efeitos da confissão (**HS1**, 84-94). Ver: *Parresia, Poder, Verdade*.

Confissão, exame. Na conferência de 24 de novembro de 1980, intitulada "Christianisme et aveu", Foucault se ocupa, precisamente, da prática da confissão na história do cristianismo. Em primeiro lugar, assinala as diferenças entre a prática do exame de si nas culturas grega e helenística em relação à prática cristã. Por um lado, a busca de uma unidade ideal entre vontade e verdade; por outro, a necessidade de saber o que acontece dentro de nós e a obrigação de reconhecer as próprias faltas e dar testemunho delas, contra nós, perante outra pessoa (**OHS**, 66-67). A forma canônica ritualizada da confissão dos pecados no sacramento da penitência é, no entanto, uma inovação bastante tardia no cristianismo (**OHS**,

68). Nos primeiros séculos, deparamos com as formas do exame de si desenvolvendo-se em dois contextos: os ritos penitenciais e a vida monástica. Nessa conferência, Foucault retoma temas abordados em suas lições da época e analisa a transformação sofrida pelas práticas pagãs do exame de si e sua evolução no seio do cristianismo.

Confissões da carne. O quarto volume de *Histoire de la sexualité*, intitulado precisamente *Les Aveux de la chair*, tem como objeto de análise a relação entre as práticas da confissão, o exame de si e o desejo sexual convertido em libido, isto é, a carne. Ver: *Carne*.

87. CONTRATO / *Contrat*

A teoria política dos séculos XVII e XVIII parece obedecer ao esquema de uma sociedade que se havia constituído a partir dos indivíduos, segundo as formas jurídicas do contrato e do intercâmbio. Mas não se pode ignorar que nessa época existia uma técnica para constituir efetivamente os indivíduos como elementos correlativos de uma forma de poder e saber. O indivíduo é, dessa maneira, o átomo fictício de uma representação contratual da sociedade, mas, ao mesmo tempo, uma realidade fabricada com a tecnologia da disciplina (**SP**, 195-196). • Para pensar o nexo social, o pensamento político burguês do século XVIII serviu-se da forma jurídica do contrato; o pensamento revolucionário do século XIX, por sua vez, da forma lógica da contradição (**DE3**, 426). • É possível opor dois grandes sistemas de análise do poder. Entre os filósofos do século XVIII, o poder é concebido a partir de um direito originário que é cedido, constitutivo da soberania e cuja matriz primigênia é o contrato. Quando o poder excede os limites desse contrato, há opressão. No outro modelo, a opressão não é apresentada como a transgressão de um contrato, mas como um enfrentamento perpétuo de forças, como a continuação da guerra, da dominação (**IDS**, 17).

População. O sujeito coletivo "população" é diferente do sujeito coletivo constituído pelo contrato social (**STP**, 46).

Mercado, liberalismo. O sujeito jurídico da teoria do contrato e o sujeito econômico do mercado são, para Foucault, heterogêneos (**NB**, 280). Ver: *Liberalismo*.

Propriedade rural. No final do século XVIII, o contrato se converte na forma de acesso à propriedade rural e, como consequência, aparecem dois novos riscos: o ilegalismo da depredação dos bens e o questionamento e litígio (**LSP**, 163).

Costume. Segundo a análise de Foucault, o pensamento político do século XVIII recorreu à noção de costume para criticar a tradição e a pretensão de justificar as instituições em uma vontade transcendente. O contrato tem, então, que substituir os costumes. No pensamento político do século XIX, ao contrário, o costume é concebido como complementar ao contrato (**LSP**, 241).

88. CONTROLE / *Contrôle*

Disciplina. Com a extensão das disciplinas, no século XIX ingressamos na época do controle social (**DE2**, 593). • O panoptismo é uma das características fundamentais dos modernos dispositivos disciplinares. É um tipo de poder exercido sobre os indivíduos sob a forma da vigilância individual e contínua, do controle, do castigo e da recompensa, e sob a forma da correção, isto é, da formação e da transformação dos indivíduos em função de certas normas (**DE2**, 606).

Instituições de controle. No curso intitulado *Théories et institutions pénales*, Foucault leva a cabo um estudo das formas de controle social anteriores às instituições disciplinares do século XIX. A análise se centra, em particular, nas sublevações populares de meados do século XVII na Normandia, especialmente contra o aumento dos impostos, e no modo em que foram reprimidas. Nesse contexto aparecem novas formas de controle social, mas, como sustenta Foucault, sem que surgissem num primeiro momento novas instituições. As rebeliões puseram de manifesto, porém, que a fiscalidade do Estado não pode funcionar sem apoiar-se em instituições que exerçam um poder de controle e de repressão sobre a população (**ThIP**, 73). Com a finalidade de prevenir as rebeliões populares e em razão do fracasso das primeiras formas de repressão, essas novas instituições tomaram forma paulatinamente e se converteram nos órgãos administrativos de um Estado centralizado: exército profissional, as instituições de polícia, uma justiça em mãos dos representantes do Estado (não do rei ou dos senhores feudais) e também a fiscalidade estatal (**ThIP**, 160). Ver: *Fiscalidade*.

Humanismo. "É a possibilidade de controle que faz nascer a ideia de fim. A humanidade não dispõe de nenhum fim, mas funciona, controla seu próprio funcionamento e cria, a cada instante, as formas de justificar esse controle. O humanismo é uma delas, a última" (**DE1**, 619).

Liberalismo. Com o neoliberalismo, o controle não é apenas, como no caso das disciplinas, um contrapeso das liberdades; é um mecanismo para gerar liberdades (**NB**, 69).

Vigilância. Foucault utiliza às vezes as noções de controlar (*contrôler*) e vigiar (*surveiller*) como se fossem sinônimos ou para explicar uma mediante a outra. Em um anexo do curso *La Société punitive*, de 1972-1973, estabelece, em vez disso, um matiz entre elas a propósito das diferenças entre as técnicas de reclusão na França e as formas de controle na Inglaterra. Assim, quando a relação entre o indivíduo e a instância grupal ou institucional que o controla é de exterioridade, prefere falar "mais uma vez" ("*plus une*") de "vigilância". É o que sucede, por exemplo, nas fábricas, escolas ou nos hospitais franceses. Quando o indivíduo é vigiado pelas comunidades ou grupos aos quais pertence, fala então de controle (**LSP**, 222; **DE2**, 613). O modelo da vigilância francesa é definido como intraestatal; o inglês, como extraestatal (**LSP**, 223). Como podemos ver, e como sucede, de fato, no próprio texto de Foucault, para além desse matiz que se procura estabelecer, para explicar a noção de controlar recorre-se à de vigiar e vice-versa. A vigilância, em todo caso, implica uma atividade contínua de controle, sobretudo do tempo e do corpo, do tempo do corpo, poder-se-ia dizer, para articulá-lo com os processos produtivos (**LSP**, 224).

Controle discursivo. Ver: *Discurso*. Ver também: *Disciplina, Panóptico, Razão de Estado*.

89. CONVERSÃO / *Epistrophé, Metánoia, Conversion*

O objetivo comum das práticas de subjetivação ou práticas de si é a conversão (**HS3**, 81). A noção filosófica de "conversão" aparece nos escritos platônicos (Foucault a analisa a partir do *Alcibíades I*), mas sofreu, como as práticas de subjetivação em geral, uma importante reformulação na época helenística. Ademais de diferenciar a *epistrophé* platônica daquela da época helenística e romana, é necessário distingui-la também da noção cristã de "*metánoia*" (termo que também se traduz como "conversão").

Epistrophé platônica e epistrophé helenístico-romana. Foucault dedica a essas noções a aula de 10 de fevereiro de 1982 do curso *L'Herméneutique du sujet* (**HS**, 197-219). Podem distinguir-se as seguintes diferenças entre a *epistrophé* platônica e a helenístico-romana: 1) Em Platão, o movimento da *epistrophé* busca afastar-se das aparências, que se opõem ao mundo do ser. Na época helenístico-romana, em vez disso, o movimento da conversão não se desdobra entre dois mundos, mas em um espaço imanente onde se distingue entre o que depende de nós e o que não. 2) A conversão platônica implica o reconhecimento da própria ignorância e, além disso, a liberação do corpo. Na época helenística e romana, ocupar-se de si é também ocupar-se do próprio corpo. 3) Em Platão, o encaminhamento ao ser realiza-se mediante o conhecimento. Na conversão helenístico-romana, ao contrário, o conhecimento ocupa um lugar importante, mas não fundamental. • Em sua leitura da *Carta VII* de Platão, a propósito da *parresia* e da noção de "*ergon* filosófico" (ver: *Parresia*), Foucault descreve outra forma platônica da conversão: "com a direção de um guia e ao longo de um caminho que será extenso e árduo, deve permitir, na atividade de todos os dias, ao mesmo tempo a aprendizagem, a memória e os bons raciocínios" (**GSA**, 223). Esse caminho é o que conduz à filosofia; a conversão diz respeito à decisão de empreendê-lo.

Epistrophé e metánoia. Quanto às diferenças entre a *epistrophé* helenística e a conversão cristã, pode-se mencionar que: 1) À diferença da *metánoia* cristã, a *epistrophé* não implica uma mudança brusca, mas um proteger-se, um defender-se, um equipar-se. Trata-se de ser senhor de si mesmo, de possuir-se e gozar da posse de si. 2) No cristianismo, a mudança brusca da *metánoia* implica a passagem da morte à vida, das trevas à luz. O objetivo da *epistrophé*, em contrapartida, é o si mesmo, concebido frequentemente como uma *fortaleza*, pensado umas vezes como já dado, e outras, como o resultado de uma elaboração. 3) A *metánoia* está dominada pela renúncia a si mesmo. A *epistrophé*, por sua vez, não. A conversão é um voltar-se para si mesmo, um retirar-se (*anachóresis*) em si. Ver: *Anachóresis*. • No curso *Du gouvernement des vivants*, a propósito da conversão no mundo helenístico e no cristianismo dos primeiros séculos, Foucault se detém em algumas precisões acerca da relação entre fé e confissão. Na luta contra a Gnose e os movimentos dualistas, sustenta ele, no cristianismo dos séculos II e III desfaz-se a unidade, que encontramos na filosofia neoplatônica, entre conversão, iluminação, acesso à verdade acerca de si mesmo, reconhecimento e memória. A partir de Tertuliano, a memória já não se fundará na experiência individual, mas em uma tradição institucionalizada. Por conseguinte, também a relação com a verdade se reorganiza: será, sobretudo, relação com o dogma. A verdade da alma já não será, então, a verdade do ser, mas apenas daquilo que a alma é. Desse modo aparece a bipolaridade entre fé e confissão (**DGDV**, 141-142). • A distinção entre as diferentes formas da conversão, especialmente entre as pagãs e a cristã, também é um tema recorrente em outros escritos de Foucault (**QQC**, 92-93; **DVSM**, 55, 80-81; **SV**, 256).

Conversão do olhar. Orientar o olhar, dirigi-lo corretamente, é uma dimensão essencial da conversão. Também aqui temos que distinguir entre a conversão platônica do olhar (exercícios de conhecimento), a helenístico-romana (exercícios de concentração) e a cristã (exercícios de deciframento). Para Platão, a orientação do olhar tem como finalidade converter a si mesmo em objeto de conhecimento; no cristianismo, o olhar se apresenta como vigilância das imagens, das representações que podem invadir e perturbar a alma; na cultura helenístico-romana do cuidado de si mesmo, tenta-se evitar olhar para os outros e para o mundo exterior. Assim, em Plutarco, por exemplo, deparamos com uma série de exercícios anticuriosidade: abrir o próprio cofre (relembrar o que se aprendeu), caminhar olhando apenas para frente.

Catecumenato. Durante o catecumenato (tempo de preparação ao batismo tal como ganha forma a partir de Tertuliano), a "*metánoia* não deve ser entendida apenas como o movimento pelo qual a alma se dirige à verdade e se distancia do mundo, dois erros e dois pecados, mas também [como] um exercício em que a alma deve revelar-se com suas qualidades e sua vontade" (**HS4**, 66). No processo de *metánoia*-penitência, sustenta Foucault, a relação do sujeito consigo ganha cada vez maior importância (**HS4**, 75).

90. CORPO / Corps

Mesmo que não a trate em uma investigação específica, a questão do corpo é abordada por Foucault em múltiplas perspectivas e constitui um ponto de referência de suas análises. Em relação à linguagem e à literatura, com a distinção entre o normal e o patológico, entre o normal e o anormal, e, sobretudo, com as formas de exercício do poder (as disciplinas e a biopolítica) e as práticas de subjetividade.

O corpo, do castigo à correção. Uma história do controle social do corpo mostra como se passou do corpo como superfície de inscrição de penas e castigos no século XVIII ao corpo como o que deve ser corrigido e reformado durante o século XIX (**DE2**, 618). • *Surveiller et punir* começa com a descrição do suplício do parricida Damiens e o contraponto com o horário que regula a utilização do tempo nas prisões. Entre uma e outra tecnologia punitiva, o estatuto do corpo mudou. No suplício, o corpo era o objetivo principal da repressão penal; tratava-se de um enfrentamento ritual entre o corpo do rei e o corpo do condenado. Segundo a definição de Louis de Jaucourt, um suplício é uma pena corporal, dolorosa, mais ou menos atroz, a produção regrada e ritual de certa quantidade de sofrimento (**SP**, 37-38). O corpo é ao mesmo tempo o ponto de aplicação do castigo e o lugar de extorsão da verdade (**SP**, 46); um corpo destruído peça por peça, reduzido a pó pelo poder infinito do soberano (**SP**, 54). Mas antes do castigo, o corpo submetido ao suplício se inscreve no cerimonial judicial que produz a verdade (**SP**, 39): nos encontramos assim com a confissão obtida mediante a tortura. Na prisão, o corpo se converte não no objetivo, mas no instrumento da punição. Ao confiná-lo, ao fazê-lo trabalhar, priva-se o indivíduo de uma liberdade que se considera perigosa. "O corpo, segundo essa penalidade, é aferrado em um sistema de coerção e de privação, de obrigação e de proibição" (**SP**, 16). Mesmo na pena de morte, o contato corpo a corpo entre os executores e o executado se reduz ao mínimo: trata-se de alcançar a vida mais que o corpo. E, no entanto, no sistema punitivo das prisões sobrevive um fundo de suplício, um suplemento de castigo que afeta o corpo: trabalhos forçados, má alimentação, abstinência sexual (**SP**, 21). • A reforma penal que começa por volta do final do século XVIII com Beccaria, Servan, Dupaty e outros inscreve-se, por seus princípios, na teoria geral do contrato. O criminoso aparece como o inimigo do pacto. Já não se enfrenta o corpo do rei, e sim o corpo social (**SP**, 92). As penas são calculadas não em razão do crime, mas de sua possível repetição, para evitar a reincidência e, além do mais, o contágio. Castigar se converterá, então, em uma arte dos efeitos. Por isso, mais que a realidade corporal da pena, o que deve ser maximizado é sua representação (**SP**, 106). Os trabalhos públicos têm sido a pena proposta mais usualmente pelos reformadores. "No antigo sistema, o corpo dos condenados se convertia na coisa do rei, sobre a qual o soberano imprimia sua marca e fazia recair os efeitos de seu poder. Agora, será com mais propriedade um bem social, objeto de uma apropriação coletiva e útil" (**SP**, 111). Por outro lado, na punição será possível ler as leis mesmas: assim, por exemplo, se se trata de um condenado à morte por traição, levará uma camisa vermelha com a inscrição "traidor"; se se trata de um parricida, levará a cabeça coberta por um véu negro e bordados na camisa os instrumentos que utilizou para o crime; no caso de um envenenador, levará serpentes bordadas. O corpo deixa de ser o sujeito do castigo, mas ainda é o lugar do espetáculo punitivo (**SP**, 97). • A prisão não responde aos objetivos do castigo previstos pelos reformadores. No entanto, colonizará as formas da penalidade no século XIX por sua maneira de traduzir nas pedras a inteligência da disciplina (**SP**, 252). Assim, embora *Surveiller et punir* tenha por subtítulo *Naissance de la prison*, trata-se na realidade de uma genealogia da sociedade disciplinar. Com a disciplina, nos séculos XVII e XVIII, nasce uma arte do corpo humano que não persegue apenas o acréscimo de habilidades nem o fortalecimento da sujeição, mas a formação de um mecanismo pelo qual o corpo se torna tanto mais obediente quanto mais útil for, e vice-versa. Com as disciplinas, o corpo entra em uma maquinaria que o explora, o desarticula e o recompõe. Não se trata de obter corpos que façam o que se deseja, mas que funcionem como se quer, com as técnicas, a rapidez e a eficácia que se pretende deles. As disciplinas são, ao mesmo tempo, uma anatomia política do corpo e uma mecânica do poder (**SP**, 139-140). Assim, a partir dos corpos que elas controlam, fabrica-se uma individualidade dotada de quatro características: celular, orgânica, genética e combinatória. "O corpo já não tem que ser marcado, deve ser endireitado; seu tempo deve ser medido ou plenamente utilizado e suas forças devem ser continuamente aplicadas ao trabalho. A forma-prisão corresponde à forma-salário do trabalho" (**DE2**, 469). Para uma exposição detalhada da relação disciplina--corpo, ver: *Disciplina*. • Os desenvolvimentos de *Surveiller et punir* acerca da penalidade, em geral, e do corpo das disciplinas, em particular, têm sido precedidos pelos do curso dos anos 1972-1973, *Société punitive*. As lições de 7 e 14 de março de 1973 ocupam-se do corpo do operário e do delinquente.

Disciplina, soberania. Se tomarmos como referencial o que Foucault denomina em *Le Pouvoir psychiatrique* "singularidade somática" (**PP**, 56), podemos dizer que as relações de soberania se situam abaixo ou acima desta. Por um lado, o corpo dos súditos é um corpo fragmentado. Exemplo disso é o ritual do suplício: aqui, o corpo é dividido, desmembrado, desarticulado. Por outro, o corpo do rei é um corpo duplo. O dispositivo disciplinar, por sua vez, tem como objetivo a singularidade somática. Mais precisamente, o objetivo das disciplinas é converter a singularidade somática em sujeito de uma relação de poder e, desse modo, fabricar indivíduos: "O indivíduo não é outra coisa que o corpo sujeitado" (**PP**, 47).

Instrumentos corporais de punição. Contemporaneamente à lei francesa de 1838 sobre a internação psiquiátrica, assistimos a uma disciplinarização do espaço asilar. Foucault mostra como esse espaço é reorganizado de acordo com os mesmos princípios que animam a formalização disciplinar projetada por Bentham (**PP**, 103): visibilidade permanente, vigilância centralizada, isolamento, punição incessante. • Quanto aos mecanismos de punição, deparamos nessa época com uma alternativa: não à coerção física ou, segundo a expressão proveniente da Inglaterra em torno de 1840, *no restraint*, isto é, abolição dos instrumentos físicos de punição e controle. Na realidade, segundo Foucault, trata-se apenas de uma alternativa de superfície. De fato, nessa época tem lugar uma maravilhosa proliferação de novos instrumentos técnicos para o castigo: a cadeira fixa, a cadeira giratória, a camisa de força (inventada em 1790 por um tapeceiro do hospício de Bicêtre chamado Guilleret), as algemas, os colares com pontas internas (**PP**, 106). Foucault se detém na análise desses instrumentos que põem de manifesto uma tecnologia específica do corpo. Antes do século XIX, os numerosos instrumentos corporais podem ser agrupados em três categorias: 1) os que garantem uma prova (cintos de castidade), 2) os que servem para arrancar a verdade (o suplício da água) e 3) os que marcam a força do poder (a impressão com fogo de uma letra em um corpo). Mas os que proliferam no século XIX pertencem a uma quarta categoria: são instrumentos ortopédicos que buscam garantir o endireitamento, o adestramento do corpo. Possuem três características: 1) são aparatos de ação contínua, 2) seu efeito progressivo tende a fazer com que se tornem inúteis (o efeito deve continuar uma vez removidos) e 3) são homeostáticos (quanto menos o indivíduo resistir, menos irá senti-los; quanto mais resistir, mais os sentirá) (**PP**, 108).

Biopoder. O corpo vivente, o corpo individual e o corpo social – a população – converteram-se no verdadeiro objeto da política moderna (**IDS**, 216). • O corpo existe dentro e através de um sistema político (**DE3**, 470). Ver: *Biopoder*, *Biopolítica*.

Ciências humanas. Há que edificar a arqueologia das ciências humanas sobre o estudo dos mecanismos de poder que investiram os corpos, os gestos, os comportamentos (**DE2**, 759).

Si mesmo, sujeito. Na análise do *Alcibíades I*, o sujeito é o que governa o corpo, o que se serve dele como um instrumento (**HS**, 55). • No epicurismo e no estoicismo, diferentemente do que ocorre no platonismo, o corpo emergirá de novo como objeto de preocupação: ocupar-se de si mesmo será, ao mesmo tempo, ocupar-se do corpo e da alma (**HS**, 104). • Na conversão helenística e romana, à diferença da platônica, não se trata de liberar-se do corpo, mas de preocupar-se com ele, como condição para a adequação consigo mesmo (**HS**, 202). Ver: *Conversão*, *Cuidado*.

Aphrodísia, **dietética.** Toda uma seção de *L'Usage des plaisirs*, segundo volume de *Histoire de la sexualité*, é dedicada à problemática do corpo em relação aos *aphrodísia* na Antiguidade Clássica (**HS2**, 109-156). "A preocupação principal dessa reflexão [a dietética] era definir o uso dos prazeres (suas condições favoráveis, sua prática útil, sua necessária limitação) em função de certa maneira de ocupar-se do corpo" (**HS2**, 112). Também uma seção do terceiro volume, *Le Souci de soi*, se ocupa do tema do corpo em relação com os prazeres na época helenística (**HS3**, 119-170). Foucault sublinha que, nessa época, a medicina não era concebida somente como uma simples técnica de intervenção em caso de enfermidade, mas também como um conjunto de regras, próximas da filosofia, sobre a maneira de viver e o modo de definir a relação do sujeito consigo mesmo (**HS3**, 122). Nesse marco de forte interesse pelo corpo e pela saúde (**HS3**, 126), a ambiguidade de seus efeitos, tanto positivos como negativos, domina a problematização dos *aphrodísia*, dos prazeres sexuais. Ver: *Aphrodísia*.

Carne, sexo. Com a pastoral da carne, aparece um novo discurso que seguirá atentamente a linha de união entre o corpo e a alma, e que fará aparecer a malha da carne por baixo da superfície dos pecados (**HS1**, 28-29). Ver: *Carne, Sexualidade*.

Alma, espírito, enfermidade. Nem a medicina árabe, nem a da Idade Média, nem a pós-cartesiana admitem a distinção entre enfermidades do corpo e do espírito (**MMPS**, 94). • A coincidência exata entre o corpo da enfermidade e o corpo do homem enfermo é um fato histórico e transitório (**NC**, 2). Ver: *Clínica*.

Possessão. Para Santo Tomás, a liberdade é anterior à sua alienação pela possessão do demônio. A possessão concerne apenas ao corpo, no qual penetram os anjos maus, mas não afeta o exercício nem o objeto da vontade porque esta não depende de um órgão corporal. No Renascimento, por sua vez, a possessão adquire um novo sentido: possessão do espírito, abolição da liberdade, não mais perversão do corpo (**MMPE**, 77). Ver: *Loucura*.

Analítica da finitude. Cada uma das formas positivas em que o homem apreende que é finito (o modo de ser da vida, do trabalho e da linguagem) procede do fundo de sua própria finitude. O modo de ser da vida lhe é dado sobretudo pelo próprio corpo (fragmento de espaço ambíguo cuja espacialidade própria e irredutível se articula sobre o espaço das coisas) (**MC**, 326-327). • Com o aparecimento do homem, esse duplo empírico-transcendental, surgirá um tipo de análise que se aloja no espaço do corpo e que, mediante o estudo da percepção, dos mecanismos sensoriais, dos esquemas neuromotores e da articulação do organismo com as coisas, constitui uma espécie de estética transcendental. Descobre-se, então, que o conhecimento tem uma natureza que determina suas formas, que por sua vez põem de manifesto seus conteúdos empíricos (**MC**, 330).

Cinema, sadismo. À diferença do sadismo (que rompia a unidade do corpo e o fragmentava para o desejo), no cinema contemporâneo (Foucault se refere a Werner Schroeter) o corpo se desorganiza, se converte em uma paisagem, em uma caravana etc. Não se trata de fragmentá-lo, mas de fazer nascer imagens para o prazer (**DE2**, 820). • Sobre o corpo no libertinismo, Foucault se detém nas conferências sobre Sade, em 1970, em Búfalo (**LGE**, 149-218). Aqui sustenta que o corpo das vítimas, que não aceitam o discurso dos libertinos e, portanto, ficam fora dele, não tem mais unidade nem organização, é submetido a um parcelamento infinito (**LGE**, 191). O corpo do libertino, por sua vez, embora seja oferecido como objeto de prazer, só estará submetido a um parcelamento orgânico, não infinito, que exigirá, ademais, a reciprocidade de seu companheiro.

Corpo do rei. Corpo duplo, segundo Kantorowicz, que comporta um elemento transitório que nasce e morre e outro que permanece através do tempo (**SP**, 33), e que se manifesta, no exercício da soberania, de maneira descontínua. • É o extremo oposto do panoptismo, em que o poder funciona sobre a base da vigilância contínua (**SP**, 210).

Corpo sem órgãos. Ver: *Deleuze*.

Corpo social, população. A teoria do direito reconhece o indivíduo e a sociedade: o indivíduo que contrata e o corpo social constituído pelo contrato voluntário ou implícito dos indivíduos. Nas tecnologias modernas do poder, o objetivo não é o corpo social tal como definido pelos juristas, mas o corpo múltiplo da população (**IDS**, 218). Ver: *População*.

História, genealogia. Em "Nietzsche, la généalogie, l'histoire" (**DE2**, 136-156), Foucault analisa o uso que Nietzsche faz de termos como *Ursprung* (origem), *Herkunft* (proveniência) e *Entstehung* (emergência). Trata-se dos conceitos que definem a prática nietzschiana da genealogia. Pois bem, o corpo e tudo o que lhe pertence (alimentação, clima) é o lugar da *Herkunft*. Sobre o corpo encontram-se as marcas de fatos passados; nele nascem os desejos, as insuficiências, os erros; nele expressam-se as lutas. "A genealogia como análise da proveniência é, então, a articulação do corpo e da história" (**DE2**, 143).

Medicina, capitalismo. Ver: *Capitalismo*.

Morte, cadáver. Com a anatomia patológica do século XIX, o cadáver, resto inanimado do corpo humano, se converterá na fonte e no momento mais claro da verdade do corpo (**NC**, 135). Ver: *Clínica*.

Corpo neurológico. Acerca do corpo neurológico e da emergência, a partir deste, do corpo sexual, ver: *Psiquiatria*.

Metáfora. Freud compreendeu que o corpo, mais que o espírito, era fazedor de palavras, que era uma espécie de "artesão de metáforas" (**LGE**, 53).

91. CRISTIANISMO / *Christianisme*

Embora o cristianismo não ocupe um lugar central nos livros de Foucault publicados em vida, constitui um dos temas que dominam suas investigações a partir da introdução da noção de "governamentalidade" em *Sécurité, territoire, population*. Além de neste curso, o cristianismo é objeto de extensas análises em *Du gouvernement des vivants*, *Subjectivité et vérité* e no quarto volume da *Histoire de la sexualité*, *Les Aveux de la chair*. O interesse de Foucault se concentra nas práticas de governo dos homens elaboradas pelo cristianismo (o poder pastoral) e nas práticas de subjetivação nas quais se exige do sujeito dizer a verdade acerca de si mesmo (a confissão). Para sermos mais precisos, o interesse se concentra na relação entre esses dois elementos (o governo pastoral dos homens e a confissão). Dado que a noção de "regime de verdade", entendida como "o que exige dos homens determinados atos de verdade" (**DGDV**, 91), vincula esses elementos, poderíamos dizer, então, que Foucault se ocupa do cristianismo do ponto de vista dos regimes de verdade. • Dessa perspectiva, à diferença de outras análises, Foucault não se ocupa do aspecto ideológico do cristianismo, seus dogmas e crenças, mas de suas práticas de governo mediante a produção de verdade (**DGDV**, 81). • É necessário, de todo modo, levar em conta a seguinte observação: "O termo 'cristianismo' não é exato, recobre na verdade toda uma série de realidades diferentes" (**STP**, 151).

Poder pastoral. Por suas técnicas de poder pastoral, Foucault considera o cristianismo como formador da individualidade e da subjetividade ocidentais (**DE3**, 592). O poder pastoral foi uma das grandes invenções do cristianismo; seria possível até dizer que o cristianismo é a religião do pastorado: "O pastorado deu lugar no cristianismo a uma densa rede institucional, complicada, ajustada; rede institucional que tem sido correlata a toda a Igreja, à cristandade, à comunidade inteira do cristianismo" (**STP**, 168). Ver: *Poder pastoral*. "O cristianismo, em sua organização pastoral real, não é uma religião ascética, não é uma religião da comunidade, não é uma religião da mística, não é uma religião da Escritura e, evidentemente, não é uma religião da escatologia" (**STP**, 218), mas do pastorado. A comunidade, a mística, a Escritura e a escatologia são, em vez disso, contracondutas em relação ao poder pastoral. Ver: *Conduta*.

Práticas de si mesmo, confissão. Com o monasticismo, as práticas de si mesmo foram incorporadas ao poder pastoral. • A elaboração cristã das técnicas da confissão constitui um momento fundamental na história da subjetividade ocidental em geral. "O cristianismo não é só uma religião de salvação, também é uma religião confessional que, muito mais que as religiões pagãs, impõe obrigações muito estritas de verdade, de dogma, de cânone" (**DE4**, 804). De todo modo, a prática de dizer a verdade sobre si mesmo é anterior ao cristianismo (**CV**, 6-7). • Em relação à prática da *parresia*, pode-se falar de uma dupla matriz da experiência cristã. Por um lado, a matriz parresiástica do cristianismo, da *parresia* entendida como confiança em Deus. Por outro, a matriz antiparresiástica, da desconfiança de si mesmo e do temor a Deus. A primeira funda a mística; a segunda, o ascetismo (**CV**, 206-208). • Na conferência de 24 de novembro de 1980, "Christianisme et aveu", pode-se encontrar uma exposição panorâmica da relação entre cristianismo e confissão (**OHS**, 65-106). Ver: *Confissão, Cuidado, Parresia*.

Originalidade do cristianismo. Embora as práticas de si, nas quais se elabora a relação do sujeito com a verdade e se busca a conversão, já existissem na cultura ocidental antes do cristianismo, e existam também em outras culturas, a originalidade do cristianismo consiste em ter introduzido a mortificação e a figura do outro (**DGDV**, 156-157). No cristianismo, "a verdade não pode produzir seus efeitos na subjetividade exceto se houver mortificação, se houver luta e combate com o outro e desde que se manifeste a si mesmo e aos outros a verdade daquilo que se conhece" (**DGDV**, 157-158). • "Qualquer reflexão moral por teórica que seja, por geral que seja, qualquer reflexão moral por contemporânea que seja não pode evitar, me parece, uma questão histórica que está a ela associada, que é como sua sombra: O que aconteceu no século primeiro da nossa era, na transformação do que se chama ética pagã em uma ética cristã?" (**SV**, 21).

Culpa (*faute*). Contra a opinião corrente, não foi o cristianismo, segundo Foucault, que introduziu a culpa na moral, em um mundo sem culpabilidade. O mundo greco-romano é um mundo de culpa; e a culpa existe também na cultura judaica. O que o cristianismo fez foi introduzir o problema da culpa na relação entre o sujeito e a verdade (**DGDV**, 182).

Três modelos da moral ocidental. Segundo Foucault, é possível distinguir três modelos na moral do Ocidente: o das duas vias, a do bem e a do mal; o da queda a partir de um estado originário, ao qual é necessário regressar; e o da mancha original, que é necessário limpar. Segundo as referências de Foucault, são representados, respectivamente, pela *Didache*, pela Bíblia e pelas obras de Tertuliano. O afortunado do cristianismo foi ter combinado esses três modelos (**DGDV**, 105). • Também o marxismo conseguiu fazê-lo: "Marx, Mao, Stálin; eis os três modelos, das duas vias, da queda e da mancha" (**DGDV**, 106).

Catolicismo, protestantismo. No cristianismo há uma dupla exigência de verdade (ver a seção *Epistrophé e metánoia* do verbete *Conversão*), a do dogma, tradicional e institucional, e a do conhecimento de si. A separação entre catolicismo e protestantismo, para Foucault, decorre do esforço desse último em introduzir a verdade do dogma na subjetividade, na verdade do sujeito, que descobrirá, nele mesmo, a regra de sua crença (**DGDV**, 83).

Cinismo, forma de vida. No curso *Le Courage de la vérité*, Foucault se ocupa dos pontos comuns entre o cristianismo e o cinismo, considerados como forma de vida (**CV**, 290). Ver: *Cinismo*.

Enfermidade mental, loucura. O cristianismo despojou a enfermidade mental de seu sentido humano e pensou-a em termos de possessão demoníaca. Mas a possessão, por exemplo, para Santo Tomás, concernia apenas ao corpo, não à vontade nem à liberdade (**MMPE**, 77-78). • O grande tema renascentista da loucura da cruz tende a desaparecer ou a transformar-se durante a Época Clássica: não se tratará, então, de humilhar a razão em seu orgulho, mas apenas de uma falsa razão. Depois de Port-Royal, será preciso esperar Dostoiévski e Nietzsche para que Cristo recupere a glória de sua loucura (**HF**, 204). Ver: *Loucura*.

Carne. O tema da carne, para Foucault, define a experiência cristã do homem de desejo. Ver: *Aphrodísia, Carne*.

Paganismo, Nietzsche. À diferença de Nietzsche, Foucault considera que "entre o paganismo e o cristianismo, a oposição não é entre tolerância e austeridade, mas entre uma forma de austeridade que está ligada a uma estética da existência e outras formas de austeridade que estão ligadas à necessidade de renunciar a si mesmo para decifrar a própria verdade" (**DE4**, 406). O ascetismo foi uma invenção da Antiguidade pagã, não do cristianismo (**CV**, 294). Ver: *Aphrodísia, Ética*.

Capitalismo, judeu-cristianismo. As noções de "capitalismo" e "judeu-cristianismo" formaram-se no século XIX como categorias de autoanálise da civilização ocidental (**SV**, 43). Ver a seção *Categorias de autoanálise* do verbete *Capitalismo*.

Hermenêutica de si. O cristianismo deve ser considerado o berço da hermenêutica de si ocidental (**OHS**, 66).

Confissões da carne. A formação da experiência cristã da carne entre os séculos II e V é o tema geral do quarto volume da *Histoire de la sexualité*. Ver: *Carne*.

92. CRÍTICA / *Critique*

Sob o pseudônimo de Maurice Florence, Foucault reivindicou a matriz e a procedência crítica de seu pensamento. Com efeito, o célebre artigo escrito em 1984 para o *Dictionnaire des philosophes* de Denis Huisman começa dizendo: "Se Foucault se inscreve na tradição filosófica, é na tradição crítica de Kant, e sua empresa poderia denominar-se uma história crítica do pensamento" (**DE4**, 631). Por "pensamento", explica Foucault em outra ocasião, "não entendo exclusivamente a filosofia nem o pensamento teórico; não quero analisar o que as pessoas pensam em oposição ao que fazem, mas o que pensam quando fazem o que fazem" (**QQC**, 85).

História da atitude crítica. Para compreender o alcance dessa inscrição e de sua empresa filosófica na tradição crítica, convém ter presente que Foucault distingue duas grandes correntes críticas surgidas da filosofia kantiana. Ambas partem, segundo nosso autor, do assombro de que exista a verdade. Pois bem, uma se interroga acerca das condições formais ou transcendentais que tornam possível a existência da verdade e, desse modo, dá lugar ao que poderia denominar-se uma analítica da verdade. A outra, na qual se inscreve a empresa foucaultiana, por sua vez, se pergunta pelas formas de veridicção, investigando como se constituíram historicamente os diferentes jogos de verdade e as maneiras como os sujeitos se vinculam a eles (**MFDV**, 9; **GSA**, 21-23; **DE4**, 687). Dessa perspectiva, a segunda vertente dá lugar a uma ontologia histórica do presente, da atualidade ou de nós mesmos (**GSA**, 22). Na segunda vertente da filosofia crítica, que surge do modo como Kant formulou sua resposta à pergunta sobre a *Aufklärung*, Foucault situa, além disso, Hegel, Nietzsche, Weber e a Escola de Frankfurt (**DE4**, 688). • Para além da remissão a Kant e, em particular, à sua resposta à pergunta sobre a *Aufklärung*, Foucault reivindica também outras procedências para a sua história crítica do pensamento. Assim, na conferência de 1978 na Société Française de Philosophie, intitulada precisamente "Qu'est-ce que la critique?", remonta até os movimentos políticos e religiosos da época da Reforma que, baseados, por exemplo, na Bíblia, no direito ou na ciência, questionaram a crescente governamentalização da sociedade europeia, isto é, a extensão das práticas da arte de governar à conduta dos homens. Nessa conferência deparamos, por isso, com uma definição política da crítica, entendida, em termos gerais, como "a arte de não ser tão governados" (**QQC**, 37) e, mais especificamente, como "o movimento pelo qual o sujeito se dá o direito de interrogar a verdade acerca de seus efeitos de poder e interrogar o poder sobre seus discursos de verdade". Nesse sentido, a crítica pode ser caracterizada como "a arte da não servidão voluntária", da "indocilidade reflexiva". Enquanto os jogos de verdade e seus efeitos de poder dão lugar a uma política da verdade, a função da crítica é dessujeitar o sujeito desses jogos e de seus efeitos (**QQC**, 39). • Para Foucault, essa definição política da atitude crítica não é muito diferente da que Kant atribuía à *Aufklärung* quando a definia com o dito latino *sapere aude* (ter a coragem de saber) (**QQC**, 40). No entanto, entre as duas existe uma defasagem (*décalage*) que, de alguma maneira, situa esta última em retrocesso em relação à primeira (**QQC**, 43). Dessa perspectiva, a filosofia como analítica da verdade se enraíza na noção kantiana da crítica e, como ontologia do presente ou de nós mesmos, na da *Aufklärung*. • Em *Le Gouvernement de soi et des autres* – seu penúltimo curso no Collège de France, que começa com uma análise da resposta de Kant à pergunta sobre a *Aufklärung* –, Foucault não retoma a ideia de uma defasagem entre determinação dos limites (crítica) e exercício da autonomia (*Aufklärung*); insiste antes em sua recíproca pertinência, que vai além de sua complementaridade (**GSA**, 3031). • Remontando ainda mais na história, a tradição crítica da filosofia pode ser vista como uma herança da dimensão parresiástica da filosofia e do imperativo socrático. • "O discurso filosófico, com a análise, reflexão sobre a finitude humana e crítica de tudo o que pode ultrapassar, tanto na ordem do saber como da moral, os limites da finitude humana, desempenha bem, em algum aspecto, a função da *parresia*" (**CV**, 29). Nesse contexto, Foucault distingue quatro atitudes filosóficas – a profética, a sábia, a técnica e a parresiástica – a partir da relação que se estabelece em cada uma delas entre verdade, política e ética. Assim, a atitude profética promete uma coincidência dessas três dimensões para além do presente; a sábia proclama uma unidade fundamental entre elas; a atitude técnica, em vez disso, busca mostrar sua heterogeneidade e suas separações; e a parresiástica esforça-se por referir a questão da verdade às suas condições políticas e às suas consequências éticas (**CV**, 64-65). • Até certo ponto, a função crítica da filosofia deriva do imperativo socrático (**DE4**, 729).

As tarefas da crítica. Foucault atribui três tarefas à sua história crítica do pensamento: 1) análise das formas em que o sujeito se converteu em objeto de conhecimento das ciências humanas; 2) em objeto de conhecimento a partir das formas de normalização (por exemplo, como louco, enfermo ou delinquente); e 3) em objeto de conhecimento para si mesmo nas práticas de subjetivação (**DE4**, 632-634). • Em seu sentido foucaultiano específico, a crítica não consiste em sustentar que as coisas não estão bem, mas, sobretudo, em mostrar em quais evidências ou pensamentos se apoiam as práticas com as quais fazemos o que fazemos e, desse modo, em expor também que as coisas não são tão evidentes como se acredita. Em consequência, "ser críticos é tornar difíceis os gestos demasiado fáceis" (**DE4**, 180).

Crítica e genealogia. Em *L'Ordre du discours*, sua aula inaugural no Collège de France, Foucault define a tarefa que pretende levar adiante naquela instituição a partir de quatro princípios: 1) *inversão*: considerar, por exemplo, o autor, as disciplinas e a vontade de verdade não como as fontes do discurso, mas como formas de limitação e de escassez discursiva; 2) *descontinuidade*: abordar os discursos como práticas descontínuas; 3) *especificidade*: não reduzir a regularidade dos discursos a nenhum sentido que os preceda; e 4) *exterioridade*: não remeter a instância do discurso à interioridade do pensamento (**OD**, 53-55). O primeiro princípio dará lugar a um conjunto crítico de investigações, cujo objeto será a análise das formas de controle discursivo; os outros três, a um conjunto genealógico (**OD**, 62), que se ocupará de analisar a formação efetiva dos discursos. Esses dois conjuntos, no entanto, não são inteiramente separáveis (**OD**, 67).

Crítica, racionalidade, racionalidade política. "*Omnes et singulatim*. Vers une critique de la raison politique" é o título da versão impressa da conferência proferida por Foucault em 1979 na Universidade Stanford, no marco das Tanner Lectures on Human Values (**DE4**, 134-162). Nesse escrito, Foucault expõe sua concepção da tarefa crítica em relação às formas políticas modernas de racionalização da vida dos indivíduos e da espécie humana. Faz pé firme, além disso, nos pontos que o separam da Escola de Frankfurt. Entre esses pontos, destaca-se, por um lado, que a crítica foucaultiana da racionalidade política não persegue levar a cabo um processo da razão e das formas de racionalização da vida como se os conceitos de razão e de racionalização fizessem referência a uma realidade única e homogênea; pelo contrário, procura analisar a racionalidade em suas formas históricas específicas. Por outro lado, para compreender o crescente processo de racionalização da vida, segundo Foucault, é preciso remontar muito além do advento da *Aufklärung* (**DE4**, 135-136). Em "*Omnes et singulatim…*", de fato, Foucault esboça uma genealogia do Estado moderno a partir das formas do poder pastoral elaboradas nos primeiros séculos do cristianismo e suas transformações (**DE4**, 148).

Crítica literária. Na conferência "Littérature et langage", ditada em 1964 na Universidade Saint-Louis de Bruxelas, Foucault se detém com extremo detalhamento no estatuto atual da crítica literária e das possíveis maneiras de concebê-la. A respeito, assinala duas modificações que afetam o estatuto atual da crítica literária: a multiplicação de atos críticos, mas a contemporânea desaparição do *Homo criticus* ao estilo de Charles-Augustin Sainte-Beuve (que se caracterizava por abordar a obra literária a partir da perspectiva da biografia do autor); e o fato de que a crítica deixou de ser essa forma de primeira leitura, mediadora entre o autor e seus leitores (**LGE**, 105-107). A crítica literária está determinada antes por um paradoxo que é necessário afrontar para compreendê-la em sua situação atual. Por um lado, o esforço por desenvolver um discurso científico a respeito da obra de arte, recorrendo aos métodos da psicanálise, da linguística ou das disciplinas formais. Por outro, a crítica converteu a si mesma em um ato de escritura (**LGE**, 108-109). Discutindo a concepção de Roman Jakobson acerca da crítica como metalinguagem, já que o ato literário leva implícita a possibilidade de subtrair-se ao código da linguagem (**LGE**, 113-114), Foucault sustenta que, sendo a linguagem o que é mais repetível que existe no mundo, haveríamos que pensar a crítica como a repetição do que há de repetível na linguagem. Por isso, afirma: "A crítica é pura e simplesmente o discurso dos duplos, isto é, a análise das distâncias e das diferenças entre as quais se distribuem as identidades da linguagem" (**LGE**, 118). Dessa perspectiva, distingue três sentidos possíveis da crítica: como ciência das repetições formais da linguagem; como análise das identidades e modificações do sentido nas repetições da linguagem; e, por último, como deciframento da autorreferencialidade da linguagem (**LGE**, 117-118).

Consciência crítica. Em *Histoire de la folie à l'âge classique*, Foucault fala em consciência crítica da loucura, para referir-se à consciência que, sem defini-la, em contraste com o horizonte do razoável, denuncia a loucura como o outro (**HF**, 216). Ver: *Diagnosticar, Modernidade, Ontologia do presente*.

93. CUIDADO / *Epiméleia, Cura, Souci*

A expressão *souci de soi* (parte do título do terceiro volume da *Histoire de la sexualité*) traduz a expressão grega *epiméleia heautoû* (em latim, *cura sui*); "cuidado de si mesmo" nos parece a melhor tradução (a edição castelhana traduz o título desse volume como *inquietud de si*). • O tema do cuidado de si foi consagrado por Sócrates. A filosofia posterior retomou o tema e, na medida em que ela concebeu a si mesma como uma arte da existência, a problemática do cuidado ocupou o centro de suas reflexões. O tema terminou por ultrapassar os limites da filosofia e alcançou progressivamente as dimensões de uma verdadeira cultura do cuidado de si. Para Foucault, os dois primeiros séculos da época imperial (séculos I e II) podem ser considerados como a idade de ouro da cultura do cuidado de si mesmo (**HS3**, 59). • Nos escritos de Foucault publicados até o momento, a expressão *souci de soi* (cuidado de si mesmo) aparece pela primeira vez no resumo do curso *Subjectivité et vérité* de 1981, publicado apenas em 2014. O resumo, por sua vez, havia aparecido no *Annuaire* do Collège de France em 1981. É curioso que essa expressão apareça no resumo, e não nas lições do curso propriamente ditas. A partir desse ano, o interesse fundamental de Foucault, tanto nos cursos sucessivos no Collège de France (*L'Herméneutique du sujet, Le Gouvernement de soi et des autres* e *Le Courage de la vérité*) como em seus cursos e conferências, especialmente nos Estados Unidos e Canadá (por exemplo, nas conferências pronunciadas em Toronto em 1982, publicadas em francês como *Dire vrai sur soi-même*), tem sido o cuidado de si na Antiguidade Clássica, helenística e romana. Essa noção é abordada do ponto de vista do governo de si mesmo, por um lado, em relação às diferentes técnicas de vida (*tékhne toû bioû*) e, por outro, em relação às formas do dizer verdadeiro, da veridicção.

Uma história do cuidado de si mesmo. "A história do 'cuidado' e das 'técnicas' de si seria, então, uma maneira de fazer a história da subjetividade; mas já não por meio das separações entre loucos e não loucos, enfermos e não enfermos, delinquentes e não delinquentes, e sim por meio da formação e das transformações em nossa cultura das 'relações consigo mesmo', com seu arcabouço técnico e seus efeitos de saber. Desse modo, seria possível retomar de outro ângulo a questão da 'governamentalidade': o governo de si mesmo por si mesmo na sua articulação com as relações com os outros (como encontrado na pedagogia, nos conselhos de conduta, na direção espiritual, na prescrição de modelos de vida etc.)" (**DE4**, 214). Essa história iria desde as primeiras formas filosóficas do cuidado de si (século V a.C.) até o ascetismo cristão (século V d.C.); uma história de mil anos na qual seria preciso distinguir, pelo menos, três momentos fundamentais: o socrático (século V a.C.); a idade de ouro da cultura do cuidado de si mesmo (séculos I e II); e a passagem do ascetismo pagão ao ascetismo cristão (séculos IV e V). A esses três momentos é preciso acrescentar a história pré-filosófica e o momento moderno de sua reaparição. 1) **A história pré-filosófica das práticas do cuidado de si mesmo.** Entre as técnicas do cuidado de si mesmo encontramos os ritos de purificação, as técnicas de concentração da alma e do retiro (*anachóresis*), os exercícios de resistência. Essas práticas já existiam na civilização grega arcaica e foram integradas aos movimentos religiosos, espirituais e filosóficos, e, de maneira notável, no pitagorismo (**HS**, 46-48). O "cuida-te a ti mesmo" não é uma invenção filosófica; trata-se antes de uma tradição de antiga data que Plutarco remonta até um certo Alexândrides, um espartano que menciona essa máxima. Aparece ali associada ao privilégio político, econômico e social: aqueles que possuem propriedades e escravos que nelas trabalhem podem ocupar-se de si mesmos. Como vemos, a origem do "cuida-te a ti mesmo" não está ligada a uma posição intelectualista (**HS**, 32-34). 2) **O momento socrático.** Na *Apologia*, Platão apresenta-nos Sócrates como o mestre do cuidado de si mesmo. A partir disso, Foucault analisa o *Alcibíades I* – que na Antiguidade não se hesitava em atribuir a Platão – como ponto de partida da história do cuidado de si mesmo, onde aparece relacionada a três questões: a política, a pedagogia e o conhecimento de si. A propósito da pergunta "O que significa ocupar-se?", configura-se o que poderia denominar-se o momento constitutivo do platonismo: a subordinação das práticas (exercícios) do "cuidado" ao "conhecimento", o entrelaçamento de ambos (**HS**, 75-76). A análise do *Alcibíades I* é desenvolvida em *L'Herméneutique du sujet* (**HS**, 27-77). 3) **A época de ouro do cuidado de si mesmo.** Na filosofia helenístico-romana produz-se uma profunda transformação do cuidado de si com relação ao tratamento desse tema no platonismo: a) Estende-se no tempo. Já não concerne somente a quem abandona a adolescência para ingressar na vida política, mas à vida toda do indivíduo. b) Quanto à finalidade, não aponta a governar a pólis, mas à relação consigo mesmo. Trata-se de uma espécie de autofinalização do cuidado de si. c) Em relação às técnicas do cuidado, não trata apenas nem fundamentalmente de conhecimento, mas abrange um conjunto muito mais vasto de práticas (**HS**, 79-84). • Desse modo, acentua-se a função crítica do cuidado de si mesmo. Em Platão, a crítica da pedagogia será aprofundada e reformulada. Trata-se, agora, de uma correção-liberação. Aprender a virtude é desaprender os vícios. O tema da desaprendizagem é frequente nos estoicos. Nesse contexto, acentua-se, por um lado, a oposição entre o ensino da filosofia e o da retórica e, por outro, produz-se uma aproximação entre a filosofia e a medicina. A própria prática filosófica é concebida como uma operação médica. Aqui se situa a noção filosófica de *"therapeúein"* (*therapeúein heautón*: "curar-se", "ser servidor de si mesmo", "render culto a si mesmo"). O vocabulário do cuidado de si se enriquece notavelmente. • Também deparamos com uma revalorização da velhice. Na época helenística, a senilidade será concebida como um momento positivo de realização, o auge da prolongada prática que o indivíduo deve realizar. O ancião é soberano de si mesmo, e a velhice, um objetivo positivo da existência. • Modifica-se também a posição do "outro" na prática do cuidado. A ignorância continua desempenhando um papel importante, mas agora encontra-se em primeiro plano a malformação do indivíduo. Nunca, sequer antes de seu nascimento, o indivíduo teve com a natureza uma relação moral válida, de vontade racional. Trata-se, então, de mais que superar a ignorância, de passar do estado de não sujeito ao de sujeito. Consequentemente, o mestre não é mestre da memória, mas o guia, o diretor da reforma do indivíduo. Encontramos ao menos três formas dessa relação com o outro. Uma é a do epicurista Filodemo de Gádara, que fala da necessidade de um *hegemón* e de dois princípios – o intenso afeto e a relação de amizade – que devem vincular o diretor e o dirigido, e de uma qualidade essencial – a *parresia*. Outra é o modelo comunitário dos estoicos, menos rígido. A escola de Epiteto, em Nicópolis, é antes um internato onde não se compartilha a totalidade da existência. A presença do outro está assegurada pelas reuniões frequentes. Na terceira forma, a romana, o conselheiro é alguém recebido na casa de uma pessoa importante para que o guie e aconselhe e que, além disso, cumpre as funções de um agente cultural. • Por último, é necessário assinalar a extensão social do cuidado de si mesmo. Desde a Antiguidade, a figura do filósofo tem sido ambígua para a consideração social e com frequência deflagradora de receios e suspeitas. Na época helenística e imperial, houve quem, como Atenodoro (personagem da corte de Augusto), incitasse uma despolitização da vida. Outros, como o epicurista Meceno, defendiam a busca de um equilíbrio entre a vida política e o ócio (*otium*). Contudo, qualquer que tenha sido a posição acerca da participação do filósofo na vida política e social, assistimos a uma extensão social do "cuidado de si mesmo", a uma propagação das práticas de si mesmo que excede o papel do filósofo profissional. • No estudo do cuidado de si na época helenístico-romana, Foucault aborda numerosos autores e temas: Fílon (a questão dos terapeutas); Sêneca (a noção de *"stultitia"*); Plínio, o Jovem; Proclo; e Olimpiodoro, o Jovem (comentários neoplatônicos do *Alcibíades I*); as noções de "conversão" e "salvação"; Epicuro; Filodemo de Gádara (a questão da *parresia*); a noção de "ascese"; Marco Aurélio (o exame de consciência); Plutarco etc. Em *L'Herméneutique du sujet*, as quase quatrocentas páginas que se seguem à análise do *Alcibíades I* estão dedicadas ao estudo do cuidado de si na época helenística e romana. 4) **Cristianismo**. Com o cristianismo, as práticas de si mesmo foram integradas ao exercício do poder pastoral (especialmente as técnicas de deciframento dos segredos da consciência) (**DE4**, 545). Entre os séculos III e IV formou-se o modelo cristão do cuidado de si mesmo. Em um sentido geral pode-se falar de modelo cristão, mas seria mais correto chamá-lo de "modelo ascético-monacal" (**HS**, 244). Nesse modelo, em primeiro lugar, o conhecimento de si está ligado ao conhecimento da verdade tal como nos é dada no Texto da Revelação. Deparamos com uma relação circular entre o conhecimento de si, o conhecimento da verdade e o cuidado de si: não é possível conhecer a verdade nem conhecer a si mesmo sem a purificação de si, do coração. Em segundo lugar, as práticas de si mesmo têm como função essencial dissipar as ilusões interiores, reconhecer as tentações que se formam dentro da alma, desatar as seduções das quais possamos ser vítimas. Em terceiro lugar, o conhecimento de si mesmo não persegue voltar-se para si num ato de reminiscência, mas renunciar a si mesmo (**HS**, 244-245). 5) **Momento cartesiano, Modernidade**. A partir do momento em que Descartes faz da evidência da existência do sujeito a porta de acesso ao conhecimento do ser e da verdade, assistimos a uma valorização do "conhece-te" e a uma desqualificação do "cuida-te". Foucault faz a distinção, nessa etapa de sua exposição, entre *filosofia* e *espiritualidade*. Enquanto a filosofia é a forma de pensamento que determina as condições de acesso do sujeito à verdade, a espiritualidade, em contrapartida, é a busca, as práticas, as experiências por meio das quais o sujeito se modifica para ter acesso à verdade. A respeito, cabe fazer três observações: 1) A verdade não se oferece imediatamente ao sujeito por um ato de conhecimento: implica uma *conversão*; 2) há diferentes formas de conversão: *eros* e *áskesis*; e 3) o acesso à verdade produz certos efeitos sobre o sujeito: beatitude, tranquilidade. A Modernidade começa quando o acesso à verdade é uma questão de conhecimento, que certamente implica condições internas (de método) e externas (o consenso científico, a honestidade, o esforço, não estar louco, realizar estudos sistemáticos), mas que não envolvem o sujeito quanto à sua estrutura interna. Em outras palavras, a Modernidade começa quando a verdade se torna incapaz de salvar o sujeito. A única recompensa é que o conhecimento se projeta na dimensão indefinida do progresso. • O que devemos entender por "momento cartesiano"? Em primeiro lugar, devemos advertir que não se trata de um "momento" no sentido estrito do termo, de algo pontual; além disso, a referência a Descartes não diz respeito exclusivamente à sua pessoa, como se sua obra marcasse uma ruptura abrupta. Em segundo lugar, o momento cartesiano foi preparado. Pois bem, algumas observações de Foucault acerca dessa preparação são particularmente interessantes e significativas. Com efeito, para ele não teríamos que rastrear a ruptura entre filosofia e espiritualidade – definição do momento cartesiano – por meio de um conflito entre ciência e espiritualidade, mas entre teologia e espiritualidade. Por um lado, a existência de certos saberes, como a alquimia, mostra que a ciência e a espiritualidade têm convivido. Por outro lado, seria precisamente do lado da teologia fundada em Aristóteles (tomismo) onde haveria que buscar os antecedentes da ruptura entre filosofia e espiritualidade. Segundo Foucault, na teologia escolástica de origem aristotélica aparece uma ideia de sujeito de conhecimento que encontra em um Deus onisciente seu fundamento e seu modelo. Aqui, repetimos, seria preciso situar os antecedentes da separação entre filosofia e espiritualidade. Faz falta precisar mais duas coisas. Em primeiro lugar, a ruptura não foi completa nem definitiva. Mesmo depois de Descartes, a exigência da espiritualidade fez parte da filosofia, por exemplo, segundo nosso autor, na ideia de reforma do entendimento nas filosofias do século XVII (sobretudo em Spinoza). A filosofia do século XIX (e especialmente a de Hegel) pode ser entendida como o esforço por pensar a necessidade da espiritualidade dentro do marco da filosofia moderna tradicional (o cartesianismo). Em segundo lugar, Foucault mostra como, por um lado, são consideradas falsas ciências aquelas que apresentam elementos de espiritualidade, isto é, que exigem uma conversão do sujeito para que tenha acesso à verdade e lhe prometem, em troca, alguma forma de beatitude. Claramente se refere aqui ao marxismo e à psicanálise.

Por um lado, assinala como nesses dois campos, com exceção de Lacan, falta uma tematização explícita do legado da espiritualidade, isto é, da relação ascese do sujeito/acesso à verdade. Além disso, observa que as exigências da espiritualidade têm sido reinterpretadas em termos sociológicos, isto é, de *pertencimento* a um grupo (**HS**, 19-20, 27-32). • Nas conferências reunidas sob o título *Dire vrai sur soi-même* podemos encontrar uma exposição geral acerca da história do cuidado de si.

Aphrodísia. Enquanto *L'Herméneutique du sujet* é uma análise geral da cultura do cuidado de si, *L'Usage des plaisirs* e *Le Souci de soi*, volumes segundo e terceiro da *Histoire de la sexualité*, ocupam-se da cultura do cuidado em relação com os *aphrodísia*. Ver: *Aphrodísia*.

Ética, liberdade. O cuidado de si no mundo greco-romano foi o modo pelo qual a liberdade individual ou a liberdade cívica se refletiram como ética (**DE4**, 712). Ver: *Alcibíades, Ascese, Confissão, Conversão, Exame, Parresia, Poder, Salvação, Sujeito*.

94. CUVIER, GEORGES (1769-1832)

Foucault toma a obra de Cuvier para descrever o nascimento da biologia e o modo de ser da vida na episteme moderna. Ver: *Biologia, Homem*. • Com a noção de organização dos seres viventes de Cuvier, deixa-se para trás a taxonomia clássica da história natural, e os elementos que formavam parte dela adquirem uma nova forma de ser (**MC**, 275-276).

D

95. DARWIN, CHARLES (1809-1882)

Cuvier, espécie. Ao contrário de Cuvier, Darwin não concebe a espécie como uma realidade originariamente primeira e analiticamente última; considera que é difícil distinguir entre a espécie e a variedade (**DE2**, 30).

População. Darwin foi o primeiro a ocupar-se dos seres viventes ao nível da população e não da individualidade (**DE2**, 160).

96. DEGENERAÇÃO / *Dégénérescence*

Tecnologias do sexo. A *Psychopathia sexualis* (1844), de Heinrich Kaan, pode ser vista tanto como indicação da independência do sexo em relação ao corpo como do aparecimento do domínio médico-psicológico das perversões. Pela mesma época, a análise da herança reconhecia a importância do sexo em relação à espécie (era considerado o princípio de certas patologias da espécie). A teoria da degeneração permitiu vincular as noções de perversão e de herança. O conjunto perversão-herança-degeneração constituiu o núcleo mais sólido das novas tecnologias do sexo (**HS1**, 157). • A degeneração, enquanto princípio das enfermidades do indivíduo e da população, serviu como ponto de articulação de mecanismos disciplinares e mecanismos reguladores (**IDS**, 225). • A noção de "degeneração" faz referência a um elemento patológico involutivo no seio da espécie, das gerações (**DE3**, 456).

Psicanálise. A psicanálise rompeu com o sistema da degeneração. Retomou o projeto de uma medicina do instinto sexual, mas liberada de suas correlações com a noção de herança e, portanto, de todo racismo ou eugenismo (**HS1**, 157).

Biologia, racismo. A novidade no século XIX foi o aparecimento de uma biologia de tipo racista centrada na noção de "degeneração". O racismo não foi, antes de mais nada, uma ideologia política, mas científica. Os primeiros que fizeram uso político de suas premissas foram os socialistas, a esquerda, e só mais tarde foram usadas pela direita (**DE3**, 324).

Anormalidade, psiquiatria. A noção de "degeneração" permite isolar, recortar uma zona de perigo social e, ao mesmo tempo, dar-lhe o estatuto de enfermidade (**AN**, 110). • A degeneração é a peça teórica mais importante da medicalização do anormal (**AN**, 298). • A figura do degenerado permitirá um relançamento formidável do poder psiquiátrico (**AN**, 298).

Enfermidade mental. Com a psiquiatria do século XIX, com Morel, a enfermidade mental será pensada em termos de degeneração (**HF**, 614).

Teóricos. Sobre os partidários da teoria da degeneração, Foucault faz referência aos seguintes autores e obras: Bénédict Augustin Morel, *Traité des dégénérescences physiques, intellectuelles et morales de l'espèce humaine, et des causes qui produisent ces variétés maladives*, de 1857; Valentin Magnan, *Leçons cliniques sur les maladies mentales*, de 1893; Maurice Legrain e Valentin Magnan, *Les Dégénérés, état mental et syndromes épisodiques*, de 1895.

Darwinismo, evolucionismo. A elaboração proposta por Morel em 1857 da noção de "degeneração" é anterior à obra de Darwin (*A origem das espécies por meio da seleção natural* é de 1859).

97. DELEUZE, GILLES (1925-1995)

"Mas um dia, quem sabe, o século será deleuziano" (**DE2**, 76).

Diferença e repetição, Lógica do sentido. Foucault apresenta *Diferença e repetição* de Deleuze nestes termos: "Houve a filosofia-romance (Hegel, Sartre), houve a filosofia-meditação (Descartes, Heidegger). Eis aqui, depois de Zaratustra, o retorno da filosofia-teatro. Não como reflexão sobre o teatro, nem teatro carregado de significações, mas como filosofia convertida em cena, personagens, signos, repetição de um acontecimento único que não se reproduz nunca" (**DE1**, 768). • Às obras *Diferença e repetição* e *Lógica do sentido* Foucault dedica também "Theatrum philosophicum" (**DE2**, 75-99). • Como sabemos, a obra de Deleuze se apresenta como uma inversão do platonismo, mas não por uma restituição dos direitos da aparência, e sim pelo esforço de pensar o impalpável fantasma e o acontecimento incorporal. Nesse sentido, Deleuze se dirige ao epicurismo e ao estoicismo, onde os fantasmas são pensados como emissões que vêm da profundeza dos corpos, efeitos de superfície que topologizam a materialidade do corpo. Não se definem, no entanto, a partir do dilema verdadeiro/falso ou ser/não ser, mas como *extra-seres*. *Lógica do sentido* é, por isso, o livro mais afastado da *Fenomenologia da percepção*, obra de Merleau-Ponty onde se propõe que o corpo-organismo está ligado ao mundo por uma rede de significações originárias que a percepção mesma das coisas faz aparecer. Para Deleuze, ao contrário, o organismo forma o incorporal e a impenetrável superfície do corpo, a partir da qual as coisas se afastam de maneira progressiva. Trata-se de uma física concebida como discurso da estrutura ideal dos corpos; de uma metafísica pensada como discurso da materialidade dos incorporais (fantasmas, ídolos, simulacros), da ausência de Deus e dos jogos da perversidade (**DE2**, 79-80). Para Deleuze, trata-se de fazer com que os fantasmas percam seu poder de iludir, e nesse intento ele cruza com a psicanálise (como prática metafísica) e com o teatro (o das cenas fragmentadas, que não representam nada), com Freud e Artaud. • Nos estoicos, Deleuze busca um pensamento do acontecimento incorporal (**DE2**, 83). • O neopositivismo, a fenomenologia e a filosofia da história foram tentativas de pensar o acontecimento. Mas o primeiro reduziu-o a um estado de coisas; a segunda, ao sentido para uma consciência; a terceira, ao ciclo do tempo. Deleuze propõe-se liberar o acontecimento dessa tríplice sujeição (**DE2**, 84). • Por último, Deleuze aborda as ressonâncias entre essas duas séries: acontecimento/fantasma, incorporal/impalpável; mas não o faz a partir de um ponto comum, e sim a partir de sua desunião. "Depois de tudo, nesse século XX, o que há para pensar de mais importante que o acontecimento e o fantasma?" (**DE2**, 87). • *Diferença e repetição* constitui um esforço em pensar a diferença para além do conceito, da representação e da dialética. Da perspectiva do conceito, a diferença aparece como especificação, e a repetição, como a indiferença dos indivíduos. Em uma filosofia da representação, cada representação nova deve estar acompanhada de representações que desdobrem todas as semelhanças: a repetição será, então, o princípio de ordenamento do semelhante. A dialética, por sua vez, não libera a diferença; garante que será sempre recuperada. Mas a sujeição mais tenaz da diferença é a das categorias. Ao mostrar de que maneiras podemos dizer o ser, ao especificar de antemão as formas de atribuição do ser, as categorias preservam o repouso sem diferença do ser. Surge assim, então, uma quarta condição para pensar a diferença: liberar-se do pensamento categorial, pensar o ser como algo unívoco. Aqui, os referentes de Deleuze são Duns Escoto e Spinoza. No entanto, em Deleuze, "a univocidade não categorial do ser não une diretamente o múltiplo à unidade mesma (neutralidade universal ou força expressiva da substância); põe em jogo o ser como o que se diz repetitivamente da diferença. O ser é o retorno da diferença, sem que haja diferença na maneira de dizer o ser. Este não se distribui em regiões: o real não se subordina ao possível, o contingente não se opõe ao necessário" (**DE2**, 91-92). • Na história da univocidade do ser, deparamos, em última instância, com Nietzsche, que nos convida a pensar o retorno (**DE2**, 98).

Grupo de Informação sobre as Prisões (GIP). Gilles Deleuze, Jean-Marie Domenach e Pierre Vidal-Naquet foram, junto com Foucault, os fundadores do Grupo de Informação sobre as Prisões (GIP) (**DE2**, 204). Ver: *Grupo de Informação sobre as Prisões*.

Intelectuais, poder. Em "Les intellectuels et le pouvoir" (**DE2**, 306-315) encontramos uma discussão entre Foucault e Deleuze acerca, precisamente, dos intelectuais e o poder, cujos pontos relevantes são desenvolvidos a seguir. • As relações entre a teoria e a práxis são parciais e fragmentárias. O intelectual teórico deixou de ser um sujeito, uma consciência representante ou representativa. Os que lutam deixaram de ser representados. Quem fala e quem atua é sempre uma multiplicidade, mesmo na pessoa que fala ou atua (**DE2**, 307-308). • Os intelectuais descobriram que as massas não precisam deles para saber: elas sabem perfeita e claramente. No entanto, existe um sistema de poder que impede e invalida esse discurso e esse saber. O papel do intelectual é lutar contra as formas do poder ali onde é, ao mesmo tempo, objeto e instrumento, na ordem do saber, da verdade, da consciência, do discurso. Trata-se de uma prática local e regional, não totalizante (**DE2**, 308). • Uma teoria seria, então, uma caixa de ferramentas. • Nossa dificuldade para encontrar formas adequadas de luta provém do fato de que ainda ignoramos o que é o poder. A teoria do Estado, a análise tradicional dos aparatos do Estado, não esgota o campo de exercício e de funcionamento do poder (**DE2**, 312). • A generalidade da luta não se logra sob a forma da totalização. O que faz a generalidade da luta é o sistema mesmo do poder, todas as suas formas de exercício e de aplicação (**DE2**, 315).

Genealogia do capital. Em *Dits et écrits* (**DE2**, 452-456) encontramos uma discussão entre Foucault, Deleuze e Guattari a propósito da publicação do número da revista *Recherches* intitulado *Généalogie du capital. 1: Les Équipements du pouvoir*. "O papel do Estado será cada vez maior: a polícia, o hospital, a separação louco/não louco; e depois a normalização. Talvez a indústria farmacêutica se encarregue dos hospitais psiquiátricos ou das prisões quando os internos forem tratados com neurolépticos. [Tratar-se-á da] desestatização dos equipamentos coletivos que haviam sido os pontos de ancoragem do poder do Estado" (**DE2**, 456).

Édipo, psicanálise. Deleuze e Guattari, no *Anti-Édipo: capitalismo e esquizofrenia*, de 1972, mostraram que o triângulo edípico pai-mãe-filho não é uma verdade intemporal nem uma verdade profundamente histórica de nosso desejo, mas uma maneira de conter o desejo. Édipo não é a substância secreta de nosso desejo, mas a forma da coerção psicanalítica (**DE2**, 553-554). • O essencial no texto de Deleuze e Guattari é o questionamento da relação de poder que se estabelece na cura psicanalítica entre o psicanalista e o paciente, que é bastante parecida à que existe na psiquiatria clássica. Os autores descrevem a psicanálise como uma empresa de refamiliarização (**DE2**, 623-624). • O que a análise de Deleuze tem de interessante é sustentar que Édipo não é nós; é os outros, esse grande Outro: o médico, o psicanalista. A psicanálise como poder: isso é Édipo (**DE2**, 625). "O livro de Deleuze é a crítica mais radical que já se fez da psicanálise" (**DE2**, 777). • Foucault escreveu o prefácio à edição americana de *O Anti-Édipo*, publicada em 1977 (**DE3**, 133-136), onde sustenta que Deleuze e Guattari combatem três inimigos: 1) os burocratas da revolução e os funcionários da verdade; 2) os técnicos do desejo (psicanalistas e semiólogos); e 3) o maior inimigo, o adversário estratégico: o fascismo, não só o de Hitler ou Mussolini, mas o que está em nós, no nosso espírito, em nossas condutas (**DE3**, 134). Dessa maneira, propõe-se liberar a ação política de toda forma de paranoia unitária e totalizante; fazer crescer a ação, o pensamento e os desejos por proliferação, não hierarquicamente; desprender-se das velhas categorias do Negativo (a lei, o limite, a castração) e preferir o que é positivo e múltiplo; não imaginar que é necessário estar triste para ser militante; não utilizar o pensamento para dar a uma prática política valor de verdade; não exigir da política que restabeleça os direitos do indivíduo tal como a filosofia os definiu; não se enamorar do poder (**DE3**, 135-136).

Nietzsche. "Em todo caso, se Deleuze escreveu um livro soberbo sobre Nietzsche, no resto de sua obra a presença de Nietzsche é certamente sensível, mas sem que haja nenhuma referência estridente nem nenhuma vontade de levantar alto a bandeira de Nietzsche para alguns efeitos de retórica ou alguns efeitos políticos" (**DE4**, 444). • Foucault escreveu junto com Gilles Deleuze a introdução geral às *Œuvres philosophiques complètes* de Nietzsche (**DE1**, 561-564).

Genealogia. A genealogia propõe reativar os saberes locais, menores, como diz Deleuze, contra a hierarquização científica do conhecimento (**IDS**, 11).

98. DEMOCRACIA / *Démocratie*

Classe. "Se entendemos por democracia o exercício efetivo do poder por uma população que não está dividida nem ordenada hierarquicamente em classes, fica perfeitamente claro que estamos muito afastados dela. É também claro que vivemos em um regime de ditadura de classe, de poder de classe que se impõe pela violência, mesmo que os instrumentos dessa violência sejam institucionais e constitucionais" (**DE2**, 495).

Mercado. Dependemos de uma democracia de mercado, do controle que provém da dominação das forças do mercado em uma sociedade desigual (**DE2**, 497).

Grécia. *Antígona* e *Electra* de Sófocles podem ser lidas como uma ritualização da história do direito grego, a história do processo por meio do qual o povo toma posse do direito de julgar, de dizer a verdade, de opô-la a seus chefes. Esse direito foi a grande conquista da democracia grega (**DE2**, 571).

Controle, vigilância. A mais democracia corresponde mais vigilância. Uma vigilância que se exerce quase sem que as pessoas se deem conta, pela pressão do consumo (**DE2**, 722). • Foi a democracia, mais que certo liberalismo, que se desenvolveu no século XIX, o que aperfeiçoou técnicas extremamente coercitivas. Essas foram o contrapeso da liberdade econômica; não se podia liberar o indivíduo sem disciplina-lo (**DE4**, 92).

Liberalismo. "A democracia e o Estado de direito não são, por necessidade, liberais, nem o liberalismo é necessariamente democrático ou está ligado ao Estado de direito" (**DE3**, 822).

Social-democracia. A concepção supostamente marxista do poder como aparato de Estado, como instância de conservação, como superestrutura jurídica, é encontrada em essência na social-democracia europeia de fins do século XIX, cujo problema era como fazer Marx funcionar dentro do sistema jurídico da burguesia (**DE4**, 189). • Foucault ocupou-se da social-democracia e da democracia cristã alemãs no marco da análise da formação do neoliberalismo. Para sermos mais precisos, mostrou como essas duas forças políticas chegaram a se alinhar à corrente do neoliberalismo alemão. Ver: *Liberalismo*.

Parresia. Acerca da relação entre democracia e *parresia* no pensamento grego clássico, ver: *Parresia*.

99. DERRIDA, JACQUES (1930-2004)

Cogito, loucura. A leitura das *Meditações metafísicas* de Descartes, em particular da relação entre o *cogito* e a loucura, deu lugar a uma conhecida polêmica entre Foucault e Derrida. Ver: *Cogito*.

Escritura, discurso, metafísica. Em resposta a uma pergunta acerca da interpretação de Derrida da metafísica ocidental como dominação da palavra sobre a escritura, Foucault assinala: "Eu não sou capaz de fazer tão altas especulações que permitiriam dizer que a história do discurso é a repressão logocêntrica da escritura. Se fosse assim, seria maravilhoso… Infelizmente, o material humilde que manipulo não permite um tratamento tão majestoso. […] Parece-me que se se quer fazer a história de certo tipo de discursos, portadores de saber, não se pode deixar de levar em conta as relações de poder que existem na sociedade em que esses discursos funcionam" (**DE2**, 409). • "Esse tipo de história, em forma de cristalização metafísica estabelecida de uma vez por todas com Platão, retomada aqui, na França, por Derrida, me parece desolador" (**DE2**, 521). • Foucault se distancia de Derrida, com relação à rejeição platônica da escritura, e sustenta que "de nenhum modo deve-se ver nessa rejeição algo assim como o advento de um logocentrismo na filosofia ocidental" (**GSA**, 234). Essa rejeição implica antes uma crítica ao *lógos* em geral, escrito ou oral. Para Platão, com efeito, a filosofia não consiste no conhecimento de fórmulas ou conteúdos, mas no trabalho da alma sobre si mesma.

100. DESCARTES, RENÉ (1596-1650)

Loucura. Em *Histoire de la folie à l'âge classique*, Foucault explora o caráter contemporâneo da publicação das *Meditações metafísicas* e a criação do Hospital Geral em Paris. Por um lado, o gesto institucional que exclui o louco e o confina no hospital, inaugurando o "grande enclausuramento"; por outro, o gesto teórico que exclui a não razão, que a separa da razão. "Se o *homem* pode sempre estar louco, o *pensamento*, como exercício da soberania de um sujeito que se impõe o dever de perceber o verdadeiro, não pode ser insensato" (**HF**, 70).

Cartesianismo. Em *Les Mots et les choses* é-nos oferecida uma interpretação do cartesianismo a partir do que Foucault denomina "episteme clássica", embora – é necessário ter isto presente – se ocupe dela como fenômeno geral, e não de Descartes em particular. Segundo sua leitura, há que distinguir três coisas: 1) o mecanicismo que, durante um período bastante breve, foi proposto como modelo teórico para outros domínios do saber; 2) o esforço por matematizar as ordens empíricas, às vezes aceito e proposto como horizonte de toda ciência, às vezes também rechaçado; e 3) a relação que todo o saber da Época Clássica mantém com a *máthesis* como ciência geral da medida e da ordem. Pois bem, na expressão de Foucault, sob a fórmula mágica e vazia de "influência cartesiana" ou "modelo newtoniano", com frequência essas três coisas se confundem e, por isso, define-se o racionalismo como a tentativa de tornar a natureza calculável e mecânica (**MC**, 70). Para Foucault não é a relação com a matemática, mas com a ordem, o que determina a disposição fundamental da Época Clássica (**MC**, 71). Medir e ordenar serão os modos racionais de comparar. Foucault se refere aqui às regras VI, VII e XIV das *Regras para a direção do espírito*, de Descartes. Nesse sentido, o pensamento da Época Clássica, à diferença da renascentista, exclui a semelhança como experiência fundamental e forma geral do saber; agora é necessário submetê-la à análise segundo a medida e a ordem (**MC**, 66-67).

Modernidade. Em *Les Mots et les choses*, Foucault opõe o *cogito* moderno e o cartesiano. Ver: *Cogito, Homem*. Nesse contexto, a Modernidade em termos filosóficos não começa com Descartes, mas com Kant. Mais adiante, da perspectiva do estudo histórico das práticas de si mesmo, Foucault faz coincidir o que denomina "momento cartesiano" com o começo da Modernidade. Ver: *Cuidado, Modernidade*.

Sujeito. A identificação sujeito-consciência no nível transcendental é característica da filosofia ocidental desde Descartes até nossos dias (**DE2**, 372). O sujeito foi o problema fundamental da filosofia moderna de Descartes a Sartre (**DE3**, 590).

Governo. A filosofia de Descartes pode ser entendida como o ponto de chegada da pergunta "Como conduzir-se?", que guiará o desenvolvimento das artes de governar (**GSA**, 236).

Parresia. As *Meditações metafísicas* são uma empresa parresiástica, e o mesmo pode ser dito da resposta de Kant em "O que é o Iluminismo?". Esse texto é uma "maneira, para a filosofia, de tomar consciência, por meio da crítica, da *Aufklärung*, dos problemas que eram, tradicionalmente na Antiguidade, os da *parresia*" (GSA, 322). Ver: *Parresia*.

Donc. Na célebre expressão cartesiana "Penso, logo [*donc*] existo", Foucault distingue dois níveis desse *donc*. Por um lado, um *donc* explícito, o da evidência teórica. Por outro, um *donc* implícito, o da aceitação por parte do sujeito do regime de verdade da evidência. O sujeito que diz: "é evidente, aceito-o", é um sujeito que não está louco (**DGDV**, 96).

Gênio maligno. "O gênio maligno, a ideia de que há algo em mim que sempre pode me enganar e que tem tal força que nunca posso estar totalmente seguro de que não me enganará, este tema, é um tema absolutamente constante da espiritualidade cristã". Descartes fará surgir o não me equivoco do próprio perigo de ser enganado. Desse modo, reformulará as relações entre subjetividade e verdade (**DGDV**, 298).

101. DESCONTINUIDADE / *Discontinuité*

Foucault assinala quatro consequências da nova disposição da história: a multiplicação das rupturas, a importância da noção de "descontinuidade", a impossibilidade de uma história global e o aparecimento de outros problemas metodológicos. Nesse contexto, a noção de "descontinuidade" converteu-se no eixo da análise histórica (**AS**, 16). Segundo Foucault, ela tem três características: 1) constitui uma operação deliberada do historiador, que deve distinguir diferentes níveis, os métodos adequados a cada um, suas periodizações; 2) é também o resultado da descrição; e 3) trata-se de um conceito que não cessa de adotar novas formas e funções específicas de acordo com os níveis que lhe são designados (**AS**, 16-17). A arqueologia, que situa a si mesma dentro desse marco de renovação do conhecimento histórico, tem uma dupla tarefa. Por um lado, desfazer-se daquelas categorias com as quais tradicionalmente se tem assegurado, para além de todo acontecimento, a continuidade do pensamento, da razão, do saber: autor, obra, livro. Por outro lado, elaborar suas próprias categorias, que permitam pensar a descontinuidade na ordem do discursivo. Ver: *Formação discursiva*. • "Eu me esforço [...] para mostrar que a descontinuidade não é um vazio monótono e impensável entre os acontecimentos, que deveríamos nos apurar para preencher com a triste plenitude da causa ou por meio do ágil jogo do espírito (das soluções perfeitamente simétricas), mas é um jogo de transformações específicas, diferentes umas das outras (cada uma com suas condições, suas regras, seu nível) e ligadas entre si segundo esquemas de dependência. A história é a análise descritiva e a teoria dessas transformações" (**DE1**, 680). • "Sou, talvez, continuísta, mas digamos que, apesar de tudo, enfim, tenho a vaidade, é minha única vaidade a propósito desse livro [*Les Mots et les choses*], tenho a vaidade de ter estabelecido, pela primeira vez, a continuidade sincrônica, as relações de simultaneidade que existiam entre campos epistemológicos tão diferentes como o estudo da linguagem, o estudo da economia e o estudo da biologia. Adquiri uma descontinuidade pagando o preço de uma continuidade, ou à inversa, como o senhor quiser" (**DFA**, 21). Ver: *Arqueologia, Episteme*.

102. DESEJO / Désir

Na obra de Foucault encontramos numerosas referências ao tema e, embora não nos ofereça uma teoria do desejo nem pretenda fazê-lo, cada um dos campos de análise que aborda deu lugar a considerações acerca dele.

Saber. 1) **Representação**. O fim da episteme clássica coincidirá com o retrocesso da representação com relação à linguagem, ao vivente, à necessidade. A força surda da necessidade e do desejo escapará ao modo de ser da representação (**MC**, 222). Ver: *Episteme clássica*. 2) **Finitude**. No fundo de todas as empiricidades que mostram as limitações concretas da existência do homem, descobre-se uma finitude mais radical que é dada pela espacialidade do corpo, pela abertura do desejo e pelo tempo da linguagem (**MC**, 326). Ver: *Homem*. 3) **Psicanálise, psicologia**. À diferença das ciências humanas (por exemplo, a psicologia e a sociologia), que se movem no âmbito da representação, a psicanálise avança para uma região na qual a representação fica em suspenso, e onde se esboçam três figuras: a vida, que com suas funções e normas se funda na repetição muda da Morte; os conflitos e as regras, na abertura desnuda do Desejo; as significações e os sistemas, em uma língua que é ao mesmo tempo Lei (**MC**, 386). • A psicanálise serve-se da relação de transferência para descobrir, nos confins exteriores da representação, o Desejo, a Lei e a Morte, que designam no extremo da linguagem e da prática analítica as figuras concretas da finitude (**MC**, 389).

Poder. 1) **Repressão, poder, lei**. No tema geral do poder que reprime o sexo e na ideia da lei como constitutiva do desejo encontra-se a mesma suposta mecânica do poder, definida de uma maneira bastante limitada. Trata-se de um poder cuja única potência consiste em dizer "não", sem produzir nada; um poder concebido essencialmente segundo um modelo jurídico, centrado no enunciado da lei e no funcionamento da proibição (**HS1**, 112-113). • É necessário desprender-se da imagem do poder-lei, do poder-soberania que os teóricos do direito e da instituição monárquica desenharam; despojar-se do privilégio teórico da lei e da soberania (**HS1**, 118). • Essa concepção jurídico-discursiva do poder domina tanto a temática da repressão como a teoria da lei constitutiva do desejo. A distinção entre a análise que se faz em termos de repressão dos instintos e a que se realiza em termos de lei do desejo passa pelo modo de conceber a dinâmica das pulsões, não o poder (**HS1**, 109). • A relação de poder está ali onde há desejo; é, portanto, uma ilusão denunciá-la em termos de repressão, e é vão buscar um desejo fora do poder (**HS1**, 108). Ver: *Poder, Repressão*. 2) **Verdade**. "O discurso verdadeiro não é mais, desde os gregos, aquele que responde ao desejo ou aquele que exerce o poder. Na vontade de verdade, na vontade de dizer esse discurso verdadeiro, o que está em jogo senão é o desejo e o poder?" (**OD**, 22). 3) **Édipo**. Foucault não considera a história de Édipo como o ponto de origem da formulação do desejo ou das formas do desejo do homem, mas, ao contrário, como um episódio bastante curioso da história do saber (**DE2**, 542). • Édipo não seria uma verdade da natureza, mas um instrumento de limitação e de coerção que os psicanalistas utilizam, desde Freud, para conter o desejo e fazê-lo entrar em uma estrutura familiar definida historicamente (**DE2**, 553). Ver: *Édipo*. 4) **Deleuze**. Deleuze e Guattari trataram de mostrar que o triângulo edípico pai-mãe-filho não é uma verdade atemporal nem uma verdade histórica profunda de nosso desejo, mas uma estratégia de poder (**DE2**, 553). Ver: *Deleuze, Édipo*. 5) **Conhecimento, prazer**. Em Aristóteles, a relação conhecimento-prazer-verdade, que o ato de ver põe de manifesto, é transportada à contemplação teórica. O desejo de conhecer supõe a relação entre conhecimento, verdade e prazer (**DE2**, 243).

Ética. 1) **Homem de desejo**. A experiência moderna da sexualidade e a experiência cristã da carne são duas figuras históricas dominadas pelo homem de desejo. Os volumes primeiro e segundo de *Histoire de la sexualité* se propõem estudar os jogos de verdade na relação do indivíduo consigo mesmo como sujeito no âmbito do homem de desejo. Constituem uma genealogia do homem de desejo desde a Antiguidade Clássica até os primeiros séculos do cristianismo (**HS2**, 11-13). • A genealogia do homem de desejo não é um exame das sucessivas concepções do desejo, da concupiscência ou da libido, mas uma análise das práticas pelas quais os indivíduos se constituem como sujeitos de verdade em relação ao desejo, isto é, das práticas que permitem dizer a verdade do desejo (**HS2**, 11). 2) **Dispositivos de sexualidade e de aliança**. Com a psicanálise, a sexualidade dá vida às regras da aliança, saturando-as de desejo (**HS1**, 150). • Freud fez do mundo da imaginação um espaço habitado pelo desejo, assim como a metafísica clássica fez o querer e o entendimento habitarem o mundo físico (**DE1**, 70). 3) **Confissão,** *scientia sexualis*. "O desejo era um elemento constitutivo do pecado. E liberar o desejo não é outra coisa que cada um decifrar seu inconsciente, como têm feito os psicanalistas e, muito antes, a disciplina da confissão católica" (**DE3**, 527). • À diferença da *ars erotica*, na *scientia sexualis* deparamos com um tipo de saber que problematiza o desejo, não o prazer (**DE3**, 104). Ver: *Confissão*. 4) **Sade**. O aparecimento do sadismo se situa no momento em que a desrazão, encerrada durante mais de um século e reduzida ao silêncio, reaparece não como figura do mundo nem como imagem, mas como discurso e desejo (**HF**, 453). • Sade procura introduzir a desordem do desejo em um mundo dominado pela ordem. "O libertino é o homem dotado de um desejo suficientemente forte e de um espírito suficientemente frio para conseguir fazer entrar todas as potencialidades de seu desejo em uma combinatória que esgota por completo todas elas" (**DE2**, 375). Ver: *Sade*. 5) ***Aphrodísia*, prazer**. A atração exercida pelo prazer e a força do desejo que leva até ele, junto com o próprio ato dos *aphrodísia*, formam uma unidade essencial na Grécia clássica. Com o helenismo e com o cristianismo, essa unidade começará a fragmentar-se (**HS2**, 51-52). No uso dos *aphrodísia*, o objetivo não é anular o prazer; ao contrário, trata-se de mantê-lo (**HS2**, 66). Mas nos gregos, por exemplo em Aristóteles, já que o desejo de prazer é insaciável, é necessária a medida da razão que caracteriza a *sophrosýne* (**HS2**, 100). • Conceder ao prazer o menor espaço possível; utilizá-lo, apesar dele mesmo, para ter filhos; praticá-lo apenas dentro da instituição do matrimônio: esses princípios que são considerados característicos do cristianismo estavam já presentes no helenismo e no mundo romano (**DE3**, 559). Ver: *Aphrodísia*. 6) **Hermenêutica**. Na experiência cristã da carne, a problematização da conduta sexual não está centrada no prazer ou na estética de seus usos, mas na hermenêutica purificadora do desejo (**HS2**, 278). Ver: *Cuidado*.

População. "A produção do interesse coletivo pelo jogo do desejo marca ao mesmo tempo a naturalidade da população e a artificialidade possível dos meios de que se pode dispor para manejá-la" (**STP**, 75). Ver: *Dispositivo*.

Discurso, desejo, verdade. A relação entre o discurso, o desejo e a verdade é um dos eixos das conferências de Foucault sobre Sade em março de 1970. O que Sade não cessa de nos dizer é que se trata da verdade, da relação entre a verdade e o desejo. Essa relação pode ser apresentada em dois níveis diferentes: a partir da própria existência do livro e a partir de seu conteúdo (**LGE**, 153-154). No nível da existência do livro, sua escritura introduz o desejo no mundo da verdade, porque se apresenta como um intermediário entre o imaginário e o real (**LGE**, 163), suprime os limites do tempo e faz o desejo jogar no mundo da eterna repetição (**LGE**, 170), e, por último, suprime todos os limites entre o proibido e o permitido (**LGE**, 170-171). "A escritura [de Sade] é o desejo convertido em verdade, é a verdade que tomou a forma do desejo, desejo repetitivo, desejo ilimitado, desejo sem lei, desejo sem restrição, desejo sem exterior. É a supressão da exterioridade com relação ao desejo" (**LGE**, 172). Quanto à incumbência do discurso de Sade, o desejo não é seu objeto, não fala dele, e sim de Deus, da lei, do contrato social (**LGE**, 175). "O discurso de Sade não é um discurso sobre o desejo, é um discurso com o desejo" (**LGE**, 177) que nos fala de quatro inexistências: Deus não existe, a alma não existe, o crime não existe e a natureza não existe. E, por último, também de uma quinta inexistência: o indivíduo também não existe (**LGE**, 212). Mas essas inexistências não conduzem à supressão do desejo; ao contrário, o que não existe deve ser continuamente destruído. Essa é a tarefa do discurso e do desejo ou, melhor, do discurso do desejo e do desejo de discurso (**LGE**, 204). "Sade é quem, com efeito, liberou o desejo da sua subordinação à verdade, na qual esteve sempre capturado em nossa civilização [...], e a substituiu por um jogo no qual desejo e verdade se confrontam reciprocamente" (**LGE**, 218).

Tipos de discurso. Foucault distingue quatro tipos de discurso sobre o desejo: 1) o do inconsciente (Freud): discurso afirmativo que sustenta que as coisas são e o desejo deseja; 2) o do esquizofrênico: discurso negativo que sustenta que nada existe, nem o mundo nem o desejo; 3) o ideológico, filosófico ou religioso: afirma a verdade da ordem das coisas e nega a do desejo; e 4) o do libertino ou perverso: nega a existência da verdade das coisas (Deus, a natureza) e afirma o desejo do desejo (**LGE**, 185).

103. DESPSIQUIATRIZAÇÃO / *Dépsychiatrisation*

O curso dos anos 1973-1974 no Collège de France foi dedicado ao poder psiquiátrico. Ver: *Psiquiatria*. Foucault distingue, segundo o resumo do curso, duas formas ou dois movimentos de despsiquiatrização. O primeiro se inicia com Babinski, que, à diferença de Charcot, busca reduzir ao mínimo as manifestações da enfermidade mental. Em outras palavras, trata-se de eliminar o teatro que Charcot introduziu para induzir os sintomas da enfermidade. Nesse sentido, Babinski se comporta como Pasteur, isto é, busca evitar que o médico seja aquele que transmite a enfermidade. As duas formas mais notáveis desse processo de despsiquiatrização foram a psicocirurgia e a farmacologia. O segundo movimento de despsiquiatrização, oposto ao anterior, busca inverter, na relação médico-paciente, a direção da produção da verdade: é preciso escutar a verdade da loucura. Nesse caso, para manter o poder médico, agora despsiquiatrizado, há que desativar os efeitos próprios do espaço asilar: regra do "cara a cara" entre médico e paciente (livre contrato entre ambos); regra da liberdade discursiva; regra do divã (que só concede realidade aos efeitos que se produzem ali). Em poucas palavras, a psicanálise foi a outra grande forma de despsiquiatrização (**DE2**, 683).

104. DIAGNOSTICAR / *Diagnostiquer*

Várias vezes Foucault definiu seu trabalho como uma forma de jornalismo, um "jornalismo filosófico" que procura diagnosticar a atualidade. Com frequência, esse modo de entender a filosofia foi apresentado como uma herança de Nietzsche. À diferença de uma longa tradição que havia feito do eterno e do imóvel o objeto da filosofia, Nietzsche introduz o "hoje", a atualidade, no campo da filosofia (**DE2**, 434; **DE3**, 431, 573). Pois bem, nos dois artigos que Foucault escreveu por ocasião do bicentenário da célebre resposta de Kant à questão colocada pela *Berlinische Monatsschrift*, "O que é o Iluminismo?", propõe que não é Nietzsche, e sim Kant quem inaugura essa forma de interrogação filosófica como diagnóstico da atualidade ou, segundo outra expressão, como "ontologia do presente" (**DE4**, 564). • Podemos interrogar o presente, sustenta ele, como faz Platão no *Político*, isto é, como uma época do mundo distinta ou separada de outras; como faz Santo Agostinho, para descobrir os signos que anunciam um acontecimento próximo; como Vico, como um momento de transição para um mundo novo. Para Kant, a atualidade, o presente, não é nem uma época do mundo, nem um acontecimento revelador do iminente, nem a aurora de uma realização; define a atualidade em termos inteiramente negativos, como saída do estado de minoridade. O presente, para Kant, apresenta-se simplesmente em termos de diferença (**DE4**, 564, 680-681). A relação do presente com relação aos antigos não é longitudinal, mas trata-se de uma relação sagital (**DE4**, 681). O ato de interrogar o presente em termos de diferença define para Foucault a atitude da Modernidade (um *éthos*, não uma época) (**DE4**, 568). "Eu caracterizaria esse *éthos* filosófico próprio da ontologia crítica de nós mesmos como uma prova histórico-prática dos limites que podemos atravessar e, desse modo, como um trabalho nosso sobre nós mesmos enquanto seres livres" (**DE4**, 575). • Foucault situa Kant como o fundador das duas grandes tradições críticas nas quais se divide a filosofia moderna. Por um lado, *a analítica da verdade*, que se pergunta como é possível o conhecimento verdadeiro. Por outro, *a ontologia do presente*, que se pergunta o que é a atualidade. Nesta última, que vai de Hegel à Escola de Frankfurt, passando por Nietzsche e Weber, Foucault situa seu próprio mister filosófico (**DE4**, 687-688). • Em uma de suas primeiras entrevistas, em 1967, intitulada "La philosophie structuraliste permet de diagnostiquer ce qu'est 'aujourd'hui'" (**DE1**, 580-584), Foucault atribui ao estruturalismo a capacidade de diagnosticar o presente. • Para Foucault, diagnosticar a realidade consiste em estabelecer o que constitui nosso presente, os acontecimentos que repetimos – por exemplo, a separação razão/loucura (**DE3**, 574). Mas a atualidade não é só o presente no sentido da repetição. Diagnosticar a atualidade consiste também em marcar as diferenças. Não se trata de compreender o presente a partir do passado (como uma época do mundo) nem do futuro (como anúncio ou promessa), mas em sua diferença, a partir de si mesmo. O conceito de crítica permite vincular o presente-repetição e o presente-diferença.

105. DIALÉTICA / *Dialectique*

Loucura. O século XVI privilegiou uma experiência dialética da loucura; mais que nenhuma outra época, foi sensível ao que podia haver de indefinidamente reversível entre a razão e a razão da loucura (**HF**, 222). A clausura da Época Clássica é o espaço no qual se organizam, na coerência de uma prática, a inquietação dialética da consciência e a repetição ritual de uma separação (**HF**, 223).

Antropologia. No início do século XIX, constituiu-se uma disposição do saber em que comparecem ao mesmo tempo a historicidade da economia, a finitude da existência humana e o fim da história. A história, a antropologia e a suspensão do devir correspondem-se segundo uma figura que define uma das maiores conexões do pensamento do século XIX. A erosão lenta ou violenta da história (como desaceleração indefinida ou inversão radical, segundo Ricardo ou Marx, por exemplo) fará brotar a verdade antropológica do homem. No final do século XIX, Nietzsche destruiu as promessas mescladas da antropologia e da dialética (**MC**, 273-275). Ver: *Homem*.

Sartre. "Tenho a impressão de que Sartre, ao escrever a *Crítica da razão dialética*, em certo sentido colocou um ponto final, fechou o parêntese de todo um episódio da nossa cultura que começa com Hegel. [...] a *Crítica da razão dialética* é o magnífico e patético esforço de um homem do século XIX para pensar o século XX. Nesse sentido, Sartre é o último hegeliano e, também diria, o último marxista" (**DE1**, 541-542).

Razão analítica, cultura não dialética. Foucault identifica uma série de manifestações daquilo que denomina "cultura analítica" ou "cultura não dialética": ela começou com Nietzsche (com o descobrimento da mútua pertinência da morte de Deus e da morte do homem), continuou com Heidegger (por meio do intento de retomar a relação fundamental com o ser em um retorno à origem grega), com Russell (por meio da crítica lógica da filosofia), com Wittgenstein (por meio do problema das relações entre a lógica e a linguagem), com Lévi-Strauss. • No entanto, Foucault destaca a necessidade de evitar um retorno à razão analítica do século XVIII. Enquanto a razão analítica caracterizou-se por sua referência à natureza, e a razão dialética do século XIX por sua referência à existência (as relações entre o indivíduo e a sociedade, a consciência e a história, a práxis e a vida, o sentido e o não sentido, o vivente e o inerte), a razão não dialética do século XX constitui-se por sua referência ao saber (**DE1**, 542). • Na linguística, na etnologia, na história das religiões e na sociologia, os conceitos de ordem dialética formados no século XIX foram em grande parte abandonados (**DE1**, 585).

Marx. A reativação e transformação dos temas marxistas (como fez Althusser, por exemplo) buscam separar Marx tanto do positivismo como de Hegel (**DE1**, 825).

Poder. Nas relações de poder deparamos com fenômenos complexos que não obedecem à forma hegeliana da dialética do senhor e do escravo (**DE2**, 754), mecanismo pelo qual o poder do senhor se esvazia pelo próprio exercício. Foucault, em vez disso, mostra como o poder se reforça por seu exercício (**DE2**, 817). As relações de poder são recíprocas, não dialéticas (**DE3**, 471).

Cuidado, Platão. Em Platão, graças ao diálogo, estabelece-se um nexo dialético entre a contemplação de si e o cuidado de si. Na época imperial (séculos I e II) desaparece essa estrutura dialética: os dois temas se complementam (**DE4**, 797).

Guerra, história. A dialética codifica a luta, a guerra, o enfrentamento em uma lógica da contradição; assegura, assim, a constituição de um sujeito universal, de uma reconciliação ou pacificação. Por meio da dialética, a filosofia colonizou o discurso histórico-político dos séculos XVII e XVIII (**IDS**, 50). • A possibilidade de uma filosofia da história encontrou no presente o momento em que o universal manifesta sua verdade. Desse modo, teve lugar uma autodialetização do discurso histórico (**IDS**, 211).

Transgressão. A linguagem da transgressão (Bataille) é uma linguagem não dialética do limite (**DE1**, 244).

Estratégia. "A lógica dialética é uma lógica que põe em jogo termos contraditórios no elemento do homogêneo. Quanto à lógica da dialética, proponho-lhes antes substituí-la pelo que chamaria de uma lógica da estratégia [que] tem por função estabelecer quais são as conexões possíveis entre termos díspares e que continuam sendo díspares" (**NB**, 44).

Psicagogia. Em Platão, dialética, conhecimento do ser e psicagogia, direção da alma, estão estreitamente ligados (**GSA**, 307). Ver: *Transgressão*. Ver também: *Blanchot, Deleuze*.

106. DIETÉTICA / *Diététique*

Em *L'Usage des plaisirs*, segundo volume de *Histoire de la sexualité*, Foucault se ocupa de quatro formas principais de estilização da conduta sexual: em relação ao corpo, a Dietética; em relação ao matrimônio, a Econômica; em relação ao amor aos mancebos, a Erótica; e, em relação à verdade, a Filosofia (**HS2**, 44). O objetivo geral de uma estilização dos prazeres é mais da ordem da dietética, do uso equilibrado dos prazeres, que da terapêutica (**HS**, 112). Em *L'Usage des plaisirs*, o tratamento da dietética dos séculos V ao III a.C. se estende por várias páginas (**HS2**, 109-156). Foucault aborda a respeito quatro questões: 1) Do regime em geral: preocupação em estabelecer a medida dos exercícios (naturais e violentos), dos alimentos e das bebidas (em relação ao clima e às atividades), o sono (as horas a ele dedicadas, as condições em que se dorme), as relações sexuais. Na regulação dessas atividades não entra em questão apenas o corpo, mas também a alma. A relação entre a saúde do corpo e a da alma constitui um eixo central da dietética. A dieta, por outro lado, não era concebida como uma obediência cega ao saber de outro; devia ser uma prática reflexiva em relação ao corpo (**HS2**, 121). 2) A dieta dos prazeres: a dietética problematiza a prática sexual não como um conjunto de atos que seja possível diferenciar segundo suas formas e seu valor, mas como uma atividade à qual se deve dar livre curso ou colocar um freio segundo a quantidade e as circunstâncias. Mais que uma organização binária do permitido e do proibido, sugere-se uma oscilação permanente entre o mais e o menos (**HS2**, 131-132). 3) Riscos e perigos: a necessidade de moderar a prática dos prazeres não repousa sobre o postulado de que os atos sexuais seriam por natureza maus. No entanto, devem ser objeto de cuidado e medida, em razão de suas consequências para o corpo do indivíduo e da preocupação pela progenitura (**HS2**, 133, 137). 4) O ato, o gasto, a morte: o ato sexual foi considerado, desde sua origem, como uma mecânica violenta; atribui-se a Hipócrates a definição que o apresenta como uma pequena epilepsia (**HS2**, 142). Ao expulsar o sêmen, o ser vivente não só expele um humor que teria em excesso; priva-se, além disso, de elementos valiosos para a existência (**HS2**, 146). O ato sexual é o ponto em que se cruza a vida individual, destinada à morte, e uma imortalidade que toma a forma da espécie (**HS2**, 150). • De maneira geral, da Grécia clássica ao helenismo pode-se observar uma notável continuidade da dietética, de seus temas, de seus princípios; em todo caso, foram refinados e detalhados. Mais que de uma mudança, devemos falar de uma intensificação da preocupação por si mesmo e pelo corpo. Nesse quadro, marcado pela preocupação com o corpo, com o meio ambiente e com as circunstâncias, a medicina da época helenística abordou a questão dos prazeres sexuais: sua natureza, seus mecanismos, seu valor positivo e negativo para o indivíduo, o regime ao qual convém submetê-los (**HS3**, 126, 272).

107. DIREITOS DO HOMEM / *Droits de l'homme*

"Tento encarar os direitos do homem em sua realidade histórica sem por isso admitir que haja uma natureza humana" (**MFDV**, 258). Em relação ao caso Klaus Croissant, o advogado da Rote Armee Fraktion a quem foi negado o direito de asilo na França, Foucault fala da necessidade de estabelecer os direitos dos governados, que seriam historicamente mais determinados que os direitos do homem e mais amplos que os direitos dos administrados e dos cidadãos (**DE3**, 362). Nesse sentido, em *Naissance de la biopolitique* sustenta que os direitos do homem e dos governados implicam duas concepções heterogêneas da liberdade: os do homem colocam a questão jurídica dos limites da ação estatal; os dos governados, a da independência com relação às formas de governamentalidade (**NB**, 43). Para além dessas afirmações, também sustentou que, considerados historicamente, os direitos do homem são os direitos dos governados (**MFDV**, 259).

108. DISCIPLINA / *Discipline*

Em Foucault, encontramos dois usos principais do termo "disciplina": um corresponde à ordem do saber (forma discursiva de controle da produção de novos discursos), e outro, à do poder (conjunto de técnicas em virtude das quais os sistemas de poder têm por objetivo e resultado a singularização dos indivíduos) (**DE3**, 516). Mas é necessário destacar que não se trata de dois conceitos sem relação. Embora a questão da disciplina, do ponto de vista do poder, isto é, dessa forma de exercício do poder que tem por objetivo a normalização dos corpos, tenha sido a que mais ocupou os especialistas e interessou os leitores, não se pode deixar de lado o uso discursivo do conceito de disciplina, que resulta particularmente interessante para esclarecer o modo pelo qual Foucault concebe as relações entre saber e poder. • Embora a disciplina como técnica política tenha sido elaborada a partir do momento em que o exercício monárquico do poder se tornou demasiado custoso e pouco eficaz, sua história estende-se até os primórdios do cristianismo e da Antiguidade; os mosteiros são um exemplo disso (**DE3**, 514-515).

Discurso. Em *L'Ordre du discours*, Foucault enumera os mecanismos de limitação dos discursos (**OD**, 331-338). Aí a disciplina aparece como uma das formas internas desse controle, isto é, como uma forma discursiva de limitação do discursivo. As outras duas formas internas que precedem a disciplina, na exposição de Foucault, são o comentário e o autor. À diferença desse último, a disciplina define um campo anônimo de métodos, proposições consideradas como verdadeiras, um jogo de regras e definições, técnicas e instrumentos

(**OD**, 32). Diferentemente do comentário, não persegue a repetição; antes, exige a novidade, a geração de proposições originais. A disciplina estabelece as condições que uma determinada proposição deve cumprir para entrar no campo do verdadeiro: estabelece de que objetos se deve falar, que instrumentos conceituais ou técnicas é preciso utilizar, em que horizonte teórico deve ser inscrito o discurso.

Disciplinarização dos saberes. Em "*Il faut défendre la société*", Foucault distingue entre história das ciências e genealogia dos saberes. Enquanto a primeira se articula em torno do eixo estrutura do conhecimento/exigência de verdade, a segunda, em vez disso, o faz em relação à díade prática discursiva/enfrentamento de poderes. A tarefa de uma genealogia dos saberes é, acima de tudo, desfazer a estratégia do Iluminismo: a Modernidade não é o avanço da luz contra as trevas, do conhecimento contra a ignorância, e sim uma história de combates entre saberes, uma luta pela disciplinarização do conhecimento. • Um exemplo de genealogia dos saberes é a organização do conhecimento técnico e tecnológico por volta do final do século XVIII. Até então, segredo e liberdade haviam sido as características desse tipo de saberes: o segredo que assegurava o privilégio de quem o possuía e a independência de cada gênero de conhecimento, que permitia, por sua vez, a independência de quem o manejava. Ao final do século XVIII, devido às novas formas de produção e às exigências econômicas, foi necessário ordenar esse campo. Instalou-se, para dizê-lo de algum modo, uma luta econômico-política em torno dos saberes. O Estado intervirá para disciplinar o conhecimento com quatro operações estratégicas: a) eliminação e desqualificação dos saberes inúteis, economicamente onerosos; b) normalização dos saberes para ajustá-los uns aos outros e permitir que se comuniquem entre eles; c) classificação hierárquica, dos particulares aos gerais; d) centralização piramidal. • Nessa luta econômico-política em torno dos saberes, devemos situar o projeto da *Enciclopédia* e a criação das grandes escolas (de minas, de pontes, de estradas). Nesse processo de disciplinarização surge a ciência (antes existiam *as* ciências). A filosofia perde, então, seu lugar de saber fundamental; abandona-se a exigência de verdade, instaura-se a da ciência. • Também em razão dessa luta surge a universidade moderna: seleção de saberes, institucionalização do conhecimento e, em consequência, desaparecimento do sábio *amateur*. Aparece também um novo dogmatismo que não tem como objetivo o conteúdo dos enunciados, mas as formas da enunciação: não mais ortodoxia, e sim ortologia (**IDS**, 159-165).

Poder. A terceira parte de *Surveiller et punir* é toda dedicada à análise do poder disciplinador (**SP**, 135-229). Aí, Foucault detalha como entende essa categoria, qual é sua relação com as ciências humanas e qual é sua significação para a história social e política moderna. Trata-se de uma forma de poder que tem como objeto os corpos em seus detalhes, em sua organização interna, na eficácia de seus movimentos. Nesse sentido, há que distingui-la das outras formas de poder que também têm por objeto o corpo: a *escravidão* (que estabelece uma relação de propriedade), a *domesticação* (que se define pela satisfação do capricho do amo), a *vassalagem* (uma relação codificada, mas distante entre o senhor e os súditos) e o *ascetismo cristão* (marcado pela renúncia, não pelo fortalecimento das capacidades corporais). • A disciplina mantém com o corpo uma relação analítica. Segundo a linguagem de Foucault, deparamos com uma microfísica do poder, com uma anatomia política do corpo cuja finalidade é produzir corpos úteis e dóceis ou, mais precisamente, úteis na medida de sua docilidade. Com efeito, o objetivo da disciplina é aumentar a força econômica do corpo, ao mesmo tempo em que se reduz sua força política. • Por isso, devemos considerar a disciplina de um ponto de vista positivo ou produtivo como geradora de individualidade. A forma da individualidade disciplinar responde, segundo Foucault, a quatro características para cuja produção estão ordenadas as técnicas próprias do poder disciplinador.

Características da individualidade disciplinar. 1) **Celular**. A distribuição dos corpos no espaço, e para isso são utilizados vários procedimentos: a clausura (definição do lugar do heterogêneo), o quadriculamento (localização elementar de cada corpo em seu lugar, com tantos espaços quanto corpos), as localizações funcionais (articulação do espaço individual, por exemplo, com os processos de produção). A unidade do espaço disciplinar é o grau hierárquico (à diferença do território, unidade de dominação, e do lugar, unidade de residência): um espaço definido a partir da classificação. Em outras palavras, trata-se de ordenar a multiplicidade confusa, de criar um quadro vivente. 2) **Orgânica**. O controle da atividade: determinação do horário (ações regulares afinadas em minutos), elaboração temporal do ato (ajuste do corpo aos imperativos temporais), correlação entre o corpo e os gestos (o corpo disciplinado favorece um gesto eficaz), articulação do corpo com os objetos, utilização exaustiva do tempo. 3) **Genética**. A organização da gênese: dado que o problema é como capitalizar o tempo, trata-se de dividi-lo em segmentos a fim de chegar a um termo, serializando as atividades sucessivas; o exercício como técnica que impõe aos corpos tarefas repetitivas e diferentes, mas graduadas. 4) **Combinatória**. A composição das forças: articulação e localização dos corpos, combinação das séries cronológicas, instauração de um sistema preciso de comando.

Técnicas disciplinares. Para gerar a individualidade disciplinada, o poder disciplinador serve-se de instrumentos simples: 1) A vigilância hierárquica: trata-se de uma série de técnicas ligadas, em especial, à distribuição do espaço (panoptismo) e ao olhar, que induzem relações de poder. As "pedras" dos edifícios disciplinares (à diferença do palácio, construído para ser visto, e da fortaleza, pensada para controlar o espaço exterior) tornam os indivíduos dóceis e cognoscíveis. Trata-se de assegurar um poder de "ver sem ser visto", que funcione de maneira múltipla, automática e anônima. 2) A sanção normalizadora: há um modo específico de castigar no domínio do disciplinar que não busca expiar uma culpa nem reprimir, mas referir as condutas do indivíduo a um conjunto comparativo, diferenciar os indivíduos, medir suas capacidades, impor uma "medida", traçar a fronteira entre o normal e o anormal. Por isso, a "norma" se distingue do conceito jurídico de "lei", que toma como referência os códigos, diferencia os atos e traça uma linha entre o permitido e o proibido. Enquanto a lei separa e divide, a norma pretende homogeneizar, e funciona de acordo com um sistema binário de gratificação e sanção; para ela, castigar é corrigir. 3) O exame: técnica que combina o olhar hierárquico, que vigia, com a sanção normalizadora. No exame, sobrepõem-se relações de saber e de poder e inverte-se a economia da visibilidade no exercício do poder: cada indivíduo ingressa em um campo documental e se converte em um caso (a individualidade tal como pode ser descrita). Em contraposição a outras técnicas de poder, deparamos com uma individualização descendente. O exame é a forma ritual da disciplina.

Quarentena, panóptico. A disciplinarização das sociedades ocidentais modernas pode ser vista como um processo que vai do espaço da quarentena, para enfrentar a peste, ao espaço do panóptico, tal como descrito por Bentham. A organização da quarentena disciplinava o espaço da exclusão. Tratava-se de um estado de exceção que funcionava a partir da ameaça de morte a quem abandonasse os limites da quarentena ou o lugar que lhe tivesse sido designado. O panóptico, ao contrário, é um modelo generalizável de vida, uma tecnologia política que é necessário separar de todo uso específico. É uma máquina de dissociar o ver do ser visto. Desse modo, reduz o número de pessoas que exercem o poder, ao mesmo tempo em que aumenta o daquelas sobre as quais ele é exercido. O poder se automatiza (não é necessário o exercício atual e efetivo da vigilância; basta o lugar do controle) e se desindividualiza (não se fica sabendo quem vigia). Embora descontínua em sua ação, a vigilância exterior resulta permanente em seus efeitos: induz nos indivíduos um estado interior consciente e constante de vigilância. A respeito desse processo de disciplinarização, devemos assinalar, além disso, as seguintes questões: 1) a inversão funcional das disciplinas: não só evita um perigo, como acrescenta a utilidade possível dos indivíduos; 2) a difusão dos mecanismos disciplinares: sua extensão e desinstitucionalização; e 3) a estatização dos mecanismos da disciplina: a polícia. • Da aplicação das técnicas da disciplina surge o cárcere, mas também o hospital, o asilo, a escola, a fábrica.

As ciências humanas, os saberes "psi". Se a investigação judicial, tal como delineada na Idade Média, foi a matriz jurídico-política das ciências empíricas, a disciplina foi a matriz política das ciências humanas. Enquanto a primeira pôde ter independência de seu contexto político, ligado às formas do poder, a segunda, em contrapartida, está intimamente vinculada a ele (**SP**, 195). • Como vemos, essa explicação genealógica da formação das ciências humanas, isto é, a partir das formas do poder, é diferente da explicação arqueológica, na ordem do discurso, que encontramos em *Les Mots et les choses*.

Monarquia, democracia, direito. A partir do momento em que se tornou necessário um poder muitíssimo menos dispendioso e brutal que a administração monárquica, concedeu-se a certa classe governante ou a seus representantes maior participação na elaboração das decisões. Ao mesmo tempo, a modo de compensação, pôs-se em funcionamento um sistema de disciplinamento das outras classes sociais, incluída a burguesia. Por isso, "a disciplina é a outra face da democracia" (**DE2**, 722). • A teoria da soberania e a organização de um código jurídico centrado nela permitiram sobrepor aos mecanismos da disciplina um sistema de direito que ocultava seus procedimentos e eliminava os aspectos de dominação que a disciplina pudesse ter (**DE3**, 187; **IDS**, 33). • Nas sociedades modernas, o poder é exercido por meio do jogo entre um direito público de soberania e uma mecânica polimorfa da disciplina (**IDS**, 34).

Normalização. Na sociedade de normalização moderna, entrecruzam-se, em uma articulação ortogonal, a norma da disciplina dos indivíduos e a norma da regulação da população: a disciplina e a biopolítica. Interpretar a sociedade de normalização apenas em termos de disciplina resulta insuficiente (**IDS**, 225). Por isso, não se trata de pensar a história do poder moderno como a substituição de uma sociedade de soberania por uma disciplinar e, em seguida, substituir essa por uma sociedade de governo das populações. Na atualidade, deparamos antes com o triângulo soberania-disciplina-gestão governamental, cujo objetivo fundamental é a população e que tem os dispositivos de segurança como mecanismos essenciais (**DE3**, 654).

As grandes linhas de uma história da disciplina. Na aula de 28 de novembro de 1973 do curso *Le Pouvoir psychiatrique* (**PP**, 65-94), Foucault esboça uma história da disciplina na qual mostra como os dispositivos disciplinares, que durante séculos haviam permanecido ancorados, como ilhotas, nos dispositivos de soberania, começam a se generalizar a partir dos séculos XVII e XVIII. 1) **Na Idade Média**. Nessa história, temos que considerar, em primeiro lugar, as comunidades religiosas do mundo cristão, que estavam subordinadas aos dispositivos de soberania, feudal e monárquica, mas que desempenharam também papel crítico. Essas comunidades tornaram possíveis os diferentes processos de reforma das ordens, das práticas, das hierarquias e das ideologias religiosas. Foucault toma como exemplo as reformas da ordem dos beneditinos nos séculos XI e XII. Com efeito, a reforma de Cîteaux foi um movimento para afastar a ordem dos dispositivos de soberania feudal, pelos quais havia sido colonizada, e regressar ao dispositivo disciplinar de suas regras de vida mais antigas. A reforma permitiu à ordem conseguir determinadas inovações econômicas (horários de trabalho, anotações, contabilidade) e também políticas. As soberanias monárquica e papal, sobretudo as ordens dos beneditinos e dos dominicanos, utilizaram esses dispositivos disciplinares para desarticular os mecanismos da soberania feudal. Mais tarde, no século XVI, também os jesuítas desempenharam esse papel. As disciplinas também permitiram inovações sociais, isto é, a reação frente às hierarquias estabelecidas de acordo com os mecanismos da soberania feudal. Aqui devemos situar as ordens mendicantes da Idade Média e, às vésperas da Reforma, por exemplo, os Irmãos da Vida Comum, congregação surgida na Holanda no século XIV. 2) **A colonização pedagógica, os Irmãos da Vida Comum**. A partir dos séculos XVII e XVIII, as disciplinas começam a generalizar-se e estender-se. Por quê? Como? Em primeiro lugar, como disciplinarização da juventude estudantil que, durante a Idade Média, formava, junto com os mestres e professores, comunidades bastante móveis e até errantes. O primeiro modelo de colonização pedagógica da juventude estudantil começou com os Irmãos da Vida Comum, por meio do trabalho progressivo do indivíduo sobre si mesmo, o trabalho ascético. "O acoplamento tempo-progresso é característico do exercício ascético e será também característico da prática pedagógica" (**PP**, 69). Nas escolas fundadas pelos Irmãos da Vida Comum em Deventer, Liège e Estrasburgo encontraremos, pela primeira vez, a separação por idade e por divisões com programas de exercícios progressivos. Em segundo lugar, graças à regra do enclausuramento pedagógico, isto é, a necessidade de um espaço fechado, com um mínimo de relação com o mun do exterior, como condição do exercício pedagógico. Em terceiro lugar, porque se estabelece a necessidade, para o exercício do trabalho do indivíduo sobre si mesmo, da direção constante de um guia, de um protetor que assuma a responsabilidade do progresso. Em quarto lugar, pelo fato de se propagar uma organização de tipo paramilitar (grupos de trabalho, de meditação, de formação intelectual e espiritual), que já era encontrada nos conventos da Idade Média, como um esquema inspirado na organização das legiões romanas. 3) **A colonização dos povos colonizados, os jesuítas**. Nas missões jesuíticas, como contraponto à escravidão, foram aplicados e aperfeiçoados os mecanismos disciplinares. Assim, funcionaram como "microcosmos disciplinares", com um sistema de vigilância e uma espécie de sistema penal permanentes (**PP**, 70-71). 4) **A colonização dos vagabundos, dos mendigos, dos nômades, dos delinquentes, das prostitutas, e "toda a clausura" da Época Clássica**. 5) **Séculos XVII e XVIII, a disciplinarização secular**.

Os processos que mencionamos até aqui se apoiavam, ideológica e institucionalmente, na religião. A partir dos séculos XVII e XVIII são colocados em funcionamento mecanismos seculares de disciplinarização: o exército, as fábricas, as minas. A esse respeito, Foucault menciona o papel fundamental desempenhado por Frederico II da Prússia na disciplinarização do exército, que deixou de recrutar vagabundos e mercenários, como se fazia quando era necessário, para convertê-lo em uma força profissional (quartéis, adestramento, práticas etc.). 6) *O panóptico*, **de Bentham**. Essa obra de 1787 é uma formalização da microfísica do poder disciplinar. Não se trata apenas de um modelo para as prisões, mas de pautas para estabelecer toda uma série de instituições (escolas, hospitais etc.) e dos mecanismos para fortalecê-las. O panóptico é um multiplicador, um intensificador de poder (**PP**, 75). 7) **A família (um dispositivo de soberania)**. Assim como na Idade Média existiam dispositivos disciplinares em uma sociedade dominada pelos mecanismos da soberania, também em nossa sociedade disciplinar existem mecanismos de soberania. É o caso, para Foucault, da família. Por um lado, é necessário admitir que a família não serviu de modelo para o asilo (ao contrário do que havia sustentado em *Histoire de la folie à l'âge classique*), a escola ou o quartel. Na família encontramos os mecanismos do dispositivo de soberania: a maior individualização é encontrada no vértice, isto é, o pai; funda-se em um acontecimento passado (o matrimônio, o nascimento) e instaura relações heterotópicas (nexos locais, contratuais, de propriedade, de compromisso pessoal e coletivo etc.). No entanto, não se trata de uma variante residual das formas de soberania, mas de uma engrenagem essencial da sociedade disciplinar. A família funciona como a dobradiça de articulação de diferentes dispositivos disciplinares. Por um lado, assegura a inserção do indivíduo nos diferentes dispositivos disciplinares (escola, trabalho, exército); por outro, garante a passagem de um a outro (da escola ao trabalho, por exemplo). Não se trata de um resíduo, além disso, porque no início do século XIX assistimos a uma crise da família. Se para estabelecer uma sociedade disciplinar era necessário fortalecer a família (por meio da legislação dos poderes do pai, da exigência da união legal para ingressar no mundo do trabalho etc.), ao mesmo tempo era preciso limitá-la, reduzi-la à célula dos pais e seus filhos. Pois bem, quando a família é derrubada, quando não mais desempenha sua função, surge toda uma série de mecanismos disciplinares como paliativo à situação (os orfanatos, por exemplo). Nessa reorganização dos espaços disciplinares, "a função-psi se converteu, ao mesmo tempo, no discurso e no controle de todos os sistemas disciplinares" (**PP**, 86).

Corpo. "O poder disciplinar é uma determinada modalidade, muito específica de nossa sociedade, do que se poderia chamar o contato sináptico corpo-poder" (**PP**, 42).

Escritura. "Para que o poder disciplinar seja global e contínuo, o uso da escritura me parece absolutamente necessário. […] a visibilidade do corpo e a permanência da escritura vão andar lado a lado; e têm por efeito mais evidente o que se poderia chamar de individualização esquemática e centralizada" (**PP**, 50-51).

A alma do indivíduo moderno. O dispositivo disciplinar tende a intervir de maneira contínua no plano das virtualidades, das disposições, da vontade, do que pode ser denominado a "alma" (**PP**, 54). "Os senhores têm, então, no poder disciplinar, uma série constituída pela função-sujeito, a singularidade somática, o olhar perpétuo, a escritura, o mecanismo da punição infinitesimal, a projeção da *psyché* e, finalmente, a separação normal-anormal.

Tudo isso constitui o indivíduo disciplinar e ajusta, em última instância, [...] a singularidade somática a um poder político" (**PP**, 57).

Sociedade sem disciplina. Acerca do futuro da sociedade disciplinar, Foucault sustenta em 1978: "Há quatro, cinco séculos, considerava-se que o desenvolvimento da sociedade ocidental dependia da eficácia do poder para cumprir sua função. Por exemplo, importava, na família, como a autoridade do pai ou dos pais controlava os comportamentos dos filhos. Nesses últimos anos, a sociedade mudou e também os indivíduos. Eles são cada vez mais diversos, diferentes e independentes. Há cada vez mais categorias de pessoas que não estão absorvidas pela disciplina, de modo que somos obrigados a pensar o desenvolvimento de uma sociedade sem disciplina. A classe dirigente está sempre impregnada da antiga técnica. Mas é evidente que devemos nos afastar, no futuro, da sociedade de disciplina atual" (**DE3**, 532-533).

Soberania, dispositivos de segurança. Acerca da contraposição entre dispositivos disciplinares, de soberania e de segurança, ver: *Dispositivo*, *Soberania*. Ver também: *Biopoder*, *Biopolítica*, *Dominação*, *Norma*, *Panóptico*, *Poder*.

109. DISCURSO / *Discours*

O conceito de discurso aparece vinculado a duas grandes problemáticas: o objeto das descrições foucaultianas e a disposição fundamental da Época Clássica analisada em *Les Mots et les choses*. • De acordo com o primeiro sentido, a arqueologia é análise do discurso na modalidade do arquivo (**DE1**, 595). Em *L'Archéologie du savoir*, Foucault define o discurso como o "conjunto de enunciados que provêm de um mesmo sistema de formação" (**AS**, 141) e, portanto, remetem a idênticas condições de existência (**AS**, 153). À medida que Foucault substitui a noção de "episteme", primeiro pela de "dispositivo" e depois pela de "prática", a análise do discurso começará a entrelaçar-se cada vez mais com a análise do não discursivo (práticas em geral), e a arqueologia cederá seu lugar ao estudo genealógico e ético do discurso. Essa mudança está sujeita, por sua vez, a deslocamentos internos, já que Foucault varia sua concepção do poder. • A noção de "discurso" se encontra no centro de dois textos, ambos publicados após sua morte, que constituem versões preliminares de *L'Archéologie du savoir*: "Homère, les récits, l'éducation, les discours" e "Le livre et le sujet".

Arqueologia, saber. 1) **As unidades do discurso**. A primeira tarefa da arqueologia é negativa: consiste em liberar-se de todas aquelas categorias ou conceitos por meio dos quais se diversifica e se conserva o tema da continuidade e que servem à *história das ideias* para reduzir a descontinuidade histórica valendo-se da função de síntese do sujeito. Foucault enumera três grupos de categorias: as que relacionam discursos, as que classificam discursos e as que garantem uma continuidade *infinita*. No primeiro grupo, encontramos a noção de "tradição", que nos permite descobrir em toda mudança, em toda novidade, um fundo permanente; a categoria de *influência*, que estabelece uma causalidade – explicitada de modo vago – entre indivíduos, obras, conceitos ou teorias; as categorias de *desenvolvimento e evolução*, que reagrupam uma sucessão de feitos ou discursos dispersos a partir de um mesmo princípio organizador, e as categorias de *mentalidade e espírito*, que permitem estabelecer nexos simbólicos, semelhanças etc., entre fenômenos simultâneos ou sucessivos pertencentes a uma mesma época. No segundo grupo, encontramos as categorias de *gênero, livro* e *obra*. Foucault problematiza o caráter supostamente evidente dessas categorias. A unidade dos discursos não pode identificar-se com a unidade material do livro. Com efeito, um discurso não pode ficar encerrado nos limites materiais do livro; para além do início, do título e das linhas finais, um livro implica um conjunto de referências a outros discursos e a outros autores. Além disso, mesmo quando sejam semelhantes em sua materialidade, a unidade de uma antologia não é similar à de uma publicação de fragmentos póstumos ou à de um tratado de matemática. A mesma indeterminação afeta a noção de "obra". Quanto à função da noção de "autor", a relação que um autor estabelece com os textos publicados sob seu nome não é igual à que tem com eles quando se serve de um pseudônimo; e a que estabelece com as obras acabadas e publicadas difere da que estabelece com aquelas inconclusas que projetava publicar. Ver: *Autor*. O terceiro grupo é composto pelas noções de "origem", e "interpretação", que nos autorizam a remeter todo acontecimento, por novo que pareça, a uma origem historicamente não verificável, ou a procurar além da formulação dos enunciados, para além do dito, para o não dito, a intenção do sujeito, sua atividade consciente ou o jogo de forças inconscientes que os determinou (**AS**, 31-43). 2) **Formações e práticas discursivas**. A segunda tarefa da arqueologia pode ser definida como o projeto de uma descrição dos eventos (*événements*) discursivos como horizonte para investigar as unidades que eles conformam (**AS**, 38-39). Foucault elabora quatro hipóteses de investigação a fim de estabelecer as relações entre os discursos e explicitar sua unidade, fundada em: a) a unidade do objeto; b) a sua forma e seu tipo de encadeamento, seu *estilo*; c) a permanência de determinados conceitos; e d) a identidade de determinados temas. Em um primeiro momento, guiado por suas indagações históricas anteriores, Foucault rechaça essas hipóteses e propõe uma solução diferente, mesmo que paralela, a cada uma: regras de formação dos objetos (**AS**, 55-67), das modalidades enunciativas (**AS**, 68-74), dos conceitos (**AS**, 75-84) e das estratégias discursivas (**AS**, 85-93). • Em outro momento, Foucault distingue três critérios para a descrição individualizante do discurso: 1) Critérios de formação: a individualidade de um discurso, como a economia política ou a gramática geral, não depende da unidade de um objeto, nem da estrutura formal nem de uma arquitetura conceitual coerente, mas da existência de regras de formação para seus objetos, suas operações, seus conceitos, suas opções teóricas. Individualizar uma formação discursiva consiste em definir esse jogo de regras. 2) Critérios de transformação ou umbrais: individualizar uma formação discursiva consiste em definir as condições precisas que em um momento dado permitiram estabelecer as regras de formação dos objetos, as operações, os conceitos e as opções teóricas, assim como determinar o umbral de transformação de novas regras. 3) Critérios de correlação: a medicina clínica, por exemplo, pode ser considerada uma formação discursiva autônoma caso se possa delimitar as relações que a definem e situam em relação a outros tipos de discursos (a biologia, a química) e em relação ao contexto não discursivo em que funciona (instituições, relações sociais, conjuntura econômica e política) (**DE1**, 675). Ver: *Formação discursiva*. 3) **Enunciado**. "O discurso está constituído por um conjunto de sequências de signos, na medida em que elas são enunciados, isto é, em que podemos atribuir-lhes modalidades de existência particulares" (**AS**, 141). Ver: *Enunciado*.

    Genealogia, poder. "As práticas discursivas não são simples modos de fabricação de discursos. Tomam corpo no conjunto das técnicas, das instituições, dos esquemas de comportamento, dos tipos de transmissão e de difusão, nas formas pedagógicas que, ao mesmo tempo, as impõem e as mantêm" (**DE2**, 241). 1) **Controle discursivo**. Nessa linha, para incorporar a ordem do não discursivo, já em *L'Ordre du discours* Foucault distingue como objetos de análise várias formas de controle discursivo nas quais se manifesta a "logofobia" que caracteriza nossa cultura (**OD**, 52-53): a) Procedimentos de exclusão. Em primeiro lugar, encontramos três tipos de proibição (rituais, tabus): de que objetos se pode falar, em que circunstâncias e quem pode fazê-lo. Em segundo lugar, aparece a oposição ou divisão razão/loucura: desde a Idade Média, o discurso do louco não pode circular como o dos demais indivíduos. Em terceiro lugar, surge a antítese entre verdadeiro e falso. Como sublinha nosso autor, à primeira vista não parece razoável posicionar no mesmo nível a oposição entre verdade e falsidade, a oposição entre razão e loucura, e os diversos tipos de exclusão mencionados antes; mas de uma perspectiva genealógica, não haveria razão alguma para privilegiar a oposição entre verdade e falsidade. Para justificar esse ponto de vista, Foucault faz referência ao momento, essencial para o Ocidente, que se situa entre Hesíodo e Platão, a partir do qual o discurso começa a ser avaliado por aquilo que diz (**OD**, 17-19). b) Procedimentos internos de controle dos discursos. Trata-se do controle que os discursos exercem sobre outros discursos. Entre esses procedimentos encontramos, em primeiro lugar, o *comentário*. Foucault supõe que em toda sociedade existe uma defasagem entre dois tipos de textos: os que poderíamos chamar de "primários" e os outros, "secundários", que retomam o que se diz nos textos primários a fim de pôr à luz uma pretensa verdade originária que tenha permanecido oculta. A relação entre uns e outros, entre aqueles que podem dizer e os que retomam o que já foi dito, restringe as possibilidades discursivas impondo como limite os textos primários. Em segundo lugar, entre esses controles, Foucault assinala a noção de "autor", o que ele denomina, em *L'Archéologie du savoir*, "posições subjetivas", isto é, o que determina no nível das instituições e da sociedade quem pode sustentar um tipo determinado de discurso. Em terceiro lugar, detém-se nas instâncias da *disciplina*, que determinam as condições que uma proposição deve cumprir para poder pertencer a um domínio determinado do saber e ser considerada como verdadeira ou falsa (**OD**, 38). c) Procedimentos de rarefação (*raréfaction*). São procedimentos que limitam o intercâmbio e a comunicação dos discursos e que determinam sua apropriação social: as instâncias rituais, sejam religiosas ou não, o sistema educacional, o aparato judicial etc. • *L'Ordre du discours* é, segundo Foucault, um texto de transição no qual a análise do discurso é abordada a partir de uma perspectiva inadequada do funcionamento do poder, ainda circunscrita demais ao âmbito da lei. Foucault mais tarde substitui essa perspectiva pela do poder como tecnologia (**DE3**, 228-229). 2) **Estratégias, táticas, lutas**. "Não tento encontrar atrás do discurso uma coisa que seria o poder e que seria sua fonte, como em uma descrição de tipo fenomenológico ou de qualquer método interpretativo. […] O poder não está, pois, fora do discurso. O poder não é nem a fonte nem a origem do discurso. O poder é algo que funciona por meio do discurso, porque o discurso é, ele mesmo, um elemento em um dispositivo estratégico de relações de poder" (**DE3**, 465). • Não é que tenhamos de um lado o discurso e de outro o poder, opostos entre si. Os discursos são elementos ou blocos de táticas no campo das relações de força; há discursos diferentes e até contraditórios dentro de uma mesma estratégia (**HS1**, 134). • Em "*Il faut défendre la société*", Foucault analisa o discurso da guerra de raças como um instrumento de luta (**IDS**, 52-53). 3) **Ética, sujeito**.

Nos volumes primeiro e segundo da *Histoire de la sexualité* e nos cursos do Collège de France a partir de 1980 (*Du gouvernement des vivants, Subjectivité et vérité, L'Herméneutique du sujet, Le Gouvernement de soi et des autres* e *Le Courage de la vérité*), Foucault se ocupa da função do discurso como formador da subjetividade. Essa função consiste em ligar o sujeito à verdade. Na Antiguidade, essa função não se propõe a descobrir uma verdade no sujeito nem a fazer da alma o objeto de um discurso verdadeiro, mas, principalmente, a armar o sujeito com uma verdade (**DE4**, 362). Para os gregos, e também para os romanos, a ascese tem como principal objetivo dotar o sujeito desses discursos verdadeiros para constituí-lo como tal, para que esses discursos possam converter-se na matriz dos comportamentos éticos (**HS**, 312). A partir do cristianismo, a função do discurso como nexo entre o sujeito e a verdade será diferente: tratar-se-á, então, de verter no discurso a verdade de si mesmo, a hermenêutica do desejo, os pensamentos e as imaginações próprios. Assim, o discurso se torna um modo de objetivação do sujeito em termos de verdade (**HS**, 317) e, como tal, será a modalidade fundamental na confissão e, mais adiante, no discurso das ciências humanas e da psicanálise. Ver: *Ascese, Confissão, Parresia*.

Época clássica, representação. Na Época Clássica, séculos XVII e XVIII, a tarefa da linguagem é representar o pensamento. Pois bem, precisa Foucault, representar não quer dizer traduzir, isto é, oferecer uma versão perceptível do pensamento. Tampouco se requer uma atividade interior, essencial ou primitiva de significação. Poderíamos dizer que o papel do sujeito consiste em reproduzir a ordem do mundo, e não em produzi-la. Nesse sentido, não existe nenhuma atividade humana enquanto tal que possa ser qualificada como transcendental. A ordem do mundo é preexistente ao sujeito e independente dele e, por isso, a única atividade do sujeito, do *ego cogito*, é alcançar a clareza dos conceitos e a certeza das representações. Entre o mundo e o homem, entre o ser e o pensamento, entre o "eu sou" e o "eu penso", existe um nexo estabelecido pelo discurso, pela transparência dos signos linguísticos e pela função nominativa da linguagem. No discurso, representação duplicada, entrelaçam-se a representação-representante e a representação-representada. • "No umbral da Época Clássica, o signo deixa de ser uma figura do mundo, deixa de estar ligado ao que ele marca pelos nexos sólidos e secretos da semelhança e da afinidade" (**MC**, 72). Segundo Foucault, o Classicismo define o signo por meio de três variáveis: a origem do nexo com o qual o signo representa (natural, convencional), a natureza do nexo (um signo faz parte ou está separado do que representa), a certeza do nexo (constante, provável). Foucault assinala três consequências desse novo estatuto do signo. 1) A linguagem deixa de pertencer ao mundo das coisas e se instala no âmbito do conhecimento. Só temos um signo a partir do momento em que se conhece a relação de substituição entre dois elementos conhecidos. 2) Para funcionar, o signo requer que, além de se conhecer o signo, se conheça também aquilo que representa. Para que um elemento de uma percepção, por exemplo, possa servir como signo, é necessário que seja distinguido e separado daquilo que fazia parte. A constituição do signo é inseparável da análise da representação. 3) Os signos naturais são apenas um esboço do que se instaura por convenção. Um sistema arbitrário de signos, por outro lado, deve permitir a análise das coisas em seus elementos mais simples (**MC**, 72-77). Pois bem, como vemos, um signo pode ser mais ou menos provável, estar mais ou menos afastado do que representa, ser natural ou arbitrário, mas o que o define como signo é a relação entre o significante e o significado, que se estabelece na ordem do conhecimento, da representação. Segundo a definição da *Gramática de Port-Royal*, o signo encerra duas ideias, a da coisa que representa a outra e a da coisa representada, e sua natureza consiste em evocar a primeira por meio da segunda (**MC**, 78). "A análise da representação e a teoria dos signos se interpenetram absolutamente" (**MC**, 79). • Durante a Época Clássica, pensar consistia em elaborar um método universal de análise que conduzisse à certeza mediante uma adequada concordância entre signos-representantes e representações-representadas, de modo que os signos repetissem o mundo de forma ordenada, oferecendo um "quadro" dos seres que desordenadamente constituem o mundo. A possibilidade desse método universal de análise se funda na capacidade de nomear, de atribuir um nome – um signo representante – a cada uma de nossas representações e articular esses nomes entre si. O discurso é, para a Época Clássica, a redução da linguagem ao funcionamento na proposição. Esta é a exigência fundamental – Foucault diria "a exigência epistêmica" – de todo o pensamento clássico, que determina a forma de todas as ciências clássicas: obrigação de nomear, de duplicar as representações e de articular os nomes das representações mediante a função copulativa do verbo "ser", que, com efeito, afirma a coexistência das representações. Aqui radica o essencial da noção foucaultiana de discurso aplicada à Época Clássica: a possibilidade de representar articuladamente as representações, de analisar, na sucessividade da proposição, a simultaneidade do pensamento. Por meio do discurso, duplicando as representações, é possível dispor suas séries sucessivas em um quadro simultâneo de identidades e diferenças. Em outras palavras, é possível analisar o pensamento e, por essa via, estabelecer uma taxonomia dos seres. O discurso, o poder de representar articuladamente as representações, funda o nexo entre o pensamento e os seres, e estabelece, como dissemos, a possibilidade de constituir um quadro ordenado de identidades e diferenças, a partir daquilo que nos é dado por meio dos sentidos e, sobretudo, da imaginação. • A gramática geral terá por objetivo estudar o funcionamento representativo da linguagem: trata-se de uma análise do nexo que une as palavras entre si (teoria da proposição e do verbo), das diferentes classes de nomes e da maneira em que recortam a representação e se distinguem entre si (teoria da articulação), da forma em que as palavras designam o que dizem em seu valor primitivo (teoria da origem, da raiz) e seus deslocamentos (teoria da retórica e da derivação) (**MC**, 106-107). • À diferença do Renascimento, a linguagem não se move no espaço do comentário, limitado por seu trabalho infinito e pela existência de um texto primitivo. Em seu lugar, devido às exigências da *máthesis* e da taxonomia (ver: *Episteme clássica*), depararemos com a *ars combinatoria* e a *enciclopédia*, que constituem o momento forte do Classicismo em termos científicos.

Literatura, linguística. No século XIX, a literatura se distingue cada vez mais do modo de ser da linguagem na Época Clássica, do discurso concebido como análise da representação (**MC**, 313). Na cultura contemporânea, a literatura, assim como a linguística, passa a ocupar o lugar que o discurso ocupava na Época Clássica (**MC**, 394).

Acontecimento discursivo. "Por acontecimento discursivo não entendo um evento que teria lugar em um discurso, em um texto, mas um acontecimento que se dispersa nas instituições, nas leis, nas vitórias ou nas derrotas políticas, nas reivindicações, nos comportamentos, nas revoltas, nas reações" (**LVS**, 187). Ver: *Verdade*.

110. **DISPOSITIVO** / *Dispositif*

Na obra de Foucault, costuma-se distinguir entre um momento arqueológico e outro genealógico: em termos bibliográficos, *Les Mots et les choses* e *L'Archéologie du savoir*, por um lado, *Surveiller et punir* e *Volonté de savoir*, por outro. Pois bem, enquanto as duas primeiras obras estão centradas na descrição arqueológica da episteme e dos problemas metodológicos que ela coloca, as outras duas propõem uma descrição genealógica de dois dispositivos, o disciplinar e o de sexualidade, respectivamente. Essa mudança de perspectiva e de objeto de análise responde às dificuldades descritivas da arqueologia e à conseguinte introdução da análise do poder. Com efeito, a arqueologia permitia descrever os discursos das diferentes epistemes (renascentista, clássica, moderna), mas, encerrada na ordem do discursivo, não podia descrever as mudanças em si mesmas, e sim apenas por meio de seus efeitos. Como reconheceria o próprio Foucault, faltava ao seu trabalho a análise do poder, da relação entre o discursivo e o não discursivo. A essa necessidade responde a introdução do conceito de dispositivo. O dispositivo é, definitivamente, mais geral que a episteme, que poderia ser definida como um dispositivo exclusivamente discursivo (**DE3**, 301). Foucault falará de dispositivos disciplinares, carcerários, de poder, de saber, de sexualidade, de aliança, de subjetividade, de verdade etc. • Para além dos múltiplos usos do conceito, Foucault não elaborou nenhuma teoria geral acerca do dispositivo. É necessário levar em conta, além disso, que em seus livros publicados em vida a noção de "dispositivo" aparece apenas em *Surveiller et punir* e em *Volonté de savoir*. Em termos cronológicos, então, seu uso se limita aos anos 1975 e 1976. Se levarmos em consideração, porém, os demais escritos seus publicados até o momento, sobretudo seus cursos no Collège de France, o uso da noção de "dispositivo" emerge na lição de 7 de novembro de 1973 do curso *Le Pouvoir psychiatrique* (**PP**, 14) e começa a declinar a partir de *Naissance de la biopolitique*. • Em *Le Pouvoir psychiatrique*, com relação à introdução da noção de "dispositivo", Foucault se expressa nesses termos: "O problema que se me apresenta é: os dispositivos de poder, com aquilo que o termo 'poder' tem ainda de enigmático e que será necessário explorar, não são justamente o ponto a partir do qual se pode atribuir a formação das práticas discursivas? De que maneira o acomodamento do poder, as táticas e estratégias do poder podem dar lugar a afirmações, negações, experiências, teorias, em poucas palavras, a todo um jogo de verdade? Dispositivo de poder e jogo de verdade, dispositivo de poder e discurso de verdade, é isso, um pouco, o que eu gostaria de examinar este ano" (**PP**, 15). • É possível delimitar a noção foucaultiana de "dispositivo" do seguinte modo: 1) É a rede de relações que podem ser estabelecidas entre elementos heterogêneos: discursos, instituições, arquitetura, regramentos, leis, medidas administrativas, enunciados científicos, proposições filosóficas, morais, filantrópicas, o dito e o não dito. 2) Estabelece a natureza do nexo possível entre esses elementos heterogêneos. Por exemplo, o discurso pode funcionar como programa de uma instituição, como elemento para justificar ou ocultar uma prática ou para oferecer um campo novo de racionalidade a essa prática, como interpretação *a posteriori*. 3) Trata-se de uma formação que em um momento dado tem que responder a uma urgência. Cumpre assim uma função estratégica, como sucedeu, por exemplo, com a reabsorção de uma massa de população flutuante que resultava excessiva para a economia mercantilista (esse imperativo estratégico foi a matriz de um dispositivo que se converteu pouco a pouco no controle-sujeição da loucura, da enfermidade mental, da neurose). 4) Além de ser definido pela estrutura de elementos heterogêneos, um dispositivo se define por sua gênese. Foucault distingue, a esse respeito, dois momentos essenciais: o predomínio do objetivo estratégico e a constituição do dispositivo propriamente dito. 5) O dispositivo, uma vez constituído, se sustenta na medida em que tem lugar um processo de sobredeterminação funcional: cada efeito, positivo ou negativo, querido ou não querido, entra em ressonância ou contradição com os outros e exige um reajuste. Verifica-se ainda um processo de contínuo preenchimento (*remplissement*) estratégico. Vemos um exemplo disso no caso da prisão. O sistema carcerário produziu um efeito que não estava previsto de antemão, que não teve nada a ver com a astúcia estratégica de um sujeito meta ou trans-histórico que o houvesse pretendido ou planejado. Esse efeito foi a constituição de um meio delitivo diferente dos ilegalismos do século XVIII. A prisão serviu para filtrar, concentrar e profissionalizar esse meio. Mas a partir de 1830, assistimos à reutilização desse efeito involuntário e negativo: o meio delitivo é utilizado para fins políticos e econômicos diversos (por exemplo, a organização da prostituição) (**DE3**, 299-300).

Dispositivos disciplinares. Em *Le Pouvoir psychiatrique*, Foucault utiliza a noção de "dispositivo", em primeiro lugar, para contrapor os mecanismos da soberania aos da disciplina e, em particular, para descrever esses últimos. • A expressão "dispositivos de soberania", vale a pena sublinhar, aparece apenas quatro vezes nos escritos de Foucault, precisamente nesse curso de 1973-1974 (**PP**, 54, 66, 82). • A descrição dos dispositivos disciplinares é, por sua vez, o tema geral do curso. A respeito, Foucault fala de uma multiplicidade de dispositivos disciplinares: panóptico (**PP**, 79), asilar (**PP**, 156), de cura (**PP**, 163), de captura (**PP**, 301), clínico (**PP**, 305), neurológico (**PP**, 305), médico (**PP**, 305) e psiquiátrico (**PP**, 305). Todos esses dispositivos disciplinares são concebidos, além disso, como dispositivos normalizadores (**PP**, 116). • Na aula de 21 de novembro de 1973 de *Le Pouvoir psychiatrique*, Foucault estabelece quatro características dos dispositivos disciplinares que os diferenciam do dispositivo de soberania: 1) implicam uma captura (*prise*) total do corpo e de seus gestos; 2) estão orientados para o futuro, para as diferentes hierarquias; 3) os deslocamentos entre essas hierarquias não implicam nenhuma descontinuidade; e, para finalizar, 4) buscam alinhavar (*épingler*) a função-sujeito sobre o corpo. • O objetivo dos dispositivos disciplinares é produzir corpos politicamente dóceis, isto é, obedientes, e economicamente rentáveis. Para uma descrição dos dispositivos disciplinares, ver: *Disciplina*.

Dispositivo de segurança. Na primeira aula do curso *Sécurité, territoire, population*, Foucault introduz a problemática dos dispositivos de segurança (em geral, no plural), para compará-los com os dispositivos legais e jurídicos, por um lado, e com os disciplinares, por outro. Assim, no caso do roubo, os dispositivos legais e jurídicos estabelecerão sua proibição segundo a lei e a conseguinte pena para aqueles que a infringirem. Os dispositivos disciplinares, por sua vez, complementarão a pena legal com mecanismos de vigilância e de controle, e com formas de correção e transformação dos culpáveis (por exemplo, o cárcere). Os dispositivos de segurança, característicos da época contemporânea, por sua vez, inscreverão a conduta delitiva em um campo de acontecimentos prováveis para calcular os custos de reprimir ou tolerar determinadas condutas, e estabelecerão uma medida considerada ótima de acordo com esses custos.

Características dos dispositivos de segurança. Quatro características gerais servem para descrevê-los: os espaços de segurança, o aleatório, sua forma de normalização específica e a correlação entre dispositivos de segurança e população.

Os espaços de segurança. Cada tipo de dispositivo possui uma determinada forma de espacialidade ou, mais precisamente, uma determinada relação entre multiplicidade e espacialidade. O espaço próprio da soberania é o território dentro de cujos limites a multiplicidade dos sujeitos de direito ou a multiplicidade de um povo estão a ela submetidas. Também a disciplina, embora se exerça sobre os corpos individuais, deve fazer frente à multiplicidade. Foucault, com efeito, insistiu com frequência no fato de que os indivíduos não são um ponto de partida, e sim o produto que as disciplinas obtêm a partir de certa multiplicidade orgânica. A distribuição do espaço (sua reticulação, por exemplo) é uma das técnicas que os dispositivos disciplinares utilizam para individualizar os corpos. No caso dos dispositivos de segurança, o espaço não tem a ver com o território soberano ou sua reticulação hierárquica disciplinar, nem com a multiplicidade dos sujeitos-súditos ou a multiplicidade dos organismos susceptíveis de individualização, mas com o que se denomina tecnicamente "o meio", isto é, o efeito de massa de um conjunto de elementos naturais e artificiais (**STP**, 22-23). Aqui aparece, então, outra forma de multiplicidade: a população, "uma multiplicidade de indivíduos que não são e não existem senão profundamente, essencialmente, biologicamente ligados à materialidade dentro da qual existem" (**STP**, 23).

A aleatoriedade dos acontecimentos. A problemática fundamental do espaço dos dispositivos de segurança é a circulação de homens e coisas, com sua temporalidade e aleatoriedade, o que os diferencia da soberania e da disciplina, que se ocupam, respectivamente, dos limites e da localização (**STP**, 22). Por isso, os dispositivos de segurança buscarão estabelecer uma regulação dos acontecimentos que leve em conta o elemento da liberdade (**STP**, 50).

As formas de normalização. A normalização é, sem dúvida, um dos conceitos técnicos de Foucault. As sociedades modernas são, para nosso autor, sociedades de normalização. Foucault se ocupou de mostrar, sobretudo em *Surveiller et punir*, a partir das formas de normalização disciplinar, como a norma se distingue da lei. Em *Sécurité, territoire, population* sua preocupação é antes distinguir duas formas de normalização: a que tem lugar por meio dos mecanismos disciplinares e a que produz os dispositivos de segurança. Propõe, inclusive, utilizar diferentes termos: fala de "normação" para as disciplinas e reserva o termo "normalização" para os dispositivos de segurança. A diferença fundamental entre ambas as formas de se relacionar com a norma radica em que, no caso das disciplinas, a norma precede o normal e o anormal. Em outros termos, os mecanismos disciplinares partem de um determinado modelo estabelecido em função dos objetivos que se quer alcançar. A partir daqui leva-se a cabo a discriminação entre o normal e o anormal, segundo a maior ou menor adequação à norma preestabelecida (**STP**, 58-59). No caso dos dispositivos de segurança, por sua vez, encontramos um funcionamento inverso: a norma se fixa a partir das normalidades diferenciadas, isto é, do estabelecimento das diferentes curvas de normalidade (**STP**, 65).

A população. Trata-se, segundo Foucault, de "um personagem político absolutamente novo" (**STP**, 69). Nos dispositivos de soberania, com efeito, o que está em jogo é a relação entre a vontade soberana e a vontade dos sujeitos-súditos. Desse ponto de vista, a população se apresenta apenas como uma coleção de sujeitos de direito, como a soma das vontades submetidas à lei. Para os dispositivos de segurança, em compensação, a população é "um conjunto de processos que é necessário manejar em sua naturalidade e a partir do que eles têm de natural" (**STP**, 79). Essa naturalidade da população constitui, em primeiro lugar, um dado que depende de muitas variáveis: o clima, o entorno material, o comércio, mas também os valores morais e religiosos etc. O efeito de conjunto dessa série de variáveis não pode ser modificado pela vontade do soberano por meio de decretos ou leis. Nesse sentido, a naturalidade da população escapa, por sua própria espessura, ao voluntarismo legal dos dispositivos de soberania. No entanto, essa espessura não significa que a naturalidade da população seja inacessível. Ao contrário, o objetivo dos dispositivos de segurança é justamente administrar e dirigir os processos naturais da população. Foucault assinala que para além dessas variáveis, os pensadores do século XVIII reconheceram algo invariável no comportamento da população: o desejo (**STP**, 74). Trata-se de um elemento natural a mais, a partir do qual será possível governar a população. "A produção do interesse coletivo pelo jogo do desejo marca ao mesmo tempo a naturalidade da população e a artificialidade possível dos meios de que se dispõe para manejá-la" (**STP**, 75). Por último, é necessário advertir que esses fenômenos, tomados em seu conjunto e em termos proporcionais, são regulares, apesar da série de variáveis das quais dependem (**STP**, 76).

Dispositivo de aliança. Foucault entende por dispositivo de aliança o conjunto de vínculos que se estabelecem entre os indivíduos, em geral segundo a oposição entre o permitido e o proibido, em relação à procriação, às formas do matrimônio, ao parentesco, à transmissão do patrimônio e dos sobrenomes etc. (**HS1**, 140). Ver: *Sexualidade*.

Dispositivo de sexualidade. Objeto de análise do capítulo IV de *Volonté de savoir*, o dispositivo de sexualidade compreende quatro conjuntos estratégicos de saber-poder: a histerização do corpo da mulher, a pedagogização do sexo infantil, a socialização das condutas procriadoras e a psiquiatrização dos prazeres perversos (**HS1**, 137-138). Ver: *Sexualidade*. • Foucault concebe o dispositivo de sexualidade como um dispositivo misto, que se situa "no cruzamento entre o corpo e a população" e que, portanto, remete tanto às disciplinas quanto às formas de regulação (**IDS**, 224) dos dispositivos de segurança. • O objetivo do dispositivo de sexualidade não é o corpo dócil e útil, mas o desejante. "Na mesma época, os séculos XVI e XVII, no exército, nos colégios, nas oficinas e nas escolas, vê-se crescer todo um adestramento do corpo, que é o adestramento do corpo útil. São providenciados novos procedimentos de vigilância, de controle, de distribuição no espaço, de qualificação etc. Deparamos com toda uma inversão a respeito do corpo por parte dos mecanismos de poder, que buscam torná-lo, ao mesmo tempo, dócil e útil. Deparamos com uma nova anatomia política do corpo. Pois bem, se em lugar do exército, das oficinas, das escolas primárias etc., observarmos as técnicas da penitência, o que se praticava nos seminários e nos colégios que surgiram deles, vemos aparecer uma inversão sobre o corpo que não é a do corpo útil nem é uma inversão que teria lugar segundo o registro das aptidões, mas que se faz ao nível do desejo" (**AN**, 179-180). Já não se trata, como vemos, simplesmente do corpo como aquilo que é necessário adestrar, e sim, retomando as expressões de Foucault, da "fisiologia moral da carne", do "corpo encarnado", da "carne incorporada" (**AN**, 180), do "corpo solitário e desejante" (**AN**, 179). Também não se trata de afirmar a superioridade de uma força em relação a outra, como sucede nos dispositivos asilares, mas de um jogo que, em *Volonté de savoir*, é definido como "de enfrentamento e reforço recíproco" (**HS1**, 62). A passagem da produção do corpo útil ao corpo desejante e a reciprocidade das forças em jogo conduzem à ampliação do conceito, o que faz com que os dispositivos já não sejam apenas de poder, mas também de verdade, e que funcionem segundo um "mecanismo de duplo impulso" entre o prazer e o poder. De acordo com o autor: "Os pais e os filhos, o adulto e o adolescente, o educador e os alunos, os médicos e os doentes, o psiquiatra, com suas histéricas e seus perversos, não deixaram de jogar [esse jogo] desde o século XIX" (**HS1**, 62).

Técnica, tecnologia. Para descrever a história dos mecanismos de poder, Foucault propõe distinguir entre técnicas e tecnologias do poder. Um exemplo das primeiras é a técnica celular, utilizada tanto nos mosteiros das origens do cristianismo como nos cárceres do século XIX. Sua história, como vemos, não coincide com a dos dispositivos disciplinares. À diferença da perspectiva das técnicas, a descrição das tecnologias do poder deve levar em conta o dispositivo dominante e as correlações que podem se estabelecer entre os diferentes dispositivos. Desse ponto de vista, uma técnica plurissecular como a celular, na época das disciplinas, inscreve-se em um novo sistema de correlações (**STP**, 10-11). As tecnologias do poder, pela ação de numerosos fatores, não deixam de se modificar e refuncionalizar (**STP**, 123). • Nesse sentido, é necessário sublinhar que entre os diferentes dispositivos podem ocorrer formas de intersecção. Assim, por exemplo, a propósito das relações entre família (soberania) e asilo (disciplina), Foucault fala de "soberania familiarizada" (**AN**, 116). Por um lado, o modelo familiar invade o asilo; por outro, a família se converte, por exemplo, em uma pequena escola.

História dos dispositivos. Foucault sustenta que, embora cada época tenha se caracterizado pela primazia de algum desses dispositivos, essa série não deve ser entendida em termos meramente sucessivos: primeiro a lei, depois a disciplina e por último a segurança (**STP**, 12). O que muda de uma época a outra é antes o dispositivo dominante e as correlações que se estabelecem entre as diferentes formas específicas de exercício do poder.

111. DOCUMENTO / *Document*

Os problemas colocados pela transformação teórica no campo da análise histórica, da qual faz parte a arqueologia, podem ser resumidos no questionamento do documento. Este deixa de ser uma matéria inerte a partir da qual a história trata de reconstruir o que os homens disseram ou fizeram. Agora, busca-se definir o tecido documental segundo suas unidades, seus conjuntos, suas séries, suas relações (**AS**, 13-14). Desse modo, a arqueologia não se ocupa dos discursos como documentos, como o signo de outra coisa, mas como monumentos, isto é, descrevendo-os em si mesmos (**AS**, 15, 182). Ver: *Arqueologia*.

112. DOGMATISMO / *Dogmatisme*

Como consequência do processo de disciplinarização dos saberes, no final do século XVIII produz-se uma mudança na forma do dogmatismo. A antiga ortodoxia – forma religiosa e, sobretudo, eclesiástica do saber – implicava a exclusão de certos enunciados cientificamente verdadeiros e fecundos. A nova ortodoxia não concerne ao conteúdo dos enunciados, mas à sua forma (**IDS**, 163). Essa nova modalidade do dogmatismo permite, ao mesmo tempo, um liberalismo enquanto ao conteúdo dos enunciados e um controle mais rigoroso sobre os procedimentos de enunciação. A partir da disciplinarização podemos falar, então, mais que de uma ortodoxia, de uma ortologia dos discursos (**IDS**, 164).

113. DOMINAÇÃO / *Domination*

A dominação é tanto uma estrutura global de poder como uma situação estratégica, mais ou menos adquirida ou consolidada em um duradouro enfrentamento entre adversários na história (**DE4**, 243). • As relações de dominação são relações de poder que, em lugar de ser móveis e permitir aos envolvidos uma estratégia que as modifique, estão bloqueadas e congeladas (**DE4**, 710-711). As relações de poder, diferentemente dos estados de dominação, supõem o exercício da liberdade (**DE4**, 720). O poder não é um sistema de dominação que controla tudo e não deixa nenhum espaço à liberdade (**DE4**, 721).

Governo, resistência. Entre os jogos de poder e os estados de dominação encontram-se as técnicas de governo (**DE4**, 728). • Na relação do sujeito consigo mesmo (elemento constitutivo da governamentalidade) encontramos um conjunto de práticas que permitem constituir, definir, organizar estratégias que os indivíduos podem desenvolver a respeito dos outros (**DE4**, 728). • Foucault denomina "governamentalidade" o encontro das técnicas de dominação e das técnicas de si (**DE4**, 785).

Técnicas. Foucault distingue quatro tipos de técnicas: de *produção* (que permitem criar, transformar e manipular objetos); de *significação* ou *comunicação* (que permitem a utilização de signos e símbolos); de *poder* e de *dominação* (que permitem determinar a conduta dos outros); e *técnicas de si* (aquelas que permitem aos indivíduos realizar certas operações sobre si mesmos: sobre o corpo, sobre a alma, sobre o pensamento etc.) (**DE4**, 171, 185; **DVSM**, 31).

Contrato, guerra. Em "*Il faut défendre la société*", Foucault opõe dois modelos de análise do poder: o esquema jurídico contrato-opressão e o esquema guerra-repressão ou guerra-dominação. Nesse último, a dominação não é um abuso de poder, mas uma relação de força, de guerra perpétua (**IDS**, 17). • Em lugar de derivar o poder da soberania, em "*Il faut défendre la société*", trata-se de extrair os operadores de dominação da história mesma (**IDS**, 38) e de entender a guerra como elemento para analisar as relações de dominação (**IDS**, 40).

Microfísica do poder, disciplina. A microfísica do poder supõe conceber o poder não como uma propriedade, mas como uma estratégia; atribuir seus efeitos de dominação não a uma apropriação, mas a disposições, manobras, táticas, técnicas, funcionamentos (**SP**, 31). • A dominação global não se pluraliza e se distribui para baixo. É preciso analisar a dominação a partir de baixo, dos fenômenos, das técnicas, dos procedimentos de poder (**DE3**, 181; **IDS**, 24). • A partir do século XVIII houve não só uma racionalização econômica, como também uma racionalização das técnicas políticas, das técnicas de poder e das técnicas de dominação. A disciplina é uma parte importante desse processo (**DE3**, 392). • A disciplina estabelece um nexo coercitivo entre a potenciação das aptidões dos indivíduos e uma dominação crescente (**SP**, 140). • A disciplina é uma técnica de dominação de extrema racionalidade (**DE3**, 395).

Práticas de si mesmo. Na Grécia clássica, o indivíduo deve, a fim de constituir-se como sujeito virtuoso e temperante, instaurar com relação a si mesmo uma relação de dominação-obediência (**HS2**, 82). Ver: *Cuidado*.

Lutas. Hoje em dia prevalecem as lutas contra a sujeição – a submissão da subjetividade –, mesmo quando as lutas contra a dominação e a exploração não tenham desaparecido (**DE4**, 228).

Burguesia, classe. Qualquer coisa pode ser deduzida do fenômeno geral de dominação da classe burguesa (**IDS**, 28). Ver: *Burguesia*.

Estado, soberania, direito. O século XIX preocupou-se com as relações entre as grandes estruturas econômicas e o poder do Estado; agora, os problemas fundamentais são os pequenos poderes e os sistemas difusos de dominação (**DE2**, 806). • O discurso e a técnica do direito tiveram por função essencial dissolver a dominação dentro do poder para fazer aparecer, em seu lugar, duas coisas: os direitos legítimos da soberania e a obrigação legal da obediência. Foucault apresenta a situação inversa, isto é, mostra como o direito é um instrumento de dominação. Não se trata só da lei, mas também das instituições, dos regulamentos. Por "dominação" não se deve entender um evento massivo e global de predomínio de um sobre outros ou de um grupo sobre outro, mas as múltiplas formas em que é possível exercer o poder em uma sociedade (**DE3**, 177-178; **IDS**, 30, 33). • Nas sociedades humanas não há poder político sem dominação (**DE4**, 40).

Hobbes. O discurso filosófico-jurídico de Hobbes foi uma maneira de bloquear o discurso do historicismo político do século XVII, mediante a substituição do conceito de dominação pelo de soberania (**IDS**, 96). • A soberania, tanto em uma república por instituição como em uma por aquisição, não se estabelece por uma dominação belicosa, mas pelo cálculo que permite evitar a guerra (**IDS**, 243).

Nação. A partir da obra de Sieyès *O que é o Terceiro Estado?*, o que constitui uma nação não é a dominação sobre outras, mas suas capacidades em relação à constituição do Estado (**IDS**, 200).

Razão. Seria possível concluir que a promessa do Iluminismo de alcançar a liberdade pelo exercício da razão foi substituída pela dominação da razão por meio do pensamento científico, da técnica e da organização política (**DE4**, 73, 438). • A história da razão como história da dominação da razão faz parte da interrogação filosófica desde Max Weber até Habermas (**DE4**, 438). Ver: *Modernidade*.

Arendt. Para Foucault, não se pode fazer uma distinção tão taxativa como faz Hannah Arendt entre relações de poder e relações de dominação. É necessário adotar uma perspectiva empírica e analisar caso a caso (**DE4**, 589).

Governamentalidade. A análise dos procedimentos e tecnologias da governamentalidade implica desfazer-se de "uma Teoria Geral do Poder (com todas as maiúsculas) ou das explicações pela Dominação em geral" (**GSA**, 41). Ver: *Arendt*. Ver também: *História*, *Poder*.

114. DOM QUIXOTE

A obra *Dom Quixote*, de Cervantes, assinala os limites da episteme renascentista e o começo da clássica. Nesse sentido, *Dom Quixote* é a primeira obra moderna (**MC**, 62), que propõe novas relações entre a semelhança e os signos. "Dom Quixote não é o homem da extravagância, mas antes o peregrino meticuloso que se detém diante de todas as marcas da semelhança" (**MC**, 60). Ele tem que demonstrar que os personagens dos livros de cavalaria dizem a verdade, precisa suprir de realidade os signos contidos nesses relatos. "Dom Quixote deve ser fiel ao livro em que ele mesmo se converteu realmente" (**MC**, 62). As obras *Justine* e *Juliette*, de Sade, encontram-se em idêntica posição em relação à cultura moderna que a obra de Cervantes (**MC**, 223). "*Juliette* extenua a espessura do representado para que aflorem nela sem o menor defeito, a menor reticência, o menor véu, todas as possibilidades do desejo" (**MC**, 223). Claramente, Foucault utiliza "moderno" com dois sentidos diferentes: o sentido específico que tem em *Les Mots et les choses*, quando afirma que as obras de Sade inauguram a cultura moderna, e um sentido mais amplo, que inclui a Época Clássica, quando afirma que *Dom Quixote* é a primeira obra moderna. • "No fundo, meus comentários sobre *Dom Quixote* são uma espécie de pequeno teatro no qual eu queria colocar em cena primeiro o que eu contaria posteriormente [...]. Queria me divertir mostrando no *Quixote* essa espécie de decomposição do sistema de signos que se verifica na ciência entre os anos 1620 e 1650. Não estou convencido de que isso represente o fundo e a verdade do *Quixote*" (**DE2**, 171). • Nas conferências reunidas na compilação *La Grande étrangère*, Foucault se ocupa do *Quixote* em relação à loucura (**LGE**, 32-35). "O trágico de *Dom Quixote* não habita a loucura mesma do personagem, não é a força profunda de sua linguagem. Em *Dom Quixote*, o trágico se situa no pequeno espaço vazio, na distância, às vezes imperceptível, que permite não só aos leitores, mas aos outros personagens, a Sancho e definitivamente ao próprio Dom Quixote, ter consciência dessa loucura" (**LGE**, 32).

115. DOUTRINA / *Doctrine*

Em *L'Ordre du discours*, Foucault distingue uma série de procedimentos de controle discursivo e os agrupa em três categorias: procedimentos de exclusão (a proibição, o tabu do objeto, o ritual das circunstâncias, a separação razão/loucura, a oposição verdadeiro/falso), procedimentos internos de controle dos discursos (discursos que controlam discursos: o comentário, o autor, a disciplina) e procedimentos de rarefação, que não perseguem o controle sobre os poderes do discurso, e sim sobre seu aparecimento (fixam as condições de sua circulação, impõem aos indivíduos certas regras). No terceiro grupo, junto com o que Foucault denomina "sociedades de discurso" – na Antiguidade, os grupos de rapsodos; na época contemporânea, o sistema de edição –, encontramos as doutrinas (religiosas, políticas, filosóficas). Na contramão do que ocorria nas sociedades de discurso, que se caracterizam por limitar o acesso, as doutrinas aparecem à primeira vista como um mecanismo de difusão, às vezes sem limite. À diferença das disciplinas, a doutrina como dispositivo de controle discursivo não é exercida apenas sobre a forma e o conteúdo dos enunciados. A pertinência doutrinal põe em jogo tanto os enunciados quanto os sujeitos, ao vincular estreitamente uns aos outros (**OD**, 44-45). Ver: *Dogmatismo*.

116. DUMÉZIL, GEORGES (1898-1986)

Ascendência dumeziliana. Uma carta de Foucault a Roger Caillois, de 25 de maio de 1966, confirma, caso fosse necessário, essa apreciação: "Quero dizer que com frequência gostaria de me aproximar do que o senhor faz de maneira tão maravilhosa. Trata-se de uma comum *ascendência* dumeziliana?" (**DE4**, 162).

Estrutura. Se deixamos de lado a referência no "Préface" a *Histoire de la folie à l'âge classique*, a seguinte menção de Foucault a Dumézil é encontrada numa breve entrevista publicada no *Le Monde*, em 22 de julho de 1961. Nessa ocasião, uma das perguntas que lhe foram formuladas foi quem o havia inspirado a fazer um trabalho de filosofia sobre a loucura e não sobre a razão. O entrevistador, J.-P. Weber, sugere-lhe como possibilidade a psicanálise, Lacan em particular. Foucault responde: "Sim, mas também e em grande medida Dumézil. [...] Por sua ideia de estrutura. Como Dumézil fez com os mitos, eu tentei descobrir as formas estruturadas de experiência cujo esquema pode ser encontrado, com modificações, em diferentes níveis" (**DE1**, 168). A estrutura em questão no trabalho de Foucault é a exclusão, a segregação social.

Ciências humanas. Alguns anos mais tarde, em *Les Mots et les choses*, o nome de Dumézil volta a aparecer. Já não se trata só de um reconhecimento pessoal nem da afirmação de um nexo metodológico, mas de um juízo sobre a posição e o sentido histórico de sua obra. A referência está no último capítulo, intitulado "Les sciences humaines", na seção "Les trois modèles". Segundo Foucault, seria possível levar a cabo uma história das ciências humanas nos séculos XIX e XX que seguisse a preeminência do modelo biológico em um primeiro momento, do econômico em seguida e por último do filológico. Mas esse deslocamento, segundo nosso autor, esteve acompanhado por outro, o que conduz as ciências humanas do primeiro ao segundo dos conceitos que articulam cada um desses modelos: da função à norma, no caso da biologia; do conflito à regra, no caso da economia; da significação ao sistema, no caso da filologia. A obra de Dumézil exemplifica esse último movimento (**MC**, 371). Os deslocamentos mencionados tiveram principalmente duas consequências. Por um lado, permitiram unificar o campo das ciências humanas. Já não é possível admitir, como em outra época, a existência de uma psicologia patológica, de conflitos que não podem ser resolvidos ou de espaços sociais carentes de significação, contrapostos a uma suposta psicologia normal. Por outro lado, possibilitaram a dissociação entre representação e consciência. Assim, por exemplo, a função do conceito de significação, sustenta Foucault, foi mostrar como a linguagem pode ser objeto de representação sem que seja necessário passar pelo domínio da consciência, sem ser um discurso necessariamente explícito. O papel do conceito complementar de sistema é mostrar como a significação é apenas uma instância derivada, e não primeira (**MC**, 373).

Estruturalismo, ideia de homem. Em uma entrevista em 1966, Foucault volta à relação de Dumézil com a problemática das ciências humanas. Como ocorre com Lévi-Strauss e

Lacan, sustenta nosso autor, uma das consequências do trabalho de Dumézil é que a ideia de homem tende a se tornar desnecessária e, portanto, a desaparecer (**DE1**, 516). • Em uma entrevista à *Presse de Tunisie* em 1967, Foucault insiste em situar Dumézil entre os principais representantes do estruturalismo, junto com Lacan e Lévi-Strauss (**DE1**, 584). • Poucos anos mais tarde, em uma conferência ditada em 1970 na Universidade de Keio, no Japão, Foucault, para dizê-lo de algum modo, oferece o marco em que devemos entender o estruturalismo de Dumézil e, ao fazê-lo, à diferença do que sucedia nas referências anteriores, distancia-o do trabalho de Lévi-Strauss. A conferência tem por título "Revenir à l'histoire", pois, para ele, as relações entre o estruturalismo e a história foram com frequência mal entendidas e isso concerne de modo particular ao trabalho de Dumézil (**DE2**, 268). A tese geral de Foucault é que, contrariamente a uma opinião bastante generalizada, a descrição em termos estruturais não implica excluir a história, muito ao contrário: torna possível compreender a história efetiva em termos de acontecimento. Nesse sentido, a função do estruturalismo foi desligar a história do sistema ideológico no qual havia se desenvolvido, pelo menos na França, isto é, como a disciplina que tinha por tarefa manter viva a totalidade do passado nacional e, desse modo, justificar o direito da burguesia a ocupar o poder. "As duas funções fundamentais da história, tal como é praticada hoje, não são mais o tempo e o passado, mas a mudança e o acontecimento" (**DE2**, 273). Para ilustrar sua posição, Foucault recorre, entre outros exemplos, a dois trabalhos de Dumézil. À diferença do que sucedia com a mitologia comparada do século XIX, sustenta, Dumézil não busca mostrar as semelhanças, por exemplo, entre os mitos de diferentes religiões, e sim o jogo das diferenças. Com efeito, Dumézil, a partir dos isomorfismos entre a lenda romana de Horácio e as existentes em outros países, em particular na Irlanda, ocupa-se de mostrar o jogo das diferenças e seu sistema. "Uma análise é estrutural quando estuda um sistema transformável e as condições em que suas transformações se efetuam" (**DE2**, 276).

História jupiteriana. Em "*Il faut défendre la société*", o curso do ano 1976 no Collège de France, a referência à obra de Dumézil tem a ver também, como na conferência na Universidade de Keio antes mencionada, com os usos da história. Mas dessa vez não se trata de servir-se de Dumézil para exemplificar os novos usos da história, e sim para caracterizar os tradicionais: as funções dessa prática da história que Foucault denomina "jupiteriana" (**IDS**, 59).

Práticas sociais. Foucault se refere de novo a Dumézil em "La vérité et les formes juridiques", integrado por uma série de cinco conferências pronunciadas em 1973, na Pontifícia Universidade Católica do Rio de Janeiro. Na mesa redonda de encerramento, Foucault volta ao trabalho de Dumézil e ao seu lugar na constelação, ou melhor, na nebulosa estruturalista, e, ao mesmo tempo, no que o diferencia dela. Na medida em que Dumézil busca uma estrutura, um sistema de oposições, seus trabalhos estão aparentados aos de Lévi-Strauss, mas, à diferença deste, Dumézil não concede nenhum privilégio ao mito verbal. As relações, estruturais se quisermos, que podem estabelecer-se em um relato mítico também podem ser encontradas em um ritual religioso ou em uma prática social. Dumézil, à diferença de Lévi-Strauss, reposiciona a prática do discurso no interior das práticas sociais (**DE2**, 636). Desse modo, não se procura analisar o discurso como cadeia significante, mas como uma estratégia inserida nas práticas sociais. Em outros termos, já não se trata de analisar apenas os enunciados, mas também as funções estratégicas dos discursos.

Sócrates. No último curso ditado por Foucault no Collège de France, em 1984, *Le Courage de la vérité*, encontramos numerosas referências a Dumézil que resultam de particular interesse. O curso está dedicado à história das noções de dizer verdadeiro (*dire-vrai*), *parresia* e *epiméleia*, e a suas configurações. Nesse contexto, Foucault se ocupa das últimas palavras que Platão, no *Fédon* (118b), põe na boca de Sócrates: "Críton, devemos um galo a Esculápio. Paga a dívida, não o descuides". Apesar de se terem formulado várias interpretações dessa frase, segundo nosso autor, ela permaneceu sem explicação por mais de dois mil anos. Foucault se detém em uma das interpretações, talvez a mais extensa e aceita, segundo a qual o sentido das palavras de Sócrates seria agradecer a Esculápio, diante da morte iminente, que o tivesse curado da enfermidade da vida. Tanto Nietzsche como Wilamowitz-Moellendorff, para citar dois casos eminentes e opostos, haviam notado as dificuldades dessa interpretação (**CV**, 90-93). É difícil sustentar que Sócrates considerasse a vida como uma enfermidade e, a esse respeito, o próprio *Fédon* revela-se ilustrativo. A figura de Sócrates aparece, com efeito, como a de quem levou uma vida filosófica, pura, sem paixões nem desejos. Para Foucault, Dumézil resolve o enigma dessas últimas palavras. Não se referem à vida considerada como uma enfermidade nem, como também se tem sustentado, a uma enfermidade da qual Sócrates teria sido curado anteriormente. Sem negar que se trata de uma enfermidade, o que por outro lado seria difícil de sustentar, Dumézil remete ao *Críton*. É necessário notar, além disso, que a enfermidade em questão concerne tanto a Sócrates quanto a Críton; é, portanto, uma enfermidade em comum, da qual ambos foram curados. Pois bem, de que enfermidade se trata? O argumento do *Críton* gira em torno da proposta que Sócrates recebe, precisamente por parte de Críton, para evadir-se da prisão. Uma das razões que apresenta para sustentar sua proposição é que, se ele e seus amigos não fizessem o possível para salvar a vida de Sócrates, a maioria dos cidadãos consideraria que carecem de nobreza. A argumentação de Sócrates retoma esse ponto. Ele pergunta: é necessário levar em conta a opinião dos demais, da maioria? Para Sócrates, devemos nos deixar guiar pela verdade e não pela opinião. Por isso, sustenta Dumézil, a enfermidade da qual Sócrates foi curado, e também seus discípulos, Críton incluído, é a enfermidade da opinião. Isso explica que seja preciso agradecer a Esculápio e que se ofereça um galo em sacrifício (**CV**, 94). Depois de reconstruir a interpretação de Dumézil, Foucault assinala que essa cura não é obra da medicina, mas do conjunto de práticas que se inscrevem no marco do que os gregos chamam *epiméleia*, isto é, o cuidado de si, e que são o núcleo conceitual do curso (**CV**, 101). Na aula de 22 de fevereiro de 1984, Foucault retoma o texto de Dumézil dedicado às últimas palavras de Sócrates. Esse trabalho, "*…Le Moyne noir en gris dedans Varennes*": *Sotie nostradamique; suivie d'un Divertissement sur les dernières paroles de Socrate*, inclui na realidade duas partes: uma dedicada a Nostradamus, qualificada pelo autor como farsa satírica (*sotie*), e outra a Platão, qualificada como entretenimento (*divertissement*). Foucault se interessa aqui precisamente pela coexistência no mesmo livro de dois comentários muito dessemelhantes, ao menos em aparência. O primeiro está dedicado a Nostradamus, cujos escritos se encontram o mais longe possível da racionalidade; o segundo, às últimas palavras do fundador da racionalidade ocidental. No jogo entre ambos, Dumézil põe a prova seu método de análise filosófico-estrutural (**CV**, 111-112).

Veridicção. O dizer verdadeiro, a veridicção, é o tema geral dos últimos anos de trabalho de Michel Foucault. No curso na Universidade de Louvain em 1981, Foucault sustenta que um breve texto que integra *Servius et la fortune*, de Dumézil, constitui a melhor introdução a essas investigações, ao que se poderia chamar uma "etnologia política e institucional do dizer verdadeiro" (**MFDV**, 17).

117. DURKHEIM, ÉMILE (1858-1917)

Enfermidade. A concepção que Durkheim e os psicólogos americanos têm em comum é considerar a enfermidade a partir de um ponto de vista negativo (como desvio em relação à norma) e virtual (como possibilidades em si mesmas não mórbidas) (**MMPE**, 73). Durkheim e os psicólogos americanos, ao conceberem a enfermidade como desvio, são vítimas de uma ilusão cultural: nossa sociedade não quer reconhecer-se no doente, que persegue ou enclausura; quando se trata de diagnosticar, exclui o enfermo (**MMPE**, 75).

Castigo. Se se adota o ponto de vista proposto por Durkheim em "Duas leis da evolução penal" para o estudo das formas históricas do castigo, isto é, se apenas consideramos as formas sociais gerais, corremos o risco de tomar os processos de individualização como princípio da "humanização" do castigo, quando se trata antes de um efeito das novas táticas do poder. Foucault, por sua vez, segue outra metodologia (**SP**, 28). • Durkheim interrogava como a sociedade podia criar uma coesão entre os indivíduos; Foucault coloca-se o problema inverso: como a sociedade funciona a partir da exclusão (do cárcere, por exemplo) (**DE2**, 527). Ver: *Castigo*.

Sociologia, poder. "E o velho realismo, ao estilo de Durkheim, que pensava a sociedade como uma substância que se opõe ao indivíduo, que, por sua vez, é também uma espécie de substância integrada dentro da sociedade, este velho realismo me parece agora impensável" (**DE1**, 441). • Foucault quer emancipar a análise do poder do privilégio da regra e da proibição, que dominou a etnologia e a sociologia do poder a partir de Durkheim (**DE4**, 184). • "A sociedade, disse Durkheim, é o sistema das disciplinas; mas o que não disse é que esse sistema deve poder ser analisado dentro das estratégias próprias de um sistema de poder" (**LSP**, 243).

E

118. ECONOMIA / *Économie*

A reflexão em torno da economia aparece em três momentos particularmente relevantes no pensamento de Foucault. • O primeiro, se seguimos a ordem cronológica de seus escritos, é encontrado em *Les Mots et les choses*, isto é, de acordo com o subtítulo desse trabalho, em sua arqueologia das ciências humanas. Aqui, Foucault sustenta duas teses fundamentais em relação à economia como ciência empírica. Em primeiro lugar, que ela se constitui no espaço que foi deixado vazio pela análise das riquezas da Época Clássica (**MC**, 220), a partir da reflexão sobre a temporalidade própria dos processos de produção e do capital (**MC**, 238). Em segundo lugar, que serviu como um dos modelos constituintes das ciências humanas (**MC**, 365-368). Ocupamo-nos da função da economia política na episteme moderna no verbete *Homem*. • O segundo momento em que a economia como forma de saber se converte no foco das análises foucaultianas é nos cursos dos anos 1978-1979 no Collège de France, *Sécurité, territoire, population* e *Naissance de la biopolitique*, nos quais Foucault se ocupa da economia em relação às noções de biopolítica e governo, no contexto da análise do liberalismo e do neoliberalismo. Nosso autor sustenta: "A arte de governar é, precisamente, a arte de exercer o poder sob a forma e de acordo com o modelo da economia" (**STP**, 98). No século XVIII, o termo "economia" começa a adquirir seu sentido moderno: um campo de intervenção governamental (**STP**, 99). De uma perspectiva histórica que vai muito além dos limites da Modernidade, Foucault faz notar que "economia das almas" é a expressão utilizada por Gregório de Nacianzo para falar do pastorado (**STP**, 196). Ver: *Artes de governar, Conduta, Governamentalidade, Liberalismo*. • Por último, o terceiro momento de reflexão em torno da noção de "economia" remete ao que os gregos denominaram *econômica*. Ver: *Econômica*.

119. ECONÔMICA / *Économique*

A econômica circunscreve um dos âmbitos de interrogação acerca do uso dos prazeres, analisados por Foucault no segundo volume da *Histoire de la sexualité*: é o que concerne ao homem como chefe de família (**HS2**, 108). Foucault divide a exposição em três partes: 1) *A sabedoria do matrimônio* (**HS2**, 159-168). Segundo uma fórmula do *Contra Neera*, atribuído a Demóstenes, um grego tem cortesãs para seus prazeres, concubinas para as atenções de todos os dias, e esposas para assegurar uma descendência legítima e cuidar da casa. No entanto, a separação radical entre o matrimônio e as paixões não é suficiente para estabelecer uma definição adequada do matrimônio na Antiguidade. Ao aprofundar demais essa separação, corre-se o risco de aproximar a austeridade dos filósofos da moral do cristianismo, algo que seria anacrônico. Mas se, em lugar de se considerar os códigos, analisa-se a problematização da conduta sexual, então aparece com clareza que o nexo conjugal não é o fundamento de uma obrigação recíproca e simétrica. Com efeito, o homem deve restringir seus prazeres, ou ao menos suas *partenaires*, porque está casado; o que significa, acima de tudo, ser chefe de uma família, ter autoridade, exercer um poder no âmbito da casa (*oikos*) e sustentar suas obrigações de cidadão. Portanto, deve dar provas do domínio de si mesmo (condição de todo chefe), e a forma de fazê-lo é limitar seus prazeres ou suas *partenaires*. No caso da mulher, ao contrário, a obrigação de não ter outro *partenaire* além de seu marido provém de ela estar sob o poder dele (**HS2**, 166-167). 2) *A família de Isômaco* (**HS2**, 169-183). A *Econômica* de Xenofonte é o tratado da vida matrimonial mais elaborado que nos deixou a Grécia clássica. A obra se desenrola como uma grande análise da arte de governar: a arte doméstica é da mesma natureza que a arte política ou militar, na medida em que se trata de governar os outros (**HS2**, 171). A respeito da relação do esposo com a esposa, Xenofonte sublinha a responsabilidade que o marido tem de converter sua esposa em sua colaboradora para o governo e a administração da casa. No decorrer do diálogo, Isômaco deve expor como levá-lo a cabo e mostrar como se pode aprender a fazê-lo. Nessa ética da vida matrimonial, a fidelidade exigida ao esposo é muito mais que a exclusividade sexual: está em jogo, também, a manutenção do estatuto da esposa, de seus privilégios e de sua primazia em relação a todas as outras mulheres (**HS2**, 183). 3) *Três políticas da temperança* (**HS2**, 184-203). Essas compreendem *As leis*, de Platão, o *Nícocles*, de Isócrates, e a *Econômica*, atribuída a Aristóteles. À primeira vista, cada um desses tratados, à diferença do de Xenofonte, parece sugerir um "duplo monopólio sexual", certa simetria entre o marido e a esposa. Nesse sentido, posicionam-se bem perto do que será mais tarde a moral cristã. Mas não é assim. A fidelidade recíproca não é o efeito do compromisso pessoal entre os esposos, mas a consequência de uma regulação política. No caso de Platão, imposta de forma autoritária; nos outros, imposta pelo homem a si mesmo como autolimitação (**HS2**, 185). • Durante as épocas helenística e romana, do século II a.C. ao século II d.C., o nexo conjugal foi problematizado de outra maneira. Foucault assinala pelo menos duas consequências importantes: 1) A arte da existência matrimonial, sem renunciar à administração e gestão da casa, ao nascimento e à procriação, concede um espaço bastante maior à relação pessoal entre os esposos, que começa a ser considerada um aspecto primeiro e fundamental. Mais que uma técnica de governo, encontramos uma estilística do nexo individual. 2) O princípio de moderação da conduta do homem casado se situa entre os deveres de reciprocidade, mais que no governo dos outros (**HS3**, 174-175). • Durante essa época vigoram três princípios que, considerados do ponto de vista do código, não representam nenhuma novidade: monopólio das relações sexuais, des-hedonização das relações, finalidade procriadora. Esses princípios não estão ausentes nos textos da Grécia clássica e, por outro lado, continuarão vigentes no cristianismo. Mas nos textos de Musônio, Sêneca, Plutarco ou Hiérocles, o nexo entre o matrimônio e os *aphrodísia* não se estabelece, em essência, nem a partir do primado dos objetivos sociais ou políticos, nem da postulação de um mal originário e intrínseco dos prazeres, como na Grécia clássica e no cristianismo, respectivamente, mas a partir de vinculá-los por meio de um pertencimento comum de natureza, razão e essência (**HS3**, 215).

120. ÉDIPO

Em "La vérité et les formes juridiques" (**DE2**, 538-646), integrado por uma série de cinco conferências na Pontifícia Universidade Católica do Rio de Janeiro em 1973, Foucault se ocupa da história de Édipo, em especial na segunda e terceira conferências, mas não como o ponto de origem e de formulação do desejo, e sim como um episódio da história do saber que coincide com o momento de emergência do procedimento judicial da investigação (*enquête*) na Grécia (**DE2**, 542). A partir de *O Anti-Édipo*, de Deleuze e Guattari, onde se argumenta que Édipo não é nem uma verdade atemporal nem uma verdade histórica profunda de nosso desejo, mas um instrumento de coerção e limitação utilizado pelos psicanalistas, Foucault mostra como a história de Édipo representa um momento particular das relações entre saber e poder, entre poder político e conhecimento, no qual ainda nos encontramos imersos (**DE2**, 554). "A tragédia de Édipo é fundamentalmente o primeiro testemunho que temos das práticas judiciárias gregas" (**DE2**, 555). Na Grécia arcaica, a determinação da verdade judiciária se realizava mediante uma prova que tinha a forma do desafio, por exemplo, a partir de uma corrida de carros, ou mediante um juramento perante os deuses. Não havia juiz, nem sentença, nem investigação, nem testemunhas para estabelecer a verdade. Nas tragédias de Sófocles, mesmo quando aparecem resíduos dessas práticas, a busca da verdade tem outra forma. Foucault descreve esse mecanismo por meio do que denomina "lei das metades" (para expressar o conteúdo literal do termo "símbolo") (**DE2**, 557). O símbolo define uma das formas de exercício do poder. Quem o exerce ou quem conhece um segredo pode partir em dois um vaso de cerâmica ou outro objeto, conservar uma das partes e entregar a outra a alguém, para que leve uma mensagem e ateste sua autenticidade. Em Édipo, cada personagem possui um fragmento dessa peça cuja unidade deve ser reconstituída: Apolo e Tirésias, Édipo e Jocasta, os servidores e os escravos. No movimento de encaixe de cada uma dessas peças, o que no início havia sido dito de maneira profética adquire a forma do testemunho (**DE2**, 561). E, no final, um pastor pode vencer por si só os mais poderosos mediante a verdade que viu e que enuncia. "*Édipo Rei* é uma espécie de resumo da história do direito grego" (**DE2**, 570). Essa obra representa a grande conquista da democracia grega: o direito de testemunhar, de opor a verdade ao poder, uma verdade sem poder a um poder sem verdade. Disso decorre uma série de consequências: 1) a elaboração das formas tradicionais da prova e da demonstração (como produzir a verdade, em que condições, que formas se deve observar, que regras se aplicam); 2) o desenvolvimento da arte de persuadir acerca da veracidade das próprias afirmações (a retórica); 3) o desenvolvimento de um novo tipo de conhecimento (que recorre ao testemunho, à recordação, à investigação) (DE2, 571). •

Essa interpretação de Édipo Rei encontra maiores e reiterados desenvolvimentos nos cursos publicados após sua morte. Em ordem cronológica, é necessário mencionar: 1) A lição de 17 de março de 1971 das *Leçons sur la volonté de savoir* (**LVS**, 177-192), e o apêndice, intitulado "Le savoir d'Œdipe" (**LVS**, 225-251). *Édipo Rei*, sustenta Foucault, não narra o destino de nossos instintos ou de nosso desejo, mas "um sistema de coerção ao qual obedece o discurso de verdade nas sociedades ocidentais desde a época grega", "estamos submetidos à determinação edípica, não no nível de nosso desejo, mas de nosso discurso" (**LVS**, 185). "Freud, ao avançar na direção das relações do desejo com a verdade, acreditou que *Édipo Rei* lhe falava das formas universais do desejo, quando na realidade narrava as exigências históricas de nosso sistema de verdade" (**LVS**, 185). 2) As lições de 16, 23 e 30 de janeiro do curso *Du gouvernement des vivants* no Collège de France. Embora a questão das práticas judiciárias não esteja ausente, o foco dessas lições está na análise das formas do dizer verdadeiro, a veridicção, as formas de manifestação da verdade, a aleturgia e suas relações com a arte de governo dos homens. No personagem de Édipo, cruzam-se os jogos de verdade e os jogos de poder, representando que o descobrimento da verdade é parte da arte de governar (**DGDV**, 59). Foucault se detém na análise do elemento da primeira pessoa, do eu, nas formas da aleturgia (**DGDV**, 48). 3) A lição de 28 de abril de 1981 em Bruxelas, que integra *Mal faire, dire vrai*. Essa lição pode ser lida como um compêndio das análises precedentes, que combina ambas as nuances: a das práticas judiciárias e a da relação veridicção-governo dos homens (**MFDV**, 47-72).

Anti-Édipo, psicanálise. "Ser anti-Édipo converteu-se em um estilo de vida, um modo de pensar e de viver" (**DE3**, 134-135).

Parresia. A comparação entre o *Ion*, de Eurípides, e o *Édipo Rei*, de Sófocles, ocupa lugar central no curso intitulado *Le Gouvernement de soi et des autres*. Ver: *Parresia*.

Vontade de saber. Não é "a 'ignorância' ou o 'inconsciente' de Édipo o que aparece em primeiro plano na tragédia de Sófocles, mas antes a multiplicidade de saberes, a diversidade dos procedimentos que os produzem e a luta dos poderes que ocorre por meio de seu enfrentamento" (**LVS**, 245). Sobre a leitura foucaultiana de *Édipo Rei* como uma tragédia do excesso de saber e não do inconsciente, em oposição à leitura da psicanálise, ver: *Vontade de saber*. Ver também: *Deleuze*, *Psicanálise*.

Novela policial. A ideia segundo a qual o *Édipo Rei* de Sófocles pode ser abordado como uma novela policial encontra-se nos primeiros escritos de Foucault, de 1964 (**DE1**, 375).

121. EDUCAÇÃO / *Éducation*

Nos escritos de Foucault, o tema da educação aparece sempre em relação com outros, sobretudo com a disciplina. Dessa perspectiva, em *Surveiller et punir* e *Les Anormaux*, as mudanças da educação europeia se inscrevem no contexto da reorganização do poder moderno, que começa durante a monarquia e se aprofunda com o fim do absolutismo. Foucault ressaltará o processo de disciplinarização da educação e a nova importância que irá assumir nesse marco o tema do corpo. Em *Les Anormaux*, ocupa-se da educação no contexto da grande cruzada contra a masturbação e a sexualização das condutas infantis no século XVIII. No final do século XVIII aparece com força a ideia de uma educação natural, segundo certo esquema racional. Pôr em funcionamento esse tipo de educação implica ativar o contato imediato entre pais e filhos, a consolidação da pequena família em torno do corpo do menino e a racionalização ou permeabilidade da relação pais-filhos por uma disciplina pedagógica e médica (**AN**, 240). Nesse cenário, toma forma o debate sobre a educação estatal no século XIX (**AN**, 241). • Em *Surveiller et punir*, ao referir-se à formação das disciplinas modernas, Foucault assinala em relação à educação e à pedagogia cristãs: "Para o homem disciplinado, como para o verdadeiro crente, nenhum detalhe é indiferente, mas não tanto pelo sentido que se oculta nele, e sim pelo ponto de apoio que encontra ali o poder que quer alcançá-lo" (**SP**, 141). • A partir da Revolução Francesa, um dos objetivos que serão prescritos ao ensino primário será fortificar e desenvolver o corpo (**SP**, 212). • O "normal" se estabelece como princípio de coerção no ensino com a instauração de uma educação padronizada e o estabelecimento das escolas normais (**SP**, 186). • A partir dos séculos XV e XVI, o Ocidente começa a preocupar-se com a educação, não só do clero, mas das pessoas destinadas a serem comerciantes, homens de leis etc. Começa-se a formar as crianças desde muito cedo. Esse processo de educação burguesa, cada vez mais popular, inscreve-se nos fenômenos de disciplinarização da sociedade (**DE3**, 375). • "Em *Surveiller et punir*, tratei de mostrar como certo tipo de poder que se exerce sobre os indivíduos por intermédio da educação, pela formação de sua personalidade, era correlato, no Ocidente, não apenas do nascimento de uma ideologia, mas também de um regime de tipo liberal" (**DE4**, 90).

Sistema educacional. "Todo sistema de educação é uma maneira política de manter ou modificar a apropriação dos discursos, com os saberes e os poderes que eles trazem junto" (**OD**, 45-46).

122. ELEFANTE / *Éléphant*

No início do curso *Subjectivité et vérité*, Foucault retoma a fábula do elefante como emblema moral da castidade matrimonial (é um animal que mantém relações sexuais a cada três anos, com muita discrição e apenas com fins de procriação) e da moral da humanidade (ensina-nos o que devemos ser e é exemplo de sabedoria). Trata-se de uma fábula milenar que encontramos nos autores da espiritualidade cristã dos séculos XVI e XVII, como São Francisco de Sales, mas também em naturalistas do Renascimento e da Modernidade, como Aldrovandi e Buffon. A fábula remonta à Antiguidade, durante os séculos II e III de nossa era, mas não chega até a Grécia clássica, até a época de Aristóteles. Foucault extrai dela duas importantes conclusões no contexto de seus trabalhos sobre a história da sexualidade ocidental. Por um lado, mostra uma continuidade entre cristianismo e paganismo. Encontramos a mesma figura, o elefante, com iguais valores morais, a castidade e a prudência, desde os autores pagãos dos primeiros séculos até os moralistas da Contrarreforma. Por outro lado, ao contrastar a persistente presença da fábula do elefante entre os séculos II e XVIII com sua ausência na Grécia clássica, Foucault assinala que, para que se forjasse essa fábula, foram necessárias a ideia de uma natureza, da qual a animalidade é uma parte, ordenada e governada por meio da razão, e a ideia de que o comportamento humano devia respeitar não só as leis da cidade, mas as dessa natureza (**SV**, 3-11; **HS2**, 23; **DE4**, 549). • A fábula do elefante é um esquema anedótico, um fragmento da arte de viver (**SV**, 30).

123. ENCICLOPÉDIA / *Encyclopédie*

Na episteme clássica, a *ars combinatoria* e a *enciclopédia* obedecem à necessidade de responder às imperfeições das línguas naturais. A enciclopédia define o percurso das palavras, prescreve os caminhos mais naturais, descreve os movimentos legítimos do saber, codifica as relações de proximidade e de semelhança (**MC**, 217). A enciclopédia vincula os vértices da designação e a derivação no quadrilátero clássico da linguagem (**MC**, 225). Ver: *Episteme clássica*.

124. ENKRÁTEIA

Foucault se ocupa da *enkráteia* no âmbito da problematização moral dos prazeres em *L'Usage des plaisirs* (**HS2**, 74-90). A *enkráteia* caracteriza-se por uma forma ativa de domínio de si mesmo que permite resistir ou lutar na ordem dos desejos e dos prazeres. Seu significado é próximo do de *sophrosýne*, mas nesse último caso trata-se antes de um estado no qual não é necessário ser apenas temperante, mas também piedoso, justo (**HS2**, 75). Sobre o sentido da *enkráteia* na Grécia clássica, Foucault assinala cinco características: 1) O exercício de domínio implica uma relação agonística, de combate. 2) Trata-se também de um combate do indivíduo consigo mesmo. 3) O resultado da luta pelo domínio de si mesmo é uma vitória muito mais bela que a obtida nos ginásios ou nos concursos. 4) Essa forma autocrática desenvolve-se segundo diferentes modelos, entre os quais se destacam dois: o da vida doméstica (o homem temperante governa seus desejos como a seus servidores) e o da vida cívica (os desejos são assimilados à plebe que é necessário dirigir). 5) Para exercitar-se nessa luta é indispensável uma ascese. • Para os gregos, a ascese que permite ao indivíduo constituir-se como sujeito moral faz parte do exercício da vida virtuosa, da vida do homem livre e político. Mais tarde, essa ascese obterá sua autonomia: por um lado, a aprendizagem dos exercícios do governo de si mesmo se separará da dos que tendem a governar os outros; por outro, também terá lugar uma separação entre a forma dos exercícios e a virtude (os exercícios do domínio de si mesmo tenderão a constituir-se em uma técnica particular) (**HS2**, 90).

125. ENUNCIADO / *Énoncé*

Condições de existência. A primeira tarefa da arqueologia é negativa: desprender-se das categorias tradicionais com as quais a história das ideias ou da literatura descreve o que foi dito: o autor, o livro, a obra. Aparece assim um domínio de análise constituído por todos os enunciados efetivamente ditos ou escritos, em sua dispersão de acontecimentos e em sua singularidade (**AS**, 39). A partir disso, é necessário definir o nível próprio da descrição arqueológica dos enunciados. Foucault o distingue da análise linguística e da análise da história do pensamento. Também os linguistas trabalham com enunciados e os descrevem, mas nesse caso trata-se de estabelecer aquelas regras que permitiriam construir eventuais novos enunciados. Para a arqueologia o problema é diferente. Não lhe interessam as regras por meio das quais novos enunciados podem ser construídos, e sim como foi possível a existência apenas de determinados enunciados e não de outros. A história do pensamento, por sua vez, busca encontrar, para além dos enunciados ou a partir deles, a intenção do sujeito falante, suas atividades conscientes ou inconscientes. A análise arqueológica, em vez disso, não remete os enunciados a uma instância fundadora, mas apenas a outros enunciados, para mostrar suas correlações, suas exclusões etc. (**AS**, 39-41) ou, segundo a expressão de Foucault, suas condições de existência (**DE1**, 778).

Proposição, frase, ato de fala. Foucault utiliza com frequência as expressões *performance verbal ou linguística, formulação, frase, proposição*. É necessário entender por *performance verbal ou linguística* todo conjunto de signos efetivamente produzidos a partir de uma língua natural ou artificial; por *formulação*, o ato individual ou coletivo que faz surgir, a partir da materialidade, um conjunto de signos; por *frase*, a unidade analisada pela gramática; por *proposição*, a unidade da lógica. "Enunciado", por sua vez, refere-se à modalidade de existência de um conjunto de signos, modalidade que lhe possibilita ser algo mais que a simples reunião de marcas materiais, já que pode referir-se a *objetos* e a *sujeitos*, entrar em relação com outras formulações e ser repetível. Esses atributos não se reduzem às possibilidades da frase como frase nem da proposição como proposição. Por "objeto", "sujeito", "relações" ou "possibilidade de repetição", não há que entender aqui nem as coisas nem o sujeito psicológico ou transcendental, nem os conceitos nem a estrutura da idealidade, nem as opiniões nem um projeto teórico, mas as instâncias que definimos no verbete *Formação discursiva*. O enunciado não é assimilável à frase ou à preposição, embora se articule sobre elas. Em primeiro lugar, o enunciado não se reduz à proposição por duas razões: 1) para falar de enunciado não é necessário que exista uma estrutura proposicional; 2) duas expressões equivalentes do ponto de vista lógico não são necessariamente equivalentes do ponto de vista enunciativo. Em segundo lugar, quanto à correspondência entre o enunciado e a frase, Foucault assinala que não são todos os enunciados que possuem a estrutura linguística da frase. Não só porque o enunciado compreende os sintagmas nominais – embora se possa descobrir neles uma estrutura predicativa potencial –, mas porque, por exemplo, as palavras dispostas em coluna em uma gramática latina, como *amo, amas, amat...*, constituem também um enunciado (**AS**, 109). Junto com essas distinções a respeito da unidade da gramática e da lógica, e precisamente em razão delas, Foucault deve afrontar a correspondência entre os enunciados e os atos de fala. A esse respeito, sustenta que não há uma relação biunívoca entre enunciados e atos ilocutórios (**AS**, 111). • Como consequência do anterior, a descrição arqueológica do enunciado não equivale à análise lógica nem à gramatical. Situa-se em um nível específico (**AS**, 142-143), ali onde é possível abordar uma existência que não está escondida (Foucault a caracteriza como *non-cachée*), mas também não está visível. Não está escondida porque o enunciado, ou melhor, a função enunciativa se exerce por meio de elementos significantes efetivamente produzidos, como frases e proposições. Mas não está visível já que se exerce por meio de outras unidades como a frase ou a proposição; é dada como pressuposta pelo fato de que existem o significado e o significante, mas não se identifica com eles. A descrição enunciativa não se ocupa do que se dá na linguagem, mas do fato de existir a linguagem, de existirem determinadas formulações efetivamente pronunciadas ou escritas, e busca determinar as condições de possibilidade dessa existência. A modo de resumo, o nível enunciativo se situa entre a materialidade bruta das formulações e a regularidade formal das frases e das proposições. • Sobre essa existência não escondida e não visível, a distinção de John Searle entre regras constitutivas e regulativas pode oferecer um paralelismo esclarecedor. Os enunciados se comportariam, em relação às normas que determinam sua regularidade, de maneira análoga a como se comportam os atos ilocutórios com relação às regras constitutivas.

Função enunciativa, formações discursivas, prática discursiva. Já que a descrição da função enunciativa coincide com a das formações discursivas (**AS**, 152), é possível delimitar a noção de "prática discursiva" nos seguintes termos: "um conjunto de regras anônimas, históricas, sempre determinadas no tempo e no espaço, que definiram para uma época dada, e em âmbitos social, econômico, geográfico ou linguístico determinados, as condições de exercício da função enunciativa" (**AS**, 153-154).

Enunciado parresiástico. A propósito dos enunciados parresiásticos, do dizer verdadeiro, Foucault sustenta que, além do sujeito da enunciação e do sujeito gramatical, é necessário distinguir um terceiro sujeito, o sujeito do *enunciandum* (do enunciado), "daquilo que é enunciado como crença, a opinião à qual se refere o enunciado. 'Eu sou aquele que pensa isso e aquilo'" (**DV**, 80-81).

126. EPICURO (~341-~270 a.C.)

No marco da análise da cultura do cuidado de si mesmo na época helenística, Foucault se ocupa várias vezes de Epicuro, sobretudo a propósito: da extensão temporal do cuidado de si mesmo (nunca é cedo demais nem tarde demais para ocupar-se de si mesmo) (**HS3**, 63; **HS**, 85), da concepção da filosofia como uma medicina cujo remédio é a verdade (**HS**, 94), da estrutura da escola epicurista (**HS**, 131133), da relação amizade-utilidade (**HS**, 185-186), da oposição *paideia*/fisiologia (**HS**, 230-233), da noção de "*parresia*" (**HS**, 231-232, 373-374), do circunstancial do matrimônio para o sábio (**SV**, 115). • A propósito da *parresia*, sustenta que no epicurismo "é a primeira vez que se encontra, me parece, essa obrigação que voltaremos a encontrar no cristianismo" (**HS**, 374). Ver: *Parresia*.

127. EPISTEME / *Épistémè*

A episteme define o campo de análise da arqueologia. A episteme tem, em primeiro lugar, uma determinação temporal e geográfica. Foucault fala de episteme ocidental, episteme do Renascimento, episteme clássica, episteme moderna. Em segundo lugar, de acordo com o prefácio de *Les Mots et les choses*, descrever a episteme é mostrar a região intermediária entre os códigos fundamentais de uma cultura: os que regem a linguagem, os esquemas perceptivos, os intercâmbios, as técnicas, os valores, a hierarquia de suas práticas e as teorias científicas e filosóficas que explicam todas essas formas da ordem (**MC**, 11-12). Em terceiro lugar, a descrição não refere os conhecimentos ao ponto de vista de sua forma racional nem ao de sua objetividade, mas antes às suas condições de possibilidade (**MC**, 13). Trata-se de descrever as relações que existiram em determinada época entre os diferentes domínios do saber (**DE2**, 371), a homogeneidade no modo de formação dos discursos (**IDS**, 185). Dessa maneira, pode-se pensar a descrição da episteme como um olhar horizontal entre os saberes. • Em *Les Mots et les choses*, Foucault mantém uma concepção monolítica da episteme: "Em uma cultura e em um momento dados, nunca há mais que uma episteme, que define as condições de possibilidade de todo saber" (**MC**, 179). Ademais, a descrição arqueológica está centrada com exclusividade na episteme (**MC**, 13). Em *L'Archéologie du savoir*, no entanto, sustenta que outras arqueologias são possíveis: da sexualidade, da imagem – o espaço, a luz, as cores –, da ética, do saber político (**AS**, 251-255). Assim, Foucault passa da concepção monolítica da episteme a uma mais aberta: "Em *Les Mots et les choses*, a ausência de pontos de referência metodológica pode ter feito crer que se tratava de uma análise em termos de totalidade cultural" (**AS**, 27). Em *L'Archéologie du savoir*, Foucault busca delimitar a noção de "episteme" a partir do conceito de formação discursiva (**AS**, 249-250). Ver: *Formação discursiva*. • Características da episteme: 1) É um campo inesgotável e nunca pode considerar-se encerrado; não tem por finalidade reconstruir o sistema de postulados ao que obedecem todos os conhecimentos de uma época, mas percorrer um campo indefinido de relações. 2) Não é uma figura imóvel que aparece um dia e logo depois desaparece bruscamente; é um conjunto indefinidamente móvel de escansões, percursos, coincidências que se estabelecem e se desfazem. 3) Permite captar o jogo de coerções e limitações que, em um momento dado, se impõem ao discurso. 4) Não é uma maneira de repropor a questão crítica (isto é: dada uma determinada ciência, quais são suas condições de legitimidade?) (**AS**, 250-251; **DE1**, 676). • Além do abandono da noção monolítica de "episteme" que encontramos em *Les Mots et les choses*, é necessário levar em conta que à medida que Foucault se interessa pela questão do poder e da ética, o conceito de episteme cede seu lugar de privilégio a outros: dispositivo, prática, técnicas. A episteme é um dispositivo específico do discurso, que permite separar em termos científicos o inqualificável do qualificável, não o falso do verdadeiro (**DE3**, 300-301); o dispositivo, por sua vez, é mais geral. Ver: *Dispositivo*. Nos textos dedicados ao estudo da cultura de si mesmo, por último, o termo "episteme" aparece como sinônimo de saber: saber teórico, saber prático (**HS**, 301-302).

Renascimento, Classicismo, Modernidade. Segundo a análise de *Les Mots et les choses*, a arqueologia mostrou duas grandes descontinuidades na episteme ocidental: a que inaugura a Época Clássica (em meados do século XVII) e a que marca o umbral da Modernidade (no início do século XIX). *Les Mots et les choses* está consagrado à análise de ambas (**MC**, 13). Ver: *Episteme clássica, Episteme renascentista, Homem*.

Kant. A episteme não tem nada a ver com as categorias kantianas (**DE2**, 371).

Paradigma. Foucault é consciente de ter confundido demais a episteme, em *Les Mots et les choses*, com algo assim como o paradigma (**DE3**, 144). Ver também: *Arquivo, Arqueologia, Dispositivo, Formação discursiva, Prática*.

128. EPISTEME CLÁSSICA / *Épistémè classique*

A expressão "episteme clássica" remete à disposição do saber durante os séculos XVII e XVIII. Nesse marco, Foucault reconhece os seguintes domínios: a *gramática geral*, a *história natural* e a *análise das riquezas*.

Gramática geral. A gramática geral não é a simples aplicação da lógica à teoria da linguagem nem uma prefiguração da filologia. É antes o estudo da sucessividade da linguagem em relação à simultaneidade da representação (**MC**, 97). A gramática geral comporta quatro teorias ou eixos de elaboração. 1) A teoria do verbo ou da proposição (**MC**, 107-111): o verbo é a condição de todo discurso e, para a Época Clássica, a linguagem não começa com a expressão, mas com o discurso, com a proposição. 2) A teoria da articulação (**MC**, 111-119): de igual modo que o verbo *ser* é essencial à forma da proposição, também a generalidade do nome é essencial ao discurso. A teoria da articulação explica essa generalização (**MC**, 113). 3) A teoria da designação (**MC**, 119-125): o princípio da nominação primigênia contrabalança a primazia formal do juízo. A análise da linguagem da ação explica como pode constituir-se um signo a partir das gesticulações ou dos gritos involuntários. As raízes ou palavras rudimentares não se contrapõem aos outros elementos linguísticos como o natural ao arbitrário, mas se diferenciam por terem sido assumidas pelos homens a partir de um processo de compreensão. 4) A teoria da derivação (**MC**, 125-131): explica como as palavras, e os signos em geral, se modificam quanto à forma e ao conteúdo. A forma muda em razão de fatores extralinguísticos, por exemplo, a moda e a facilidade ou dificuldade para pronunciar certos sons. As modificações do conteúdo se explicam com a noção de "tropo". • As teorias da proposição, da articulação, da designação e da derivação são como os segmentos de um quadrilátero cujos lados se opõem e se dão apoio (**MC**, 131).

História natural. A tarefa da história natural é dispor os dados da observação em um espaço ordenado e metódico. Nesse sentido, a história natural pode ser definida como a nominalização do visível, a disposição taxonômica dos seres viventes que se serve de uma nomenclatura adequada. Para isso recorre, por um lado, à noção de "estrutura", e, por outro, à de "caráter". A estrutura dos seres viventes se define pelos valores, não necessariamente quantitativos, que podem ser atribuídos a cada uma das quatro variáveis a seguir: a forma dos elementos, a quantidade, a maneira como se distribuem uns em relação aos outros e as dimensões relativas. A descrição da estrutura é para o observável o que a proposição é para a representação, isto é, a disposição linear, sucessiva, daquilo que nos é oferecido de maneira simultânea. A noção de "caráter", por sua vez, permite generalizar a descrição das estruturas observáveis. Essa generalização seguiu duas técnicas: a do *sistema*, aplicada por Linneu, e a do *método*, aplicada por Adanson e Buffon. Linneu limita a comparação a um ou a poucos elementos, por exemplo, ao aparelho reprodutor. Adanson, por sua vez, descreve, primeiro, uma espécie escolhida ao acaso; depois, estuda as diferenças entre essa e uma segunda; depois, compara-as com uma terceira e assim por diante. A teoria da estrutura ocupa o lugar que ocupavam na gramática geral as teorias da proposição e da articulação; a teoria do caráter, por sua vez, cumpre a função das teorias da designação e da derivação. Estrutura e caráter permitem a disposição em *tableau* dos seres viventes. Na história natural, o conhecimento dos indivíduos empíricos é adquirido por meio de um quadro ordenado, contínuo e universal de todas as diferenças possíveis (**MC**, 157).

Análise das riquezas. À diferença do que ocorre no Renascimento, na Época Clássica a função fundamental da moeda é a substituição. Pois bem, ela não substitui porque vale, mas vale porque substitui. Com base nesse pressuposto surgem duas teorias: a moeda como signo e a moeda como mercadoria. Em ambos os casos, a moeda se inscreve em um intercâmbio diferido. Os preços, por sua vez, dependem da relação de representação entre a moeda e as riquezas no processo de intercâmbio. A teoria clássica da moeda define o modo em que os bens podem ser representados no processo de intercâmbio, e também as relações de representação entre a moeda e os bens. A teoria do valor, por sua vez, define por que existe o comércio ou, em outras palavras, como se constitui o valor. "A teoria da moeda e dos preços ocupa na análise das riquezas a mesma posição que a teoria do caráter na história natural" (**MC**, 215).

Gênese, *máthesis*, taxonomia. No início do século XVII, a semelhança, que durante o Renascimento determinava a forma e o conteúdo do saber, converte-se na ocasião e no lugar do erro: uma mescla de verdade e falsidade que exige ser *analisada* em termos de identidade e diferença (**MC**, 65-68). A crítica cartesiana da semelhança confere ao ato de comparação um novo estatuto. Comparar já não consiste em buscar as semelhanças das coisas, mas em analisá-las em termos de *ordem* e *medida*. Medir, calcular as identidades e as diferenças, é confrontar as quantidades contínuas ou descontínuas com um padrão exterior. Ordenar é analisar as coisas, sem referi-las a um padrão exterior, mas segundo seu grau de simplicidade ou de complexidade. Durante a Época Clássica, conhecer é analisar segundo a ordem e a medida; mas como todos os valores aritméticos são ordenáveis em forma serial, sempre é possível reduzir o medir ao ordenar. • A tarefa do pensamento consistirá, então, em elaborar um método de análise universal que, ao estabelecer uma ordem certa entre as representações e os signos, reflita a ordem do mundo. A semelhança deixa de ser a forma comum às palavras e às coisas e também deixa de assegurar o nexo entre ambas. No entanto, a Época Clássica não a exclui de maneira absoluta: situa-a no limite da representação e como condição dela. Com efeito, a ciência geral da ordem exige uma dupla semelhança: por um lado, é necessário proporcionar um conteúdo às representações; por outro, é necessário que a semelhança seja a ocasião da comparação. A ideia de gênese reúne essas duas exigências, já que se desenvolve, em primeiro lugar, como uma analítica da imaginação, da faculdade de referir a temporalidade linear da representação à espacialidade simultânea da natureza, e em segundo lugar, como uma análise da natureza, da possibilidade e da impossibilidade de reconstituir, a partir dela, uma ordem representativa (**MC**, 84). • Podemos reconstruir o quadro geral da episteme clássica, partindo do empírico, da seguinte maneira: em primeiro lugar, encontramos a *gênese*; em segundo lugar, a *taxonomia*; em terceiro, a *máthesis*. A gênese – analítica da imaginação e analítica da natureza – ocupa-se da semelhança entre as representações e da semelhança entre as coisas, isto é, explica como, por meio do murmúrio insistente da semelhança entre as coisas e da similitude entre as representações, a comparação é possível. No outro extremo, encontramos a *máthesis*, uma ciência da ordem das representações simples que se serve da álgebra como instrumento. Entre a gênese e a *máthesis* situa-se a taxonomia, uma ciência da ordem das representações complexas que utiliza um sistema de signos não algébricos para analisá-las e decompô-las. Em um extremo, a análise da constituição da ordem a partir do empírico; no outro, uma ciência da ordem calculável. Entre ambas, a taxonomia, que para analisar a representação atribui um signo a tudo aquilo que nos é dado nela: percepções, pensamentos, desejos etc. A tarefa da taxonomia consiste em construir o quadro das representações: como elas se posicionam umas em relação às outras, em que se assemelham e como se diferenciam. Aqui situam-se a *gramática geral*, a *história natural* e a *análise das riquezas*. No espaço definido pela taxonomia situam-se os dois grandes projetos do Classicismo: uma língua perfeita, uma *ars combinatoria*, na qual o valor representativo das palavras e dos signos está delimitado com precisão, e a *enciclopédia*, que, em relação ao ideal de uma língua perfeita, define o uso legítimo das palavras nas línguas reais contemplando as variações de seu valor representativo. O ideal da *ars combinatoria* está representado, na gramática geral, pelo lado do quadrilátero da linguagem que une o vértice da teoria da atribuição ao da teoria da articulação, isto é, pela teoria do juízo; na história natural, pela teoria da estrutura, e na análise das riquezas, pela teoria do valor. O ideal da enciclopédia está representado, na gramática geral, pelo lado do quadrilátero que une o vértice da teoria da designação ao da teoria da derivação, isto é, pelo momento da significação; na história natural, pela teoria do caráter, e na análise das riquezas, pela teoria do preço. *Ars combinatoria* e enciclopédia representam os dois momentos fortes em termos científicos experimentados pelo Classicismo, isto é, aquilo que torna possível a gramática geral, a história natural e a análise das riquezas. Entre o lado do juízo (ou da estrutura ou do valor) e o lado da significação (ou do caráter ou da teoria do preço), os dois lados do quadrilátero que Foucault representa graficamente com linhas tracejadas (**MC**, 225), como se estivessem abertos. Esses lados do quadrilátero representam o momento forte em termos metafísicos do Classicismo: por uma parte, a continuidade das representações (entre a derivação e a atribuição); por outra, a continuidade dos seres (entre a articulação e a designação). Com efeito, para que exista uma gramática geral, uma história natural e uma análise das riquezas, é necessário o encadeamento das representações e o encadeamento das coisas, isto é, que entre as representações e os seres exista uma continuidade, uma semelhança (**MC**, 214-221).

Representação. A *Lógica de Port-Royal* define o signo como uma entidade que encerra duas ideias: a da coisa que representa a outra e a da coisa representada, e cuja natureza consiste em provocar a segunda por meio da primeira (**MC**, 78). Uma ideia é signo de outra não só porque entre elas existe um nexo que funda a relação de representação, mas também porque essa relação está representada na ideia representante. Se retomamos o exemplo e a concepção da época, vemos que é o que ocorre com um quadro: é uma representação de outra coisa e da relação de representação. • Três variáveis definem o nexo entre as palavras e as coisas: um signo pode ser natural ou convencional segundo sua origem; pode formar parte ou estar separado daquilo que indica; pode ser certo ou provável. Esse conjunto de possibilidades mostra com clareza que o nexo entre os signos e seu conteúdo não está assegurado por uma forma intermediária que, como se postulava durante o Renascimento, pertenceria à mesma ordem que a das coisas (um nexo entre duas ordens de semelhanças assegurado pela própria semelhança). A relação entre o significante e o significado situa-se dentro da representação, é a relação entre duas ideias, uma das quais representa a outra: a ideia abstrata representa a percepção (Condillac), a ideia geral é uma ideia individual que representa outras ideias individuais (Berkeley), as imagens representam as percepções (Hume), as sensações representam o que Deus quer nos dizer (Berkeley) etc. (**MC**, 79). Em suma, o signo representante é, ao mesmo tempo, indicação do objeto representado e sua manifestação. "Como no século XVI, 'semiologia' e 'hermenêutica' se sobrepõem. Mas de maneira diferente. Na Época Clássica já não se reúnem mais no terceiro elemento da semelhança: vinculam-se no poder próprio da representação de representar-se a si mesma. Não haverá, então, uma teoria dos signos diferente de uma análise do sentido" (**MC**, 80). "O umbral do Classicismo à Modernidade (mas pouco importam as palavras – digamos, de nossa pré-história ao que nos é contemporâneo) foi atravessado de maneira definitiva quando as palavras deixaram de entrecruzar-se com as representações e de quadricular com espontaneidade o conhecimento das coisas" (**MC**, 315). Ver: *Discurso*.

129. EPISTEME MODERNA / *Épistémè moderne*

A episteme moderna é a que, a partir da analítica da finitude e dos saberes empíricos da filologia, da economia política e da biologia, tornou possível as ciências do homem. Por isso, Foucault descreve a disposição fundamental da episteme moderna como sonho antropológico. Ver: *Homem*.

130. EPISTEME RENASCENTISTA

Em cada um dos saberes que Foucault leva em consideração, a semelhança, com suas diferentes figuras, aparece como a forma e a condição de possibilidade do conhecimento durante o Renascimento. • Nem o problema da representação (como estar seguro de que um signo designa com propriedade o que significa) nem o problema do sentido ou da significação (como a consciência confere um conteúdo aos signos) ocupam um lugar na reflexão acerca da linguagem; entre as palavras e as coisas, entre os signos e a realidade, existe um nexo natural, ou mais precisamente, as palavras e as coisas possuem uma natureza idêntica e se comunicam por meio dela. Propriamente falando, o problema do nexo entre as palavras e as coisas não é colocado nem pode sê-lo. Para o Renascimento, com efeito, os signos são um sistema de formas, de marcas (*signaturae*), organizado segundo as diferentes figuras da semelhança (*convenientia, æmulatio, analogia, imitatio*) e ligado por meio delas a um conteúdo: o mundo das coisas, que por sua vez está também estruturado segundo os diferentes modos de assemelhar-se. Dois universos de semelhanças unidos entre si pelo trabalho da semelhança: o signo da simpatia reside na analogia; o da analogia, na emulação; o da emulação, na conveniência, e o da conveniência, na simpatia. A defasagem entre esses dois universos sobrepostos (isto é, o fato de o signo da simpatia residir na analogia, ou o da analogia na emulação etc.) define o espaço do saber renascentista; conhecer significa superar essa defasagem, passar das marcas das coisas às coisas marcadas, isto é, ler o livro da *criação*. As categorias de macrocosmos e microcosmos traçam as fronteiras desse universo de similitudes; limitam o trabalho da semelhança encerrando-o entre o limite superior – o cosmos – e o inferior – o homem. O conhecimento da linguagem, por sua vez, não pode ser outra coisa que comentário, esforço para referir, em forma de interpretação, o semelhante ao semelhante. Se chamarmos *hermenêutica* o conjunto de técnicas que nos permitem fazer falar os signos, e se chamarmos *semiologia* o conjunto de conhecimentos que nos permitem defini-los, durante o Renascimento ambas se sobrepõem: a semelhança define tanto a forma como o conteúdo dos signos. Assim como as noções de macrocosmos e microcosmos, as categorias de *texto primitivo* e de *interpretação infinita* definem o espaço e os limites do comentário: comentar consiste em restituir a palavra originária comunicada por Deus aos homens, restituir o *texto primitivo* por meio do esforço contínuo (infinito) de interpretação (**MC**, 46-47). No projeto enciclopédico dos séculos XV e XVI, a *eruditio* (deciframento das similitudes entre os signos) e a *divinatio* (deciframento do que Deus semeou na natureza: as similitudes das coisas) não são as formas imperfeitas de um conhecimento que não alcançou sua plenitude ou que não descobriu suas estruturas, mas, antes, as únicas formas *arqueologicamente* possíveis do conhecer. • Não se encontra em Foucault a expressão "episteme renascentista".

131. EPITETO (~50-~125)

Segundo Foucault, Epiteto marca a mais alta elaboração filosófica do cuidado de si mesmo: define o homem como o ser que foi confiado ao próprio cuidado (**HS3**, 61; **DVSM**, 50; **QQC**; 87). • Em Epiteto, encontramos uma teoria completa do cuidado de si (**DVSM**, 70). Foucault se encarrega de apresentá-la em termos resumidos nas conferências intituladas *Dire vrai sur soi-même* (**DVSM**, 174-184). • As referências a Epiteto são numerosas nos textos de Foucault. Não há, porém, uma exposição do conjunto de seu pensamento, mas referências que se inserem no marco geral do tema do cuidado de si mesmo no contexto da filosofia helenística. Assinalamos, a seguir, as mais importantes.

Escola. Epiteto insiste em que a escola não seja considerada como um simples lugar de aquisição de conhecimentos; antes, concebe-a a partir das metáforas médicas utilizadas com regularidade, como um hospital da alma onde são realizadas as operações necessárias para a cura (**HS3**, 71; **HS**, 87, 96; **DVSM**, 56). Embora a escola de Epiteto não fosse um lugar de residência, existia, segundo os testemunhos, alguma forma de convivência (**HS**, 133; **QQC**, 92). Nela oferecia-se a formação necessária para cumprir com a missão do filósofo: conduzir os outros ao cuidado de si mesmos. Isso requer duas condições: ser *protreptikós* (capaz de dirigir o espírito na direção correta) e *elenktikós* (bom na arte da discussão, capaz de refutar os erros). Nesse sentido, Epiteto oferece o que se poderia denominar um esquema de formação do filósofo (**HS**, 134-135; **QQC**, 95). • Foucault caracteriza a escola de Epiteto como uma escola de *parresia* (**DV**, 224), concebida como um "dispensário da alma" (**DVSM**, 56, 83).

Metáforas médicas. Do ponto de vista da aproximação entre a medicina e a moral, destaca-se a importância de reconhecer-se como enfermo, como necessitado do trabalho de cura (**HS3**, 73-74). • As metáforas que Epiteto utiliza (por exemplo, aquelas que se referem à atitude de vigilância a respeito si mesmo) tiveram influência considerável na espiritualidade cristã (**HS3**, 79).

Exame das representações. Para Epiteto, o exame, atitude da alma a respeito de si mesma, consiste em distinguir as representações, em prová-las, para evitar aceitar o que se oferece nelas "à primeira vista" (**HS3**, 80). • Esse tipo de exame, característico de Epiteto, diferencia-se de outras práticas do gênero como o exame noturno, de Sêneca, ou o exame geral da própria vida, de Sereno. A prática de Epiteto consiste no exame constante do fluxo de representações que chegam ao nosso espírito para discriminar entre as que podemos controlar e as que, ao contrário, podem nos alterar (**DV**, 286-287; **DVSM**, 101-104).

Matrimônio. Epiteto sustenta a impossibilidade de universalizar a renúncia ao matrimônio. Em seu retrato do cínico ideal, essa renúncia segue-se da necessidade de cumprir com a missão de ocupar-se dos seres humanos, e se vincula apenas com razões circunstanciais, não essenciais (**HS3**, 182-185). Na lição de 4 de fevereiro de 1981 do curso *Subjectivité et vérité*, Foucault realiza uma extensa análise da posição de Epiteto sobre o matrimônio para diferenciá-la da posição dos epicuristas e dos cínicos, que tinham um juízo negativo acerca do matrimônio, mas também para separá-la de outras posições dentro da escola estoica (**SV**, 115-117). Epiteto sustenta, com efeito, a necessidade do matrimônio para os filósofos, na cidade ideal dos sábios, mas nega sua conveniência para os cínicos, isto é, utilizando sua terminologia, para os filósofos que, já que todavia não se construiu essa cidade ideal, devem ocupar-se de si mesmos e dos outros para alcançá-la (**SV**, 119-120). • Epiteto evoca o ideal de não ter relações sexuais antes do matrimônio (**HS3**, 196). • Sustenta a exigência de fidelidade matrimonial (**HS3**, 200).

Cuidado de si, cuidado dos outros. Acerca da relação entre cuidado de si e cuidado dos outros, Epiteto nos oferece um desenvolvimento em dois planos. No plano natural, o mundo está organizado de modo tal que cada ser busca o próprio bem. Assim, ao fazê-lo, de maneira espontânea busca o bem dos outros. No plano do homem, de caráter reflexivo, o indivíduo que tem cuidado de si mesmo como corresponde cumpre necessariamente seus deveres em relação à comunidade (**HS**, 188-190). • Foucault analisa também a posição de Epiteto acerca do ouvido como receptor do *lógos*, isto é, os exercícios de escuta (**HS**, 321-323, 329-331).

Arte de viver. A expressão *tékhne peri bion* (arte de viver, técnica de vida) é encontrada em Epiteto, assim como em outros autores da época. Ali, o *bios* aparece como correlato da possibilidade de modificar a vida em função de determinados princípios razoáveis (**SV**, 36).

132. ÉPOCA CLÁSSICA / *Âge Classique*

A expressão "Época Clássica" tem dois sentidos na obra de Foucault. Por um lado, refere-se aos séculos XVII e XVIII – em termos filosóficos, o período que vai de Descartes a Kant. Aqui, "clássico" faz referência à imitação dos autores antigos na ordem da literatura, e se opõe a "romântico". A expressão é utilizada desse modo em *Histoire de la folie à l'âge classique* e em *Les Mots et les choses*. O outro sentido corresponde à Época Clássica da cultura ocidental, isto é, da literatura e da filosofia gregas, que abrange os séculos V ao III a.C. Assim é utilizada, por exemplo, em *L'Usage des plaisirs*, o segundo volume de *Histoire de la sexualité*.

133. EROS

Para os gregos, na ética sexual do homem casado, não se requer uma relação do tipo do *eros*, fundada no movimento natural do desejo, para constituir e definir suas regras; no caso do amor pelos mancebos, no entanto, é necessária para que este alcance sua forma perfeita e mais bela (**HS2**, 222-223). • Na espiritualidade ocidental, *eros* e ascese são as duas grandes vias por meio das quais o indivíduo pode transformar-se para converter-se em sujeito de verdade (**HS**, 17). • No marco da ética grega há uma incompatibilidade entre a posição pedagógica na qual se encontram os jovens, isto é, a situação de converter-se em sujeito, e as relações sexuais com eles. O *eros* é um tipo de relação que se soma às anteriores, a pedagógica e a sexual, para resolver a compatibilidade. O *eros* é atitude que fará que, nas relações sexuais, se considere o outro como sujeito (**SV**, 95). "O *eros* será também um corpus de obrigações muito precisas, que implicam toda uma arte de conduzir-se, ou melhor, uma arte complexa de conduzir-se conduzindo o outro" (**SV**, 96). Ver: *Erótica*.

134. ERÓTICA / *Érotique*

O quarto capítulo de *L'Usage des plaisirs* é consagrado à erótica (**HS2**, 205-248), que define o campo de interrogação ética acerca do uso dos prazeres quando a relação se estabelece entre homens e, com mais precisão, entre um adulto e um adolescente, sem que isso implique uma natureza diferente da que está em jogo na relação entre um homem e uma mulher. A preocupação dos gregos, com efeito, não concerne ao desejo que poderia conduzir a esse gênero de relações, nem ao sujeito do desejo, mas ao domínio de si do amante, ao domínio de si do amado e ao vínculo entre essas duas formas de moderação (**HS2**, 224). • Para compreender, então, de que maneira o uso dos prazeres é problematizado na reflexão acerca dos adolescentes, é necessário recordar o princípio segundo o qual deve haver um isomorfismo entre a relação sexual e a relação social. Assim, se compreende com facilidade que os escravos e as mulheres sejam passivos na relação sexual, pois isso coincide com sua situação social. No caso dos adolescentes, livres por nascimento, coloca-se o problema daquilo de que se ocupa, precisamente, a erótica, que deve estabelecer as regras e os princípios segundo os quais os adolescentes (destinados a ser cidadãos e, portanto, senhores de si mesmos) podem ser objeto de prazer de um adulto (**HS2**, 246-247). • O quinto capítulo de *L'Usage des plaisirs* também está dedicado à erótica, mas dessa vez no que concerne à relação entre uso dos prazeres e verdade. Nos gregos, a reflexão sobre o nexo entre o acesso à verdade e a austeridade sexual desenvolveu-se a propósito do amor pelos adolescentes (**HS2**, 252). Foucault interessa-se aqui em particular pela erótica socrático-platônica, que marca quatro instâncias de evolução a respeito da erótica corrente: a passagem da questão da conduta amorosa à interrogação sobre o ser do amor, a passagem da problemática da honra do adolescente ao tema do amor pela verdade, a passagem da dissimetria entre os *partenaires* à convergência no amor, e a passagem da virtude do amado ao amor do mestre e sua sabedoria (**HS2**, 259-268). • Nos primeiros séculos de nossa era, assistimos a uma desproblematização ética do amor pelos adolescentes. Isso responde a várias causas: o poder do pai nas instituições romanas, a utilização de jovens escravos e a institucionalização das práticas pedagógicas (**HS3**, 219-220). • Em Plutarco e no Pseudo-Luciano, o amor pelos adolescentes perde sua dimensão filosófica, se bem que mantém, por outro lado, um valor estético (**HS3**, 222-223). Nessa época se afirmam os elementos de uma nova erótica que se desenvolve em torno da relação entre o homem e a mulher, em que desempenharão um papel de primeira ordem os valores da fidelidade e a virgindade (**HS3**, 262, 266).

135. ESCOLA / *École*

"A disciplina reina na escola, no exército, na fábrica. Trata-se de técnicas de dominação de extrema racionalidade" (**DE3**, 395). • A fábrica, a escola, a prisão ou os hospitais têm por objetivo vincular os indivíduos ao processo de produção; trata-se de garantir a produção em função de uma norma determinada (**DE2**, 614). • O papel do intelectual consiste em tornar visíveis os mecanismos de poder que são exercidos de maneira dissimulada. Mostrar, por exemplo, como a escola não supõe apenas uma maneira de aprender a ler e escrever, mas uma forma de impor (**DE2**, 772). • A partir do século XVII, desenvolve-se nas sociedades ocidentais toda uma série de técnicas para direcionar e vigiar os indivíduos em seus comportamentos corporais: para ensinar as pessoas a se postarem de certo modo, a se comportarem de certa maneira. A escola se converteu num meio de adestramento físico. Cada vez mais se exige que os alunos se ponham em fila, que se alinhem diante de um professor, que o inspetor possa vê-los em todos os momentos etc., tal como sucede no exército (**DE3**, 586). Ver: *Exame, Instituições de sequestro*.

136. ESCOLA DOS ANAIS / *École des Annales*

Foucault começa *L'Archéologie du savoir* com uma referência à transformação que, há alguns anos, havia tido lugar no campo do conhecimento histórico. A mudança consistiu em dirigir o olhar para além das peripécias políticas, para os longos períodos, os equilíbrios estáveis e difíceis de romper, os processos irreversíveis, as regularidades constantes. Por isso, os historiadores (Foucault alude em particular à Escola dos Anais) elaboraram novos instrumentos conceituais, como a categoria de *civilização material*. No campo da história das ideias, das ciências, da filosofia, em contrapartida, teve lugar uma transformação inversa. A atenção se deslocou das grandes unidades (época, século) para os fenômenos de ruptura, os cortes, a descontinuidade, como ilustram os trabalhos de Gaston Bachelard, Georges Canguilhem ou Martial Guéroult. Segundo Foucault, esse movimento inverso é apenas um efeito de superfície. Na realidade, foi um mesmo problema o que levou em uma direção a história em geral e em outra direção a história das ideias ou das ciências. Em ambos os campos, a discussão em torno do estatuto do documento está na origem do deslocamento da atenção dos historiadores (**AS**, 9-15). Ver: *Documento*. • "Pois bem, os historiadores sabem à perfeição que os documentos históricos podem ser combinados segundo séries diferentes que não têm nem os mesmos pontos de referência nem o mesmo tipo de evolução. [...] O que demonstraram Marc Bloch, [Lucien] Febvre e [Fernand] Braudel exclusivamente para a história, pode ser mostrado, creio, para a história das ideias, do conhecimento, do pensamento em geral" (**DE1**, 787).

137. ESPAÇO / *Espace*

"Desde Kant, o que o filósofo deve pensar é o tempo. Hegel, Bergson, Heidegger. Com a correlata desqualificação do espaço" (**DE3**, 193). A propósito da loucura, a doença, a literatura, o saber, as disciplinas e a segurança, podemos considerar os trabalhos de Foucault como um esforço sustentado por inverter essa exigência. • Na conversação de 22 de abril de 1978 com Moriaki Watanabe, intitulada "La scène de la philosophie" (**DE3**, 571-595), pode-se encontrar uma exposição panorâmica da questão do espaço em seu pensamento, elaborada pelo próprio Foucault (ver sobretudo **DE3**, 576-582). É necessário ter presente, sustenta aqui Foucault, que o espaço forma parte da história, da maneira em que uma sociedade, ao organizá-lo, distribui as relações de força políticas e econômicas.

Espaço vivido, espaço onírico, paisagem. Em um de seus primeiros textos – a "Introduction" à obra de Binswanger, *Traum und Existenz* –, Foucault sustenta que, embora a dimensão temporal das pulsões oníricas tenha ocupado a maior atenção dos estudiosos, "a espacialidade revela no sonho o próprio 'sentido' da existência" (**DE1**, 101). Nessa espacialidade, não se trata do espaço geométrico nem do geográfico, mas do espaço vivido, isto é, da paisagem, constituída pela familiaridade de um "aqui", o que está próximo, mas aberto a um horizonte infinito, o "afastado". Essa "espacialidade originária da paisagem" é a que se desdobra no sonho e onde se situam "as significações afetivas mais relevantes" (**DE1**, 102). Nesse espaço originário, Binswanger descreve como patologias as metástases entre o próximo e o distante (**DE1**, 103). • As reflexões em torno do espaço vivido e suas formas patológicas – inspiradas nos escritos de Ludwig Binswanger e Eugène Minkowski – são retomadas em *Maladie mentale et personnalité* (**MMPE**, 62-64) e recuperadas depois em *Maladie mentale et psychologie* (**MMPS**, 62-64). A obra de Minkowski, autor de um trabalho intitulado precisamente *O tempo vivido* (México, FCE, 1972), constitui a referência de Foucault sobre o tema.

Loucura, espaço social. *Histoire de la folie à l'âge classique* pode ser lida como uma história espacial da loucura. A constituição do espaço social da loucura e seu significado – seu "espaço moral" – (**HF**, 21) compõem, com efeito, um dos eixos desse trabalho: das naus ao confinamento do hospital geral, do hospital geral ao surgimento do asilo. O confinamento, sustenta Foucault em *Maladie mentale et psychologie*, "em sua origem e em seu sentido primordial" (**MMPE**, 82), está ligado à reestruturação do espaço social que converteu a ociosidade no outro dessa nascente sociedade burguesa, fundada na ética do trabalho. A incapacidade de ser parte dos processos de produção, circulação e acumulação de riquezas define a característica comum de todos os internados (**MMPS**, 81).

Espacialização da enfermidade, clínica. Na primeira linha do "Préface" de *Naissance de la clinique* afirma-se que é um livro que "trata do espaço, da linguagem e da morte; trata do olhar" (**NC**, v). • Em relação à espacialização da enfermidade, Foucault distingue três níveis: a espacialização primária, definida pela organização conceitual das patologias; a secundária, determinada por sua localização no corpo, e a terciária, estabelecida pelo conjunto de gestos com os quais uma sociedade rodeia a enfermidade e suas manifestações (**NC**, 14). A passagem da denominada medicina das espécies à medicina clínica implica uma reorganização de cada uma dessas formas de espacialização. Nesse processo, a clínica representa o momento de "uma espacialização da experiência médica" (**NC**, 192). Ver: *Clínica*.

Episteme, saber. A expressão "espaço do saber" (**MC**, 13) adquire em Foucault um sentido técnico, que a converte em sinônimo da noção de "episteme". Esta, com efeito, é concebida como um espaço de ordem (**MC**, 13), homogêneo (**MC**, 10), comum aos saberes de uma época determinada. As configurações do espaço do saber e os modos como as coisas se localizam nele constituem o objeto da arqueologia (**MC**, 14).

Soberania, disciplina, segurança. Cada um dos diferentes dispositivos de poder (os dispositivos de soberania, disciplinar e de segurança) implica uma determinada forma de espacialidade: o território, espaço delimitado não povoado, para a soberania; o espaço quadriculado, para as disciplinas, e o meio, para os dispositivos de segurança (**STP**, 14). • "A disciplina é, acima de tudo, uma análise do espaço, é a individualização mediante o espaço, a localização dos corpos em um espaço individualizado que permite a classificação e as combinações" (**DE3**, 515). Ver: *Território*.

Linguagem, literatura. Embora se tenha sustentado que a linguagem é tempo e não espaço, segundo Foucault não há que confundir a função com o ser. A função da linguagem é dizer o tempo, mas seu ser é espaço, pois seus elementos não têm sentido a não ser na rede de uma sincronia (**LGE**, 131).

Ver: *Colonialismo, Heterotopia, Utopia*.

138. ESTADO / *État*

Fobia ao Estado. Assistimos, segundo Foucault, a uma supervalorização do Estado, sob o aspecto lírico do monstro frio ou sob a forma, em aparência paradoxal, da redução do Estado ao essencial. Para Foucault, em compensação: "O que há de importante para nossa atualidade não é, pois, a estatização da sociedade, mas o que eu chamaria antes de a 'governamentalização' do Estado" (**STP**, 112). Nesse sentido, podem-se distinguir três grandes economias do poder no Ocidente: o Estado de justiça, característico da territorialidade feudal; o Estado administrativo, do território com fronteiras; e o Estado governamental, que não se define em relação ao território, mas à população. • "O Estado não é senão uma peripécia do governo e não o governo um instrumento do Estado. Ou, em todo caso, o Estado é uma peripécia da 'governamentalidade'" (**STP**, 253). Ou, segundo outra expressão, "o Estado é uma prática" (**STP**, 282). • Para Foucault, que cita a respeito o historiador da arte Bernard Berenson, existe certa fobia ao Estado que atravessa todos os temas políticos contemporâneos (**NB**, 77). Sustenta que embora o Estado se encontre no centro das questões que tem proposto em torno do tema do poder, é necessário ter em conta que "não tem essência", "não é um universal", mas apenas "o efeito móvel de um regime de 'governamentalidades' múltiplas" (**NB**, 79).

A tarefa que Foucault se propõe consiste, por isso, em abordar o problema do Estado a partir das práticas governamentais. • O curso *Naissance de la biopolitique* é dedicado inteiramente à análise do neoliberalismo alemão, francês e americano a partir das posições da época acerca do Estado: em primeiro lugar, a fobia ao Estado (**NB**, 193); em segundo lugar, a ideia de que as formas do Estado se engendram umas às outras em uma reação em cadeia (Estado administrativo, Estado de bem-estar, Estado burocrático, Estado fascista, Estado totalitário). A combinação dessas duas ideias produz uma espécie de inflação nas críticas contra o Estado, cujas consequências à hora de analisar as relações de poder são as seguintes: 1) Perda da especificidade: as diferentes análises terminam por tornarem-se intercambiáveis. "Uma análise, por exemplo, da segurança social, e do aparato administrativo sobre o qual se apoia, nos remete, a partir de alguns deslocamentos e por meio de alguns termos com os quais se joga, à análise dos campos de concentração" (**NB**, 193). 2) A desqualificação geral para o pior. 3) Deixa-se de lado a análise da atualidade: basta servir-se do "perfil fantasmático do Estado" (**NB**, 194). • Contra essa inflação do Estado, Foucault propõe duas teses gerais. 1) O Estado totalitário não se caracteriza pela intensificação e a extensão endógena dos mecanismos do Estado, mas, ao contrário, por uma diminuição e uma subordinação da autonomia do Estado ao partido, à governamentalidade de partido. O Estado totalitário não é o Estado administrativo do século XVIII, o *Polizeistaat* (Estado policial) do século XVIII levado ao limite ou o Estado administrativo e burocrático do século XIX levado também ao extremo. É preciso buscar o princípio do Estado totalitário antes na "'governamentalidade' de partido" (**NB**, 196). 2) O relevante para a atualidade – o curso *Naissance de la biopolitique* é de 1979 – não é o crescimento do Estado, mas, na realidade, seu decréscimo, por um lado, em razão da governamentalidade de partido e, por outro, em razão da governamentalidade liberal (**NB**, 197). • É preciso situar a origem da fobia ao Estado no período entre 1930 e 1945, no contexto de um neoliberalismo que formula uma política econômica diferente das desenvolvidas pelas diversas formas de intervencionismo: desde a economia nazista até as economias socialistas e keynesianas (**NB**, 194-195).

Governamentalidade. A análise da governamentalidade é proposta como questão geral: "É possível ressituar o Estado moderno em uma tecnologia geral do poder que assegure suas mutações, seu desenvolvimento, seu funcionamento?" (**STP**, 124). Isso implica um triplo deslocamento. 1) Passar ao exterior da instituição. Por exemplo, no caso do hospital psiquiátrico, pode-se estudar seu funcionamento, seus mecanismos, suas regras, mas ele também pode ser abordado desde fora, desde o projeto global de uma higiene pública. 2) Passar ao exterior da função. Como no caso da prisão, substituir o ponto de vista interior da função pelo ponto de vista das estratégias e táticas nas quais se insere. 3) Passar ao exterior do objeto. Em lugar de confrontar as instituições ou os saberes com um objeto já dado, mostrar como se constitui, a partir das tecnologias do poder, um campo de verdade (**STP**, 120-122).

Poder pastoral. Em sua genealogia da razão governamental moderna, Foucault remete ao surgimento e formação do poder pastoral no cristianismo. Isso não significa, no entanto, que as transformações políticas da Modernidade possam ser entendidas como uma transferência desse poder da Igreja ao Estado. A racionalidade política moderna encontra sua primeira grande formulação na razão de Estado, uma forma específica de racionalidade que faz da ideia, precisamente, de Estado o fundamento e o objetivo da ação de governar.

Segundo Foucault, o Estado aparece, em primeiro lugar, como uma ideia reguladora, isto é, como a condição de inteligibilidade do conjunto institucional já existente. Em segundo lugar, e ao mesmo tempo, como o objetivo da ação governamental. Em terceiro lugar, a razão de Estado "deve fazer com que o Estado seja com efeito conforme ao que deve ser, isto é, que permaneça em repouso, perto de sua essência" (**STP**, 296). Nos tratados da razão de Estado, a ideia de manter "o estado do Estado" é apresentada em contraposição ao que na literatura política clássica é conhecido como "o ciclo das revoluções", isto é, do que se concebia como uma espécie de processo natural de geração e degeneração das instituições políticas.

Golpe de Estado. A noção de "golpe de Estado" aparece em *Sécurité, territoire, population* no contexto da análise da especificidade da razão de Estado a respeito do poder pastoral. Nos séculos XVI e XVII, a ideia de golpe de Estado não faz referência ao confisco do poder por parte de um grupo, mas à autoafirmação do próprio Estado mediante a suspensão das leis e da legalidade. Tanto as leis quanto sua suspensão são essenciais aos mecanismos da razão de Estado (**STP**, 268). A elaboração da teoria do golpe de Estado, no século XVI, introduz três noções centrais. Em primeiro lugar, a necessidade. Por meio do golpe de Estado, o Estado entra em relação com a necessidade, não com a legalidade (**STP**, 269). A necessidade faz emudecer as leis. Em segundo lugar, a violência. "A violência de Estado não é mais que a manifestação irruptora, de algum modo, de sua própria razão" (**STP**, 270). Em terceiro lugar, o caráter teatral do golpe de Estado. "O teatro, enfim, essa prática teatral, essa teatralização, deve ser um modo de manifestação do Estado e do soberano, como depositário do poder do Estado. [...] O teatro clássico está organizado em essência, creio, em torno do golpe de Estado" (**STP**, 272).

Império. O surgimento da nova racionalidade política que se instaura por meio da razão de Estado marca o fim das formas políticas imperiais que haviam dominado até então. Abre-se um novo espaço no qual já não irá primar a unidade entre os Estados, mas a concorrência entre eles. Os Estados adquirirão uma forma em certo sentido absoluta, sem subordinação nem dependência entre si. Nesse contexto há que situar o fim do Império Romano em 1648 (**STP**, 299). Ver: *Razão de Estado*.

Fiscalidade, repressão, gênese do Estado moderno. Em seu segundo curso no Collège de France, dos anos 1971-1972, intitulado *Théories et institutions pénales*, a intenção de Foucault é analisar a penalidade da perspectiva dos sistemas de repressão (**ThIP**, 4). Com esse objetivo, ocupa-se com muito detalhe das rebeliões populares na França contra a fiscalidade do rei, durante o século XVII, e das formas de reprimi-las, que levarão a justiça e a fiscalidade a se tornarem independentes da pessoa do rei (uma justiça universal, obrigatória e delegada), e à geração de instituições armadas estatais (como a polícia) diferentes dos exércitos formados por mercenários. Trata-se, definitivamente, da formação do corpo visível do Estado, dos órgãos do Estado moderno. O surgimento dessas instituições, em relação às classes populares, mas também à burguesia, à nobreza e à própria pessoa do rei, pode ser visto, então, como "o triunfo do Estado" (**ThIP**, 7). Em especial, Foucault dedica a lição de 12 de janeiro de 1972 à constituição do corpo do Estado, de seus órgãos institucionais, do aparato do Estado (lugar onde se tomam as decisões e se dispõe sobre sua aplicação) (**ThIP**, 86). Com efeito, por meio das formas de repressão das rebeliões populares, sustenta Foucault, vemos como "se separa da pessoa do rei uma região, um conjunto de indivíduos, um corpo, que é como o corpo visível do Estado" (**ThIP**, 71). Os indivíduos desse novo grupo pertenciam, em suas origens, ao mesmo grupo social que os parlamentares, mas pouco a pouco se distinguem deles e passam a ocupar um lugar privilegiado, já que a fiscalidade estava em suas mãos e eram também aqueles que podiam reprimir e prevenir, de maneira eficaz, as rebeliões populares. Esses indivíduos não eram o rei, pois aplicavam as decisões; mas também não eram simples representantes, já que as decisões eram suas (**ThIP**, 70). O Estado aparece, em poucas palavras, em sua forma administrativa, como um conjunto de leis que vinculam e obrigam todos os indivíduos e, inclusive, o próprio Estado (salvo em situações excepcionais). Por isso, entendemos por que, nessa época, "o problema teórico maior para todas as representações ideológicas do Estado não é mais o do justo, mas o da vontade. A vontade de quem é a representada pela decisão do Estado?" (**ThIP**, 88).

139. ESTADO DE DIREITO / État de droit

A noção de "Estado de direito" aparece na teoria política alemã ao final do século XVIII e começo do XIX. Em primeiro lugar, surge em oposição ao despotismo, entendido como o sistema que faz da vontade geral ou particular do soberano um princípio de obrigação pública para os particulares. Em segundo lugar, surge em oposição ao Estado de polícia, isto é, a uma forma de organização política que confere o mesmo valor coercitivo às leis gerais e às medidas administrativas. "O Estado de direito aparece, nesse momento, como um Estado no qual, para qualquer cidadão, existem possibilidades concretas, institucionalizadas e eficazes de opor recursos à potência pública" (**NB**, 175). Ver: *Liberalismo*.

140. ESTÉTICA DA EXISTÊNCIA / Esthétique de l'existence

A partir da noção de "ética" que Foucault elabora em *L'Usage des plaisirs*, segundo volume de *Histoire de la sexualité*, podemos compreender a noção de "estética da existência" como modo de sujeição, isto é, como uma das maneiras pelas quais o indivíduo se encontra vinculado a um conjunto de regras e valores (**DE4**, 397). Ver: *Ética*. Esse modo de sujeição caracteriza-se pelo ideal de ter uma vida bela e deixar uma recordação dela (**DE4**, 384). Um indivíduo, então, aceita certas maneiras de comportar-se e determinados valores porque decide realizar em sua vida a beleza que eles lhe propõem. A vida, como *bios*, é concebida como o material de uma obra de arte (**DE4**, 390). • Foucault elabora o conceito de estética da existência para descrever o comportamento moral da Grécia clássica. A reflexão moral na Antiguidade não se orienta nem para uma codificação dos atos nem para uma hermenêutica do sujeito, mas no sentido de uma estilização da vida (**HS2**, 106). • Por "estética da existência" há que se entender uma maneira de viver na qual o valor moral não provém da conformidade a um código de comportamentos, nem a um trabalho de purificação, mas de certos princípios gerais no uso dos prazeres, na distribuição que se faz deles, na observância dos limites (**HS2**, 103). • A estética da existência, para os gregos, é um exercício da própria liberdade no marco das relações de poder (**HS2**, 277). Nesse sentido, haveria que caracterizar o modo de sujeição da moral grega dos *aphrodísia* não só como estético, mas como estético-político (**DE4**, 395). A problemática da liberdade, entendida como o contrário da escravidão, encontra-se no coração dessa ética: não ser escravo dos outros, não ser escravo de si mesmo ou, em termos positivos, exercer o governo dos outros e o governo de si mesmo. • Mesmo quando é decisão do indivíduo ter uma vida bela, e mesmo quando os comportamentos e valores que definem essa beleza não têm a forma da lei nem da norma, isso não significa que careçam de universalidade. A estética da existência nos coloca, com efeito, perante uma universalidade sem lei (**HS3**, 215). • Foucault opõe essa estética à hermenêutica cristã do desejo (**HS2**, 278). • "Pergunto-me se nosso problema hoje não é, de certo modo, o mesmo que tinham os gregos, já que a maioria de nós não crê que uma moral possa ser fundada na religião e não quer um sistema legal que intervenha em nossa vida moral, pessoal e íntima" (**DE4**, 386). Nesse sentido, ser moderno é, para Foucault, uma questão de *éthos*, de estilo. Ver: *Ariès, Baudelaire, Éthos*. Isso não significa que se trate de retomar, com certa nostalgia histórica, o modo de viver da Grécia clássica. Segundo Foucault, há na Antiguidade um "profundo erro": "[Encontramos] por um lado, a busca obstinada de certo estilo de existência e, por outro, o esforço por torná-lo comum a todos; estilo do qual [os gregos] se aproximaram mais ou menos obscuramente com Sêneca e Epiteto, mas que não encontrou a possibilidade de realizar-se a não ser no marco de um estilo religioso" (**DE4**, 698). • A ideia de que cada um possa fazer de sua vida a própria obra de arte é estranha à Idade Média, mas reaparecerá no Renascimento. A esse respeito, Foucault se refere a Burckhardt (**DE4**, 410) e à obra *Renaissance Self-fashioning*, de Stephen Greenblatt (**DE4**, 545). • Pode-se encontrar, no século XVI, uma ética de si que é também uma estética de si, perspectiva esta a partir da qual poderíamos reler Montaigne. O mesmo se poderia fazer com a história do pensamento no século XIX (**HS**, 240-241).

Bios. O tema da forma de vida, *bios*, entendida a partir da perspectiva da estética da existência, ocupa um lugar central em *Le Courage de la vérité*. Ver: *Parresia*.

141. ESTRATÉGIA / *Stratégie*

Foucault distingue três sentidos do termo "estratégia": 1) a escolha dos meios empregados para obter um fim, a racionalidade utilizada para alcançar os objetivos; 2) o modo em que, em um jogo, um jogador se move de acordo com o que pensa a respeito de como irão atuar os demais e de como os outros jogadores acreditam que ele irá se comportar; e 3) o conjunto de procedimentos para privar o inimigo de seus meios de combate, obrigá-lo a renunciar à luta e, assim, obter a vitória. Os três sentidos se resumem na ideia da estratégia como "escolha das soluções vencedoras" (**DE4**, 241). "Em relação ao primeiro dos sentidos indicados, pode-se chamar de 'estratégia de poder' ao conjunto dos meios utilizados para fazer funcionar ou para manter um dispositivo de poder. Também se pode falar da estratégia própria das relações de poder na medida em que estas constituem modos de ação sobre a ação possível, eventual, suposta dos outros. Pode-se, então, decifrar em termos de 'estratégia' os mecanismos utilizados nas relações de poder. Mas o ponto mais importante é, com toda evidência, o vínculo entre as relações de poder e as estratégias de enfrentamento" (**DE4**, 241-242).

Dialética. Diferentemente da dialética, que persegue a contradição entre os termos para chegar a uma síntese, a estratégia é uma lógica das conexões possíveis entre elementos que são diferentes e continuarão sendo (**NB**, 44).

142. ESTRUTURALISMO / *Structuralisme*

Foucault é incluído com frequência na história do estruturalismo. Sua noção de "episteme" foi considerada um produto do pensamento estruturalista. Pois bem, quando nos atemos às suas próprias declarações, sua relação com o estruturalismo parece tão problemática quanto seu vínculo com a filosofia. Algumas vezes (poucas, é certo) afirmou sua pertinência a esse movimento, mas outras, a maioria, negou-a de maneira taxativa. Assim, por exemplo, sustentou: "O que tratei de fazer foi introduzir as análises de estilo estruturalista em territórios nos quais não haviam penetrado até o presente, isto é, no domínio da história das ideias, da história do conhecimento, da história da teoria. Nesse sentido, fui levado a analisar em termos de estrutura o nascimento do próprio estruturalismo" (**DE1**, 583); "Não tenho nenhum nexo com o estruturalismo e nunca empreguei o estruturalismo para as análises históricas. Mais ainda, diria que ignoro o estruturalismo e que não me interessa" (**DE3**, 80); "Nunca, em nenhum momento, utilizei os métodos próprios das análises estruturais" (**DE2**, 209). Às vezes, sua insistência em negar qualquer pertinência ao estruturalismo o levou a afirmações sob todos os aspectos falsas. Em *L'Archéologie du savoir*, por exemplo, lê-se: "Não se empregou uma só vez o termo 'estrutura' em *Les Mots et les choses*" (**AS**, 261). No entanto, aparece setenta e nove vezes, inclusive no índice. Contudo, para a reedição de *Naissance de la clinique*, ocupou-se de modificar a terminologia demasiado estruturalista da primeira edição. De maneira breve, a situação poderia ser esclarecida dizendo que *Naissance de la clinique* e, em parte, *Les Mots et les choses* marcam uma aproximação de Foucault ao estruturalismo; a partir daqui, nota-se um afastamento crescente. Ao referir-se a seu trabalho sobre Raymond Roussel – e essa apreciação poderia ser estendida sem dificuldade a toda a sua obra –, expressa-se nos seguintes termos: "Não se tratava exatamente do problema do estruturalismo: o que me importava e o que tratava de analisar não era tanto a aparição do sentido na linguagem, mas o modo de funcionamento do discurso dentro de uma cultura dada" (**DE1**, 605).

Sujeito. "Parece-me, acima de tudo, de um ponto de vista negativo, que o que distingue em essência o estruturalismo é que ele problematiza a importância do sujeito humano, a consciência humana, a existência humana" (**DE1**, 653).

Fenomenologia, episteme moderna. Segundo a análise de *Les Mots et les choses*, o estruturalismo e a fenomenologia têm uma condição de possibilidade idêntica, um lugar comum: a disposição epistêmica da Modernidade (**MC**, 312). "O estruturalismo não é um método novo, é a consciência desperta e inquieta do saber moderno" (**MC**, 221).

Existencialismo. O estruturalismo se opôs às duas tendências principais do existencialismo: a tentação de situar a consciência em todas as partes e a de liberá-la da trama da lógica (**DE1**, 654).

Marxismo. Na França, depois de se tentar unir o marxismo à fenomenologia, buscou-se acoplá-lo ao estruturalismo (**DE4**, 434), mesmo que para Sartre e Garaudy se tratasse de uma típica ideologia de direita (**DE1**, 658).

História. A propósito da relação entre o estruturalismo e a história, Foucault assinala (**DE2**, 268-280): 1) Em sua forma primigênia, o estruturalismo foi uma tentativa de dispor de um método mais preciso e rigoroso no campo das investigações históricas. 2) A crítica do caráter anti-histórico do estruturalismo provém, por um lado, da fenomenologia e do existencialismo (por exemplo, de Sartre, para quem, sem atividade humana, sem sujeito, não existiria o sistema da língua), e por outro, de certos marxistas, para quem os movimentos revolucionários têm muito pouco de estruturalistas. 3) As duas noções fundamentais da história, tal como praticada na década de 1960, não são o tempo e o passado, mas a mudança e o acontecimento. Os trabalhos de Dumézil, por exemplo, mostram como uma análise é estrutural quando estuda um sistema transformável e as condições nas quais essa transformação se realiza. "Eu acredito que entre as análises estruturalistas da mudança ou da transformação e as análises históricas dos tipos de acontecimento e dos tipos de duração há, não digo equivalência exata nem convergência, mas certo número de pontos de contato importantes" (**DE2**, 280). • Assim como os estruturalistas abordam os mitos, os historiadores abordam os documentos: para estabelecer o sistema de relações internas e externas. Ambos permitem abandonar a velha e arraigada metáfora biológica da vida e da evolução, ao introduzir a descontinuidade (**DE2**, 281). Ver: *Dumézil*.

Filosofia. Pode-se entender o estruturalismo de duas maneiras. Por um lado, como um método que permitiu a fundação de certas ciências, por exemplo a linguística, e a renovação de outras, como a história das religiões; não consiste na análise das coisas, das condutas ou de sua gênese, mas das relações que regem um conjunto de elementos. Por outro lado, como uma atividade mediante a qual os teóricos não especialistas se esforçam por definir as relações entre os elementos de sua cultura; esse estruturalismo pode valer como atividade filosófica e, nesse sentido, permite diagnosticar a realidade (**DE1**, 581).

143. *ÉTHOS*

Para os gregos, o *éthos* é um modo de ser do sujeito que se traduz em seus costumes, seu aspecto, sua maneira de caminhar, a calma com que enfrenta os acontecimentos da vida. O homem que possui um *éthos* belo e que pode ser admirado e citado como exemplo é o que pratica sua liberdade de maneira refletida, isto é, em relação a si mesmo (**DE4**, 714).

Atitude de modernidade. Em lugar de tomar a Modernidade como um período e distinguir, assim, entre moderno, pré-moderno e pós-moderno, Foucault a considera uma atitude, um *éthos* no sentido grego do termo, isto é, a escolha voluntária de determinada maneira de pensar e sentir, de agir e conduzir-se, uma marca de pertencimento e uma tarefa (**DE4**, 568). Essa atitude pode ser caracterizada de forma negativa ou positiva. 1) Caracterização negativa: trata-se de evitar a chantagem da *Aufklärung*, isto é, de não colocar a questão da Modernidade em termos de uma alternativa simplista de aceitação ou rejeição. "É necessário tentar a análise de nós mesmos enquanto seres historicamente determinados, em certa medida, pela *Aufklärung*" (**DE4**, 572). Devemos perguntar-nos por aquilo que já não é necessário para constituir-nos como sujeitos autônomos. Não há que confundir a *Aufklärung* com o Humanismo: o princípio de uma exigência de nos constituirmos como sujeitos autônomos estabelece uma tensão entre *Aufklärung* e Humanismo. Com efeito, esse último supõe uma concepção universal do homem. 2) Caracterização positiva: a crítica kantiana se preocupava em determinar os limites que o conhecimento não devia ultrapassar; a ontologia do presente, ao contrário, é uma crítica que adota a forma prática da superação possível do limite. É uma crítica arqueológica em seu método (não é transcendental, não trata de estabelecer as estruturas universais de todo conhecimento): ocupa-se dos discursos que articulam o que pensamos, dizemos e fazemos enquanto acontecimentos (*événements*) históricos. É genealógica em sua finalidade: não se trata de deduzir a partir do que somos o que nos é impossível fazer ou conhecer, mas de deduzir, a partir da contingência histórica que nos fez ser o que somos, a possibilidade de não ser, fazer ou pensar o que somos, fazemos ou pensamos (**DE4**, 574). Trata-se de uma crítica experimental: um trabalho de nós sobre nós mesmos enquanto seres livres, uma prova histórica dos limites que podemos superar. Consiste em transformações parciais e não nas promessas de um homem novo. A ontologia do presente tem sua aposta (*enjeu*), sua homogeneidade, sua sistematicidade e sua generalidade. A *aposta* é desconectar o crescimento das capacidades (produção econômica, instituições, técnicas de comunicação) da intensificação das relações de poder (disciplinas coletivas e individuais, procedimentos de normalização exercidos em nome do Estado, exigências sociais e regionais). Quanto à *homogeneidade*, refere-se ao objeto de estudo constituído pelas práticas. Não se trata nem de analisar as representações que os homens têm de si mesmos, nem as condições que os levam a pensar de determinada maneira sem que eles o saibam, mas o que fazem e o modo como o fazem: as formas de racionalidade que organizam as maneiras de fazer (aspecto tecnológico) e a liberdade com que atuam nesses sistemas práticos, isto é, como reagem, como os modificam (aspecto estratégico). A *sistematicidade* alude aos três âmbitos em que esse conjunto de práticas se desenvolve: as relações de domínio sobre as coisas (saber), as relações de ação com os outros (poder), e as relações do indivíduo consigo mesmo (ética); e se interroga: como nos constituímos como sujeitos do saber, como sujeitos que exercem ou padecem o poder, como sujeitos éticos de nossas próprias ações? Por último, a *generalidade* sugere que essas práticas têm um caráter recorrente. "A ontologia crítica de nós mesmos não deve ser considerada uma teoria, uma doutrina, nem um corpo permanente de saber que se acumula; é necessário concebê-la como uma atitude, um *éthos*, uma vida filosófica em que a crítica do que somos é, ao mesmo tempo, análise histórica dos limites que nos são impostos e prova de sua possível transgressão" (**DE4**, 577).

Baudelaire. Foucault também descreve a atitude de modernidade a partir da obra de Baudelaire. Ver: *Baudelaire*.

Filosofia, *parresia*. Sobre o *éthos* filosófico na Antiguidade, ver: *Parresia*.

144. ÉTICA / *Éthique*

Foucault delimita de maneira rigorosa o conceito de "ética", que lhe serve para definir um domínio de análise que aborda nos volumes finais de *Histoire de la sexualité* e em seus últimos cursos do Collège de France. Em primeiro lugar, é necessário começar com algumas considerações sobre o termo "moral". Por "moral" pode-se entender, por um lado, um conjunto de valores e regras que os diferentes aparatos prescritivos (a família, as instituições educacionais, as igrejas etc.) propõem aos indivíduos e aos grupos; por outro lado, os comportamentos dos indivíduos, que podem ser morais na medida em que se mostram ou não adequados às regras e valores que lhes são propostos. No primeiro caso, pode-se falar de "código moral"; no segundo, de "moralidade dos comportamentos". Pois bem, além dos códigos e comportamentos, pode-se considerar a maneira pela qual o indivíduo se constitui como sujeito moral. Aqui é necessário distinguir quatro aspectos: 1) A *substância ética*: a parte do indivíduo que constitui a matéria do comportamento moral. Por exemplo, uma determinada exigência no nível do código, como a fidelidade, pode ser concernente a substâncias éticas diferentes: os atos, os desejos. 2) Os *modos de sujeição*: a maneira pela qual o indivíduo estabelece sua relação com a regra e se reconhece ligado a ela, seja por pertencer a um grupo ou por considerar-se herdeiro de uma tradição espiritual, entre outras razões possíveis. 3) As *formas de elaboração do trabalho ético*: o que o indivíduo faz para se adequar à regra ou para transformar a si mesmo em sujeito moral. Assim, por exemplo, a austeridade sexual pode ser praticada por meio de um longo trabalho de aprendizagem, como uma renúncia súbita, ou como um combate permanente. 4) A *teleologia do sujeito moral*: uma conduta moral, para além de sua singularidade, situa-se no conjunto das condutas morais do indivíduo, tende à realização de uma forma de individualidade. Por exemplo, ainda no caso da austeridade sexual, pode-se perseguir o domínio de si mesmo ou a tranquilidade da alma (**HS2**, 33-35). • O termo "ética" refere-se a todo esse domínio da constituição de si mesmo como sujeito moral. Uma história dos quatro elementos mencionados "poderia ser chamada de uma história da 'ética' e da 'ascética', entendida como história das formas de subjetivação moral e das práticas de si que estão destinadas a assegurá-la" (**HS2**, 36). • Foucault propõe distinguir entre morais orientadas para o código (aquelas nas quais se acentua o elemento prescritivo) e morais orientadas para a ética (as que insistem nos modos de subjetivação). Em poucas palavras, para Foucault, o termo "ética" faz referência à relação do indivíduo consigo mesmo: é uma prática, um *éthos*, um modo de ser. • As expressões "sujeito moral" e "sujeito ético" são equivalentes em sua obra. • A ética constitui, depois do saber e do poder, o terceiro eixo de seu trabalho (**DE4**, 576).

Política. A ética grega dos prazeres tem a mesma estrutura que a política, isto é, trata-se de uma questão de governo: o indivíduo é semelhante à cidade (**HS2**, 83). • Para os pensadores da segunda metade do século XX, o problema é, a um tempo, político e ético, social e filosófico; não se trata de liberar o indivíduo do Estado e de suas instituições, mas de liberar-nos do Estado, do tipo de individualização associado a ele. É necessário promover novas formas de subjetividade, rechaçando o tipo de individualidade que nos vem sendo imposta há séculos (**DE4**, 232). • "Estaria bem de acordo em dizer que o que me interessa é muito mais a moral do que a política ou, em todo caso, a política como ética" (**DE4**, 586).

Estética. Na Grécia clássica, a ética dos prazeres constitui, do ponto de vista do modo de sujeição, uma estética, isto é, uma escolha livre na qual estão em jogo o governo de si e dos outros, e o ideal de uma vida bela (**DE4**, 398). • Nessa moral, orientada à ética, trata-se de elaborar uma estética da existência e não uma moral dos comportamentos estruturada em termos jurídicos (**DE4**, 488).

Loucura. A Época Clássica percebe a loucura a partir de uma experiência ética, isto é, desde uma decisão de separação, de exclusão (**HF**, 181); do mesmo modo, a razão nasce em um espaço ético (**HF**, 188). • A coerência da prática do confinamento, da internação, depende da grande reorganização ética da Época Clássica (reorganização da sexualidade em relação à família burguesa, do sagrado e dos ritos religiosos, das relações entre o pensamento e o sistema das paixões) (**HF**, 115-116).

Arqueologia. Em *L'Archéologie du savoir*, Foucault menciona a possibilidade de uma arqueologia da ética, mas aqui o termo "ética" faz referência à maneira pela qual o sistema de proibições e valores está presente no modo de falar da sexualidade (**AS**, 252-253).

Etho-poiética. Foucault retoma esse termo, que provém de Plutarco, para referir-se à atividade por meio da qual o indivíduo constitui a si mesmo como sujeito ético (**HS2**, 19).

Éthos. A ética, tal como a entendiam os gregos, é um *éthos*, isto é, uma maneira de ser e de conduzir-se (**DE4**, 714).

Liberdade. A liberdade é a condição ontológica da ética, que é por sua vez a prática reflexa da liberdade (**DE4**, 711-712). Para os gregos, liberdade significa o contrário da escravidão e, nesse sentido, é um problema político. Ser livre significa não ser escravo, nem de outro homem, nem de si mesmo, nem dos próprios apetites ou desejos. A liberdade é também um modo de comportar-se em relação aos demais. A questão da prática reflexa da liberdade é mais relevante que o problema da liberação (**DE4**, 714). O cuidado de si mesmo foi o modo pelo qual os gregos propuseram o tema da liberdade como ética (**DE4**, 712).

Governamentalidade. "A noção de 'governamentalidade' permite, acredito, fazer valer a liberdade do sujeito e a relação com os outros, isto é, o que constitui a própria matéria da ética" (**DE4**, 729).

Kant. Descartes liberou a racionalidade científica da moral. Kant reintroduziu a moral como forma aplicada da racionalidade ao voltar a propor: "Como posso constituir a mim mesmo como sujeito ético?" (**DE4**, 411).

Modernidade. O pensamento moderno nunca pôde propor uma moral, não porque seja apenas especulação, mas porque é em si mesmo uma ética, um modo de ação: reflexão, tomada de consciência, elucidação do silencioso, restituição da palavra ao que é mudo, reanimação do inerte. Tudo isso constitui o conteúdo e a forma da ética moderna (**MC**, 338-339).

Deleuze. A propósito de *O Anti-Édipo* de Deleuze e Guattari, Foucault afirma que se trata de um livro de ética – no sentido de ética como *éthos* –, "o primeiro escrito na França desde há muito tempo. [...] Ser anti-Édipo converteu-se em um estilo de vida, um modo de pensar e de viver" (**DE3**, 134-135) que consiste em liberar-se do fascismo instalado na cabeça e no corpo dos homens. Ver: *Deleuze*.

Parresia. A *parresia* é a ética do dizer verdadeiro. Ver: *Parresia*.

A ilusão do código, a miragem jurídica. A modo de indicação metodológica para analisar a ética sexual, em *Subjectivité et vérité*, Foucault sugere pensar a experiência ética a partir dos matizes e gradações, em lugar de fazê-lo como um conjunto de proibições claras e precisas, estabelecidas com rigor. Em relação ao que poderia denominar-se a ilusão do código e a miragem jurídica (**SV**, 101), propõe "fazer o contrário e colocar a nuance antes da proibição, a gradação antes do limite, o *continuum* antes da transgressão" (**SV**, 100).

145. EUROPA

O surgimento de um *espaço* europeu, concebido em termos de equilíbrio entre os diferentes Estados membros foi, junto com o mercado constituído como um lugar de veridicção e a limitação da ação de governar mediante o cálculo de utilidades, um dos elementos fundamentais do surgimento da governamentalidade moderna e do liberalismo. Surge assim uma nova ideia de Europa, a "Europa do enriquecimento coletivo" (**NB**, 56). Em paralelo com esse projeto, a Europa começa a considerar o mundo inteiro como um mercado infinito para seus produtos, o que aparece, ademais, como uma condição para alcançar o ideal de fins do século XVIII: a paz perpétua. "A garantia da paz perpétua é, então, com efeito, estender o comércio a todo o planeta" (**NB**, 60).

146. EXAME / *Exame*

A noção de "exame" é objeto de análise nos trabalhos de Foucault em várias oportunidades. A respeito, podem ser distinguidos três contextos diferentes: o exame como técnica disciplinar na qual se entrelaçam o poder e o saber; o exame de consciência como prática de si mesmo na Antiguidade; e o exame de consciência no monasticismo e na pastoral da carne.

Disciplina. O exame, invenção da Época Clássica, constitui um dos instrumentos essenciais do poder disciplinar. "O exame combina as técnicas da hierarquia que vigia e da sanção que normaliza. É um olhar normalizador, uma vigilância que permite qualificar, classificar, castigar. Estabelece sobre os indivíduos uma visibilidade mediante a qual podem ser diferenciados e sancionados" (**SP**, 186-187). • "A prática massiva do confinamento, o desenvolvimento do aparato policial, a vigilância das populações prepararam a constituição de um novo tipo de poder-saber que tomará a forma do exame" (**DE2**, 392).

Saber e poder. Na forma extremamente ritualizada do exame conjugam-se a cerimônia do poder e o estabelecimento da verdade. Nesse sentido, saber e poder se reforçam mutuamente naquilo que torna possível o conhecimento a partir das técnicas, dos procedimentos e das práticas (por exemplo, no exame), e não só no plano da consciência ou das representações. Exemplo disso é o papel desempenhado pelo exame na constituição da medicina clínica a partir do século XVIII. À diferença do que sucedia com a inspeção de épocas anteriores, prática descontínua e rápida, com o exame regular coloca-se o enfermo em uma situação de estudo quase perpétua; o médico ingressa em um espaço que, até esse momento, havia sido externo: o hospital. Aparece, então, a figura do enfermeiro. Assim, o hospital se converte em lugar de formação e de conhecimento, de entrelaçamento das relações de poder com a constituição do saber. De maneira idêntica, a escola se transforma em um aparato de exame ininterrupto que se sobrepõe a toda operação de ensino. Dessa forma garante-se a transmissão do conhecimento do mestre ao aluno, e, ao mesmo tempo, obtém-se mediante o exame todo um saber reservado ao mestre (**SP**, 187-189). O mecanismo saber-poder do exame tem vários efeitos. 1) Permite inverter a economia da visibilidade no exercício do poder: a tradição do poder era mostrar-se, fazer-se visível, dar lugar a um espetáculo que mantinha na sombra os sujeitos sobre os quais se exerce. No exame, os indivíduos se oferecem como objetos para a observação por parte de um poder que só se manifesta por meio de seu olhar. 2) Torna possível o ingresso da individualidade em um campo documental: é um processo que se dá mediante as técnicas de anotação, os registros, a constituição de expedientes, a formação de arquivos. 3) Permite, por meio de todas essas técnicas documentais, converter cada indivíduo em um caso: o exame é o lugar da fixação, ao mesmo tempo ritual e científica, das diferenças individuais; alinha em cada um a própria singularidade (**SP**, 189-194). • Não só a medicina ou a pedagogia, mas todas as ciências humanas em geral encontram sua condição histórica de possibilidade nos procedimentos do poder disciplinar, no centro dos quais se encontra o exame (**SP**, 195).

Indivíduo. Ao combinar a vigilância hierarquizada e a sanção disciplinadora, o exame se localiza no centro dos procedimentos que constituem o indivíduo, como efeito e objeto das práticas de saber-poder (**SP**, 194).

Investigação. O século XVIII inventou o exame como a Idade Média inventou a investigação judicial enquanto busca autoritária de uma verdade constatada e testemunhada. A investigação judicial serviu de matriz para a formação das ciências empíricas, assim como o exame o fez para a formação das ciências humanas. Mas, enquanto a investigação se desprendeu de seu caráter de procedimento inquisitorial, o exame, ao contrário, permanece impregnado de disciplina (**SP**, 226-227). Ver: *Investigação*.

Confissão, pastoral da carne. A confissão e o exame de consciência foram duas práticas fundamentais da pastoral da carne. Na elaboração da experiência cristã da carne, que Foucault situa entre a experiência greco-latina dos *aphrodísia* e a experiência moderna da sexualidade, é levada a cabo uma profunda ressignificação das práticas filosóficas do exame. Com efeito, o exame de si já não estará destinado a elaborar pautas racionais de conduta tendo em vista o comportamento futuro, mas se dirigirá ao passado, às faltas cometidas e aos movimentos da alma, aos *arcana conscientiae*. Essa transformação da prática do exame foi analisada por Foucault em particular na primeira parte de *Les Aveux de la chair*. Ver: *Carne, Confissão*. • Na codificação clínica do "fazer falar" combinam-se a confissão e o exame: o relato de si mesmo se apresenta como o desdobramento de um conjunto de signos e sintomas decifráveis; um modo, em suma, de inscrever os procedimentos da confissão em um campo de observações científicas aceitáveis (**HS1**, 87). Ver: *Psicanálise*.

Exame de consciência. No conjunto das práticas de si da Antiguidade, encontramos o exame de consciência. Era uma parte explícita do ensino pitagórico, mas trata-se, na realidade, de uma modalidade bastante difundida. O exame matinal tinha como objetivo considerar as tarefas do dia e preparar-se para elas; o da tarde buscava a memorização da jornada transcorrida (**HS3**, 77). A esse respeito, Foucault considera sobretudo Sêneca, para quem a relação do sujeito consigo mesmo não é de tipo judicial, isto é, não busca estabelecer as infrações cometidas (a culpabilidade, o castigo); trata-se antes de uma inspeção, de um controle para apreciar o trabalho realizado, os progressos obtidos no cuidado de si mesmo. No caso de Epiteto, a finalidade do exame é pôr à prova e distinguir as representações, as primeiras impressões, para não se deixar levar por elas (**HS3**, 77-80). • Em *L'Herméneutique du sujet*, Foucault analisa a questão do exame de consciência em Marco Aurélio (aulas de 27 de janeiro e 24 de fevereiro de 1982), Sêneca e Epiteto (aula de 24 de março de 1982). •

No cristianismo primitivo, mais precisamente no monasticismo, a prática do exame de consciência se distingue da prática desenvolvida nas escolas filosóficas da Antiguidade por sua forma de execução, pelo modo de relação com o diretor de consciência e pela exigência de exaustividade. Implica uma relação de obediência incondicional em relação ao mestre, ao diretor de consciência, no que concerne a todos os aspectos da vida (uma obediência exaustiva, poderíamos dizer). O domínio de aplicação do exame de consciência é o dos movimentos da alma: deve-se determinar o que é necessário fazer para não cometer faltas ou reconhecer as que tiverem sido cometidas. A confissão que segue o exame não é só a enumeração das faltas cometidas, mas a verbalização de todos os movimentos da alma (**DE4**, 127-128). O cristianismo vincula assim a prática do exame à direção de consciência (**DE4**, 146). • Na comparação entre a prática do exame nas escolas filosóficas da Antiguidade e no cristianismo, também é necessário ter em conta a relação com a verdade. No primeiro caso, o exame de consciência era, antes de tudo, um exercício orientado à memorização dos princípios justos, de uma verdade que está fora. No segundo caso, a verdade em questão é a que está no fundo de si mesmo (**DE4**, 659). • "Há três grandes tipos de exame de si: em primeiro lugar, o exame pelo qual se avalia a correspondência entre os pensamentos e a realidade (Descartes); em segundo lugar, o exame pelo qual se estima a correspondência entre os pensamentos e as regras (Sêneca); em terceiro lugar, o exame pelo qual se aprecia a relação entre um pensamento oculto e uma impureza da alma. Com esse terceiro tipo de exame começa a hermenêutica de si cristã e seu deciframento dos pensamentos íntimos" (**DE4**, 810).

Catecumenato. A questão do exame de si mesmo como regime de verdade, em particular em relação à prática da confissão, é um dos temas dominantes do curso *Du gouvernement des vivants* (**DGDV**, 97). Dessa perspectiva, Foucault analisa a evolução das práticas do catecumenato nos primeiros séculos do cristianismo, em particular a relação entre confissão da fé e confissão dos pecados (**DGDV**, 150).

147. EXISTENCIALISMO / *Existentialisme*

Para Foucault, pode-se definir o existencialismo como um projeto antifreudiano, não porque Sartre ou Merleau-Ponty ignorassem Freud, mas antes o contrário disso, no sentido de que buscavam mostrar como a consciência humana, o sujeito ou a liberdade do homem chegavam a penetrar em tudo o que o freudismo havia descrito como mecanismos inconscientes. Essa rejeição do inconsciente é o obstáculo do existencialismo. Apesar de tudo, o existencialismo tem uma profunda vocação anti-hegeliana, pois tenta descrever as experiências de maneira que possam ser compreendidas em suas formas psicológicas. Sua grande preocupação foi colocar por toda parte a consciência (**DE1**, 654). • "Fui formado no clima filosófico da fenomenologia e do existencialismo; isto é, de formas de reflexão que tinham um vínculo estreito com experiências vividas, alimentadas e nutridas por essas correntes. E, no fundo, a elucidação dessa experiência vivida constituía a filosofia, o discurso filosófico" (**DE3**, 372). • "Eu não sinto nenhuma compatibilidade com o existencialismo tal como Sartre o definiu" (**DE3**, 671). • Nietzsche (com o tema da descontinuidade e do super-homem) e

Bataille (com as experiências-limite) foram a porta de saída do hegelianismo (com seu modelo de inteligibilidade de uma história contínua) e da fenomenologia (com sua afirmação da primazia e da identidade do sujeito) (**DE4**, 49).

148. *EXOMOLOGÊSIS*

Esse termo designa, em um sentido amplo, a manifestação de uma verdade e a adesão do sujeito a essa verdade que proclama, e cujas consequências aceita. Como ato de fé, é necessária para o cristão. Mas há outro tipo de *exomologêsis*: a confissão dos pecados. Não se trata, no entanto, de uma verbalização analítica das faltas com suas circunstâncias, como a confissão da época moderna, mas de um rito coletivo no qual se reconhecem apenas as faltas graves. Foucault estuda a prática da *exomologêsis* no monasticismo (em particular na obra de Cassiano *Instituições cenobíticas*), no marco da direção de consciência, e destaca três aspectos que a diferenciam da direção de consciência tal como praticada nas escolas filosóficas da Antiguidade: a relação de obediência absoluta em relação ao mestre, a maneira de conduzir o exame de consciência e a obrigação de dizer tudo ao diretor de consciência (todos os movimentos da alma, até o último detalhe da vida) (**DE4**, 126-127, 805-808). Ver: *Cassiano, Confissão, Exame*.

Aleturgia. No curso *Du gouvernement des vivants* (1979-1980), Foucault aborda o cristianismo da perspectiva das formas do dizer verdadeiro e da manifestação da verdade. Ver: *Aleturgia*. Nesse contexto, ocupa-se da prática do exame de si para mostrar as diferenças entre o paganismo e o cristianismo (ver as seções *Epistrophé e metánoia*, do verbete *Conversão*; e *Originalidade do cristianismo*, do verbete *Cristianismo*) e a evolução dessa prática no seio do cristianismo (ver as seções *Cristianismo*, do verbete *Ascese*; e *Exomologêsis, exagoreusis*, do verbete *Confissão*). Para resumir esse percurso, sustenta Foucault: "[A] relação entre subjetividade e verdade assume diversas formas nos diferentes campos institucionais do cristianismo: pôr à prova a alma no batismo, publicação de si na penitência e na *exomologêsis*, exploração da consciência, de seus segredos e de seus mistérios na direção e na *exagoreusis*. [...] Voltar-se para si mesmo no discurso é, com efeito, uma das grandes linhas de força da organização das relações entre subjetividade e verdade no Ocidente cristão. Subjetividade e verdade não têm uma comunicação primordial; em todo caso, já não têm uma comunicação exclusiva por meio do acesso do sujeito à verdade. Sempre será necessário que haja uma flexão do sujeito em direção à própria verdade mediante a colocação perpétua de si mesmo em discurso" (**DGDV**, 305).

149. **EXPERIÊNCIA** / *Expérience*

O termo "experiência" aparece em numerosas expressões: experiência do próprio corpo, da loucura, da desrazão, onírica, imaginária, vivida (*vécue*), patológica, literária, de si mesmo etc. Em suas primeiras obras, Foucault o utiliza com um sentido próximo ao da fenomenologia existencial: a experiência como o lugar em que é necessário descobrir as significações originárias. Nota-se esse enfoque em um dos seus primeiros textos, a introdução à edição francesa da obra de Binswanger, *Traum und Existenz* (**DE1**, 75-76). Ver: *Fenomenologia*. • Em seguida, por meio da leitura de textos literários e filosóficos (Bataille, Blanchot, Nietzsche), descobre outra forma de experiência que já não funda o sujeito, mas que faz antes o contrário: "A experiência em Nietzsche, Blanchot, Bataille tem por função arrancar o sujeito de si mesmo, de modo que não seja mais ele mesmo quem seja levado à sua aniquilação ou dissolução. É uma empresa de dessubjetivação" (**DE4**, 43). • Por último, o conceito de experiência recebe uma elaboração foucaultiana específica: como forma histórica de subjetivação. Nesse sentido, "experiência" e "pensamento" terminam por ser equivalentes: "Por 'pensamento' entendo o que instaura, em suas diferentes formas possíveis, o jogo do verdadeiro e do falso, e que, consequentemente, constitui o ser humano como sujeito de conhecimento; o que funda a aceitação ou a rejeição da regra e constitui o ser humano como sujeito social e jurídico; o que instaura a relação do indivíduo consigo mesmo e com os demais, e constitui o ser humano como sujeito ético" (**DE4**, 579). Com esse sentido utiliza a expressão "experiência de si" nos cursos dedicados à veridicção e ao cuidado de si. • "Uma experiência é sempre uma ficção; é algo que se fabrica para si mesmo, que não existe antes e que existirá depois" (**DE4**, 45). • Dessa perspectiva, Foucault criticará seus usos anteriores da noção de "experiência". "O conjunto de práticas e discursos constitui o que denominei a 'experiência da loucura'; um mau nome, porque não é em realidade uma experiência" (**DE2**, 207). • A atitude de modernidade, como *éthos*, é uma forma de experiência histórica livre, de experimentação. Ver: *Éthos*.

Núcleo de experiência. As formas de um saber, das matrizes normativas de comportamento, modos de subjetivação, constituem, para Foucault, os núcleos de experiência (**GSA**, 5). O estudo da *parresia* lhe permitirá mostrar as formas de correlação entre esses núcleos (**GSA**, 42). Ver: *Parresia*.

F

150. FAMÍLIA / *Famille*

De certo ponto de vista, seria possível pensar Foucault como um filósofo dedicado ao estudo da família. Pelo menos no que concerne às suas análises dos mecanismos de exercício do poder. Na lição de 5 de dezembro de 1973 de *Le Pouvoir psychiatrique*, a investigação das relações entre família e asilo levou-o a distinguir e opor os dispositivos de soberania e os disciplinares, e a considerar suas formas de complementação (**PP**, 95-117). Em *La Volonté de savoir*, a distinção entre o dispositivo familiar de aliança e o dispositivo de sexualidade o conduziu a introduzir a noção de "dispositivos regulares", diferentes dos dispositivos da soberania e das disciplinas (**HS1**, 140-146).

Sexualidade. A família burguesa ou aristocrática foi o primeiro âmbito em que se problematizou a sexualidade infantil e adolescente, medicalizou-se a sexualidade feminina, alertou-se acerca da possível patologia do sexo e se fez urgente a necessidade de vigiar e inventar uma tecnologia racional de correção (**HS1**, 159).

Masturbação, família celular. Em *Les Anormaux*, Foucault analisa a reorganização da família no século XIX no marco da grande campanha contra a masturbação. Nesse sentido, mais que de uma moralização, trata-se de uma somatização: 1) a ficção de uma enfermidade total, polimorfa, absoluta, sem remissão, que se instala no corpo do masturbador; 2) o delírio hipocondríaco gerado pelos médicos, que tentam conseguir que todo paciente vincule os sintomas de qualquer enfermidade física a essa falta primeira; 3) a masturbação aparece como causa provável de toda enfermidade possível: enfermidades do cérebro, do coração, dos olhos, etc. e, no entanto, apesar de tantos perigos originados na prática da masturbação, sua somatização foi acompanhada por uma desculpabilização. Com efeito, ao não se reconhecerem causas endógenas dessa prática, as crianças não podiam ser culpabilizadas. Não se trata da natureza, mas do exemplo, da sedução do adulto. A falta provém, então, de fora. A origem da masturbação seria o desejo dos adultos, um desejo que tem por objeto as crianças. Mas nessa desculpabilização da criança, e na consequente culpabilização dos adultos, há que distinguir duas coisas: por um lado, o perigo representado pelo pessoal doméstico, os instrutores e os educadores (são eles os personagens do mau exemplo); por outro, a responsabilidade dos pais (nesse caso, sua culpa consiste em não se ocuparem de forma pessoal de seus filhos). A partir disso temos duas consequências complementares: 1) é necessário suprimir, dentro do possível, a presença de pessoal doméstico ou, pelo menos, restringir ao mínimo seu contato com os meninos; 2) apresenta-se a exigência de cuidar (vigiar) os próprios filhos. Emerge desse modo a célula familiar, a família medicalizada: a supressão do pessoal doméstico e a exigência de vigilância reorganizam o espaço familiar para facilitar uma espécie de "corpo a corpo" entre pais e filhos. Desse modo, aparece um novo espaço: o lar, um "novo corpo familiar" marcado por sua substância físico-afetiva. A partir daqui, a família-célula vai substituir a família relacional. Mas desde o momento em que a masturbação se encontra no centro da família-célula, e em razão da somatização antes mencionada, a família-célula se vincula estreitamente com a medicina. De qualquer modo, há certo isomorfismo entre a relação pais-filho e a relação médico-paciente: os pais devem diagnosticar, ser terapeutas, agentes de saúde. O espaço densamente afetivo da família-célula é atravessado pela tecnologia de poder própria ao saber médico. Vejamos dois exemplos dessa medicalização: 1) a discrição no nível da linguagem entre pais e filhos sobre a sexualidade é contrabalançada pela discursividade entre médico e paciente (é necessário que a criança masturbadora confesse isso ao médico); 2) utilizam-se instrumentos técnicos para controlar a masturbação. • A partir da família celular e medicalizada aparecem, nas primeiras décadas do século XIX, a normalidade e a anormalidade sexuais (**AN**, 249-255).

Incesto. Podemos ver a campanha antimasturbação como uma transformação da pastoral cristã da carne com algumas modificações fundamentais: infantilização, medicalização, instrumentalização (mais que o resultado da constituição da família-célula, a campanha antimasturbação foi seu instrumento). Foucault faz duas observações a propósito desse processo: 1) A partir de fins do século XVIII, a sexualidade infantil foi definida em termos de autoerotismo, isto é, sem referências relacionais. A formação da família celular permitiu instalar de um modo novo a sexualidade relacional no autoerotismo das crianças. 2) A teoria psicanalítica do incesto deu aos pais um benefício moral: eles são o objeto do desejo dos filhos. O aprofundamento da posse, por parte dos pais, da sexualidade de seus filhos, a propriedade, digamos assim, do desejo, foi acompanhada pela ampliação da posse estatal dos corpos, pela extensão da escolarização e dos métodos e instituições disciplinares. O dito anteriormente se aplica à família burguesa, mas o que acontece com o proletariado? Diz-se ao proletariado: "casem-se, não tenham filhos antes do matrimônio". Trata-se de se contrapor ao fenômeno das uniões livres, que se multiplicam em razão do enfraquecimento do proletariado rural e da formação do urbano, que não requer os suportes do matrimônio (assistência entre família, intercâmbio de bens etc.). Desde o momento em que por razões econômicas se tornou necessária a estabilidade da classe operária, foi preciso instaurar um novo quadriculamento político dos corpos, cuja palavra de ordem proclamava: "Não se misturem". Trata-se de uma nova problemática do incesto, não do tipo filhos-pais, mas irmão-irmã, pai-filha. A sexualidade perigosa é agora a do adulto. Estamos diante uma teoria sociológica, não mais psicanalítica, do incesto (**AN**, 257-560).

Asilo. Em *Histoire de la folie à l'âge classique*, Foucault sustenta que a família serviu de modelo para o surgimento da instituição asilar no final do século XVIII. Em *Le Pouvoir psychiatrique*, ao contrário, ele corrige essa afirmação. A matriz do asilo não foi a família, mas os dispositivos disciplinares. A conexão entre a psiquiatria e suas instituições é posterior, de fins do século XIX (**PP**, 17). Ver: *Psiquiatria*.

Governo. As artes de governar se situam entre o quadro rígido demais da teoria da soberania e o modelo excessivamente débil, do ponto de vista político, da administração familiar. Só com a noção de "população" a economia conseguirá sua independência do modelo familiar (**STP**, 108). O saber estatístico, que começa a se formar no século XVIII, mostra, com efeito, que os fenômenos da população são irredutíveis ao modelo familiar. A família deixa de ser, por isso, um modelo para a política e se converte em um objetivo e um instrumento desta. Ver: *Artes de governar*.

151. FASCISMO / *Fascisme*

O nazismo e o fascismo não teriam sido possíveis sem que uma porção bastante importante da população se encarregasse das funções de repressão, de controle, de polícia. Nesse sentido, o conceito de ditadura com que são identificados é em parte falso (**DE2**, 654). • O inimigo principal do Anti-Édipo, de Gilles Deleuze e Félix Guattari, é o fascismo; sobretudo "o fascismo que nos faz amar o poder, desejar essa coisa que nos domina e nos explora" (**DE3**, 134). Ver: *Deleuze*. • O século XX não possuía um aparato conceitual apropriado para pensar o fascismo e o stalinismo. Dispunha-se de instrumentos teóricos para refletir sobre a miséria, a exploração econômica, a formação da riqueza, mas não de categorias para pensar o excesso de poder (**DE3**, 400-401). Essa foi, sem dúvida, uma das motivações do interesse foucaultiano pela questão do poder. • "O que me incomoda na afirmação do desejo das massas pelo fascismo é que cobre a falta de uma análise histórica precisa. [...] a ausência de análise do fascismo é um dos fatos políticos importantes dos últimos trinta anos, o que permite fazer dele um significante flutuante, cuja função é em essência a denúncia" (**DE3**, 422). • Apesar de sua singularidade histórica, nem o stalinismo nem o fascismo são inteiramente originais; utilizaram e estenderam mecanismos de poder já existentes em outras sociedades, e as ideias e os procedimentos da racionalidade política ocidental (**DE4**, 224).

Partido. Para Foucault, a razão histórica do fascismo não é o superdimensionamento do Estado, mas sua subordinação ao partido (**NB**, 197). Ver: *Liberalismo*.

152. *FAUSTO*

O *Fausto* é um exemplo da maneira pela qual a questão do prazer e o acesso ao conhecimento se encontram vinculados ao amor pela mulher, sua virgindade, sua pureza, sua queda e seu poder redentor (**HS2**, 252). Poderia ser interpretado desse modo: não há acesso ao saber sem uma modificação profunda do ser do sujeito (**HS**, 28). Nesse sentido, Foucault analisa as transformações da figura de Fausto desde Marlowe a Goethe, passando por Lessing (**HS**, 296-297).

Heroísmo filosófico. O *Fausto* de Goethe representa, para Foucault, a última encarnação do ideal filosófico heroico da Antiguidade (**CV**, 196).

153. FENOMENOLOGIA / *Phénoménologie*

Análise existencial. A formação universitária de Foucault esteve impregnada de fenomenologia. Em *Dits et écrits*, há numerosas referências à presença e influência desse método durante seus estudos. Ademais, nos anos que trabalhou em hospitais psiquiátricos, os textos de fenomenologia existencial constituíram uma de suas leituras fundamentais. "Todos nós fomos formados na escola da fenomenologia" (**DE1**, 601). Produto dessa formação é a introdução à tradução para o francês da obra *Traum und Existenz*, de Ludwig Binswanger. Nela, Foucault busca, sob a égide de Binswanger, uma conjunção entre Freud e Husserl, entre a psicanálise e a fenomenologia, entre a análise psicanalítica e a descrição fenomenológica. Nas palavras de Foucault: "Encontrar o fundamento comum às estruturas objetivas da indicação, aos conjuntos significativos e aos atos de expressão era o problema colocado pela dupla tradição da fenomenologia e da psicanálise. Da confrontação entre Husserl e Freud, nasce uma dupla problemática" (**DE1**, 79). Foucault dedica grande parte dessa introdução à análise das *Investigações lógicas*, de Husserl, concretamente à distinção entre indicação e expressão. Trata-se de seu único texto dedicado à análise de um problema husserliano. Foucault promete inclusive uma obra ulterior: um estudo da situação da análise existencial no marco do pensamento contemporâneo (**DE1**, 65). A introdução a Binswanger pode ser considerada o ponto de maior aproximação entre Foucault e a fenomenologia. A partir daí, vê-se, na realidade, seu distanciamento.

A questão do sujeito. São várias as razões pelas quais – segundo o próprio Foucault – se produz sua separação da fenomenologia – e inclusive sua oposição a ela: a questão da linguagem (apresentada pela literatura, pela linguística, pelo estruturalismo), a problemática da historicidade do saber e, sobretudo, a questão do sujeito, isto é, de sua dissolução. "E creio que, como em toda minha geração, se produziu em mim, entre os anos 1950 e 1955, uma espécie de conversão que parecia intranscendente no início, mas que, na realidade, nos diferenciou profundamente. A pequena descoberta ou, se quiserem, o pequeno impulso que está na origem dessa conversão foi a inquietude diante das condições formais que podem fazer que a significação apareça" (**DE1**, 601). O estruturalismo foi o ponto de apoio para o questionamento da teoria do sujeito (**DE4**, 52). "Se há um ponto de vista, portanto, que eu rechaço de forma categórica é aquele (chamemo-lo, *grosso modo*, fenomenológico) que concede uma prioridade absoluta ao sujeito da observação, atribui um papel constitutivo a um ato e põe seu ponto de vista como origem de toda historicidade" (**DE2**, 13). "Nietzsche, Blanchot e Bataille são os autores que me permitiram liberar-me daqueles que haviam dominado minha formação universitária, no início dos anos cinquenta: Hegel e a fenomenologia" (**DE4**, 48). Tudo o que sucedeu no âmbito do pensamento na França na década de 1960 provém da insatisfação a respeito da teoria fenomenológica do sujeito, desde diferentes campos: a linguística, a psicanálise, Nietzsche (**DE4**, 437).

Arqueologia. A fecundidade metodológica do *cogito* não é, em última instância, tão grande como se acreditava. Para certas descrições, é necessário colocar o *cogito* entre parênteses. É possível descrever, como faz a arqueologia, as estruturas do saber sem recorrer ao *cogito* (**DE1**, 610). Em *Naissance de la clinique*, encontramos uma frase que ilustra com nitidez a nova posição de Foucault a respeito da fenomenologia: "As fenomenologias acéfalas da compreensão mesclam nessa ideia mal amarrada [a ideia de humanismo médico] a areia de seu próprio deserto conceitual" (**NC**, x). Como dissemos, o único texto de Foucault dedicado à análise de um problema husserliano é a introdução à obra de Binswanger; no entanto, pode-se considerar que a arqueologia, tanto de um ponto de vista metodológico como do ponto de vista do que descreve, é em grande medida um diálogo com a fenomenologia. A arqueologia tenta liberar a análise histórica da fenomenologia, isto é, da busca de uma origem entendida como busca dos atos fundadores (**AS**, 265). *Les Mots et les choses* pode ser lido como um livro a contrapelo de *A crise das ciências europeias e a fenomenologia transcendental*, de Husserl, isto é, como uma descrição do conhecimento que se opõe frontalmente à concepção husserliana da historicidade do saber. Foucault não busca os atos fundadores da racionalidade nem considera que a história do conhecimento seja o desenvolvimento contínuo e progressivo da racionalidade, mas antes o contrário: trata-se de uma história descontínua. Nesse sentido, a noção de episteme pode ser considerada oposta à noção fenomenológica de tradição. Para Husserl, a fenomenologia está inscrita desde a origem na tradição da *ratio* ocidental; para Foucault, ao contrário, só o está na disposição do pensamento moderno. As diferentes figuras da analítica da finitude podem ser lidas como as dificuldades ou ambivalências das diferentes figuras da fenomenologia: a análise das vivências (Merleau-Ponty), o *cogito* e o impensado (Husserl), o retrocesso e o retorno da origem (Heidegger). Ver: *Homem*. • Por outro lado, na disposição epistêmica da Modernidade, a fenomenologia e o estruturalismo aparecem como duas figuras ao mesmo tempo opostas e complementares. Para Foucault, ambos compartilham um lugar comum ou, na linguagem da arqueologia, são possíveis considerando a mesma disposição epistêmica. Na realidade, o estruturalismo e a fenomenologia representam duas tendências correlatas do pensamento moderno: a formalização e a interpretação. Pois bem, trata-se de duas técnicas correlatas cujo solo comum está dado pelo ser da linguagem tal como se constituiu na época moderna. É impossível que a interpretação não se depare com o problema das formas puras da linguagem ou que a formalização prescinda de toda exegese. O esforço do estruturalismo para trazer à luz as formas puras que, antes de todo conteúdo, se impõem ao inconsciente se cruza com o esforço da fenomenologia em recuperar, em forma discursiva, o solo da experiência, o sentido do ser, o horizonte de todos os nossos conhecimentos (**MC**, 312). Aqui Foucault se opõe à interpretação de Sartre. O estruturalismo foi criticado do ponto de vista da fenomenologia existencial. Em sua objeção, Sartre afirma que o estruturalismo é uma forma de análise que deixa de lado a história. Sem sujeito falante, sem atividade humana, como o sistema da língua pode evoluir? (**DE2**, 271). Mas, para Foucault, enquanto as análises fenomenológicas se ocupam dos discursos para encontrar, através deles, as intencionalidades do sujeito falante, a arqueologia não se ocupa do sujeito falante, mas examina as maneiras pelas quais o discurso desempenha um papel dentro do sistema estratégico em que o poder está envolvido (**DE3**, 465). Mais ainda, a genealogia, como análise da constituição dos saberes, dos discursos, dos domínios de objetos, não é uma relativização do sujeito fenomenológico. Não se trata de mostrar como uma consciência se transforma através da história, mas simplesmente de desfazer-se de toda função transcendental do sujeito (**DE3**, 147). • Nos últimos trabalhos de Foucault, dedicados à ética, o problema da constituição do sujeito reaparece, não do ponto de vista da consciência, mas das práticas. Ver: *Ética*, *Sujeito*.

Husserl. A filosofia contemporânea na França começa com as *Meditações cartesianas*, conferências pronunciadas por Husserl em 1929 e publicadas em 1931. A partir delas, a fenomenologia foi objeto de uma dupla recepção: uma que se move na direção de uma filosofia do sujeito (*A transcendência do Ego*, de Sartre), e outra que remonta aos problemas fundadores da filosofia de Husserl, o formalismo e o intuicionismo (*Méthode axiomatique et formalisme: essai sur le problème du fondement des mathématiques*, de Jean Cavaillès). Apesar dos pontos de contato, essas duas linhas permaneceram profundamente heterogêneas (**DE3**, 430). Em *A crise das ciências europeias e a fenomenologia transcendental*, Husserl apresentou as relações entre a razão e a história, mas o fez quanto à busca da origem (**DE3**, 432).

Merleau-Ponty. "Lembro muito bem dos cursos nos quais Merleau-Ponty começou a falar de Saussure, que, embora tivesse morrido há quase cinquenta anos, era totalmente ignorado, não digo pelos filólogos e linguistas franceses, mas pelo público em geral. Então, surgiu o problema da linguagem e parecia que a fenomenologia era incapaz de dar conta, tão bem como uma análise estrutural, dos efeitos de sentido que uma estrutura de tipo linguístico podia produzir, estrutura na qual o sujeito no sentido da fenomenologia não intervinha como doador de sentido" (**DE4**, 434-435). • Merleau-Ponty tratou de retomar duas linhas da fenomenologia: a existencial e as análises que apareciam como um questionamento da ciência em seu fundamento, em sua racionalidade, em sua história (é o caso de Alexandre Koyré) (**DE4**, 53).

Marxismo. Althusser liberou o marxismo de toda fenomenologia (**DE2**, 272). Ver: *Althusser, Marxismo*.

Hegelianismo. Acerca da relação entre o pensamento de Hegel e a fenomenologia na França, ver: *Hegel, Hyppolite*.

Canguilhem. Além das leituras de Blanchot, Bataille e Nietzsche, para compreender o distanciamento de Foucault em relação à fenomenologia, é necessário levar em conta a influência dos trabalhos da escola francesa de história da epistemologia, em particular os de Georges Canguilhem. Ver: *Canguilhem*.

Ordoliberalismo. Com relação às origens histórico-intelectuais do neoliberalismo alemão, o ordoliberalismo, Foucault destaca suas relações com a escola fenomenológica e a herança de Husserl, em particular através da figura de Walter Eucken (**NB**, 107).

154. FEUDALISMO / *Féodalité, Féodalisme*

Não encontramos em Foucault uma análise sistemática do feudalismo, mas sim numerosas observações acerca de seu modo de exercer o poder, que o distingue das formas modernas de fazê-lo. • Nas sociedades feudais, a individualização alcança seu maior nível nos âmbitos em que se exerce a soberania e nas regiões superiores do poder. Quanto mais poder ou privilégios se possui, mais se é marcado por rituais, discursos e representações plásticas (**SP**, 194). • Quando no século XVI, a feudalidade teve que enfrentar as grandes revoltas camponesas, buscou apoio em um poder, um exército, uma fiscalidade centralizados: apareceram, então, os procuradores do rei, a legislação contra os mendigos e vagabundos, e os primeiros rudimentos de uma polícia, de uma justiça centralizada. Em uma palavra, apareceu o embrião do aparato judicial de Estado (**DE2**, 343). • Acerca da prática judicial na sociedade feudal, ver: *Investigação*. • Nas sociedades feudais, não há nada semelhante ao panoptismo (**DE2**, 606). • O poder se exercia mediante signos e impostos: signos de fidelidade ao senhor feudal, rituais, cerimônias, impostos, pilhagem, caça, guerra (**DE3**, 153). • A feudalidade não era exatamente um sistema militar; era um sistema jurídico complexo no qual, em determinados momentos, certa categoria de indivíduos devia exercer a função da guerra, mesmo que não fossem militares de profissão (**DE3**, 581). • O poder se exerce sobre o corpo dos indivíduos de três maneiras: 1) exigia-se que o corpo do súdito oferecesse, produzisse e pusesse em circulação signos de respeito, devoção e servilismo; 2) podia-se exercer sobre eles a violência, inclusive até chegar à morte; e 3) podia-se impor o trabalho (**DE3**, 586). Esse poder era exercido de maneira descontínua (**AN**, 80). • O feudalismo desenvolveu entre os indivíduos um tecido de nexos pessoais muito diferente do construído pelo poder pastoral (**DE4**, 148). • O poder feudal estabelecia relações entre sujeitos jurídicos; desde o nascimento, um indivíduo se encontrava imerso nas relações jurídicas. No Estado de polícia, os indivíduos também possuem uma situação jurídica, mas, além disso, o poder se ocupa deles enquanto homens, seres viventes que trabalham e comerciam (**DE4**, 822-823). • A feudalidade como sistema jurídico caracterizou as sociedades europeias desde o século VI até o XV. Esse sistema não havia sido estudado em sua especificidade nem pelos historiadores nem pelos juristas antes das análises de Henri de Boulainvilliers. Ver: *Boulainvilliers*.

Gênese do Estado moderno. A passagem da feudalidade ao Estado moderno, caracterizado por uma administração centralizada, é estudada no curso *Théories et institutions pénales* em relação à questão da fiscalidade, à profissionalização das forças armadas (exército profissional, instituições policiais) e às formas penais repressivas. Segundo a análise de Foucault, as rebeliões populares do século XVII na França deixaram evidente que para a constituição de uma fiscalidade centralizada eram necessárias novas instituições, um aparato de Estado centralizado que deixasse de lado as estruturas feudais de administração da justiça e de arrecadação de impostos (**ThIP**, 79). A lição de 12 de janeiro de 1972 ocupa-se das primeiras formas de repressão a essas rebeliões, que se apoiaram nas velhas estruturas feudais; a lição de 26 de janeiro, da relação de justaposição entre as novas instituições do aparato do Estado e as velhas estruturas feudais, do vínculo entre capitalismo e feudalidade, e a de 2 de fevereiro, das estruturas judiciais do feudalismo. Ver: *Estado, Fiscalidade*.

Cidade-campo, povo-burguesia. As separações cidade-campo e povo-burguesia, características das estruturas feudais, foram deixadas de lado na França no século XVII, durante a repressão às rebeliões populares contra a fiscalidade, apesar de logo terem sido restabelecidas. Nos interstícios dessas separações, tomou forma o capitalismo nascente (**ThIP**, 46).

155. FICÇÃO / *Fiction*

Fábula. "Em toda obra que possui a forma do relato, é necessário distinguir *fábula* de *ficção*. Fábula é o narrado (os episódios, os personagens e as funções que desempenham na narração, os acontecimentos), o regime do relato ou, melhor, os diferentes regimes segundo os quais esse é 'relatado': a postura do narrador a respeito do que narra [...]. A fábula é feita de elementos posicionados em certa ordem. A ficção é a trama das relações estabelecidas, através do próprio discurso, entre quem fala e aquilo de que fala. Ficção, aspecto da fábula" (**DE1**, 506). • A ficção consiste no movimento pelo qual um personagem sai da fábula a que pertence e se converte no narrador da fábula seguinte (**DE1**, 507). • Uma obra não se define pelos elementos da fábula, mas pelos modos da ficção. A fábula de um relato se situa dentro das possibilidades míticas de uma cultura; sua ficção, nas possibilidades do ato de fala (**DE1**, 506).

Blanchot. A ficção em Blanchot não está nunca nas coisas nem nos homens, mas na impossível verossimilhança. A ficção não consiste em fazer ver o invisível, mas em fazer ver como é invisível o invisível do visível (**DE1**, 524). Ver: *Blanchot*.

Autor. Desde o século XVIII, o autor desempenhou o papel de regulador da ficção, papel característico da era industrial e burguesa, do individualismo e da propriedade privada (**DE1**, 811).

Verdade, história, política. Em resposta a uma pergunta a propósito de *La Volonté de savoir*, primeiro volume de *Histoire de la sexualité*, Foucault assinala: "A respeito do problema da ficção, para mim é um problema muito importante; e me dou conta de que nunca escrevi senão ficções. Não quero dizer com isto que tenha deixado de lado a verdade. A meu ver existe a possibilidade de fazer trabalhar a ficção na verdade, de induzir efeitos de verdade com um discurso de ficção e de fazer que o discurso de verdade suscite algo que ainda não existe. Então, 'ficciona'. 'Ficciona-se' a história a partir de uma realidade política que a faz verdadeira, 'ficciona-se' uma política que não existe ainda a partir de uma verdade histórica" (**DE3**, 236). • A relação entre ficção e verdade nos permite analisar nossa Modernidade (**DE4**, 46). • "Eu pratico uma espécie de ficção histórica" (**DE3**, 805; **DE4**, 40).

Gótico. As novelas góticas são obras de ficção científica e de ficção política. De ficção política, na medida em que se centram, em essência, no abuso do poder; de ficção científica, na medida em que se trata de reativar todo um saber sobre a feudalidade (**IDS**, 188).

156. FILODEMO DE GÁDARA (~110-~35 a.C.)

Foucault presta particular atenção à obra *Peri parresias libellus* desse filósofo epicurista, encontrada na Villa dos Papiros, em Herculano. Ver: *Parresia*.

157. FILOSOFIA / *Philosophie*

Nosso autor faz várias observações acerca da tarefa da filosofia contemporânea e, em particular, sobre seu próprio trabalho. A primeira questão consiste em determinar se podemos enquadrá-lo dentro do campo filosófico. O próprio Foucault negou repetidas vezes seu pertencimento a esse campo. Poderíamos multiplicar as referências, mas bastarão algumas. "Nunca me ocupei de filosofia" (**DE2**, 493). "É difícil classificar uma investigação como a minha dentro da filosofia ou das ciências do homem" (**DE1**, 605). Qual é o alcance que devemos dar a essas e outras expressões semelhantes? Em todo caso, é necessário contrabalançá-las com outras. "Que o que eu faço tenha algo a ver com a filosofia é muito possível, sobretudo na medida em que, ao menos depois de Nietzsche, a filosofia já não tem como tarefa tratar de dizer uma verdade que possa valer para todos os indivíduos e para todos os tempos, e sim diagnosticar. Eu trato de realizar um diagnóstico do presente: dizer o que somos hoje e o que significa, hoje, dizer o que somos. Esse trabalho de escavação sob nossos pés caracteriza, desde Nietzsche, o pensamento contemporâneo. Nesse sentido, posso me declarar filósofo" (**DE1**, 606). No curso de 1977-1978, *Sécurité, territoire, population*, sustenta: "O que eu faço – não digo aquilo para o qual estou feito, porque disso não sei nada, a não ser, enfim, que o faço – não é, afinal, nem história, nem sociologia, nem economia, mas algo que, de uma maneira ou outra e por simples razões de fato, tem a ver com a filosofia, isto é, com a política da verdade. Pois não vejo muitas outras definições do termo 'filosofia' além desta" (**STP**, 4-5). • Se tomamos como ponto de referência o contexto intelectual em que Foucault se formou – as filosofias do sujeito: fenomenologia, existencialismo, marxismo –, seu trabalho está, por certo, fora da filosofia. Mas essa forma de não pertencimento põe em relevo, na realidade, uma mudança na própria filosofia. E Foucault também repetidas vezes dá conta disso. "Houve uma grande época da filosofia contemporânea, aquela de Sartre, de Merleau-Ponty, na qual um texto filosófico, um texto teórico, devia em última instância dizer o que eram a vida, a morte, a sexualidade, se Deus existia ou não, o que era a liberdade, o que se devia fazer na vida política, como comportar-se com os outros etc. Parece que esse tipo de filosofia já não é viável; que, dito de outro modo, a filosofia, se não se volatilizou, de algum modo dispersou-se; que há um trabalho teórico que se conjuga, de alguma maneira, no plural. A teoria e a atividade filosófica se produzem em diferentes domínios, que estão como separados uns dos outros. Há uma atividade teórica que se produz no campo das matemáticas, uma atividade teórica que se manifesta no domínio da linguística, ou no da história das religiões ou no da história pura e simples etc., e é nessa espécie de pluralidade do trabalho teórico onde se realiza uma filosofia que ainda não encontrou seu pensador único e seu discurso unitário" (**DE1**, 662). "Parece-me que a filosofia hoje não existe mais; não digo que tenha desaparecido, mas que está disseminada em uma grande quantidade de tarefas diversas. Assim, as atividades de quem se ocupa de axiomatizar, do etnólogo, do historiador, do revolucionário, do homem político podem ser formas de atividade filosófica" (**DE1**, 596). Mais adiante, Foucault sustenta que "a filosofia desde Hegel até Sartre foi em essência, apesar de tudo, um empreendimento de totalização, se não do mundo, se não do saber, pelo menos da experiência humana. E eu diria que se há talvez agora uma atividade filosófica autônoma, se pode haver uma filosofia que não seja apenas uma espécie de atividade teórica dentro das matemáticas, ou da linguística, ou da etnologia ou da economia política, se há uma filosofia independente, livre de todos esses domínios, [...] poderia ser definida da seguinte maneira: uma atividade de diagnóstico. Diagnosticar o presente, dizer o que é o presente, dizer no que é diferente, e absolutamente diferente, de tudo aquilo que não é o presente, isto é, de nosso passado. Talvez seja essa a tarefa que se designa agora ao filósofo" (**DE1**, 665). Encontramo-nos, então, diante da seguinte alternativa: a filosofia disseminada em outros domínios e a filosofia como diagnóstico do presente. Desse último ponto de vista, seu trabalho pertence, sem dúvida, à atividade filosófica. Não só: ele se inscreve na tradição que Foucault denomina "ontologia do presente" e que remonta a

Kant (**DE4**, 687). Trata-se de uma atividade, mas também de um *éthos*, do *éthos* próprio da Modernidade. Ver: *Éthos*. • Pois bem, o aporte negativo, digamos assim, desse diagnóstico foi a constatação da "morte do homem" (ver: *Antropologia, Homem*), isto é, do fim das filosofias do sujeito e das ciências do homem em seu sentido moderno. Quando lhe foi perguntado como ensinaria psicologia, Foucault afirmou: "A primeira precaução que tomaria, se fosse professor de filosofia e tivesse que ensinar psicologia, seria comprar uma máscara, o mais aprimorada que se possa imaginar e o mais afastada da minha fisionomia normal, de modo que meus alunos não me reconhecessem. Tentaria fazer, como Anthony Perkins em *Psicose*, uma voz totalmente diferente, de modo que nada da unidade de meu discurso pudesse transparecer. Esta é a primeira precaução que tomaria. Depois, tentaria, na medida do possível, iniciar meus alunos nas técnicas utilizadas na atualidade, métodos de laboratório, de psicologia social; trataria de explicar-lhes em que consiste a psicanálise. E, em seguida, tiraria a máscara, retomaria minha voz e faria filosofia. Então, me encontraria com a psicologia como essa espécie de *impasse* absolutamente inevitável e absolutamente fatal. Não a criticaria como ciência, não diria que não é, com efeito, uma ciência positiva, não diria que é algo que deveria ser mais ou menos filosófico. Diria com simplicidade que ocorreu uma espécie de sonho antropológico no qual a filosofia e as ciências do homem ficaram ambas, de alguma maneira, fascinadas e adormecidas, e que é preciso acordar desse sonho antropológico, como em outro tempo foi necessário despertar do sonho dogmático" (**DE1**, 488). Foucault quis liberar o pensamento do sonho antropológico. O gesto que define seu trabalho não é o de colocar a máscara, mas o de tirá-la. Não persegue uma filosofia travestida de ciências do homem, que procure nelas algo a respeito do que falar; também não pretende dispersar-se em domínios como a etnologia, a linguística ou a psicanálise (que, em *Les Mots et les choses*, qualifica de "contraciências humanas"). Retomando, o diagnóstico do presente não se detém na constatação da morte do homem, como se se tratasse do acontecimento epígono da filosofia, do seu fim. Antes o contrário. A arqueologia e a genealogia constituem dois esforços para pensar mais além do horizonte das filosofias do sujeito. E os trabalhos de Foucault dedicados à ética constituem um esforço para pensar mais além das filosofias da morte do sujeito, e inclusive, em alguns aspectos, mais além do próprio Nietzsche, a quem tanto deve. Ver: *Poder*. Por isso, a ontologia do presente não se esgota em um diagnóstico negativo, embora às vezes possa parecê-lo (por exemplo, quando analisa as formas modernas do poder: a disciplina e a biopolítica). Diagnosticar, para Foucault, é levar a cabo o esforço de pensar de outra maneira. "O que é a filosofia, senão uma maneira de refletir, não tanto sobre o que é verdadeiro ou falso, mas sobre nossa relação com a verdade? Lamentam-se de que não haja filosofia dominante na França. Tanto melhor. Não há filosofia soberana, é verdade, mas uma filosofia ou, na realidade, filosofia em atividade. É filosofia o movimento por meio do qual (não sem esforços e obstáculos, sonhos e ilusões) nos distanciamos do que se adquiriu como verdadeiro e se procura outras regras de jogo; ou é filosofia o deslocamento e a transformação dos quadros de pensamento, a modificação dos valores recebidos e todo o trabalho que se faz para pensar de outra maneira, para fazer outra coisa, para tornar-se distinto do que se é. Desse ponto de vista, é um período de atividade filosófica intensa esse dos últimos trinta anos" (**DE4**, 110). Nesse sentido, todo o trabalho de Foucault – "fragmentos de filosofia na pedreira da história" (**DE4**, 21) – foi um esforço constante em pensar e ser de outra maneira. À luz de seus últimos escritos, pensar e ser de outra maneira consiste em elaborar novos modos de subjetivação, novas práticas de si; em uma palavra, uma ética, um *éthos*, uma ascese. Por isso, poder-se-ia afirmar que a prática filosófica de Foucault se aproxima mais da Antiguidade que de Hegel ou Sartre, pelo menos – embora não só – do modo em que descreve a prática dos antigos. Poderíamos dizer, para resumir, que o trabalho de Foucault vai da morte do sujeito (das filosofias do sujeito, das ciências do homem) à recuperação do sujeito do ponto de vista das práticas. "Não é, pois, o poder, mas o sujeito o que constitui o tema geral de minhas investigações" (**DE4**, 223). Sua filosofia foi um esforço imenso para abrir um espaço em que as práticas de subjetividade fossem novamente possíveis como práticas reflexas da liberdade. Ver: *Ética*. Para isso, foi necessário liberar esse espaço invadido pelas ciências humanas, pelas filosofias do transcendental, pelas disciplinas, pela biopolítica. Essa tarefa de liberação situa sua filosofia na pedreira da história. "Afinal de contas, o fato de o trabalho que lhes tenho apresentado mostrar esse aspecto ao mesmo tempo fragmentário, repetitivo e descontínuo corresponderia bem ao que se poderia denominar uma 'preguiça febril', aquela que costuma afetar quem ama as bibliotecas, os documentos, as referências, as escrituras empoeiradas, os textos que nunca são lidos, os livros que, mal são impressos, são fechados e dormem em seguida em seções das quais são tirados apenas alguns séculos mais tarde. Tudo isso conviria bem à inercia atarefada daqueles que professam um saber que não serve para nada, uma espécie de saber suntuário, uma riqueza de benefícios cujos signos exteriores, como os senhores sabem bem, encontram-se dispostos nos rodapés das páginas. Isso conviria a todos aqueles que se sentem solidários com uma das sociedades secretas sem dúvida mais antigas, mais características também do Ocidente; uma sociedade secreta estranhamente indestrutível, desconhecida, me parece, na Antiguidade, que se formou nos primórdios do cristianismo, com certeza na época dos primeiros conventos, nos confins das invasões, dos incêndios, dos bosques. Quero falar da grande, terna e calorosa franco-maçonaria da erudição inútil" (**IDS**, 6). • Para finalizar, é necessária uma última observação. Costuma-se distinguir na obra de Foucault dois ou três períodos que corresponderiam a seus eixos de trabalho e também às pausas na aparição de seus livros publicados em vida. Haveria então um período arqueológico (centrado na análise do saber), um genealógico (análise do poder) e outro ético (análise das práticas de subjetivação). A passagem do primeiro ao segundo estaria marcada pela distância que media entre *L'Archéologie du savoir* (1969) e *Surveiller et punir* (1975); o do segundo ao terceiro, pela que separa *La Volonté de savoir* (1976), primeiro volume de *Histoire de la sexualité*, do segundo volume, *L'Usage des plaisirs* (1984). Essas divisões servem, sem dúvida, à descrição e à apresentação de seu pensamento. Não se pode dizer que sejam incorretas; no entanto, não são inteiramente precisas e contribuem para criar uma imagem de seu pensamento que Gilles Deleuze definiu como sísmica, mas que, a nosso ver, não é de todo adequada. Basta ler, por exemplo, a *Histoire de la folie à l'âge classique* para dar-se conta de como, desde o início de sua produção, as problemáticas do saber, do poder e as práticas de subjetividade se encontram entrelaçadas. Se levamos em consideração o conjunto de sua obra publicada (os livros publicados em vida, o material reunido em *Dits et écrits*, os numerosos cursos etc.), mais que saltos ou interrupções, deparamos com uma série de deslocamentos que não interrompem a continuidade. Por isso, mesmo ao falar dos períodos arqueológicos, genealógico e ético, devemos pensá-los como movimentos cuja representação espacial mais apropriada seria a das torções em relação a um eixo. É nesse sentido que devemos entender a observação do próprio Foucault: "E quanto àqueles para quem esforçar-se, começar e recomeçar, tentar, equivocar-se, retomar tudo desde o início e encontrar-se ainda hesitando a cada passo, e quanto àqueles para quem, definitivamente, trabalhar mantendo-se na reserva e na inquietude equivale à renúncia, pois bem, fica evidente que não somos do mesmo planeta" (**HS2**, 13).

Parresia. Os últimos dois cursos que Foucault ministrou no Collège de France, *Le Gouvernement de soi et des autres* e *Le Courage de la vérité*, foram dedicados à noção de *parresia*. A propósito da análise desse conceito na Antiguidade, descreve o que denomina a "concepção parresiástica da filosofia". De algum modo, pode se ver nesse desenvolvimento a posição do próprio Foucault acerca da prática filosófica. Ver: *Parresia*.

158. FISCALIDADE / *Fiscalité*

Embora não tenha chamado a atenção de seus leitores em particular, Foucault considera que a fiscalidade moderna é uma consequência da aplicação do panoptismo que caracteriza as sociedades modernas. "A fiscalidade moderna, os asilos psiquiátricos, os registros documentais, os circuitos de televisão e muitas das tecnologias que nos rodeiam são a aplicação concreta [do panóptico]. Nossa sociedade é muito mais benthamiana do que beccariana" (**DE2**, 729). • A fiscalidade, nesse caso pré-moderna, encontra-se no centro das problemáticas do curso *Théories et institutions pénales*. O objetivo das análises de Foucault é mostrar a relação entre as formas de repressão e da penalidade. Para isso, ocupa-se das rebeliões populares na França no século XVII, em particular da denominada dos *nu-pieds*, que teve lugar na Normandia em 1639. Em uma seção intitulada "Répression et fiscalité", Foucault sustenta que "o que mostram as grandes sedições [do século XVII] é que o aparato fiscal do Estado já não pode funcionar sem estar protegido, duplicado por um aparato repressivo" (**ThIP**, 73), cujas instituições surgirão como consequência da reação dos poderes constituídos para controlar as revoltas: a polícia, um exército profissional, uma justiça e uma fiscalidade estatais centralizadas. A concentração, ao mesmo tempo, da fiscalidade e do uso da força armada dará nascimento ao aparato do Estado (**ThIP**, 160).

159. FLAUBERT, GUSTAVE (1821-1880)

Foucault dedicou um artigo às *Tentações de Santo Antão*, de Flaubert (**DE1**, 293-325). • "Nessa obra, que à primeira vista é percebida como uma sucessão um pouco incoerente de fantasmas, a única dimensão inventada, embora com um cuidado meticuloso, é a ordem. O que passa por fantasmas não é nada mais que documentos transcritos: desenhos ou livros, figuras ou textos. Quanto à sucessão que os une, está prescrita de fato por uma composição muito complexa, que designa um lugar determinado a cada um dos elementos documentais e os faz figurar em várias séries simultâneas" (**DE1**, 308).

160. FORMAÇÃO DISCURSIVA / *Formation discursive*

É "um conjunto de regras anônimas, históricas, sempre determinadas no tempo e no espaço, que definiram em uma época dada, e para uma área social, econômica, geográfica ou linguística específica, as condições de exercício da função enunciativa" (**AS**, 153-154). As noções de formação discursiva e enunciado remetem uma à outra. • A primeira tarefa da arqueologia é negativa; consiste em desfazer-se das categorias com as quais foi levada a cabo, tradicionalmente, a análise dos discursos: *gênero, livro, autor*. Uma vez suspensas essas categorias, Foucault formula quatro hipóteses, a partir das quais surgirão os conceitos que a arqueologia utilizará para descrever as formações discursivas.

Enunciado, proposição, frase. A arqueologia, como método de análise dos discursos, não busca interpretar (referir os discursos a outra coisa, à interioridade da consciência, por exemplo) nem formalizar (estabelecer as condições gramaticais, lógicas ou linguísticas para a formação dos enunciados). A arqueologia é, para sermos precisos, uma análise das condições históricas de possibilidade (do *a priori* histórico) que fizeram que em determinado momento somente certos enunciados e não outros tenham sido efetivamente possíveis. Ver: *Arqueologia*. Por isso, distingue a formação discursiva e o enunciado, como unidade da análise, da proposição/significante (objeto da formalização) e da frase/significação (objeto do trabalho de interpretação). As diferenças podem resumir-se como se segue: 1) Quanto ao objeto: a frase remete a um correlato que lhe confere sentido; a proposição, a um referente que determina seu valor de verdade; o enunciado, a um referencial constituído pelas regras que definem as condições históricas de surgimento dos objetos. 2) Quanto ao sujeito: o autor é o sujeito da frase; o sujeito sintagmático é o da proposição; o sujeito do enunciado, por sua vez, está configurado pelo conjunto de regras que determinam quem pode proferi-lo e em que condições. 3) Quanto ao domínio associado: para a interpretação, as relações entre os enunciados são de ordem lógica ou retórica; para a formalização, trata-se da ordem sintática ou lógica; a arqueologia, por sua vez, orienta-se a descrever um domínio de associações que está constituído pelas relações que podem ser estabelecidas entre enunciados que compartilhem um mesmo estatuto, entre enunciados que pertençam a unidades heterogêneas etc. 4) Quanto à materialidade: a materialidade da escritura ou do som constituem a da frase; a dos signos corresponde à proposição; no caso do enunciado, trata-se do conjunto de instâncias que possibilitam e regem sua repetição. Pois bem, para compreender com maior precisão essas diferenças entre o enunciado, por um lado, e a frase e a proposição, por outro, é necessário retomar e desenvolver cada uma das quatro hipóteses acima mencionadas. Com efeito, elas estabelecem o que se deve considerar como objeto, como sujeito, como domínio associado e como materialidade dos enunciados (**AS**, 116-135).

Objeto. A primeira das quatro hipóteses de trabalho sustenta que a unidade de um conjunto de enunciados, diferentes por sua forma e dispersos no tempo, funda-se no fato de que todos eles se referem a um único objeto. Consequentemente, o que nos permite individualizá-los é o *referente*, o *correlato*. À luz de *Histoire de la folie à l'âge classique*, Foucault conclui que, em lugar de tentar identificar um objeto único e permanente (o que, no caso da loucura, mostra-se impossível), deveríamos estabelecer as regras que determinam o espaço em que os objetos se perfilam e se transformam. Essas regras se manifestam em três níveis: 1) Através das *superfícies de emergência*. No caso da loucura, trata-se dos lugares onde podem surgir e manifestar-se as diferenças individuais que serão designadas e descritas como enfermidade, anomalia, neurose, psicose etc., e analisadas nesses termos. A família, o grupo social e o lugar de trabalho são, por exemplo, superfícies de emergência. 2) Através das *instâncias de delimitação*. Trata-se dos diferentes estamentos sociais que designam, nomeiam ou instauram os objetos. Sempre no marco da loucura, encontramos aqui a medicina, a justiça penal, a autoridade religiosa etc. 3) Através das *grades de especificação*. São os sistemas segundo os quais as diferentes loucuras, como objetos do discurso psiquiátrico, separam-se, opõem-se, reagrupam-se ou derivam umas das outras. Por exemplo, o par conceitual alma/corpo, a vida e a história do indivíduo etc. • Foucault observa, além disso, que a descrição precedente é insuficiente por duas razões: porque não se pode sustentar que o discurso seja o lugar a que chegam os objetos vindos do exterior para situar-se e instalar-se; e porque é necessário definir as relações entre esses diversos níveis. A formação dos objetos depende das relações que se estabelecem entre as superfícies de emergência, as instâncias de delimitação e as grades de especificação, e essas relações não são alheias ao discurso; não explicam como o objeto está constituído, e sim por que em uma determinada época começou-se a falar, por exemplo, de certos comportamentos e condutas em termos de loucura ou enfermidade mental; como essas condutas e esses comportamentos se evidenciaram no seio da família ou do grupo social; como foram designados e circunscritos pelos distintos estamentos sociais e de acordo com que esquemas mentais foram classificados ou catalogados. Já que não são alheias ao discurso, podemos chamá-las de *relações discursivas*, e se distinguem das *relações primárias*, que podem ser estabelecidas independentemente de todo discurso entre as instituições, as técnicas ou outros componentes da sociedade, e das *relações reflexivas*, isto é, do que o discurso diz a propósito das relações primárias (**AS**, 55-67).

Sujeito. A segunda hipótese que Foucault examina sustenta que a unidade do discurso provém da forma e do tipo de encadeamento dos enunciados, em suma, do estilo. Por exemplo, poder-se-ia sustentar que o que caracteriza a medicina do início do século XIX, à diferença dos discursos *médicos* precedentes, é a forma descritiva de seus enunciados, que implica determinada maneira de estruturar a observação (organização do campo perceptivo, estruturação da espacialidade dos corpos etc.) e um modo específico de transcrevê-la. Em *Naissance de la clinique*, Foucault conclui que a unidade do discurso clínico não provém, na realidade, da unicidade das modalidades enunciativas, mas do conjunto de regras que possibilitaram a coexistência de todas essas diferentes modalidades enunciativas. Por isso, deveríamos interrogar-nos: 1) Acerca do *estatuto de quem pode, por regulamento ou por tradição, por definição jurídica ou por aceitação espontânea, pronunciar determinados enunciados*. Como o mostra claramente a história da medicina, a palavra médica não pode ser pronunciada por qualquer indivíduo; seu valor, sua eficácia e, em certa medida, seu poder terapêutico são indissociáveis do personagem institucionalizado que a pronuncia. 2) Acerca dos *âmbitos institucionais que circundam o falante*. Por exemplo, o hospital, a biblioteca oficial, o laboratório etc. 3) Acerca das *diversas maneiras em que o sujeito pode situar-se em relação a determinados objetos ou grupos de objetos*. O sujeito pode colocar-se no lugar de quem interroga, de quem percebe ou de quem transmite. Assim, no início do século XIX, o discurso médico foi definido pela organização do campo perceptivo e pela posição que nele podem assumir os sujeitos. 4) Pela *maneira como essas instâncias se relacionam entre elas.* • As regras que definem o estatuto de quem pronuncia ou escreve um enunciado, os âmbitos institucionais que o circundam, as diversas maneiras em que pode situar-se em relação a um objeto ou um domínio de objetos e as relações entre essas instâncias constituem o *sujeito* de um enunciado (**AS**, 68-74).

Domínio associado. A terceira hipótese afirma que a unidade dos discursos se funda na permanência e na persistência de determinados conceitos. A propósito das teorias da linguagem e da história natural, Foucault mostrou, em *Les Mots et les choses*, que não é possível organizar os conceitos como um conjunto permanente e coerente, estruturável em forma dedutiva. Ante a impossibilidade de estabelecer um edifício conceitual dedutivo que dê conta da unidade do discurso, a tarefa da arqueologia consiste em descrever a organização do campo em que os enunciados aparecem e circulam. Esse campo supõe: 1) *Formas de sucessão*, que implicam: a) a maneira como as séries enunciativas se ordenam entre si (inferência, demonstração, esquemas de generalização) e o modo como a temporalidade se espacializa na linearidade dos enunciados; b) tipos de dependências enunciativas: dependência hipótese-verificação, dependência asserção-crítica, dependência lei geral-caso particular; c) esquemas retóricos: a maneira pela qual, por exemplo, as deduções e as descrições se articulam dentro de um texto. 2) *Formas de coexistência*, que incluem: a) campo de presenças: todos os enunciados, já formulados em outra parte e que são admitidos, criticados ou excluídos sobre a base da verificação experimental, a tradição, a consistência lógica etc.; b) campo de concomitância: enunciados que pertencem a outro domínio de objetos ou a outro tipo de discurso, mas que intervêm na qualidade de analogia ou de premissa ou de princípio geral; c) domínio de memória: enunciados a respeito dos quais, sem admiti-los ou discuti-los, se estabelece uma filiação, uma gênese, uma continuidade ou uma descontinuidade. 3) *Procedimentos de intervenção*: técnicas de reescritura, métodos de transcrição, modos de tradução, meios para acrescentar a aproximação entre enunciados, maneiras de transferi-los de um campo a outro, métodos de sistematização de proposições, formas de delimitar a validez dos enunciados, procedimentos de distribuição. Essas relações definem o *campo associado* a um enunciado: os outros enunciados a respeito dos quais o enunciado em questão é um elemento, o conjunto de formulações às quais faz referência e aquelas que possibilita, os enunciados que possuem o mesmo estatuto etc. A existência e a exigência de um campo associado marcam uma diferença fundamental entre os enunciados e as frases ou as proposições. A frase, ou seja, a unidade gramatical, não requer a determinação de um campo associado para que seja identificada. É possível reconhecer uma frase valendo-se só das regras da gramática, sem o concurso de outras frases. No caso das proposições, poder-se-ia objetar que uma proposição não pode ser individualizada sem se conhecer o sistema de axiomas do qual depende. A objeção poderia ser formulada também a propósito das regras da gramática. Foucault responde distinguindo entre o que propriamente constitui um *campo associado* e o fato de supor um sistema de axiomas ou de regras. Um *campo associado* se situa no mesmo nível de determinado enunciado; os axiomas ou as regras gramaticais, no entanto, não se situam no mesmo nível que as proposições ou frases às quais se referem (**AS**, 75-84).

Materialidade. A quarta e última hipótese propõe que a unidade ou individualidade de uma prática discursiva provêm da identidade e persistência de determinados temas. Foucault demonstrou a inconsistência dessa hipótese a propósito de temas como o *evolucionismo* ou a formação do valor na teoria econômica. Em lugar de tratar de estabelecer a permanência de determinados temas, imagens ou opiniões através do tempo, devemos definir as possibilidades estratégicas que os regem. Estabelecer as estratégias de uma formação discursiva implica: 1) Assinalar os *pontos de difração*: a) pontos de incompatibilidade (dos enunciados que, mesmo quando aparecem na mesma formação discursiva, não podem pertencer à mesma série); b) pontos de equivalência (dos enunciados que, embora respondam a idênticas possibilidades de existência e se situem em um mesmo nível, representam uma alternativa); c) pontos de fixação em uma sistematização (a partir dos pontos de equivalência ou incompatibilidade, deriva uma série coerente de objetos, de formas enunciativas e de conceitos com outros pontos de incompatibilidade ou equivalência). 2) Explicitar a *economia da constelação discursiva* que dá conta de por que não se verificam todas as combinações possíveis. É necessário determinar o papel que certos enunciados podem desempenhar a respeito de outros em um discurso: pode tratar-se de um sistema formal do qual outros são aplicações em campos semânticos diversos, ou de um modelo concreto que é necessário referir a outro de maior abstração; pode ter uma relação de analogia, de oposição ou de complementaridade a respeito de outros discursos; podem delimitar-se mutuamente. 3) Estabelecer a *função do discurso com relação às práticas não discursivas*, como a pedagogia ou a política, os processos e o regime de apropriação, as posições do desejo com relação ao discurso. • As possibilidades de reinscrição e de transcrição, os limites e as condições, os outros enunciados que coexistem com ele determinam a *materialidade* de um enunciado (**AS**, 85-93).

161. FORMALIZAÇÃO / *Formalisation*

Os métodos de interpretação fazem frente, no pensamento moderno, às técnicas de formalização. Os primeiros tratam de fazer falar a linguagem por baixo de si mesma; as técnicas tentam controlar toda linguagem eventual e carregar o que é possível dizer com o peso da lei. Essa divisão pesa sobre o ser humano e o domina. No entanto, não se trata de uma separação rigorosa: a interpretação e a formalização ocupam um lugar comum, são parte da mesma disposição epistêmica (**MC**, 312). • A formalização, ao se interrogar acerca das relações entre a lógica e a ontologia, volta a se deparar com os problemas que na Época Clássica eram propostos na *máthesis* (**MC**, 220). • A formalização constitui, junto com a exegese, a literatura e a filologia, os signos do modo de ser múltiplo da linguagem, em contraposição à unidade, que caracteriza o discurso clássico (**MC**, 314).

162. FREUD, SIGMUND (1856-1939)

A relação de Foucault com a obra de Freud é ao mesmo tempo receptiva e profundamente crítica. Em um primeiro momento, na época de seus estudos de psicologia e da composição da introdução à obra de Binswanger (**DE1**, 65-119), Foucault interessa-se pela análise existencial, essa espécie de conjunção entre psicanálise e fenomenologia, entre Husserl e

Freud, e trata de encontrar um fundamento comum aos conceitos freudiano de sintoma e husserliano de expressão (**DE1**, 79). Ver: *Fenomenologia*. Desse modo, a fenomenologia auxiliaria a psicanálise, ao situar o mundo dos sonhos em relação ao mundo da expressão, algo para o que o conceito freudiano de símbolo mostra-se insuficiente (**DE1**, 72). "Freud não chegou a superar um postulado estabelecido com solidez pela psicologia do século XIX: que o sonho é uma rapsódia de imagens" (**DE1**, 80-81). • Foucault valoriza o esforço do pensamento freudiano em liberar o evolucionismo de seus pressupostos naturalistas e, desse modo, abrir-se à dimensão histórica da existência (**MMPE**, 37; **MMPS**, 37). "A importância histórica de Freud provém, sem dúvida, da própria impureza de seus conceitos: foi dentro do sistema freudiano que se produziu essa grande transformação da psicologia; foi no curso de sua reflexão que a análise causal se transformou em gênese das significações, que a evolução abriu lugar à história e que o recurso à natureza foi substituído pela exigência de analisar o meio cultural" (**DE1**, 127-128). • Depois, nos anos em que Foucault se encontra imerso no mundo da literatura (Roussel, Bataille, Blanchot, Artaud) e fascinado pelo "modo de ser da linguagem", a figura de Freud aparece junto às de Nietzsche e Marx. A redescoberta de uma dimensão da linguagem da loucura aproxima Freud da experiência de Nietzsche ou do estatuto que a linguagem tem nas obras de Artaud ou Bataille. Com Freud, a linguagem da loucura deixa de ser blasfêmia proferida ou significação intolerante. A palavra da loucura aparece como uma palavra que se envolve sobre si mesma e diz, por baixo do dito, outra coisa, da qual é, ao mesmo tempo, o único código possível. Freud não descobre que a loucura está inserida na rede das significações comuns da linguagem cotidiana, o que autoriza a platitude do vocabulário psicológico. "Freud não descobriu a identidade perdida do sentido; delimitou a figura que irrompe de um significante que não é em absoluto como os outros" (**DE1**, 417-418). • "Se deciframos na correspondência de Freud suas perpétuas preocupações desde o momento em que descobriu a psicanálise, podemos nos perguntar se sua experiência não é, no fundo, bastante semelhante à de Nietzsche" (**DE1**, 570-571). De fato, na *Histoire de la folie à l'âge classique*, o nome de Freud aparece com frequência junto ao de Nietzsche (**HF**, 47, 209, 438). • Nessa linha – a da oposição entre o modo de ser da linguagem e a existência do sujeito –, Freud e a psicanálise, junto com a literatura, o estruturalismo e a preocupação do pensamento contemporâneo pelo formalismo, fazem parte do movimento das "contraciências humanas", da dissolução do sujeito (**MC**, 385-386). Além das considerações expostas em *Les Mots et les choses*, também se localiza em idêntico sentido a intervenção "Nietzsche, Freud, Marx" (**DE1**, 564-579). Esses pensadores produziram modificações profundas no espaço de repartição em que os signos podem ser signos (**DE1**, 568). • Em um segundo momento, quando Foucault começa a analisar as formas modernas do poder, sua posição a respeito da psicanálise como prática se torna cada vez mais crítica. O volume *La Volonté de savoir* pode ser lido como uma arqueologia da psicanálise ou, mais precisamente, "a história do dispositivo de sexualidade, tal como se desenvolveu desde a Época Clássica , pode valer como uma arqueologia da psicanálise" (**HS1**, 172). Ver: *Sexualidade*. Como sabemos, para levar a cabo essa história do dispositivo de sexualidade, Foucault critica a noção de repressão. Ver: *Poder*. Consequentemente, a psicanálise aparecerá não como uma forma de liberação, mas de normalização, que, pelo menos em parte, pode ser vista como uma das transformações da pastoral da carne: "Freud transferirá a confissão da rígida retórica barroca da Igreja para o relaxante divã do psicanalista" (**DE3**, 675). Sem dúvida, sua análise mostra que Freud não só não descobriu a sexualidade infantil nem tornou possível falar da sexualidade, mas que reposicionou o sexo em um dos pontos decisivos marcados pela estratégia de saber e de poder do século XVIII, e, na opinião de Foucault, fez isso com uma eficácia admirável, digna dos maiores diretores espirituais da Época Clássica (**HS1**, 210). Ver: *Confissão*. • Nesse momento de sua trajetória teórica foi importante a influência da obra *O anti-Édipo*, de Deleuze e Guattari. Ver: *Deleuze*. • Foucault expressa a inadequação dos conceitos de Freud para pensar os problemas atuais, e inclusive a necessidade de liberar-se dele: Freud não é suficiente para permitir-nos compreender o poder (**DE2**, 313); também é necessário liberar-se de Marx, dessacralizar ambos, porque não servem para pensar os novos problemas nem para criar novas categorias; Lacan também não se mostra útil; a noção de repressão é inadequada nas análises políticas, do mesmo modo que o conceito de superego (**DE2**, 779-781). Por outro lado, à luz da análise foucaultiana do poder, a metáfora da liberação não é apropriada para pensar a prática psicanalítica (**DE2**, 813-814). • Para sermos precisos, a apreciação crítica da psicanálise não é nova na obra de Foucault. Já em *Histoire de la folie à l'âge classique*, ele se movia nessa direção (**HF**, 630-632). Como vemos, trata-se de uma apreciação da psicanálise do ponto de vista do dispositivo, das práticas. "Quero me manter em situação de exterioridade diante da instituição psicanalítica, ressituá-la em sua história, dentro do sistema de poder subjacente a ela" (**DE2**, 815). • Em um terceiro momento, quando Foucault empreende o estudo das práticas de subjetivação, a genealogia do homem de desejo, a psicanálise se enquadrará na oposição *aphrodísia*/sexualidade (ver: *Aphrodísia*, *Sexualidade*), na qual o ponto de vista das práticas se estende do disciplinar às técnicas de subjetivação. Ver: *Lacan*.

Fundador de discursividade. Freud, assim como Marx, pode ser considerado fundador de discursividade. Ver: *Discurso*.

Artemidoro. O primeiro capítulo de *Le Souci de soi*, no terceiro volume da *Histoire de la sexualité*, está dedicado à obra *A chave dos sonhos*, de Artemidoro. Ali Foucault não menciona Freud, mas em outra obra assinala: "A interpretação que [Artemidoro] dá dos sonhos vai ao encontro da de Freud" (**DE4**, 174). Mesmo assim, em uma obra diferente também sustenta que Artemidoro faz exatamente o contrário de Freud, pois, em geral, não oferece uma interpretação sexual dos sonhos (**DVSM**, 274).

Sade. Em Sade não há um nível do desejo sobre o qual se sobreponha outro do discurso que nos diga sua verdade. Nesse sentido, o discurso de Sade e o de Freud são "rigorosamente incompatíveis" (**LGE**, 215). Por isso, não há que se ler Sade à luz da concepção tradicional freudiana (**LGE**, 216). Ver também: *Psicanálise*.

G

163. GALENO (~129-~210)

Foucault ocupa-se de Galeno particularmente em *Le Souci de soi*, a propósito da questão do corpo e do regime dos *aphrodísia* na cultura helenística do cuidado de si mesmo (**HS3**, 127-156). Para Galeno, os *aphrodísia* aparecem situados em três planos diferentes: ancorados na ordem da providência demiúrgica; situados em um jogo de relações complexas e constantes com o corpo; e aparentados a um conjunto de enfermidades (**HS3**, 133). A partir desses três planos de inserção, o pensamento médico de Galeno mantém uma posição ambivalente acerca dos *aphrodísia*. Por um lado, são objeto de uma valoração positiva: a conjunção sexual é algo natural que não pode ser considerado mau. Mas, por outro, a dinâmica dos *aphrodísia* é a causa de numerosos perigos para o sujeito (a violência involuntária do ato, o dispêndio indefinido de esperma que produz esgotamento), e isso torna necessário estabelecer um regime adequado (**HS3**, 134-135). Por isso, Galeno reconhece um efeito positivo na abstenção (**HS3**, 143-144). Os atos sexuais devem estar submetidos a um regime de máxima cautela, que deve ter em conta a idade, o temperamento dos indivíduos, o momento favorável, as condições da procriação. Mas esse regime não é um sistema de prescrições sobre a forma natural ou legítima das relações sexuais, mas sobre as condições do uso dos prazeres (**HS3**, 147). • Foucault também aborda a questão da *parresia* no tratado *As paixões e os erros da alma*, de Galeno (**HS**, 370-374, 378-389), porque, para este, não se trata apenas de curar as enfermidades, mas as paixões e o erro (**HS3**, 72; **GSA**, 43-44). Ver: *Parresia*.

164. GAY

"Ser gay não consiste, acredito, em identificar-se com as características psicológicas e as máscaras visíveis do homossexual, mas em tratar de definir e de desenvolver um modo de vida" (**DE4**, 165). Desse ponto de vista, é uma maneira histórica de expandir as "virtualidades relacionais e afetivas" de toda a sociedade e, por isso, ser gay não é uma forma do desejo, mas antes algo desejável (**DE4**, 166, 295, 311).

165. GENEALOGIA / *Généalogie*

Costuma-se falar de um período genealógico para referir-se àquelas obras de Foucault dedicadas à análise das formas de exercício do poder. À diferença do que ocorre com a arqueologia e com a noção de episteme, desenvolvidas em *L'Archéologie du savoir*, Foucault não escreveu uma obra metodológica a respeito. Mas existe, sim, uma série de princípios metodológicos para abordar a análise do poder, que podemos encontrar sobretudo em *Surveiller et punir*, nas seções "Enjeu" (aposta) e "Méthode" (método) da *La Volonté de savoir* e nas primeiras lições de seus cursos no Collège de France, como, por exemplo, *"Il faut défendre la société"* e *Sécurité, territoire, population*. Ver: *Poder*. • Pois bem, no que concerne às relações entre a arqueologia e a genealogia, é necessário precisar que não se deve entender a genealogia de Foucault como uma ruptura em relação à arqueologia, e menos ainda como uma oposição a ela. Arqueologia e genealogia se apoiam sobre um pressuposto comum: escrever a história sem remetê-la à instância fundadora do sujeito (**DE3**, 147). Por outro lado, a passagem de uma à outra é uma ampliação do campo de investigação para incluir, de maneira mais precisa, o estudo das práticas não discursivas e, sobretudo, a relação não discursividade/discursividade; ou, dito de outro modo: para analisar o saber no que se refere a estratégia e táticas de poder. Nesse sentido, trata-se de situar o saber no âmbito das lutas. Uma apreciação correta do trabalho genealógico de Foucault requer seguir em detalhe sua concepção das relações de poder. Ver: *Poder, Governamentalidade*. Ademais, as lutas não são concebidas, em última instância, como uma oposição termo a termo que as bloqueia, como um antagonismo essencial, mas como um agonismo: uma relação de incitação recíproca e ao mesmo tempo reversível (**DE4**, 238). Dessa perspectiva, poder-se-ia falar de uma genealogia dos saberes no âmbito do que Foucault chama de governamentalidade.

Nietzsche. Sobre a marca nietzschiana na genealogia de Foucault, ver: *Nietzsche*.

Ontologia histórica. Todo o projeto filosófico de Foucault pode ser descrito em termos de uma genealogia que constaria de três eixos: uma ontologia de nós mesmos em nossas relações com a verdade (que nos permite constituir-nos em sujeitos de conhecimento); uma ontologia histórica de nós mesmos em nossas relações com um campo de poder (o modo em que nos constituímos como sujeitos que atuam sobre outros); e uma ontologia histórica de nós mesmos em nossas relações com a moral (o modo como nos constituímos como sujeitos éticos que atuam sobre si mesmos) (**DE4**, 618).

Antropologização. A antropologização da história se opõe ao descentramento operado pela genealogia nietzschiana; busca, com efeito, um fundamento originário que faça da racionalidade o *telos* da humanidade (**AS**, 22-23).

Crítico/genealógico. Em *L'Ordre du discours*, Foucault propõe distinguir dois conjuntos de análise para o trabalho que projeta no Collège de France: um crítico e outro genealógico. O conjunto crítico põe em funcionamento o princípio de inversão (*renversement*): vê nas figuras do autor, da disciplina e da vontade de verdade um jogo negativo de recorte e escassez (*raréfaction*) do discurso, e não uma função positiva. O conjunto genealógico, por sua vez, põe em ação as outras três regras metodológicas que propõe: o princípio de descontinuidade (tratar os discursos como práticas descontínuas, sem supor que sob os discursos efetivamente pronunciados exista outro discurso, ilimitado, silencioso e contínuo, que é reprimido ou censurado); o princípio de especificidade (considerar os discursos como uma violência que exercemos sobre as coisas e que não há providência pré-discursiva); e o princípio de exterioridade (não ir até o núcleo interior e escondido do discurso, o pensamento, a significação; dirigir-se, ao contrário, às suas condições externas de surgimento) (**OD**, 54-55). "A genealogia estuda a formação ao mesmo tempo dispersa, descontínua e regular [dos discursos]" (**OD**, 67). As práticas crítica e genealógica não são na realidade separáveis; não se trata de dois domínios distintos, mas de duas perspectivas de análise (**OD**, 71-72).

Alma. *Surveiller et punir* é "una genealogia da 'alma' moderna" (**SP**, 34). Almeja mostrar como a alma é produzida de forma constante em torno do corpo, ao redor de sua superfície, pelo funcionamento do poder (**SP**, 34).

História da sexualidade. *Histoire de la sexualité* é uma genealogia de como os indivíduos foram conduzidos a exercer sobre si mesmos e sobre os demais uma hermenêutica do desejo, isto é, de como se formou a experiência moderna da sexualidade. Isso concerne em particular ao primeiro volume, *La Volonté de savoir*. Por sua vez, o segundo e o terceiro volumes, últimos publicados em vida do autor, tentam levar a cabo uma história dos jogos de verdade, isto é, daqueles que permitem ao homem pensar a si mesmo (**HS2**, 11-13). Em ambos os volumes, Foucault distingue entre as dimensões arqueológica e genealógica da investigação. A primeira ocupa-se dos modos de problematização, isto é, da maneira pela qual "o ser se dá como podendo e devendo ser pensado". A segunda se encarrega da formação das problematizações a partir das práticas e de suas transformações (**HS2**, 17-18). Se retomamos o exemplo de Foucault, vemos que a análise da problematização da loucura a partir das práticas sociais e médicas articula as dimensões arqueológica e genealógica. Dessa perspectiva, o projeto inteiro da história da sexualidade pode ser considerado uma arqueologia e uma genealogia do homem de desejo.

Ética. Os últimos volumes de *Histoire de la sexualité* e os cursos finais no Collège de France, a partir de *L'Herméneutique du sujet*, podem ser vistos como uma genealogia da ética, dos modos em que o sujeito se constitui, precisamente, como sujeito (**DE4**, 397).

Interpretação. Na intervenção no Colóquio de Royaumont, em julho de 1964, intitulada "Nietzsche, Freud, Marx" (**DE1**, 564-579), Foucault aborda a genealogia como método de interpretação. Ver: *Nietzsche*.

História. No extenso artigo "Nietzsche, la généalogie, l'histoire" (**DE2**, 136-156), Foucault se ocupa de situar a genealogia de Nietzsche em relação às concepções da história. Ver: *Nietzsche*.

Arqueologia. "Minha arqueologia deve mais à genealogia nietzschiana que ao estruturalismo propriamente dito" (**DE1**, 599).

Anticiência, erudição. A genealogia não opõe a multiplicidade concreta dos fatos à unidade abstrata da teoria. Não é um empirismo ou um positivismo no sentido comum do termo. Tenta antes opor os saberes locais, descontínuos, desqualificados, não legitimados, à instância teórica unitária que pretende filtrá-los, hierarquizá-los, ordená-los em nome de um conhecimento verdadeiro. Nesse sentido, as genealogias são *anticiências* que funcionam contra os efeitos de poder da instituição e dos discursos científicos (**DE3**, 165; **IDS**, 10). Dessa perspectiva, a genealogia se define como o acoplamento entre a erudição e as memórias locais

(**IDS**, 9-10). "A genealogia seria, então, com relação ao projeto de inscrição dos saberes na hierarquia do poder próprio da ciência, uma espécie de empreendimento para *dessujeitar* os saberes históricos e torná-los livres, isto é, capazes de opor-se e lutar contra a coerção de um discurso teórico unitário, formal e científico" (**IDS**, 11).

História das ciências. A história das ciências se situa sobre o eixo conhecimento-verdade, que vai da estrutura do conhecimento à verdade. A genealogia dos saberes, por sua vez, localiza-se sobre o eixo discurso-poder, práticas discursivas-enfrentamentos de poder (**IDS**, 159).

Modernidade. Foucault aborda a Modernidade como um *éthos* (ver: *Éthos*), que se caracteriza por uma atitude crítica, de análise dos limites. Essa crítica é arqueológica em seu método (ocupa-se dos discursos como acontecimentos históricos) e genealógica em sua finalidade: "Não deduzirá da forma do que somos o que nos é impossível fazer ou conhecer, mas extrairá da contingência que nos fez ser o que somos a possibilidade de não ser, fazer ou pensar o que somos, fazemos ou pensamos" (**DE4**, 574). Não se trata de levar a cabo uma genealogia da Modernidade, mas da Modernidade como questão (**DE4**, 681).

Filiação, gênese. No marco da análise da governamentalidade, em *Sécurité, territoire, population;* Foucault distingue entre genealogia, por um lado, e gênese e filiação, por outro. A genealogia estuda como surgem, se desenvolvem, multiplicam-se e se transformam as relações de poder a partir de outros elementos e dimensões, diferentes delas. A gênese ou a filiação, por sua vez, explica as transformações das relações de poder remetendo de uma instituição a outra. No caso da disciplinarização do exército, vai da instituição exército à instituição Estado. A genealogia, ao contrário, remete o processo de disciplinarização do exército a uma série de transformações múltiplas: as populações errantes, a importância das redes comerciais, os modelos de gestão das comunidades etc. (**STP**, 123).

166. GÊNIO / *Génie*

A arqueologia põe entre parênteses a noção de gênio, assim como as categorias de crise da consciência ou novas formas do espírito, como explicação psicológica das mudanças na história do saber (**AS**, 32; **DE1**, 677).

167. GNOSTICISMO / *Gnosticisme*

Foucault não se ocupou muito dessa problemática. Sua preocupação foi servir-se da noção de cuidado de si para levar a cabo uma leitura dos textos da Antiguidade Clássica e helenística do ponto de vista das práticas de si mesmo. Ver: *Cuidado*. Centra-se no *Alcibíades I* e estende a análise até os primórdios do cristianismo e as elaborações ascéticas do monasticismo cenobítico. Nesse percurso, há uma tese que domina o quadro da interpretação de Foucault: o acesso à verdade requer um trabalho do sujeito sobre si mesmo, uma série de práticas como a *anachóresis* e a *meditação*. Serve-se do conceito de espiritualidade para fazer referência, em termos gerais, a esse trabalho de transformação. Pois bem, a gnose, na medida em que centra a transformação do sujeito em torno do conhecimento, pode aparecer como a grande objeção histórica a essa tese (**HS**, 18). • O platonismo, entendido como a identificação do retorno a si mesmo e da memória da verdade, foi retomado pelos movimentos gnósticos, dentro e fora do cristianismo. Para fazer frente a esse modelo, o cristianismo ortodoxo desenvolveu outro: o modelo exegético, no qual o conhecimento de si não tem a forma da memória do ser do sujeito, mas do trabalho de deciframento dos movimentos da alma. Ambos os modelos foram fundamentais na história da subjetividade ocidental (**HS**, 246). • A ascese estoico-cínica não tem nenhuma vocação particular de ser cristã. Em verdade, foi retomada pelo cristianismo para fazer frente à tentação gnóstica (**HS**, 403). • No que concerne às formas de cuidado de si no cristianismo, Foucault sustenta que, a partir das lutas contra as tendências gnósticas nos séculos II e III, e em especial com Tertuliano, começa-se uma "história profundamente nova" nas relações entre subjetividade e verdade (**DGDV**, 142). Os movimentos gnósticos centravam o cuidado de si e a conversão no acesso à verdade, na iluminação e na reminiscência da alma; Tertuliano, ao contrário, leva a cabo uma formulação do catecumenato na qual o fundamental são os exercícios morais que tornam possível o acesso à verdade do indivíduo (**DGDV**, 144, 179, 304-305). Essa formulação do catecumenato, com seus exercícios de penitência, implica o abandono da concepção gnóstica acerca de uma salvação que se obtém de uma vez e para sempre, sem possibilidade de recaída, pelo rechaço à lei e à concepção de matriz neoplatônica da memória (**DGDV**, 180-181, 304).

168. GOVERNAMENTALIDADE / *Gouvernementalité*

"Vivemos na era da 'governamentalidade', que foi descoberta no século XVIII" (**DE3**, 656). • A noção de governamentalidade não está presente nos livros de Foucault publicados em vida. Sua elaboração foi levada a cabo nos cursos no Collège de France, que, do ponto de vista da análise do poder, podem ser classificados em três grupos. O primeiro grupo, utilizado para a redação de *Surveiller et punir* e *La Volonté de savoir*, é constituído por *Leçons sur la volonté de savoir* (1970-1971), *Théories et institutions pénales* (1971-1972), *La Société punitive* (1972-1973), *Le Pouvoir psychiatrique* (1973-1974) e *Les Anormaux* (1974-1975). Um dos eixos de trabalho desses cursos é a história moderna das disciplinas, mas, através desse tema, Foucault se encaminha da disciplina à biopolítica e inicia, desse modo, o estudo do biopoder, muito mais amplo. Com efeito, tal como se explica no último capítulo de *La Volonté de savoir*, as sociedades modernas não são apenas sociedades de disciplinarização, de normalização dos indivíduos, mas também das populações. Por isso, é necessário incorporar a análise da formação da biopolítica, isto é, da normalização da população. • O segundo conjunto de cursos é formado por *"Il faut défendre la société"* (1976), *Sécurité, territoire, population* (1977-1978) e *Naissance de la biopolitique* (1978-1979). O eixo temático desses cursos é constituído, de maneira geral, pela biopolítica, o governo da vida da população. Por um lado, estudam as formas de exercício do poder que surgem do que Foucault denomina "umbral biológico da Modernidade" (**HS1**, 188), ou seja, desde o momento em que o homem como animal vivente adquire uma existência política, quando a vida considerada sob o aspecto biológico se converte no verdadeiro objeto do governo. Por outro lado, ocupam-se do racismo, cuja genealogia Foucault estuda em *"Il faut défendre la société"*. Os conceitos de "governo" e "governamentalidade" dominam a exposição de *Sécurité, territoire, population*, e a questão do liberalismo, a governamentalidade moderna, é o tema central de *Naissance de la biopolitique*. É curioso que o material exposto nesses cursos não tenha sido reelaborado por Foucault com vistas à publicação de um livro. Em 1983, em uma conversação com Hubert Dreyfus e Paul Rabinow, interrogado a respeito, responde: "Não tenho tempo de fazê-la agora, mas seria possível fazê-la. Com efeito, é necessário que a escreva" (**DE4**, 386). • No terceiro grupo de cursos encontramos *Du gouvernement des vivants* (1979-1980), *Subjectivité et vérité* (1980-1981), *L'Herméneutique du sujet* (1981-1982), *Le Gouvernement de soi et des autres* (1982-1983) e *Le Courage de la vérité* (1983-1984). Parte desse material foi utilizado para a redação do segundo e do terceiro volumes de *Histoire de la sexualité*. Esse terceiro grupo de cursos se ocupa da noção de governo de si mesmo e dos outros durante a Antiguidade Clássica, helenística e romana, até as primeiras formas do poder pastoral com o advento do cristianismo, em particular do monasticismo cenobítico. A noção de governo se entrecruza aqui com a história da ética, no sentido foucaultiano da expressão, isto é, com as formas de subjetivação. A noção de *parresia* domina a análise dos dois últimos cursos de Foucault. • O artigo "Foucault" do *Dictionnaire des philosophes*, de Denis Huisman, que o próprio Foucault escreve com o pseudônimo Maurice Florence (**DE4**, 631-636), conclui com a seguinte afirmação: "Vê-se como o tema de uma 'história da sexualidade' pode inscrever-se dentro do projeto geral de Michel Foucault: trata-se de analisar a 'sexualidade' como um modo de experiência historicamente singular no qual o sujeito é objetivado, para ele mesmo e para os outros, através de certos procedimentos precisos de 'governo'" (**DE4**, 635-636). Essa afirmação, referida aqui à *Histoire de la sexualité*, pode ser estendida ao conjunto de seus cursos no Collège de France, pois, como dirá em outro texto, não é o poder – do qual tanto se ocupou em seus cursos –, mas o sujeito, o que constitui o tema geral de suas investigações (**DE4**, 223). Mas não devemos pensar, sobretudo a partir dessa última apreciação, que Foucault, ao longo de seus cursos, tenha realizado um simples deslocamento do tema do poder ao das formas de subjetivação, mas antes que elaborou uma articulação entre ambos. A análise e a elaboração das noções de governo e de governamentalidade tornaram possível essa articulação. Através delas, a preocupação de Foucault foi mostrar como, nas práticas de governo de si e dos outros, as formas de veridicção entrelaçam-se com as de subjetivação. Ou, para retomar uma expressão do próprio autor, como se articulam as formas de um saber possível, as matrizes normativas de comportamento e os modos de existências virtuais dos sujeitos (**GSA**, 5-7). • A importância das noções de governo e governamentalidade é, para Foucault, uma consequência das insuficiências dos instrumentos teóricos para analisar o poder dos quais se serviu ao longo de seus cursos, como, por exemplo, os conceitos de repressão, lei ou luta. Nesse sentido, sustenta que "o poder, no fundo, é menos da ordem do enfrentamento entre dois adversários ou do compromisso de um frente ao outro que da ordem do governo [...]. O modo de relação próprio do poder não deveria, então, ser buscado do lado da violência e da luta, nem do lado do contrato ou do nexo voluntário (que, em suma, só podem ser instrumentos), mas pelo lado desse modo de ação singular, nem guerreiro nem jurídico, que é o governo" (**DE4**, 237). Dessa perspectiva, devemos situar as noções de governo e de governamentalidade no centro das investigações foucaultianas. •

A noção de governo, para expressá-lo de alguma maneira, tem dos eixos: como relação entre sujeitos e como relação do indivíduo consigo mesmo. No primeiro sentido, o governo "é um conjunto de ações sobre ações possíveis"; "incita, induz, desvia, facilita ou dificulta, estende ou limita, torna mais ou menos provável; levado ao limite, obriga ou impede por completo". É uma "ação sobre ações" (**DE4**, 237). Trata-se, definitivamente, de uma conduta que tem por objeto a conduta de outro indivíduo ou de um grupo. Governar consiste em conduzir condutas. Foucault tenta manter sua noção de governo o mais ampla possível. Mas, no segundo sentido, pertence também à ordem do governo a relação que o indivíduo pode estabelecer consigo mesmo na medida em que, por exemplo, trate-se de dominar os prazeres ou os desejos (**HS2**, 95). Foucault interessa-se em particular pela relação entre as formas de governo de si e as de governo dos outros, e os modos de objetivação-subjetivação situam-se no cruzamento de ambos os eixos. Isso vale sobretudo para seus trabalhos sobre a ética antiga e sobre o poder pastoral.

Características. "Por 'governamentalidade' entendo o conjunto constituído pelas instituições, os procedimentos, análises e reflexões, os cálculos e as táticas que permitem exercer essa forma bem específica, apesar de complexa, de poder, que tem como objetivo principal a população, como forma maior a economia política, como instrumento técnico fundamental os dispositivos de segurança" (**STP**, 111). Para Foucault, a noção de governamentalidade introduz uma forma de análise das relações de poder em termos específicos ou, segundo sua terminologia, enquanto micropoderes. Essa perspectiva de análise é válida e aplicável não só para as formas políticas estatais, mas também para analisar, por exemplo, o governo dos loucos, dos enfermos, das crianças etc. (**NB**, 192). • Foucault utiliza o termo "governamentalidade" para referir-se ao objeto de estudo das maneiras de governar. Encontramos, em consonância com os sentidos da noção de governo que mencionamos, duas ideias de governamentalidade. Em primeiro lugar, um domínio definido pelos seguintes aspectos: 1) o conjunto constituído pelas instituições, pelos procedimentos, análises e reflexões, cálculos e táticas que permitem praticar essa forma de exercício do poder; 2) a tendência, a linha de força que no Ocidente conduziu e que, por outra parte, permitiu o desenvolvimento de toda uma série de saberes; 3) o processo, ou melhor, o resultado do processo pelo qual o Estado de justiça da Idade Média se converteu, durante os séculos XV e XVI, no Estado administrativo e, por último, no Estado *governamentalizado* (**DE3**, 655). O estudo das formas de governamentalidade implica, então, a análise de formas de racionalidade, de procedimentos técnicos, de formas de instrumentalização. Trata-se, nesse caso, do que se poderia chamar de "governamentalidade política". Em segundo lugar, Foucault denomina governamentalidade "o encontro entre as técnicas de dominação exercidas sobre os outros e as técnicas de si" (**DE4**, 785). O "ponto de contato em que se articulam de forma recíproca a maneira em que os indivíduos são dirigidos e a maneira em que conduzem a si mesmos é o que se chama, acredito, a 'governamentalidade'" (**DVSM**, 31). Nesse sentido, o estudo da governamentalidade não pode deixar de lado a relação do sujeito consigo mesmo (**HS**, 241). • O estudo das relações entre o governo dos outros e o de si mesmo no marco da governamentalidade permite, por outro lado, a articulação das estratégias de resistência. Ver: *Resistência*.

Artes de governar. A análise da governamentalidade abrange, então, em sentido muito amplo, o exame do que Foucault denomina "artes de governar". Ver: *Artes de governar*.

Governamentalidade moderna. Pode-se compreender, à luz do exposto, a importância que tem no pensamento de Foucault a questão do liberalismo do ponto de vista da racionalidade das práticas de governamentalidade. A governamentalidade moderna surge, segundo nosso autor, da necessidade de encontrar um princípio de compensação da razão de Estado que não seja exterior, mas interno à própria razão de Estado. Nesse sentido, o direito, que tinha sido durante um longo período um mecanismo de fortalecimento e expansão do poder do rei, com o surgimento da razão de Estado se converte, antes, em um dispositivo compensatório. Mas o direito desempenhou essa função desde fora da razão de Estado (**NB**, 9-11).

Economia política. A limitação interna da razão governamental moderna levada a cabo pela economia política é, ao contrário, de fato e não de direito. É, além disso, geral. Em relação aos objetivos da ação de governar, estabelece uma divisão entre o que há que fazer e o que convém não fazer, entre *agenda et non agenda*; não é imposta nem de um lado nem do outro, nem pelos governantes nem pelos governados, mas é uma ação-entre (**NB**, 12-15). Dessa perspectiva, a economia política aparece como o instrumento intelectual fundamental da governamentalidade moderna, como uma reflexão acerca da organização, a distribuição e os limites do poder na sociedade (**NB**, 15).

Biopolítica. "Só quando soubermos o que era o regime governamental chamado liberalismo poderemos, me parece, entender o que é a biopolítica" (**NB**, 24).

Direito. Se o direito era, em relação à razão de Estado, uma limitação externa, a prática governamental moderna, que pode ser vista como uma inflexão da razão de Estado, busca, ao contrário, expressar em termos jurídicos sua própria autolimitação interna (**NB**, 40). Para isso, foram implementadas duas vias. Em primeiro lugar, a via de Rousseau e da revolução, que parte dos direitos naturais dos indivíduos e busca estabelecer o modo e as fronteiras de uma limitação ou um intercâmbio desses direitos. A outra via, a do radicalismo inglês, ao contrário, não parte do direito, mas da própria prática governamental; os limites são impostos pela história, pela tradição ou, simplesmente, pelos fatos. Nessa concepção, a noção de utilidade, tanto individual como coletiva, é o eixo de elaboração dos limites da potência pública e, por conseguinte, da formação do direito público e administrativo. Essas duas vias expressam duas concepções diferentes da lei; no primeiro caso, como expressão da vontade; no segundo, a partir da independência dos governados. Essas duas vias, essas concepções da lei, explicam a ambiguidade do liberalismo europeu (**NB**, 43).

Utilidade, interesse. "Desde o início do século XIX, entramos em uma época em que a questão da utilidade recobre pouco a pouco todos os problemas tradicionais do direito" (**NB**, 45). Junto com o mercado, concebido como um lugar de veridicção, um direito elaborado em torno da questão da utilidade é outro dos pontos de ancoragem da razão governamental moderna. Por um lado, o intercâmbio e, por outro, a utilidade, ambos reunidos na categoria de interesse. A razão governamental moderna não se ocupa dos indivíduos, das coisas ou das riquezas em si mesmos, à diferença, por exemplo, do que sucedia sob a autoridade do rei soberano, mas só na medida em que os indivíduos, as coisas ou as riquezas interessam aos outros indivíduos ou à coletividade (**NB**, 47).

Governamentalidade liberal. Está caracterizada pela questão de como fundar "o princípio de racionalização da arte de governar no comportamento racional daqueles que são governados" (**NB**, 316).

Ministro. "O problema fundamental, pelo menos na Europa moderna, não é, sem dúvida, o Papa e o imperador, mas, antes, esse personagem misto ou esses dois personagens que gozam em nossa língua, como também em outras, de um único e mesmo nome: o ministro" (**STP**, 196). Esse personagem, com efeito, põe em evidência a problemática do governo, diferente da questão da soberania.

Ver: *Artes de governar, Biopoder, Biopolítica, Estado, Liberalismo, Poder, Polícia, Razão de Estado.*

169. GRUPO DE INFORMAÇÃO SOBRE AS PRISÕES (GIP)

Em um contexto de greves de fome por parte dos detidos, em 8 de fevereiro de 1971, Michel Foucault, Pierre Vidal-Naquet e Jean-Marie Domenach anunciam a constituição do Grupo de Informação sobre as Prisões (GIP). Em 28 de maio de 1971, o GIP publica o primeiro de uma série de cadernos intitulados *Intolérable*. A contracapa incluía uma lista, precisamente, de intoleráveis: "Os tribunais, os policiais, os hospitais, os asilos, a escola, o serviço militar, a imprensa, a televisão, o Estado". Embora as prisões não apareçam na lista, tanto o primeiro número de *Intolérable* como os posteriores estão focalizados nelas. De fato, o primeiro número tem por título "Enquête dans vingt prisons" e dedica dois terços de sua extensão aos relatos dos presos e às respostas dos autores. O GIP se dissolve em dezembro de 1972. Foucault sustentaria: "Para nós o essencial era que essas informações [sobre as condições de detenção nas prisões] fossem comunicadas à opinião pública pelos próprios prisioneiros. [...] e se produziu algo extraordinário ou, pelo menos, alguns o viram dessa forma: o Ministério da Justiça não conseguiu desmentir nenhum desses fatos. Os prisioneiros disseram por inteiro a verdade absoluta" (**DE2**, 428-429).

170. GUERRA / *Guerre*

Poder, política, Clausewitz. Tanto na concepção jurídica liberal como na marxista, o poder é pensado sempre, segundo a análise de Foucault, a partir da economia, embora de diferentes modos. Para a concepção liberal, é uma espécie de bem, que de algum modo se cede, se possui, se aliena. Daí que o poder político seja entendido em termos de *contrato*. A teoria do poder tem aqui uma forma econômica. O economicismo aparece na teoria política marxista de modo diferente: não se trata tanto da forma do poder, mas de sua função. A economia se apresenta como a razão histórica do poder, que em essência serve para manter as relações de produção e a dominação de uma classe. Mas isso é necessariamente assim? O poder está sempre em um segundo plano em relação à economia? Nas teorias contemporâneas, sempre segundo Foucault, encontramos duas respostas ao problema do poder que tratam de abordá-lo em termos não economicistas: 1) o poder concebido como repressão, o que Foucault chama de "hipótese Reich"; e 2) o poder pensado como combate, luta, enfrentamento, o que denomina "hipótese Nietzsche". Essas duas hipóteses não são irreconciliáveis; seria possível opor à concepção moderna clássica, poder-contrato, uma análise em termos de guerra-repressão.

O objetivo de Foucault em *"Il faut défendre la société"* é abordar o poder em termos de guerra, de luta, de combate, isto é, de acordo com a hipótese Nietzsche. Concretamente, Foucault pergunta-se a respeito do discurso que teria invertido o princípio de Clausewitz – "A guerra é a continuação da política por outros meios". Trata-se, então, de estudar o poder a partir desse discurso, em termos de oposição de forças, de enfrentamento, de combate (**IDS**, 14-19).

Hobbes. A hipótese de estudar o poder quanto a oposição de forças, de enfrentamento, de combate leva Foucault necessariamente a confrontar a teoria hobbesiana da soberania, isto é, a teoria da instauração da soberania como meio para acabar com a guerra primitiva de todos contra todos. Ver: *Hobbes*.

Guerra de raças, luta de classes. Contrapondo-se à teoria da soberania e à análise no que se refere a relações de dominação, Foucault pergunta se o conceito de *guerra* (de *tática*, de *estratégia*) é adequado para a análise das relações de poder. Na realidade, desloca essa pergunta para uma interrogação histórica acerca do surgimento do princípio que Clausewitz inverteu. Isto é, quando e como surgiu o princípio segundo o qual "a política é a continuação da guerra por outros meios". Segundo nosso autor, esse princípio e o discurso histórico-político que ele sintetiza circularam ao longo dos séculos XVII e XVIII. O paradoxo é que se trata de um momento em que, com o fim das guerras de religião, as lutas e os combates deixam de fazer parte da vida cotidiana dos povos; mas, por outro lado, é o momento em que o Estado, mediante a criação das instituições militares, arroga-se a exclusividade do uso da força organizada. Podemos caracterizar o discurso histórico da luta, da guerra, do seguinte modo: 1) Trata-se de um discurso histórico-político cujos representantes foram, entre outros, Edward Cook e John Lilburne, na Inglaterra; e Henri de Boulainvilliers, Charles Henri d'Estaing e Augustin Thierry, na França. Sustenta o caráter binário da sociedade, em cuja estrutura sempre se é inimigo de alguém, e cujo sujeito de enunciação não pretende ser o sujeito universal e neutro do discurso filosófico, mas um sujeito interessado que está em um dos dois lados que se enfrentam. 2) Consequentemente, trata-se de um discurso que vê a racionalidade abstrata como uma quimera, e a verdade como brutalidade e desrazão, isto é: um discurso que inverte os valores. 3) Por último, é um discurso de perspectiva (inteiramente histórico, sem relação com nenhum absoluto), que encontra na mitologia escatológica a força que alimenta seu *páthos*, sua paixão. É um discurso crítico e mítico ao mesmo tempo. Começou a circular na EXuropa a partir dos séculos XVI e XVII, como consequência do questionamento popular e aristocrático do poder real, e a partir daí atravessou os séculos XVIII e XIX. Pois bem, não há que ver a dialética filosófica, cuja forma emblemática se encontra em Hegel, como uma continuação na filosofia desse discurso histórico sobre a guerra. A dialética, tratou antes de colonizá-lo ao codificar logicamente a contradição, a fim de constituir um sujeito universal da história. A descrição histórica desse discurso deve descartar, em primeiro lugar, as "falsas paternidades" (o príncipe em Maquiavel; a soberania absoluta, em Hobbes). Deve começar pelo discurso de reivindicação popular e da pequena burguesia na Inglaterra do século XVII, para continuar em seguida, na França, no final do reinado de Luís XIV, com as reivindicações da nobreza contra a monarquia administrativa. A partir daqui, é necessário seguir a história do discurso da guerra de raças, suas transformações durante a Revolução Francesa e sua conversão biologicista (o racismo de Estado, momento em que se converte em discurso de

Estado). Trata-se, claramente, de um discurso polivalente, multifacético (**IDS**, 40-44). • O elogio do discurso histórico da guerra como constitutivo essencial da sociedade, mesmo em tempos de ordem e paz, não é um elogio do racismo. Este tem sido uma de suas múltiplas facetas, aquela que aparece com a transformação biológico-sociológica de um discurso já secular, com fins políticos conservadores. O elogio do discurso histórico sobre a guerra é, para Foucault, o elogio de certo uso da erudição histórica que, em relação à concepção romana, indo-europeia, constitui antes uma *contra-história*. Segundo Foucault, o sistema indo-europeu de representação do poder está atravessado por uma dupla exigência ou dimensão: por um lado, através da obrigação, o poder une, vincula; por outro, mediante os juramentos ou os compromissos, fascina. Júpiter é, ao mesmo tempo, o Deus dos nexos e dos raios. A história da soberania, discurso do poder, é, nesse sentido, uma história jupiteriana. Três funções vinculam o uso jupiteriano da história ao poder: 1) *Genealógica*: narra a história de reinos e dinastias antigos. 2) *Rememorativa*: compila nos anais a crônica dos gestos, decisões, atos (mesmo os mais banais) de soberanos e reis. 3) *Exemplificadora*: relata aqueles acontecimentos nos quais se pode perceber a lei como viva. A história jupiteriana não é outra coisa que um ritual do poder. Pois bem, a essa forma romana de fazer história irá se opor, a partir do final da Idade Média, uma espécie de contra-história, uma narração na qual não se trata de dar conta das origens de uma dinastia, de recordar os gestos dos soberanos ou de mostrar exemplos suscetíveis de ser imitados. Não tem por função unir o povo ao soberano, não pensa que a história dos fortes inclui a dos fracos; nem se propõe a mostrar a glória luminosa do poder, mas seu lado escuro, suas sombras. Trata-se de uma contra-história mais próxima daquela mítico-religiosa da tradição judaica (com suas formas épicas, suas profecias e suas promessas). Está aparentada ao uso crucial que se fez da Bíblia na segunda metade da Idade Média. É com esse discurso que começa a formar-se a Europa no sentido moderno do termo. Algumas observações são necessárias para caracterizar com propriedade este discurso: 1) Não pertence por direito próprio a nenhum grupo; não se trata do discurso exclusivo dos pobres ou dos oprimidos. Foi utilizado pela burguesia na Inglaterra e pela aristocracia na França. 2) Em sua origem, o conceito de raça não tem um sentido necessariamente biológico. Designa certa *clivagem* (corte transversal) histórica de dois grupos que não se mesclam por não terem a mesma língua, a mesma religião ou a mesma origem geográfica. 3) O entrecruzamento desses dois usos da história – ritual do poder e reivindicação crítica – determinou a formação da historiografia moderna e permitiu a explosão de toda uma gama de saberes. 4) A ideia de revolução, em seu funcionamento político, é inseparável do surgimento da contra-história. A *luta de classes* foi uma das transformações da *luta de raças*. • É capital compreender que o discurso da luta de raças sofreu numerosas transformações, conversões, traduções; a revolucionária foi uma delas. Mas a oposição ao discurso revolucionário, uma contra-história da contra-história, também foi uma de suas transformações. Entre elas aparecerá o racismo quando o Estado se atribui a missão de proteger a integridade da raça superior em sua pureza. O que funciona no racismo de Estado não é o poder no sentido jurídico da soberania, mas o sentido da norma, das técnicas médico-normalizadoras (acompanhado, na transformação nazista, por uma dramaturgia mitológica; na soviética, pelo cientificismo de uma "polícia da higiene e da ordem da sociedade") (**IDS**, 58-73).

Boulainvilliers. Boulainvilliers generaliza o conceito de guerra: 1) Quanto ao direito: a guerra já não é uma interrupção do direito. Nesse sentido, Boulainvilliers argumenta a favor da inexistência de um direito natural. A história nos mostra que sempre existiram diferenças e desigualdades. Toda situação de direito surge de uma relação de forças (do combate, da luta, da guerra). 2) Quanto à forma da batalha: a relação de forças não depende de uma batalha nem das precedentes, mas da organização das instituições militares (quem e como possui as armas). A guerra não é, então, um acontecimento, mas antes uma instituição. 3) Quanto à relação invasão/rebelião: não interessa se houve invasão ou rebelião, e sim de que maneira os fortes se enfraquecem e fracos se tornam fortes. Definitivamente, a inteligibilidade da história passa pela luta entre "raças" (francos-gauleses, por exemplo), e é aqui onde a história se torna política em um duplo sentido: na ordem dos fatos e na ordem do conhecimento. Nos fatos, um é sempre inimigo do outro; nos conhecimentos, o saber histórico se converte em uma arma fundamental. Ver: *Boulainvilliers*.

Idade Média, justiça, guerras privadas. Durante a Idade Média, os atos judiciais conservam o caráter de guerra herdado do direito germânico. O julgamento é um episódio de rivalidade no qual, em alguns casos, pode-se desafiar para um duelo os juízes. Também são uma herança do direito germânico as guerras privadas, concebidas como um modo de justiça (**ThIP**, 130-131). A aparição das denominadas "instituições de paz" buscará, precisamente, excluir as práticas guerreiras e, em especial, as guerras privadas do âmbito do judicial (**ThIP**, 157, 168). Ao longo desse processo, "no coração do direito penal, já não se encontra a vingança, a réplica, a guerra e a reparação, mas o poder, a obediência, o castigo" (**ThIP**, 190).

171. GULAG

Propor-se a questão do *Gulag* implica ter em conta quatro aspectos: 1) Em lugar de perguntar qual foi o erro, o desvio, o desconhecimento ou a distorção especulativa dos textos de Marx e Lenin que tornaram possível o *Gulag*, há que se perguntar o que o permitiu e ainda o justifica a partir desses textos; isto é, propor a questão em termos de realidade, não de erro. 2) Conceber a questão em termos positivos, como operador econômico-político em um Estado socialista. 3) Evitar, para levar a cabo a crítica do *Gulag*, o manejo de um filtro que permitiria distinguir um falso e um verdadeiro socialismo. 4) Rechaçar a dissolução universalista de todas as clausuras possíveis em termos de *Gulag* (**DE3**, 419-420). • "Eu temo certo uso da aproximação *Gulag*-clausura. Certo uso que consiste em dizer: todos temos nosso *Gulag*, está às nossas portas, em nossas cidades, em nossos hospitais, em nossas prisões; está aqui, em nossas cabeças" (**DE3**, 418). • A análise das práticas disciplinares do século XVIII não é uma maneira de tornar Beccaria responsável pelo *Gulag* (**DE4**, 16).

Neoliberalismo. "O neoliberalismo não é Adam Smith, não é a sociedade de mercado, não é o *Gulag* com a insidiosa dimensão do capitalismo" (**NB**, 136).

172. HABERMAS, JÜRGEN (1929-)

Técnicas. Foucault retoma a distinção de Habermas entre técnicas de produção, técnicas de significação ou de comunicação e técnicas de dominação, mas sustenta que é necessário acrescentar, a partir de suas análises, um quarto tipo: as técnicas de si, que permitem ao indivíduo efetuar certas operações sobre si mesmo (sobre seu corpo, sua alma, seus pensamentos, suas condutas) (**DE4**, 170-171). Segundo nosso autor, Habermas não vê aqui três domínios diferentes, mas três "transcendentais" (**DE4**, 234), e critica a centralidade que Habermas atribui às relações de comunicação: "A ideia de que poderia haver um estado de comunicação que fosse tal que os jogos de verdade pudessem circular sem obstáculos, sem impedimentos e sem efeitos coercitivos me parece da ordem da utopia" (**DE4**, 726).

Historicismo. "O problema de Habermas é, no fim das contas, o de encontrar um modo transcendental de pensamento que se oponha a toda forma de historicismo. Eu, na realidade, sou muito mais historicista e nietzschiano" (**DE4**, 280).

Modernidade. Embora tenha havido o projeto de um seminário sobre a Modernidade, do qual participariam Foucault e Habermas, ele acabou não sendo realizado (**DE4**, 446-447). No material publicado em *Dits et écrits*, aparecem com clareza as diferenças que Foucault aponta entre sua análise da Modernidade e a habermasiana. Ao se referir à perspectiva de Habermas da Modernidade como tradição da razão, Foucault sustenta: "Esse não pode ser meu problema, na medida em que não admito em absoluto a identificação da razão com o conjunto das formas de racionalidade que puderam, em um momento dado, em nossa época e ainda em tempos recentes, ser dominantes nos tipos de saber, nas formas técnicas e nas modalidades de governo ou de dominação, domínios nos quais são feitas as maiores aplicações da racionalidade" (**DE4**, 447).

173. HADOT, PIERRE (1922-2010)

Na redação do segundo e do terceiro volumes de *Histoire de la sexualité*, Foucault contou com os conselhos valiosíssimos de Pierre Hadot. Com efeito, devia afrontar um domínio no qual não era especialista (**HS2**, 14). A presença de Hadot também é significativa em *L'Herméneutique du sujet*. Foucault se interessa sobretudo pelo trabalho de Hadot intitulado *Exercícios espirituais e filosofia antiga*, publicado em 1981. Assim como Hadot, considera a questão das técnicas de si como uma perspectiva essencial para a leitura da produção filosófica da Antiguidade.

174. HEGEL, GEORG WILHELM FRIEDRICH (1770-1831)

"Nietzsche, Blanchot e Bataille são os autores que me permitiram liberar-me daqueles que dominaram minha formação no início da década de 1950: Hegel e a fenomenologia" (**DE4**, 48). "Toda a nossa época, seja por meio da lógica ou da epistemologia, seja por meio de Marx ou Nietzsche, tenta escapar de Hegel" (**OD**, 74). Essa frase, que expressa uma posição geral, tem uma aplicação específica na filosofia de Foucault: sua genealogia e sua arqueologia são um esforço constante para se desprender da concepção hegeliana da história, em termos de recomposição dialética, de totalidade, com um sujeito unitário (a razão, o absoluto). As histórias foucaultianas são descontínuas e múltiplas, sem nenhuma promessa de uma reconciliação final. As referências a Hegel são numerosas em seus escritos, mas ele não elaborou nenhuma análise detalhada dos textos de Hegel. Exceto algumas poucas referências à *Filosofia Zdo direito* e à *Enciclopédia das ciências filosóficas em compêndio*, a maioria alude à *Fenomenologia do espírito*.

Loucura, alienação. Na segunda metade do século XVIII, a alienação deixa de ser da ordem da natureza ou da queda, e passa a integrar uma ordem nova, na qual se começa a pressentir a história. Ali se formam, com um parentesco obscuro e originário, a alienação dos médicos e a dos filósofos. A partir do século XVIII, aparece o esforço para incluir as práticas da clausura no grande mito da alienação, que Hegel formularia alguns anos mais tarde (**HF**, 465, 597). • A loucura solitária do desejo, tanto para Hegel como para os filósofos do século XVIII, lança o homem em um mundo natural que será reinserido de imediato em um mundo social (**HF**, 659).

Hyppolite. Com sua tradução para o francês da *Fenomenologia do espírito*, Jean Hyppolite deu uma presença concreta à sombra de Hegel, que desde o século XIX percorria o pensamento na França. Hyppolite não deixou de confrontar o pensamento de Hegel com o de Marx (na questão da história), de Fichte (com relação ao problema do início absoluto da filosofia), de Bergson (em relação ao contato com a não filosofia), de Kierkegaard (sobre o problema da repetição e da verdade), de Husserl (em relação ao tema da filosofia como tarefa infinita ligada à história de nossa racionalidade). Hyppolite modifica a noção de filosofia tal como a concebia Hegel: em lugar de entendê-la como totalidade no movimento do conceito, propõe a filosofia como uma tarefa infinita, sem termo. Como tal, é também uma tarefa que sempre recomeça, destinada ao paradoxo da repetição. A filosofia não deve perseguir o edifício da abstração; deve romper com as generalidades adquiridas e aproximar-se da não filosofia. Deve retomar, para pensá-las, a singularidade da história, as racionalidades regionais da ciência, a profundidade da memória na consciência. Por isso, Hyppolite substitui o tema hegeliano do movimento do imediato pelo do fundamento do discurso filosófico e de sua estrutura formal. Para finalizar, pergunta-se: se a filosofia deve começar como discurso absoluto, o que acontece com a história e com o começo que se inicia com um indivíduo singular, em uma sociedade, em uma classe social, em meio às lutas? (**OD**, 77-79). • Para Hyppolite, Hegel é o momento em que a filosofia ocidental retoma a tarefa de dizer o ser em uma lógica e o projeto de descobrir as significações da existência em uma fenomenologia e busca voltar-se sobre si mesma como acabamento e fim da filosofia (**DE1**, 783-784).

Humanismo, Sartre. Para Foucault, existe um nexo essencial entre a dialética e o humanismo contemporâneo, e ele o encontra particularmente em Sartre. A dialética promete ao ser do homem que ele se converterá em um homem autêntico e verdadeiro. Nesse sentido, Hegel e Marx são os grandes responsáveis pelo humanismo contemporâneo. *Crítica da razão dialética*, de Sartre, é o último episódio, o ponto-final desse período de nossa cultura que começa com Hegel (**DE1**, 541).

Totalidade. Antes de Hegel, a filosofia não tinha necessidade de aspirar à totalidade (**DE1**, 611). À filosofia concebida como uma tarefa de totalização, como tem sido de Hegel a Sartre, Foucault opõe aquela entendida como uma atividade de diagnóstico do presente (**DE1**, 665).

Antiguidade. Enquanto no século XVI o retorno aos gregos tentava encontrar através do cristianismo uma filosofia greco-cristã, a partir de Hegel e Schelling, esse retorno tomou a forma de uma recuperação da cultura fora do cristianismo.

Liberdade antiga. Na contramão do lugar comum que às vezes é derivado de Hegel, segundo o qual para os gregos a liberdade do indivíduo não teria nenhuma importância diante da bela totalidade da cidade, a liberdade individual era para os gregos muito importante. A preocupação com a liberdade foi um problema essencial e permanente na cultura antiga (**DE4**, 712).

Espiritualidade. Poder-se-ia considerar toda a filosofia do século XIX, em especial a de Hegel, como um esforço para pensar as exigências da espiritualidade no âmbito do conhecimento (**HS**, 29). Ver: *Cuidado*.

Hegelianismo. No ambiente intelectual da França do pós-guerra, predominava nas universidades um hegelianismo impregnado de maneira significativa de fenomenologia e de existencialismo (**DE4**, 48).

Napolcão. "De certo modo, a filosofia de Hegel é uma tentativa de resposta a essa questão muito simples: 'Qual o significado daquele dia em que Napoleão entrou em Jena depois de obter a vitória?'" (**QQC**, 83).

Ver: *Dialética, Existencialismo, Fenomenologia, História*.

175. HEIDEGGER, MARTIN (1889-1976)

"Heidegger sempre foi para mim o filósofo essencial. Comecei lendo Hegel, depois Marx, e passei a ler Heidegger em 1951 ou 1952; e, em 1953 ou 1952, lia Nietzsche. Ainda tenho as anotações que fiz sobre Heidegger no momento em que o lia (tenho toneladas!), e são mais importantes que as que havia feito sobre Hegel e Marx. Todo o meu devir filosófico foi determinado pela leitura de Heidegger. mas reconheço que foi Nietzsche quem ganhou" (**DE1**, 703). Foucault não escreveu nenhum texto sobre Heidegger. Seria interessante rastrear a influência essencial que exerceu sobre seu pensamento através dos temas que Foucault aborda, mas essa tarefa excede inteiramente os limites de um vocabulário. No entanto, algumas indicações podem guiar o trabalho. Em primeiro lugar, haveria que contemplar a presença de Heidegger nas leituras que Foucault faz da psiquiatria existencial. Ver: *Binswanger, Fenomenologia*. Em segundo lugar, seria necessário deter-se em sua concepção da linguagem e da literatura no período de *Les Mots et les choses*. Ver: *Linguagem*. Em terceiro lugar, haveria que levar em conta que, apesar da declarada dependência essencial, Foucault foi crítico em relação à filosofia de Heidegger. Nesse sentido, há que se considerar a terceira figura da analítica da finitude – o retorno e o retrocesso da origem (ver: *Homem*) –, a crítica de certa maneira "a la Heidegger" de fazer história da filosofia (ver: *Derrida*) e a história da verdade em termos de esquecimento (ver: *Verdade*). • Seria possível distinguir dois tipos de filósofos: os que abrem novos caminhos ao pensamento, como Heidegger, e os que desempenham o papel de arqueólogos, que estudam o espaço no qual se desdobra o pensamento, suas condições, seus modos de produção (**DE1**, 553). • "Husserl e Heidegger problematizam todos os nossos conhecimentos e seus fundamentos, mas o fazem a partir do que é originário. Essa busca se produz, no entanto, à custa de todo o conteúdo histórico articulado. Ao contrário, o que gostei em Nietzsche é seu intento de questionar os conceitos fundamentais do conhecimento, da moral e da metafísica por meio de uma análise histórica de tipo positivista, sem referir-se às origens" (**DE2**, 372). • A filosofia husserliana, a filosofia marxista e Heidegger quiseram esclarecer o problema da vontade, mas a filosofia ocidental foi incapaz de refletir sobre essa questão de maneira pertinente (**DE3**, 604-605). • Poder-se-ia pensar a obra de Heidegger como um esforço em recuperar a dimensão da espiritualidade na filosofia (**HS**, 29). Ver: *Ascese, Cuidado*. • Enquanto Heidegger se preocupa com a técnica como único modo de acesso ao conhecimento dos objetos e, consequentemente, com a perda da relação com o ser, para Foucault, é necessário perguntar-se que técnicas e práticas formam o conceito ocidental de sujeito, e lhe outorgam a separação característica entre a verdade e o erro, a liberdade e a coerção (**QQC**, 37).

176. HERMAFRODITISMO / *Hermaphrodisme*

Monstruosidade, criminalidade. No século XIX, encontramos uma nova teoria da monstruosidade, originada durante o século anterior a propósito de um tipo privilegiado de anormalidade: o hermafroditismo. Se durante a Idade Média os hermafroditas eram queimados (pensava-se que sua origem se devia a uma fornicação com o diabo), no século XVIII aparece uma nova legislação. Para dar conta dessa mudança, Foucault compara dois casos: o de Rouen (1601) e o de Lyon (1765). 1) **O caso de Rouen.** Trata-se de alguém batizado como Maria, mas que pouco a pouco começa a comportar-se como um homem e chega a viver com outra pessoa, aparentemente uma mulher. Após um processo judicial que a condena à morte, o tribunal de apelação suspende a sentença. A "mulher" é liberada e, sob a ameaça de condenação à morte, é obrigada a viver como mulher e abster-se de qualquer relação sexual. Esse caso deu lugar a um debate entre dois médicos, Jean Riolan e Jacques Duval, e foi isso o que despertou o interesse de Foucault. Riolan não reconhece sinais de virilidade no sujeito; mas Duval sim. Na análise de Duval, encontramos os rudimentos de uma clínica sexual. Ele leva a cabo um exame minucioso, não apenas ocular, do sujeito. Na contramão do costume que imperava, serve-se de um vocabulário sexual explícito e detalhado, mas oferece, além disso, uma teoria do discurso médico. Em linhas gerais, propõe o seguinte (vale a pena ressaltar que muitos elementos da explicação não resistem a uma análise histórica, mas essa era a visão de Duval): a) A não utilização de uma linguagem sexual justifica-se pelo objetivo de evitar a concupiscência. b) Isso é compreensível porque as mulheres da Antiguidade conduziam-se de maneira desenfreada e induziam os homens a se comportarem de igual forma. c) Mas, a partir do cristianismo, através das representações da Virgem Maria, reabilita-se a figura da mulher, da maternidade e da biologia sexual feminina. A mãe foi sacralizada pela *religião*, pelo *matrimônio* e por sua *função econômica* no lar. d) Para evitar a mortalidade infantil (que, em relação às teorias econômicas mercantilistas, se apresenta como um fator de empobrecimento para a nação), é necessário romper com o silêncio médico. Requer-se, então, dispor de um saber sobre a sexualidade e sobre sua organização anatômica. O informe de Riolan, que, como dissemos, não reconhece os sinais de virilidade do sujeito, sustenta de maneira explícita que o hermafroditismo é uma monstruosidade. No entanto, de um ponto de vista legal, não dá força a uma condenação à morte. 2) **O caso de Lyon.** Trata-se de um sujeito batizado como mulher que experimenta certa atração por suas companheiras, muda-se para Lyon e contrai matrimônio com uma mulher. Após apelação à primeira sentença de condenação, o tribunal exige que se vista como mulher e o proíbe de ter relações com a mulher com a qual havia contraído matrimônio. • As similitudes entre ambos os casos são notáveis, mas há algumas diferenças importantes. Nos informes médicos do caso de Lyon, o hermafroditismo já não aparece como uma monstruosidade produzida pela mescla dos sexos. Trata-se, na realidade, de uma forma de imperfeição, um desvio da própria natureza, imperfeição que pode ser o princípio de certas condutas criminais. Em conclusão, entre um caso e outro, a monstruosidade deixa de ser considerada uma noção jurídico-natural e passa a ser pensada em termos jurídico-morais. O monstruoso não é a mistura de elementos naturais, mas as condutas criminosas é que podem originar-se de um desvio da natureza. Se antes um monstro era um criminoso em potencial, agora o criminoso é sempre um monstro implícito. Para sermos mais claros, a monstruosidade sempre foi percebida como a possibilidade de transgredir a lei; agora os papéis se invertem: toda criminalidade é referida a um fundo de monstruosidade, de desvio da natureza (**AN**, 63-70).

Iconografia, simbolismo. Na iconografia e na literatura do século XVI, o hermafroditismo encontra-se ligado à Reforma, à dualidade da religião cristã; também pode ser a expressão simbólica da dualidade do papado e do império. No século XVII, ao contrário, é associado de maneira direta ao erotismo. No século XIX, de uma perspectiva místico-religiosa, encontramos, entre as novas significações do hermafroditismo, a do casal original. Uma história dessa noção deveria elucidar como se chegou à condenação de dois fenômenos tão distintos: o hermafroditismo e a homossexualidade (**DE3**, 625).

Herculine Barbin. Em 1978, Foucault publicou *Herculine Barbin: o diário de um hermafrodita*, as memórias de Herculine Barbin, uma pessoa hermafrodita que viveu na França no século XIX. "O que chamou minha atenção na história de Herculine Barbin é que, no seu caso, não existe sexo verdadeiro. O conceito de pertencimento de todo indivíduo a um sexo determinado foi formulado pelos médicos e juristas apenas por volta do século XVIII" (**DE3**, 624).

177. **HERMENÊUTICA** / *Herméneutique*

Arqueologia. Enquanto a hermenêutica tenta determinar o que os signos expressam, a arqueologia, por sua vez, busca estudar as regras históricas de sua formação (**AS**, 212).

Renascimento. Se definimos a hermenêutica como o conjunto de conhecimentos que permitem fazer falar os signos e descobrir seu sentido, e a semiologia como o conjunto de conhecimentos e técnicas que servem para distinguir onde estão os signos, conhecer o que os institui como tais, seus nexos e a lei de seu encadeamento, então, ambas se sobrepõem durante o Renascimento na forma da semelhança (**MC**, 44).

Hermenêutica do sujeito, hermenêutica de si. Há que se entender por hermenêutica do sujeito o deciframento de si mesmo, de uma realidade oculta debaixo da superfície das representações (**DVSM**, 124). Com esse sentido, a hermenêutica do sujeito começa com a espiritualidade cristã. É certo que algumas das técnicas da hermenêutica de si, como o exame, por exemplo, existiam desde muito antes na cultura filosófica clássica e helenística, mas eram utilizadas com outros fins (**DVSM**, 189-190). Em relação a esse sentido, que poderia denominar-se o conhecimento de si mediante a hermenêutica de si, é necessário distinguir o conhecimento crítico de si, isto é, das condições estruturais ou transcendentais que nos permitem descobrir a verdade, e o conhecimento de si como apropriação da verdade. Nesse último caso, a verdade não é, como na hermenêutica de si, algo oculto dentro de nós, mas algo que o indivíduo deve alcançar para converter-se em sujeito dessa verdade. A hermenêutica de si caracteriza a experiência cristã; o conhecimento crítico caracteriza a experiência filosófica moderna; e o conhecimento de si como apropriação caracteriza as práticas filosóficas da Antiguidade (**DVSM**, 124-125). • Embora a expressão "hermenêutica do sujeito" não tenha aparecido ao longo das lições de Foucault – nem o termo isolado, "hermenêutica" –, ela faz parte do título do curso de 1982 no Collège de France. *L'Herméneutique du sujet* é, na realidade, uma história da cultura do cuidado de si mesmo desde a Grécia clássica até a época helenística. Precisamente no resumo do curso, o próprio Foucault esclarece que na cultura clássica e helenística do cuidado de si estamos "ainda muito longe" do que será uma hermenêutica de si entendida como o deciframento dos segredos da alma (**DE4**, 362). • Se deixamos de lado esse curso e seu correspondente resumo, a expressão "hermenêutica do sujeito" faz sua aparição na lição de 20 de maio de 1981 do curso *Mal faire, dire vrai*. A propósito da compreensão do crime e da criminalidade por volta de fins do século XIX, Foucault fala de uma hermenêutica do sujeito para referir-se ao método mediante o qual se atribuem determinados significados a determinados comportamentos, nesse caso, criminosos (**MFDV**, 224). É necessário destacar que, embora nessa primeira menção Foucault afirme ter falado sobre a hermenêutica do sujeito na lição precedente, a expressão não aparece na transcrição do curso. • Nas conferências pronunciadas na Universidade de Victoria, em Toronto, em 1982, reunidas sob o título *Dire vrai sur soi-même*, pode-se encontrar uma primeira apresentação panorâmica da problemática da hermenêutica do sujeito. Foucault sustenta, em primeiro lugar, que o estudo da hermenêutica do sujeito foi relegado por uma série de razões: 1) porque o cristianismo se interessou mais pela história de suas crenças e instituições que pela de suas práticas; 2) porque, à diferença da hermenêutica dos textos, a hermenêutica de si nunca se organizou como uma doutrina através de um conjunto de textos; 3) porque se confundiu com a filosofia e com a doutrina da alma; e 4) porque integrou-se de tal maneira às nossas experiências que a damos por evidente e originária (**DVSM**, 29). Para Foucault, no entanto, a hermenêutica do sujeito foi construída "laboriosamente" ao longo da história (**DVSM**, 30). Sua intenção é, com efeito, estudar esse processo de formação na época da filosofia helenística da época imperial e na cultura monástica dos primeiros séculos do cristianismo, não só através dos discursos, mas também das práticas de si, das tecnologias de si (**DVSM**, 31, 37). • A hermenêutica de si se baseia na ideia de que existe em nós algo oculto e que vivemos sempre na ilusão de nós mesmos, uma ilusão que mascara o segredo (**DE4**, 810). Daí se depreende a exigência contínua, para o sujeito, de decifrar a si mesmo e de decifrar seu desejo (DE4, 672) mediante o exame de si. Ver: *Exame, Interpretação*.

178. HETEROTOPIA / *Hétérotopie*

"Les hétérotopies" é o título de uma conferência de Foucault de 1966. À diferença das utopias, espaços que não estão em nenhuma parte, as heterotopias têm seu lugar no mapa, mas como "espaços *absolutamente* diferentes", como "contraespaços", como "utopias localizadas" (**CUH**, 24). São aqueles lugares reais fora de todos os lugares: o cemitério, os asilos, as prisões, o clube Med etc., sua função é desafiar os espaços comuns, suas regras e seus limites. Em relação aos espaços heterotópicos, Foucault propõe uma ciência que se chamaria a heterotopologia (**CUH**, 25). • "A ideia de acumular tudo, de deter de algum modo o tempo ou, antes, de deixar que se deposite até o infinito em um determinado espaço privilegiado, a ideia de constituir o arquivo geral de uma cultura, a vontade de encerrar em um lugar todos os tempos, todas as épocas, todas as formas, todos os gostos, a ideia de constituir um espaço de todos os tempos, como se esse espaço pudesse estar, ele mesmo, definitivamente fora do tempo, é uma ideia totalmente moderna. O museu e a biblioteca são heterotopias próprias da nossa cultura" (**CUH**, 30).

179. HIENA / *Hyène*

Segundo uma lenda da Antiguidade, desmentida já por Aristóteles, a hiena é capaz de alternar de sexo uma vez por ano. Em sua anatomia, uma cavidade situada debaixo da cauda dá a impressão do órgão sexual feminino. Trata-se, para Clemente de Alexandria, de um vício da natureza que revela ao homem uma imoralidade: a lascívia, a propensão aos prazeres carnais. Trata-se de uma anatomia excessiva que permite relações sexuais excessivas, por fora dos órgãos da fecundação (**HS4**, 32). A hiena é, por isso, um exemplo, nesse caso um contraexemplo, de moralidade.

180. HISTÓRIA / *Histoire*

Foucault afirmou que todos os seus trabalhos podem ser lidos como fragmentos de filosofia na pedreira da história (**DE4**, 21), e também que o sujeito é o verdadeiro tema de suas investigações (**DE4**, 223). Na realidade, a relação entre o sujeito e a história constitui o eixo em torno do qual se pode compreender todo o percurso teórico de Foucault. Já em seu primeiro livro, *Maladie mentale et personnalité*, encontramos essa problemática; o terceiro capítulo tem por título, com efeito, "A enfermidade e a história individual". Ali, Foucault ocupa-se de mostrar a origem da doença mental a partir das contradições da história concreta do indivíduo; e esses dois eixos se cruzam no conceito de alienação. Em *Histoire de la folie à l'âge classique*, o enfoque de Foucault se modifica. Não se concentra nas condições históricas nas quais surge a enfermidade mental como fato patológico, mas nas condições que permitem a emergência das formas institucionais e discursivas através das quais o sujeito é objetivado como alienado e como doente mental. *Naissance de la clinique* trata das condições históricas que tornaram o discurso da clínica possível e o indivíduo cognoscível. *Les Mots et les choses* é uma arqueologia das ciências humanas, isto é, a descrição das condições históricas de possibilidade do sujeito moderno. Desse modo, enquanto *Histoire de la folie à l'âge classique* é uma história do Outro, *Les Mots et les choses* é uma história do Mesmo (**MC**, 15). *Surveiller et punir*, por sua vez, constitui uma genealogia histórica do sujeito disciplinado, e a *Histoire de la sexualité*, uma genealogia do homem de desejo, das práticas de subjetivação. • Em suma, é possível dizer, então, que todo o percurso intelectual dos livros de Foucault publicados em vida, mas também de seus cursos, pode ser lido como uma história do sujeito, nos dois sentidos do termo, isto é, passivo e ativo. Em primeiro lugar, dos modos pelos quais o sujeito é objeto de conhecimento para as chamadas ciências humanas. Em segundo lugar, dos modos pelos quais o sujeito é sujeitado pelas relações de poder. E, em terceiro lugar, dos modos pelos quais o sujeito estabelece consigo mesmo uma relação constitutiva de subjetivação. • A relação entre a história e o sujeito aparece também como uma preocupação metodológica. Foucault, com efeito, busca definir uma metodologia de análise histórica que esteja livre de pressupostos antropológicos, que rompa com a sujeição da história a uma subjetividade (a razão, a humanidade) que garantiria, acima de tudo, sua unidade e seu sentido. Desse ponto de vista, Foucault se opõe à fenomenologia e às diferentes concepções, mais ou menos hegelianas, da filosofia da história. A arqueologia, nesse sentido, rompe com a história linear, progressiva, unitária, totalizante de uma razão que, desde a origem, se encaminha para seu acabamento na forma da realização. Desse modo, as concepções husserliana e hegeliana da história (e em particular o que une essa representação da história a uma filosofia do sujeito em termos de consciência) são a antítese da concepção foucaultiana da história do saber. A leitura de Canguilhem, de Bachelard, da epistemologia histórica da tradição francesa, definitivamente, com seus conceitos de ruptura e umbrais, desempenhou um papel de primeira ordem nessa abordagem. • Foucault oporá à história unitária e totalizante o conceito de "acontecimento". Ver: *Acontecimento*. Em um primeiro momento, em *L'Archéologie du savoir*, estabelece os critérios de trabalho para uma história concebida segundo o modelo da análise discursiva. Depois, para incluir na análise o âmbito do não discursivo e as relações entre discursividade e não discursividade, o objeto de descrição deixa de ser a episteme e passa a ser o dispositivo. Aqui, mais perto de Nietzsche, o conceito de arqueologia, se não perde terreno, é acoplado ao de genealogia. Por último, a episteme e os dispositivos são incluídos nos conceitos mais amplos de prática e técnica (de modo que também as relações que o sujeito estabelece consigo mesmo sejam incluídas). • Em suma, a história aparece na obra de Foucault de duas maneiras: como objeto de descrição e como questão metodológica. Na realidade, as noções de história e sujeito estão tão entrelaçadas que falar de uma em Foucault é falar da outra, e vice-versa. As histórias que Foucault aborda são, desse modo, histórias das práticas que constituíram a subjetividade ocidental através do tempo. Os conceitos de "episteme", "dispositivo", "prática" e "técnica" definem, de maneira progressiva, o campo de análise de Foucault; os de "arqueologia" e "genealogia", seu método. Ver: *Dispositivo, Episteme, Genealogia, Sujeito, Subjetivação, Subjetividade*.

Ontologia do presente. A história das práticas de subjetivação é uma ontologia de nós mesmos, da constituição histórica de nosso ser. Ver: *Genealogia, Ontologia do presente*.

Episteme Moderna, a mãe das ciências humanas. Por estranho que possa parecer – e o próprio Foucault ressalta isso –, a história não faz parte do triedro dos saberes das ciências humanas; no entanto, é apresentada como a primeira e a mãe de todas elas (**MC**, 378), a partir de sua relação com a Modernidade (**MC**, 229-233), com a economia política (**MC**, 270-275) e com a analítica da finitude (**MC**, 378-385). 1) **História e Modernidade**. Para expressá-lo de alguma maneira, a forma fundamental da episteme renascentista havia sido a semelhança; a da episteme clássica, a ordem; a da Modernidade, a história. "A filosofia do século XIX propõe ao pensamento a questão de saber o que é para ele ter uma história. Essa questão se mostrará com uma urgência incessante para a filosofia, desde Hegel até Nietzsche e mais além" (**MC**, 231-232). 2) **História e economia política**. Quanto à economia política, ocupa-se em particular de David Ricardo. Foucault encontra três consequências fundamentais da introdução da historicidade na economia: a) Em primeiro lugar, a noção de produção. A análise das riquezas (o saber da economia da Época Clássica) concebe o valor de troca das mercadorias em termos representativos, da capacidade que têm as mercadorias de representarem-se umas às outras por meio da medida comum do trabalho, analisada segundo jornadas de subsistência. A quantidade de trabalho necessária para produzir um bem equivale à quantidade de trabalho que se necessita para produzir outro bem pelo qual possa ser trocado. Para a economia política de Ricardo, as horas de trabalho necessárias para a fabricação de qualquer mercadoria dependem da forma de produção: da divisão do trabalho, da massa de capital, dos instrumentos de que se dispõe. Essa noção de produção, de cadeia produtiva, introduz na formação do valor um índice temporal, de acumulação em série, que não pode ser analisado em termos de jornadas de subsistência. b) A noção de escassez. A análise da renda marginal nos mostra que o homem econômico é aquele que perde sua vida para escapar da iminência da morte. c) A evolução econômica. À medida que a população cresce e se faz necessário cultivar terras cada vez menos propícias, os custos de produção aumentarão e chegará um momento em que os salários somente cobrirão as necessidades básicas de vestuário, moradia e alimentação; os ganhos industriais serão cada vez menores, a mão de obra não poderá crescer, e o aumento da população vai estancar. Em poucas palavras, a história se imobilizará. Uma alternativa à forma de pensar as relações entre a economia e a historicidade de Ricardo é encontrada em Marx: a evolução da história econômica não tende à imobilidade, mas à revolução, em razão do aumento do número de pessoas que se encontram no limite das condições de subsistência por conta da acumulação do capital, do crescimento das empresas e de sua capacidade produtiva, da redução dos salários e do desemprego. Então, em lugar de imobilizar-se, a própria história produzirá as condições para uma nova história. Foucault encontra em Ricardo e em Marx a mesma disposição epistêmica, na qual se conjugam a economia, a finitude do homem e o fim da história, em que se enraíza o pensamento utópico do século XIX e em relação à qual é necessário situar o pensamento de Nietzsche. "Foi Nietzsche quem, em todo caso, consumou para nós, e antes de nascermos, as promessas mescladas da dialética e da antropologia" (**MC**, 275). 3) **História e analítica da finitude**. Por analítica da finitude, devemos entender, segundo Foucault, as diferentes estratégias próprias do pensamento moderno para pensar o homem a partir de si mesmo, a finitude a partir da finitude. Essas estratégias são as oscilações entre o *empírico* e o *transcendental*, entre o *cogito* e o *impensado*, e entre o *retorno da e o retrocesso à origem* (**MC**, 323-346). No sonho antropológico em que mergulhou o pensamento ocidental a partir da ruptura epistêmica produzida entre os últimos anos do século XVII e os primeiros do XIX, o homem aparece, para servir-nos de uma terminologia kantiana, ao mesmo tempo como o que se oferece ao conhecimento e o que deve ser pensado; é um ser duplo: empírico e transcendental, pensado e impensado, originado e originante. As ciências humanas, desde o momento em que projetam sobre as outras (a biologia, a economia política, a filologia) a analítica da finitude, tornam-se, em sua constituição, anfibológicas, oscilantes. Em uma situação similar está a história: por um lado, encontramos uma historicidade das empiricidades e, por outro, uma historicidade transcendental a partir da qual aquela é possível. Do ponto de vista das empiricidades, encontramos uma fragmentação da história, com um homem desistorizado. A Época Clássica havia pensado a história como unitária, seja porque projetava a temporalidade da natureza sobre o humano ou, inversamente, porque subsumia toda temporalidade na historicidade humana concebida segundo um modelo providencial. Com os saberes modernos, a história se fragmenta; aparece uma temporalidade própria da vida, outra do trabalho, outra da linguagem (**MC**, 380). De um ponto de vista transcendental, porém, essa historicidade desnuda do homem apresenta-se como sua historicidade própria e como fonte da dispersão radical de todas as formas históricas. Aparece também a necessidade de buscar e pensar as leis dessa forma pura da temporalidade. Daí se depreende a situação da relação entre a história e as ciências humanas: a) Por um lado, o homem histórico é o que trabalha, vive, fala. Seus conteúdos históricos são objeto de conhecimento das ciências humanas. Mas, por outro, esses conteúdos não são estáveis: dependem da historicidade radical do homem. b) A história, que torna possíveis as ciências humanas, impede-lhes o acesso à universalidade. c) A história, possibilidade das ciências humanas quanto a seus conteúdos e suas formas, erode a relação sujeito/objeto desde fora, desde o exterior. Pensar a finitude sem recorrer ao infinito é pensar uma finitude sem fim, sem acabamento (**MC**, 384). d) Por isso, a analítica da finitude faz frente ao historicismo com a metodologia de compreensão da *Lebenswelt* (mundo da vida), com a compreensão da comunicação inter-humana e com a hermenêutica.

Arqueologia, história das ideias. Foucault opõe a arqueologia à história tradicional das ideias. Ver: *Arqueologia*.

Genealogia, erudição. Acerca da relação entre o conceito foucaultiano de história, Nietzsche e a história no sentido do termo no século XIX, ver: *Genealogia, Nietzsche*.

Guerra de raças, guerra de classes, história jupiteriana. *"Il faut défendre la société"* é uma genealogia do discurso histórico da guerra de raças, de sua dialetização filosófica e de sua transformação biologicista a partir do advento do racismo de Estado. Ver: *Guerra*.

Estruturalismo. Foucault não considera o estruturalismo uma posição contrária à história. Ver: *Estruturalismo*.

Ficção. "Eu não sou verdadeiramente um historiador. E não sou um romancista. Pratico uma espécie de ficção histórica" (**DE4**, 40). Ver: *Ficção*.

Inteligibilidade. "No fundo, a inteligibilidade na história talvez não resida na atribuição de uma causa sempre mais ou menos metaforizada na fonte. A inteligibilidade na história reside, talvez, em algo que se poderia denominar 'constituição ou composição dos efeitos'" (**STP**, 244).

História das ideias, história do pensamento. Para Foucault, é necessário distinguir entre a história das ideias e a história do pensamento. "A maior parte do tempo, os historiadores das ideias tratam de determinar o momento em que uma ideia aparece. E com frequência identificam esse momento graças ao surgimento de um termo novo. Mas o que eu tento ao fazer a história do pensamento é diferente. Trata-se de analisar de que maneira as coisas, as práticas, os hábitos, os comportamentos se convertem em um problema para as pessoas que se conduzem, precisamente, dessa maneira, que têm esse tipo de hábitos, que recorrem a esse gênero de práticas e que fazem funcionar esse tipo de instituições" (**DV**, 165).

181. HISTORICISMO / *Historicisme*

Analítica da finitude. No pensamento moderno, o historicismo é uma maneira de fazer funcionar a relação crítica que existe entre a história e as ciências humanas. O conhecimento positivo do homem está limitado pela positividade histórica do sujeito que conhece; desse modo, a finitude se dissolve no jogo de uma relatividade da qual não é possível escapar (**MC**, 384). Mas, contra o historicismo, a analítica da finitude reivindica a finitude que torna possível toda finitude.

Estruturalismo. Os estruturalistas nunca atacaram os historiadores, e sim certo historicismo (**DE1**, 773).

História. A história nos protege de um historicismo que invoca o passado para resolver os problemas do presente (**DE4**, 280).

Historicismo político. O inimigo de Hobbes e sua teoria da soberania era o historicismo político (**IDS**, 96). • Segundo Foucault, toda a estratégia do pensamento no século XIX foi anti-historicista, tanto na ciência (refere-se em particular às ciências humanas), como na filosofia. Por "historicismo" Foucault entende aqui a equivalência entre guerra e história: o saber histórico, por mais longe que vá, não encontra nunca nem a natureza, nem o direito, nem a ordem, nem a paz, mas apenas a guerra. A posição contrária seria esse platonismo que só pode conceber o conhecimento quanto a ordem e paz. A forma que reveste esse platonismo no Estado moderno é a disciplinarização dos saberes (**IDS**, 153-154).

Burguesia. A burguesia foi profundamente anti-historicista. Ver: *Burguesia*.

Questão de método, loucura. "O historicismo parte do universal e o faz passar de alguma maneira pela peneira da história. Meu problema é totalmente o inverso. Eu parto de uma decisão, ao mesmo tempo teórica e metodológica, que consiste em dizer: 'suponhamos que os universais não existam'. […] é exatamente o inverso do historicismo o que eu quis levar a cabo. Em lugar de utilizar como método crítico a história para interrogar os universais, quis partir da decisão da inexistência desses para perguntar que história é possível fazer" (**NB**, 5).

182. HOBBES, THOMAS (1588-1679)

Se deixarmos de lado algumas referências à concepção de Hobbes da linguagem em *Les Mots et les choses*, o *Leviatã* é o texto desse autor de que Foucault mais se ocupa. Com efeito, ao propor como hipótese de trabalho servir-se do conceito de guerra para analisar as relações de poder, a confrontação com Hobbes é inevitável. Na hipótese de Foucault, a política e, consequentemente, também o Estado fundam-se na guerra; para Hobbes, ao contrário, na não guerra. Foucault aborda com extremo detalhe a questão em *"Il faut défendre a société"*. Ali propõe que a guerra é uma ferramenta de análise que permite estudar o poder por fora do que foi o discurso tradicional no Ocidente a respeito: o político-jurídico. O que Foucault tem em mente, como é obvio, é a necessidade de reinterpretar a significação da obra de Hobbes. Decerto Hobbes faz o Estado surgir da guerra de todos contra todos, de uma guerra de iguais ou quase-iguais, da não diferença, da indiferenciação natural. Como é esse estado de guerra originário? Nele encontramos: 1) representações calculadas – a) eu me represento a minha força, b) eu me represento que meu inimigo representa para ele a minha força –; 2) manifestações enfáticas de vontade (é necessário manifestar que se quer a guerra, que não se renuncia a ela); e 3) táticas de intimidação (faz-se demonstração da força, mas não se chega à batalha). Como vemos, nessa guerra não corre sangue, tudo é jogado no campo das representações e das ameaças. Não é a guerra efetiva, mas o medo de ser vencido, a possibilidade de sê-lo (dado que não há diferenças originárias) o que nos leva a constituir o Estado, a constituir uma soberania. Hobbes distingue três tipos de soberania: 1) De instituição: vários indivíduos concordam que alguém ou alguns (uma assembleia) os representem de maneira íntegra e completa. A soberania assume, assim, a pessoalidade de todos. 2) De aquisição (que aparentemente se opõe à anterior): uma república se constitui depois de uma batalha de conquista, quando pela força alguns dominam os outros. No entanto, a soberania não surge da própria batalha, da vitória. Os vencidos encontram-se diante da alternativa de retomar a guerra até morrer (e, nesse caso, um povo e uma soberania desaparecem) ou, em vez disso, a fim de conservar a vida, a de obedecer aos vencedores. Então, constitui-se a soberania. 3) Quando uma criança aceita espontaneamente fazer a vontade de sua mãe. O importante é que, em cada um desses casos, a soberania se constitui de baixo para cima. Porque, para Hobbes, o fundamental é eliminar de maneira estratégica o historicismo político; seu inimigo é o discurso que faz do conhecimento histórico um uso político, contra a legitimidade dos poderes e instituições constituídos (**IDS**, 78-86). • Sobre a posição de Foucault a respeito dessa noção e da metodologia que implica em relação à análise do poder, ver: *Soberania*. "Em outros termos, mais que se perguntar como o soberano aparece no alto, trata-se de saber como pouco a pouco, de forma progressiva, constituíram-se na realidade, materialmente, os sujeitos, o sujeito, a partir da multiplicidade dos corpos, das forças, das energias, das matérias, dos desejos, dos pensamentos etc. Captar a instância material enquanto constituição dos sujeitos; isso seria, se assim quiserem, exatamente o contrário do que quis fazer Hobbes no *Leviatã*" (**IDS**, 26).

183. HÖLDERLIN, JOHANN CHRISTIAN FRIEDRICH (1770-1843)

O nome de Hölderlin aparece com frequência em *Histoire de la folie à l'âge classique* e em *Les Mots et les choses*, junto com os de Nietzsche, Mallarmé e Artaud. Suas obras representam, para Foucault, a literatura no sentido moderno do termo. Ver: *Literatura*. "E, pela mesma época, o principal poeta alemão, Hölderlin, estava louco. A poesia do final de sua vida é, precisamente, para nós a mais próxima da essência da poesia moderna. É justamente isso o que me atrai em Hölderlin, Sade, Mallarmé, e também em Raymond Roussel e Artaud: o mundo da loucura que havia sido deixado de lado a partir do século XVII, esse mundo festivo da loucura irrompeu de repente na literatura. Desse modo, meu interesse pela literatura se une ao meu interesse pela loucura" (**DE2**, 109). • Foucault dedica o artigo "Le 'non' du père" (**DE1**, 189-203) ao texto de Jean Laplanche sobre Hölderlin, *Hölderlin e o problema do pai*, de 1961.

184. HOLOCAUSTO / *Holocauste*

O termo *holocauste* aparece apenas duas vezes nos escritos de Foucault publicados em francês até a data. Uma no plural, em *La Volonté de savoir*, para se referir aos massacres dos regimes totalitários contemporâneos (**HS1**, 179), e outra no singular, em um artigo sobre *Os mestres pensadores*, de André Glucksmann, para falar uma vez mais desses regimes e, nesse caso, de sua ascendência napoleônica (**DE3**, 278).

185. HOMEM / *Homme*

Les Mots et les choses começa e termina com o anúncio da iminente *morte do homem*. "Alívio, porém, e profundo apaziguamento, o de pensar que o homem é apenas uma invenção recente, uma figura que não tem dois séculos, uma simples dobra em nosso saber, e que desaparecerá a partir do momento em que este encontre uma forma nova" (**MC**, 15). Com o termo "homem", Foucault se refere aqui a duas figuras da disposição da episteme moderna: a *analítica da finitude* e as *ciências humanas*. Ambas se formaram há apenas dois séculos, quando, desaparecida a metafísica do infinito, começou-se a pensar o finito a partir do finito (**MC**, 329). A morte do homem é, definitivamente, a desaparição do sujeito moderno, ao menos tal como concebido pela filosofia (em particular, as diferentes formas da fenomenologia) e pelas ciências humanas, o desaparecimento da figura que "o poder demiúrgico do saber fabricou com suas mãos" (**MC**, 319). Foucault sustenta que a figura do homem se formou a partir do desaparecimento do discurso clássico (ver: *Discurso*), nos interstícios de uma linguagem em fragmentos. O reaparecimento da linguagem na literatura, na linguística, na psicanálise e na etnologia anuncia que a figura do homem está prestes a se decompor. Sobre essa incompatibilidade fundamental entre o ser da linguagem e o ser do homem, ver: *Linguagem*.

Analítica da finitude. Com o surgimento da biologia, da economia e da filologia e o consequente desaparecimento do discurso *clássico* (lugar de encontro do ser e da representação), aparece o homem, mas em uma posição ambígua: como objeto do saber e sujeito que conhece; objeto finito e sujeito finito. Por um lado, a finitude do homem se manifesta na *positividade* dos saberes. O homem está dominado pela vida, pelo trabalho e pela linguagem; esses são anteriores e mais antigos que ele. A anatomia do cérebro, os mecanismos dos custos de produção ou o sistema da conjugação indo-europeia mostram, com os limites que impõem ao homem, que ele é finito, embora – é necessário precisar – essa finitude se apresente sob a forma do indefinido. A evolução da espécie não está concluída, os mecanismos de produção não cessam de modificar-se, nada prova que não se descobrirão sistemas simbólicos capazes de dissipar a opacidade histórica das línguas. Por outro lado, nenhuma dessas formas exteriores que marcam o homem em sua finitude pode ser apreendida, a não ser a partir de sua própria finitude. Assim, o homem tem acesso ao modo de ser da vida, sobretudo pelo próprio corpo; acesso às determinações da produção, através de seu desejo; à historicidade das línguas, mediante o instante em que as pronuncia. Surge, assim, a necessidade de remontar da finitude das empiricidades (a vida, o trabalho, as línguas) a essa finitude mais fundamental (do corpo, do desejo e da fala), através da qual nos é dada a primeira. A analítica da finitude designa o movimento de uma finitude a outra. A primeira característica dessa analítica, o modo em que marca o ser do homem, será a repetição entre o positivo e o fundamental (**MC**, 326). Embora seja certo, como afirma Foucault, que não era necessário esperar o século XIX para descobrir a finitude, até então ela havia sido pensada em relação ao infinito, em seu seio. A analítica da finitude, ao contrário, pensa o finito a partir do finito. Nesse sentido, afirma Foucault: "O fim da metafísica [pensar o finito em relação ao infinito] é apenas a face negativa de um acontecimento muito mais complexo. Esse acontecimento é o surgimento do homem [da analítica da finitude]" (**MC**, 328). • Foucault descreve três grandes formas assumidas pela analítica da finitude (a oscilação entre o positivo e o fundamental): o empírico e o transcendental; o *cogito* e o impensado; o retrocesso e o retorno da origem. 1) **O empírico e o transcendental**. No ser do homem, toma-se conhecimento daquilo que torna possível todo conhecimento. Por um lado, as formas de análise que se dirigem ao corpo (estudos da percepção, dos mecanismos sensoriais, dos esquemas neuromotores) dão lugar a uma espécie de estética transcendental: mostram que o conhecimento tem uma natureza. Por outro lado, as formas de análise que se dirigem à história (estudos das condições históricas, sociais e econômicas do conhecimento) possibilitam uma espécie de dialética transcendental. Pois bem, nenhuma dessas análises é pensada como um mero conhecimento empírico: supõem certa crítica, entendida como determinação de divisões e separações. Entre essas, a fundamental é a divisão a propósito da verdade, que distingue uma verdade da ordem do objeto, da natureza, que se esboça através do corpo, e outra que se esboça, em vez disso, através da história, com o dissipar-se das ilusões. Existe, também, uma verdade que é da ordem do discurso, que permite ter um discurso verdadeiro a respeito da história e da natureza do conhecimento. Mas o estatuto desse discurso é ambíguo:

ou bem ele encontra seu fundamento na verdade empírica, que se esboça na natureza e na história do conhecimento; ou bem antecipa a verdade que se esboça (a verdade do discurso filosófico constitui a verdade em formação). No primeiro caso, temos uma análise positivista; no segundo, uma análise escatológica. A fim de evitar essa ambiguidade, o pensamento filosófico buscou dar lugar a uma espécie de analítica, a um discurso que não fosse nem redução nem promessa. Essa tem sido a pretensão da análise das vivências (*vécu*) (**MC**, 332). 2) **O *cogito* e o impensado**. No modo de ser do homem, funda-se a dimensão sempre aberta que vai de uma parte de si mesmo, que não se reflete no *cogito,* ao ato de pensamento mediante o qual o *cogito* retoma o impensado e, inversamente, dessa recuperação pura ao peso empírico. A reativação do tema do *cogito* tem lugar, segundo Foucault, a partir de um deslocamento quádruplo da problemática kantiana: não se trata da verdade, mas do ser (retomar no *cogito* o impensado do ser do homem); não se trata da natureza, mas do homem; não se trata da possibilidade de um conhecimento, mas de um desconhecimento primeiro; não se trata do caráter infundado das teorias filosóficas em comparação com as científicas, mas de retomar em uma consciência filosófica todo o domínio das experiências infundadas nas quais o homem não se reconhece. Por outro lado, o *cogito* moderno (da analítica da finitude), à diferença de Descartes, não se preocupa em fazer do pensamento a forma geral de todo pensamento (mesmo do erro, da ilusão). No *cogito* moderno, faz-se valer a distância que separa e liga o pensamento, como presença a si mesmo, ao impensado. No espaço que vai do *cogito* ao impensado e do impensado ao *cogito*, situa-se a fenomenologia de Husserl (**MC**, 337). O impensado foi o *An-sich* (em si) da fenomenologia hegeliana, o *Unbewusste* (inconsciente) de Schopenhauer, o homem alienado de Marx, o implícito, o inatual, o sedimentado de Husserl. A tarefa do pensamento moderno é recuperar o impensado, como tomada de consciência, como elucidação do silencioso, como o esforço para trazer à luz a parte de sombra que retira o homem de si mesmo. Essa tarefa constitui na Modernidade o conteúdo e a forma de toda ética (**MC**, 339). 3) **O retrocesso e o retorno da origem**. No pensamento clássico, a questão da origem se apresentava como a origem da representação: a origem da economia, a partir da troca (na qual dois desejos se representavam); a origem da natureza, na quase identidade dos seres representados no "quadro da natureza"; a origem da linguagem, nas formas elementares em que o som (na forma de grito) e o gesto (na forma de mímica) começavam a representar as coisas. No pensamento moderno, no entanto, o trabalho, a vida e a linguagem adquirem uma historicidade que lhes é própria; deixa de ser aquela que começa com o primeiro instante da representação (**MC**, 340). O homem se descobre, assim, em uma historicidade já feita: a de uma vida que começou muito antes dele, a de um trabalho cujas formas já foram institucionalizadas, a de uma linguagem na qual nunca encontra a palavra primigênia a partir da qual se desenvolveu (**MC**, 341). O originário é para o homem esse dobrar-se às historicidades já constituídas, a delgada camada de contato entre seu ser e o ser da vida, do trabalho e da linguagem. Mas trata-se de uma camada que não tem a imediatez de um nascimento; está povoada de mediações. Por um lado, como vemos, a origem das coisas se subtrai sempre ao ser do homem; por outro, só a partir da origem o tempo pode ser reconstruído, pode brotar a duração e, desse modo, ser proposta a questão da origem a partir da possibilidade mesma do tempo. Nesse movimento, que vai da subtração da origem ao retorno de seu questionamento a partir do ser do homem, encontramos tanto os esforços positivistas para articular o tempo do homem na cronologia das coisas, como os esforços contrários para articular, agora, na cronologia do homem, a experiência das coisas. No pensamento moderno, aparecem todos os esforços pelos quais o pensamento vai em busca de sua origem, curva-se sobre si mesmo até desaparecer ali de onde havia partido (Hegel, Marx, Spengler), e encontramos também aqueles outros esforços nos quais não há consumação, mas desgarramento (Hölderlin, Nietzsche, Heidegger).

Ciências humanas. O que Foucault denomina "triedro dos saberes" da episteme moderna está formada: pelas *ciências exatas* (cujo ideal é a concatenação dedutiva e linear das proposições evidentes a partir de axiomas), pelas *ciências empíricas* (a economia, a biologia e a linguística, que procuram estabelecer as leis constantes dos fenômenos para cada um de seus respectivos objetos – o trabalho, a vida e a linguagem –) e pela *analítica da finitude*. Cada uma dessas três dimensões está em contato com as outras duas. Por um lado, entre as ciências exatas e as empíricas existe um espaço comum definido pela aplicação dos modelos matemáticos aos fenômenos qualitativos. Surgem, desse modo, os modelos matemáticos, linguísticos, biológicos e econômicos. Por outro lado, entre a *analítica da finitude* e a matemática, encontramos todos os esforços do formalismo; e, entre a *analítica da finitude* e as ciências empíricas, encontramos as filosofias que tematizam os objetos destas como *a priori*: as filosofias da vida, da alienação e das formas simbólicas, por exemplo. As ciências humanas – a psicologia, a sociologia, as teorias da literatura e dos mitos – não se localizam em nenhum desses três domínios, mas no espaço definido pelas relações que mantêm com cada um deles. Alguns de seus procedimentos e vários de seus resultados podem ser formalizados de acordo com o modelo matemático; mas as relações entre a matemática e as ciências humanas são as menos importantes, por duas razões. Em primeiro lugar, porque a problemática da matematização da ordem qualitativa não é uma questão que afete com exclusividade as ciências humanas; na realidade, é algo que elas têm em comum com as ciências empíricas. Em segundo lugar, porque, como decorre da análise da episteme clássica, o surgimento das ciências modernas não é, com exceção das ciências físicas, correlata de uma extensão progressiva da matemática, mas de uma espécie de desmatematização ou, mais precisamente, de uma regressão do ideal taxonômico (**MC**, 360-361). O que, segundo nosso autor, define as ciências humanas é a maneira como se situam, por um lado, em relação às ciências empíricas e, por outro, com relação à *analítica da finitude*. Seu espaço está delimitado pela análise do quanto há de positivo no homem (o trabalho, a vida e a linguagem) e o que lhe possibilita saber o que são a vida, o trabalho e a linguagem. As ciências humanas se localizam assim no domínio que vai da positividade do homem à representação dessa positividade, das empiricidades à *analítica da finitude*. Ocupam a distância que se estende da economia, da biologia e da filologia ao que as torna possíveis a partir do próprio ser do homem (**MC**, 365). Essa proposição apresenta dois problemas específicos: o primeiro, com relação à positividade própria das ciências humanas, isto é, às categorias em torno a e a partir das quais esse saber é possível; o segundo, a respeito das relações entre as ciências humanas e a representação. Ambos os problemas devem esclarecer em que sentido as ciências humanas devem ser consideradas uma duplicação das ciências empíricas e, ao mesmo tempo, uma explicitação e um desenvolvimento da *analítica da finitude*. Quanto à primeira questão, Foucault distingue entre os *modelos secundários* de uma ciência e os *modelos constitutivos*. Por modelos secundários, devemos entender a transposição de conceitos que, em razão de sua eficácia em determinados domínios do saber, podem ser aplicados – e de fato são utilizados – em outros âmbitos, mas que não desempenham senão um papel acessório, como geradores de imagens e metáforas. Os modelos constitutivos, ao contrário, são as categorias a partir das quais é possível construir como objetos um grupo de fenômenos. Foucault estabelece três pares de modelos constitutivos para as ciências humanas: a partir da biologia, as categorias de *função* e *norma*; a partir da economia, as categorias de *conflito* e *regra*; e a partir da filologia, as categorias de *significação* e *sistema*. Esses três modelos constroem e estruturam os fenômenos que constituem o objeto próprio das ciências humanas: os domínios da psicologia, da sociologia e da análise da literatura e dos mitos. Duas precisões são necessárias para entender de maneira correta a posição de Foucault. Em primeiro lugar, o fato de a psicologia duplicar a biologia a partir do momento em que o ser vivente se oferece à representação e o de as categorias de função e de norma procederem da biologia não significar que sejam uma propriedade exclusiva do domínio psicológico; o mesmo devemos dizer a propósito da relação entre sociologia e economia, a propósito das categorias de conflito e regra, e sobre o vínculo entre a análise dos mitos e da literatura e as categorias de significação e sistema. No campo das ciências humanas, os modelos constitutivos gozam uma mobilidade tal que não podemos encerrá-los em um domínio determinado, mesmo quando eles, com efeito, o caracterizem. Em segundo lugar, poder-se-ia escrever a história das ciências humanas se seguíssemos a primazia de cada um dos três modelos constitutivos: da primazia do modelo biológico à do econômico e depois à primazia do modelo filológico. Mas retomemos o problema da relação das ciências humanas com a representação: em que sentido as ciências humanas desenvolvem e explicitam a *analítica da finitude* na direção da exterioridade? Os modelos duplos asseguram a representabilidade de cada um dos objetos das ciências empíricas, isto é, a forma como podem ser *pensados* e, ao mesmo tempo, como aquilo que é pensado se subtrai à consciência sob a forma do impensado. A categoria de significação mostra de que maneira a linguagem, esse objeto que a filologia estuda de maneira objetiva e empírica, pode oferecer-se à consciência, enquanto a categoria de sistema evidencia que a significação é apenas uma realidade secundária e derivada. A categoria de conflito mostra como as necessidades e os desejos dos indivíduos podem ser representados na consciência de um indivíduo, e a categoria complementar de regra mostra como o desejo e as necessidades respondem a uma estruturação que não é consciente para os indivíduos que os experimentam. A categoria de função assegura a forma em que a vida pode ser representada, e a categoria de norma, de que maneira as funções dão a si mesmas as próprias regras, que não são conscientes (**MC**, 373-374). Essa posição intermediária entre as ciências empíricas e a filosofia, essa estrutura, ou, mais precisamente, a função que cumprem as categorias estruturantes tomadas das ciências empíricas, faz com que as ciências humanas não sejam, no sentido estrito da palavra, *ciências*; o que não significa que se deva considerá-las uma criação imaginária ou artística desprovida de conformação racional. Foucault as compara à situação que ocupavam, durante a Época Clássica, a *gramática geral*, a *análise das riquezas* e a *história natural*. Como essas, as ciências humanas se localizam em uma "região metaepistemológica" (**MC**, 366).

Contraciências humanas. A psicanálise, a etnologia e a linguística ocupam uma posição diferente daquela das ciências humanas; por isso nosso autor as denomina "contraciências".

Temos visto que para Foucault as ciências humanas estão definidas pelo espaço intermediário entre as ciências empíricas e a *analítica da finitude*, no qual as ciências humanas fazem passar pelo elemento da representabilidade os objetos das ciências empíricas – a linguagem, a vida e o trabalho –, ao mesmo tempo que referem o empírico das ciências empíricas ao que as torna possíveis na *analítica da finitude*. A etnologia e a psicanálise não se situam nesse espaço de oscilação entre o empírico e o fundamental, mas, ao contrário, nos limites entre um e outro. Em um caso, a psicanálise se ocupa das figuras da *analítica da finitude* – aqui nosso autor realiza um paralelismo entre a Morte e o par empírico-transcendental, entre o Desejo e o par *cogito*-impensado, e entre Lei-Linguagem e o duplo retorno-subtração da origem (**MC**, 386). No outro caso, a etnologia, ao situar-se no ponto de descontinuidade entre a natureza e a cultura, dirige-se à região em que as ciências humanas se articulam com a biologia, a economia e a filologia. Trata-se do ponto de interseção entre uma etnologia (que, em lugar de assimilar os mecanismos sociais à pressão ou à repressão dos fantasmas coletivos, define o conjunto das estruturas formais que tornam significantes os discursos míticos, as regras que regem os intercâmbios e as funções da vida como um sistema inconsciente) e uma psicanálise (que, em vez de instaurar uma psicologia cultural como manifestação sociológica dos fenômenos individuais, descobre que o inconsciente contém ou é uma estrutura formal). Desse modo, aparece tematizada a necessidade de uma teoria pura da linguagem que ofereça tanto à etnologia como à psicanálise um modelo formal; esse lugar é ocupado pela linguística, a terceira contraciência. Ver: *Linguagem*.

Humanismo. "[O] desaparecimento do homem no momento mesmo em que era buscado em sua raiz não implica que as ciências humanas irão desaparecer; nunca disse isso, e sim que as ciências humanas irão desdobrar-se agora em um horizonte que já não está fechado ou definido por esse humanismo. O homem desaparece na filosofia, mas não como objeto de saber, mas como sujeito de liberdade e de existência. Pois bem, o homem sujeito de sua própria consciência e de sua própria liberdade é, no fundo, uma espécie de imagem correlata de Deus" (**DE1**, 664).

186. HOMOSSEXUALIDADE / *Homosexualité*

A última época em que se queimam sodomitas, que ocorreu na Europa a partir de 1726, determina o momento em que desaparece todo o lirismo homossexual que a cultura do Renascimento havia tolerado. Na Época Clássica, a homossexualidade é condenada sobretudo por razões morais (**HF**, 122-123): é o amor da desrazão. Os homossexuais, consequentemente, são internados junto com os que padecem de enfermidades venéreas, os desenfreados, os pródigos (**HF**, 126). • "A homossexualidade apareceu como uma das figuras da sexualidade quando foi reconstruída, a partir da prática da sodomia, sobre uma espécie de androginia interior, um hermafroditismo da alma" (**HS1**, 59). No século XIX, aparece na psiquiatria, na jurisprudência e na literatura toda uma série de discursos sobre as espécies e as subespécies da homossexualidade. Através desses discursos, a homossexualidade começa a falar, a reivindicar sua naturalidade (**HS1**, 134). • Na cultura grega clássica, a linha de separação entre um homem afeminado e um viril não coincide com a oposição entre homossexual e heterossexual da atualidade, antes marca uma diferença de atitude em relação aos prazeres. O afeminado se caracteriza pela preguiça, a indolência (**HS1**, 99). • A categoria de homossexualidade é pouco adequada para analisar a experimentação dos prazeres na Grécia clássica (**HS2**, 207; **DVSM**, 216). • "A homossexualidade é uma ocasião histórica para reabrir as possibilidades de relação e de afetos, não tanto pelas qualidades intrínsecas do homossexual em particular, mas por sua posição, de alguma maneira, lateral, porque as linhas diagonais que pode traçar no tecido social permitem que apareçam essas possibilidades" (**DE4**, 166).

Movimentos de liberação sexual. "Nunca pertenci a nenhum movimento de liberação sexual. Primeiro, porque não pertenço a nenhum tipo de movimento. Depois, porque rechaço que o indivíduo possa ser identificado com e a partir de sua sexualidade. Quero poder fazer o que tenho vontade de fazer, e o faço, mas não me peçam que o proclame" (**MFDV**, 254-255).

187. HUMANISMO/ *Humanisme*

Poucos são os temas a respeito dos quais encontramos nos textos de Foucault manifestações tão enfáticas e constantes como as que faz contra o humanismo: "O humanismo tem sido, de alguma maneira, a prostituta de todo o pensamento, de toda a cultura, de toda a moral, de toda a política dos últimos vinte anos" (**DE1**, 616). Ao se referir à década de 1950, Foucault afirma: "Todo mundo era humanista: Camus era humanista, Sartre [...] também era, Stalin era humanista. Não havia nenhum discurso com alguma pretensão filosófica, política ou moral que não se sentisse obrigado a se colocar sob o signo do humanismo. Não terei a crueldade de recordar que também os hitleristas se diziam humanistas" (**MFDV**, 258). • Liberar-se do humanismo é, para Foucault, uma exigência e uma tarefa filosófica e política. Por um lado, há uma razão metodológica para combater o humanismo, que se insere no marco da crítica às filosofias do sujeito (o existencialismo, a fenomenologia, o marxismo humanista) e da concepção da história solidária com cada uma dessas posições filosóficas. A arqueologia, com efeito, propõe-se a liberar a história da sujeição antropológica, das promessas mescladas do humanismo e da dialética (**AS**, 22, 262, 264). Contra a história unitária, progressiva e teleológica, a arqueologia, com efeito, reivindica os direitos do *acontecimento*. Mas, por outro lado, para além dessa razão metodológica, há uma razão ética e política. Para compreendê-la, é necessário fazer referência, em primeiro lugar, às páginas de *Les Mots et les choses* nas quais Foucault propõe a dificuldade do pensamento moderno para formular uma ética. A instauração do homem no campo do saber (a formação da a*nalítica da finitude* e das *ciências humanas*) ao mesmo tempo como sujeito e objeto de conhecimento, implica, para ele, um imperativo que atormenta o pensamento desde o interior, sob a forma de uma moral, de uma política, de um humanismo: o dever de assumir o encargo do destino ocidental, a obrigação de cumprir a tarefa de funcionário da história. Em razão desse imperativo, todo saber é ao mesmo tempo conhecimento e modificação, reflexão e transformação do modo de ser daquilo que se conhece. Com efeito, a partir da disposição da analítica da finitude (ver: *Homem*), todo saber sobre o homem busca "pensar o impensado", "tomar consciência", "elucidar o silencioso", "reanimar o inerte". Nesse sentido, o pensamento moderno não conseguiu propor uma moral porque ele mesmo é uma forma de ação: é a forma e o conteúdo de uma ética (**MC**, 338-339). Pois bem, como mostram os desenvolvimentos de *Surveiller et punir* (de uma perspectiva diferente da de *Les Mots et les choses*, por certo), a instauração do homem no campo do saber foi possível a partir de um modo de sujeição (a disciplina e, em um sentido mais amplo, a normalização), e, ao mesmo tempo, o poder normalizador tornou possível o conhecimento do homem. Foucault rechaça desde as primeiras páginas uma leitura da história moderna dos modos de vigiar e castigar no que se refere ao humanismo (**SP**, 27-28). O humanismo moderno é correlato da sociedade de normalização, a sociedade de normalização é a condição de possibilidade do humanismo, e este é a justificação daquela. Para Foucault, a ideia de que o homem tem determinado fim é uma maneira de justificar os dispositivos de controle (**DE1**, 619). "O humanismo inventou, de maneira alternativa, as soberanias sujeitadas que são a alma (soberana sobre o corpo, submetida a Deus), a consciência (soberana na ordem do juízo, submetida à ordem da verdade), o indivíduo (soberano titular de seus direitos, submetido às leis da natureza ou às regras da sociedade), a liberdade fundamental (interiormente soberana, exteriormente aquiescente e de acordo com seu destino). [...] No coração do humanismo: a teoria do *sujeito* (no duplo sentido do termo)" (**DE2**, 226). Em outras palavras, o humanismo é a invenção das soberanias submetidas. Por isso, para Foucault, "nosso futuro comporta mais segredos, liberdades possíveis e invenções que as que nos deixa imaginar o humanismo na representação dogmática que dão dele os diferentes componentes do espectro político: a esquerda, o centro e a direita" (**DE4**, 782). Ver: *Liberdade*. • Uma entrevista realizada com Foucault por Claude Bonnefoy, intitulada "L'homme est-il mort?" (**DE1**, 540-544), revela-se particularmente interessante em relação à interpretação foucaultiana da questão do humanismo. Em primeiro lugar, Foucault detalha que, na contramão do que se sustenta habitualmente, o humanismo não é nem uma constante de todas as culturas, nem mesmo da nossa: isso é apenas uma ilusão. O termo *humanisme*, por exemplo, não aparece no famoso dicionário *Littré* da língua francesa. O movimento humanista data de fins do século XIX. Segundo Foucault, o homem não tem nenhuma relevância nas culturas dos séculos XVI e XVIII, que se ocuparam de Deus, do mundo, da semelhança das coisas, das leis do espaço e também do corpo, das paixões, da imaginação, mas não do homem (**DE1**, 540). Foucault se refere ao homem como essa figura epistemológica formada pela *analítica da finitude* e pelas *ciências humanas*, cuja arqueologia ele levou a cabo em *Les Mots et les choses*. "Pois bem, o humanismo não só não existe nas outras culturas, mas é talvez, na nossa, da ordem da miragem" (**DE1**, 540). Em Sartre, o humanismo, a antropologia e o pensamento dialético estão ligados. Nesse sentido, Hegel e Marx são responsáveis pelo humanismo contemporâneo, e a *Crítica da razão dialética* é o parêntese que fecha esse episódio de nossa cultura. A cultura contemporânea se distancia da razão dialética do século XIX e se caracteriza pelo surgimento de uma razão analítica que os representantes do humanismo ignoram. Aparece já com Nietzsche, que mostra que a morte de Deus implica o desaparecimento do homem; em Heidegger, quando trata de retomar a relação fundamental com o ser mediante o retorno aos gregos; em Russell, com a crítica lógica da filosofia; em Wittgenstein, em seu desenvolvimento das relações entre lógica e linguagem. Também aparece nos linguistas e sociólogos, como Lévi-Strauss. Por outro lado, enquanto a razão analítica do século XVII se caracteriza por sua referência à natureza, e a razão dialética do século XIX por sua referência à existência (as relações entre o indivíduo e a sociedade, a consciência e a história, a práxis e a vida, o sentido e o não sentido, o vivente e o inerte), o pensamento não dialético do século XX caracteriza-se por sua referência ao saber (**DE1**,

542-543). Em outros textos, a interpretação foucaultiana da história do humanismo é mais ampla. Em conclusão, o humanismo afigura-se como um conjunto de temas que reapareceram numerosas vezes ao longo do tempo nas sociedades europeias. Esses temas estão sempre ligados a juízos de valor, embora seus conteúdos e aquilo que se considera valioso variem. Além disso, o humanismo serviu como princípio crítico de diferenciação. Houve um humanismo como crítica do cristianismo e da religião em geral; no século XVII, existiu um humanismo cristão em oposição a um humanismo ascético mais teocêntrico; no século XIX, proliferaram um humanismo crítico da ciência e outro que colocava suas esperanças na ciência. Existiu um humanismo do nacional-socialismo e também os partidários de Stálin se proclamaram humanistas. A temática do humanismo é demasiado móvel, diversa, inconsistente para servir como eixo de reflexão. O humanismo serviu para colorir as concepções do homem. À temática do humanismo Foucault opõe o princípio de uma crítica e de uma criação permanente de nós mesmos em nossa autonomia, isto é, um princípio localizado no coração do iluminismo, da *Aufklärung*. Em todo caso, é necessário escapar da confusão histórica que identifica a *Aufklärung* com o humanismo (**DE4**, 572-573). • A tecnocracia, para Foucault, é uma forma de humanismo. Com efeito, os humanistas consideram-se os únicos capazes de definir o que é a "ventura dos homens" e os únicos que podem realizá-la (**DE1**, 617). • O humanismo se situa na oscilação dialética entre o sujeito jurídico e o indivíduo das disciplinas (**PP**, 59-60).

População. O homem do humanismo é uma figura da população (**STP**, 81).

188. HUSSERL, EDMUND (1859-1938)

Foucault situa o início da filosofia francesa contemporânea na recepção das *Meditações cartesianas*, conferências pronunciadas por Husserl, em 1929, em Paris. A partir dali, é possível distinguir duas linhas de recepção da fenomenologia: a filosofia do sujeito (Sartre) e a filosofia da ciência (Cavaillès) (**DE3**, 430; **DE4**, 764). • Acerca da recepção de Husserl no pensamento de Foucault, ver: *Fenomenologia*.

189. *HYPOMNÉMATA* (registros)

Foucault dedicou aos *hypomnémata* o artigo "L'écriture de soi" (**DE4**, 415-430). • Em um sentido técnico, os *hypomnémata* podiam ser livros de contas, registros públicos, cadernos de notas pessoais. Sua utilização como "livros de vida" ou "guias de conduta" era frequente entre o público culto. Neles anotavam-se citações de obras famosas, exemplos de conduta, reflexões, considerações. Constituíam a memória material das coisas lidas, escutadas ou pensadas; um tesouro acumulado para a releitura e a meditação. Esse material servia para a composição de tratados mais sistemáticos nos quais se apresentavam os argumentos e os meios para lutar contra um vício ou para superar os obstáculos e as desgraças da vida (**DE4**, 404, 418; **DVSM**, 52; **QQC**, 157-159). Mas não eram diários íntimos ou relatos da experiência espiritual, como os que podemos encontrar posteriormente na literatura cristã; seu objetivo não era trazer à luz os *arcana* da consciência. Em lugar de desvelar o indecifrável, de revelar o oculto, os *hypomnémata* reúnem o já dito, o que se pode escutar ou ler. Tinham como objetivo a constituição de si mesmos (**DE4**, 405, 419). Os *hypomnémata* "constituem, na realidade, um material e um quadro para os exercícios a realizar com frequência: ler, reler, meditar, conversar consigo mesmo e com os demais etc.". Trata-se de constituir "um equipamento de discursos que sirvam de ajuda, capazes, como diz Plutarco, de levantar a voz e de fazer calar as paixões como um amo que com uma palavra aplaca o uivo dos cães" (**DE4**, 419; **DVSM**, 123; **DV**, 37-38). Sêneca insiste em que a prática de si implica a leitura; com efeito, ninguém é capaz de tirar de seu próprio fundo nem armar a si mesmo com os princípios de razão que são necessários para lidar com a vida. Mas ler não pode dissociar-se de escrever. A escritura como maneira de reunir as leituras feitas é um exercício da razão que se opõe ao grande defeito da *stultitia*, provocada pelo excesso de leituras e pela passagem de um livro a outro (**DE4**, 420; **HS**, 343). • A escritura dos *hypomnémata* é uma prática regrada e voluntária do heterogêneo. Opõe-se assim à prática do gramático, que se propõe conhecer toda a obra ou todas as obras de um autor (**DE4**, 421). No entanto, essa heterogeneidade não exclui a unificação, que se estabelece em quem escreve os *hypomnémata*. Por um lado, trata-se de unificar os fragmentos por meio da subjetivação no exercício da escritura pessoal. Sêneca utiliza a respeito a metáfora da digestão: trata-se de digerir o que se lê e se escreve. Os pensamentos e as observações se convertem, para o escritor, em um princípio de ação racional. Por outro lado, busca-se constituir a identidade própria mediante a rememoração das coisas ditas (**DE4**, 422-423). • Os cadernos de notas que conformam um exercício pessoal de escritura podem servir também como material para os textos que se enviam a outros. No entanto, apesar dos pontos de contato, a correspondência não deve ser considerada um mero prolongamento dos *hypomnémata*; é algo mais que o treino de si mesmo pela escritura: constitui também uma maneira de manifestar-se a si mesmo e aos outros (**DE4**, 423-425).

190. HYPPOLITE, JEAN (1907-1968)

Foucault foi o sucessor de Jean Hyppolite no Collège de France. • Hyppolite desempenhou papel fundamental na transmissão e crítica da filosofia hegeliana, sobretudo com sua tradução para o francês da *Fenomenologia do espírito*. Ver: Hegel. • "Não há que se enganar: todos os problemas que são os nossos (de seus alunos do tempo passado ou de ontem), todos esses problemas, foi ele quem os estabeleceu para nós; foi ele quem os escandiu nessa palavra que era, ao mesmo tempo, forte, grave, sem deixar de ser familiar. [...] Depois da guerra, ele nos ensinou a pensar as relações entre a violência e o discurso; ele nos ensinou ontem a pensar as relações entre a lógica e a existência; ainda hoje, nos propõe pensar as relações entre o conteúdo do saber e a necessidade formal. Ele nos ensinou, em última instância, que o pensamento filosófico é uma prática incessante; que é uma maneira de utilizar a não filosofia, mas para permanecer sempre o mais perto dele [o pensamento filosófico], ali onde este se liga à existência" (**DE1**, 785).

I

191. IATRIKÉ (medicina)

Fílon de Alexandria (~15-~50) distingue o exercício da filosofia como cura da alma e do exercício da medicina como cura do corpo. Para o primeiro, utiliza o termo *therapeutiké*; para o segundo, *iatriké* (**HS**, 95).

192. IDEOLOGIA / *Idéologie*

Foucault mostra-se muito cauteloso a respeito do uso da noção de ideologia, tanto em sua descrição das práticas discursivas como das formas de exercício do poder. Encontra, ao menos, três grandes dificuldades: a ideologia supõe uma verdade, um sujeito e algo que funcione como infraestrutura. "O problema não é fazer a divisão entre aquilo que, em um discurso, provém da cientificidade e da verdade e o que provém de outra coisa, mas estudar historicamente como se produzem, dentro do discurso, efeitos de verdade que não são em si mesmos nem verdadeiros nem falsos" (**DE3**, 148). Por isso, a história do saber ou das formas de exercício do poder tal como a concebe Foucault é uma história de práticas, não de ideologias. Ver: *Prática*.

Ciência. Para nosso autor, plantear a questão da ideologia em relação à ciência não supõe indagar sobre as situações ou práticas que se refletem de maneira mais ou menos consciente, nem acerca de sua utilização eventual ou de seu mau uso, mas perguntar-se por sua existência enquanto prática discursiva e seu funcionamento em relação a outras práticas (**AS**, 241). Assim, por exemplo, a economia política desempenhou um papel na sociedade capitalista: serviu aos interesses da burguesia. Mas toda descrição precisa das relações entre a estrutura epistemológica da economia e sua função ideológica deve passar pela análise da formação discursiva que deu lugar à economia, e ao conjunto de objetos, conceitos e opções teóricas que ela pôde elaborar e sistematizar. Há que mostrar, além disso, como essa prática discursiva funcionou entre outras práticas discursivas (**AS**, 243). Desse ponto de vista não há uma relação de exclusão entre ciência e ideologia; por outro lado, a análise arqueológica permite escapar do dilema "ciência ou ideologia" (**HS2**, 10).

Poder. Ainda que as grandes maquinarias do poder tenham sido acompanhadas de produções ideológicas, na base, no ponto em que terminam as redes de poder, não se forma a ideologia, mas instrumentos efetivos de constituição e acumulação do saber (métodos de observação, técnicas de registro de dados, procedimentos de investigação e busca) (**IDS**, 30).

Ideólogos. A ideologia como análise geral de todas as representações, desde as mais elementares até as mais complexas, constitui a "justificação filosófica" da teoria clássica do signo (**MC**, 81). Foucault se ocupa repetidas vezes dos filósofos da ideologia (de Destutt de Tracy, por exemplo) e de sua posição na episteme clássica. No espaço da episteme clássica, o projeto da ideologia, como também a universalidade do discurso exaustivo (a reconstrução da gênese de todos os conhecimentos possíveis) e a universalidade da língua em geral (que desdobra as ordens possíveis na simultaneidade de um quadro) se opõem à *característica universal* (**MC**, 99).

Ideologia burguesa. Ver: *Burguesia*.

193. ILEGALIDADE / *Illégalisme*

"Somente uma ficção pode fazer crer que as leis estão feitas para serem respeitadas, com a polícia e os tribunais destinados a fazê-las respeitar [...]. [A ilegalidade é] um elemento absolutamente positivo do funcionamento social, cuja função está prevista na estratégia geral da sociedade" (**DE2**, 718-719). • Durante o Antigo Regime, cada classe social tinha sua própria forma de ilegalidade, e as ilegalidades asseguravam o funcionamento da sociedade. Desse modo, a burguesia transgredia as regras éticas das práticas econômicas, as regras da alfândega, das corporações, das práticas comerciais. As classes populares tinham também as próprias formas de ilegalidade com relação às leis fiscais e às regras das corporações. Em certo sentido, a burguesia tinha necessidade da ilegalidade popular. Por um lado, tolerava sem dificuldades as ilegalidades em matéria fiscal e tinha seus próprios comportamentos ilegais a respeito da política de impostos. Por outro, a ilegalidade das classes populares (o contrabando, por exemplo) era um *modus vivendi*. Em fins do século XVIII e começo do XIX, a ilegalidade popular se torna intolerável, pois a riqueza da burguesia já não é apenas da ordem dos bens imobiliários, mas também de tipo industrial e comercial. A partir desse momento se faz necessário combater todas aquelas ilegalidades que afetam essa forma de propriedade: o roubo, por exemplo. Em fins do século XVIII, assistimos a uma nova economia da ilegalidade: será tolerada a ilegalidade dos direitos (fraude, evasão fiscal); porém, a ilegalidade contra os bens (roubo, saque) começará a ser perseguida. Nessa conjuntura, tem lugar a reforma penal: tribunais ordinários e castigo para a última, tribunais especiais e acordos para a primeira (**SP**, 84-91; **DE2**, 435-436). "Em suma, a reforma penal nasceu do ponto de encontro entre a luta contra o suprapoder do soberano e aquela contra o infrapoder das ilegalidades conquistadas e toleradas" (**SP**, 90). Na passagem do século XVIII ao XIX, encontramos uma tríplice generalização das ilegalidades. A prisão forma uma população marginalizada para pressionar contra os modos intoleráveis da ilegalidade: as formas de ilegalidade são conduzidas pouco a pouco para a infração, os delinquentes são integrados ao sistema de vigilância (por meio do recrutamento de agitadores, provocadores e informantes), canaliza-se a delinquência para as classes que se deseja vigiar (roubar um pobre é mais fácil que roubar um rico) (**SP**, 276-282; **DE2**, 469-470). • "A prisão não é o instrumento que o direito penal se dá para lutar contra as ilegalidades; a prisão foi um instrumento para reorganizar o campo das ilegalidades, para redistribuir a economia das ilegalidades, para produzir uma determinada forma de ilegalidade profissional: a delinquência" (**DE3**, 93). • As análises de *Surveiller et punir* acerca da ilegalidade foram precedidas e preparadas pelo material exposto nas lições de 21 e 28 de fevereiro de 1973 do curso *La Société punitive*. Ver: Prisão.

194. IMAGINAÇÃO / Imagination

Loucura. A segunda parte de *Histoire de la folie à l'âge classique* é dedicada à classificação dos tipos de loucura durante os séculos XVII e XVIII e suas correspondentes formas terapêuticas. A cura da loucura supõe um retorno ao imediato, não do desejo, mas da imaginação; esse retorno afasta, da vida do homem e de seus prazeres, tudo o que é artificial, irreal (**HF**, 423).

Episteme clássica. A imaginação, na costura entre a alma e o corpo, exerce uma dupla função: uma negativa, que impede de perceber de maneira direta as identidades e as diferenças das coisas; outra positiva, que permite, ao duplicar a representação, restituir a ordem das coisas. Por um lado, sem a mediação da imaginação, as sensações se sucederiam sem nenhuma semelhança, em uma pura monotonia. Nenhuma comparação seria, então, possível; tampouco seria possível a representação da ordem que existe entre elas. Por outro, através da imaginação, ao voltar a ela, a representação pode ordenar as impressões. Ambos os aspectos encontram sua unidade na ideia de gênese. Assim, Descartes e Malebranche, por exemplo, analisaram a imaginação como o lugar do erro e como o que possibilita o acesso à verdade (**MC**, 83-84).

Sonho. Na introdução à obra de Binswanger (ver: *Fenomenologia*), Foucault ocupa-se do nexo entre a imaginação e o sonho, e de sua significação na análise existencial. • Spinoza, em uma carta dirigida a Pierre Balling em 1664, distingue dois tipos de imaginação: a que depende apenas do corpo e a que oferece um corpo sensível às ideias do entendimento. A primeira é encontrada nos delírios. A segunda constitui uma forma específica de conhecimento, e é a que aparece na *Ética*. A análise dos sonhos proféticos no *Tratado teológico-político* situa-se entre ambas. A imaginação ligada ao corpo oferece a coloração individual aos conteúdos dos sonhos proféticos; mas o sentido desses sonhos, que requer uma exegese, põe de manifesto o nexo entre a imaginação e a verdade. O sonho e a imaginação são, por isso, uma forma concreta de revelação. Desse modo, Spinoza, como Malebranche, estabelece um vínculo entre a imaginação e a transcendência (**DE1**, 82-83). "A imaginação, signo de transcendência; o sonho, experiência dessa transcendência sob o signo do imaginário" (**DE1**, 83). • "É a existência mesma o que, na direção fundamental da imaginação, indica seu próprio fundamento ontológico" (**DE1**, 109). O sonho não é uma modalidade da imaginação; é a condição primeira de sua possibilidade (**DE1**, 110). Para ser autêntica, toda imaginação deve aprender a sonhar, e a arte poética só tem sentido se ensina a romper a fascinação das imagens para abrir o caminho à imaginação (**DE1**, 118). • "Quisemos mostrar tudo o que no texto de Binswanger sobre o sonho pode ser um aporte a um estudo antropológico do imaginário. O que ele traz à luz no sonho é o momento fundamental em que o movimento da existência encontra o ponto decisivo da separação entre as imagens, em que a existência se aliena em uma subjetividade patológica, e a expressão, onde a existência se realiza, em uma história objetiva. O imaginário é o meio, o 'elemento' dessa opção. É possível, então, ao alcançar no coração da imaginação a significação do sonho, restituir as formas fundamentais da existência, manifestando a liberdade, designando a ventura e a desventura, já que a desventura da existência se inscreve sempre na alienação, e a ventura só pode ser, na ordem empírica, ventura de expressão" (**DE1**, 119).

Roussel. Raymond Roussel descobre uma forma de imaginação desconhecida até então. Os jogos de *Impressões da África* e os mortos de *Locus Solus* não pertencem nem ao sonho nem ao fantástico. Estão próximos do extraordinário, mas minúsculo, artificial e imóvel (**DE1**, 422-423). Ver: *Roussel*.

Imaginação política. Os homens dos séculos XVIII e XIX tinham o poder de sonhar o futuro da humanidade. Nós padecemos de uma aridez de imaginação política. "Uma coisa é determinante: que o marxismo contribuiu e contribui sempre ao empobrecimento da imaginação política" (**DE3**, 599). Ver: *Marxismo*.

195. INDIVIDUALIZAÇÃO / Individualisation

Sujeito, poder. As disciplinas marcam uma inversão do eixo político da individualização. Nas sociedades feudais, a individualização é muito maior do lado em que se exerce o poder, nas regiões superiores deste. Quanto mais poder se tem, mais marcado se está como indivíduo. No regime disciplinar, ao contrário, são individualizados com mais força aqueles sobre quem se exerce o poder mediante a vigilância contínua e o exame (**SP**, 194-195). Todas as ciências e práticas com o prefixo "psi" encontram seu lugar nessa inversão do eixo de individualização (**SP**, 195). • A individualização não se opõe ao poder; ao contrário, nossa individualidade, nossa identidade obrigatória, é o efeito e o instrumento de uma forma de exercício do poder: o poder disciplinar (**DE2**, 663). • A espiritualidade cristã e sua técnica são uma busca crescente de individualização (**DE3**, 621). • A racionalidade política moderna se enraíza no poder pastoral e na razão de Estado; é ao mesmo tempo individualizante e totalizante (**DE4**, 161). Pode-se ver no Estado moderno uma matriz de individualização e uma nova forma de poder pastoral (**DE4**, 230). Ver: *Disciplina*, *Poder pastoral*.

Discurso. A descrição dos enunciados e da maneira como se organiza o nível enunciativo conduz à individualização das formações discursivas (**AS**, 152). Ver: *Enunciado*.

196. INSTITUIÇÕES DE SEQUESTRO / Institutions de séquestration

Entre as formas de reclusão do século XVIII e as do século XIX existe, para Foucault, uma diferença fundamental. No primeiro caso, trata-se de excluir os indivíduos do corpo social; no segundo, de incluí-los por meio da exclusão. As fábricas do século XIX encerram os indivíduos para fixá-los a um aparato de produção; as escolas, a um aparato de transmissão do saber; e os hospitais psiquiátricos, a um de normalização (**DE2**, 614). Foucault se refere a esses estabelecimentos do século XIX como instituições de sequestro, e os analisa na lição de 21 de março de 1973 de *La Société punitive* (**LSP**, 207-224). Nessas instituições há, ao mesmo tempo, reclusão e fixação dos indivíduos em determinados aparatos, como o de produção ou o pedagógico. A noção de sequestro faz referência à operação de retirar os indivíduos da livre circulação e fixá-los, por certo tempo, a determinado aparato (**LSP**, 214). • No desenvolvimento do capitalismo, as instituições de sequestro (as que estão isoladas por sua localização e arquitetura, mas também as que se encontram disseminadas no corpo social) cumprem uma tríplice função: 1) apropriar-se inteiramente do tempo dos indivíduos; 2) exercer uma espécie de controle suplementar sobre eles, para além da função que lhes é própria (sobre o corpo, a sexualidade, as relações interpessoais); e 3) fabricar o social, a normatividade da sociedade. • Na última das conferências de junho de 1973 reunidas sob o título "La vérité et les formes juridiques", Foucault retoma as considerações da lição de 21 de março de 1973 de *La Société punitive*. Ali, são resumidas as funções das instituições de sequestro nos seguintes termos: 1) controlar a totalidade ou a quase totalidade do tempo dos indivíduos, encarregar-se da dimensão temporal da vida dos indivíduos; 2) controlar seus corpos; e 3) formar um novo tipo de poder político e de saber sobre os indivíduos, uma espécie de sobrepoder (*surpouvoir*) (as pessoas que dirigem essas instituições dão ordens aos indivíduos e tomam decisões acerca deles, mas o fazem com base em determinado saber sobre os indivíduos, como a psiquiatria ou a pedagogia) (**DE2**, 616-620). • A função geral das instituições de sequestro do século XIX é a "fabricação do social" (**LSP**, 220). • Em *La Société punitive*, Foucault assinala que o pessoal das instituições de sequestro exerce um controle contínuo e exaustivo, e estabelece um matiz que diferencia a vigilância do controle. A vigilância não é realizada pelo pessoal das instituições, mas pelos membros do grupo ao qual pertence o indivíduo (sua classe social, sua família etc.). Nesse contexto, Foucault opõe o modelo inglês da vigilância ao modelo francês do controle (**LSP**, 222). • Enquanto o controle mediante a localização dos indivíduos no espaço é próprio do mundo feudal, o controle das instituições de sequestro, através do tempo dos indivíduos, caracteriza a sociedade moderna (**LSP**, 223).

197. INTELECTUAL / *Intellectuel*

No segundo volume de *Dits et écrits,* encontra-se uma interessantíssima entrevista com Gilles Deleuze acerca dos intelectuais e o poder (**DE2**, 306-315). Ver: *Deleuze.* Outros textos fundamentais sobre a mesma questão são "La fonction politique de l'intellectuel" (**DE3**, 109-114) e "Conversation avec Michel Foucault" (**DE3**, 140-160). Tradicionalmente, a politização de um intelectual era levada a cabo, segundo Foucault, em torno de dois eixos: sua posição na sociedade burguesa e a verdade que trazia à luz em seu discurso. Um intelectual dizia a verdade àqueles que não a viam e em nome daqueles que não podiam dizê-la (**DE1**, 308). Desse modo, o intelectual chamado "de esquerda" tomava a palavra e reconhecia-se nele, como representante do universal, o direito de falar como mestre da verdade e da justiça.

"O intelectual seria a figura clara e individual de uma universalidade da qual o proletariado seria a forma obscura e coletiva" (**DE3**, 109). Foucault opõe ao "intelectual universal" o "intelectual específico". Enquanto o intelectual universal deriva do "jurista notável" (o homem que reivindicava a universalidade da lei justa), o intelectual específico deriva do "sábio-especialista". Este último é uma figura que se desenvolve a partir do pós-guerra; Robert Oppenheimer serviu como dobradiça entre um modelo e outro: "E, pela primeira vez – acredito eu – o intelectual foi perseguido pelo poder político, já não mais em função do discurso geral que tinha, mas por causa do saber que possuía; é nesse nível em que constituía um perigo político" (**DE3**, 110). É necessário, segundo Foucault, redefinir a figura do intelectual específico. Seria perigoso desqualificá-lo por seu saber específico, dizendo que é para especialistas e que, portanto, não interessa às massas (pois elas têm consciência desse saber e estão implicadas nele), ou que serve aos interesses do capital ou do Estado (pois isso mostra o lugar estratégico que ocupa), ou que é o veículo de uma ideologia cientificista (o que é secundário com relação aos efeitos de poder próprios dos discursos verdadeiros) (**DE3**, 112). Essa redefinição da figura do intelectual específico está relacionada à maneira como se coloca a questão da verdade. Foucault assinala a esse respeito cinco características da economia política da verdade: 1) A verdade está centrada nos discursos científicos e nas instituições que os produzem. 2) Está submetida a uma constante incitação política e econômica. 3) É objeto de difusão e consumo. 4) A verdade é produzida sob o controle dominante, embora não exclusivo, dos aparatos políticos e econômicos (a universidade, o exército, a escritura, os meios de comunicação). 5) Está em jogo em todos os debates políticos e enfrentamentos sociais. A partir daqui, Foucault oferece cinco proposições para redefinir a figura do intelectual: 1) Deve-se entender por "verdade" um conjunto de procedimentos para produzir, legislar, distribuir e pôr em circulação e fazer funcionar os enunciados. 2) Entre a verdade e o poder existe uma relação circular: os sistemas de poder produzem e sustentam a verdade, e ela induz efeitos de poder. Seria uma quimera opor uma verdade sem poder a um poder sem verdade (proposição característica do intelectual universal). 3) O regime da verdade não é apenas ideológico ou superestrutural; foi uma condição para a formação e o desenvolvimento do capitalismo, que funciona ainda nos países socialistas. 4) O problema político fundamental do intelectual não é a crítica dos conteúdos ideológicos, mas a possibilidade de constituir outra política da verdade. 5) Não se trata de liberar a verdade de todo sistema de poder, mas de separar o poder da verdade de suas formas hegemônicas (sociais, econômicas, culturais) (**DE3**, 112-114). Por isso, o intelectual específico está inserido em uma tríplice especificidade: a de sua posição social, a de suas condições de vida e de trabalho, a da política de verdade de nossas sociedades. • "Mas se o intelectual põe-se a desempenhar outra vez o papel que desempenhou durante cento e cinquenta anos, de profeta a respeito do que 'deve ser', do que 'deve acontecer', ter-se-ia de novo esses efeitos de dominação e outras ideologias que funcionariam da mesma maneira" (**DE3**, 348). "O trabalho do intelectual não é modelar a vontade política dos demais; é o de, por meio das análises que tiver feito nos domínios que lhe são próprios, voltar a interrogar as evidências e os postulados, sacudir os costumes, as maneiras de fazer e de pensar, dissipar as familiaridades admitidas" (**DE4**, 676). Para sintetizar, a função do intelectual consiste em diagnosticar o presente, não em expor razões em termos de totalidade para formular as promessas de um tempo que virá. • Em *Théories et institutions pénales*, Foucault fala de sobresaber (*sur-savoir*) para referir-se às formas de saber-poder que são geradas a partir da burocracia estatal moderna. O sobressaber é o saber que se forma a partir de outro saber, que sabe como extraí-lo e organizá-lo. Um dos personagens desse sobressaber é, precisamente, o pesquisador, termo que não deve ser entendido no sentido restrito da técnica de realizar enquetes, mas de maneira mais ampla, como o personagem que sabe como obter, extrair o saber dos indivíduos e da sociedade para benefício do aparato estatal ou de outras formas institucionais. O notável ou o intelectual, segundo a terminologia utilizada por Foucault, é o personagem gêmeo do pesquisador. "O intelectual é o extrator de sobressaber. É indispensável para o poder, mas em posição de chantagem e de rechaço. Próximo dos aparatos do Estado, sempre disponível para converter-se em funcionário e sempre disposto a ser o intelectual 'contestador', fora do jogo, rechaça extrair o saber (poeta, escritor) ou pretende pôr seu saber a serviço da classe dominada" (**ThIP**, 211).

198. INTERIORIDADE / *Intériorité*

Arqueologia. Com seu princípio descritivo de exterioridade, a arqueologia renuncia a descrever os enunciados como a tradução de operações ou de processos que se desenvolvem em outro lugar – na interioridade do sujeito, na consciência psicológica ou em um domínio de constituições transcendentais –, e trata de reconstruir o processo de expressão em sentido inverso. Desse modo, devemos descrever os enunciados como um espaço anônimo cuja temporalidade é diversa da temporalidade subjetiva psicológica ou transcendental (**AS**, 158-160).

Pensamento do fora. A passagem a uma linguagem daquilo em relação ao qual o sujeito está excluído, a incompatibilidade entre o surgimento do ser da linguagem e a consciência de si mesmo em sua própria identidade, é uma experiência que se anuncia em diferentes pontos de nossa cultura: nos ensaios de formalização, no estudo dos mitos, na psicanálise, na busca de um *lógos* como lugar de nascimento de toda a razão ocidental. O pensamento dessa relação de exclusão entre o ser da linguagem e o ser do homem, o pensamento da interioridade de nossa reflexão filosófica e da positividade de nosso saber, pode ser chamado de "pensamento do fora" (**DE1**, 520-521).

Psicologia. Com o desaparecimento do asilo clássico, por volta de fins do século XVIII, a loucura emerge de novo no domínio público. O conceito negativo de alienação definido pelo direito começa a alterar-se quando é impregnado pelas significações morais que o homem cotidiano atribui à loucura. A psicologia e o conhecimento do que há de interior no homem nasceram da consciência pública convocada como instância universal, como forma válida imediata da razão e da moral para julgar os homens. "A interioridade psicológica foi constituída a partir da exterioridade da consciência escandalizada" (**HF**, 560).

Helenismo, cristianismo. A interioridade cristã é um modo de relação do indivíduo consigo mesmo que implica a confissão, a luta contra as tentações, o deciframento do desejo etc. (**HS2**, 74). Nas práticas de si mesmo da cultura helenística, conhecer a si mesmo no movimento da conversão não implica o conhecimento de uma interioridade. Tampouco há uma oposição entre o conhecimento de si e o conhecimento da natureza. Em Sêneca, por exemplo, ocorre antes o contrário: o conhecimento de si passa pelo conhecimento da natureza (**HS**, 267). Ver: *Sujeito, Subjetivação, Subjetividade*.

199. INTERPRETAÇÃO / Interprétation

A questão da hermenêutica e da interpretação em geral encontra em Foucault uma dupla localização. Por um lado, Foucault ocupa-se de estabelecer as condições histórico-epistêmicas das diferentes concepções da interpretação, em particular da vigente durante o Renascimento e no século XIX. O objetivo desse trabalho é levar a cabo a arqueologia das ciências humanas. Por outro lado, a arqueologia como método de análise histórica se distancia dos pressupostos e dos procedimentos da hermenêutica na medida em que busca alcançar o ponto de bifurcação entre as duas técnicas que dominaram o campo das ciências humanas no século XIX: a interpretação e a formalização (**DE1**, 500).

Renascimento. Durante o Renascimento, a interpretação, na qual se sobrepunham uma semiologia e uma hermenêutica, era em essência um conhecimento da semelhança (**MC**, 71). Ver: *Episteme renascentista*.

Episteme moderna. Na episteme moderna, os métodos de interpretação fazem frente às técnicas de formalização. Interpretação e formalização são os dois grandes métodos da época moderna. Não se trata, no entanto, apenas da oposição entre ambas; são técnicas correlatas cujo solo comum está dado pelo ser da linguagem. Com efeito, era necessário, na época moderna, compensar o surgimento múltiplo da linguagem, ou bem tornando-o transparente às formas de conhecimento ou bem fundindo-o aos conteúdos do inconsciente. O estruturalismo e a fenomenologia encontram, assim, seu lugar comum e seu próprio espaço (**MC**, 312).

Arqueologia. A descrição arqueológica, a análise enunciativa, é um método de análise histórica que renuncia a toda interpretação (**AS**, 143, 164). A arqueologia não pretende, com efeito, descobrir um sentido que se encontraria de algum modo oculto debaixo dos signos; por isso, não refere os enunciados à interioridade de uma intenção, de um pensamento, de um sujeito.

Artemidoro. Foucault dedica a primeira parte de *Le Souci de soi*, terceiro volume da *Histoire de la sexualité*, à análise de *A chave dos sonhos*, de Artemidoro. A obra de Artemidoro se situa em uma linha que vai do ator do ato sexual ao sonhador do sonho, do sujeito ao sujeito. O trabalho de interpretação parte do ato sexual e do papel do sujeito tal como ele se representa em seu sonho, com o objetivo de decifrar o que acontece com quem sonha quando regressa à vida desperta. • A obra de Artemidoro é também objeto de análise nas lições de 21 e 28 de janeiro de 1981 do curso *Subjectivité et vérité*.

Husserl, Freud. "Da confrontação entre Husserl e Freud nascia uma dupla problemática; era necessário um método de interpretação que restituísse a plenitude aos atos de expressão" (**DE1**, 79).

Nietzsche, Freud, Marx. A apresentação de Foucault no Colóquio de Royaumont em julho de 1964 foi consagrada às técnicas de interpretação em Marx, Nietzsche e Freud (**DE1**, 564-579). Segundo Foucault, para compreender o sistema de interpretação do século XIX, é necessário compará-lo ao do século XVI, isto é, com a sobreposição de hermenêutica e semiologia no espaço da semelhança. Depois que as críticas à semelhança (Bacon, Descartes) mantiveram em suspenso a interpretação durante os séculos XVII e XVIII, Marx, Nietzsche e Freud fundaram, no século XIX, a possibilidade de uma nova hermenêutica. Em primeiro lugar, eles realizam uma amplia modificação do espaço de repartição dos signos, um espaço definido pela categoria nietzschiana de profundidade, pela categoria marxista de baixeza (*platitude*), pela topologia freudiana e pelas regras para a atenção psicanalítica. Em segundo lugar, a interpretação se torna uma tarefa infinita. "Não há absolutamente nada anterior ao interpretar, porque no fundo tudo é já interpretação; cada signo é em si mesmo não a coisa que se oferece à interpretação, mas interpretação de outros signos" (**DE1**, 571). Em outras palavras, a interpretação depara com a obrigação de interpretar a si mesma até o infinito. Desse último princípio, Foucault deriva duas consequências. A primeira mostra que o princípio da interpretação não é outra coisa que o intérprete; a interpretação é sempre a do intérprete. Este é o sentido que Nietzsche atribui ao termo "psicologia". A segunda é que o tempo da interpretação é circular. "A hermenêutica e a semiologia são duas inimigas furiosas. Uma hermenêutica que se redobra, com efeito, sobre uma semiologia crê na existência absoluta dos signos; abandona a violência, o inacabado, a infinidade de interpretações, para fazer reinar o terror do índice e suspeitar da linguagem. Nós reconhecemos aqui o marxismo depois de Marx. Ao contrário, uma hermenêutica que se envolve sobre si mesma entra no domínio das linguagens que não cessam de implicar-se a si mesmas, essa região intermediária da loucura e da pura linguagem. É aqui onde reconhecemos Nietzsche" (**DE1**, 574).

200. INVESTIGAÇÃO / *Enquête*

Para Foucault, nenhum saber se constitui sem um sistema de comunicação, de registros e de acumulação. Esse sistema é uma forma de poder em si mesmo e está ligado a outras formas de poder. Por sua vez, o poder não se exerce sem a apropriação e a distribuição do saber. Ambos, saber e poder, funcionam entrelaçados. No resumo que corresponde ao curso *Théories et institutions pénales*, que em sua origem foi publicado no *Annuaire* do Collège de France, Foucault descreve o marco geral de suas investigações como um estudo sobre "a constituição de algumas formas de saber a partir das matrizes jurídico-políticas que lhes deram nascimento e lhes servem de suporte" (**DE2**, 389). Não estão, segundo as expressões do autor, o conhecimento de um lado e o poder do outro, mas nos encontramos, antes, com formas de poder-saber que não se reduzem nem ao jogo dos interesses nem ao das ideologias. A partir desse marco conceitual, enumeram-se três exemplos: a medida (*mesure*), investigação (*enquête*) e o exame (*exame*). A primeira é a prática judicial que substitui a competição na pólis grega, e que teria dado lugar à matemática e à física. Por sua vez, da investigação, a reconstrução dos fatos com dados e testemunhas na prática judicial da época medieval, surgiram os saberes empíricos. E, por último, do exame, emergiram as ciências do homem. A medida havia sido estudada em seu primeiro curso, *Leçons sur la volonté de savoir*; a investigação, no curso resumido nessas páginas, e sobre o exame, antecipa-se que será objeto do seguinte, *La Société punitive* (**DE2**, 390-391). • Essa perspectiva de análise também é desenvolvida por Foucault de maneira particular nas conferências ditadas no Brasil sob o título "La vérité et les formes juridiques" (**DE2**, 538-646) e em *Surveiller et punir*. • De acordo com a terceira conferência de "La vérité et les formes juridiques", a história da investigação começa na Grécia. As primeiras conferências são dedicadas a uma leitura da história de Édipo desse ponto de vista. Ver: *Édipo*. Depois dessa grande revolução democrática no direito grego, o segundo nascimento da investigação se situa na Idade Média. À diferença da investigação grega, que cai no esquecimento, a forma medieval da investigação alcança dimensões extraordinárias na história ocidental das relações entre o saber e o poder (**DE1**, 572). A investigação, como método de asserção da verdade mediante a experiência e os testemunhos, não existia no antigo direito germânico. Exceto nos casos de traição e homossexualidade, não havia ação pública na ordem penal. A confrontação penal se situava no plano dos indivíduos, sem a intervenção de nenhum representante da autoridade. Havia um processo penal a partir do momento em que um indivíduo ou um grupo se consideravam vítimas, prejudicados pela ação de outro indivíduo ou grupo de indivíduos. O processo era, além disso, da ordem da luta, da confrontação entre os indivíduos envolvidos. A confrontação podia chegar a um acordo, e existia a possibilidade de uma compensação econômica para os indivíduos prejudicados, caso em que se podia recorrer a um árbitro para estabelecer a soma da compensação ou o resgate. Mas é necessário precisar que o resgate ou a compensação não tinham por objetivo reparar uma falta (porque, em sentido estrito, não havia falta), mas ressarcir o prejuízo ocasionado. Em poucas palavras, o procedimento penal consistia em uma prova de força, que podia concluir em uma transação econômica (**DE1**, 572-573). Do século V ao X, houve uma confrontação contínua entre o direito germânico e o direito romano. Durante o Império Carolíngio, o direito romano foi deslocado pelo germânico, mas, após sua queda no século X, e sobretudo a partir dos séculos XII e XIII, reaparecem os procedimentos do direito romano. • O direito feudal era essencialmente de tipo germânico. Foucault assinala quatro características. 1) A forma binária da prova (*épreuve*). A prova não era uma maneira de estabelecer ou provar a verdade, e sim a força, o peso, a importância de quem falava. Havia diferentes formas de prova: verbais, juramentos, provas corporais, físicas (ordálias). Tratava-se de recitar uma fórmula sem se equivocar, de não hesitar no momento de expressar o juramento ou, por exemplo, de caminhar sobre brasas. 2) A confrontação acabava com uma vitória ou uma derrota. Não há nenhuma evidência de que existisse algo como uma sentença. 3) A prova funcionava de maneira automática; não se requeria a presença de um terceiro personagem para julgar a veracidade dos argumentos dos adversários. 4) O mecanismo da prova não servia para estabelecer quem dizia a verdade, e sim quem era mais forte e, por isso, tinha razão (**DE1**, 574-576). • O sistema de provas desaparece durante os séculos XII e XIII, e no seio dessa transformação surgirão as novas formas de fazer justiça (**DE1**, 577). Foucault alude à formação de uma administração da justiça de ordem institucional, estatal, no sentido amplo do termo. Esse processo, que, ademais, acompanha o surgimento da monarquia medieval, traz uma série de consequências. 1) A partir desse momento, os indivíduos não têm o direito de resolver entre si seus litígios; devem submeter-se a um poder exterior que se impõe como poder judicial e político. 2) Aparece o procurador, um personagem totalmente novo, como representante do poder do soberano, do rei, lesado pelo delito cometido. 3) Surge a noção de infração. Não se trata do prejuízo que um indivíduo pode ocasionar a outro, mas da lesão que um indivíduo produz à ordem da lei, ao poder político. 4) Já não é mais o indivíduo prejudicado quem exige a reparação, mas o Estado. Dentro desse novo sistema de administração da justiça, era necessário resolver de que maneira devia-se estabelecer a sentença. Havia dois modelos para solucionar esse problema. Um modelo intrajurídico: no direito feudal, no direito germânico, a coletividade podia intervir para obter a condenação de um indivíduo somente no caso do delito *in flagranti*. Mas esse primeiro modelo devia ser de algum modo generalizado para poder justificar a intervenção coletiva no caso dos outros delitos. O segundo modelo, extrajudicial, resolveu a questão mediante a investigação (*enquête*), a *inquisitio*. O modelo extrajudicial tinha um duplo ponto de inserção na sociedade: por um lado, era utilizado na ordem administrativa, isto é, em questões de impostos, costumes, renda ou propriedade. Nesses casos, pedia-se a resolução das disputas a um grupo de pessoas qualificadas por seu conhecimento. Tratava-se, definitivamente, de um método de gestão administrativa. A *inquisitio* era também um procedimento próprio da ordem eclesiástica. Nesse caso específico, era denominada *visitatio* (que, por sua vez, podia ser de dois tipos: *generalis*, quando o bispo, após um período de ausência, consultava os envolvidos acerca do que havia sucedido nesse período; e *specialis*, para estabelecer os fatos e os responsáveis). "A investigação tem uma dupla origem: administrativa, ligada ao surgimento do Estado na época carolíngia, e religiosa, eclesiástica, mas com presença constante durante a Idade Média" (**DE1**, 583). A investigação substitui o delito flagrante. Com efeito, quando é possível reunir as pessoas que, sob juramento, garantem que viram, que sabem, que estão informadas, quando é possível estabelecer a partir delas que algo aconteceu, então ter-se-á de maneira indireta, através da investigação, o equivalente ao flagrante delito. Foucault extrai um número de conclusões fundamentais da inserção dos procedimentos da investigação na reorganização da justiça a partir dos séculos XII e XIII. 1) A causa da inserção da investigação no seio do procedimento judicial não foi a racionalização desse processo, mas uma transformação política. A investigação é, na realidade, uma maneira de exercer o poder. 2) A noção de investigação está impregnada, em razão de sua origem, de categorias religiosas. Na concepção da Alta Idade Média, não havia falta ou infração, mas prejuízo. A partir do século XIII, dá-se uma conjunção entre a violação da lei e a falta religiosa. 3) O modelo da investigação judicial difundiu-se por numerosos domínios sociais, econômicos e do saber. Nessa última ordem, substituiu o método da prova tal como funcionava, por exemplo, na alquimia ou na *disputatio* da universidade medieval (**DE1**, 584-587). • A exposição desses temas nas conferências intituladas "La vérité et les formes juridiques", de 1973, pode ser considerada um resumo das lições do curso *Théories et institutions pénales*, que havia tido lugar no ano precedente, em particular, das lições de 2 e 9 de fevereiro de 1972, dedicadas à história do direito penal germânico, e da de 8 de março de 1972, que se ocupa, de maneira panorâmica, das formas de poder-saber no âmbito do direito penal. Nesse curso, ademais, Foucault insiste na relação entre as instituições da penalidade, a formação das estruturas estatais e a fiscalidade. A questão da fiscalidade (ver: *Fiscalidade*) foi deixada de lado nas conferências do Rio de Janeiro, nas quais, à diferença do que sucede nas lições do curso *Théories et institutions pénales*, Foucault aborda a história da investigação na Grécia clássica como chave de leitura do *Édipo Rei*, de Sófocles (segunda conferência). • Na lição de 8 de março de 1972, última desse curso, Foucault se detém em algumas observações mais detalhadas acerca das formas de poder-saber e da penalidade. Em primeiro lugar, observa que não todos os efeitos de saber-poder vinculados à evolução dos procedimentos da investigação se devem ao desenvolvimento das instituições penais, mas que provêm também dos procedimentos da investigação do direito civil, das instâncias legislativas e das lutas sociais (**ThIP**, 208). Em segundo lugar, ressalta que não se deve pensar a relação entre medida e investigação como uma forma de mútua exclusão. Entre elas pode haver complementaridade, pois não se situam no mesmo nível. A investigação é uma forma de extração do saber que pode servir-se da medida. Em todo caso, é necessário levar em conta que, como forma de exercício do poder, a medida caracteriza um poder que distribui, que busca o equilíbrio; a investigação, ao contrário, um poder baseado na informação (**ThIP**, 210). • O panoptismo é uma forma de exercício do poder que não se baseia na investigação, mas em um procedimento totalmente diferente: o exame (**DE1**, 595). Enquanto a investigação foi o modelo para estabelecer a verdade, a partir do qual se constituíram as ciências empíricas, o exame foi a matriz das ciências humanas. Mas se as primeiras conseguiram separar o modelo da investigação de sua matriz política, as segundas, em contrapartida, não puderam fazer o mesmo com o modelo do exame (**SP**, 226-227). Ver: *Exame*. • Sobre a função da investigação nos procedimentos judiciais dos séculos XVII e XVIII, ver: *Castigo, Confissão*. • Em *Le Pouvoir psychiatrique*, Foucault contrapõe duas concepções da verdade: a verdade-demonstração e a verdade-acontecimento. Ver: *Verdade, Veridicção*. A prova (*épreuve*) faz parte da história da verdade-acontecimento; a investigação, por sua vez, da história da verdade-demonstração. Dessa perspectiva, nosso autor sustenta que "assiste-se, desde o final da Idade Média, a uma difusão generalizada da investigação sobre toda a superfície da Terra, até mesmo sobre os grãos mais finos das coisas, dos corpos, dos gestos; uma espécie de grande parasitismo inquisitorial" (**PP**, 246). • Também em *Le Pouvoir psychiatrique*, Foucault estuda de que maneiras se transformou a medicina ou, mais precisamente, a prática médica, em relação a essas duas morfologias da verdade. Com o surgimento da anatomia patológica, a medicina geral deixa de lado os elementos que pertenciam à história da verdade-acontecimento para adaptar-se aos procedimentos que têm como modelo a investigação, e que pertencem à história da verdade-demonstração. Refere-se, em particular, à noção médica de crise de uma enfermidade. No caso da psiquiatria, essa noção de crise reaparecerá, transformada, a partir dos procedimentos de "provas de realidade". Ver: *Psiquiatria*.

Vontade de saber. Acerca do procedimento da *enquête* em *Édipo Rei*, ver: *Vontade de saber*.

201. IRÃ

Em agosto de 1978, Foucault aceita a proposta do *Corriere della Sera* para escrever uma série de notas-reportagens sobre o Irã, onde desde os primeiros dias de janeiro ocorriam manifestações populares, repressão por parte do exército e estado de sítio, fatos que terminariam um ano mais tarde com o exílio do xá, o retorno triunfal do imã Khomeini e o estabelecimento de uma república islâmica. Naquele ano, Foucault viajou ao Irã em duas oportunidades e publicou quatro artigos entre setembro e outubro (**DE3**, 662-669, 679-683, 683-688, 688-694) e outros quatro em novembro (**DE3**, 701-704, 704-706, 709-713, 713-716). • O primeiro artigo de Foucault sobre o Irã foi publicado em 28 de setembro de 1978, poucos dias após o exército abater entre dois mil e quatro mil manifestantes. Foucault começa o artigo com uma descrição da situação e uma breve reportagem com um oficial do exército. Para Foucault, a situação no Irã estava nas mãos do exército. Por um lado, o xá não podia fazer nada sem o exército; mas, por outro, a solução não podia provir do exército, e restava, então, apenas uma saída. A que parecia a mais apropriada, conclui o texto de Foucault, é "a islâmica, do movimento popular" (**DE3**, 669). • O segundo artigo aparece poucos dias depois, em 1º de outubro. Agora, o entrevistado é um militante da oposição. Foucault põe em discussão a visão europeia dos fatos, isto é, que o que ocorre no Irã é uma crise de modernização, e que a oposição rechaça a modernização proposta pelo xá. Essa modernização, sustenta Foucault, é, em todo caso, um arcaísmo. "O arcaísmo hoje é o projeto de modernização [do xá], suas armas de déspota, seu sistema de corrupção. O arcaísmo é 'o regime'" (**DE3**, 683). • O terceiro artigo aparece uma semana mais tarde, sem nenhum entrevistado. Foucault ocupa-se da dimensão religiosa da revolução iraniana: a saber, o Islã, o movimento xiita ao qual pertencem 90% da população. Segundo Foucault, esse movimento é o que tem sido tantas vezes "a forma assumida pela luta política quando mobiliza as classes populares" (**DE3**, 688). "Assombroso destino o da Pérsia. Na aurora da história inventou o Estado e a administração; confiou suas fórmulas ao Islã e seus administradores serviram de quadros ao Império Árabe. Mas desse mesmo Islã fez derivar uma religião que não cessou, através dos séculos, de dar uma força irredutível a tudo o que, desde o fundo de um povo, pode se opor ao poder do Estado" (**DE3**, 688). • O quarto artigo publicado no *Corriere della Sera*, apareceria também em *Le Nouvel Observateur* com o título "À quoi rêvent les Iraniens?" (Com o que sonham os iranianos?). A relação entre religião e política, entre o Islã e o Estado, entre o movimento xiita e as forças políticas do Irã, é o eixo da argumentação de Foucault. No fim, em uma de suas afirmações mais questionadas sobre o tema, Foucault pergunta se, na revolução iraniana, deparamos com algo que o Ocidente perdeu desde o Renascimento, a "espiritualidade política" (**DE3**, 694). • O primeiro dos quatro artigos publicados no *Corriere della Sera* em novembro de 1978 dá conta do processo de aceleração da revolução iraniana e, ao mesmo tempo, da falta de definições a respeito, exceto sobre a partida do xá. A revolução, que segundo o título do artigo tem as mãos vazias, deverá enfrentar o problema prático de todas as revoluções e o problema teórico de todas as filosofias políticas: que forma política dar à vontade do povo (**DE3**, 704). No segundo artigo, assinala que o movimento religioso absorveu o movimento revolucionário, e, desse modo, a unidade do exército corre o risco de se desfazer. • O terceiro artigo observa os modos em que a revolução se propaga, em particular, mediante o uso de gravadores que registram os discursos dos religiosos opositores (**DE3**, 713). • No quarto artigo, do mês de novembro de 1978, Foucault dá conta do rechaço popular a um governo militar, da esperança e do desejo do regresso de Khomeini. Diante da pergunta sobre se se trata de uma revolução, sustenta: "Não é uma revolução no sentido literal do termo, uma maneira de pôr-se em pé, de erguer-se. É a insurreição dos homens com as mãos vazias, que querem levantar o peso formidável que recai sobre cada um de nós, mas em particular sobre eles, esses operários do petróleo, esses camponeses nas fronteiras dos impérios: o peso da ordem do mundo inteiro. É talvez a primeira grande insurreição contra os sistemas planetários, a forma mais moderna da revolta, e a mais louca" (**DE3**, 716). • Os artigos de Foucault sobre o Irã suscitaram várias polêmicas. Em *Dits et écrits*, podemos encontrar ecos delas na entrevista com Claire Brière e Pierre Blanchet (autores de um livro sobre o Irã) intitulada "L'Esprit d'un monde sans esprit" (**DE3**, 743-755), na qual Foucault explicita sua posição acerca das relações entre religião, revolução e luta de classes no Irã.

J

202. JARRY, ALFRED (1873-1907)

Foucault toma emprestado da obra *Ubu rei*, de Jarry, o termo "ubuesco", que utiliza para descrever o funcionamento do poder. Ver: *Ubuesco*.

203. JUSTI, JOHANN HEINRICH GOTTLOB VON (1717-1771)

Foucault se serve dos trabalhos de Von Justi em particular para definir a noção de polícia no marco da razão de Estado (**STP**, 335-337; **DE4**, 158-160, 825-826). Ver: *Razão de Estado*.

K

204. KAFKA, FRANZ (1883-1924)

Kafka está entre os autores nos quais a literatura ganha um sentido propriamente moderno: "com Kafka, com Bataille, com Blanchot [a literatura] se oferece como experiência: como experiência da morte (e no elemento da morte), do pensamento impensável (e em sua presença inacessível), da repetição (da inocência originária, sempre aí, no ponto mais próximo e sempre mais afastado da linguagem), como experiência da finitude (capturada na abertura e na exigência dessa finitude)" (**MC**, 395). Ver: *Linguagem*.

205. KANT, IMMANUEL (1724-1804)

A relação de Foucault com Kant é, ao mesmo tempo, de ruptura e de continuidade. Por um lado, a arqueologia e a genealogia se opõem, de uma perspectiva nietzschiana, à disposição kantiana, antropológica, do pensamento moderno. O mesmo pode-se dizer da concepção foucaultiana da ética. Para dar um exemplo, Foucault marca as diferenças que existem entre o *a priori* histórico e o *a priori* kantiano. À diferença deste último, o *a priori* histórico não remete as condições de possibilidade do conhecimento a nenhuma instância transcendental, mas apenas às suas formas históricas regulares, porém contingentes. Ver: A priori *histórico*. A concepção foucaultiana da ética também não poderia estar mais afastada de uma ética concebida em termos de lei universal ou imperativo categórico. Para Foucault, a ética se define por uma forma de relação do indivíduo consigo mesmo que não passa por uma lei válida para todo sujeito humano, mas pelo que ele denomina uma "estética da existência", isto é, fazer da própria vida uma obra de arte (com tudo o que há de singularidade no conceito de "obra de arte"). Ver: *Estética da existência, Ética*. Mas, por outro lado, Foucault não deixa de assinalar sua filiação kantiana. No artigo "Michel Foucault", afirma-se, por exemplo: "Se Foucault se inscreve na tradição filosófica, é na tradição crítica de Kant" (**DE4**, 631). Embora a afirmação provenha de François Ewald, foi subscrita pelo próprio Foucault sob o pseudônimo Maurice Florence. Foucault também insiste na origem kantiana de seu uso do termo "arqueologia" (**DE2**, 221). Depois de ter situado sua prática filosófica, concebida como um diagnóstico do presente, em relação ao estruturalismo e a Nietzsche, também a situa na tradição e herança kantianas (**DE4**, 564). Pode-se explicar essa relação de ruptura e continuidade a partir do duplo movimento que Foucault atribui à filosofia kantiana, que deu origem tanto a uma analítica transcendental da verdade e do dever como a uma ontologia do presente. "Parece-me que a opção filosófica com a qual nos vemos confrontados na atualidade é a seguinte: pode-se optar por uma filosofia crítica, que se apresentará como uma filosofia analítica da verdade em geral, ou então por um pensamento crítico, que tomará a forma de uma ontologia de nós mesmos, de uma ontologia da atualidade. Essa forma de filosofia fundou, desde Hegel até a Escola de Frankfurt, passando por Nietzsche e Max Weber, uma forma de reflexão na qual eu tratei de trabalhar" (**DE4**, 687-688). Ruptura, então, em relação à analítica da verdade; continuidade, em relação à ontologia do presente.

Loucura. Kant questiona a autoridade da ciência médica para reconhecer a loucura; opõe-se, assim, à posição de Paolo Zacchia (**HF**, 171, 624).

Semelhança, representação, ideologia. A ideologia e a filosofia crítica – Destutt de Tracy e Kant – constituem duas formas de pensamento opostas, mas simultâneas. A ideologia não interroga o fundamento, os limites ou a raiz da representação; percorre o domínio das representações em geral, fixa as sucessões necessárias que aparecem nelas, define os nexos que as ligam, põe de manifesto as leis de composição e decomposição. Para Kant, no entanto, a relação entre as representações não se funda em suas vinculações internas, mas na forma em que se tornam universalmente válidas. Kant se ocupa daquilo a partir do qual toda representação é possível, isto é, o *a priori* (**MC**, 253-255).

Máthesis. Na época de Descartes e na de Leibniz, a unificação do saber no pensamento filosófico não exigia um modo de reflexão específico: o saber se desdobrava no fundo unificado e unificador de uma *máthesis*. A partir de Kant, o problema é completamente diferente. Por um lado, coloca-se a questão das relações entre o campo formal e o campo transcendental; nesse nível, os conteúdos empíricos do saber são colocados entre parênteses. Por outro lado, surge o problema das relações entre o domínio das empiricidades e o fundamento transcendental do conhecimento; aqui, fica à margem a ordem do puramente formal. Em nenhum dos dois casos, o pensamento filosófico da universalidade se situa no mesmo nível que o campo do saber (**MC**, 260).

Sonho antropológico. "A antropologia constitui, talvez, a disposição fundamental que tem regido e conduzido o pensamento filosófico desde Kant até nós" (**MC**, 353). Ver: *Antropologia, Homem*.

Nietzsche. Enquanto Kant sustenta que as condições da experiência e as condições dos objetos da experiência são idênticas, Nietzsche, por sua vez, pensa que entre o conhecimento e o mundo não há nenhuma relação de afinidade (**DE2**, 546). • Quando Nietzsche fala de "conhecimento em si", entende algo muito diferente do que entende Kant, que afirma a impossibilidade de um conhecimento do *em si*, da verdade em si, da realidade em si. Nietzsche, ao contrário, quer dizer que não há uma natureza do conhecimento, que esse sempre é o resultado histórico de condições que não são da ordem do conhecimento, mas da atividade (**DE2**, 550-551).

Antropologia em sentido pragmático. Como tese complementar para obter o doutorado, Foucault apresentou em 1961 uma tradução da *Antropologia*, de Kant, acompanhada por uma introdução que foi publicada apenas em 2008. A tradução, por sua vez, havia aparecido em 1964 pela editora Vrin com uma nota histórica (**DE1**, 288-293). Sobre a "Introduction à l'*Anthropologie* de Kant" de Foucault, ver: *Antropologia*.

Descartes, moral. Em Descartes, o conhecimento da verdade não requer um trabalho de ascese. Kant teve que enfrentar, partindo do sujeito cartesiano, as relações entre o sujeito moral e o sujeito do conhecimento. A solução de Kant foi encontrar um sujeito universal, que, porque é universal, pode ser o sujeito do conhecimento e, no entanto, exigir uma atitude ética: a relação consigo mesmo que é proposta na *Crítica da razão prática*. Desse modo, Kant reintroduz a moral como uma forma aplicada do procedimento racional (**DE4**, 411, 630-631). No entanto, em *L'Herméneutique du sujet*, Foucault assinala que, com Descartes e Kant, elimina-se a exigência de espiritualidade, isto é, do trabalho de modificação do sujeito como condição para acessar a verdade (**HS**, 183).

Iluminismo, revolução. Sobre os dois textos escritos por Foucault por ocasião do bicentenário da célebre resposta de Kant à pergunta "O que é o Iluminismo?", ver: *Diagnosticar, Éthos, Modernidade, Ontologia do presente, Ontologia histórica, Revolução*. Os mesmos temas estão expostos na primeira lição do curso *Le Gouvernement de soi et des autres*, de 1982-1983. Com efeito, o famoso texto de Kant é, para Foucault, um texto fetiche (**GSA**, 8), que ele lê em relação com a temática geral do curso: o governo de si e dos outros. Para além dessa perspectiva de análise, nosso autor justifica com quatro razões a importância dessa obra: 1) O texto é uma problematização do conceito do público. "O público é uma realidade, uma realidade instituída e desenhada pela própria existência das instituições, como a sociedade de sábios, as academias, as revistas e o que circula dentro desses quadros" (**GSA**, 10). O público em Kant se define pela relação entre o sábio e o leitor, que não está mediada por instituições tradicionais, como as universidades, mas por essas instituições características da época: as academias. 2) O artigo marca o encontro entre a *Aufklärung* cristã e a *Aufklärung* judaica, a *Haskalá*, através do intercâmbio entre Kant e Moses Mendelssohn. 3) A questão do presente, da atualidade, que constitui o núcleo desse trabalho, não é enfocada de maneira horizontal ou longitudinal, isto é, em relação ao passado e ao futuro, mas de maneira sagital ou vertical: "Parece-me que vemos aparecer no texto de Kant a questão do presente como acontecimento filosófico ao qual pertence o filósofo que fala dele" (**GSA**, 14). 4) A maneira de filosofar que Kant inaugura nesse texto seguirá vigente até nossos dias, dois séculos depois. • Há um nexo estreito entre a reflexão kantiana sobre seu próprio presente, sobre o Iluminismo, e o projeto crítico. O Iluminismo é a saída do homem do estado de minoridade, que consistia em submeter o entendimento à autoridade de um livro, a consciência à autoridade de um diretor e a vida do corpo à autoridade de um médico. Em cada um desses exemplos, como vemos, a relação do indivíduo consigo mesmo está mediada e atravessada por uma forma de autoridade (**GSA**, 30). Algo idêntico, poder-se-ia dizer, sustenta Foucault, do exemplo do diretor de consciência em relação à *Crítica da razão prática* e do exemplo do médico em relação à *Crítica do juízo*. • Esses temas também foram abordados na conferência "La culture de soi", de 1983 (**QQC**, 81-85).

Obediência, uso público e uso privado da razão. Kant, como dissemos, define o Iluminismo como a saída do estado de minoridade produzido, por um lado, pela oposição entre obedecer e pensar (por exemplo, a religião, que diz "não pense, obedeça", ou o funcionário fiscal, que sustenta "não argumente, pague"), e, por outro, pela redução da razão a seu uso privado. A respeito do primeiro, Kant vê em Frederico II da Prússia o exemplo do governante que diz "pense, mas obedeça". A respeito do segundo, o uso privado da razão se dá quando funciona de maneira mecânica ou, mais precisamente, como as peças de uma máquina, como parte da religião ou como parte dos estamentos do Estado. O uso público, em contrapartida, consiste em servir-se da razão de maneira universal, em termos válidos para todo sujeito racional. É nesse sentido que se deve entender, no Iluminismo, a racionalidade à qual não há que opor a obediência (**GSA**, 33-36).

Iluminismo, crítica. Na conferência "Qu'est-ce que la critique?", de 1978, Foucault estabelece uma distinção entre crítica e *Aufklärung*. Em primeiro lugar, no que pode ser considerado uma genealogia da atitude crítica, remonta à época da Reforma e da Contrarreforma para defini-la em termos políticos como oposição ao processo de crescente governamentalização no Ocidente, como a arte de não ser governado em excesso (**QQC**, 37). Para Foucault, quando Kant define o Iluminismo como *sapere aude* (ter a coragem de saber) e como saída do estado de minoridade, o faz retomando essa tradição crítica surgida como reação à governamentalização. Ao definir o que entende por crítica, ao contrário, não o fará em relação à coragem, mas aos limites do conhecimento; isto é, em relação aos limites da autonomia em lugar dos limites da obediência política (**QQC**, 41-42). A propósito dessa diferença, Foucault assinala uma *décalage* (defasagem), em Kant, entre *Aufklärung* e crítica (**QQC**, 43). Ver: *Crítica*.

206. KLOSSOWSKI, PIERRE (1905-2001)

O artigo "La prose d'Actéon" (**DE1**, 326-337) é dedicado a Klossowski, cuja linguagem, afirma Foucault, é como a prosa de Acteão: uma palavra transgressora (**DE1**, 336). Klossowski se situa no entrecruzamento de dois caminhos afastados embora muito semelhantes: o dos teólogos e o do Olimpo grego. Assim, descobre a face secreta da experiência cristã, na qual resplandecem os deuses gregos (**DE1**, 327-328). Nesse espaço, não aparecem nem Deus nem o Demônio; trata-se de um espaço habitado pelos simulacros (**DE1**, 329), que é, para Foucault, o território próprio da literatura. "Klossowski escreve uma obra, uma dessas raras obras que nos fazem descobrir: nela se percebe que o ser da literatura não concerne nem aos homens nem aos signos, mas ao espaço duplo, ao vazio do simulacro onde o cristianismo foi encantado por seu Demônio, e no qual os gregos temem a presença fulgurante dos deuses com suas flechas. Distância e proximidade do Mesmo, onde reencontramos agora nossa única linguagem" (**DE1**, 337). • Klossowski, assim como Bataille e Blanchot, faz explodir a evidência originária do sujeito e faz surgir formas de experiência nas quais a decomposição do sujeito, sua aniquilação e o encontro com seus limites mostram que não existe aquela forma originária e autossuficiente que a filosofia tradicionalmente supunha (**DE3**, 590).

L

207. LACAN, JACQUES (1901-1981)

Foucault não realizou uma abordagem sistemática da obra de Lacan, mas há numerosas referências a ele em seus textos. Trata-se, em geral, de remissões vinculadas à problemática das ciências humanas e à crítica da concepção moderna do sujeito. • A partir de Lacan, como a partir de Lévi-Strauss, as ciências humanas instauram uma relação crítica com elas mesmas (**DE1**, 447). • Lacan nos mostrou que o sentido é talvez apenas um efeito de superfície: são as estruturas da linguagem, o sistema da linguagem – e não o sujeito –, que falam através do discurso do enfermo e dos sintomas das neuroses (**DE1**, 514). • "O sujeito tem uma gênese, o sujeito tem uma formação, o sujeito tem uma história; o sujeito não é originário. Pois bem, quem havia dito isso? Freud, sem dúvida; mas foi necessário que Lacan o fizesse aparecer claramente, daí a importância de Lacan" (**DE3**, 590). • Lacan mostrou que a teoria do inconsciente é incompatível com a teoria do sujeito no sentido cartesiano do termo (**DE4**, 52). • Todo o interesse e a força de Lacan se apoiam em que é o único, depois de Freud, que volta a centrar a questão da psicanálise nas relações entre o sujeito e a verdade (**HS**, 31). • Foucault assinala que a função do psicanalista – em uma referência explícita a Lacan – não está muito afastada da que desempenham os médicos na Grécia clássica, isto é, determinar o *kairós*, o momento adequado em relação ao desejo (**QQC**, 113).

208. LAMARCK, JEAN-BAPTISTE (1744-1829)

A partir de Lamarck, de Antoine-Laurent de Jussieu e de Vicq d'Azyr, a transformação da estrutura em caráter se funda em um princípio que está fora do domínio do visível da história natural: a organização (**MC**, 239). Desse modo, Lamarck fecha o ciclo da história natural e abre o da biologia (**MC**, 243).

209. LEBRE / *Lièvre*

Quando analisa *O pedagogo*, de Clemente de Alexandria, Foucault fala do "princípio da lebre" para referir-se à exemplaridade moral ou, antes, à contraexemplaridade desse animal, caracterizado por seu excesso de fecundidade (**HS4**, 33).

210. LEI / *Loi*

Foucault insiste em várias ocasiões na distinção entre lei e norma e na importância crescente da norma à custa do sistema legal (**HS1**, 189-190). Ver: *Liberalismo, Norma, Normalidade, Normalização, Soberania.*

211. LEPRA / *Lèpre*

No final da Idade Média, a lepra desaparece do mundo ocidental (**HF**, 15). A loucura ocupará os lugares, físicos e simbólicos, que a lepra deixa vazios (**HF**, 21).

Modelo lepra/modelo peste. No que diz respeito às formas de exercício do poder, Foucault faz uma distinção entre o que denomina "modelo lepra" e "modelo peste". O modelo lepra, modelo da exclusão, tem três características: 1) implica uma separação rigorosa, uma regra que impede o contato entre os indivíduos; 2) trata-se de uma exclusão em um mundo exterior, para além dos limites da cidade, da comunidade; e 3) a exclusão comporta uma desqualificação que nem sempre é moral, mas sem dúvida é jurídica e política. No modelo peste também se enclausura, mas configura-se como uma prática diferente: não é lugar de exclusão, mas objeto de análise detalhada, de reticulação minuciosa; trata-se de um espaço de inclusão. Com relação à lepra, o poder exclui: expulsa os leprosos para além das fronteiras da cidade e dos campos, a um espaço indeterminado. Como se estivessem mortos, são acompanhados para além da civilização por cortejos e rituais fúnebres, e seus bens passam a seus herdeiros. Com relação à peste, ao contrário, coloca-se a cidade em quarentena: estabelece-se uma minuciosa reticulação do espaço habitado, designam-se inspetores que devem controlar que cada um dos habitantes esteja no lugar que lhe corresponde (enclausurado em sua casa), há intervenção quando alguém é vítima da enfermidade, realiza-se um exaustivo e detalhado informe da situação mediante registros gerais etc. Enquanto a lógica do controle da lepra leva à exclusão, no caso da peste, ao contrário, leva à inclusão, à individualização dos sujeitos (**AN**, 40-44; **SP**, 200-202). "No fundo, a substituição do modelo lepra pelo modelo peste corresponde a um processo histórico muito importante que eu qualificaria resumidamente como a invenção das tecnologias positivas de poder" (**AN**, 44).

212. LIBERALISMO / *Libéralisme*

Já em seu primeiro curso no Collège de France de 1970 e 1971, *Leçons sur la volonté de savoir*, Foucault se pergunta: Como se constitui o saber dos processos econômicos desde o século XVI até o XVIII? (**LVS**, 3). Alguns anos mais tarde, essa questão o conduz a uma análise detalhada do liberalismo em seus cursos no Collège de France de 1978 e 1979, no marco do que denomina "governamentalidade". O Estado governamentalizado, última etapa da evolução histórica do Estado moderno, caracteriza-se por ter como objeto a população e não o território, governar através dos saberes (economia, medicina, psiquiatria, por exemplo) e articular-se em torno de dispositivos de segurança. O surgimento do Estado governamentalizado coincide com a formação da biopolítica, isto é, a racionalização dos fenômenos próprios de um conjunto de seres viventes constituídos como população (**DE3**, 818). • Foucault resume o debate político que teve lugar na primeira metade do século XIX nos seguintes termos: "Em um sistema preocupado pelo respeito aos sujeitos de direito e à liberdade de iniciativa dos indivíduos, como podemos abordar o fenômeno da 'população' com seus efeitos e problemas específicos?" (**DE3**, 818). • Desse ponto de vista, Foucault não coloca a questão do liberalismo como uma teoria nem como uma ideologia; nem como a maneira em que a sociedade representa a si mesma, mas como "uma prática, isto é, como uma 'maneira de fazer' orientada a objetivos e regulada por uma reflexão contínua" (**DE3**, 819). Devemos entender o liberalismo, então, como um princípio e um método de racionalização do exercício do governo. Isso significa duas coisas. Em primeiro lugar, a aplicação do princípio de máxima economia: obter os maiores resultados ao menor custo. Em segundo lugar, que o governo, a ação de governar a conduta dos indivíduos a partir do Estado, não pode ser um fim em si mesmo. A máxima econômica de modo algum é suficiente para constituir a especificidade do liberalismo como prática, pois é necessário, também, o segundo elemento. "Maiores resultados" não se traduzem em um fortalecimento e crescimento do governo e do Estado. Por isso, o liberalismo se distingue da racionalidade política da razão de Estado e da tecnologia que leva emparelhada, a *Polizeiwissenschaft* (a ciência da polícia). Essa função, que tem sido a raiz do polimorfismo da racionalidade liberal, tem como objetivo limitar a ação do governo, exigindo que se justifique perante a sociedade (**DE3**, 819-820). • Pois bem, o liberalismo como prática-crítica da ação governamental não deriva de uma teoria econômica ou jurídica nem se reduz a elas. O mercado tem sido um lugar privilegiado para provar a racionalidade política própria do liberalismo, isto é, a necessidade de limitar a ação do governo. Com efeito, a economia mostra uma incompatibilidade de princípio entre o desenvolvimento ótimo do processo econômico e a maximização dos processos governamentais. Por outro lado, a ideia de uma sociedade política fundada no nexo contratual entre os indivíduos serviu como instrumento apropriado para moderar ou limitar a ação do governo. Apesar disso, a relação entre liberalismo e Estado de direito não é uma relação natural e de princípio; nem a democracia é necessariamente liberal nem o liberalismo é necessariamente democrático (**DE3**, 822).

Neoliberalismo. No curso *Naissance de la biopolitique*, depois de algumas considerações históricas sobre o liberalismo clássico, tema que já havia abordado no curso do ano anterior,

Foucault se ocupa com extremo detalhe do neoliberalismo, tanto alemão como americano. Em primeiro lugar, afirma que o liberalismo não é diferente da razão de Estado, mas antes o ponto de inflexão na curva de seu desenvolvimento. O liberalismo é, nesse sentido, o produto da articulação da economia política com a razão de Estado (**NB**, 30-31). A tese de Foucault não consiste, no entanto, em sustentar que, em determinado momento, os homens políticos começaram a servir-se do saber econômico, nem que a economia se converteu no princípio organizador da prática governamental. A articulação entre política e economia se produz, na realidade, porque o mercado, que até então havia sido objeto privilegiado da intervenção governamental, converte-se, em determinado momento, em um mecanismo de formação da verdade.

Mercado, regime de verdade. Durante a Idade Média, o mercado era, acima de todas as coisas, um lugar de justiça, objeto de múltiplas regulamentações que estabeleciam, por exemplo, o preço justo dos produtos ou as sanções para a fraude. A partir do século XVIII, o mercado deixa de ser um espaço de jurisdição para converter-se em um espaço "natural", que funciona segundo seus próprios mecanismos. Desse modo, os preços, que se formam de acordo com os mecanismos naturais do mercado, servirão para mostrar quais são práticas governamentais corretas e quais não são (**NB**, 33).

Liberdade. Segundo Foucault, o que se forma no século XVIII, mais que um liberalismo, é um naturalismo. Nos fisiocratas, como em Adam Smith, com efeito, mais que a liberdade jurídica, o que aparece é a espontaneidade ou o mecanismo intrínseco dos processos naturais. Apesar disso, nosso autor sustenta que é necessário falar de liberalismo. "Se utilizo a palavra 'liberal' é, principalmente, porque essa prática governamental que se está instalando não se limita a respeitar essa ou aquela liberdade ou a garantir essa ou aquela liberdade. Em um sentido mais profundo, ela é consumidora de liberdade. [...] o liberalismo, no sentido em que eu o entendo, esse liberalismo que se pode caracterizar como a nova arte de governar que se forma no século XVIII, implica em seu coração uma relação de produção/destruição [de] a liberdade" (**NB**, 65).

Risco, perigo. Da relação entre liberalismo e liberdade, Foucault extrai três consequências fundamentais: 1) Diferentemente do que acontecia com os dispositivos de soberania, nos quais a relação entre o soberano e os súditos se regia por uma série de normas jurídicas em torno da proteção que o soberano devia oferecer aos súditos e que, em casos eventuais, esses podiam reclamar, no liberalismo, a liberdade e a segurança dos indivíduos é algo que deve ser arbitrado a cada instante, de acordo com o risco. O liberalismo representa, nesse sentido, uma cultura do risco e do perigo: "Os indivíduos estão postos em situação de perigo perpétuo ou, antes, estão condicionados a experimentar sua situação, sua vida, seu presente, seu futuro, como carregados de perigo" (**NB**, 68). 2) Com o liberalismo e sua arte de governar, assistimos a uma formidável extensão dos procedimentos de controle: "O panoptismo é a fórmula própria de um governo liberal" (**NB**, 69). 3) No liberalismo, os mecanismos de controle, como as disciplinas, não são um simples contrapeso às liberdades, mas antes seu princípio motor. As liberdades democráticas, durante a política do Estado de bem-estar, por exemplo, estavam garantidas por medidas de intervenção econômica. Sempre existe o risco, nesses casos, de que os dispositivos destinados a garantir as liberdades produzam exatamente o contrário. Convertido em realidade, esse risco tem sido a causa das crises da governamentalidade liberal (**NB**, 70). • O liberalismo contemporâneo, o neoliberalismo, apresenta-se sob duas formas principais, a alemã e a americana. A primeira tem seu ponto de ancoragem na República de Weimar, e a segunda no New Deal. As duas têm Keynes como inimigo comum e rechaçam o dirigismo econômico, o planejamento e as intervenções do Estado em grande escala. Também existem autores de referência que são comuns a ambas: a Escola austríaca, Ludwig von Mises, Friedrich Hayek (**NB**, 81).

Estado, liberdade econômica. A respeito das relações entre a legitimidade do Estado e as liberdades econômicas, Foucault parte do discurso de 28 de abril de 1948 de Ludwig Erhard perante a assembleia de Frankfurt, que retoma as conclusões do documento do conselho científico encarregado de dirigir o processo econômico da reconstrução alemã. O objetivo político do discurso era argumentar sobre a ilegitimidade de um governo que não respeitasse as liberdades individuais. Segundo Erhard, "só um Estado que estabelece ao mesmo tempo as liberdades e as responsabilidades dos cidadãos pode falar em nome do povo" (**NB**, 83). A frase, assinala Foucault, não questiona a responsabilidade do Estado nazista, mas sim sua representatividade. Daí que, para Erhard, a liberdade e o crescimento econômicos produzem a soberania política. A economia aparece, assim, como criadora do novo direito público e, ao mesmo tempo, permite estabelecer uma ruptura com as formas institucionais do regime nazista. Em consequência, "será instaurada na Alemanha uma nova dimensão da temporalidade que já não será a da história, mas a do crescimento econômico" (**NB**, 87). O problema que o neoliberalismo enfrenta nesse contexto aparece como exatamente inverso em relação ao que o liberalismo clássico havia enfrentado na época dos fisiocratas. Para esses, já existia um Estado, e o problema era como colocar-lhe limites através da economia. Para o neoliberalismo alemão, ao contrário, o problema era como legitimar um Estado a partir da economia.

Socialismo. À diferença do liberalismo, o socialismo carece de uma prática governamental própria: "O socialismo, de fato, e a história mostrou isso, só pode funcionar acoplado a outros tipos de 'governamentalidade'" (**NB**, 93). "O socialismo não é a alternativa do liberalismo. Não são do mesmo nível, mesmo que haja aspectos nos quais se chocam, onde não funcionam juntos. Daí sua possibilidade de simbiose estropiada" (**NB**, 95).

Max Weber, Escola de Friburgo, Escola de Frankfurt. A Escola de Friburgo, o ordoliberalismo, e a Escola de Frankfurt partiram, segundo Foucault, do mesmo problema filosófico-político. Na base dessa dificuldade, encontrava-se a questão colocada por Weber, que já não era, como para Marx, a da lógica contraditória do capital, e sim "o problema da racionalidade irracional da sociedade capitalista" (**NB**, 109). A Escola de Frankfurt e a Escola de Friburgo abordaram esse problema com duas proposições diferentes. Para os representantes da primeira, como Max Horkheimer, tratava-se de determinar qual podia ser a nova racionalidade social, capaz de anular a irracionalidade econômica. Para aqueles listados na segunda, ao contrário, como Walter Eucken, havia que encontrar uma racionalidade econômica que resolvesse a irracionalidade social do capitalismo.

Interpretação ordoliberal do nazismo. O liberalismo havia encontrado, na Alemanha do século XIX e das primeiras décadas do século XX, quatro grandes obstáculos: a ideia de que uma política nacional e uma economia liberal são incompatíveis, o socialismo do Estado bismarckiano, a economia planejada e o dirigismo de tipo keynesiano. Para os ordoliberais, o nazismo é, em primeiro lugar, o revelador do sistema de relações necessárias que há entre esses quatro elementos, e não, como sustenta a leitura histórica corrente, a forma extrema de uma crise política e econômica (**NB**, 113). Dessa perspectiva, o nazismo constitui a experiência histórico-política que torna possível decifrar o que poderia denominar-se "invariante antiliberal". Em segundo lugar, os liberais veem no nazismo um "crescimento indefinido do poder estatal" (**NB**, 115). Nesse caso, embora se trate de um ponto de vista frequente, é necessário ter em conta que também pode sustentar-se a tese contrária. Com efeito, no nazismo, o Estado está subordinado ao povo, e o povo à *Führertum*, à condução do partido. Apesar disso, embora "o Estado esteja assim subordinado, é só porque as formas tradicionais do Estado do século XIX não podem fazer frente a essa nova exigência de estatização que era, precisamente, o que a política econômica do Terceiro Reich demandava" (**NB**, 116). Nesse sentido, o nazismo implica um "suplemento de Estado" (**NB**, 116), que se apresenta sob a forma da *Gemeinschaft* (comunidade) e da obediência ao partido e ao *Führer*. Em terceiro lugar, os ordoliberais atribuem ao nazismo os mesmos males sociais que este criticava no capitalismo, isto é, uniformizar de maneira massiva e normalizar. "Mas, dizem os neoliberais, de fato, se analisarmos as coisas, os nazistas com sua organização, seu partido, seu princípio de *Führertum* [condução], o que fazem? Na realidade, não fazem outra coisa que acentuar essa sociedade de massas, essa sociedade de consumo que uniformiza e normaliza, essa sociedade de signos e de espetáculos" (**NB**, 117). Em conclusão, a massificação da sociedade é vista como uma consequência do estatismo e não do mercado. Para os neoliberais alemães, o desenvolvimento do estatismo estende-se desde o sansimonismo, isto é, desde a tecnificação da gestão estatal como consequência dos limites que o próprio liberalismo se impôs no século XIX, até a experiência nazista.

Liberalismo clássico e neoliberalismo. Foucault apoia grande parte de suas análises das diferenças entre o liberalismo clássico e o neoliberalismo nas intervenções que tiveram lugar a propósito do Colóquio Walter Lippmann, organizado na França em 1938. Trata-se de um momento de extrema importância para a história do liberalismo do século XX. Esse colóquio, com efeito, serviu para estabelecer nexos entre liberais alemães e franceses, e, também, entre o neoliberalismo alemão e o americano. • O objetivo central do liberalismo clássico do século XVIII era tomar o mercado como princípio de limitação e de organização do Estado; em outras palavras, colocava o Estado sob a vigilância do mercado. O mercado, cujo motor essencial era o intercâmbio, não devia ser distorcido pelas intervenções estatais. Daí o princípio do *laissez-faire*, do deixar fazer. Para os neoliberais, essa concepção do mercado se apresenta como uma forma ingênua de naturalismo (**NB**, 123). Assim, o mercado não deve ser concebido em termos de intercâmbio e, portanto, de equivalência, mas em termos de competição, de desigualdades. Para que isso seja possível, é necessário que existam determinadas condições que não se dão de forma natural, mas artificialmente. "Há que governar para o mercado, mais do que governar por causa do mercado" (**NB**, 125).

Neoliberalismo alemão: do *laissez-faire* ao liberalismo positivo. A aula de 14 de fevereiro de 1979 de *Naissance de la biopolitique* é dedicada a assinalar as diferenças entre o liberalismo clássico do século XVIII e o neoliberalismo alemão do século XX. Foucault deixa de lado três interpretações correntes do liberalismo contemporâneo: as que o identificam com o *laissez-faire* de Adam Smith, com a sociedade dominada pelas mercadorias (que Marx denuncia no livro primeiro de *O capital*) e com o concentracionismo e o *Gulag*, denunciados por Solzhenitsyn. O ordoliberalismo, para nosso autor, não é nenhuma dessas coisas (**NB**, 136). Sua especificidade, com relação ao liberalismo clássico, está marcada sobretudo pela separação entre economia de mercado e *laissez-faire*, ou, em outros termos, pela existência de uma política ativa sem dirigismo (**NB**, 137). Para os neoliberais alemães, com efeito, o Estado é responsável pela atividade econômica. O problema específico do neoliberalismo não radica, na realidade, no *laissez-faire*, mas em estabelecer como o Estado deve intervir. Trata-se, em outros termos, de um *liberalismo positivo* (**NB**, 138). A esse respeito, Foucault oferece três exemplos: a questão dos monopólios e as ações econômicas adequadas; e a política social. • Enquanto a teoria econômica e o liberalismo clássicos sustentavam que os monopólios faziam parte da natureza dos processos econômicos, pois a competição levava inevitavelmente a eles, para o neoliberalismo alemão, ao contrário, não fazem parte da lógica econômica e são, antes, alheios ao processo econômico. De uma perspectiva histórica, sustenta que os monopólios não são o ponto de chegada inevitável do desenvolvimento da competição, mas, ao contrário, um fenômeno arcaico, vinculado aos privilégios outorgados pelo Estado a determinadas corporações, como o protecionismo alfandegário das políticas nacionais (**NB**, 140-141). De um ponto de vista econômico, os monopólios exercem um poder perturbador apenas na medida em que podem atuar sobre os preços e, portanto, sobre o mecanismo regulador da economia. Mas, argumentam os neoliberais, se os preços aumentam, acabará instaurando-se a competição, de modo que os monopólios, se existem, só poderão persistir na medida em que atuem como se houvesse competição, isto é, com uma política de preços razoável. • Quanto às políticas adequadas, é necessário distinguir, segundo uma terminologia introduzida por Walter Eucken, entre ações reguladoras e ações ordenadoras. As ações reguladoras têm como objetivo manter a estabilidade dos preços por meio do controle da inflação. Mediante a aplicação de políticas fiscais, de poupança ou de investimento, buscam reduzir custos ou ganhos, conforme seja necessário. As políticas ordenadoras, por sua vez, são as que não buscam intervir na situação do mercado, mas nas condições fundamentais da economia, aquelas que fazem com que um mercado seja possível, por exemplo, as condições culturais, técnicas ou jurídicas. • Quanto às políticas sociais, os economistas das políticas de bem-estar, do gênero do New Deal, haviam concebido a ação do Estado em termos de socialização do consumo mediante mecanismos de redistribuição da renda; para os neoliberais, ao contrário, trata-se de levar adiante uma política social individual, não socialista (**NB**, 149). Isso significa sobretudo que, em lugar de pedir à sociedade que proteja os indivíduos dos riscos que podem ameaçá-los (enfermidades, acidentes, etc.), busca-se que cada indivíduo possa capitalizar-se para fazer frente por si mesmo aos possíveis riscos. "Isso quer dizer que a política social deverá ser uma política que não tenha por instrumento a transferência dos ganhos de uma parte a outra, mas a capitalização o mais generalizada possível de todas as classes sociais" (**NB**, 149). A verdadeira política social será, em suma, o crescimento econômico. Por isso, para Foucault, o neoliberalismo não é, para falar com propriedade, uma forma de governar que respeita as leis da economia (como pensavam os fisiocratas), mas sobretudo uma forma de governo da sociedade; o que poderia ser chamado de um "liberalismo sociológico" (**NB**, 151). "O *homo œconomicus* que vemos constituir-se não é o homem do intercâmbio, não é o homem do consumo, é o homem da empresa e da produção": o homem competitivo (**NB**, 152). O objetivo do neoliberalismo, o que poderia denominar-se, segundo uma expressão de F. W. Rüstow, sua *Vitalpolitik* (política vital), é que a trama social tenha a mesma forma que a empresa (**NB**, 153-154).

Economia, ordem jurídica, capitalismo. Para os neoliberais, o mercado não é uma realidade natural, mas o resultado de uma ordem legal que supõe a intervenção do Estado. "Ser liberal não é, portanto, de nenhuma maneira, ser conservador, no sentido de manter os privilégios de fato que resultam da legislação em vigor. É, ao contrário, ser essencialmente progressista, no sentido de uma perpétua adaptação da ordem legal às descobertas científicas, aos progressos da organização e da técnica econômicas, às mudanças de estrutura da sociedade, às exigências da consciência contemporânea" (**NB**, 167). É impossível, por isso, compreender a especificidade teórico-política do liberalismo sem compreender sua concepção do papel do Estado para estabelecer as condições jurídicas de uma sociedade competitiva. A esse respeito, Foucault assinala, em primeiro lugar, que o jurídico não é, para os neoliberais alemães, da ordem da superestrutura, uma mera expressão das relações econômicas. Os neoliberais se situam, nesse sentido, do lado de Max Weber, e não de Karl Marx. Mais que as forças produtivas, os neoliberais analisam as relações de produção como um conjunto de atividades reguladas juridicamente. Dessa perspectiva, a história do capitalismo não pode ser mais que uma história econômico-institucional (**NB**, 169). Não existe, porém, um capitalismo, com uma dinâmica única e um destino inevitável, e sim diferentes formas históricas que não se reduzem à lógica necessária do capital e que possibilitam novas modalidades de capitalismo. • Por isso, assinala em segundo lugar Foucault, os neoliberais sustentam, ao mesmo tempo, o mínimo de intervencionismo econômico e o máximo de intervencionismo jurídico (**NB**, 172). Dessa perspectiva, recorrem à noção de Estado de direito. Ver: *Estado de direito*. Renovar o capitalismo significará então introduzir os princípios gerais do Estado de direito. • Segundo Foucault, esse intervencionismo jurídico dos neoliberais implica, em uma sociedade concebida em termos empresariais de competição, um crescimento da demanda judicial. "A aplicação da lei irá adquirir uma autonomia e uma importância novas" (**NB**, 180), que se materializarão nos tribunais administrativos.

Neoliberalismo francês. Na aula de 7 de março de 1979 de *Naissance de la biopolitique*, Foucault se ocupa da relação entre as ideias do neoliberalismo alemão e as políticas de Valéry Giscard d'Estaing e Raymond Barre na França. Existe, entre eles, "um parentesco que salta à vista" (**NB**, 199).

Neoliberalismo americano. O surgimento do neoliberalismo americano responde a estímulos equivalentes aos que originaram os neoliberalismos alemão e francês: a política keynesiana, os efeitos sociais da guerra e o crescimento da administração federal por meio de programas econômicos e sociais. Apesar disso, o liberalismo americano se distingue em três aspectos. À diferença do europeu, não foi uma reação contra a razão de Estado; nos Estados Unidos foi, desde a época da revolução, fundador do Estado. Por outro lado, o liberalismo esteve sempre presente no coração do debate político americano. Por último, mais que uma posição a respeito das políticas econômicas sociais, o liberalismo também foi uma maneira de ser e de pensar (**NB**, 223-224). Foucault analisa dois traços centrais do neoliberalismo americano: a teoria do capital humano e a criminalidade e a delinquência.

Capital humano. O problema dos neoliberais nos Estados Unidos, a partir da crítica da economia clássica, é reintroduzir o trabalho na análise econômica. Com efeito, consideram que, no pensamento liberal clássico (Smith, Ricardo), o trabalho era concebido apenas como um elemento passivo no processo de produção. No caso de Marx, também o caráter abstrato do trabalho é visto, em última instância, como uma deficiência da lógica do capital. Para os neoliberais, à diferença do liberalismo clássico, a economia não deve ser analisada simplesmente em termos de processos de produção, mas segundo a maneira pela qual os recursos escassos são destinados a fins excludentes entre si. Dessa perspectiva, que teve Gary Becker como um dos principais defensores, o trabalho deve ser analisado em termos de destinação de recursos escassos. "A economia não é mais a análise dos processos, é a análise de uma atividade. Não é, pois, a análise da lógica histórica dos processos, é a análise da racionalidade interna, da programação estratégica da atividade dos indivíduos" (**NB**, 229). O trabalhador já não é um objeto dentro de um processo, mas um sujeito ativo cuja conduta é necessário estudar em termos de racionalidade econômica, de destinação de recursos escassos. O trabalho, nesse sentido, comporta um capital: aptidões, competências etc. O trabalhador se converte no empresário que investe esse capital tendo em vista um determinado benefício. Até mesmo o consumidor pode ser analisado nesses termos: "Ele produz simplesmente sua própria satisfação" (**NB**, 232).

Genética. A formação do capital humano envolve elementos tanto inatos como adquiridos. Quanto aos primeiros e ao desenvolvimento da genética, Foucault sustenta: "Se o problema da genética suscita atualmente tantas inquietações, não creio que seja útil ou interessante recodificar essa inquietação nos termos tradicionais do racismo" (**NB**, 234).

Neoliberalismo alemão e neoliberalismo americano: diferenças. No ordoliberalismo, existe, segundo Foucault, uma espécie de equívoco econômico-ético acerca da noção de empresa. Por um lado, como é essencial para o neoliberalismo, as pessoas não devem ser consideradas apenas indivíduos, mas empresas, e como tais têm de se inscrever no quadro de uma multiplicidade de empresas entrelaçadas. Por outro lado, os neoliberais alemães exigem o que chamam de uma *Gesellschaftspolitik* (uma política social) ou uma *Vitalpolitik* (uma política vital) que compense o que há de frio e calculista na dinâmica da competição. "A sociedade de empresa com a qual sonham os ordoliberais é, portanto, uma sociedade para o mercado e contra o mercado" (**NB**, 247-248). Os neoliberais americanos, por sua vez, levam a concepção empresarial da sociedade ao extremo, de maneira radical e exaustiva, em primeiro lugar, assinala Foucault, porque fazem do conceito de empresa o princípio de deciframento das relações sociais e dos comportamentos individuais, como a natalidade ou a gestão familiar; em segundo lugar, por tomá-lo também como princípio para controlar e valorar a ação do Estado. O clássico *laissez-faire* se inverte "em um não-deixar-fazer ao governo em nome de uma lei do mercado" (**NB**, 253). Instaura-se, assim, uma espécie de tribunal econômico permanente das políticas estatais.

Criminalidade. O crime e a pena ou, melhor dizendo, o sujeito criminal e as formas de criminalização também serão abordados dessa perspectiva. O crime se define como a ação que coloca o indivíduo em risco de ser condenado a determinada pena. Nessa definição não entra nenhuma forma de substancialização ou consideração qualitativa. O criminoso é tratado como qualquer outro ator econômico: sua conduta é entendida como uma forma de reação ao mercado do crime (**NB**, 258). Surge, desse modo, o conceito de "*enforcement of law*", isto é, o conjunto de instrumentos – não só a lei – com os quais se busca reagir diante da oferta criminal. Por exemplo, a atividade, o zelo, a competência do aparato encarregado de detectar os criminosos. Duas consequências importantes derivam dessa concepção da criminalidade. 1) A criminalidade vai além dos indivíduos, adquire uma dimensão social que pode ser interpretada e controlada em termos de comportamento econômico. É necessário agir sobre o mercado no qual o indivíduo oferece seu crime e encontra uma resposta positiva ou negativa. Isso dá lugar a uma tecnologia de gestão da criminalidade em termos ambientais. 2) O projeto de uma sociedade exaustivamente disciplinar, com mecanismos de normalização e de exclusão daquilo que não é possível normalizar, é substituído por formas de intervenção de tipo ambiental: atua-se sobre as regras mais que sobre os sujeitos, admitindo processos oscilatórios, tolerando as práticas minoritárias (**NB**, 265). Isso geraria, definitivamente, um retrocesso massivo em relação ao sistema normativo-disciplinar.

Homo œconomicus, **economia versus soberania**. A perspectiva teórica aberta particularmente pelo neoliberalismo americano levanta dois problemas fundamentais: em primeiro lugar, a aplicabilidade do modelo de análise econômica e, em segundo lugar, a identificação do objeto da análise econômica. Em termos gerais, com relação a esse último, pode-se dizer que deve ser identificado como "toda conduta finalizada que implica, em geral, uma escolha estratégica de meios, de vias e de instrumentos" (**NB**, 272); em suma, toda conduta racional. Pois bem, Foucault observa que alguns teóricos, como Gary Becker, estendem ainda mais o alcance do objeto da grade de inteligibilidade econômica, e incorporam não só as condutas racionais, mas também as irracionais. Segundo a concepção de Becker, a economia ocupa-se de toda conduta de quem aceita a realidade, toda conduta que responda de maneira sistemática às modificações variáveis do meio. A economia é definida, então, "como a ciência da sistematicidade das respostas às variáveis do meio" (**NB**, 273). Por isso, o *homo œconomicus* é aquele eminentemente governável (**NB**, 274). • Para mostrar essa relação entre economia e governamentalidade, Foucault remonta às origens da noção de interesse na filosofia política inglesa, em particular a Hume. Sua preocupação é mostrar como, para além das interpretações como a de Blackstone, existe uma radical incompatibilidade entre a teoria do contrato e a teoria do interesse (**NB**, 280). Na concepção jurídica do contrato, a obrigação, o dever, constitui uma forma de transcendência; o sujeito de direito está submetido a ele. Na concepção antropológico-econômica do interesse, o sujeito não obedece ao contrato por obrigação, mas simplesmente por interesse (**NB**, 279). • Dessa heterogeneidade, segundo Foucault, segue-se outra que vai ainda mais longe, e que concerne à relação do sujeito de direito, o *homo juridicus*, e do sujeito de interesse, o *homo œconomicus*, com o poder político. O *homo œconomicus*, nas ações que realiza por interesse, experimenta uma dupla submissão ao involuntário: seu interesse depende de uma quantidade de fatores e circunstâncias que têm, muitas vezes, um caráter acidental; por outro lado, ele também não sabe em que e como, ao perseguir seu interesse, beneficia os outros. Em outros termos, o *homo œconomicus* não tem acesso à totalidade. No coração dessa problemática situa-se a noção de mão invisível, de Adam Smith. A esse respeito, assinala Foucault: "Insiste-se sempre no elemento 'mão', isto é, no fato de que haveria algo como uma providência que juntaria o conjunto dos fios dispersos. Mas acredito que o outro elemento, o da invisibilidade, é, pelo menos, igualmente importante. [...] a invisibilidade é absolutamente indispensável. É uma invisibilidade que faz com que nenhum agente econômico deva nem possa buscar o bem coletivo" (**NB**, 283).

Para Foucault, a invisibilidade afeta não só os sujeitos econômicos, mas também os sujeitos políticos, em particular o soberano: este não pode ter um ponto de vista totalizante sobre a economia. Não há soberano econômico. A impossibilidade de conhecer a totalidade do processo funda a economia como ciência; por isso, "a economia é uma disciplina ateia; uma disciplina sem Deus, uma disciplina sem totalidade" (**NB**, 285-286). Entre a estratégia conceitual do pensamento jurídico do século XVIII, que parte dos sujeitos de direito e busca chegar à constituição de uma unidade política definida pela existência de um soberano que retém uma parte da totalidade dos direitos dos indivíduos, e a economia política há, por isso, uma radical incompatibilidade. Foi possível uma economia política, mas não uma ciência econômico-jurídica (**NB**, 286). • A teoria econômica baseada na noção de sujeito de interesse opõe-se, em consequência, ao Estado de polícia, à sua técnica econômica, o mercantilismo, e também à concepção dos fisiocratas.

    Sociedade civil. Por um lado, sustenta Foucault, a arte de governar deve ser exercida em um espaço de soberania; mas, por outro, esse espaço está habitado por sujeitos econômicos que, como vimos, não são redutíveis aos sujeitos de direito pressupostos pela lógica da soberania. O problema político da Modernidade pode, então, ser formulado nestes termos: como governar, como exercício da soberania, um espaço ocupado por sujeitos de interesse? Para resolver essa dificuldade, será necessário conceber um conjunto que possa englobar os indivíduos como sujeitos de direito e como sujeitos econômicos. Esse conjunto, característico da arte liberal de governar, será a sociedade civil (**NB**, 299), que surge como correlato da governamentalidade liberal, isto é, de uma forma de racionalidade política que dá conta da heterogeneidade entre o econômico e o jurídico (**NB**, 301). • Foucault assinala que a expressão "sociedade civil" muda de sentido em meados do século XVIII. Durante a primeira metade desse século, era sinônimo, como atesta a obra de Locke, de sociedade política; na segunda metade, ao contrário, a superposição entre sociedade civil e sociedade política se rompe. O exemplo mais significativo é o trabalho de Adam Ferguson, *Ensaio sobre a história da sociedade civil*. Ferguson atribui quatro características essenciais à sociedade civil (**NB**, 302): 1) É uma constante histórico-natural. Não há natureza humana sem sociedade e, portanto, nunca se passou de um estado de natureza a outro civil. 2) Assegura a síntese espontânea dos indivíduos. Nesse sentido, é mais que a associação dos diferentes sujeitos econômicos. Segundo Ferguson, o que vincula os indivíduos na sociedade civil não é tanto a busca do maior benefício através do intercâmbio entre eles, mas o que chama de "interesses desinteressados": os sentimentos, a simpatia etc. 3) É uma matriz permanente e espontânea de poder político (**NB**, 307); a estrutura jurídica vem depois. 4) É o motor da história. Os mecanismos que constituem a sociedade civil e os que engendram a história são os mesmos.

    Liberalismo e loucura. A Época Clássica situa a experiência da loucura para além da ordem da natureza e da razão. A loucura não é mais a manifestação das forças do natural, e, como aparece com toda evidência em Descartes, o ser razoável e a loucura se excluem mutuamente. No século XVIII, a propósito do que se denomina "enfermidade inglesa", a melancolia, buscar-se-á uma explicação econômica e política (a riqueza, o progresso, as instituições). Aqui desempenha seu papel a noção de meio. Na obra de 1818 de Johann Spurzheim, *Beobachtungen über den Wahnsinn und die damit verwandten Gemüthskrankheiten*, encontramos uma conceptualização desse gênero. Serão causas culturais da loucura a liberdade de consciência, o tormento pela busca da verdade, a liberdade que não permite manejar o tempo. Concretamente, a nação comerciante gera medos, a perda da esperança, o egoísmo. "O liberalismo é facilmente portador de todos os pecados da loucura do mundo" (**HF**, 460).

Liberalismo e organização da medicina clínica. Ver: *Clínica*.

Liberalismo, universidade moderna, disciplinarização dos saberes. Um exemplo de genealogia dos saberes é a organização do conhecimento técnico e tecnológico em fins do século XVIII. Até então, segredo e liberdade haviam sido característicos desse tipo de saberes: o segredo que assegurava o privilégio de quem o possuía e a independência de cada gênero de conhecimento que permitia, por sua vez, a liberdade de quem o manejava. No final do século XVIII, graças às novas formas de produção e às exigências econômicas, faz-se necessário ordenar esse campo. Instala-se, para dizê-lo de algum modo, uma luta econômico-política em torno dos saberes. Aqui o Estado intervirá para disciplinar o conhecimento com quatro operações estratégicas: 1) eliminação e desqualificação dos saberes inúteis, custosos em termos econômicos; 2) normalização dos saberes: ajustá-los uns aos outros, permitir que se comuniquem entre si; 3) classificação hierárquica: ordená-los dos particulares aos gerais; e 4) centralização piramidal. É nessa luta econômico-política que devemos situar o projeto enciclopedista do século XVIII e a criação das grandes escolas (de minas, de pontes, de estradas). Nesse processo de disciplinarização, surge a ciência (antes existiam *as* ciências). A filosofia deixa, então, seu lugar de saber fundamental; abandona-se a exigência de verdade e se instaura a da ciência. Nessa luta, também, surge a *universidade moderna*: seleção de saberes, institucionalização do conhecimento e, consequentemente, desaparecimento do sábio-*amateur*. Aparece também um *novo dogmatismo* que não tem como objetivo o conteúdo dos enunciados, mas a forma da enunciação: não se trata de ortodoxia, mas de ortologia (**IDS**, 164). Ver também: *Artes de governar, Estado, Poder pastoral*.

213. LIBERDADE / *Liberté*

A menos que seja em termos negativos, há sentido em abordar a questão da liberdade em Foucault? Não se trata de uma pergunta retórica, ela aparece com toda clareza na discussão com Noam Chomsky. "O senhor Chomsky parte de um número limitado de regras com possibilidades infinitas de aplicação, enquanto o senhor Foucault ressalta a inevitabilidade da 'grade' de nossos determinismos históricos e psicológicos, que se aplica também à maneira como descobrimos novas ideias" (**DE2**, 484). Ademais, que sentido há em se falar em liberdade em uma filosofia que afirmou o desaparecimento do sujeito ou a morte do homem? Na realidade, para compreender a noção foucaultiana de liberdade, é necessário partir, precisamente, dessa deslocação do sujeito e do significado que Foucault atribui à morte do homem. Segundo suas análises, as ciências humanas nasceram no século XIX. Mas essa constituição do homem em objeto de conhecimento é correlata de um grande mito escatológico: "Fazer com que o conhecimento do homem seja tal que o homem possa liberar-se, por meio dele, de suas alienações, de todas as determinações das quais não é senhor, que possa, graças ao conhecimento de si mesmo, voltar a ser ou converter-se pela primeira vez em amo e senhor de si mesmo" (**DE1**, 664). A noção foucaultiana de liberdade se situa, em primeiro lugar, no abandono desse mito humanista de uma essência do homem. A liberdade foucaultiana não é da ordem da liberação, mas da constituição. • Por isso, pode-se dizer acerca da liberdade o que Foucault afirma a respeito do sujeito: não é uma substância que permaneça idêntica a si mesma (**DE4**, 718); ou pode afirmar-se sobre ela o mesmo que Foucault diz do poder: não é a propriedade de uma substância, mas uma forma que tem e teve diferentes configurações históricas (**DE4**, 160). Precisamente, para formular essa ideia, Foucault serve-se da expressão "práticas de liberdade" (**DE4**, 710). Trata-se de temas que se encontram, de fato, intimamente entrelaçados no pensamento de Foucault. Com maior exatidão, o conceito foucaultiano de liberdade surge da análise das relações entre os sujeitos e da relação do sujeito consigo mesmo. No caso das relações de poder que se estabelecem entre diferentes sujeitos, podemos falar de liberdade política (em um sentido amplo, não reduzido ao estatal ou ao institucional); no caso das relações que o sujeito pode estabelecer consigo mesmo, falamos de liberdade ética ou, também, para utilizar uma linguagem mais foucaultiana, de práticas de liberdade e práticas reflexas de liberdade (**DE4**, 711). No primeiro caso, isto é, nas práticas de liberdade em sentido político, partindo da ideia de que o exercício do poder é uma maneira de "conduzir condutas" (**DE4**, 237), é possível qualificar como livres aquelas formas de relação entre sujeitos que não estão bloqueadas e nas quais, portanto, se dispõe de um campo aberto de possibilidades. "Nesse jogo, a liberdade aparece como a condição de existência do poder" (**DE4**, 238). No segundo caso, na liberdade ética, a disponibilidade de diferentes condutas, reações ou comportamentos se localiza em um campo que se define por seu caráter reflexo; com efeito, trata-se de condutas, reações e comportamentos por meio dos quais o sujeito se constitui a si mesmo, se dá uma forma. Foucault denomina "ética" ao trabalho mediante o qual o sujeito se constitui a si mesmo. A respeito, afirma: "A liberdade é a condição ontológica da ética. Mas a ética é a forma reflexa que toma a liberdade" (**DE4**, 712). Como vemos, a liberdade, o sujeito e o poder não são tão somente temas intimamente entrelaçados: a liberdade é a condição de existência do poder e do sujeito. Sem ela, o poder se converte em dominação e o sujeito, em objeto. Ver: *Estética da existência*, *Éthos*, *Ética*, *Poder*, *Sujeito*, *Subjetivação*, *Subjetividade*. • "Em certo sentido, sou um moralista. Sou um moralista na medida em que acredito que uma das tarefas, um dos sentidos da existência humana, aquele em que consiste a liberdade do homem, é nunca aceitar nada como definitivo, intocável, evidente, imóvel. Nada do real deve constituir-se para nós em uma lei definitiva e inumana. Nesse sentido, pode-se pensar que aquilo contra o que temos que nos levantar são todas as formas de poder, mas não entendido simplesmente no sentido restrito do poder de um tipo de governo ou de um grupo social sobre outro, isso é apenas um aspecto entre outros. Chamo 'poder' tudo o que que tende com efeito a tornar imóvel e intocável o que se nos oferece como real, como verdadeiro, como bem" (**OHS**, 143). • Foucault ocupou-se em várias ocasiões da liberdade, como conceito e como problemática, em relação aos movimentos de liberação, as formas de alienação, a loucura, a prisão e a ética da Antiguidade.

Liberação. A respeito da noção de liberação, Foucault manteve sempre uma atitude de suspeita (**DE4**, 709). As razões que explicam essa desconfiança podem reduzir-se a duas. No caso, por exemplo, da liberação sexual ou, em geral, da liberação do homem, supõe-se a existência de certa natureza ou fundo humano que teria sido aprisionado por diferentes processos históricos e, portanto, que basta suprimir os produtos desses processos para que apareça a natureza humana ou, simplesmente, o indivíduo tal como é na realidade, em sua verdade natural. Para Foucault, em vez disso, o que chamamos "sujeito" ou "natureza humana" não é independente dos processos históricos que lhe dão forma. Por isso, não fala de liberação, mas de práticas de liberdade, isto é, da forma que podemos dar à subjetividade. No caso das lutas de liberação política (dos povos colonizados, por exemplo), a liberação não é suficiente; uma vez obtida, é necessário determinar as práticas de liberdade que definirão a vida política desses povos. Em suma, as lutas de liberação podem ser uma condição necessária para as práticas de liberdade, mas, em todo caso, não são uma condição suficiente (**DE4**, 711). • "Os recentes movimentos de liberação sofrem por não encontrar um princípio sobre o qual fundar a elaboração de uma nova moral. Têm necessidade de uma moral, mas não conseguem encontrar outra a não ser aquela que se funda em um pretenso conhecimento científico do que é o eu, o desejo, o inconsciente etc." (**DE4**, 386). Mas, como tem mostrado a Escola de Frankfurt, o desenvolvimento do saber não constitui nenhuma garantia de liberação (**DE4**, 89). Ver: *Luta*.

Alienação, loucura. Em *Maladie mentale et personnalité*, Foucault aborda o tema da loucura do ponto de vista da alienação. Nesse contexto, a questão da liberdade aparece em relação às diferentes concepções da alienação. Para Santo Tomás, a possessão do demônio não compromete a liberdade do indivíduo, já que só se apodera do corpo. A partir do Renascimento, a possessão tomará um sentido novo: será possessão do espírito e, em consequência, abolição de sua liberdade (**MMPE**, 77). O alienado moderno não é um possuído, mas um despossuído, porque carece, precisamente, de sua liberdade. Mas não se trata da liberdade abstrata, mas da liberdade moderna: "No século XIX, o doente mental é aquele que perdeu o uso das liberdades que lhe havia conferido a revolução burguesa" (**MMPE**, 80). A alienação consiste na transferência dos direitos da liberdade individual do enfermo a outra pessoa (o médico, a família). • No terceiro capítulo da última parte de *Histoire de la folie à l'âge classique*, intitulado "Du bon usage de la liberté", Foucault analisa a relação entre o novo espaço asilar e a liberdade da loucura. A internação já não é a abolição total e absoluta da liberdade, mas antes um espaço de liberdade restrita e organizada. Mais ainda, a liberdade concedida aos "internos" é vista como um recurso terapêutico: faz que a loucura ponha de manifesto o que aproxima o insensato do animal doméstico e da criança (**HF**, 544). Por isso, a problemática no final do século XVIII não passa pela liberação dos loucos, mas por uma objetivação do conceito de sua liberdade (**HF**, 636-637). Ver: *Loucura*.

Prisão. Para Foucault, é historicamente incorreto e redutivo interpretar o funcionamento da prisão somente em termos jurídicos de privação da liberdade. "Desde o começo do século XIX, o aprisionamento penal supõe, ao mesmo tempo, a privação da liberdade e a transformação técnica dos indivíduos" (**SP**, 235). Ver: *Prisão*.

Aphrodísia. Em *L'Usage des plaisirs*, Foucault aborda a problematização ética dos prazeres a partir do eixo liberdade/verdade (**HS2**, 91-107). Na Grécia clássica, à diferença do que afirmam alguns autores, como, por exemplo, Hegel, a liberdade individual era uma preocupação maior. "Essa liberdade individual, no entanto, não deve ser entendida como a independência de um livre arbítrio. Aquilo ao que se enfrenta, a polaridade à qual se opõe não é um determinismo natural nem uma vontade de onipotência; é a escravidão do indivíduo a si mesmo. Ser livre a respeito dos prazeres é não estar a seu serviço, é não ser escravo" (**HS2**, 92). Trata-se, então, de uma liberdade ativa, do domínio de si mesmo que constitui o caráter viril da temperança. Esse domínio só pode estabelecer-se a partir da relação com o *lógos*, com a verdade (**HS2**, 99-103).

Liberalismo. Sobre o liberalismo como sistema de produção e consumo da liberdade, ver: *Liberalismo*.

Parresia. Foucault dedicou seus dois últimos cursos ao conceito de "*parresia*", entendido como um uso franco e livre da linguagem. Ver: *Parresia*.

214. LIBERTINAGEM / *Libertinage*

Particularmente em *Histoire de la folie à l'âge classique*, Foucault oferece uma série de indicações que esboçam uma história da libertinagem. No início do século XVII, a libertinagem era "uma inquietação diante da presença da desrazão dentro da razão mesma" (**HF**, 136), uma forma de ceticismo com relação à razão em sua totalidade: toda a vida é uma fábula, os conhecimentos não são mais que estupidez, nossas certezas são só historinhas. Com a grande separação clássica entre razão/desrazão (ver: *Loucura*), essa libertinagem desaparece ou, mais precisamente, subsiste sob duas formas opostas: um racionalismo que exclui por completo a desrazão e uma desrazão do coração que se impõe ao discurso da razão. Durante a Época Clássica, a libertinagem teve uma existência obscura; ao situar-se do lado da desrazão, ingressa no mundo da reclusão (**HF**, 136-137). Como vemos, para Foucault, a libertinagem clássica não consiste em uma forma de liberdade que se arroga a razão para examinar a si mesma, nem em uma forma de livre pensamento, mas em paixões que subjugam a razão e, portanto, em desordem. O que está em jogo, em suma, é um enquadramento ético da libertinagem. Quando esta abandona, no século XVIII, o mundo da clausura clássica, quando Sade tenta formulá-la de maneira coerente, aparecerá com o rosto que a grande separação clássica havia-lhe desenhado: o da submissão da razão à carne, às paixões. "A libertinagem, no século XVIII, é o uso da razão alienada na desrazão do coração" (**HF**, 138). "O libertino é o homem dotado de um desejo forte o bastante e de um espírito suficientemente frio para conseguir fazer entrar todas as potencialidades de seu desejo em uma combinação que esgota absolutamente todas elas" (**DE2**, 375).

215. LIBIDO / *Libido*

A libido, principal problema da vontade para Santo Agostinho, é o movimento autônomo dos órgãos sexuais (**DE4**, 176). "Com as técnicas de si ligadas ao monasticismo, a sexualidade primava sobre a libido, que era um problema social (um problema típico de uma sociedade na qual o combate com os outros, a competição com os outros no domínio social tinha uma grande importância)" (**MFDV**, 252). Nesse sentido, o monasticismo não representa uma mera aversão à carne, mas antes uma forma de abordá-la, de elaborá-la (**DE4**, 661). "La libidinisation du sexe" é o título do último capítulo de *Les Aveux de la chair*, o quarto volume da *Histoire de la sexualité*. Ali, Foucault se ocupa, precisamente, de como a libidinização do sexo tem lugar através das elaborações teológicas de Santo Agostinho. Ver: *Carne*.

216. LINGUAGEM / *Langage*

A problemática da linguagem é, sem dúvida, um dos temas fundamentais da reflexão filosófica de Foucault. Por um lado, isso se deve ao contexto em que surgiu sua obra: os estudos linguísticos, os trabalhos do que se denominou estruturalismo e hermenêutica haviam situado a questão da linguagem em primeiro plano. Foucault leva a cabo uma arqueologia dessa primazia da questão da linguagem. Em *Les Mots et les choses* e em *L'Archéologie du savoir* está atento sobretudo à tensão entre as tendências formalistas e as interpretativas que domina o tratamento da linguagem no século XX. Igualmente importante é a literatura, no sentido moderno e específico do termo. Foucault dedica um livro a Raymond Roussel e extensos artigos a Maurice Blanchot e Georges Bataille, entre outros. Seu interesse pela tensão entre interpretação e formalização, e pela literatura, onde a linguagem se manifesta para além da distinção entre o significante e o significado (**MC**, 59), aparece com nitidez nessa expressão que domina *Les Mots et les choses*: "o ser da linguagem". Por outro lado, de um ponto de vista metodológico, busca definir um método de análise histórica de descrição do discurso. Este será, com efeito, a arqueologia, que opera no nível do que Foucault denomina "enunciados" ou "formações discursivas". Por esse caminho, tenta escapar da disjuntiva formalização-interpretação e encontra para isso na metodologia histórica, em particular na história dos saberes, um modo de abordar a linguagem em sua historicidade, em sua dispersão, em sua materialidade, isto é, sem referi-la à sistematicidade formal de uma estrutura nem à pletora interpretativa do significado. Aqui a questão não é o ser da linguagem, mas seu uso, seu funcionamento histórico, a partir do qual Foucault define o sentido específico com que entende o discurso ou as práticas discursivas. Nessa linha, à medida que o enfoque de seu trabalho se afaste da descrição das epistemes e se concentre na descrição dos dispositivos e, de maneira mais ampla, das práticas, situará as práticas discursivas no marco das práticas em geral, isto é, em um campo que inclui as não discursivas. A relação entre o discursivo e o não discursivo converte-se, desse modo, em uma via de acesso à análise histórica dos usos da linguagem. Para expressá-lo de outro modo, a temática do ser da linguagem é substituída pela questão de "o que fazemos com a linguagem". Nesse percurso, Foucault passará da consideração da incompatibilidade entre o ser da linguagem e o ser do homem à reflexão sobre o uso das práticas discursivas como formadoras de subjetividade. • Acerca da linguagem considerada como prática, ver: *Discurso, Enunciado*; sobre as práticas discursivas como constitutivas da subjetividade, ver: *Confissão, Exame, Hypomnémata, Parresia*.

O ser da linguagem. *Les Mots et les choses* começa e conclui com o anúncio da morte do homem. Foucault se refere à disposição antropológica do pensamento moderno, isto é, à analítica da finitude e às ciências humanas. Ver: *Homem*. O surgimento do homem é o surgimento da analítica da finitude e das ciências humanas, e seu desaparecimento é a decomposição delas. Mas a afirmação expressa só uma das duas faces da análise de Foucault;

a outra concerne ao ser da linguagem. O homem e a linguagem, com efeito, estão ligados por uma incompatibilidade fundamental (**MC**, 350). A figura do homem formou-se a partir da fragmentação da linguagem, e o reaparecimento do ser da linguagem nos mostra que o homem está em vias de desaparecer (**MC**, 397). Por isso, embora *Les Mots et les choses* seja, como diz o subtítulo, uma *arqueologia das ciências humanas*, isto é, do homem, também poder-se-ia afirmar que é uma arqueologia dos modos de ser da linguagem, na qual é possível distinguir, em paralelo com as epistemes, quatro momentos: a linguagem como *comentário* (Renascimento), a linguagem como *discurso* (Época Clássica), a *fragmentação da linguagem* (Modernidade), e o *reaparecimento da linguagem* (os sintomas da morte do homem). Sobre a linguagem como comentário, ver: *Comentário*, *Episteme renascentista*; sobre a linguagem como discurso, ver: *Discurso*, *Episteme clássica*.

A fragmentação da linguagem na Modernidade. Durante a Época Clássica, o homem não existia. Isso não significa que a gramática geral, a análise das riquezas ou a história natural não se ocupassem do humano, mas, antes, que isso constituía um problema específico, uma região *sui generis*. Com efeito, o homem tem um lugar na episteme clássica, mas este não está definido pela especificidade de seu ser ou pela dimensão transcendental da atividade subjetiva, e sim pelo jogo de identidades e diferenças no quadro ordenado de representações: o homem é um ser como qualquer outro. • No século XIX, com o nascimento da biologia, da economia política e da filologia, os conceitos de *vida, trabalho e linguagem* assinalam os limites da representação, isto é, a impossibilidade de reduzir o que neles nos é dado ao jogo de identidades e diferenças: já não é possível reduzir a profundidade da organização biológica à linearidade taxonômica, a temporalidade da produção à análise da medida do valor e a totalidade linguística à forma da proposição. Esses conceitos, aos nos mostrarem os limites do poder nominativo do discurso, indicam o final da Época Clássica, da época do discurso, da possibilidade de vincular o sujeito e o objeto dentro da representação por meio do poder que esta tem de representar a si mesma. De modo mais radical, poderíamos dizer simplesmente que o fim da época do discurso está assinalado pela impossibilidade de reduzir a vida, o trabalho e a linguagem ao domínio da representação. A própria representação se converte em um produto das necessidades da vida, das forças de produção ou da historicidade da linguagem que se dá na consciência do homem. A partir desse momento, o sujeito-homem e o objeto-homem adquirem uma dimensão própria, irredutível ao espaço definido pela taxonomia clássica, e em consequência, o quadro ordenado de representações é substituído por um conjunto de oposições entre o homem e o mundo, entre o "eu penso" e o "eu sou", entre o ser representante e o ser representado. Definitivamente, para Foucault, durante a época do discurso, a Época Clássica, o homem não existia nem como sujeito – fonte transcendental das representações – nem como objeto – região específica de estudo. No final do século XVIII, o discurso deixa de desempenhar o papel organizador que possuía no saber clássico: já não é o meio transparente e ordenado entre o mundo das coisas e o mundo das representações. As coisas se dobraram sobre si mesmas, fora da representação ordenada; apareceram as linguagens com sua história, a vida com sua organização e sua autonomia, o trabalho com a própria capacidade de produção. No espaço que o discurso deixou livre surgiu a figura do homem (**MC**, 349). • "O objeto das ciências humanas não é, pois, a linguagem (ainda que falada apenas pelos homens); é o ser que, desde o interior da linguagem que o rodeia, se representa, ao falar, o sentido das palavras ou das proposições que ele enuncia e se dá, em última instância, a representação da própria linguagem" (**MC**, 364). • A partir do século XIX, com a filologia, com a formalização, com o retorno da exegese, com a literatura, a linguagem se fragmenta e aparece, então, em seus interstícios a figura do homem. Essa figura dupla assegurará a partir desse momento o nexo entre as palavras e as coisas. Ver: *Homem*.

Filologia, exegese, formalização. A partir das análises de Bopp, a linguagem deixa de ser um sistema de representações para decompor e recompor outras. Em suas raízes, designa os estados, as vontades. Não quer dizer o que se vê, mas o que se quer; enraíza-se no sujeito, em sua atividade. Como a ação, expressa uma vontade. Foucault assinala duas consequências fundamentais desse deslocamento: 1) Com a descoberta de uma gramática pura, atribuem-se à linguagem profundos poderes de expressão que não se reduzem à dimensão da representação. 2) A linguagem já não está ligada às civilizações pelo conhecimento que elas alcançaram, mas pelo espírito do povo que as fez nascer e as anima (**MC**, 302-303). • A filologia de Bopp opõe-se, termo a termo, a cada um dos quatro segmentos teóricos da gramática geral. Ver: *Episteme* clássica. 1) A teoria do parentesco entre as línguas opõe-se à teoria clássica da derivação. Enquanto esta última supõe fatores de desgaste e mescla atribuíveis a todas as línguas, a teoria do parentesco, por sua vez, afirma a descontinuidade entre as grandes famílias e as analogias internas. 2) A teoria do radical opõe-se à teoria clássica da designação. O radical é uma individualidade linguística isolável e interna de um grupo de línguas, é o núcleo das formas verbais; na Época Clássica, a raiz era uma sonoridade capaz de transformar-se de maneira indefinida, que servia principalmente para realizar um recorte nominal das coisas. 3) O estudo das variações internas opõe-se à teoria da articulação representativa. Consequentemente, as palavras se caracterizam por sua morfologia, não por seu valor representativo. 4) A análise da organização interna das línguas opõe-se ao valor que se atribuía ao verbo "ser", e rompe com a primazia da forma proposicional (**MC**, 308). • Segundo Foucault, essa objetivação da linguagem está compensada de três maneiras. 1) A linguagem é o meio necessário a todo conhecimento científico. Por isso, entende-se o sonho positivista de uma linguagem que se mantenha rente ao que se sabe. Também por isso é possível compreender a busca de uma lógica independente da gramática e todos os ensaios de formalização. 2) Atribui-se à linguagem valor crítico. As disposições gramaticais de uma língua constituem o *a priori* do que se pode enunciar. Por isso, no século XIX reaparecem todas as técnicas de exegese. Mas a exegese, na forma do comentário, já não vai em busca de um texto primitivo, mas parte apenas do fato de que estamos atravessados pela linguagem e vai em busca da linguagem em seu ser bruto. 3) Aparece a literatura (**MC**, 309-313). • Ver também: *Formalização, Interpretação*.

O reaparecimento do ser da linguagem. 1) **Linguística**. A etnologia e a psicanálise são, da perspectiva de Foucault, contraciências humanas. Ver: *Homem*. Pois bem, a etnologia se aproxima da psicanálise, mas em lugar de assimilar os mecanismos e as formas de uma sociedade à repressão dos fantasmas coletivos, define como sistemas inconscientes o conjunto das estruturas formais que tornam significantes os discursos míticos e dão coerência e necessidade às regras que regem uma sociedade. De maneira simétrica, a psicanálise se aproxima da etnologia, embora não por meio da instauração de uma psicologia cultural, mas pela descoberta da estrutura formal do inconsciente. A etnologia e a psicanálise não se cruzam, então, nas relações entre o indivíduo e a sociedade, mas no ponto em que a cadeia significante pela qual se constitui a experiência do indivíduo se intersecciona com o sistema formal a partir do qual se constituem as significações de uma cultura. Aparece assim, segundo Foucault, a questão de uma teoria pura da linguagem que dê à etnologia e à psicanálise seu modelo formal (**MC**, 392). • Desse modo, a linguística não imita simplesmente o que a biologia ou a economia política haviam desejado fazer, isto é, unificar sob seus conceitos o campo das ciências humanas. A situação da linguística é diferente, por várias razões: a) A linguística se esforça para estruturar os próprios conteúdos. Não se propõe a realizar uma simples versão linguística dos fenômenos observados; as coisas só chegam à percepção na medida em que podem formar parte de um sistema significante. "A análise linguística é mais uma percepção que uma explicação; isto é, é constitutiva de seu próprio objeto" (**MC**, 393). b) Em razão dessa emergência da estrutura, a relação das ciências humanas com a matemática encontra-se mais uma vez aberta, mas em uma nova dimensão. Já não se trata de quantificar os resultados, mas de saber se nas matemáticas e nas ciências humanas fala-se da mesma estrutura. Desse modo, o vínculo entre ciências humanas e disciplinas formais se torna essencial, constitutivo. c) A linguística faz aparecer a questão da linguagem em sua insistência e sua forma enigmática, e, desse modo, cruza-se com a literatura. "Por um caminho mais longo e muito mais imprevisto, somos reconduzidos ao lugar que Nietzsche e Mallarmé haviam indicado quando um havia perguntado: 'Quem fala?', e o outro havia visto a resposta cintilar na própria Palavra. A interrogação sobre o que é a linguagem em seu ser retoma, uma vez mais, seu tom imperativo" (**MC**, 394). 2) **Literatura**. Durante o Renascimento, o ser da linguagem se manifestava em sua forma enigmática e exigia o trabalho do comentário (entre o texto primitivo e a interpretação infinita). A Época Clássica reduziu esse ser a discurso, ao seu funcionamento representativo no domínio do conhecimento. Com a literatura, tal como se apresenta nos umbrais da Modernidade, reaparece o ser vivo da linguagem, que mostra que a figura do homem, tal como foi delineada pelos saberes do século XIX, está prestes a desaparecer, a morrer (**DE1**, 500-501). Essa reorganização da episteme traz consigo uma série de consequências: a) converte em quimera a ideia de uma ciência do homem que seja, ao mesmo tempo, uma ciência do signo; b) anuncia a deterioração, na história europeia, do antropologismo e do humanismo; e c) a literatura do século XIX deixa de pertencer à ordem do discurso e se converte em uma manifestação da linguagem em sua espessura (**DE1**, 502). Ver: *Literatura*.

217. LITERATURA / *Littérature*

Sobretudo até a publicação de *Les Mots et les choses*, a literatura foi um dos temas recorrentes nos escritos de Michel Foucault: a relação entre literatura e loucura; as obras de, entre outros, Blanchot (a quem dedicou "La pensée du dehors", que embora tenha aparecido em formato de livro foi originalmente um artigo) e Roussel (o único autor ao qual dedicou um livro inteiro, que leva seu nome); a incompatibilidade entre o ser da literatura e o do homem, cuja morte nos anuncia com antecipação etc. • A pergunta "O que é a literatura?" é o tema de uma conferência em Bruxelas, em dezembro de 1964, intitulada "Littérature et langage"

(**LGE**, 75-144). Foucault começa sua exposição sustentando que a linguagem e a literatura não têm a mesma cronologia; a literatura não é tão antiga como imaginamos. Dante, Cervantes ou Eurípides pertencem à literatura, mas não são literatura, "fazem parte de nossa literatura, mas não da deles" (**LGE**, 76). A literatura nasce, para Foucault, em fins do século XVIII ou no início do XIX (**LGE**, 88). Durante a Época Clássica, entre os séculos XVII e XVIII, as obras que consideramos como literatura ocupavam-se de restituir uma linguagem primitiva e inicial. Metáforas, metonímias e sinédoques eram as figuras da linguagem humana para restituir essa linguagem inicial (**LGE**, 100). Mas a relação entre as obras e a linguagem se modifica no final do século XVIII. O lugar daquela linguagem inicial é ocupado pelo infinito murmúrio das palavras já ditas: "A obra só pode falar como uma linguagem que repete o que já havia sido dito e que, ao mesmo tempo, pela força de sua repetição, suprime tudo o que foi dito" (**LGE**, 101). É necessário distinguir, por isso, entre linguagem, obra e literatura. A linguagem é, ao mesmo tempo, "as palavras acumuladas na história" e "o sistema da língua". As obras são uma configuração da linguagem, na qual esta se imobiliza e opacifica. Mas a literatura "não é a forma geral de toda obra da linguagem" (**LGE**, 77), não é a linguagem que se transforma em obra nem a obra é feita com a linguagem (**LGE**, 79). Tampouco é, como se costuma dizer, um texto cujas palavras foram entrelaçadas de modo que contenham algo inefável (**LGE**, 80). A literatura é a forma que toma a linguagem na obra através já não mais das figuras da retórica, mas da repetição, da transgressão, do desdobramento (**LGE**, 104). • Em *Les Mots et les choses*, publicado em 1966, a contraposição entre a Época Clássica e a Modernidade, no que concerne ao ser da linguagem, segue outra explicação. Em lugar de um texto primitivo, que nessa obra caracteriza o ser da linguagem da episteme renascentista, para a Época Clássica, Foucault fala do fim do discurso, isto é, da submissão da linguagem à representação. Por esse caminho, no entanto, chega à mesma conclusão acerca do ser da literatura que na conferência de 1964. • Em *Les Mots et les choses* sustenta que durante o Renascimento a linguagem existe, em primeiro lugar, como marca das coisas (**MC**, 57). Foucault serve-se a respeito da noção de *signaturae*. Ver: *Episteme renascentista*. Essas marcas das coisas, dispostas pelo Criador, dão lugar a dois textos: o do comentário, que as retoma para convertê-las em signos, descobrindo nelas o trabalho da semelhança, e o texto que esse comentário lê quando descobre e retoma os "signos das coisas". O modo de existência fundamental da linguagem no Renascimento está determinado pela escritura das coisas, pelas marcas (assinaturas) e pelo jogo das semelhanças que elas autorizam. Na Época Clássica, o funcionamento da linguagem fica encerrado nos limites da representação. Já não vai do texto ao comentário e do comentário ao texto através da escritura das coisas. O problema da Época Clássica é determinar de que modo um signo está unido a uma representação ou, para maior precisão, como representa essa representação. A linguagem converteu-se, desse modo, em discurso, em "desdobramento da representação" (**MC**, 58). Palavras e coisas se separam. A linguagem é a expressão sucessiva do que, ao mesmo tempo, nos é oferecido nela. Pois bem, o ser vivo da linguagem que existia durante o Renascimento reaparece no final do século XVIII. Então, a linguagem transborda do universo da representação e do pensamento, e escapa dos limites que lhe impõem as noções de signo representante e representação representada. Nesse retorno do ser vivo da linguagem, aparece, então, a literatura em seu sentido moderno. Essa reaparição é contemporânea da formação da biologia, da filologia e da economia política. Ver: *Homem*. Do mesmo modo que o ser

da linguagem, também os objetos dessas disciplinas escapam ao mundo da representação.
• As obras de Artaud, Roussel, Kafka, Bataille e Blanchot revelam esse novo modo de ser da linguagem (**MC**, 395). A literatura moderna é aquela em cuja linguagem, para utilizar a expressão de Foucault sobre Blanchot, aparece a experiência do *fora*, cujas categorias são a "atração", para Blanchot; o "desejo", para Sade; a "materialidade do pensamento", para Artaud; a "transgressão", para Bataille (**DE1**, 525). • A literatura moderna não se define, então, tanto pelo fato de que a linguagem se põe a falar de si mesma, segundo uma tese corrente da época, mas, ao contrário, porque, ao escapar do mundo da representação, transborda para um fora. "A literatura moderna não é a linguagem que se aproxima a si mesma até o ponto de sua ardente manifestação, é a linguagem que se afasta de si mesma; e se nesse pôr-se 'fora de si' desvela seu próprio ser, essa repentina clareza revela uma distância mais que uma dobra, uma dispersão mais que um retorno dos signos sobre si mesmos" (**DE2**, 520).

Hermenêutica de si. Depois de *Les Mots et les choses*, o interesse de Foucault pela literatura, ao menos em seus escritos, sem dúvida diminui. Da perspectiva de suas investigações sobre a hermenêutica de si, sustentará, então, que "a declinação da epopeia e do teatro e o início de um tipo de literatura representado por Montaigne e alguns outros é o momento, o ponto de encontro no qual a hermenêutica de si, que até aquele momento havia sido puramente religiosa, abre-se a todo o mundo. E não é como resultado do declive da experiência religiosa. Lutero e a Contrarreforma estão na raiz da literatura moderna, porque esta não é mais que o desenvolvimento da hermenêutica de si" (**OHS**, 125), isto é, da tarefa de converter a si mesmo em objeto de interpretação.

Ver: *Crítica, Linguagem, Loucura*.

218. LOMBROSO, CESARE (1835-1909)

Foucault põe Lombroso como exemplo da função política da psiquiatria. Lombroso enfrenta o problema de discriminar que movimentos políticos são válidos e quais não são. De sua perspectiva, a antropologia oferece os meios para estabelecer a distinção. Os grandes revolucionários (Mazzini, Garibaldi, Gambetta, Marx) eram gênios e possuíam uma fisionomia harmoniosa que maravilhava. Em contraste, apoiando-se nas fotografias de quarenta e um anarquistas, observa que 31% deles possuíam estigmas físicos; de cem anarquistas detidos em Turim, 34% não tinham uma fisionomia harmoniosa (**AN**, 142-143).

219. LOUCURA / *Folie*

Na obra de Foucault, a loucura constitui um eixo temático que se estende desde sua primeira publicação, *Maladie mentale et personnalité*, até os cursos no Collège de France, em particular *Le Pouvoir psychiatrique* e *Les Anormaux*. Nesse longo caminho, sua primeira grande obra, *Histoire de la folie à l'âge classique*, publicada em 1961, representa o momento decisivo em que Foucault consegue prescindir dos instrumentos conceituais que havia adquirido durante sua formação e define em seus próprios termos cada um dos temas mencionados. É necessário percorrer esse caminho ao menos por três razões fundamentais: para compreender a formação da metodologia de trabalho de Foucault, para situar sua posição a respeito das ciências humanas e do homem em geral e para mostrar um dos pontos de inserção de seu interesse pela literatura. • Ocuparemo-nos das três obras que abordam a questão da loucura e da doença mental: *Maladie mentale et personnalité*, *Histoire de la folie à l'âge classique* e *Maladie mentale et psychologie*. • Sobre o conteúdo dos dois cursos ministrados no Collège de France que se ocupam em particular da história da prática psiquiátrica no século XIX e da noção de anomalia, isto é, *Les Anormaux* e *Le Pouvoir psychiatrique*, ver: *Psiquiatria*. Podemos considerar *Le Pouvoir psychiatrique* como um segundo volume de *Histoire de la folie à l'âge classique* (**PP**, 14).

Maladie mentale et personnalité. **Metapatologia, evolução, história, existência**. *Maladie mentale et personnalité* começa com a formulação de duas perguntas: "Em que condições se pode falar de doença no domínio psicológico?" e "Que relações podem ser estabelecidas entre a patologia mental e a patologia orgânica?". A tese de Foucault se resume nos seguintes termos: não se pode falar de doença mental a partir de uma metapatologia, isto é, de um marco conceitual comum à patologia orgânica e à patologia mental, mas só a partir de uma reflexão sobre o "homem mesmo" (**MMPE**, 1-2). Nesse sentido, além do conceito de doença mental, é interessante determinar o que Foucault entende, nesse ponto de sua investigação, por "o homem mesmo". O primeiro capítulo de tal obra ocupa-se dos conceitos elaborados a partir dessa metapatologia que governa a medicina orgânica e a medicina da mente, e das dificuldades que apresentam. Em relação ao que Foucault denomina "patologia mental clássica", ele aborda autores como Ernest Dupré (*La Constitution émotive*, 1911), Maxime Laignel-Lavastine, André Barbé e André Delmas (*La Pratique psychiatrique*, 1929), Baller ("A psicose periódica", 1909-1910), Emil Kraepelin (*Manual de psiquiatria*, 1889) e Eugen Bleuler (*Demência precoce: o grupo das esquizofrenias*, 1911). Encontramos neles as definições da histeria, de psicastenia, das obsessões, das manias depressivas, de paranoia, psicose etc. Segundo Foucault, as análises desses autores procedem do mesmo modo que a patologia orgânica. Por um lado, delimitam uma série de sintomas; por outro, definem a partir deles as entidades nosológicas (**MMPE**, 7). Nesse sentido, as doenças são essências, mas são também realidades naturais, não só abstrações. Com efeito, as doenças evoluem; podem apresentar variantes. Em suma, a doença mental é uma "espécie natural". Pois bem, dado que procedem desse modo, encontramos um paralelismo de métodos entre a patologia orgânica e a mental, um paralelismo abstrato que deixa de lado o problema da unidade humana e da totalidade psicossomática. Para fazer frente a essa dificuldade, a patologia evolui na direção da totalidade, isto é, de uma concepção da doença como alteração de todo o organismo. A doença deixa de ser, então, essa espécie natural que se interpõe no funcionamento do organismo. Na patologia orgânica, por exemplo, aparece a importância do sistema hormonal e de suas perturbações; na patologia mental, a ideia de que a doença é uma alteração da personalidade em sua totalidade. As psicoses são entendidas como perturbações globais da personalidade; as neuroses, como perturbações setoriais. Mas, para Foucault, "somente por um artifício da linguagem pode-se dar o mesmo sentido às 'doenças do corpo' e às 'doenças do espírito'. Uma patologia unitária, que utilizasse os mesmos métodos e os mesmos conceitos no domínio psicológico e no fisiológico, é atualmente da ordem do mito, ainda que a unidade do corpo e do espírito seja da ordem da realidade" (**MMPE**, 12). Isso se deve a várias razões. A coerência psicológica é diferente da coesão orgânica. À diferença do que ocorre na medicina orgânica, em psiquiatria a noção de personalidade outorga uma dificuldade singular à distinção entre o normal e o patológico. Por último, na patologia mental não se pode isolar a realidade do enfermo do meio em que se encontra. Não é possível, como na medicina orgânica, utilizar instrumentos terapêuticos que funcionem a partir do isolamento do enfermo. Como consequência disso, na patologia mental faz-se necessário estabelecer as formas concretas da doença na vida psicológica do indivíduo e determinar as condições reais nas quais ela surge (MMPE, 17). As duas partes em que se divide Maladie mentale et personnalité ocupam-se, respectivamente, dessas questões. Na primeira, a noção de doença mental é abordada em relação às noções de evolução, de história individual e de existência. 1) Evolução. A doença mental se manifesta como um déficit global e extenso (confusões espaçotemporais, desconexão entre as condutas, incapacidade de acessar o universo dos outros etc.) (MMPE, 19). Essa diferença estrutural do indivíduo enfermo se replica no nível evolutivo. As condutas patológicas são características de um nível arcaico na evolução do indivíduo. A doença aparece, então, como o desenvolvimento da natureza em sentido inverso (**MMPE**, 22). Foucault observa que, em uma concepção desse tipo, persistem certos temas míticos: por um lado, a libido, de Freud ou a força psíquica, de Janet, que são uma espécie de material bruto da evolução – normalmente progridem, e patologicamente regridem –; por outro, a identificação do enfermo com o homem primitivo e a criança. Pois bem, embora a especificidade da personalidade enferma possa ser descrita em termos de involução, não pode ser compreendida como tal. Com efeito, do ponto de vista involutivo não se pode dar conta da organização da personalidade enferma. A dimensão evolutiva (naturalista) deve ser completada pela dimensão histórica. 2) **História individual**. Em vários momentos de sua obra, Foucault distingue evolução de história – e, até certo ponto, opõe as duas. De um ponto de vista evolutivo, o passado promete e torna possível o presente. Mas, do ponto de vista da história, é o presente o que confere sentido e significação ao passado. Assim, a genialidade de Freud consistiu em separar a história do indivíduo do horizonte de compreensão evolucionista herdado de Darwin e Spencer (**MMPE**, 37). "A psicologia da evolução, que descreve os sintomas como condutas arcaicas, deve então ser completada por uma psicologia da gênese que descreve, em uma história, o sentido atual dessas regressões" (**MMPE**, 51). Pois bem, a análise da história, das obsessões ou dos delírios a partir da perspectiva da história individual faz aparecer a angústia como significado das condutas patológicas, como o *a priori* da existência. É necessário, então, abordar essa dimensão da existência para completar a compreensão das descrições evolutivas e das significações históricas da doença mental. 3) **Existência**. Aqui Foucault se refere a Jaspers, Minkowski e Binswanger. A existência do doente mental (com a consciência da doença e do mundo mórbido que implica) caracteriza-se por um duplo movimento: por um lado, o enfermo se encerra em seu próprio mundo; por outro, abandona-se aos acontecimentos. "Nessa unidade contraditória de um mundo privado e de um abandono à inautenticidade do mundo está o nó da doença. Ou, para empregar outro vocabulário, a doença é, ao mesmo tempo, redobramento na pior das subjetividades e queda na pior das objetividades" (**MMPE**, 69). Uma vez explorada a dimensão interior da doença mental, Foucault aborda suas condições exteriores. Disso se ocupa a segunda parte de *Maladie mentale et personnalité*.

Alienação, conflito. As manifestações interiores da doença mental não mostram suas condições de aparecimento, isto é, as raízes do fato patológico (**MMPE**, 71). Para isso é necessário abordar a questão da alienação. O quinto capítulo da obra, que será substituído em *Maladie mentale et psychologie*, tem por título "Le sens historique de la aliénation mentale". A forma primitiva da alienação é a possessão, no sentido do *"energoúmenos"* grego, do *"mente captus"* latino ou do "possuído" cristão. Em cada uma dessas definições, o homem se transforma em outro. Quanto à possessão cristã, Santo Tomás afirma que não afeta a alma, mas o corpo, do qual o demônio toma posse. No Renascimento, no entanto, a natureza fica a salvo; a possessão é um acontecimento da alma. Os séculos XVIII e XIX devolvem à loucura sua humanidade; ela é entendida como a perda das faculdades mentais. A alienação tem agora a forma da privação; em particular, a privação do reconhecimento da verdade física e moral. Como contrapartida da humanização da loucura, o enfermo mental fica excluído do mundo dos homens. Já não é um possuído, mas um despossuído. Em sintonia com essa despossessão, surgem a figura jurídica da interdição e a prática da internação. Para o enfermo, no entanto, é uma experiência real que se inscreve no âmbito do patológico, caracterizado nas classificações clínicas das doenças mentais pela invasão da esquizofrenia, cujo sintoma é a ruptura afetiva e efetiva com a realidade. • Embora a sociedade não se reconheça no enfermo mental, a quem considera um estranho e um estrangeiro, é impossível dar conta da patologia mental sem se referir às estruturas sociais, sem entender o meio humano como uma condição real da doença. Seja ao se considerar a doença mental em relação à evolução da humanidade, seja ao se considerarem o devir psicológico individual ou as formas da existência, só a história permite descobrir as condições de possibilidade do surgimento do patológico. A doença mental aparece, em relação à evolução do indivíduo ou da humanidade, como uma perturbação que adquire, na neurose, a forma da regressão. Mas a regressão às condutas infantis não é a essência da patologia, mas seu efeito. A regressão é possível apenas em uma cultura incapaz de integrar o passado em seu presente e que, portanto, estabelece entre eles limites que não é possível atravessar. É o caráter arcaico de nossas instituições pedagógicas o que marca esses limites, criando para a criança um meio superprotegido e artificial. Desse modo, isola-a dos conflitos do mundo dos adultos e a situa em um mundo infantil, mas também torna possível o conflito entre essas duas ordens. De maneira semelhante, devemos buscar a possibilidade histórica dos delírios religiosos em uma cultura cuja laicização tornou impossível a integração do religioso. O complexo de Édipo, núcleo das ambivalências familiares, é uma versão reduzida das contradições econômico-sociais da cultura moderna, na qual aquilo que nos vincula aos outros toma a forma da dependência: a competição, a exploração, a guerra (**MMPE**, 76-90). A alienação histórica aparece, assim, como a condição da alienação psicológica e jurídica. Para Foucault, a psicologia de Pavlov permite pensar a passagem de uma a outra. Não se trata, porém, de uma simples transposição. As contradições do meio se convertem em doença só quando são contradições funcionais (**MMPE**, 105-106). Os conflitos sociais tornam-se, desse modo, conflitos mentais. A partir das análises precedentes, Foucault extrai as seguintes conclusões: 1) A doença é uma consequência da alienação social (**MMPE**, 103). 2) Normalidade e anormalidade são o produto do mesmo mecanismo de adaptação. Por isso, é a doença que torna possível o anormal (**MMPE**, 105). 3) As doenças mentais alteram a personalidade completamente (**MMPE**, 106). 4) Não se pode separar o enfermo de suas condições de existência. "A verdadeira psicologia deve desprender-se desse psicologismo, se é verdade que, como toda ciência do homem, seu objetivo é desaliená-lo" (**MMPE**, 110). • O "homem mesmo" se situa, então, na confluência entre uma interioridade, definida a partir de uma perspectiva fenomenológica como existência, e as contradições da sociedade, analisadas em termos marxistas. O materialismo da teoria dos reflexos de Pavlov explica as formas dessa confluência. A alienação histórico-social aparece como a condição que torna possível na história o surgimento da alienação psicológica. A tarefa da psicologia, como a das demais ciências humanas – sublinhamos isso –, seria desalienar, histórica e psicologicamente.

Doença mental e psicologia, História da loucura na Época Clássica. "*Maladie mentale et personnalité* é uma obra completamente separada de tudo o que escrevi posteriormente. Escrevi-a num período em que as diferentes significações do termo 'alienação', seu sentido sociológico, histórico e psiquiátrico, se confundiam em uma perspectiva fenomenológica, marxista e psiquiátrica. [...] Embora meu primeiro texto sobre a doença mental seja coerente em si, não o é em relação aos outros textos" (**DE4**, 665). Em 1962, Foucault reedita *Maladie mentale et personnalité*, mas com um novo título, *Maladie mentale et psychologie*, e substitui os capítulos quinto e sexto que compõem a segunda parte. Sem dúvida, essa reestruturação é consequência da investigação levada a cabo em *Histoire de la folie à l'âge classique*, publicado em 1961. Em *Maladie mentale et psychologie* a dimensão histórica da loucura tem outro sentido. Já não é a história dialética das contradições, mas uma história trágica, de separações e de limites. "Fazer a história da loucura, então, vai querer dizer: fazer um estudo estrutural do conjunto histórico (noções, instituições, medidas jurídicas e policiais, conceitos científicos) que mantém cativa uma loucura cujo estado selvagem nunca pode ser restituído em si mesmo" (**DE1**, 164). Em *Maladie mentale et personnalité* a história da loucura enquadrava-se na história da psicologia; em *Maladie mentale et psychologie* e em *Histoire de la folie à l'âge classique* ocorre o contrário. Isso marca uma primeira grande diferença entre a primeira obra de Foucault e as duas que a seguiram: existe, nessas últimas, um grau zero da loucura, uma loucura em estado selvagem, uma experiência indiferenciada, sem separações. Mas essa loucura em estado puro permanece inacessível; a única maneira de aproximar-se dela, sem alcançá-la, consiste em dirigir o olhar ao enfrentamento originário entre razão e loucura, momento da separação, do estabelecimento dos limites (**DE1**, 164). Assim, uma segunda diferença fundamental entre a primeira obra de Foucault e as de 1961 e 1962 está marcada pelas modalidades da relação entre a história e a loucura. Já não se trata do que se poderia expressar, com conceitos marxistas, como relações entre infraestrutura e superestrutura, mas de "experiências", mais ainda, de "movimentos rudimentares de uma experiência" (**DE1**, 164). Foucault distingue quatro formas de consciência na constituição da experiência da loucura: 1) *A consciência crítica*: não se trata da consciência que define a loucura, mas daquela consciência que experimenta uma oposição imediata em relação a ela e a denuncia a partir do razoável, do reflexivo e do moralmente sábio. Mas a falta de definição, de conceitos e de pontos fixos faz com que essa oposição imediata à loucura corra o risco de reverter-se e, desse modo, por meio de um jogo dialético, a razão possa converter-se em loucura e a loucura em razão, isto é, que suas linguagens possam se tornar intercambiáveis. 2) *A consciência prática*: trata-se de uma consciência imediata da diferença entre a loucura e a razão a partir do grupo considerado como portador das normas da razão. Por ser social e normativa, implica uma separação que faz calar a linguagem da loucura, que a reduz ao silêncio. Essa forma de consciência, sem sabê-lo, sem dizê-lo, retoma os rituais ancestrais que purificavam e revigoravam as consciências obscuras da comunidade. 3) *A consciência enunciativa*: à diferença das anteriores, essa forma de consciência da loucura não se situa no nível dos valores, dos perigos ou dos riscos. É uma simples apreensão perceptiva que afirma ou nega, liricamente, a existência da loucura, a qual reconhece de maneira imediata a partir da suposta cordura de quem a percebe. Essa consciência não é da ordem do conhecimento, mas do reconhecimento, do espelho. No entanto, ao refletir sobre si mesma no momento de designar o outro, percebe, no outro, seu segredo mais próximo. Não se instaura, no entanto, nenhuma dialética. 4) *A consciência analítica*: trata-se de uma consciência desdobrada em suas formas, que conhece, que funda a possibilidade de um saber. Aqui não há nem o diálogo, nem o ritual, nem o lirismo do reconhecimento. Nesse caso, a consciência da loucura tem apenas a forma do conhecimento: os fantasmas alcançam sua verdade, os perigos da contranatureza se tornam signos da natureza, o horror não solicita as técnicas de supressão (**HF**, 215-221). • Cada figura histórica, cada experiência da loucura, implica, por sua vez, a unidade e o conflito dessas quatro formas de consciência. Em cada maneira de entender a loucura se faz e se desfaz esse equilíbrio entre a consciência dialética, a separação ritual, o reconhecimento lírico e o saber da loucura. Nenhum desses elementos desaparece totalmente; às vezes predomina um, que mantém os outros quase na obscuridade. Por isso, não se pode reduzir a história da loucura à história da psiquiatria; nem é possível reconstruí-la a partir do ponto de vista da teleologia da verdade ou da objetividade da ciência. Uma história da loucura é necessariamente a história dessas experiências do limite mediante as quais uma cultura rechaça o Exterior, o Outro (**DE1**, 161). Já não se trata da história dialética (história de mediações) de *Maladie mentale et personnalité*. Agora, as experiências da loucura põem em relevo as estruturas do trágico, isto é, de separações irreconciliáveis, de enfrentamentos que perduram. Não é a história do mesmo, mas do Outro. • Para compreender *Histoire de la folie à l'âge classique* não basta marcar essas duas diferenças: uma experiência indiferenciada da loucura – a loucura em estado selvagem, seu grau zero – e as experiências diferenciadas da loucura – as configurações históricas das diferentes consciências da loucura. É necessário sublinhar um terceiro elemento: a linguagem da loucura. A linguagem da psiquiatria é, segundo Foucault, "o monólogo da razão *sobre* a loucura"; monólogo que só pôde se estabelecer sobre o silêncio da loucura. Nesse sentido, *Histoire de la folie à l'âge classique* é "a arqueologia desse silêncio" (**DE1**, 160). Porém, na literatura e na arte – em Goya, em Sade, em Nietzsche, em Roussel, em Artaud, por exemplo –, a loucura faz ouvir sua voz. Ali, a loucura se manifesta em sua forma primordial, para além de toda separação e de toda exclusão. Por fim, com a linguagem de suas obras mede-se a linguagem da razão, a linguagem da psicologia (**HF**, 663). A linguagem da literatura testemunha a existência da loucura em estado selvagem (não envolta pela linguagem da razão). Na literatura, a loucura se manifesta como o que é, "ausência de obra".

Arqueologia, genealogia, ética. Tem-se afirmado a presença de certa fenomenologia no prefácio da primeira edição de *Histoire de la folie à l'âge classique* e, definitivamente, na concepção geral da obra. A linguagem utilizada autoriza sem dificuldade essa aproximação: "consciência", "experiência". Mas não só a linguagem. As consciências da loucura devem ser medidas com a existência de uma loucura em estado selvagem que nunca se esgota em seus conteúdos conscientes, nem sequer na forma analítica da consciência, isto é, no saber. Sem negar a filiação à fenomenologia, não podemos deixar de mencionar outra, sugerida pelo próprio Foucault: entender o conceito de experiência em relação à obra de Dumézil, isto é, como formas estruturadas que é possível encontrar, com modificações, em diferentes níveis (**DE1**, 168). • Na produção de Foucault costumam distinguir-se três períodos: arqueológico (centrado no saber), genealógico (centrado, em linhas gerais, no poder) e ético (centrado na constituição da subjetividade). Embora essa distinção não seja incorreta, ela também não tem precisão suficiente. A qual desses períodos pertence *Histoire de la folie à l'âge classique*? Ali, a análise das formas do saber (a consciência analítica da loucura, de acordo com o vocabulário da obra) está enfocada em suas relações com as formas do poder (a consciência prática) e com a objetivação da subjetividade. Muitos temas e autores que alcançam uma relevância de primeira ordem nos últimos anos de trabalho de Foucault já se encontravam esboçados e estudados nessa obra, por exemplo, as noções de polícia, liberalismo e razão de Estado. Nesse sentido, poder-se-ia sustentar que, ao longo de seus escritos, Foucault não fez outra coisa senão desenvolver e articular (às vezes a partir de outras noções, como "episteme" ou "dispositivo") o que já estava contido em sua tese de doutorado. Também podemos afirmar que a noção de prática é a reelaboração em termos especificamente foucaultianos da noção de experiência que aparece em *Histoire de la folie à l'âge classique*. "É o conjunto de 'práticas e discursos' o que constitui aquilo que denominei a 'experiência da loucura'; um mau nome, porque não é na realidade uma experiência" (**DE2**, 207). • Ainda que não sem exercer certa violência reducionista, podemos dizer que nas estruturas das experiências que são analisadas em *Histoire de la folie à l'âge classique* combinam-se três registros: 1) O registro das práticas: rituais e formas institucionais de separação (a nave dos loucos, a internação clássica, o asilo moderno). Trata-se de rituais e instituições carregados de simbolismo, que mostram como a cultura tratou os loucos a partir de fins da Idade Média. 2) O registro da linguagem sobre a loucura, a linguagem da razão em suas diferentes formas: a filosofia, os saberes com pretensões mais ou menos científicas, mais ou menos objetivas. Ali se expressa o que cada época entende por "loucura". 3) O registro da linguagem da loucura, no qual aparece seu ser: a literatura, a arte. • A combinação dos três registros faz com que a leitura de *Histoire de la folie à l'âge classique* seja, ao mesmo tempo, um trabalho fascinante e difícil, pela amplitude do campo que aborda, pela multiplicidade de relações que afloram a cada passo, as idas e vindas entre considerações que concernem ao Renascimento, à Época Clássica e à Modernidade; difícil e fascinante, também, pela forma da expressão, na qual a cumplicidade entre a beleza e a erudição trama o tecido da exposição.

Renascimento, Época Clássica, Modernidade. Faremos a seguir um percurso geral pela obra, segundo a estrutura dos capítulos. Acrescentamos, além disso, uma seção sobre a loucura como "ausência de obra", isto é, sobre a relação loucura/literatura. Mas, antes de iniciar esse percurso, será útil traçar um esquema geral do desenvolvimento da obra. 1) **Renascimento**. O primeiro capítulo da primeira parte ("*Stultifera Navis*") aborda a experiência renascentista da loucura. Para além da prática social de embarcar os loucos, Foucault analisa a consciência cósmico-trágica que se expressa no mundo da pintura e a consciência crítica que se expressa no domínio da literatura e da filosofia. Do ponto de vista trágico, a experiência da loucura manifesta a realidade de outro mundo, e nesse sentido se instala na dimensão do sagrado. Essa consciência trágica e sagrada da loucura ficará obscurecida pela consciência crítica, na qual começa a desenhar-se a desrazão clássica. 2) **Época Clássica**. Os capítulos restantes da primeira parte e toda a segunda parte são dedicados à experiência clássica da loucura, a loucura como desrazão. Os capítulos segundo ao quinto da primeira parte ocupam-se das consciências crítica e prática da loucura, a consciência que identifica e a que separa. Ali se descreve o mundo da internação, desde o gesto que o anuncia no caminho cartesiano da dúvida até a descrição da fisionomia dos loucos no mundo da clausura. O segundo capítulo ("Le grand renfermement") desenvolve sobretudo dois temas. Por um lado, o gesto cartesiano da separação razão/desrazão, que articula toda a experiência clássica. Por outro, a formação do espaço da internação a partir de uma nova percepção da pobreza, que deixa de ter uma dimensão sagrada e se converte em um perigo moral com consequências. O terceiro capítulo ("Le monde correctionnaire") continua com a descrição do mundo da internação, da população dos internados. Além dos pobres e dos loucos, encontramos ali aqueles que representam maneiras de desordem em relação a uma nova concepção da sexualidade, da religião e do pensamento. Essa nova sensibilidade, como no caso geral da pobreza, estrutura-se em torno a uma dessacralização que toma a forma da ética. As figuras da desordem não alteram um universo carregado de significações trágico-religiosas, mas uma ordem ético-social. O quarto capítulo ("Expériences de la folie") ocupa-se de mostrar como na Época Clássica se sobrepõem a experiência médica da loucura, herdada da Idade Média, e a experiência social do louco própria da Época Clássica, que é, em última instância, a que organiza o mundo da internação. O quinto capítulo ("Les insensés") descreve a particularidade dos loucos nesse mundo. Não só estão internados; são monstros, personagens que, à diferença do que ocorre com as outras figuras da desordem, há que mostrar, porque revelam a relação do homem com a animalidade, com a negatividade dessa animalidade. Toda a segunda parte dessa obra está consagrada ao saber sobre o louco e a loucura. O primeiro capítulo ("Le fou au jardin des espèces") analisa as percepções filosófica e médica da loucura. Embora a Época Clássica possa distinguir o louco, não pode dizer o que é a loucura a não ser de forma negativa. A filosofia define a loucura a partir da razão, como ausência, como desrazão: uma razão que não é como a dos outros, uma razão não razoável. A medicina, por sua vez, a aborda a partir de uma nosologia abstrata que permite definir as figuras concretas da desrazão, que são o produto não só do trabalho das classificações, mas também da persistência de certos temas, como o delírio, e de obstáculos, como a percepção ética ou a prática terapêutica. O segundo capítulo ("La transcendence du délire") trata do que se pode considerar a essência da loucura clássica, da desrazão, do delírio: a linguagem entrelaçada com uma imaginação perturbada. Mostra-se aqui a importância que teve a noção de paixão. O terceiro capítulo ("Figures de la folie") aborda as formas concretas da desrazão: a demência, a mania e a melancolia, a histeria e a hipocondria. O quarto capítulo ("Médecins et malades") ocupa-se, para finalizar, das formas terapêuticas da Época Clássica: consolidação, purificação, imersão, regulação dos movimentos, exortações, o "despertar", o retorno ao imediato, a atuação etc. Nessa segunda parte, Foucault mostra, ademais, as modificações que cada um desses temas sofreu no século XVIII e adentra um pouco na experiência moderna da loucura. 3) **A Modernidade, a loucura como doença**

mental. A terceira parte da obra ocupa-se da formação da experiência moderna. Deixa-nos nos umbrais da psiquiatria, da psicologia e da psicanálise. A tese geral de Foucault é que esses domínios do saber não foram um produto da humanização do mundo da internação nem do desenvolvimento da racionalidade e da objetividade da ciência, mas da reestruturação da experiência clássica da loucura, que adquire desse modo sua forma positiva de doença mental. O primeiro capítulo ("La grande peur") analisa o início do movimento de reorganização do mundo da internação, em termos do medo provocado por uma febre que se espalhou pelos asilos e que ameaçava contagiar as cidades. Nessa reorganização, a loucura se distingue da desrazão, da "libertinagem". O segundo capítulo ("Le nouveau partage") trata do surgimento de lugares de internação exclusivos para os loucos e das reformas que se originam dentro do próprio espaço da internação em razão dos protestos daqueles que não queriam ser confundidos com os loucos. Paralelamente, mostra o que se pode denominar "inutilidade da internação clássica": já não serve nem para controlar o desemprego, nem para manejar com fins políticos a pobreza. No transcurso de todas essas reformas, a loucura se separa da pobreza, e se desfaz, dessa maneira, outro dos nexos constitutivos da experiência clássica. A miséria passa a pertencer ao campo da economia, não ao da internação. No entanto, se esse nexo se debilita e tende a desaparecer, a relação entre a loucura e a internação se torna cada vez mais forte. O terceiro capítulo ("Du bon usage de la liberté") analisa o novo espaço social da loucura, um espaço contraditório, de liberação e sujeição, no qual vai se desenhando, a partir do conceito burguês de liberdade, a objetivação moderna da loucura. O quarto capítulo ("Naissance de l'asile") aborda o gesto "liberador" de Tuke e de Pinel ou, mais precisamente, a ambiguidade desse gesto. No novo espaço social da loucura, ela foi construída como objeto do saber, e o personagem do médico, como sujeito desse saber. Não é, porém, seu saber o que define o médico, mas a moral que representa. A partir da alienação do louco na pessoa do médico, constrói-se a objetivação científica da loucura como doença mental. O resultado histórico do gesto "liberador" de Pinel e de Tuke foi, em todo caso, a interiorização (moralização) da separação razão/loucura. O quinto capítulo ("Le cercle anthropologique"), o último da terceira parte, segue duas linhas argumentativas. Por um lado, que a loucura já não põe de manifesto o mundo trágico do Renascimento, nem as formas da desrazão, mas a verdade do homem, sua natureza. A loucura fala agora uma linguagem antropológica. Por outro lado, que a loucura reaparece na literatura em autores como Sade, Hölderlin, Nietzsche ou Artaud. • Embora com algumas idas e vindas, o desenvolvimento geral de *Histoire de la folie à l'âge classique* realiza os seguintes percursos: a) Do ponto de vista do registro das práticas de exclusão que estabelecem o espaço da loucura: da nave (circulação) à internação (clausura) e ao asilo (cura). b) Do ponto de vista do registro da linguagem sobre a loucura: do sagrado à ética, às ciências do homem e à linguagem do normal e do patológico (psiquiatria, psicologia). c) Do ponto de vista do registro da linguagem da loucura: das expressões trágicas e críticas (a pintura e a literatura do Renascimento) ao silêncio da Época Clássica e, por último, ao discurso do doente mental e ao reaparecimento do trágico na literatura moderna.

Stultifera Navis. *Histoire de la folie à l'âge classique* começa com um fato: o desaparecimento da lepra na Europa no fim da Idade Média. Segundo os dados da época, o número de leprosários havia chegado a dezenove mil. Durante certo tempo, aqueles que padeciam de doenças venéreas ocuparam esses lugares. Mas, ao contrário da lepra, essas se converteram logo em uma questão médica. Em todo caso, não desempenharam o papel de exclusão e, ao mesmo tempo, de integração representado pela lepra. Os leprosos eram o mal que devia ser excluído e, ao mesmo tempo, um testemunho sagrado: seu isolamento era um novo calvário que lhes proporcionaria a salvação. Por isso, os leprosários foram ao mesmo tempo lugares de exclusão e de reintegração espiritual (**HF**, 19). Durante quase dois séculos ficaram vazios, à espera de uma nova "encarnação do mal" (**HF**, 15). Com efeito, no Renascimento a experiência da loucura não foi como a experiência medieval da lepra; foi preciso esperar a Época Clássica para que esses lugares voltassem a ser habitados. • No Renascimento, a loucura circula, navega. Surge assim esse grande tema que encontrou múltiplas formas expressivas na pintura e na literatura: *Stultifera Navis* (a nave dos loucos). Essas expressões elaboram o sentido de uma prática social: os loucos eram embarcados e navegavam sem rumo pelos rios da Europa. Trata-se de um gesto carregado de símbolos: embarcar-se, partir, peregrinar à deriva, em busca da razão perdida. Foucault insiste com muita ênfase no nexo simbólico entre a loucura e a água, que transporta e purifica. Cada vez que alguém embarca pode ser a última. A navegação é separação e, ao mesmo tempo, passagem ao absoluto. O louco "é colocado no interior do exterior, e vice-versa. Postura altamente simbólica que continuará sendo, sem dúvida, sua até nossos dias, se se admite que o que foi em outro tempo fortaleza visível da ordem se converteu agora no castelo de nossa consciência" (**HF**, 26). Porém, sobre o fundo simbólico de tantos temas imemoriais, por volta do fim da Idade Média, durante um período breve, na cultura do Renascimento, a loucura ocupa um lugar central na literatura e na pintura. É o substituto da morte; a presença da morte nesse mundo. Nesse sentido, a experiência da loucura encontra, na plástica e nas letras e em sua prática, uma continuidade rigorosa com a experiência da lepra. Como ocorria naquela, a loucura é a exclusão daqueles que em vida testemunham a presença da morte (**HF**, 31). Pois bem, apesar dessa aparente coerência extrema da experiência renascentista da loucura, as imagens e as palavras não têm o mesmo sentido. Em suas configurações plásticas, a loucura está ligada ao mundo e às suas formas subterrâneas, à animalidade (os animais impossíveis, que surgem da imaginação enlouquecida, expressam a natureza secreta do homem); na literatura, está ligada ao homem, a suas debilidades, seus sonhos, suas ilusões (em suas sus expressões literárias e filosóficas, a loucura adquire a forma da sátira) (**HF**, 41). Foucault distingue assim uma experiência cósmico-trágica (plástica) de uma experiência crítica (literária) da loucura. Na primeira, a loucura é a expressão do limite da existência; na segunda, é a expressão dos limites da razão. Embora essa oposição, presente nos primórdios do Renascimento, não desapareça, ela é deslocada pelos privilégios outorgados à experiência crítica da loucura. A experiência trágica da loucura permanece oculta e adormecida. Mais tarde, será percebida em Goya e em algumas páginas de Sade; mas será preciso esperar Nietzsche e Van Gogh para que reapareça em toda a sua plenitude. Freud a pressentiu e simbolizou na luta mitológica entre a libido e o instinto de morte. Por último, irá expressar-se nas obras de Artaud e Roussel. Mas como se forma o privilégio da reflexão crítica? Foucault assinala, nessa evolução, os elementos que permitem compreender a experiência clássica da loucura. Em primeiro lugar, a loucura e a razão entram em uma relação perpetuamente reversível (**HF**, 48). Com relação à Sabedoria divina, a razão do homem é só loucura; em relação à sabedoria dos homens, a razão de Deus é loucura. A loucura não expressa a violência da animalidade, da natureza; existe em relação à razão. Em segundo lugar, a loucura é uma das formas mesmas da razão (**HF**, 53). A verdadeira razão deve seguir os caminhos que lhe são traçados pela loucura e reconhecer as debilidades que a impedem de ter acesso à verdade e ao bem (os temas céticos de Montaigne). Há que distinguir, então, uma "loucura louca", que rechaça a loucura da razão, e uma "loucura sábia", que a acolhe (Erasmo). Isso nos aproxima da experiência clássica.

A grande clausura. "O Classicismo inventou a internação, um pouco como a Idade Média [inventou] a segregação dos leprosos; o espaço que estes deixaram vazio foi ocupado por personagens novos no mundo europeu: os 'internados'" (**HF**, 77). Foucault começa a análise da experiência clássica da loucura com algumas páginas dedicadas a Descartes, que logo seriam objeto de uma polémica com Jacques Derrida. Ver: *Cogito*. "Na economia da dúvida, há um desequilíbrio fundamental entre a loucura, por um lado, e o sonho e o erro, por outro" (**HF**, 68). O sujeito que pensa pode sonhar e equivocar-se; de todo modo, no sonho e no equívoco persiste uma verdade que o pensamento garante. Mas o sujeito que pensa não pode estar louco. Estabelece-se uma linha de separação entre razão e loucura que torna impossível a experiência renascentista de uma "loucura razoável". A loucura desaparece do domínio da razão para fundir-se e deitar raízes em uma nova experiência, que não surge da reflexão filosófica nem graças ao desenvolvimento do saber; forma-se por meio de uma prática cuja estrutura mais visível é a clausura. Embora Foucault tenha considerado a criação das *workhouses*, na Inglaterra, e dos *Zuchthäusern*, na Alemanha, finalmente toma como data emblemática o 27 de abril de 1656, dia em que foi publicado o édito de criação do Hospital Geral de Paris. Não se trata de um estabelecimento médico, mas de uma estrutura semijurídica, uma entidade administrativa que, junto com os poderes já constituídos e fora dos tribunais, decide, julga e executa: uma instância da ordem monárquica e burguesa (**HF**, 72-73). **1) Uma nova sensibilidade a respeito da pobreza e dos deveres de assistência**. O surgimento das casas de internação ocorre ao fim de um processo de laicização da caridade e de condenação moral da miséria. Quando esta perde seu sentido místico, o pobre deixa de ser o representante de Deus. Esse processo se inicia com a Reforma protestante e, após vencer muitas resistências, alcança o mundo católico. À diferença do que ocorria na Idade Média, quando se santificava a miséria em sua totalidade, começa-se a distinguir entre uma pobreza submetida e conforme à ordem e outra que se opõe a ela. A primeira aceita a internação; a segunda a rechaça e, por isso, a merece. Paralelamente, há que diferenciar, no domínio da internação, a beneficência da repressão. Segundo Foucault, o louco era considerado um personagem sagrado durante a Idade Média, não por sua condição de possuído, mas porque participava dos poderes obscuros da miséria; na Época Clássica, ao contrário, a miséria é percebida apenas no horizonte da moral (**HF**, 89). **2) Novas formas de reação frente aos problemas económicos do desemprego e da ociosidade**. Em sua origem, a internação foi uma das respostas diante das crises económicas que afetaram a Europa no século XVII: redução dos salários, desemprego, escassez monetária. Nesse contexto, a internação tem como objetivo dar trabalho aos que estão internados, absorver o desemprego e prevenir as desordens públicas. Mas a função económica da internação não se limita aos períodos de crise, já que também proporciona mão de obra barata em épocas de pleno emprego. **3) Uma nova ética do trabalho**. A função económica da internação durante a Época Clássica só é compreensível, em última instância, a partir de uma nova moral do trabalho, a partir de sua transcendência ética. A lei do trabalho não está inscrita nas leis da natureza; trata-se antes de uma consequência da queda, do pecado original. Pois bem, o que garante que o trabalho dê seus frutos (tema comum a protestantes e católicos) não é o esforço do homem, por grande que seja, mas Deus. Não querer trabalhar é obrigar Deus a realizar milagres e, por outro lado, rechaçar o milagre cotidiano que Deus oferece ao homem como recompensa por seu trabalho. A ociosidade é, nesse sentido, a pior revolta do homem contra Deus. A partir dessa exigência econômica e moral forma-se a experiência do trabalho no espaço da internação. 4) **O sonho de uma cidade onde a obrigação moral se reúne à lei civil**. Na internação, o enclausuramento é levado a cabo nas cidades da moralidade pura, onde a lei deve reinar com rigor e por coerção. A virtude se converte em uma questão de Estado e a "polícia" da internação deve satisfazer as exigências da religião (**HF**, 108-109). A alienação é, definitivamente, o produto da exclusão. Não se separa o alienado, mas ocorre o contrário; encerra-se aquele que, a partir de uma determinada percepção, de uma determinada consciência, é percebido como Outro.

O mundo correcional. No espaço da internação não se encontram unicamente os pobres e os loucos, mas uma aglomeração variada, às vezes difícil de discriminar. A internação, de fato, não desempenha apenas uma função negativa de segregação, mas também um papel positivo de organização. A prática da internação constitui um domínio de experiência que tem sua unidade, sua coerência e sua função (**HF**, 115). Nessa experiência entrelaçam-se o domínio da sexualidade em suas relações com a organização da família burguesa, o domínio da profanação em seus vínculos com a nova concepção do sagrado e o domínio da libertinagem em relação às formas do pensamento. Junto com a loucura, esses três domínios formam o mundo homogêneo do correcional (**HF**, 115-116). 1) **Doentes venéreos, sodomitas, prostitutas**. O flagelo das doenças venéreas perde seu caráter apolítico e começa a designar uma culpa. Aqueles que as contraíram por causa da desordem e do desenfreamento de suas condutas são internados. Não o são, ao contrário, aqueles que se contagiaram dentro do matrimônio ou da família. A prática da internação para os casos de sodomia representa certa atenuação do antigo castigo da fogueira. Na realidade, mais precisamente, a sodomia já não é condenada como a heresia e a profanação religiosa, isto é, de uma perspectiva sagrada, mas a partir da razão. Nesse novo espaço de percepção, a sodomia e a homossexualidade são os modos de amor da desrazão. "À luz de sua ingenuidade, a psicanálise viu corretamente que toda loucura se enraíza em alguma sexualidade perturbada. Mas isso só tem sentido na medida em que nossa cultura, pela opção que caracteriza seu classicismo, situou a sexualidade na linha de separação da desrazão" (**HF**, 123). Aos enfermos venéreos e aos sodomitas há que agregar as prostitutas. Em todos esses casos, a família converteu-se em um dos critérios essenciais da razão, e o amor foi dessacralizado por meio do contrato: não se tem que fazer amor sem celebrar antes o contrato matrimonial. 2) **Profanadores**. Nos registros de internados encontramos também os blasfemadores, aqueles que tentaram suicidar-se, aqueles que praticam a magia e a bruxaria. Todos foram despojados de sua dimensão sagrada e agora são percebidos do ponto de vista da desordem, da desrazão. 3) **Libertinos**. A internação deve conduzir os libertinos para a moralidade pela via das exigências morais. A libertinagem já não é um crime, mas uma falta; não expressa a liberdade do pensamento nem a liberdade dos costumes, mas um estado no qual a razão se torna escrava dos desejos. • Desse modo, com a prática da internação desenha-se um espaço social que não coincide nem com a miséria ou com a pobreza nem com a doença. Fora de sua função de "polícia", de controle, esse espaço não tem nenhuma unidade institucional. Também não tem uma coerência médica, psicológica ou psiquiátrica. A coerência da internação clássica é da ordem da percepção da desrazão medida em relação à norma social. "Toda uma metade do mundo ético ingressa assim no domínio da desrazão, e aporta-lhe um imenso conteúdo de erotismo, de profanação, de ritos e de magias, de saberes iluminados investidos em segredo pelas leis do coração" (**HF**, 144).

Experiências da loucura. Seria parcial sustentar que na Época Clássica os loucos, os "furiosos", como eram chamados, tenham sido tratados como simples prisioneiros. Alguns deles tinham um estatuto especial; a alguns eram concedidos tratamentos médicos, por rudimentares que fossem. Embora fosse restrita, não se pode negar que também existia a experiência da loucura como doença. Isso, no entanto, não quer dizer que a internação tenha sido o primeiro passo no caminho da hospitalização. Em certo sentido, poder-se-ia falar até de uma involução. Com efeito, o direito canônico fazia depender a declaração de demência de uma decisão médica. A obra, *Quæstiones medico-legales*, , de Paolo Zacchia (1584-1659), traz o testemunho de toda essa jurisprudência. No entanto, a prática da internação não está ordenada segundo critérios e decisões médicas. Na experiência clássica, a loucura é questão de sensibilidade social. A experiência jurídica (do direito canônico e do direito romano), que data da Idade Média, entende a pessoa como sujeito de direito; é uma experiência jurídica qualitativa, finamente detalhista, sensível aos limites e aos graus. A experiência clássica da loucura, no entanto, percebe a pessoa como sujeito social; é uma experiência normativa, dicotômica (bom ou mau para internar). O século XVII esforçou-se em ajustar a velha noção de sujeito de direito à nova de sujeito social. "A psicopatologia do século XIX (e inclusive a nossa) acredita situar-se e encontrar suas condições a respeito de um *Homo natura* ou de um homem normal dado anteriormente a toda experiência da doença. De fato, esse homem normal é uma criação, e, se é necessário situá-lo, não será em um espaço natural, mas em um sistema que identifica o *socius* com o sujeito de direito. E, portanto, não se reconhece o louco porque uma doença o deslocou para as margens do normal, mas porque nossa cultura o situou no ponto de encontro entre o decreto social da internação e o conhecimento jurídico que discerne a capacidade dos sujeitos de direito. A ciência 'positiva' das doenças mentais e seus sentimentos humanitários, que promoveram o louco à condição de ser humano, só foram possíveis depois que essa síntese se estabeleceu solidamente. Essa síntese constitui, de certa maneira, o *a priori* concreto de nossa psicopatologia com pretensão científica" (**HF**, 176).

Os insensatos. O mundo da internação expressa uma determinada sensibilidade moral. Aparentemente, trata-se, como no Renascimento, do bem e do mal, mas na realidade se dá de maneira inteiramente diferente. Com efeito, no Renascimento o bem e o mal eram concebidos em sua substância, sob as formas imaginárias e transcendentes da providência divina, das forças ocultas do cosmos, do destino etc. Na Época Clássica, o bem e o mal se situam no terreno da ética, das opções da vontade. Não se trata de uma consciência trágica, e sim de uma consciência ética. Levando o raciocínio ao limite, poder-se-ia dizer que já não se trata do bem e do mal, mas apenas do bom e do mau das opções da vontade. "É na qualidade da vontade que reside o segredo da loucura, e não na integridade da razão" (**HF**, 181).

Por isso, a Época Clássica foi indiferente à distinção entre loucura e falta. Embora não as confunda, existe entre elas um parentesco originário: ambas são um desvio da vontade. Nesse sentido, a experiência clássica opõe-se à consciência jurídica da loucura herdada da Idade Média. E também por essa indiferença à distinção entre loucura e falta, a loucura pertence plenamente ao mundo correcional. Essa consciência ética, no entanto, não é da ordem dos valores ou das regras morais, mas da opção, mais determinante, que separa a razão da desrazão. Essa decisão fundamental aparece, desde o início, no caminho cartesiano da dúvida. Decidir duvidar é, definitivamente, decidir "estar desperto", "vigiar", evitar as quimeras; é, em outros termos, decidir "buscar a verdade". Nesse sentido, Foucault afirma que tanto a loucura quanto a razão clássicas nascem no espaço de uma ética, de uma decisão da vontade. • Mas os loucos ocupam um lugar particular no mundo da internação. Seu estatuto não se reduz simplesmente à ordem do correcional: eles são "insensatos". Por isso é necessário desenhar sua figura a partir da opção ética da qual surge a experiência clássica da loucura. A forma geral da internação se justifica pela vontade de evitar o escândalo. Os loucos, no entanto, constituem uma exceção: eles são mostrados. Foucault faz referência aos tradicionais passeios pelos lugares de internação, nos quais a loucura era convertida em espetáculo, e os loucos, em monstros ("*o que se mostra*"), no sentido mais literal da palavra. Não existe, no entanto, nada em comum entre essa manifestação organizada da loucura e a liberdade com que os loucos circulavam durante o Renascimento. Sua monstruosidade é de outra ordem. Agora é mostrada, mas do outro lado das grades, à distância, sem que a razão se sinta comprometida por sua presença. O que se exibe é a animalidade, a bestialidade que aboliu o homem. "A loucura em suas formas últimas é, para o Classicismo, o homem em relação imediata com sua animalidade, sem outra referência e sem outro recurso" (**HF**, 198). A propósito do vínculo entre animalidade e loucura, Foucault extrai uma série de conclusões: 1) A animalidade prova que o louco não é um doente; protege o louco de tudo o que pode haver de frágil e precário nas doenças do homem. 2) Por isso, a loucura não pertence ao mundo da medicina, mas ao mundo correcional. 3) A animalidade situa a loucura em um espaço de imprevisível liberdade que desencadeia o furor e exige a violência e a coerção. • Para a Idade Média, a animalidade vinculava o homem às potências subterrâneas do mal. Nós estabelecemos um nexo entre a animalidade e o mal através do tema da evolução. Mas a Época Clássica percebeu a animalidade como uma negatividade natural que suprime a natureza do homem (**HF**, 206). • De modo paradoxal, no Classicismo, a loucura fica associada a uma experiência ética da desrazão que a confina à internação, mas também está ligada a uma experiência da desrazão animal que constitui o limite do humano e sua monstruosidade. O louco é, desse modo, um condenado inocente; ou, melhor ainda, é a presença inocente da raiz de toda falta, o testemunho extremo da animalidade do homem.

O louco no jardim das espécies. A clausura resume e manifesta duas das quatro formas de consciência que caracterizam a experiência clássica da loucura: a consciência crítica e a consciência prática. A segunda parte de *Histoire de la folie à l'âge classique* ocupa-se das duas restantes: a consciência enunciativa e a consciência analítica da loucura. Ademais, em sua análise, Foucault mostra as mudanças que se produzem durante a passagem do século XVII ao XVIII. • Como reconhecer o louco? Como definir a loucura? Da primeira questão ocuparam-se, em geral, os filósofos e os sábios; da segunda, sobretudo os médicos. • A respeito da consciência enunciativa da loucura, Foucault assinala a ironia do século XVIII: pode-se distinguir o louco, mas não a loucura em si. É retomado, assim, um velho tema do Renascimento: a natureza da loucura é ser secretamente razão, uma forma precipitada e involuntária da razão. Não se pode ter uma percepção direta da loucura; nem é possível defini-la de modo positivo, mas só a partir da razão. No entanto, à primeira vista, e de maneira paradoxal, a falta de determinação da loucura está acompanhada pela evidência imediata do louco. No século XVIII, à diferença do que ocorre em Descartes, a alteridade do louco não é percebida a partir da certeza de si mesmo. Trata-se de uma alteridade de outra ordem. Foucault cita Voltaire (**HF**, 236): o louco é o que necessariamente não pensa e comporta-se como os demais. O louco é o outro em relação aos demais. Já não se trata, então, de uma alteridade pensada dentro do âmbito da interioridade da razão, mas no espaço da exterioridade, do grupo. Essa nova forma de consciência da loucura (que já não é dialética e contínua como a consciência crítica do Renascimento, nem oposição simples e permanente como a consciência prática da internação) dá lugar a uma experiência em que os nexos entre razão e loucura são mais complexos e elaborados. Por um lado, a loucura aparece em sua relação com a razão, com os outros que são os representantes da razão; por outro, se situa diante da razão, existe para a razão que a percebe e a observa, está do outro lado e sob seu olhar. "Do outro lado", é percebida a partir do razoável como ausência total de razão, evidência de um não ser. "Sob o olhar da razão", a partir das estruturas do racional, constata-se que o comportamento, a linguagem e os gestos do louco não são como os dos demais. A razão se define, por um lado, como sujeito de conhecimento; por outro, como norma. Trata-se de uma apreensão moral a partir do razoável e de uma apreensão objetiva a partir da racionalidade (**HF**, 239). Essa é a experiência da desrazão: um conteúdo definido a partir da racionalidade, mas que se manifesta como o não razoável (uma razão que não é como a dos outros). Definitivamente, trata-se de uma racionalidade não razoável. • Pois bem, quando a medicina se interroga acerca da natureza da loucura (consciência analítica), não o faz a partir da experiência do louco, mas a partir da doença em geral, de uma analítica da doença. E, para a época, uma doença consiste na enumeração dos sintomas que permitem reconhecer seu gênero e sua espécie. Foucault enfoca a análise nos textos que classificam as enfermidades, como os de Felix Plater, *Praxeos Tractatus*, 1609; François Boissier de Sauvages, *Nosologia methodica*, 1763; Carlos Lineu, *Genera morborum*, 1763; Melchior Adam Weikard, *Der philosophische Arzt*, 1790. No trabalho de todas essas classificações notam-se três obstáculos: 1) *A impossibilidade de que a loucura por si só possa dar conta de suas manifestações*. Através de uma analítica da imaginação, aparece a experiência moral da loucura, da desrazão, do louco (inocente em sua culpabilidade, mas condenado em sua animalidade). O que se denomina "delírio" é a imaginação perturbada, a meio caminho entre o erro e a falta, e as perturbações do corpo. Nesse sentido, pode-se falar de uma transcendência do delírio, que dirige a experiência clássica da loucura (**HF**, 257). 2) *A persistência de alguns temas mais amplos, anteriores à época da classificação*. Embora mudem os nomes, assim como seus lugares e suas divisões, três noções que não provêm do trabalho mesmo das classificações delineiam as figuras da loucura: a mania (um delírio sem febre), a melancolia (um delírio particular, sem febre nem furor) e a demência (a abolição da faculdade de raciocinar, uma paralisia do espírito) (**HF**, 260-261). 3) *A prática médica*. A partir dela impõe-se o conceito de "vapores", que não provém da nosografia, mas das terapias. • Nos capítulos seguintes da segunda parte de *Histoire de la folie à l'âge classique*, Foucault aborda cada um desses três obstáculos que definem, na Época Clássica, a experiência da loucura como desrazão.

A transcendência do delírio. Falar de loucura nos séculos XVII e XVIII não é falar de doenças do espírito, mas de uma realidade na qual o corpo e a alma estão juntos. É necessário seguir esse pertencimento recíproco através do problema da causalidade e das paixões para compreender a essência do delírio clássico. • Na ordem das causas encontramos, antes de tudo, a distinção entre causas distantes e causas imediatas. A causa próxima da loucura é uma alteração visível do órgão mais próximo da alma, isto é, do nervoso e, em particular, do cérebro. Entre o corpo e a alma estabelece-se, então, uma causalidade linear. A lista das causas distantes é variada e numerosa: a herança, o alcoolismo, o excesso de estudo, as doenças venéreas, o amor, os ciúmes etc. Mas entre as causas distantes mais variadas e a loucura situa-se, por um lado, uma determinada sensibilidade do corpo e, por outro, o meio ao qual se é sensível. "E a experiência médica da loucura se desdobra segundo essa nova separação: fenômeno da alma provocado por um acidente ou uma perturbação do corpo; fenômeno do ser humano, todo inteiro (alma e corpo ligados em uma mesma sensibilidade), determinado por uma variação das influências que o meio exerce sobre ele. Dano local do cérebro e perturbação geral da sensibilidade" (**HF**, 288). Com efeito, a paixão desempenha um papel fundamental: é a causa mais constante, mais obstinada e mais meritória da loucura, a superfície de contato entre a alma e o corpo. Por isso, converte-se na condição de possibilidade da loucura. Através da paixão, a loucura ingressa na alma e fragmenta sua unidade com o corpo. Gera-se assim esse movimento do irracional do qual surgem as quimeras, os fantasmas e o erro. O espaço da loucura está delimitado por uma determinada relação entre os fantasmas e o erro, entre as imagens e a linguagem. Um homem não está louco porque imagina que é de vidro (pode ter essa imagem, simplesmente porque sonha). Mas, se a partir dessa imagem, conclui que é frágil, que pode se romper, que ninguém pode tocá-lo ou que tem que permanecer imóvel, então, sim, está louco, mesmo que essas conclusões sejam lógicas e racionais. Nessa linguagem da razão envolta nos prestígios da imagem encontramos a estrutura interna do delírio. "A definição mais simples e mais geral que se pode dar da loucura clássica é que ela é delírio" (**HF**, 303). Pois bem, em que consiste o delírio dessa linguagem que, em suas formas, não deixa de ser racional? A Época Clássica respondeu de maneira indireta a essa questão a partir da comparação entre loucura e sonho, e entre loucura e erro. Por um lado, o delírio é o sonho das pessoas despertas; por outro, aparece quando se obscurece a relação do homem com a verdade. Na Época Clássica, o nome mais próximo à essência da loucura é "cegueira": a noite de um quase sonho que rodeia as imagens da loucura, crenças mal fundadas, juízos que se equivocam... ao reunir a visão e a cegueira, a imagem e o juízo, o fantasma e a linguagem, sonho e vigília, dia e noite, no fundo a loucura não é nada, porque toma deles apenas o que têm de negativo. Mas o paradoxo desse nada consiste em que se manifesta, eclode em signos, em palavras, em gestos (**HF**, 310).

Figuras da loucura. Nesse capítulo Foucault mostra como a negatividade (a loucura não é nada, só desrazão) e a positividade (as múltiplas manifestações da desrazão) da loucura se manifestam em cada uma de suas figuras. 1) *O grupo da demência*. A demência é a doença do espírito mais próxima da essência mesma da loucura. É o efeito universal de toda alteração possível do domínio do "nervoso". De um lado, uma acumulação eventual de causas das mais diversas naturezas (sem níveis nem ordem); de outro, uma série de efeitos que têm em comum a manifestação da ausência ou do funcionamento defeituoso da razão (impossibilidade de acessar a realidade das coisas ou a verdade das ideias). A demência é a forma empírica da negatividade da loucura (ausência de razão) (**HF**, 326). O domínio da demência, essa forma geral e indiferenciada de loucura, encontra-se limitado por dois grupos de noções. Em primeiro lugar, o frenesi (*frenesia*); à diferença deste último, a demência é uma doença apirética. Em segundo lugar, encontramos as noções de estupidez, imbecilidade, idiotia. Em um primeiro momento, considerou-se que a estupidez consistia em uma alteração das faculdades da sensibilidade. O estúpido é insensível à luz e ao ruído, por exemplo. O demente, no entanto, é apenas indiferente; a demência, então, afeta a faculdade de julgar. Em fins do século XVIII, a diferença entre a estupidez e a demência passa, para Pinel, pela oposição entre a imobilidade e o movimento. No idiota há uma paralisia, uma sonolência. No demente, as faculdades do espírito estão em movimento, mas funcionam no vazio (**HF**, 332). 2) *Mania e melancolia*. A melancolia é um delírio parcial mas duradouro, sem febre, durante o qual o enfermo está ocupado em um único pensamento; um delírio colorido de tristeza e angústia. Durante o século XVIII, o conceito de melancolia foi objeto de um intenso debate, em particular a propósito de sua causa. Foucault resume em quatro traços os resultados desse debate: a) A causalidade das substâncias é substituída pela causalidade das qualidades que se transmitem do corpo à alma. b) Há, além disso, uma dinâmica das forças que entram em jogo. Assim, o frio e a secura podem entrar em conflito com o temperamento, e então os signos da melancolia serão mais violentos. c) Às vezes, o conflito aparece dentro da própria qualidade, que pode converter-se em seu contrário. Assim, o esfriamento do corpo pode originar-se no calor imoderado da alma. d) As qualidades podem ser modificadas pelos acidentes, as circunstâncias e as condições de vida (**HF**, 335-336). • Enquanto o espírito dos melancólicos está ocupado por um único objeto, nos maníacos, em vez disso, há um fluxo perpétuo de pensamentos impetuosos. Por isso, a mania deforma as noções e os conceitos. Suas causas, no entanto, são da ordem dos espíritos animais, como nos melancólicos. No século XVIII, a mecânica e a metafísica dos espíritos animais que circulam pelos canais nervosos são substituídas pela tensão a que estão submetidos os nervos. Os maníacos, ademais de afetados por um delírio universal que deforma as ideias, estão também em contínua agitação. Foucault observa como "o essencial é que o trabalho [nessas descrições] não vá da observação à construção de imagens explicativas. Bem ao contrário, as imagens têm assegurado o papel inicial de síntese; sua força organizativa tornou possível uma estrutura de percepção na qual, finalmente, os sintomas poderão ter seu valor significativo e organizar-se como a presença visível da verdade" (**HF**, 351). 3) *Histeria e hipocondria*. É possível observar duas linhas de evolução dessas noções: a aproximação entre ambas e a formação de um conceito comum – "doença dos nervos" –, e sua integração, junto com a mania e a melancolia, ao domínio das doenças do espírito. Pois bem, à diferença da mania e da melancolia, os fenômenos da histeria e da hipocondria não se situam no registro das qualidades. Situam-se no corpo, com seus valores orgânicos e morais. No século XVIII, o tema dos transtornos corporais que se transmitem por intermédio do cérebro ao corpo todo é substituído por uma moral da sensibilidade (**HF**, 362). Na histeria, os espíritos animais se apoderam de todos os espaços disponíveis no corpo e se deslocam sem seguir a ordem da natureza. O que distingue a histeria feminina da masculina, ou a histeria da hipocondria, é a solidez do corpo, que no primeiro caso é menor e, por isso, menos resistente ao movimento dos espíritos animais. A resistência do corpo, por outro lado, encontra-se em relação com a força do espírito, da alma, que impõe ordem aos pensamentos e aos desejos. Não se trata, por isso, de uma percepção neutra, mas ética, do corpo (**HF**, 369). • O conceito de irritabilidade aporta um elemento decisivo à noção de doença nervosa, que se caracteriza por ser um estado de irritação generalizada no qual não se distingue sensibilidade de movimento, e no qual a sensibilidade do enfermo, que pode alterar-se com facilidade, termina por perturbar as sensações da alma. Aparece assim a ideia de uma sensibilidade que não é sensação, mas que se opõe a ela. A partir de então, mudará a percepção ética da histeria e da hipocondria. Antes, a alteração concernia às partes baixas do corpo e exigia uma ética do desejo; agora, todo o corpo é irritável em sua sensibilidade generalizada e, por conseguinte, toda a vida pode ser julgada segundo esse grau de irritação (abuso das coisas não naturais, vida sedentária das cidades, leitura de novelas, interesse desmesurado pelas ciências, paixão demasiado viva pelo sexo etc.). "Pela distinção capital entre sensibilidade e sensação, elas [a histeria e a hipocondria] entram no domínio da desrazão que, como temos visto, caracteriza-se pelo momento essencial do erro e do sonho, isto é, da cegueira" (**HF**, 373-374). • Foucault conclui este capítulo de *Histoire de la folie à l'âge classique* com uma observação fundamental. Embora a diferenciação entre a sensibilidade e a sensação permita localizar a histeria e a hipocondria no domínio da desrazão, ela introduz um elemento que não estava na experiência clássica: um conteúdo de culpabilidade, de sanção moral, de justo castigo. A cegueira, essência da loucura, aparece como o efeito psicológico de uma falta moral. "O que era cegueira se converterá em inconsciente, o que era erro se converterá em falta, e tudo o que, na loucura, designava a paradoxal manifestação do não ser se converterá no castigo natural de um mal moral" (**HF**, 374).

Médicos e doentes. Durante a Época Clássica, a teoria e a prática médica não são duas instâncias coerentes. Além disso, as práticas terapêuticas são mais estáveis que os conceitos e as classificações. • Por um lado, permanece o mito de uma panaceia (o *opium*, por exemplo), de um remédio único para todas as enfermidades, embora já não se pense que pode atuar diretamente sobre a doença, mas sim que se insere nas formas gerais do funcionamento do organismo. As discussões acerca da eficácia do medicamento se centram, então, no tema da natureza: um medicamento cura porque está próximo dela, porque tem uma comunicação originária com essa ordem. Nesse sentido, a água ou o ar, como medicamentos, prolongam a ideia de uma panaceia universal. A essa noção opõe-se a eficácia particular de alguns meios terapêuticos. No caso da loucura, esses não provêm do âmbito vegetal, mas do mineral e do humano. Algumas pedras, como as esmeraldas, são consideradas particularmente eficazes; o mesmo ocorre com a urina e o sangue. Este último, quente, é tido como um bom remédio para as convulsões. Na utilização do sangue e de outros elementos, como as serpentes, aparecem valores simbólicos com os quais estavam associados por tradição. "Essa fragmentação social que separa, na medicina, teoria e prática é sobretudo sensível para a loucura: por um lado, a internação faz com que o alienado escape do tratamento dos médicos; por outro, o louco em liberdade é, mais facilmente que outro enfermo, confiado aos cuidados de um praticante" (**HF**, 386). No entanto, afirma Foucault, a Época Clássica deu plenitude de sentido ao conceito de cura, e é possível enumerar as ideias terapêuticas que guiaram essa prática: consolidação (dar vigor ao corpo e ao espírito), purificação (a substituição do sangue, por exemplo), imersão (com todos os valores simbólicos da água), regulação dos movimentos (marchas, passeios) (**HF**, 388-407). • Além desses remédios encontramos a cura por meio das paixões; por exemplo, a utilização da música para restabelecer a harmonia e o equilíbrio das paixões. A importância atribuída às exortações, à persuasão ou ao raciocínio não contradiz o anterior. Segundo Foucault, essas técnicas não são nem mais nem menos psicológicas que as precedentes. Como se admitia na época, a formulação da verdade moral pode modificar de forma direta os processos do corpo. A diferença não passa, então, pela oposição fisiologia/psicologia. Como as técnicas já mencionadas que tendem a modificar as qualidades comuns da alma e do corpo, tais técnicas abordam a loucura essencialmente como paixão, a enfrentam como delírio. "O ciclo estrutural da paixão e do delírio que constitui a experiência clássica da loucura reaparece aqui, no mundo das técnicas, mas sob uma forma sincopada" (**HF**, 414). Entre essas, encontramos: o despertar (estudar matemática ou química, por exemplo), a realização teatral, o retorno ao imediato.

O grande medo. A terceira parte de *Histoire de la folie à l'âge classique* abre com uma referência à obra de Denis Diderot, *O sobrinho de Rameau*. O sobrinho de Rameau é o último personagem em que a loucura e a desrazão se unem. Esse trecho da obra de Foucault, dedicado à formação da experiência moderna da loucura como doença mental, descreve, por um lado, a liberação da loucura (separada da desrazão, da pobreza, da criminalidade), e, por outro, as novas formas de sujeição (o asilo, a psiquiatria, a psicologia). Em outras palavras, Foucault mostra os movimentos históricos que levaram à medicalização do espaço de internação da loucura, isto é, ao nascimento das ciências das doenças mentais. • Em meados do século XVIII, o espaço da internação recupera seus antigos poderes imaginários. Reaparece o fantasma da epidemia: uma febre que teria partido dos lugares de internação e alcançado a cidade, que se transmitiria através do ar e seria percebida pelo odor. "A casa de internação já não é só o leprosário, distante da cidade; é a própria lepra diante da cidade" (**HF**, 446). Os movimentos de reforma da segunda metade do século XVIII encontram aqui um primeiro ponto de origem: isolar melhor os lugares de internação, rodeá-los de ar puro (**HF**, 451). • O espaço clássico da internação não tinha como único objetivo a segregação e a purificação, mas era uma reserva de imagens e fantasias. Essas reaparecem com o medo de uma nova epidemia, mas agora "se localizaram no coração, no desejo, na imaginação dos homens" (**HF**, 453). Contemporâneo do medo das epidemias, outro temor inquieta na segunda metade do século XVIII: o aumento das "doenças dos nervos". Também reaparece, então, a consciência da fragilidade da razão ameaçada pela loucura, algo que já havia sido experimentado no Renascimento. • A partir daqui, são gerados dois movimentos opostos: a experiência da desrazão se dirigirá às raízes do tempo, enquanto a consciência da loucura estará cada vez mais ligada ao desenvolvimento da natureza e da história (**HF**, 455). Nessa mudança, aparece o que posteriormente será denominado o "meio": as "forças penetrantes" de uma sociedade que não maneja os desejos, de uma religião que não regula nem o tempo nem a imaginação, de uma civilização que não limita as distâncias entre o pensamento e a sensibilidade (**HF**, 469). A loucura já não será natureza, mas o que se opõe a ela: história. A desrazão, por sua vez, permanecerá durante longo tempo como uma experiência poética e filosófica (Sade, Hölderlin, Nerval, Nietzsche). "E, no entanto, a relação [da loucura] com a história será rapidamente esquecida. Freud, com esforço e de uma maneira talvez não radical, será obrigado a separar a loucura do evolucionismo. É que, no decorrer do século XIX, a loucura tenderá a uma concepção ao mesmo tempo social e moral, pela qual será inteiramente traída. A loucura já não será percebida como a contrapartida da história, mas sim como o revés da sociedade" (**HF**, 473-474). Irá se converter em degeneração: o estigma de uma classe que abandonou a ética burguesa. • O "grande medo" conduz, por um lado, à separação entre a desrazão, que se apresenta agora com a face da libertinagem, e a loucura, uma doença da civilização. Mas, por outro lado, marca o ingresso do médico no espaço da internação, como custódio da saúde dos outros, dos que não estão internados (**HF**, 449).

A nova separação. Durante o século XVIII, a loucura não sai da internação, mas se desloca em seu interior. Com efeito, multiplicam-se os lugares de internação exclusivos para os loucos. Mas não se trata nem de reclamar um status médico para eles, nem de melhorar o tratamento que recebem. Essas novas instituições não se inscrevem no processo de reformas que se inicia pouco antes da Revolução. Tampouco são apenas o efeito do novo medo que inspira a loucura. Simplesmente, os loucos começam a adquirir uma nova fisionomia, que se tornará cada vez mais definida à medida que a loucura e a desrazão se distanciem. O rosto da desrazão será o daquilo que se denomina, sem nenhuma distinção adicional, libertinagem. Os rostos da loucura, ao contrário, começam a se diferenciar; os loucos já não serão simplesmente os que, em geral, "não são como os outros". • Em um primeiro momento, não será nem a razão nem a natureza, mas a morte, que desenhará os rostos da loucura. Dois tipos de personagens começam, então, a distinguir-se: os furiosos (os que são violentos com os demais e podem chegar a provocar-lhes a morte) e os imbecis (os que se expõem com passividade à morte) (**HF**, 488-489). Mas trata-se apenas de uma organização rudimentar. A distinção entre insensatos e alienados será o critério da nova separação. O alienado perdeu totalmente a verdade; no insensato, ao contrário, a loucura afeta a percepção ou o juízo acerca da percepção; o insensato não é de todo estranho ao mundo da razão, mas sua razão está pervertida. Apesar de sua imprecisão, nessas categorias começa-se a escutar uma linguagem da loucura. A partir dessa distinção, organiza-se pouco a pouco a percepção asilar da loucura. Ela não é, porém, o produto das classificações em espécies, características do saber médico da Época Clássica, mas da nova presença do médico no espaço da internação. • No entanto, o isolamento progressivo da loucura no espaço da internação tampouco é consequência do pensamento médico ou dos sentimentos humanitários. É um fenômeno que nasce no próprio espaço da internação. De fato, são alguns internos, pessoas "razoáveis", os que reclamam não ser confundidos com os loucos (**HF**, 497-498). Com o desenvolvimento dos protestos contra essa confusão no espaço de exclusão, o próprio poder de internar chegará a ser concebido como uma forma de loucura (despotismo, bestialidade triunfante). Depois que se retira dos asilos essa população que protestava contra a confusão, permanecem internados apenas aqueles que, por direito, pertencem a esse espaço de exclusão: os loucos. Em poucas palavras, o nexo entre a loucura e a internação se torna mais sólido. • Durante o século XVIII, a internação sofre outra crise, que dessa vez provém do exterior (**HF**, 502). Por um lado, recorre-se à população dos internados para fazer frente às necessidades demográficas e econômicas da colonização (já não se trata de uma regulação do mercado local de mão de obra). Por outro lado, com a reforma da propriedade rural, o fenômeno do desemprego se instala nas zonas onde, precisamente, não há casas de internação. Em suma, a estrutura da internação é cada vez mais ineficaz: não resolve o problema do desemprego, nem consegue baixar os preços com mão de obra barata. • Isso leva à reformulação das políticas de assistência e de repressão do desemprego. A miséria já não é concebida a partir de uma perspectiva moral; não é uma simples consequência da preguiça. A indigência se converte em uma questão econômica que não é uma mera contingência nem resulta ser possível eliminar de vez. Em certo sentido, torna-se um elemento indispensável do Estado. Os pobres, por trabalharem e consumirem, são a condição da riqueza do Estado e das classes privilegiadas. Dessa perspectiva, enclausurar a população indigente é enclausurar a riqueza. Começa-se a distinguir, então, o pobre válido, que pode trabalhar, do pobre enfermo. Para os primeiros, a assistência consistirá na liberdade: baixos salários, ausência de restrições e da proteção do emprego, supressão de todos os limites à possibilidade de trabalhar. Para os enfermos que não podem trabalhar, de uma perspectiva econômica e liberal, a assistência não será uma obrigação do Estado, mas do grupo de pertencimento e de sua família (**HF**, 518). • Em síntese: um duplo movimento – por um lado, a partir da internação mesma; por outro, a partir da reflexão econômica – faz com que o entrelaçamento, característico da Época Clássica, entre a loucura, a desrazão e a miséria comece a se desfazer. A miséria ingressa na imanência da economia; a desrazão, nas figuras profundas da imaginação que se expressam na libertinagem. A loucura reaparece, agora, internada, mas enfrentada a uma nova concepção da assistência. O louco já não é o pobre que pode trabalhar nem o enfermo que pode ser confiado à assistência do grupo próximo ou da família. Torna-se necessário redefinir, então, o espaço social da loucura.

Do bom uso da liberdade. As medidas tomadas entre 1780 e 1793 decretam o fim da internação em sua forma clássica e deixam a loucura "livre", sem um ponto de inserção no espaço social. • À diferença do que ocorreu na Época Clássica, com a reforma social da internação no fim do século XVIII o problema da loucura já não será abordado do ponto de vista da razão e da ordem, mas do direito do indivíduo livre. Quando as faculdades racionais estão perturbadas, a sociedade tem o direito de limitar a liberdade dos indivíduos. Segundo Foucault, sobre a base dessas premissas prepara-se uma definição da loucura a partir de suas relações com a liberdade. "O desaparecimento da liberdade, que era uma consequência, torna-se fundamento secreto, essência da loucura" (**HF**, 548). Por isso, não há verdade psicológica que não seja, ao mesmo tempo, alienação para o homem; a maneira em que o louco se aliena converte-se, então, na natureza da alienação. A liberação dos loucos será acompanhada, por isso, pelo surgimento de novas estruturas de proteção. • Dois tipos de disposições farão frente à loucura "deixada livre": medidas de longo prazo, como a criação de estabelecimentos reservados aos insensatos, e medidas imediatas para dominar a violência da loucura. Foucault resume as reformas desse período em um quadro no qual confronta, uma a uma, as formas de liberação da loucura e as estruturas de proteção: 1) Suprime-se a internação que confundia a loucura com todas as outras formas da desrazão, mas se designa uma internação que não é terra de exclusão, mas o lugar onde a loucura pode encontrar sua verdade. Nesses novos espaços, a liberdade tem um duplo valor. Por um lado, com seu trabalho os internos contribuem para arcar com as despesas da administração e, ao mesmo tempo, através dele podem alcançar a liberdade. Há o reconhecimento àqueles que mais produzem e que, depois que acumulam vários prêmios, obtêm a liberdade. Mas, por outro lado, se o interno perturba a ordem da instituição com seus costumes e comportamentos, então perde os prêmios pelo trabalho, isto é, as etapas que levam à sua liberdade. A liberdade é, dessa maneira, tanto uma mercadoria como um valor moral. Nesses novos espaços, conjugam-se o controle moral e o benefício econômico. A loucura encontra sua verdade burguesa: é medida em relação ao trabalho e à moralidade. 2) Constitui-se um asilo que persegue apenas finalidades médicas, mas produz-se a captação da loucura em um espaço infranqueável. Trata-se da primeira etapa em direção à alienação mental no sentido moderno da expressão. Porém, esse espaço onde a loucura se enfrenta com a ciência médica está pensado, também, para proteger a sociedade dos perigos da loucura; trata-se de um espaço com limites fixos: deve proteger da doença e, ao mesmo tempo, proteger do louco. 3) A loucura adquire o direito de expressar-se, mas, ao redor e acima dela, elabora-se um sujeito, um olhar que a converte em objeto. O problema da loucura já não é considerado do ponto de vista da razão e da ordem, mas a partir do direito do indivíduo livre. O novo espaço da internação é a sanção jurídica de uma situação de fato: a tradução em termos jurídicos da abolição psicológica da liberdade no indivíduo louco. Na clausura clássica, a loucura oferecia o espetáculo de sua animalidade; agora, é observada como um objeto, converte-se em um objeto de conhecimento. 4) A loucura introduz-se no sujeito psicológico como verdade cotidiana da paixão, da violência e do crime, mas insere-se em um mundo não coerente quanto aos valores e no jogo da má consciência. A instância que opera a separação entre a razão e a loucura faz isso por meio de uma forma judicial (tribunais de família, tribunais superiores) que assimila as regras da moral burguesa (regras da vida, da economia, da moral da família) às normas da saúde, da razão e da liberdade. A psicologia do crime não nasce de uma humanização da justiça, mas dessas exigências suplementares da moral burguesa, da estatização dos costumes, do refinamento das formas de indignação. 5) A loucura, em seu papel de verdade psicológica, é reconhecida como determinismo irresponsável, mas suas formas se separam segundo as exigências dicotômicas de um juízo moral. O reconhecimento da loucura, mesmo durante um processo judicial, não faz parte do julgamento, mas se sobrepõe a ele. A psicologia deve situar-se dentro do campo dos valores reconhecidos e exigidos (**HF**, 571-572). Em todo caso, o estatuto de objeto será atribuído ao indivíduo que, tanto no aspecto judicial como no moral, é reconhecido como alienado. A interpretação desse processo por parte da mitologia positivista diz que se deve enclausurar quem está alienado, mas a história nos mostra que o enclausuramento construiu a figura do alienado e, sobre essa base, a loucura foi objetivada como doença mental e se converteu, assim, na primeira forma de objetivação do homem.

O nascimento do asilo. Os episódios de Tuke e de Pinel constituem uma espécie de mito fundador para a história da psiquiatria moderna; seu significado foi visto como a liberação dos loucos. Uma imagem resume os episódios e seu significado: os loucos são desacorrentados e se misturam aos outros internos. Trata-se, para Foucault, de um gesto ambíguo: "O gesto que a libera [a loucura] para verificá-la é, ao mesmo tempo, a operação que a dissemina e a oculta em todas as formas concretas da razão" (**HF**, 586). • De acordo com as ideias do século XVIII, a loucura não é uma doença da natureza, mas da sociedade; o produto de uma vida que se afasta da natureza. Na loucura, a natureza está esquecida. A partir daqui, segundo Foucault, começa a se configurar um mito que engendrará a forma organizativa da psiquiatria do século XIX. Trata-se do mito das três naturezas: a natureza-Verdade, a natureza-Razão e a natureza-Saúde. • A imagem que Samuel Tuke oferece em *Description of the Retreat* (essa casa de campo para alienados, uma comunidade fraternal de enfermos e vigilantes, sob a autoridade de um administrador) representa, ao mesmo tempo, o ideal de um contrato e de uma família, o exemplo do interesse e do afeto. Ali, a partir de uma "família natural", que não aliena, o enfermo restabelece sua relação com a natureza e a sociedade. • Nas crônicas da liberação dos loucos, encontramos relatos como o de Couthon, o relato de um capitão inglês e o do soldado Chevigné . Todos mostram o sentido que foi atribuído à liberação de Pinel na hagiografia da psiquiatria. Caem as correntes e, com elas, a animalidade, já não da loucura, mas da domesticação. Caem as correntes e os loucos se encontram livres. Caem as correntes e aparece de imediato a humanidade dos loucos, mas sob a forma de um determinado tipo social: um oficial, um soldado. A razão que surge restabelecida não é da ordem do conhecimento ou da ventura, mas a de certos valores sociais: a honra do capitão, o heroísmo do soldado etc. Foucault resume da seguinte maneira o movimento discursivo que se oculta no mito de Pinel e Tuke: "1) Na relação inumana e animal que era imposta pela internação clássica, a loucura não enunciava sua verdade moral. 2) Essa verdade, a partir do momento em que é deixada livre e se permite que apareça, revela ser uma relação humana em toda a sua idealidade virtuosa: heroísmo, fidelidade, sacrifício etc. 3) Então, a loucura é vício, violência, maldade, como o prova demasiado bem a raiva dos revolucionários. 4) A liberação na internação, à medida que é reedificação de uma sociedade [em] conformidade [com os tipos sociais], não pode deixar de curar" (**HF**, 596-597). • Mas, para além dos temas míticos que a psiquiatria do século XIX herdou do gesto liberador de Pinel e de Tuke, uma série de operações organizaram em silêncio o mundo asilar, os métodos terapêuticos e a experiência concreta da loucura. Tuke substituiu o terror à loucura pela angústia da responsabilidade (o trabalho tem uma força de coerção superior a todas as coerções físicas: regularidade das horas, exigências de atenção, obrigação de um resultado). Em sua casa de retiro, o olhar dos outros e a necessidade de estima são mais eficazes que o trabalho. Nesse espaço surgirá a figura que, no asilo do século XIX, substituirá a repressão clássica: a autoridade. A vigilância se unirá, então, ao juízo. Como contrapartida, a loucura será um estado de minoridade. • No asilo de Pinel não opera, como no de Tuke, uma segregação religiosa, mas uma segregação que se exerce em sentido inverso: a religião se converte em objeto de consideração médica e a instituição deve estar livre de religião. Na realidade, trata-se apenas de suprimir os conteúdos imaginários da religião, não sua moral. Os valores da família e do trabalho devem reinar no asilo. "O asilo, domínio religioso sem religião, domínio da moral pura, da uniformização ética" (**HF**, 612). Constitui-se em um lugar de moral pura e também de denúncia social. A moral burguesa do asilo adquire o estatuto de uma moral universal, não só para aqueles que habitam seu espaço, mas para toda a sociedade. Pinel organiza esse espaço de moral pura por meio de três meios principais: o silêncio, o reconhecimento no espelho (por exemplo, a um louco que acredita ser rei mostra-se outro que também acredita sê-lo; a vergonha de ser idêntico àquele tem força terapêutica) e o julgamento perpétuo (o louco é constantemente julgado pela presença exterior da consciência moral e científica; se for necessário, a esse julgamento seguir-se-á o castigo). Para aqueles que resistem a todos esses procedimentos, subsiste, no asilo de Pinel, a prática da clausura (**HF**, 623). No entanto, a presença do médico no asilo não é fundamentalmente de ordem terapêutica (somente parte das tarefas a serem realizadas enquadra-se nessa ordem), mas opera como garantia jurídica e moral do bom funcionamento da instituição: mais que cientista, é um sábio. "Acredita-se que Tuke e Pinel abriram o asilo ao conhecimento médico. Eles não introduziram uma ciência, e sim um personagem, cujos poderes só retomam, desse saber, seu disfarce ou, no máximo, sua justificação. Esses poderes são, por natureza, de ordem moral e social. Enraízam-se no estado de minoridade do louco, na alienação de sua pessoa, não de seu espírito. Se o personagem médico pode cercar a loucura, não é porque a conhece, mas porque a domina" (**HF**, 625-626). O médico ingressa no asilo, primariamente, como pai e juiz. O próprio Pinel reconhece que o médico cura na medida em que coloca em jogo essas velhas figuras imemoriais. Desse modo, a organização do asilo simboliza as grandes estruturas da sociedade burguesa, seus valores: a relação família-filho, a relação falta-castigo. À medida que o saber psiquiátrico se encerra nas normas do positivismo, a prática moral do médico fica escondida atrás de suas funções terapêuticas. Mas isso não significa que desapareça, muito ao contrário (**HF**, 629). • Em poucas palavras, o sentido que Foucault atribui à reorganização do espaço da internação, ao nascimento do asilo, é a interiorização da separação razão/desrazão sob a forma da culpabilização e do controle da autoridade. Assim nasce a doença mental. • "Freud deslocou para o médico todas as estruturas que Pinel e Tuke haviam acomodado na internação. [...] o médico, como figura alienante, segue sendo a chave da psicanálise" (**HF**, 631).

O círculo antropológico. Foucault aponta uma série de contradições no gesto de liberação de Pinel e Tuke: 1) deixa-se o louco livre, mas em um espaço mais fechado e mais rígido (menos livre, em todo caso, que a internação clássica); 2) libera-se a loucura de seu parentesco com o crime e o mal, mas para encerrá-la nos mecanismos rigorosos de um determinismo (o instinto, o desejo); e 3) desatam-se as correntes que impediam o exercício livre da vontade, mas se despoja o louco dessa vontade, que é alienada na vontade do médico (**HF**, 636). Não se trata, definitivamente, de um gesto de liberação, mas de uma objetivação do conceito de liberdade. Foucault assinala três consequências desse processo. Em primeiro lugar, a partir de então a questão da loucura já não será a questão do delírio e do erro, mas a da liberdade: "O desejo e o querer, o determinismo e a responsabilidade, o automático e o espontâneo". Em segundo lugar, essa "liberdade liberada" irá repartir-se entre "um determinismo que a nega inteiramente e uma culpabilidade que a exalta". O pensamento psiquiátrico do século XIX buscará definir o ponto de inserção da culpabilidade no determinismo. Em terceiro lugar, a liberdade que Pinel e Tuke impõem ao louco o encerra em uma verdade objetiva, que já não é a verdade, mas *sua* verdade. "A loucura tem agora uma linguagem antropológica" (**HF**, 637). • Na clausura clássica, a loucura estava reduzida ao silêncio; agora reencontra a linguagem no saber discursivo. Mas essa linguagem não significa o retorno ao velho discurso presente no Renascimento, do homem devorado pela animalidade. Agora a loucura fala a linguagem do homem, de seus segredos, de suas profundidades; é uma linguagem atravessada por uma série de antinomias que acompanharão a reflexão sobre a loucura durante todo o século XIX: 1) O louco desvela a verdade elementar do homem: seus desejos primitivos, seus mecanismos mais simples, as determinações de seu corpo; trata-se de uma espécie de "infância cronológica e social, psicológica e orgânica do homem". Ao mesmo tempo, porém, o louco "desvela a verdade terminal do homem: mostra até onde puderam empurrá-lo as paixões, a vida em sociedade, tudo o que o afasta da natureza primitiva que não conhece a loucura". 2) Na loucura, mostra-se a irrupção dos determinismos do corpo, o triunfo do orgânico. Mas ela se diferencia das doenças do corpo, pois faz surgir "um mundo interior de maus instintos, perversidades, sofrimentos e violências que estava adormecido". 3) "A inocência do louco está garantida pela intensidade e pela força desse conteúdo psicológico"; a loucura de um ato é medida pelo número de razões que o determinaram (desejos, imagens etc.). Mas a verdade da loucura, no homem, é a verdade da desrazão. 4) Na loucura, o homem descobre sua verdade; esta é a possibilidade de sua cura. Mas "a verdade humana que a loucura descobre é a imediata contradição do que é a verdade moral e social do homem" (**HF**, 641-643). • A partir daqui, pode-se compreender a importância que teve a paralisia geral na experiência da loucura no início do século XIX. A expressão *"moral insanity"* (loucura moral) faz referência a essa forma de loucura que não se manifesta no nível da razão ou do entendimento, mas que se caracteriza pela violência dos comportamentos, os gestos irresponsáveis etc. A paralisia geral e a *moral insanity* tiveram esse valor exemplar na psiquiatria ao longo da primeira metade do século XIX: um elemento de interioridade em forma de exterioridade. Junto com as noções de paralisia geral e de *moral insanity*, outro conceito, a monomania, dominou o campo da psicologia do século XIX: um indivíduo que se manifesta como louco em um aspecto determinado, mas que aparece como razoável em todos os demais. A monomania (um homem que de repente se torna outro) desempenhou uma função importante nos processos judiciais contra os criminosos. Na Época Clássica, o outro que punha de modo manifesto a loucura como desrazão era o não ser, o erro; agora, como mostra a análise das monomanias homicidas, a alteridade que a loucura põe de manifesto é a verdade mesma do homem, o que o sujeito é na realidade, o que está em sua origem (aquilo no qual pode alienar-se, mesmo que seja apenas momentaneamente). Em suma, o *"Homo psychologicus* é um descendente do *Homo mente captus"* (**HF**, 654). A loucura objetivada como doença revela agora a verdade do homem.

Literatura, ausência de obra. Foucault conclui *Histoire de la folie à l'âge classique* referindo-se a Goya e a Sade, a Nietzsche e a Artaud: a outra linguagem da loucura que, após o silêncio da Época Clássica, reaparece na Modernidade. Conclui, na realidade, onde havia começado: com as experiências trágicas da loucura, para além das promessas da dialética (**HF**, 660). Na experiência clássica, a obra e a loucura estavam profundamente ligadas e se limitavam uma à outra. A loucura de Tasso, a melancolia de Swift, o delírio de Rousseau: obra ou loucura? Inspiração ou fantasma? Em Nietzsche, Van Gogh ou Artaud, a relação entre loucura e obra é diferente: são linguagens que não se comunicam. Para Foucault existe um nexo de pertencimento entre a loucura e a literatura, no sentido moderno do termo. Esse nexo torna possível a manifestação da loucura, que anuncia a separação entre a loucura e a doença mental: "A doença mental e a loucura, duas configurações diferentes que se reuniram e confundiram a partir do século XVII, e que se separam agora sob nossos olhos, ou melhor, em nossa linguagem" (**DE1**, 415). Em nenhuma cultura, sustenta Foucault, está tudo permitido; sempre se estabelecem limites, separações, proibições, e alguns concernem à linguagem. Foucault distingue quatro formas de proibições a respeito da linguagem: 1) as faltas da língua (que afetam o código linguístico); 2) as expressões que não rompem o código, mas que não podem circular: as palavras blasfemas (religiosas, sexuais, mágicas);

3) os enunciados autorizados pelo código e que podem circular, mas cujo significado é intolerável; e 4) a submissão a um código determinado de uma palavra que pertence a outro, o que produz uma linguagem estruturalmente esotérica (**DE1**, 416). A loucura deslocou-se por essa escala de proibições de linguagem. Com a literatura moderna, a loucura "deixou de ser, então, falta de linguagem, blasfêmia proferida ou significação intolerável (e, nesse sentido, a psicanálise é o grande levantamento das proibições definidas pelo próprio Freud); aparece como uma palavra que se dobra sobre si mesma, que diz, por debaixo do que diz, outra coisa da qual ela é, ao mesmo tempo, o único código possível. Linguagem esotérica, se quisermos, já que mantém sua língua dentro de uma palavra que não diz outra coisa, em última instância, do que essa implicação" (**DE1**, 417). Em fins do século XIX, a literatura se converte em uma palavra que inscreve em si mesma seu próprio princípio de deciframento, o poder de mudar os valores e de modificar a língua à qual pertence. Por isso, loucura e literatura se pertencem. A linguagem da loucura (o delírio) e da literatura não consiste em pôr em jogo a astúcia de uma significação oculta, mas em suspender o sentido para que, nesse espaço vazio, por meio do jogo dos desdobramentos, possa se alojar um sentido, outro (segundo) sentido, e assim até o infinito. Trata-se de uma matriz que, estritamente, não diz nada (**DE1**, 418). Por isso, a loucura e a literatura são "ausência de obra" que, não obstante, torna possível a obra. Ver: *Literatura*.

Questão de método, historicismo. "O historicismo parte do universal e o faz passar de alguma maneira pela peneira da história. Meu problema é completamente inverso. Parto de uma decisão, ao mesmo tempo teórica e metodológica, que consiste em dizer: suponhamos que os universais não existem. E pergunto à história e aos historiadores como podem escrever a história se não admitem *a priori* que o Estado, a sociedade, o soberano, os sujeitos, existem. É a mesma questão que eu levantei no caso da loucura. Minha questão não era: 'existe a loucura?, vou examinar se a história me remete a algo assim como a loucura: não, a história não me remete a algo assim, então, a loucura não existe'. Não é esse o raciocínio, não é esse o método, de fato; e, sim, perguntar-se que história é possível escrever desses diferentes acontecimentos, dessas diferentes práticas que, aparentemente, se ordenam em algo que se supõe ser a loucura. O que quis fazer é exatamente o inverso do historicismo. Não interrogar os universais utilizando como método crítico a história, mas partir da decisão da inexistência dos universais para perguntar que história é possível fazer" (**NB**, 5).

Realidades de transação. "A sociedade civil é como a loucura, como a sexualidade. É o que eu chamaria de 'realidades de transação'. Nascem no jogo, precisamente, das relações de poder e daquilo que sem cessar lhes escapa; nascem de alguma maneira, na interface entre os governantes e os governados, essas figuras transacionais e transitórias que não são menos reais pelo fato de não terem existido o tempo todo" (**NB**, 301).

220. LUTA / *Lutte*

Dominação, exploração, sujeição. Foucault distingue três tipos de luta: 1) contra as formas de dominação étnica, social ou religiosa; 2) contra as formas de exploração que separam os indivíduos do que eles produzem; e 3) contra as formas de sujeição que vinculam o sujeito consigo mesmo e, desse modo, asseguram sua sujeição aos outros (**DE4**, 227). Nas sociedades feudais predominaram as lutas contra as formas de dominação; no século XIX, predominaram as lutas contra a exploração resultante das novas formas de poder (**DE4**, 228). As lutas do século XIX cristalizam-se no Estado, que, para Foucault é, em seu sentido estritamente moderno, uma combinação complexa de técnicas de individualização e procedimentos totalizantes. Desse ponto de vista, o Estado moderno, ou ao menos um de seus componentes, aparece como uma reelaboração do poder pastoral. Ver: *Poder*. Embora não se possa separar as três formas de sujeição, isso não significa que sejam um simples produto terminal da dominação social ou da exploração econômica. As relações entre elas não são da ordem da dedução; cada uma tem a própria especificidade e mantém vínculos com as outras que não são lineares, mas circulares. Para Foucault, o desafio político, ético, social e filosófico de sua época consiste em promover novas formas de individualidade, diferentes das que nos são impostas há vários séculos (**DE4**, 232).

Filosofia analítica do poder, lutas transversais, lutas específicas. No diálogo com Gilles Deleuze acerca dos intelectuais e o poder, intitulado, precisamente, "Les intellectuels et le pouvoir" (**DE2**, 306-315), Foucault ressalta que uma das dificuldades fundamentais com as quais o intelectual depara na hora de definir e levar adiante formas adequadas de luta é ignorar o que é o poder (**DE2**, 312). Pode-se encontrar aqui uma das motivações de seu interesse pelo desenvolvimento de uma filosofia analítica do poder. A função tradicional da filosofia foi fundar e limitar o poder, instaurando-se ela mesma como lei. Em uma filosofia analítica do poder, no entanto, não se coloca a questão do poder do ponto de vista do bem ou do mal, mas do ponto de vista de sua existência (**DE3**, 540). Esse modo de conceber a filosofia do poder inscreve-se em um enfoque geral que entende a filosofia como uma atividade de diagnóstico. A tarefa da filosofia, nesse sentido, não consiste em descobrir algo que está oculto ou em converter-se na formulação do que está por vir, isto é, em promessa, mas em tornar visível o que é visível, em analisar as forças que constituem nosso presente. Ver: *Diagnosticar*. A partir dessa perspectiva, as formas de luta que servem como instrumento de uma filosofia analítica do poder apresentam quatro características: 1) Não se trata de qualificar ou elogiar o poder de maneira massiva ou global, mas de estudar as relações de poder como jogos, em termos de táticas e estratégias: jogos ao redor da loucura, da medicina, da doença, da penalidade, da prisão, nos quais se considera o estatuto da razão e da não razão, da vida e da morte, do crime e da lei. Não se trata de gerar enfrentamentos dentro desses jogos de poder, mas de resistir a eles (**DE3**, 544). 2) À diferença dos movimentos políticos e revolucionários tradicionais, essas lutas são fenômenos difusos e descentrados. Por exemplo, no caso da prisão, as lutas não levantaram o problema geral de qual deve ser o sistema legal de punição em um país democrático. Partem de problemas mais específicos e locais: a subalimentação, as condições de detenção etc. (**DE3**, 545). 3) Têm por objetivo os fatos ou efeitos do poder, as formas concretas em que é exercido. 4) Por último, trata-se de lutas imediatas. Não seguem o princípio leninista do inimigo principal; nem esperam um momento futuro, que seria a revolução ou a liberação. "Quanto a uma hierarquia teórica das explicações ou de uma ordem revolucionária que polarizaria a história e hierarquizaria os momentos, pode-se dizer que essas lutas são anárquicas. Inscrevem-se dentro de uma história imediata, que é aceita e reconhecida como aberta de maneira indefinida"

(**DE3**, 546). Esses temas foram abordados na conferência de 27 de abril de 1978, em Tóquio, intitulada "La philosophie analytique de la politique" (**DE3**, 534-551). Posteriormente, em 1982, em "Le sujet et le pouvoir" (**DE4**, 222-243), Foucault retoma a caracterização dessas lutas. Enumera ali seis traços, alguns dos quais reiteram os que já mencionamos, enquanto outros os explicitam. 1) São lutas transversais. Não se limitam a um país ou a um sistema econômico. 2) Têm como objetivo os efeitos do poder. 3) São lutas imediatas. 4) Questionam o estatuto do indivíduo. "Essas lutas não são exatamente pró ou contra o 'indivíduo', mas se opõem ao que se pode chamar 'governo por individualização'" (**DE4**, 227). 5) Opõem formas de resistência aos efeitos de poder que estão ligados ao saber, à competência e à qualificação. 6) "Por último, todas as lutas atuais giram em torno da mesma questão: quem somos? São uma rejeição das abstrações, uma rejeição da violência exercida pelo Estado econômico e ideológico que ignora quem somos como indivíduos, e também uma rejeição da inquisição científica ou administrativa que determina nossa identidade" (**DE4**, 227).

Revolução, reforma. "Talvez estejamos prestes a viver o fim de um período histórico que, desde 1789-1793, esteve dominado, ao menos no Ocidente, pelo monopólio da revolução, com todos os efeitos adjuntos de despotismo que isso podia implicar, sem que, por isso, o desaparecimento da revolução signifique uma revalorização do reformismo. Nas lutas das quais acabo de falar, com efeito, não se trata de modo algum de reformismo, porque este tem por função estabilizar um sistema de poder após um determinado número de mudanças, enquanto, em todas essas lutas, trata-se da desestabilização dos mecanismos de poder, de uma desestabilização que aparenta não ter fim" (**DE3**, 547).

Genealogia. A genealogia pode ser definida como o acoplamento da erudição às lutas locais (**IDS**, 9-10).

Fiscalidade. No curso *Théories et institutions pénales*, Foucault analisa as lutas e as rebeliões sociais contra a fiscalidade no século XVII na França. Ver: *Fiscalidade*.

Penalidade. Em *La Société punitive*, a título de indicação metodológica, Foucault sustenta que na análise da penalidade, do sistema penal, o que se deve fazer em primeiro lugar é delimitar "a natureza das lutas que, em uma sociedade, se desenvolvem em torno do poder" (**LSP**, 14), cuja matriz é a guerra civil (**LSP**, 15).

Luta de classes, luta de raças. Ver: *Guerra*.

Poder pastoral. Acerca das formas de luta contra o poder pastoral, ver: *Conduta*.

Filosofia. A relação entre luta e verdade é, para Foucault, constitutiva da filosofia e não deve ser teatralizada (**STP**, 5-6).

M

221. MALLARMÉ, STÉPHANE (1842-1898)

Para Foucault, Mallarmé representa o nascimento da literatura no sentido moderno do termo e, assim como Nietzsche, anuncia o fim do homem (**MC**, 316). "Quatro séculos mais tarde de sua invenção, é o momento em que na realidade, tecnicamente, materialmente, o livro adquire estatuto na literatura; e o livro de Mallarmé é o primeiro livro da literatura. O livro de Mallarmé, sobretudo esse projeto fracassado, esse projeto que não podia não fracassar, é a incidência do êxito de Gutenberg na literatura" (**LGE**, 102). Ver: *Linguagem*, *Literatura*.

222. MAQUIAVEL, NICOLAU (1469-1527)

Em *"Il faut défendre la société"*, Foucault defronta-se com a questão do poder do ponto de vista da guerra: as relações de poder são, para nosso autor, da ordem da oposição, da luta, do enfrentamento (o que denomina "hipótese Nietzsche"). Ao longo desse caminho de análise é inevitável cruzar-se com Maquiavel e Hobbes. No entanto, Foucault considera que nem um nem outro são autênticos teóricos da guerra na sociedade civil (**DE3**, 174). Maquiavel descreve a relação de força essencialmente como uma técnica política nas mãos do príncipe. Foucault opõe a essa análise a obra de Boulainvilliers, para quem as relações de força definem o tecido mesmo da sociedade (**IDS**, 145). Ver: *Boulainvilliers*, *Guerra*. "A história é, para Maquiavel, um simples lugar de exemplos, uma espécie de antologia de jurisprudência ou de modelos táticos para o exercício do poder. [...] para Boulainvilliers, ao contrário – e acredito que isso é o importante –, a relação de força e o jogo do poder são a própria substância da história" (**IDS**, 151). Para Foucault, trata-se de prescindir do príncipe e de decifrar os mecanismos do poder a partir de uma estratégia imanente às relações de força (**HS1**, 128). • No curso do Collège de France de 1977-1978, *Sécurité, territoire, population*, ele aborda a literatura da arte de governar (Ver: *Artes de governar*), para sermos mais precisos, a literatura sobre o governo que vai do período de meados do século XVI até fins do século XVIII. Por exemplo: Ambrogio Politi, *Disputationes de libris a christiano detestandis*, 1542; Innocent Gentillet, *Discours sur* *les moyens de bien gouverner et maintenir en bonne paix un royaume ou autre principauté* [...]. *Contre Nicolas Machiavel*, 1576; Guillaume de La Perrière, *Le Miroir politique, contenant diverses manières de gouverner et policer les républiques...*, 1555. Toda essa literatura se situa entre o surgimento de *O príncipe*, de Maquiavel, e seu ressurgimento nos primeiros anos do século XIX, e representa a corrente anti-Maquiavel da razão de Estado (**DE4**, 817; **STP**, 93-95). Nessas obras circula uma imagem do texto de Maquiavel que Foucault resume em três pontos: 1) O príncipe encontra-se em uma relação de exterioridade quanto à soberania: não faz parte dela; recebe-a por herança, aquisição, conquista, pela cumplicidade de outros príncipes. 2) A relação entre o príncipe e a soberania é frágil; está ameaçada desde o exterior pelos outros príncipes e internamente porque não há nenhuma razão *a priori* para que os súditos aceitem o príncipe. 3) O objetivo do exercício do poder é manter o principado, entendido não como o conjunto dos súditos e do território, mas como a relação que o príncipe mantém com o território e os súditos como possessão sua (**DE3**, 638-639). "Não foi ele [Maquiavel] quem definiu a arte de governar, mas através do que ele disse se buscará determinar o que é a arte de governar. Depois de tudo, esse fenômeno discursivo, no qual se vai buscar o que acontece quando se trata apenas, de fato, de dizer algo através dele, não é um fenômeno único. Nosso Maquiavel, desse ponto de vista, é Marx: a coisa não passa por ele, mas é dita por meio dele" (**STP**, 248-249). Foucault insiste em uma diferença fundamental entre o texto de Maquiavel e todas as obras sobre a arte de governar que leva em consideração. Em Maquiavel, o território e a população aparecem como objetos do exercício da soberania do príncipe; na literatura anti-Maquiavel, no entanto, o problema da arte de governar gira em torno da articulação da relação entre território e população (**DE3**, 643). A partir dessa relação irá formar-se o conceito de biopolítica. Ver: *Razão de Estado*.

Bacon. Foucault compara o texto de Francis Bacon, "Of Seditions and Troubles", com *O príncipe*, de Maquiavel. Ver: *Bacon*.

223. MARX, KARL (1818-1883)

"Marx, para mim, não existe" (**DE3**, 38). "Mas há também de minha parte uma espécie de jogo. Com frequência cito conceitos, frases e textos de Marx, mas sem sentir-me obrigado a acrescentar o pequeno documento autenticador, que consiste em fazer uma citação de Marx, colocar com cuidado a referência no rodapé da página e acompanhar a citação com uma reflexão elogiosa. [...] Eu cito Marx sem dizê-lo" (**DE3**, 752).

Episteme moderna. Uma parte relevante das análises de *Les Mots et les choses* é consagrada ao homem como ser que trabalha. Do mesmo modo que a respeito do homem como ser vivente e como ser que fala, na descrição da episteme moderna Foucault destaca a introdução da temporalidade como horizonte que define os objetos modernos que chamamos trabalho, vida e linguagem. No caso do trabalho, atribui a David Ricardo ter introduzido a temporalidade no campo da economia (**MC**, 271). A partir dali há duas alternativas possíveis no que concerne à relação entre a história e o homem como ser que trabalha ou, para sermos mais precisos, duas maneiras de pensar a imobilidade da história: aquela proposta por Ricardo e aquela postulada por Marx. O primeiro sustenta que, de acordo com o princípio da renda funcional, chegará o momento em que o trabalho já não será rentável, o crescimento demográfico se estabilizará e a produção alcançará seu limite; então a história se imobilizará. O segundo assegura que os trabalhadores produzirão cada vez mais, mas, de acordo com o princípio de acumulação do capital, aumentará o número daqueles que se encontrarão no limite das condições de subsistência (diminuição de salários e crescimento do desemprego); então será necessária a mudança da história em termos de revolução (**MC**, 271-273). Definitivamente, os argumentos de Ricardo e Marx são possíveis a partir da mesma episteme. • Nesse sentido, diferentemente de Althusser, Foucault não afirma que Marx opera uma ruptura epistemológica. "Qualquer que seja a importância das modificações aportadas por Marx às análises de Ricardo, não acredito que essas análises econômicas escapem do espaço epistemológico instaurado por Ricardo" (**DE1**, 587). Marx deduziu a noção de mais-valia diretamente das análises de Ricardo. "Marx é ricardiano" (**DE2**, 167).

Disciplina. Foucault faz várias referências a Marx em relação aos elementos que definem o conceito de disciplina. Quanto às técnicas de composição das forças individuais, nosso autor destaca, assim como Marx, a função desempenhada pela racionalidade das técnicas da guerra. "Marx insiste várias vezes na analogia entre os problemas da divisão do trabalho e os da tática militar" (**SP**, 166). Foucault também se refere a Marx com relação à noção de vigilância hierárquica (**SP**, 177). Em termos mais gerais, situa-se na linha de Marx na medida em que em *Surveiller et punir* trata de analisar as relações entre as mutações tecnológicas do aparato produtivo, a divisão do trabalho e os procedimentos disciplinares (**SP**, 222).

Humanismo. Acerca da questão do humanismo, Foucault, por um lado, situa Marx no marco de um esforço para desantropologizar a história e, nesse sentido, como oposto ao humanismo (**AS**, 21-22); mas, por outro, considera que tanto Marx como Hegel são responsáveis pelo humanismo contemporâneo (**DE1**, 541).

Interpretação. A intervenção de Foucault no Colóquio de Royaumont, em julho de 1964, tem por título "Nietzsche, Freud, Marx" (**DE1**, 564-579) e está dedicada à noção de interpretação no século XIX ou, mais precisamente, às técnicas de interpretação nesses três autores. Ver: *Interpretação*.

Poder. É possível encontrar em Marx, no livro II de *O capital*, alguns elementos conceituais para pensar o poder em termos de produção (**DE4**, 186). Apesar disso e do que se assinalou anteriormente acerca do conceito de disciplina, para Foucault o pensamento de Marx não se mostra de todo adequado para abordar as relações de poder. Para compreender os mecanismos do poder em sua complexidade e seus detalhes é necessário desfazer-se de certo esquematismo que se encontra no próprio Marx e que consiste em localizar as relações de poder no aparato do Estado ou em uma classe (**DE3**, 35). No texto "Les mailles du pouvoir", Foucault considera que esse esquema de interpretação é, antes, uma maneira de tornar rousseauniano o pensamento de Marx. "É inscrevê-lo na teoria burguesa e jurídica do poder" (**DE4**, 189). Por outro lado, essa inscrição aparece como característica da concepção da social-democracia europeia do século XIX. • Na perspectiva de Foucault, "Nietzsche é quem colocou o poder como objetivo essencial do discurso, digamos, filosófico, enquanto para Marx era a relação de produção que cumpria esse papel" (**DE2**, 753).

Profecia e luta. O interesse de Foucault por Marx centra-se em particular em seus trabalhos históricos, como *O 18 de Brumário de Luís Bonaparte*, *As lutas de classes na França*,

A comuna de Paris e *A guerra civil na França*. Todas essas obras concluem com apreciações proféticas que, em geral, têm sido desmentidas pelos fatos (**DE3**, 612).

Luta de classes. Marx tomou a noção de luta de classes dos historiadores franceses; trata-se, na realidade, da noção de luta de raças (**DE3**, 50; **IDS**, 69).

Engels. À diferença de Marx, Friedrich Engels se afastou da filosofia de Hegel: "Considerou que todos esses problemas (vontade individual, consciência de si, ética ou moral individual) eram descartáveis como motores da história" (**DE3**, 597).

Discursividade. Marx, assim como Freud, é considerado por Foucault como fundador de discursividade (**DE1**, 805). Ver: *Autor*.

Estado. "Enfim, há ou não uma teoria do Estado em Marx? De novo, devem decidi-lo os marxistas. Mas para mim, o que falta ao socialismo não é tanto uma teoria do Estado, mas uma razão governamental, a definição do que seria no socialismo uma razão governamental, isto é, uma medida razoável e calculável da extensão das modalidades e dos objetivos da ação governamental" (**NB**, 93).

Weber. Marx colocou a questão da lógica contraditória do capital; Weber, por sua vez, o problema da racionalidade irracional da sociedade capitalista (**NB**, 109).

224. MARXISMO / *Marxisme*

"Veja. Eu não sei o que é o marxismo. E, além disso, não acredito que exista, em si e por si" (**OHS**, 147). "Não sou adversário nem partidário do marxismo; eu o interrogo acerca do que tem para dizer a propósito das experiências que o questionam" (**DE4**, 595). Foucault formou-se em um ambiente universitário dominado em grande parte pelo marxismo. Sua primeira obra, *Maladie mentale et personnalité*, de 1954, traz o testemunho desse passo e de suas influências. Como era o costume da época, também esteve filiado ao Partido Comunista Francês, embora por um período bastante breve. A partir de então, a distância entre Foucault e o marxismo não deixou de se acentuar em cada um dos temas centrais de seu trabalho filosófico: a história, o sujeito, o poder. Se excetuarmos *Maladie mentale et personnalité* e a crítica da noção de repressão em *"Il faut défendre la société"* e em *Les Anormaux*, as referências ao marxismo não são muito numerosas em seus livros e cursos. No entanto, o tema aparece com frequência em suas entrevistas e artigos. Entre as primeiras merece particular atenção "Méthodologie pour la connaissance du monde: comment se débarrasser du marxisme?" (**DE3**, 595-618). Pois bem, para abordar a questão com certa ordem, é necessário começar com algumas considerações. Em primeiro lugar, a distinção entre Marx e marxismo. Também há que introduzir várias precisões acerca do que Foucault entende por marxismo. Existe, por um lado, o marxismo como posição teórica e, por outro, o marxismo como realidade histórico-política, tal como se encarna em um partido ou em um Estado. Ademais, no marxismo teórico – vamos chamá-lo assim por enquanto –, há que diferenciar o marxismo humanista, o marxismo acoplado à fenomenologia, o marxismo estruturalista e o freudo-marxismo.

Humanismo e fenomenologia. Há um marxismo brando, humanista, antiestruturalista, que reúne tudo o que a filosofia tradicional pôde dizer desde Hegel até Teilhard de Chardin (**DE1**, 654). No ambiente intelectual francês da década de 1950 – em autores como Merleau-Ponty e Sartre, por exemplo – houve, além disso, um esforço para vincular a problemática da fenomenologia à do marxismo. Posteriormente, a partir da questão da linguagem, esse marxismo humanista se separará da fenomenologia e se relacionará com o estruturalismo (**DE4**, 434).

Estruturalismo. Segundo Foucault, o estruturalismo não é uma ameaça para o marxismo, apenas para certo modo de compreendê-lo, caracterizado pelos seguintes elementos: conceber a história como um longo relato linear, interrompido às vezes por alguma crise; tomar a causalidade como a categoria fundamental da análise histórica, e acreditar que existe uma hierarquia das determinações causais que vai da causalidade material mais estrita à liberdade humana. Para Foucault não há uma incompatibilidade de natureza entre o estruturalismo e o marxismo, já que não se situam no mesmo nível. O marxismo é uma análise das condições da existência humana em sua complexidade, para determinar as possibilidades de ação na conjuntura presente. O estruturalismo é um método de leitura histórica que pode ser utilizado no marco dessa análise (**DE1**, 583-583). "Althusser questionou a filosofia do sujeito porque o marxismo francês estava impregnado um pouco de fenomenologia e um pouco de humanismo, e porque a teoria da alienação fazia do sujeito humano a base capaz de traduzir, em termos filosóficos, as análises político-econômicas de Marx" (**DE4**, 52).

Freudo-marxismo. Com o termo "freudo-marxismo" Foucault se refere em particular a Marcuse (**DE4**, 72) e, em geral, à utilização da noção de repressão como categoria de análise do poder (**IDS**, 38).

História, sujeito. Se deixarmos de lado o marxismo estruturalista e, portanto, Althusser, a oposição de Foucault ao marxismo teórico se concentra em duas questões: a história e o sujeito. A esse respeito, sustenta: "Acredito que o fracasso dos grandes sistemas teóricos para abordar a análise política atual nos conduz agora a uma espécie de empirismo que talvez não seja muito glorioso: o empirismo dos historiadores" (**DE3**, 377). • Desse ponto de vista, Foucault lamenta que o marxismo oficial tenha descuidado a importância que tem em Marx a questão do corpo e tenha privilegiado o conceito de ideologia (**DE2**, 756). • Na França, existiu uma tendência do marxismo acadêmico que consistia em buscar de que maneira as condições econômicas podiam se refletir na consciência dos sujeitos e encontrar ali sua expressão. Desse modo, supunha-se que o sujeito humano, o sujeito de conhecimento e as formas de conhecimento estavam dados com anterioridade e de maneira definitiva, e que as condições econômicas eram impressas neles (**DE2**, 538). Para Foucault, no entanto, trata-se de mostrar a constituição histórica do sujeito de conhecimento através do discurso considerado como uma estratégia que faz parte das práticas sociais (**DE2**, 540). • Na mesma linha situam-se as diferenças entre as problemáticas marxista e foucaultiana da história das ciências. "O marxismo do pós-guerra se apresentava como uma teoria geral do caráter científico da ciência, como um tribunal que podia discriminar o que pertencia à ciência e o que pertencia à ideologia. A questão que o marxismo colocava era: 'Em que medida o marxismo, ao reconstruir com seus esquemas uma história da sociedade, pode dar conta da história das ciências, do nascimento e desenvolvimento da matemática, da física teórica etc.?'" (**DE4**, 53). Sob a influência de Nietzsche, Foucault coloca a questão em termos totalmente diferentes, isto é, em termos de uma história da verdade. Ver: *História, Humanismo, Sujeito*.

Poder. Não se pode fazer uma distinção absoluta entre o marxismo teórico e o marxismo como realidade política: "O marxismo enquanto ciência (na medida em que se trata de uma ciência da história, de uma história da humanidade) é uma dinâmica com efeitos coercitivos em relação a certa verdade" (**DE3**, 600). Consequentemente, segundo Foucault, o marxismo não poderia ter existido sem o Estado e o partido. Antes da Revolução Francesa, os Estados se fundavam na religião; depois, fundaram-se, em vez disso, na filosofia (**DE3**, 601). Por isso, Foucault questiona o marxismo, em última instância, a partir de seu funcionamento na sociedade moderna, isto é, do ponto de vista do poder, e não só a partir de suas concepções da história e do sujeito, mesmo que esses três elementos – é necessário destacar – estejam estreitamente vinculados. A esse respeito, é importante fazer três observações: 1) Marx pertence ao século XIX e suas análises históricas funcionam nesse marco temporal; por essa razão, seria necessário atenuar o alcance das relações de poder que se fundam no caráter profético de Marx. 2) A existência do marxismo ligada à presença de um partido comunista fez com que determinados problemas tenham desaparecido de seu horizonte teórico. Nesse sentido, também há que incluir aqueles problemas que têm sido vistos de relance (como a medicina, a sexualidade ou a loucura) para moderar os efeitos de poder do marxismo. 3) Também é necessário vincular esses problemas aos movimentos sociais nos quais encontram sua expressão. Os partidos, por suas próprias dinâmicas de poder, têm tendência a ignorar esses problemas (**DE3**, 602-603). Nesse sentido, e em relação ao desinteresse do marxismo pela questão do corpo, Foucault estima que o movimento de 1968 foi sobretudo antimarxista (**DE2**, 756). Acerca das diferenças entre Foucault e o marxismo com relação à análise do poder, ver: *Poder*.

Ciência, contraciências humanas. "Penso que o marxismo, a psicanálise e a etnologia têm uma função crítica no que se refere às chamadas ciências humanas e, nesse sentido, são contraciências. Mas, repito, são contraciências humanas. Não há nada no marxismo ou na psicanálise que nos autorize a chamá-los de contraciências, se entendemos por ciências a matemática ou a física. Não, não vejo por que deveríamos chamar de ciências o marxismo e a psicanálise" (**DE2**, 169). • Para o genealogista, a objeção que deve ser feita ao marxismo concerne à pretensão de ser uma ciência. "E eu diria: 'quando os vejo esforçarem-se para estabelecer que o marxismo é uma ciência, não os vejo, para dizer a verdade, em vias de demonstrar de uma vez por todas que o marxismo tem uma estrutura racional e que suas proposições, portanto, provêm de procedimentos de verificação. Vejo-os, em primeiro lugar e acima de tudo, em vias de fazer outra coisa. Vejo-os em vias de vincular o discurso marxista [...] aos efeitos de poder que o Ocidente, desde a Idade Média até agora, concedeu à ciência e reservou àqueles que têm um discurso científico'" (**IDS**, 11).

Economicismo. Na concepção marxista do poder subjaz certo economicismo. Para sermos mais precisos, Foucault fala da funcionalidade econômica do poder para o marxismo. O poder tem como função essencial manter as relações de produção e a dominação de uma classe, possibilitada pelo desenvolvimento das modalidades de produção e das formas de apropriação das forças produtivas (**IDS**, 14). A análise foucaultiana do poder quer desprender-se desse economicismo. Ver: *Poder*.

Ruptura epistêmica. O marxismo não introduz nenhuma ruptura na disposição epistêmica do século XIX (**MC**, 274). Ver: *Marx*.

Luta. "O que me assombra na maioria dos textos, senão de Marx, ao menos dos marxistas, é que quando se fala de luta de classes deixa-se no silêncio (salvo talvez no caso de Trotsky) o que se entende por 'luta'" (**DE3**, 310).

225. MASTURBAÇÃO / Masturbation

A aula de 5 de março do curso *Les Anormaux* é dedicada à grande cruzada do século XIX contra a masturbação. Quais são as razões do surgimento dessa grande cruzada? Como em outros textos do mesmo período, Foucault coloca em dúvida a explicação mais difundida, que ele, no primeiro volume de *Histoire de la sexualité, La Volonté de savoir*, denomina "hipótese repressiva" e que remete a Jos Van Ussel (*A repressão sexual*) e a Marcuse. A campanha contra a masturbação seria, de acordo com essa hipótese, uma consequência da formação da sociedade capitalista, da necessidade de adaptar, através da família, as condutas sexuais dos indivíduos às necessidades das novas formas de produção. Em poucas palavras, a campanha contra a masturbação responderia à necessidade de contar com uma população saudável e numerosa. Pois bem, além da essência negativa do poder que circula por essa explicação, Foucault observa que ela não explicita por que se focaliza na masturbação e não em outras práticas sexuais, ou simplesmente na sexualidade em geral. Tampouco nos permite compreender por que se concentra nas crianças e não nos adolescentes, nem – e esse aspecto é mais interessante – por que se trata de um discurso dirigido às famílias burguesas e não às proletárias. Para Foucault, é necessário não só analisar o poder em seus efeitos positivos (na medida em que individualiza, define o sujeito, identifica); é necessário, além disso, enfocar a cruzada contra a masturbação a partir de suas táticas: somatização e desculpabilização ética, em torno das quais se constituiu a família nuclear burguesa (**AN**, 217-224). Ver: *Família*.

Aphrodísia. Na ética grega clássica dos *aphrodísia* a masturbação era uma atividade sem importância, própria dos escravos: "Um homem livre não teria a ideia de fazê-lo"; a respeito, poder-se-ia falar de uma subssexualidade (**SV**, 68). Ver: *Aphrodísia*.

226. MATERIALISMO / Matérialisme

A uma pergunta sobre a função do materialismo dialético, Foucault responde: "É uma pergunta difícil. No sentido pleno e forte da expressão 'materialismo dialético', isto é, interpretação da história, filosofia, metodologia científica e política, não serviu para muito. Já viu algum cientista utilizar o materialismo dialético? [...] O materialismo dialético é um significante universal cujas utilizações políticas e polêmicas são importantes. É uma marca, mas não acredito que seja um instrumento positivo" (**DE2**, 808).

227. MEDICALIZAÇÃO / Médicalisation

O exercício moderno do poder é, para Foucault, em grande medida da ordem da normalização dos indivíduos e das populações. Ver: *Norma*. A medicina desempenhou e desempenha um papel fundamental na formação dessa modalidade de exercício do poder. Mediante os conceitos de normalidade e anormalidade, a medicina inventou uma sociedade que funciona em torno da norma e não da lei ou dos códigos jurídicos (**DE3**, 50). A partir do século XVIII, as condutas, os comportamentos e o corpo humano integram-se a um sistema de funcionamento da medicina que é cada vez mais vasto e que excede a questão das enfermidades. O termo "medicalização" faz referência a esse processo, que se caracteriza pela função política da medicina e pela extensão indefinida e sem limites da intervenção do saber médico. • Pode-se descrever o Império Romano de Constantino I dizendo que, pela primeira vez no mundo do Mediterrâneo, o Estado se atribui como tarefa ocupar-se das almas. Desde Constantino I até as teocracias do século XVIII, a salvação das almas constituiu um dos objetivos fundamentais da intervenção política. A partir de um processo que se inicia em fins do século XVIII, assistimos na atualidade à formação de uma somatocracia: uma das finalidades da intervenção do Estado é o cuidado do corpo, a saúde corporal, a relação entre a enfermidade e a saúde (**DE3**, 43). • Pode-se resumir o processo de medicalização das sociedades ocidentais modernas da seguinte maneira: 1) Em fins do século XVIII, forma-se uma nova nosopolítica. Não se trata, no entanto, de uma intervenção vertical e uniforme do Estado na prática da medicina, mas do surgimento do problema da saúde em diferentes pontos do corpo social. Essa problematização generalizada da saúde responde, por um lado, ao deslocamento dessa questão [da saúde] em relação às técnicas de assistência. Com efeito, no século XVIII a enfermidade e a pobreza se separam. Até então, exceto no caso das epidemias, o Estado encarregava-se das enfermidades através da assistência aos pobres. No século XVIII, no entanto, a sacralização da pobreza é substituída pela análise econômica da ociosidade. Ver: *Loucura*. Nesse deslocamento, as enfermidades aparecerão como um problema específico. Por outro lado, a formação da nosopolítica inscreve-se no processo mais geral que tem lugar a propósito da "ciência da polícia". Ver: *Polícia*. Através dessa tecnologia política ligada à razão de Estado, a população se converte em um problema político. Segundo Foucault, as competências tradicionais do Estado eram a guerra e a paz, isto é, a preservação da paz e da justiça; a seguir, foram acrescentadas a elas, a partir da Idade Média, a manutenção da ordem e a organização da riqueza. No século XVIII, aparece uma nova função: o acondicionamento da sociedade como meio de bem-estar físico, saúde e longevidade. Dessa perspectiva, o grande problema que as sociedades modernas levantam não é, para Foucault, a acumulação do capital, mas a acumulação dos homens, isto é, o problema da população. 2) A nova nosopolítica de fins do século XVIII caracteriza-se pela medicalização privilegiada das crianças e das famílias e pela preeminência da higiene e do funcionamento da medicina como instância de controle social. Por um lado, a família ou, mais precisamente, o complexo família-filhos converte-se na primeira instância de medicalização dos indivíduos. Por outro lado, a medicina como técnica geral da saúde (não só como ciência das enfermidades e arte da cura) ocupa um lugar cada vez mais importante nos mecanismos administrativos e de governo do Estado. Foucault desenvolve cada um desses temas em "La politique de la santé au XVIIIe siècle" (**DE3**, 13-27). 3) Com relação à evolução da medicalização no século XX, nosso autor toma como data simbólica para a análise o ano de 1942, quando se elaborou na Inglaterra o plano Beveridge de organização estatal de políticas da saúde. Aqui, o problema da saúde não se reduz à necessidade de manter a força física nacional como capacidade de trabalho e de guerra. O direito individual à saúde se converte em um problema de Estado. 4) Consequentemente, a moral da higiene do século XIX é substituída pela problemática do direito à saúde e à enfermidade. O direito de interromper o trabalho torna-se mais importante que a obrigação da higiene. 5) A saúde ingressa no campo da macroeconomia. A atenção aos problemas de saúde exige uma política de redistribuição de renda. 6) A saúde se converte em um verdadeiro objeto das lutas políticas. Nesse sentido, as décadas de 1940-1950 constituem um período de referência (**DE3**, 42). Foucault assinala duas consequências desse processo. Em primeiro lugar, modifica-se a incidência do risco médico, isto é, a relação entre os efeitos positivos e negativos da medicina. Se antes os efeitos negativos da medicina diziam respeito ao indivíduo e, no máximo, à sua descendência, com o auge da genética o conjunto dos processos vitais se torna um campo de intervenção da medicina. Nasce, desse modo, uma bio-história. Em segundo lugar, aparece a medicalização indefinida: a medicina se impõe aos indivíduos como um ato de autoridade; seu domínio de intervenção já não concerne apenas às enfermidades, mas estende-se à vida em geral. "Hoje a medicina está dotada de um poder autoritário, com funções de normalização que vão além da existência das enfermidades e da demanda do enfermo" (**DE3**, 50). Por outro lado, no marco dessa intervenção ampliada da medicina, a saúde se converte em um bem de consumo (**DE3**, 54). Foucault aborda detalhadamente essas questões em "Crise de la médecine ou crise de l'antimédecine?" (**DE3**, 40-58) e "La naissance de la médecine sociale" (**DE3**, 207-228).

Bio-história. O médico e o biólogo já não trabalham no plano do indivíduo e de sua descendência, mas no dos fenômenos globais da vida, no plano da própria vida. Segundo Foucault, essa possibilidade de intervenção abre o capítulo da bio-história (**DE3**, 48).

Poder psiquiátrico. Em *Le Pouvoir psychiatrique*, Foucault mostra os esforços que a psiquiatria realizou para medicalizar sua prática. Ver: *Psiquiatria*.

228. MODERNIDADE / *Modernité*

É possível distinguir cinco sentidos do termo "Modernidade" em Foucault. Os dois primeiros concernem à Modernidade entendida como um período histórico. Se levamos em consideração *Histoire de la folie à l'âge classique*, *Les Mots et les choses* ou *Surveiller et punir*, a Modernidade começa em fins do século XVIII e se estende até nossos dias (**MC**, 13, 15). Do ponto de vista político, começa com a Revolução Francesa; a partir do filosófico, com Kant. O período que vai desde o Renascimento até fins do século XVIII constitui a Época Clássica. Ver: Época Clássica. Em *L'Herméneutique du sujet*, por sua vez, a Modernidade começa com Descartes; nesse caso, então, inclui o que nas obras precedentes é a Época Clássica (**HS**, 19). Outros dois sentidos do termo "Modernidade" têm a ver com o histórico-filosófico de Foucault. Até a publicação dos volumes segundo e terceiro de *Histoire de la sexualité*, em 1984, seus livros estabelecem como campo de trabalho a Época Clássica e a Modernidade. Por exemplo, embora *Histoire de la folie à l'âge classique* comece com a história da loucura no Renascimento, a maior parte é dedicada aos séculos XVII e XVIII. *Les Mots et les choses* também começa com o Renascimento, mas descreve as epistemes clássica (séculos XVII e XVIII) e moderna (séculos XIX e XX). *Surveiller et punir* ocupa-se da história da tecnologia do castigo a partir de fins do século XVIII. Pois bem, do ponto de vista da episteme, em *Les Mots et les choses* a Modernidade é equivalente à época do homem, do sonho antropológico, da analítica da finitude e das ciências humanas (**MC**, 329-330). Ver: *Homem*. Trata-se, como vemos, de uma determinação epistémica da Modernidade. A partir de *Surveiller et punir* e do primeiro volume de *Histoire de la sexualité*, *La Volonté de savoir*, encontramos outra caracterização da Modernidade baseada nas formas de exercício do poder. Aqui, a Modernidade equivale à época da normalização, isto é, de um poder que se exerce como disciplina, sobre os indivíduos, e como biopolítica, sobre as populações. A Modernidade é, definitivamente, a época do biopoder. "O Iluminismo que descobriu a liberdade também inventou as disciplinas" (**SP**, 224). Ver: *Biopoder*, *Norma*. Embora, a rigor, a Modernidade como época do homem e a Modernidade como normalização correspondam às formas do saber e às formas de exercício do poder nos séculos XIX e XX, existe uma diferença importante na datação histórica desses dois sentidos do termo. Em *Les Mots et les choses*, a passagem da Época Clássica à Modernidade é pensada como ruptura, como corte mais ou menos abrupto; o homem é uma invenção da Modernidade. Em *Surveiller et punir*, ao contrário, a formação da disciplina e da biopolítica retrocede à Época Clássica; a transição, nesse caso, é antes da ordem da transformação que da ruptura. Por último, o quinto sentido que se pode atribuir ao termo "Modernidade" não tem a ver com uma época nem com uma caracterização, mas com uma atitude. Esse sentido aparece nos dois artigos escritos por ocasião do bicentenário da célebre resposta de Kant à questão "O que é o Iluminismo?" (**DE4**, 562-578 e **DE4**, 679-688). "Com referência ao texto de Kant, pergunto-me se não se pode considerar a Modernidade mais como uma atitude do que como um período da história. Com 'atitude' quero dizer um modo de relação com a atualidade, uma escolha voluntária que fazem alguns; enfim, uma maneira de pensar e sentir, também uma maneira de agir e se conduzir que marca um pertencimento e ao mesmo tempo se apresenta como uma tarefa. Algo próximo, sem dúvida, do que os gregos chamavam *éthos*" (**DE4**, 568). Ver: *Éthos*. • Acerca da análise da célebre resposta de Kant, da qual Foucault se ocupou não só nesses dois artigos, mas também nas primeiras aulas do curso *Le Gouvernement de soi et des autres*, ver: *Kant*. • Sobre a diferença entre os dois primeiros sentidos de "Modernidade" é necessário levar em conta que, no primeiro, a Modernidade filosófica começava com Kant; no segundo, com Descartes. Essa mudança tem a ver com a evolução da posição de Foucault quanto à questão do sujeito. Em *Les Mots et les choses*, ela é abordada de um ponto de vista epistémico, isto é, da perspectiva das condições de possibilidade dos saberes que chamamos em termos gerais de "ciências humanas". Foucault interessa-se aqui, então, pela formação e decomposição do homem como objeto e sujeito de conhecimento. Pois bem, por um lado, não só incorporará ao seu trabalho o estudo dos dispositivos de poder, particularmente a partir de *Surveiller et punir* (se bem que essa perspectiva de análise já se encontra em *Histoire de la folie à l'âge classique*), mas, para sermos mais precisos, também abordará a questão das relações entre as práticas discursivas, isto é, os saberes, e as práticas não discursivas. As formas concretas e efetivas de exercício do poder tornarão possíveis as formas do saber, e estas, por sua vez, reforçarão e sustentarão aquelas. O sujeito-objeto homem já não é apenas uma determinada disposição no campo do conhecimento, mas o produto do exercício das formas de poder e das formas de saber que com elas estão entrelaçadas. Para expressá-lo em outros termos: o sujeito se converte, nesse momento, em uma construção histórica das práticas em geral: práticas discursivas e práticas não discursivas. Ver: *Sujeito*. Por outro lado, depois de *Volonté de savoir*, começa a ocupar-se das práticas de formação da subjetividade na Antiguidade

Clássica e helenística (**DE4**, 225). Foucault remonta à Antiguidade para descrever as práticas de subjetivação, de formação da subjetividade. Nessas, o acesso do sujeito à verdade implica uma série muito variada e ampla de técnicas e exercícios. Ver: *Cuidado*. Dessa perspectiva, a Modernidade começa quando o acesso do sujeito à verdade está determinado apenas por exigências cognoscitivas. "Parece-me que aqui se localiza e adquire sentido o que chamei de 'momento cartesiano', sem que isso queira dizer que se trata de Descartes, ou que ele foi o inventor ou o primeiro a fazer isso" (**HS**, 19).

Filosofia moderna. "A filosofia moderna é aquela que tenta responder a pergunta colocada há dois séculos com tanta imprudência: 'O que é o Iluminismo?'" (**DE4**, 562). "Ter-se-ia que levar a cabo a genealogia, não tanto da noção de Modernidade, mas da Modernidade como questão" (**DE4**, 681).

Pós-Modernidade. "Ao que se chama 'pós-Modernidade'? Não estou a par" (**DE4**, 446).

229. MONTAIGNE, MICHEL DE (1533-1592)

Em *Histoire de la folie à l'âge classique,* Montaigne é citado como um representante da consciência crítica da loucura própria do Renascimento, isto é, daquela experiência em que a loucura e a razão intercambiam suas faces e suas linguagens. Ver: *Loucura*. Entre Montaigne e Descartes situa-se o surgimento da razão clássica ou – e este acontecimento contemporâneo é constitutivo daquela – a exclusão da loucura (**HF**, 68-70). • A afirmação de Montaigne de que há mais a fazer na interpretação das interpretações do que na interpretação das coisas define a situação da linguagem no Renascimento (**MC**, 55). • Para Foucault, seria necessário ler a obra de Montaigne a partir da perspectiva de uma estética e uma ética de si mesmo (**HS**, 240; **QQC**, 161). **Conduta.** Foucault situa na época de Montaigne, em suas obras, a introdução do conceito de conduta (**STP**, 196). Ver: *Conduta*.

230. **NAZISMO** / *Nazisme*

A reinscrição do conceito de raça no Estado moderno passa por uma transformação biologicista. A raça é a raça biológica. Essa noção tornou possível, por um lado, estabelecer no *continuum* biológico da espécie humana uma ruptura entre quem deve viver e quem não, e, por outro, efetuar uma seleção: a morte do outro melhora minha vida. Encontramos aqui a reelaboração, também em termos biológicos, da ideia de guerra, exceto que nesse caso não se trata de vencer o adversário, mas de eliminar o perigo. O racismo foi utilizado, segundo a análise de Foucault, para justificar o genocídio colonialista, a guerra, as medidas contra a criminalidade. Devemos vê-lo, então, como algo muito mais profundo que uma velha tradição ou uma nova ideologia: algo ancorado na tecnologia moderna do poder (**HS1**, 197). "No final das contas, o nazismo é, com efeito, o desenvolvimento até o paroxismo dos novos mecanismos de poder que foram estabelecidos a partir do século XVIII" (**IDS**, 230-231). • Foucault põe em discussão as noções de nazismo e fascismo que surgem das análises marxistas: ditadura terrorista da fração mais reacionária da burguesia. O nazismo e o fascismo enquanto fenômenos históricos não teriam sido possíveis sem uma parte importante da população tivesse se encarregado das funções de repressão e de controle. O fenômeno do nazismo não pode, então, ser interpretado em termos de simples ditadura (**DE2**, 654).

Neoliberalismo. Em sua análise do neoliberalismo alemão, Foucault se detém na postura que seus representantes adotaram com relação à política e à história do Terceiro Reich. O nazismo se apresenta, com efeito, como o adversário necessário do liberalismo. Ver: *Liberalismo*.

Estado. Foucault é crítico das elaborações teóricas que, por diferentes caminhos, chegam a desenvolver uma teologia negativa do Estado em razão de um nexo necessário com o nazismo: "As críticas tradicionais à sociedade burguesa, as análises da burocracia, o tema do nazismo que todos temos em nossas cabeças, o tema do nazismo como revelador e ponto culminante de um desenvolvimento de alguma maneira natural do capitalismo, a teologia negativa do Estado como mal absoluto, a possibilidade de varrer, com uma mesma crítica, tanto o que acontece na União Soviética como o que ocorre nos Estados Unidos, os campos de concentração nazistas e as fichas da assistência social etc., tudo isso os senhores conhecem bem, e nessa série de giros teóricos forçados e analíticos do ordoliberalismo encontra-se, a meu ver, a origem" (**NB**, 119). Ver também: *Biopoder, Racismo*.

231. NIETZSCHE, FRIEDRICH (1844-1900)

Quase todo o pensamento de Foucault se desdobra em análises históricas, desde sua primeira grande obra, *Histoire de la folie à l'âge classique*, até a última, *Histoire de la sexualité*, passando por essa história da Modernidade que é *Les Mots et les choses* e pela história do suplício e da disciplina que é *Surveiller et punir*. Mas as suas não são histórias (no sentido tradicional do termo) das representações ou dos comportamentos. Às vezes, Foucault inclusive evita o termo "história" e, com maior precisão, fala de *arqueologia* dos saberes (especialmente das ciências humanas) e de *genealogia* do poder (do poder que direciona os corpos, isto é, a disciplina; do poder que governa as populações, ou seja, a biopolítica). O primeiro desses conceitos ("arqueologia") já havia sido utilizado por Kant e por Husserl para caracterizar certo tipo de história do conhecimento. O segundo ("genealogia") tem uma evidente raiz nietzschiana. • Em *L'Archéologie du savoir* não aparece sequer uma vez o nome de Hegel; mas seria néscio não notar que Foucault fala dele quando marca as diferenças entre sua arqueologia e a história tradicional das ideias. Com efeito, a arqueologia quer libertar-se da filosofia da história e das questões que esta coloca: a racionalidade e a teleologia do devir, a possibilidade de descobrir o sentido latente no passado ou na totalidade inacabada do presente (**AS**, 20). À totalidade e à continuidade da filosofia da história, Foucault opõe a descontinuidade e a dispersão. Para isso, forjará conceitos como "enunciado", "prática discursiva", "episteme" etc. No entanto, o alvo de Foucault não é Hegel em estado puro, e sim aquele hegelianismo francês denominado *hégélisme affolé* (hegelianismo enlouquecido), isto é, essa curiosa mescla de hegelianismo e fenomenologia que conhecemos, em grande parte, sob a etiqueta de existencialismo (assim, não era questão de Hegel e Husserl, mas antes de Sartre e Merleau-Ponty). Por isso, Foucault se distancia tanto da filosofia da história quanto da antropologia. Essas são, na realidade, as duas faces de uma mesma moeda (**AS**, 24). "É nesse panorama intelectual [hegelianismo, fenomenologia, existencialismo] que amadureceram minhas decisões: por um lado, não ser um historiador da filosofia como meus professores e, por outro, buscar algo completamente diferente do existencialismo: isso foi a leitura de Bataille e de Blanchot e, através deles, a de Nietzsche" (**DE4**, 48). No entanto, em *Les Mots et les choses* – e também em *L'Archéologie du savoir*, embora em menor medida – a análise está centrada demais na discursividade. De fato, fica difícil pensar a descontinuidade apenas a partir das práticas discursivas e por isso Foucault deve integrar então as práticas não discursivas. Isto é: referir o saber ao poder, e vice-versa. Em razão dessas dificuldades que a arqueologia encontra, Nietzsche e a genealogia redimensionam-se em seu pensamento. A partir de então, Nietzsche representa a referência filosófica fundamental quanto à maneira de conceber a relação entre a história e o sujeito, e entre a história e o poder (**DE2**, 542). "Nietzsche é quem colocou o poder como objetivo essencial do discurso, digamos, filosófico, enquanto para Marx era a relação de produção" (**DE2**, 753). • Pois bem, como acontece com outros autores (com Heidegger, por exemplo), essa relação fundamental nem sempre é explícita. "Com relação à influência efetiva que Nietzsche teve sobre mim, acharia muito difícil precisá-la, porque percebo o quanto foi profunda. Digo-lhes apenas que fui ideologicamente 'historicista' e hegeliano até ler Nietzsche" (**DE1**, 613). "Dei cursos sobre Nietzsche, mas escrevi muito pouco sobre ele. A única homenagem um pouco ruidosa que lhe rendi foi dar o título de *La Volonté de savoir* ao [primeiro] volume de *Histoire de la sexualité*" (**DE4**, 444). Com efeito, o estilo de Foucault, ao tratar dos autores que foram fundamentais para ele, não se dá pela citação documentada, mas pela apropriação. • Em todo caso, a obra de Nietzsche assinala o lugar de seu pertencimento à filosofia. "Trato de realizar um diagnóstico do presente: dizer o que somos hoje e o que significa hoje dizer o que somos. Esse trabalho de escavação sob nossos pés caracteriza, desde Nietzsche, o pensamento contemporâneo. Nesse sentido, posso me declarar filósofo" (**DE1**, 606). Ver: *Diagnosticar*. • Nessa relação nem sempre explícita entre Foucault e Nietzsche, as principais referências que encontramos em seus escritos ocupam-se dos temas a seguir.

Interpretação. A apresentação de Foucault no Colóquio de Royaumont, em julho de 1964, foi consagrada às técnicas de interpretação em Marx, Nietzsche e Freud (**DE1**, 564-579). Ali, Foucault destaca o caráter inacabado da interpretação moderna (**DE1**, 570). Ver: *Interpretação*.

Genealogia, história. Em "Nietzsche, la généalogie, l'histoire" (**DE2**, 136-156), o único texto que dedicou inteiro a Nietzsche, Foucault coloca três perguntas: 1) "Como diferenciar a genealogia da busca da origem?"; 2) "Que relação existe entre a genealogia e a história?"; e 3) "É possível uma genealogia da história?". A primeira poderia ser reformulada nestes termos: O que significa *arché* na arqueologia? A resposta de Foucault passa por opor o uso que Nietzsche faz dos termos "*Ursprung*" (origem), por um lado, e "*Herkunft*" (proveniência) e "*Entstehung*" (surgimento), por outro. A busca da origem equivaleria a indagar a essência exata das coisas em sua identidade imóvel. Desse modo, a história se converteria em metafísica. O genealogista, em vez disso, conduz a história na direção oposta: em direção ao externo e ao acidental, às diferenças e às peripécias. Vê a essência das coisas como máscaras: por trás de cada coisa há outra ou outras; e, por assim dizer, abandona qualquer reelaboração filosófica do mito do pecado original. Não acredita que no princípio, na origem, tudo se achava em estado de perfeição (tal como havia saído das mãos do criador) e que a história começou com a queda. O genealogista não busca a origem. Por um lado, concentra-se na proveniência: dissocia as identidades (no caso de Foucault, sobretudo a do sujeito), perscruta os acidentes, os cálculos, os erros a partir dos quais se formou com o tempo uma identidade. A genealogia é, segundo a expressão de Foucault, a articulação do corpo e da história. A verdade aparece, então, como a afirmação de um modo de vida. Por outro lado, o genealogista busca a emergência das identidades e das essências, investiga como surgem a partir do jogo aleatório das dominações. O olho, antes de aparecer como consagrado à contemplação, esteve destinado à caça e à guerra; o castigo esteve destinado à vingança antes de ser empregado para a readaptação. Em termos nietzschianos, a questão da proveniência remete à qualidade de um instinto, de uma força; à emergência, à luta. "A humanidade não progride lentamente de combate em combate até a reciprocidade universal, momento em que as regras substituirão para sempre a guerra; ao contrário, instala cada uma dessas violências em um sistema de regras e assim vai, de dominação em dominação" (**DE2**, 145).

Conhecimento, vontade, instinto. O curso dos anos 1970-1971 no Collège de France foi dedicado à vontade de saber. Mais precisamente, Foucault contrapõe os modelos aristotélico e nietzschiano das relações entre conhecimento e vontade. Em Aristóteles, o desejo de conhecer supõe a relação prévia entre o conhecimento, a verdade e o prazer. Em Nietzsche, em vez disso, "o conhecimento é uma invenção"; por trás dele, há outra coisa: instintos, impulsos, desejos, vontade de apropriação (**DE2**, 243). "Esse modelo de um conhecimento fundamentalmente interessado, produzido como acontecimento do querer e que determina por falseamento o efeito de verdade, é, sem dúvida, o mais afastado dos postulados da metafísica clássica" (**DE2**, 244). A relação entre o conhecimento e a vontade é retomada por Foucault na primeira de uma série de conferências ditadas na Pontifícia Universidade Católica do Rio de Janeiro, em 1973, com o título "La vérité et les formes juridiques" (**DE2**, 538-553). "O conhecimento é simplesmente resultado do jogo, do enfrentamento, do encontro, da luta e do compromisso entre os instintos. Porque os instintos se encontram, se enfrentam e chegam ao fim de suas batalhas, a um compromisso, por isso se produz algo. Esse algo é o conhecimento" (**DE2**, 544-545). • E, a propósito da natureza do conhecimento, Foucault não só opõe Aristóteles a Nietzsche, mas também Nietzsche a Kant. Com efeito, à diferença desse último, para Nietzsche o conhecimento é uma invenção, e por isso a relação do conhecimento com as coisas é de total heterogeneidade. "Em termos kantianos mais rigorosos, haveria que dizer que as condições da experiência e as condições do objeto da experiência são totalmente heterogêneas" (**DE2**, 546).

Loucura. Para Foucault, a loucura se faz sentir na obra de Nietzsche (como também na de Hölderlin, Nerval ou Artaud), essa voz que, depois do Renascimento, foi silenciada pela razão clássica e depois aprisionada na linguagem da psiquiatria e da psicologia (**MMPS**, 104). Ver: *Loucura*.

Morte do homem. Em *Les Mots et les choses*, a figura de Nietzsche aparece vinculada aos dois elementos fundamentais e complementares da episteme moderna: o retorno do ser da linguagem e a morte do homem. Ver: *Homem, Linguagem*. "Em todo caso, Nietzsche extinguiu para nós, e antes que tivéssemos nascido, as promessas mescladas da dialética e da antropologia" (**MC**, 275).

Poder. Foucault estudou detidamente duas formas modernas do poder: a disciplina e o biopoder. Dos cursos ministrados no Collège de France, há dois que se ocupam sobretudo desses temas. *Les Anormaux* analisa a disciplina, as práticas não discursivas (os sistemas penais modernos, as instituições pedagógicas) que estão na base das ciências humanas, particularmente da psiquiatria e da psicologia. Já em *"Il faut défendre la société"* ocupa-se da genealogia do biopoder. Foucault não questiona o que é o poder, mas como funciona. Para abordar a questão põe em jogo o que denomina "hipótese Nietzsche", que ele contrapõe à "hipótese Reich". Trata-se de pensar o poder em termos de dominação e de luta, em lugar de fazê-lo a partir do conceito de repressão. Esse curso é de extremo interesse porque propõe uma crítica da filosofia da história e, portanto, da dialética, a partir da questão do poder (**IDS**, 50-53). • A crítica da hipótese repressiva (que também ocupa grande parte do primeiro volume de *Histoire de la sexualité, La Volonté de savoir*) implica uma ruptura da tríade que Foucault apresenta em sua intervenção no Colóquio de Royaumont, intitulada "Nietzsche, Freud, Marx". A "hipótese Nietzsche" é, com efeito, apresentada como alternativa ao freudo-marxismo. Ver: *Poder*.

Nietzschianismo. A modo de conclusão, poderíamos nos perguntar se Foucault é um capítulo da história do nietzschianismo. Grande parte de seu trabalho pode, com todo direito, fazer parte dessa história. A influência de Nietzsche, como afirma o próprio Foucault, foi tão profunda que é difícil delimitá-la com precisão. Mas seria um erro pensar que a relação entre ambos se esgota nas coincidências ou nas continuidades. Em todo caso, em primeiro lugar é necessário ter presente que o interesse de Foucault centra-se nos textos de Nietzsche da década de 1880, isto é, aqueles nos quais aparece como problema a história e a verdade, e também a vontade de verdade. Não acontece o mesmo com a problemática da vontade de potência (**DE4**, 444-445). Em segundo lugar, convém distinguir, para dizê-lo de algum modo, o trabalho genealógico sobre a análise histórica e o trabalho sobre a política – ou, no caso de Foucault, sobre a ético-política – que se segue dessa análise histórica. A respeito do primeiro, embora a metodologia de Foucault se inscreva na linha da genealogia nietzschiana, os resultados não são idênticos, a propósito de alguns temas fundamentais, como a situação e o sentido do cristianismo. "Sim, acredito que Nietzsche se equivocou ao atribuir isso [termo-nos convertido em criaturas capazes de prometer] ao cristianismo, por tudo o que sabemos da evolução da moral pagã desde o século IV a.C. até o século IV d.C." (**DE4**, 406). Em relação à ético-política implícita nessas análises ou que se depreende delas, a noção foucaultiana de constituição da subjetividade como estética da existência dificilmente poderia inscrever-se na filosofia nietzschiana do super-homem ou do eterno retorno. Para notá-lo basta pensar, por exemplo, na noção foucaultiana de liberdade. Ver: *Liberdade*. Mas, em um sentido mais amplo, embora Foucault se sirva da "hipótese Nietzsche", sua posição acerca do poder termina por diferenciar-se da dele. "O poder, no fundo, é menos da ordem do enfrentamento entre dois adversários ou do compromisso de um frente ao outro do que da ordem do governo. [...] O modo de relação próprio do poder não haveria que buscá-lo, então, do lado da violência e da luta, nem do lado do contrato ou do nexo voluntário (que, no máximo, só podem ser instrumentos), mas do lado do modo de ação singular, nem guerreiro nem jurídico, que é o governo" (**DE4**, 237).

Ascetismo. Foucault se distancia também de Nietzsche na hora de analisar a relação entre o cristianismo e o mundo pagão que o precedeu. O que diferencia o ascetismo cristão das vertentes prévias não é o estabelecimento de um código restritivo, mas a relação com o outro mundo e o princípio de obediência (**CV**, 294).

232. NORMA, NORMALIDADE, NORMALIZAÇÃO /
Norme, Normalité, Normalisation

A análise foucaultiana do poder está centrada em seu funcionamento. Ver: *Biopoder*, *Biopolítica*, *Disciplina*, *Poder*. Dessa perspectiva, Foucault sustenta que, para abordar a questão do poder, é necessário deixar de lado os conceitos tradicionais de lei ou soberania, assim como a noção de repressão, que só oferece uma representação negativa de seus mecanismos. Para Foucault, o poder, em sua forma moderna, exerce-se cada vez mais em um domínio que não é o da lei, mas o da norma, e, por outro lado, não se limita a reprimir uma individualidade ou uma natureza já dada, mas, com efeito, a constitui, a forma. Foucault distingue duas modalidades fundamentais de exercício do poder nas sociedades ocidentais e modernas: a disciplina e a biopolítica, isto é, o poder que tem como objetivo os indivíduos e o que se exerce sobre as populações. Disciplina e biopolítica são os eixos que conformam o biopoder, o qual define o verdadeiro objeto do poder moderno, isto é, a vida considerada em termos biológicos. O conceito de normalização refere-se a esse processo de regulação da vida dos indivíduos e das populações. Nesse sentido, as nossas são sociedades de normalização (**IDS**, 225). • As sociedades modernas não são simplesmente sociedades de disciplinarização, mas de normalização. *Surveiller et punir* pode dar lugar a uma interpretação reducionista, feita apenas em termos de disciplina. Mas é necessário completar a análise com *La Volonté de savoir*, primeiro volume de *Histoire de la sexualité*, e com os cursos *"Il faut défendre la société"* e *Les Anormaux*, os dois ministrados no Collège de France. Ali, Foucault ocupa-se do outro eixo do biopoder: o poder ao nível da população e da raça. Mostra, além disso, como se articulam a disciplina e a biopolítica. Ver: *Disciplina, Biopolítica*. • É necessário destacar que a descrição foucaultiana se refere a uma sociedade de normalização, não a uma sociedade normalizada. A normalização descreve o funcionamento e a finalidade do poder. Porém, mesmo que a realização desse objetivo tenha alcançado uma extensão notável, nem por isso é hegemônica; sempre precisa enfrentar os movimentos de luta e os questionamentos. Ver: *Luta*. A filosofia, no sentido em que Foucault a entende, cumpre uma função de antinormalização.

Lei e norma. Foucault estabelece cinco diferenças fundamentais entre a norma e a lei: 1) A norma remete os atos e as condutas dos indivíduos a um domínio que é, ao mesmo tempo, um campo de comparação, de diferenciação e de regra a ser seguida (a média das condutas e dos comportamentos). A lei, por sua vez, remete as condutas individuais a um corpus de códigos e textos. 2) A norma diferencia os indivíduos em relação a esse domínio, considerado como um umbral, uma média, um *optimum* que há que alcançar. A lei especifica os atos individuais do ponto de vista dos códigos. 3) A norma mede em termos quantitativos e hierarquiza em termos de valor as capacidades dos indivíduos. A lei, por sua vez, qualifica os atos individuais como permitidos ou proibidos. 4) A norma, a partir da valoração das condutas, impõe uma conformidade que deve ser alcançada; busca homogeneizar. A lei, a partir da separação entre o permitido e o proibido, persegue a condenação. 5) Por último, a norma traça a fronteira do que lhe é exterior (a diferença com relação a todas as diferenças): a anormalidade. A lei, em vez disso, não tem exterior: as condutas são simplesmente aceitáveis ou condenáveis, mas sempre dentro da lei (**SP**, 185). "Convertemo-nos em uma sociedade essencialmente articulada em torno da norma, o que implica outro sistema de vigilância, de controle. Uma visibilidade incessante, uma classificação permanente dos indivíduos, uma hierarquização, uma qualificação, o estabelecimento de limites, uma exigência de diagnóstico. A norma se converte no critério de divisão dos indivíduos. Assim que uma sociedade da norma é constituída, a medicina, enquanto ciência por excelência do normal e do patológico, torna-se a ciência rainha" (**DE3**, 75-76). O conceito de norma é, por isso, um conceito político, portador de uma pretensão de poder (**AN**, 46). Nas sociedades modernas, a lei funciona cada vez mais integrada à norma, e o sistema jurídico, ao médico (**HS1**, 189-190). • Já na lição de 28 de março de 1973 de *La Société punitive*, última desse curso, Foucault esboça uma contraposição entre o poder de soberania e o poder de normalização. Sustenta que no século XIX "o poder não se manifesta mais pela violência de sua cerimônia, mas se exerce através da normalização, do hábito, da disciplina" (**LSP**, 243).

Medicina, psiquiatria, psicanálise. A sociedade de normalização coincide com a formação do Estado governamentalizado, isto é, com uma maneira de exercer o poder que depende estreitamente do saber ou, mais precisamente, daquela forma em que os mecanismos do poder e do saber se sustentam e reforçam mutuamente. Foucault insiste na função de normalização desempenhada pelos saberes: a medicina, a psiquiatria, a psicanálise, a psicologia. • Sobre a função da medicina, ver: *Medicalização*. A sociedade de normalização é sobretudo uma sociedade medicalizada. • "O eugenismo tem sido uma tecnologia do instinto, desde seus fundadores até Hitler. Do outro lado, os senhores têm, diante do eugenismo, a outra grande tecnologia dos instintos, o outro grande meio que foi proposto simultaneamente, com uma sincronia notável, a outra grande tecnologia de correção e de normalização da economia dos instintos que é a psicanálise. O eugenismo e a psicanálise são as duas grandes tecnologias armadas no fim do século XIX para dar apoio à psiquiatria no mundo dos instintos" (**AN**, 124). • Na nova psiquiatria que substitui a dos alienistas – a psiquiatria dominada pela noção de automatismo –, encontramos um duplo jogo da norma: a norma entendida como regra de conduta e a norma entendida como regularidade funcional. A primeira se opõe à desordem, à excentricidade, ao desvio dos comportamentos. A segunda enfrenta o patológico, o mau funcionamento do organismo. Por causa desse jogo duplo da norma, a psiquiatria encontrará seu ponto de ancoragem na medicina orgânica por meio da neurologia. O anormal na ordem das condutas será referido ao anormal na ordem do organismo (**AN**, 149-150).

Racismo. "O racismo é a condição de aceitabilidade da condenação à morte em uma sociedade de normalização" (**IDS**, 228). Ver: *Racismo*.

Sexualidade. A importância da sexualidade para Foucault está em que o sexo se localiza ali onde se entrecruzam o eixo das disciplinas e o eixo da biopolítica (**HS1**, 191-192). Ver: *Sexualidade*.

Democracia. O sistema democrático moderno, com suas garantias de direitos individuais, apoia-se, para funcionar, em um sistema exaustivo de mecanismos de controle e normalização (**SP**, 223-224). O poder é exercido entre esses dois limites: o direito da soberania e a mecânica das disciplinas (**IDS**, 34).

Ciências humanas. Em *Les Mots et les choses,* o conceito de norma aparece, junto ao de função, como um dos modelos constitutivos das ciências humanas. Ver: *Homem*.

Normação, normalização. Quanto à função da norma nos dispositivos de segurança e nos disciplinares, Foucault distingue a normalização propriamente dita da normação (**STP**, 59). Ver: *Dispositivo*.

Instituições de sequestro. As instituições de sequestro são instituições de normalização (**LSP**, 220). Ver: *Instituições de sequestro*.

233. NOSOPOLÍTICA / *Noso-politique*

Não existe nenhuma sociedade que não tenha estabelecido uma nosopolítica. Nas sociedades modernas, a nosopolítica constitui a estratégia geral na qual se inscrevem tanto a medicina estatal como a privada (**DE3**, 14). Ver: *Medicalização*.

234. OBEDIÊNCIA / Obéissance

Foucault presta particular atenção à função da obediência na formação da espiritualidade cenobítica, isto é, no poder pastoral. À diferença dos gregos, para quem era um meio para alcançar um determinado fim, para a espiritualidade cenobítica a obediência é uma virtude, um fim em si mesmo (**DE4**, 145-146). "O cristianismo grego chamou *apátheia* a esse estado de obediência. E a evolução do sentido do termo é significativa. Na filosofia grega, *apátheia* designa o império que o indivíduo exerce sobre suas paixões graças ao exercício da razão. No pensamento cristão, o *páthos* é a vontade exercida pelo indivíduo sobre si e para si. A *apátheia* nos libera dessa obstinação" (**DE4**, 146).

Poder pastoral, *parresia*. A questão da obediência é, para Foucault, um dos traços definidores do poder pastoral. Ver: *Poder pastoral*. A especificidade cristã do princípio de obediência é abordada na última parte do curso de 1984, *Le Courage de la vérité*, para mostrar a evolução da noção de *parresia*. Ver: *Parresia*. Para Foucault, a *parresia* cristã se distingue de suas formas precedentes pela introdução do princípio de obediência, entendido como submissão total do indivíduo à vontade do outro (**CV**, 293).

Direção. Foucault ocupou-se da obediência como forma e finalidade da direção de consciência na cultura monástica especialmente no capítulo "L'art des arts", de *Les Aveux de la chair* (**HS4**, 106-145). A obediência exata do discípulo ao mestre constitui uma das especificidades do cristianismo (**HS4**, 121). Ver: *Carne*.

235. ONTOLOGIA DO PRESENTE, ONTOLOGIA HISTÓRICA / Ontologie du présent, Ontologie historique

Foucault concebe seu trabalho filosófico como uma ontologia do presente ou uma ontologia histórica de nós mesmos. Ela tem três âmbitos de trabalho: os de nossas relações a) com a verdade (que nos permitem constituir-nos como sujeitos de conhecimento); b) com relação ao campo do poder (que nos constitui como sujeitos capazes de atuar sobre os outros); e c) com a moral (que nos constitui como sujeitos éticos) (**DE4**, 393, 618). Esses domínios, como vemos, têm correspondência com os períodos que costumam distinguir-se no trabalho de Foucault: arqueológico, genealógico e ético. • O sentido que se deve atribuir às expressões "ontologia histórica" e "ontologia do presente" (**DE4**, 687) é o que Foucault dá a seu trabalho filosófico: uma atividade de diagnóstico e um *éthos*, uma análise da constituição histórica de nossa subjetividade. Ver: *Diagnosticar, Éthos*. • Ademais, Foucault utiliza as expressões "ontologia da atualidade" (**DE4**, 688) e "ontologia crítica de nós mesmos" (**DE4**, 575). Esta última, como trabalho do indivíduo sobre si mesmo enquanto sujeito livre, faz referência à prova histórico-prática dos limites que somos capazes de transpor. • Esses conceitos são retomados na primeira lição do curso *Le Gouvernement de soi et des autres*. Ver: *Kant*. • "E no ponto de encontro da genealogia da subjetividade com a genealogia da atitude crítica, a análise da *parresia* forma parte do que poderíamos chamar de ontologia histórica de nós mesmos, já que, como seres humanos, somos capazes de dizer a verdade e transformar a nós mesmos, transformar nossos hábitos, nosso *éthos*, nossa sociedade, transformar a nós mesmos quando dizemos a verdade" (**DV**, 109).

P

236. PANÓPTICO / *Panoptique*

"O panoptismo é o princípio geral de uma nova 'anatomia política' cujo objeto e finalidade não são as relações de soberania, mas as relações de disciplina" (**SP**, 210). *Surveiller et punir* tem como subtítulo *Naissance de la prison*. A quarta e última parte da obra, de fato, está dedicada à formação do sistema carcerário ocidental. No entanto, o objetivo geral do livro não é analisar a prisão em si mesma, mas os mecanismos da disciplina, isto é, a tecnologia política ou anatomopolítica dos corpos. Nesse sentido, o nascimento da prisão deve ser situado no contexto do panoptismo geral da sociedade moderna. No início da exposição, Foucault opõe duas técnicas de castigo: o suplício e a disciplina. Em seguida, ocupa-se com muito detalhe desta última, à qual dedica a terceira parte da obra, cujo capítulo final trata do panoptismo. • "O panoptismo foi uma invenção tecnológica na ordem do poder, como a máquina de vapor no da produção" (**DE3**, 35). Para descrever essa invenção da tecnologia do poder, Foucault se serve da oposição entre o "modelo lepra" e o "modelo peste". O primeiro representa um modelo de exclusão; o segundo, ao contrário, concentra-se na distribuição dos indivíduos em um espaço quadriculado e na formação de um sistema de coleta de dados. Ver: *Lepra*. Esses dois modelos, embora aparentemente se oponham, não são incompatíveis (**SP**, 200-201). • O panóptico como modelo arquitetônico pode ser resumido da seguinte maneira: uma construção periférica em forma de anel com uma torre no centro. O edifício periférico está dividido em celas, cada uma com duas janelas, uma voltada para o exterior, por onde entra a luz, e outra voltada para a torre central. Esta, por sua vez, possui janelas que permitem olhar através das janelas interiores das celas. Basta colocar o vigilante na torre central para assegurar a vigilância daqueles que se encontram nas celas. O jogo da luminosidade assegura que esse vigilante possa ver sem ser visto. Em essência, o funcionamento do panóptico repousa nessa distribuição da visibilidade no espaço, na dissociação entre ver e ser visto. Desse modo, cada indivíduo localizado em sua cela, sem contato com aqueles que se encontram nas outras celas, se converte em objeto de informação sem ser nunca sujeito de comunicação. Levado ao limite, já que desde as celas é impossível ver se de fato alguém na torre central está vigiando, o panóptico poderia funcionar sem a existência de alguém que vigiasse. Por isso, o maior efeito do panóptico é induzir nos detentos um estado consciente e permanente de visibilidade. A vigilância se torna constante em seus efeitos, ainda que seja descontínua em seu exercício. Por esse mecanismo é que o torna visível, mas inverificável, o poder se automatiza e, ao mesmo tempo, se desindividualiza. Assim, "uma sujeição real nasce mecanicamente de uma relação fictícia" (**SP**, 204). • A Antiguidade foi uma sociedade do espetáculo; tratava-se de tornar visível à multidão um número pequeno de objetos. A Modernidade coloca o problema inverso: ela procura que um número pequeno possa ver a multidão (**SP**, 218). "Somos, por certo, menos gregos do que acreditamos" (**SP**, 219). • À diferença do modelo peste, o panóptico representa um modelo generalizável da disciplina (**SP**, 207). "O sonho de Bentham, o *Panopticon*, em que um único indivíduo poderia vigiar todo mundo, é, no fundo, acredito eu, o sonho ou, melhor dizendo, um dos sonhos da burguesia (porque ela sonhou muito). E a burguesia o realizou, talvez não na forma arquitetônica que Bentham propunha, mas é necessário lembrar o que Bentham dizia a propósito do *Panopticon*: 'É uma forma de arquitetura, mas sobretudo é uma forma de governo, uma maneira para o espírito de exercer o poder sobre o espírito'" (**DE2**, 437). • No século XIX assistimos a uma multiplicação das instituições disciplinares que seguiam o modelo benthamiano. Esse processo, no entanto, é o aspecto mais visível de outro, mais profundo, de reestruturação das disciplinas, que Foucault resume em três pontos: 1) *A inversão funcional das disciplinas*: antes, o objetivo das disciplinas era neutralizar os perigos; agora desempenham um papel positivo: acrescentar a utilidade possível dos indivíduos. 2) *A dispersão dos mecanismos disciplinares*: multiplicam-se as instituições panópticas, mas os mecanismos disciplinares tendem a "de-sinstitucionalizar-se". Os procedimentos disciplinares se disseminam na sociedade mediante centros de controle dispersos. 3) *A estatização dos mecanismos disciplinares*: constitui-se uma polícia centralizada e instrumentos de vigilância permanente e exaustiva (**SP**, 211-217). • Por sua vez, a formação da sociedade disciplinar, a sociedade panóptica, acontece no marco de determinados processos de amplo alcance. Em primeiro lugar, a disciplina se inscreve entre as técnicas para ordenar multiplicidades humanas (que perseguem o máximo de intensidade com o menor custo econômico e político). Se o desbloqueio econômico do Ocidente começou com a acumulação do capital, o desbloqueio político começou com a acumulação de homens. Em segundo lugar, embora as técnicas disciplinares não sejam o prolongamento das estruturas jurídico-políticas da sociedade, mas também não são de todo independentes (**SP**, 223); daí surge o paradoxo de Beccaria/Bentham. Beccaria subordina a possibilidade de castigar à existência de uma lei explícita, à comprovação da infração dessa lei e a uma punição que teria por função reparar e prevenir o dano que se causou à sociedade. Segundo Foucault, essa teoria legalista se opõe ao panoptismo. Com efeito, no panoptismo exerce-se uma vigilância sobre os indivíduos que não concerne tanto ao que se faz, e sim ao que se é e ao que se pode fazer. Em poucas palavras, o panoptismo não considera o indivíduo a partir de um ponto de vista jurídico (**DE2**, 606). Em terceiro lugar, o acréscimo do poder e a formação do saber se reforçam regularmente segundo um processo circular (**SP**, 225). O panoptismo é uma forma de poder que não repousa sobre a investigação como metodologia de formação do saber, mas sobre o exame (**DE2**, 594). Ver: *Exame, Investigação*. • "*Panopticon* quer dizer duas coisas: que tudo é visto o tempo todo, mas também que todo o poder que se exerce nunca é mais que um efeito óptico. O poder não tem materialidade; não tem necessidade de toda essa armação, ao mesmo tempo simbólica e real, do poder soberano. Tampouco necessita ter o cetro na mão ou brandir a espada para castigar, nem intervir como o raio à maneira do soberano. Esse poder é, antes, da ordem do sol, da luz perpétua. É a iluminação não material que alcança indistintamente todas as pessoas sobre as quais se exerce" (**PP**, 79). Esse poder imaterial que se aplica continuamente é também um mecanismo perpétuo de formação do saber: anotação, transcrição do comportamento individual (**PP**, 79).

Soberania. Para marcar a especificidade dos dispositivos de segurança, Foucault observa em relação ao panóptico: "Em certa medida, pode-se dizer que é o mais antigo sonho do mais antigo soberano: 'Que nenhum dos meus súditos me escape, que nenhum dos gestos de nenhum dos meus súditos seja-me desconhecido" (**STP**, 68).

Liberalismo. O panóptico, segundo Foucault, é a fórmula da governamentalidade liberal: dar lugar ao mecanismo natural dos corpos e seus comportamentos, não intervir neles, exceto para vigiar (**NB**, 68).

237. *PARRESIA*

A *parresia* é "a coragem da verdade em quem fala e corre o risco de dizer, apesar de tudo, a verdade que pensa; mas é também a coragem do interlocutor que aceita receber como verdadeira a verdade pungente que escuta" (**CV**, 14). • Foucault ocupa-se exaustivamente da prática da *parresia* em seus três últimos cursos no Collège de France: *L'Herméneutique du sujet*: *le gouvernement de soi et des autres* e *Le Courage de la vérité*, embora a partir de perspectivas ou com modulações diferentes. O tema da *parresia* foi objeto também de *Discours et vérité*, que inclui o ciclo de conferências na Universidade da Califórnia em Berkeley entre outubro e novembro de 1983 e uma conferência em Grenoble de 18 de maio de 1982, intitulada precisamente "La parrhésie", e as duas últimas jornadas do seminário na Universidade de Victoria (Toronto) de 1982, publicadas no volume *Dire vrai sur soi-même* (**DVSM**, 225-286). Para abordar o amplo tema do dizer verdadeiro, expõem-se, em primeiro lugar, os cursos de Foucault no Collège de France, em ordem cronológica, e, em segundo lugar, seus ciclos de conferências fora da França.

A hermenêutica do sujeito. A *parresia* como prática de si na época helenística. A *parresia* constitui para Foucault uma das técnicas fundamentais das práticas de si mesmo na Antiguidade. No vocabulário do cuidado de si, é um termo técnico. Em primeiro lugar, na literatura epicurista, expressa uma qualidade do fisiólogo (o médico conhecedor da natureza), que define a relação entre o médico e o paciente. Falar com *parresia*, isto é, com liberdade de palavra, consiste em dizer ao enfermo as verdades da natureza que podem mudar seu estado (**HS**, 231-232). Em segundo lugar, no contexto mais amplo da relação mestre-discípulo, a *parresia* define a atitude do mestre que corresponde ao silêncio do discípulo. Nesse marco, refere-se tanto à atitude moral do mestre, ao *éthos* do diretor de consciência, quanto à técnica necessária para transmitir os discursos verdadeiros. Por isso, a *parresia* tem um inimigo moral (a adulação) e outro técnico (a retórica). O tema da adulação foi importante para a literatura helenística do cuidado de si. Plutarco e Sêneca, por exemplo, ocuparam-se extensamente dessa questão. No que concerne à oposição entre adulação e *parresia*, para compreendê-la é necessário começar pela relação de oposição e complementaridade entre adulação e cólera. Como vício, a cólera descreve o comportamento arrebatado de quem se encontra em uma situação de superioridade em relação ao outro: o senhor da casa, o pai, o mestre. O comportamento arrebatado representa um abuso no exercício do poder. Pois bem, a adulação é, precisamente, o comportamento de quem se encontra na posição inferior para compensar o abuso de poder ou, melhor ainda, para utilizá-lo de acordo com seus fins e segundo seus próprios interesses. Desse modo, quem está na posição inferior, para obter favores e prêmios, faz crer ao superior, mediante o discurso, que é mais capaz, mais rico ou mais belo do que é na realidade. Ao mesmo tempo, quem é adulado se torna dependente do discurso do adulador. Ao proceder desse modo, impede-se que quem exerce a autoridade estabeleça consigo mesmo uma relação verdadeira e adequada. "A conclusão é que a *parresia* (o falar franco, a *libertas*) é exatamente a antiadulação, no sentido de que alguém, com efeito, fala, e fala ao outro de modo que esse outro possa, à diferença do que ocorre com a adulação, constituir uma relação consigo mesmo que seja autônoma, independente, plena e satisfatória" (**HS**, 362). • Foucault marca três grandes diferenças da *parresia* em relação à retórica. Primeiro, a retórica não tem por finalidade estabelecer a verdade, mas persuadir; em certo sentido, é uma arte capaz de mentir. Na *parresia*, ao contrário, trata-se de transmitir apenas a verdade. Em segundo lugar, a retórica é uma arte organizada segundo procedimentos regrados. Quanto à *parresia*, alguns autores, como Sêneca, sustentam que não é uma arte, enquanto outros, como Filodemo de Gádara, afirmam o contrário. Em todo caso, as regras de uma e outra são diferentes; trata-se antes de regras de prudência, de habilidade para saber como e, sobretudo, quando falar para que o discípulo receba o discurso verdadeiro na melhor ocasião. Em terceiro lugar, a finalidade da retórica, com a influência que se possa exercer mediante a palavra, é dirigir as discussões da assembleia, conduzir o povo ou conduzir um exército. O discurso da *parresia*, ao contrário, dirige-se a alguém para que estabeleça consigo mesmo uma relação plena e soberana (**HS**, 368-369). • Para descrever a *parresia* em termos positivos, Foucault apoia-se em três textos: o *Peri parresias*, de Filodemo de Gádara, a *Carta 75* de Sêneca a Lucílio, e *O tratado das paixões*, de Galeno. Filodemo apresenta a *parresia* como uma arte conjetural (por oposição ao método) acerca da ocasião propícia (*kairós*) para dirigir-se ao discípulo. Nesse sentido, a arte do filósofo é semelhante à do navegante e à do médico. No Fragmento 25 de Filodemo, o texto acrescenta um elemento novo em relação ao restante da literatura sobre a questão: trata-se da *parresia* como prática nas relações entre discípulos. "E desse modo encontra-se, pela primeira vez, ao que parece, de maneira muito explícita dentro dessa prática de si da Antiguidade greco-romana, a prática da confissão" (**HS**, 373). • À diferença do que ocorre na obra de Filodemo, no texto de Galeno não encontramos uma teoria da *parresia*, mas uma série de indicações. Em primeiro lugar, Galeno observa que, assim como o médico não pode curar sem o conhecimento da enfermidade, não é possível curar-se dos erros e das paixões sem saber quais são. E já que costumamos ser cegos a respeito das paixões e dos erros próprios, faz falta o juízo de outra pessoa. Na linguagem da cultura de si, requer-se um diretor de vida, um guia. Galeno enumera as condições que este deve ter: falar com *parresia*, ser uma pessoa de certa idade, ser o mais desconhecido possível para seu guiado. Nesse último ponto, Galeno se distancia da tradição platônica, na qual a direção da alma se apoiava na relação amorosa (**HS**, 382). •

Com relação a Sêneca, Foucault, além da *Carta 75*, leva em consideração as cartas a Lucílio *29, 38* e *40*, que marcam as diferenças entre o discurso retórico e a *parresia*. Ainda que se possa formular um discurso franco de maneira floreada e eloquente, esse não é seu objetivo. A esse respeito, Sêneca insiste na relação entre o discurso e quem o recebe: não se trata de retê-lo na memória com a recordação de sua beleza, mas de conservá-lo de modo tal que sirva como conduta de vida, que seja possível dar-lhe vida quando se apresente a situação adequada. Os textos de Sêneca retomam, além disso, as metáforas clássicas do médico e do navegante. • A *parresia* implica uma relação constitutiva com a verdade: "O sujeito que fala se compromete. No instante mesmo em que afirma 'digo a verdade', compromete-se a fazer o que diz e a ser sujeito de uma conduta que seja obediente ponto por ponto à verdade que formula" (**HS**, 388-389). • O termo *"parresia"* foi traduzido para o latim como *"libertas"* ou *"libera oratio"* e para as línguas românicas como "falar francamente". Para Foucault, significa fundamentalmente "dizer verdadeiro" (**HS**, 248, 356).

***Le gouvernement de soi et des autres*: da *parresia* política à *parresia* como prática filosófica na Antiguidade Clássica.** No início desse curso, Foucault retoma a análise do ano anterior e define a *parresia* como a virtude, o dever e a técnica que deve ter aquele que dirige a consciência dos outros e os ajuda a constituir sua relação com eles mesmos. À medida que avança na exposição, nosso autor apresenta outras formas de *parresia*: a política, a socrática e a cínica, que são o antecedente genealógico dessa prática. Há que levar em conta, no entanto, que na Antiguidade essa noção é utilizada e mencionada sem tornar-se objeto direto de reflexão e de análise (**GSA**, 45). Além da ausência de reflexão específica sobre o conceito de *parresia*, Foucault enumera uma série de razões que justificam a necessidade de um estudo minucioso dessa noção: 1) Esteve presente ao longo de um extenso período. Já se encontra nos autores gregos clássicos e segue presente nos retóricos latinos, como Quintiliano, traduzida como *licentia, libertas, oratio libera* (**GSA**, 46). 2) Inscreve-se em uma pluralidade de registros: desde o campo político até a experiência religiosa. 3) Foi acompanhada de uma grande ambiguidade. Com efeito, foi objeto tanto de valorização como de descrédito.

Platão em Siracusa. Para começar a análise da noção de *parresia*, Foucault toma como cena matricial uma que consta em *Vidas paralelas: Díon-Bruto*, de Plutarco, que narra a vida do cunhado de Dionísio, o tirano de Siracusa. Na realidade, trata-se de uma cena dupla: dirigem-se ao tirano, por um lado, Platão e, por outro, o próprio Díon (embora no texto de Plutarco o conceito de *parresia* seja utilizado apenas em relação a Díon). Nessa cena, que Foucault retomará repetidas vezes, a *parresia* aparece como uma determinada maneira de dizer o verdadeiro. • Pois bem, para delimitar a especificidade dessa maneira de dizer o verdadeiro, é necessário, em primeiro lugar, excluir outras formas possíveis: a demonstração, a persuasão, a pedagogia, a discussão. Nenhuma delas dá conta daquilo que faz com que determinado discurso se inscreva dentro da forma própria da *parresia*: "Há *parresia* quando o dizer verdadeiro é dito em tais condições que o fato de dizer a verdade e o de tê-la dito podem ou devem desencadear consequências custosas para aqueles que a dizem" (**GSA**, 56). No exercício da *parresia*, quem diz a verdade deve estar disposto a morrer pelo fato de tê-la dito.

Enunciados performativos. A enunciação performativa é exatamente o inverso das formas enunciativas da *parresia*. Nesses enunciados, com efeito, se requer um contexto institucionalizado (o aparato judicial ou os costumes sociais, por exemplo), não importa a relação que exista entre o sujeito do enunciado e o enunciado mesmo (por exemplo, "peço escusas" funciona como enunciado, mesmo quando quem o pronuncia não diz isso com sinceridade). Ademais, o status dos participantes é determinante (é necessário ser juiz, por exemplo, para poder dizer "está aberta a sessão"). Os enunciados aos quais se atribui o caráter de parresiásticos, por sua vez, funcionam de outra maneira: não estão marcados por sua forma institucional, mas por seu caráter irruptivo. Além disso, é necessário que o sujeito esteja implicado no que diz e o assuma como autêntico. Há uma espécie de pacto do sujeito falante consigo mesmo, sem que seja relevante seu status (**GSA**, 64). Como vemos, na *parresia* aparece com toda a sua força o problema filosófico da relação entre verdade e liberdade.

Pragmática do discurso, dramática do discurso. Na análise do discurso a partir de uma perspectiva pragmática, "a situação real de quem fala afeta e modifica o sentido e o valor do enunciado" (**GSA**, 65). No caso da *parresia*, ao contrário, o ato de enunciação vai modificar de algum modo o sujeito do enunciado. Foucault propõe a expressão "dramática do discurso" para a análise desses casos (**GSA**, 66). Dessa perspectiva, suas investigações acerca da *parresia* poderiam ser definidas como "uma história do discurso da 'governamentalidade' que teria como fio condutor essa dramática do discurso verdadeiro" (**GSA**, 67). Casos a serem estudados nessa dramática do discurso seriam, por exemplo, a dramática do conselheiro, do ministro, do crítico, do revolucionário.

Íon de Eurípides. As aulas de 19 e 26 de janeiro de 1983 de *Le Gouvernement de soi et des autres* são todas dedicadas à análise do Íon a partir do ponto de vista do conceito de *parresia*. Embora esse termo, na cultura grega clássica, seja utilizado para falar da liberdade de que desfrutam os cidadãos para tomar a palavra no campo da política, essa tragédia de Eurípides mostra como ele está vinculado não só à estrutura política da cidade, mas também ao status mesmo dos indivíduos. • Pode-se ler essa obra de Eurípides, então, como uma tragédia do dizer verdadeiro, do *dire-vrai* (**GSA**, 105). Ali conta-se a história de Íon, o filho secreto de Apolo e Creusa, que foi abandonado por sua mãe e levado por Hermes ao templo de Delfos. Creusa casa-se depois com Xuto e, por não conseguirem ter filhos, decidem consultar o oráculo. Ali, encontram-se com Íon, que desempenha a função de servidor de Apolo no templo e a quem não conseguem reconhecer. A partir daí surge, segundo Foucault, um jogo duplo. Em um primeiro momento, o das duas semimentiras ou semiverdades. Por um lado, a de Creusa, a mãe, que, em lugar de perguntar ao oráculo acerca de sua maternidade futura, consulta-o acerca de sua maternidade passada, e não atribui a concepção de Íon a ela mesma, mas a uma irmã. Por outro lado, a de Apolo, o pai, que, em vez de reconhecer sua paternidade e, simultaneamente, sua falta, diz a Xuto que a primeira pessoa que encontrará à saída do templo será seu filho (**GSA**, 85-86). Em um segundo momento, a dupla veridicção de Creusa e do deus (**GSA**, 140-141). • Esse drama do dizer verdadeiro vai de Delfos a Atenas, do lugar onde se fala oracularmente ao espaço próprio da linguagem política. • A passagem de Delfos a Atenas tem lugar pela tenacidade de Íon, que não se contenta com as semiverdades de Creusa e Apolo. Íon quer saber a verdade sobre seu nascimento: somente se tiver uma mãe ateniense poderá dispor de *parresia* e utilizar o *lógos* com fins políticos (**GSA**, 97). Para consegui-lo, Íon deve descobrir quem é sua mãe e se esta é efetivamente ateniense.

Íon e *Édipo Rei*. Entre a tragédia de Eurípides e a de Sófocles existe, segundo Foucault, uma simetria direta e uma inversa. Nos dois casos, está em questão o deus de Delfos e sua relação com a verdade; as duas tragédias tratam de filhos que são abandonados, passam por mortos e reaparecem. Quanto ao resto, Íon vive, sem saber disso, na casa de seu pai, à diferença de Édipo, que vive com sua mãe, também sem sabê-lo. Íon quer matar sua mãe; Édipo, por sua vez, mata seu pai. "A um falta-lhe o pai e se vê obrigado a abandonar sua pátria e viver errando, sem terra, guiado por uma voz. O outro, ao contrário, descobre que tem dois pais e, graças a essa dupla paternidade, pode ingressar com sua palavra, sua palavra de homem de mando, na terra à qual tem direito" (**GSA**, 80-81).

Imprecação e confissão. Ao final da tragédia Íon de Eurípides, encontramos dois discursos de Creusa. O primeiro de imprecação, faz valer a injustiça que sofre o fraco nas mãos do poderoso. Segundo Foucault, esse gênero de discurso é indispensável para que o forte possa governar os homens segundo o *lógos* da razão humana. O eixo do segundo discurso, no entanto, não são as injustiças cometidas por Apolo e sofridas por Creusa, mas a confissão que esta faz de suas faltas. "Discurso de imprecação e discurso de confissão, essas duas formas de *parresia* irão se dissociar depois na história; de alguma maneira vemos aqui [no Íon de Eurípides] as matrizes" (**GSA**, 129). • Na longa viagem que conduz Íon de Delfos até Atenas, encontramos, segundo Foucault, quatro formas de veridicção: 1) a do deus de Delfos, que finalmente fica bloqueada por sua própria falta; 2) a da imprecação do fraco que foi objeto de injustiça; 3) a confissão da própria falta e da desventura que implica; e 4) a veridicção final que consagra a verdade, também por parte dos deuses (nesse caso, Atena, que cumpre o papel de Apolo). A segunda e a terceira dessas formas receberão posteriormente a denominação de *parresia*, embora no texto de Eurípides não se fale delas nesses termos. A *parresia*, nesse sentido, não é uma prática atribuída aos deuses, mas apenas aos homens que aceitam correr o risco de morrer por seu dizer verdadeiro (**GSA**, 141-142).

***Parresia* e *isegoria*.** Foucault confere particular importância a um texto de Políbio no qual se afirma que a democracia requer tanto *isegoria* como *parresia* (**GSA**, 137, 145). A *isegoria* é o direito estatutário de falar, que todos os cidadãos têm. A *parresia* não se reduz a esse direito; o direito constitucional de tomar a palavra é apenas seu quadro institucional. A *parresia*, nesse contexto, é uma forma de exercício do poder por meio da palavra; ou, melhor ainda, é uma noção que permite articular a constituição política (*politeia*) com o exercício efetivo do poder (*dynasteía*) (**GSA**, 146-147).

O retângulo da *parresia*. Segundo Foucault, o conceito de *parresia* pode ser explicitado mediante o que caberia chamar "retângulo da *parresia*". Dois lados representam a condição formal e a condição de fato da *parresia*, isto é, a democracia, entendida como a igualdade de direitos outorgada aos cidadãos, e a ascendência ou a superioridade daqueles que podem persuadir os demais. Os outros dois lados representam a condição de verdade e a condição moral, isto é, o requisito de que o dizer esteja orientado para a verdade, que seja um dizer verdadeiro, razoável, e a coragem na rivalidade (**GSA**, 157-158). Para além do nexo intrínseco entre democracia e *parresia*, que aparece com toda clareza nesse retângulo, existe entre elas certa relação paradoxal. Por um lado, não existe democracia sem o direito e o exercício efetivo do dizer verdadeiro; por outro, na medida em que o exercício efetivo da *parresia* implica a superioridade e a rivalidade, ela sempre se vê ameaçada pela democracia (**GSA**, 168).

***Parresia* e pensamento político antigo.** Depois de se ocupar extensamente do Íon de Eurípides para precisar o conceito de *parresia* na Antiguidade Clássica, Foucault analisa algumas cenas paradigmáticas: o discurso que Tucídides põe na boca de Péricles perante a assembleia dos atenienses depois da embaixada dos espartanos, o discurso de Isócrates *Sobre a paz* e os que já havia analisado de Plutarco a respeito da vida de Díon. Nosso autor sustenta que essas cenas nos permitem ver o nascimento de um determinado problema político, histórico e filosófico em torno do conceito de *parresia* (**GSA**, 176). Essa problemática pode ser resumida em quatro pontos: 1) A *parresia* é uma prática ambígua: é necessária à democracia e para assistir ao príncipe, mas pode ser ineficaz e, além disso, arriscada. 2) A evolução dessas três cenas, de Tucídides a Plutarco, mostra que a *parresia* não está necessariamente ligada a determinado regime político: pode desempenhar um papel determinante tanto em um sistema democrático como em um autocrático, perante a assembleia de Atenas ou perante o tirano Dionísio. 3) A evolução dessas cenas nos mostra, também, como à *parresia* política vem se juntar uma *parresia* psicagógica, isto é, de condução da alma. 4) O filósofo ocupará um lugar essencial nessa *parresia* psicagógica: irá se converter em parresiasta (**GSA**, 177-178). Em cada um desses quatro elementos, vemos, segundo Foucault, os quatro grandes problemas da filosofia antiga: 1) a relação entre a cidade e a verdade, a questão da cidade ideal; 2) a busca do melhor regime político; e 3) a forma de educar os homens políticos; 4) a questão do artesão da técnica da *parresia*.

Platão. Para enfrentar os problemas da filosofia política antiga em relação à noção de *parresia*, Foucault leva em consideração uma série de textos de Platão. Em primeiro lugar, a passagem do livro VIII da *República*, na qual Platão se ocupa da gênese da má cidade democrática que conduz à anarquia. Isso se produz porque, no processo, a *parresia* não funciona corretamente, porque o *lógos* rompe sua relação com a verdade. Em razão do paralelismo que Platão estabelece entre a pólis e a alma, aparece também aqui o desdobramento da prática da *parresia*: "A *parresia* cívica, política, está ligada a uma *parresia* diferente, mesmo que uma remeta à outra. Essa *parresia* é a que deve introduzir o *alethes lógos* na alma do indivíduo" (**GSA**, 185). Em segundo lugar, refere-se ao livro III das *Leis*. Ali, o conceito aparece em relação à descrição do modelo político persa, concretamente em relação à figura de Ciro. O bom soberano, algo de que Ciro é um exemplo eminente, deve criar as condições para que seja possível o dizer verdadeiro, de modo que o conselheiro possa exercer sua função. Em terceiro lugar, recorre ao livro VIII, também das *Leis*: no contexto de uma série de considerações sobre as festas religiosas, os exercícios militares e o regime sexual, a *parresia* aparece como um discurso necessário para que os cidadãos obedeçam à ordem estabelecida na cidade. Em quarto lugar, analisa a *Carta V*. Ali, a partir da comparação entre a política e a animalidade, afirma-se a necessidade de que exista um adequado nexo entre a *phone* (voz) e a *politeia* (constituição política). A tarefa do filósofo, como parresiasta, consiste em ocupar-se de que a *phone*, que se articula na *politeia*, esteja de acordo com esta última (**GSA**, 196). Em quinto lugar, Foucault retoma a célebre *Carta VII*. Segundo nosso autor, Platão oferece ali uma teoria do conselho político, onde a teoria da política se apresenta como a racionalização da ação política e não como o fundamento do direito ou da organização da pólis (**GSA**, 198). Para que haja uma ação política dos filósofos, como conselheiros, são necessárias duas condições: a existência de amigos e o momento oportuno (*kairós*). Quando essas condições estão dadas, é necessário que o próprio filósofo se converta em governante (**GSA**, 200). "Com sua participação direta, mediante a *parresia*, na constituição, na manutenção e no exercício de uma arte de governar; só assim o filósofo deixará de ser simplesmente um *lógos* na ordem da política e será, ao mesmo tempo, *lógos* e *érgon* (obra), de acordo com o ideal mesmo da racionalidade grega" (**GSA**, 202).

A tarefa (*érgon*) e o real (*pragma*) da filosofia. Na aula de 16 de fevereiro de 1983, a propósito da *parresia* e com a finalidade de descrever os deslocamentos dessa prática, Foucault compara a figura de Platão como conselheiro do tirano Dionísio, descrita por Plutarco, com a de Sócrates, descrita dessa vez pelo próprio Platão, como conselheiro de Alcibíades. A relação de Platão com Dionísio, à diferença do que acontece entre Sócrates e Alcibíades, não está movida pelo *eros*, mas por algo que deve ser considerado como a tarefa (*érgon*) própria da filosofia. Essa tarefa não pode ser apenas *lógos*, deve confrontar-se com o real (*pragma*), deve ter a coragem de dirigir-se a quem exerce o poder (**GSA**, 210-211). Não significa que a função da filosofia seja dizer a verdade acerca da política ou dizer o que se deve fazer, mas que deve praticar a veridicção a respeito do poder. • Para esclarecer essa função da filosofia, Foucault retoma a comparação platônica com a medicina no livro IV da *República* e no livro IV das *Leis* (**GSA**, 213). A esse respeito, três fatores mostram-se relevantes: 1) o filósofo deve intervir, em caso de enfermidade, para diagnosticar o mal da cidade; 2) como o médico dos homens livres, à diferença do que se ocupa dos escravos, o filósofo deve persuadir e não limitar-se a prescrever; e 3) deve ocupar-se não só dos males atuais da cidade, mas também de pensar a cidade em seu conjunto. Pois bem, dado esse contexto de intervenção do filósofo, é necessário – aspecto também destacado por Platão – que encontre eco em seu interlocutor. Nesse sentido, a relação da filosofia com o poder não pode ser de simples protesto e questionamento: "A primeira prova de realidade do discurso filosófico é a escuta que encontra" (**GSA**, 217). Platão, com efeito, reconhece ter-se dirigido à Sicília porque existia, sobretudo, uma promessa de escuta; Sócrates, ao contrário, estava motivado pela qualidade da alma de Alcibíades. • A tarefa da filosofia consiste em confrontar quem está disposto a escutar (para saber também se esse é, com efeito, o caso) com o real da filosofia, com suas próprias práticas, que, segundo Platão, requerem três atitudes: *eumathos* (capacidade de aprender), *mnemon* (boa memória) e *logizesthai dynatos* (capacidade de raciocinar) (**GSA**, 222). Também aparece uma notável diferença em relação ao *Alcibíades*. Com efeito, nesse diálogo, requeria-se a observação das realidades que podiam fundar uma política justa e às quais se tinha acesso através da contemplação da própria alma. Os *pragmata* filosóficos são totalmente diferentes: o real da filosofia implica outro tipo de conversão, já não do olhar, mas da decisão que estrutura o trabalho do sujeito sobre si mesmo (**GSA**, 224).

***Mathemata* e *synousia*.** Platão conclui que Dionísio não se torna apto para a filosofia pelo fato de ter escrito um tratado de filosofia. No fundamental, a filosofia não consiste em conhecer conteúdos aprendidos a partir de fórmulas (*mathemata*), mas em coexistir e conviver (*synousia*) com a prática filosófica. A luz da filosofia não se acende mediante o conhecimento de fórmulas e seu depósito na alma; o acesso a ela requer o trabalho da alma sobre si mesma mediante as múltiplas práticas filosóficas (**GSA**, 229). Isso implica que o rechaço platônico à escritura deve ser visto não como um triunfo do logocentrismo ocidental (e nessa posição há uma crítica implícita a Derrida), mas, pelo contrário, como uma afirmação da insuficiência do *lógos* (**GSA**, 234).

O filósofo como parresiasta. A partir da análise da *Carta VII*, de Platão, Foucault conclui: "O discurso filosófico encontrará na realidade política a garantia de que não é apenas *lógos*, que não é simplesmente uma palavra fruto de um sonho, mas que, com efeito, toca o *érgon*, aquilo mesmo que constitui o real" (**GSA**, 259).

Filosofia e política. Foucault assinala que os conselhos políticos de Platão a Dionísio, embora possam parecer decepcionantes (**GSA**, 263), permitem-nos apreciar três dimensões fundamentais da função política da *parresia*: 1) Não têm por objetivo primordial dizer o que se deve fazer em política, mas trata-se de um dizer verdadeiro a respeito da política. O mesmo pode sustentar-se, segundo nosso autor, a respeito da função da filosofia moderna e contemporânea: "Para que uma filosofia passe na prova de sua realidade, tanto na época atual como na de Platão, é indispensável que seja capaz de um dizer verdadeiro a respeito da ação [política], que diga o verdadeiro, seja em nome de uma análise crítica, seja em nome de uma filosofia, de uma concepção dos direitos, seja em nome de uma concepção da soberania. [...] Filosofia e política devem estar em relação, em correlação, nunca em coincidência" (**GSA**, 266-267). 2) Levam em conta não só os princípios gerais, mas também a conjuntura histórica. 3) Para Platão, a relação entre filosofia e política deve estabelecer-se na alma mesma do monarca. Não se trata de uma coincidência de conteúdos nem de um isomorfismo de racionalidades entre filosofia e política, mas da identidade do sujeito: "É o modo de ser do sujeito filosofante que deve constituir o modo de ser do sujeito que exerce o poder" (**GSA**, 272). Esse é o sentido que devemos atribuir, segundo Foucault, à afirmação platônica segundo a qual os filósofos devem ser quem governa. A prática da filosofia não é, nesse contexto, outra coisa senão a maneira em que o indivíduo se constitui em sujeito.

Filosofia e retórica. A partir da leitura do *Fedro*, de Platão, Foucault extrai uma série de consequências acerca da oposição entre filosofia e retórica. Em primeiro lugar, nosso autor faz notar que o eixo do texto não é a oposição entre discurso oral e discurso escrito, e sim a oposição entre o discurso autêntico e o falso, entre a técnica discursiva da filosofia e a da retórica (**GSA**, 308). "A *parresia* filosófica, que está em jogo nesse diálogo entre o mestre e o discípulo, não conduz a uma retórica, mas a uma erótica" (**GSA**, 344).

Uma história da *parresia*. O curso *Le Gouvernement de soi et des autres* pode ser considerado uma história da *parresia*, desde o momento definido por Péricles (com Tucídides e Eurípides) até o momento socrático-platônico. É a história do deslocamento da *parresia* política à filosófica, que, para a filosofia, implicou uma inflexão de seu discurso, de sua prática e da vida filosófica mesma (**GSA**, 313). Dessa perspectiva, Foucault aborda a filosofia antiga como uma prática parresiástica, sobretudo por três motivos. Em primeiro lugar, porque é, antes de mais nada, uma vida, um *éthos*, que deve ser uma manifestação da verdade (**GSA**, 316). Em segundo lugar, porque não deixou de dirigir-se aos governantes. Por último, porque não deixou de ser uma interpelação contínua. • A filosofia moderna, segundo Foucault, a partir da crítica à pastoral cristã no século XVI, retomou essa dimensão parresiástica (**GSA**, 321). Para nosso autor, as *Meditações metafísicas* de Descartes são uma empresa parresiástica, assim como o texto de resposta de Kant à pergunta "O que é o Iluminismo?". Esse último é uma "maneira, para a filosofia, de tomar consciência, através da crítica da *Aufklärung*, dos problemas que eram, tradicionalmente, na Antiguidade, os da *parresia*" (**GSA**, 322). Dessa perspectiva, a história da filosofia não é a história de um esquecimento nem a do progresso ou desenvolvimento da racionalidade, mas "uma série de episódios e formas (recorrentes, formas que se transformam) da veridicção" (**GSA**, 322). • Foucault encontra na filosofia moderna a reformulação dos elementos que caracterizavam a *parresia* socrática: ser uma maneira não política de falar àqueles que governam, estar em uma relação de exclusão com relação à retórica, ser uma forma de psicagogia, vale dizer, de trabalho de subjetivação (**GSA**, 326).

Le Courage de la vérité, de Sócrates aos cínicos. Por volta de fins do século V a.C. e durante o século IV a.C., assistimos, na Grécia, a um deslocamento fundamental da noção de *parresia* e de sua prática: da *parresia* como exercício do dizer verdadeiro na assembleia passa-se àquela entendida como dizer verdadeiro sob a forma do conselho ao príncipe. Esse deslocamento começa com a afirmação da impossibilidade de que exista uma prática parresiástica na democracia. Foucault leva em consideração um texto atribuído ao Pseudo-Xenofonte (ou "Velho Oligarca"), *A República dos atenienses*, no qual se apresenta essa impossibilidade a partir de uma série de oposições: os que são muitos e os que são poucos, os que são melhores e os que são piores, o que é bom para os melhores e o que é bom para os piores, e o que é bom e o que é ruim para a cidade. A argumentação pode resumir-se nestes termos: em uma democracia, governa a maioria, os muitos; os melhores não são os muitos, mas os poucos; o bem dos melhores coincide com o bem da cidade; o bem dos piores não coincide com o da cidade. Uma *parresia* concedida à maioria para dizer qualquer coisa é perigosa para a democracia. Pelo contrário, em uma democracia, uma boa *parresia*, concedida apenas aos poucos, é perigosa para eles (**CV**, 38). Na raiz dessa incompatibilidade entre *parresia* e democracia encontra-se, segundo Foucault, a impossibilidade de estabelecer na democracia uma diferenciação ética. • Diante dessa impossibilidade, para Platão, quando a filosofia for o fundamento da cidade, ela eliminará a democracia. Não sem dúvidas, Aristóteles, no livro III da *Política*, desarticula conceitualmente as oposições mencionadas. Em primeiro lugar, transforma a distinção muitos/poucos na distinção ricos/pobres. Uma democracia caracteriza-se por ser o governo dos pobres, mesmo que sejam menos numerosos. Em segundo lugar, distingue a virtude do homem como tal da virtude do cidadão enquanto cidadão. Em terceiro lugar, sustenta que quem governa, seja qual for sua virtude como homem, pode fazê-lo em seu próprio proveito ou no da cidade (**CV**, 45-50). • Se a diferenciação ética não pode se dar no âmbito da democracia, pode ter lugar, em vez disso, na alma de um indivíduo, o tirano, na medida em que seja capaz de gerar nele a virtude. Daí vem uma série de consequências. A *parresia* já não é, como em Eurípides, um privilégio dos cidadãos: já não se trata de convencê-los. Estará orientada, agora, à alma do príncipe, para gerar nela um *éthos*, uma determinada maneira de ser. A *parresia*, orientada para a *psyché* para gerar um *éthos*, não será apenas uma prática do dizer verdadeiro, mas uma prática que, por intermédio do dizer verdadeiro, introduzirá no príncipe uma forma de vida, de ser (**CV**, 61).

A filosofia como prática. O deslocamento do horizonte da *parresia* da instituição democrática à formação de um *éthos* permite compreender um dos traços fundamentais da filosofia grega e ocidental. "*Aletheia, politeia, éthos*: é a irredutibilidade essencial desses três polos e é sua relação necessária e mútua, é a estrutura de reclamo recíproco de cada um desses polos que, penso eu, sustentou a existência mesma de todo o discurso filosófico desde a Grécia até nossos dias" (**CV**, 62). • Se levamos em consideração as quatro formas do dizer verdadeiro (profecia, sabedoria, técnica ou ciência e *parresia*), podemos dizer, seguindo Foucault, que a atitude profética, em filosofia, consiste no discurso que promete uma reconciliação entre os três polos (*aletheia, politeia, éthos*); a atitude de sabedoria, no discurso que sustenta a unidade fundacional entre eles; a científica ou técnica, no discurso que sustenta sua heterogeneidade; e a parresiástica, no discurso da irredutibilidade dos três polos e da necessária relação entre eles.

A *parresia* socrática. A figura platônica de Sócrates é analisada por Foucault para descrever não só o deslocamento da *parresia* política à ética, mas também a forma que esta última toma. Dois textos em particular concentram sua atenção: a *Apologia* e o *Fédon*. Sobre o primeiro, Foucault se detém nas razões pelas quais Sócrates, segundo declara, evitou dedicar-se à política. Não foi, sustenta, por temer a própria morte, mas sim devido à missão que lhe havia sido confiada (**CV**, 75). Na *Apologia*, três momentos definem a prática socrática da *parresia*: buscar (*zetesis*) o sentido das palavras do oráculo, segundo as quais Sócrates seria o mais sábio dos atenienses, submeter essas palavras a exame (*exetazein*) e ocupar-se (*epiméleia*) dos outros. "Temos aqui um conjunto que define a *parresia* socrática, a veridicção corajosa de Sócrates, por oposição à veridicção política, que não se pratica como uma busca, mas que se manifesta como a afirmação de alguém que é capaz de dizer a verdade, que não pratica o exame e a confrontação, mas que se dirige com coragem, na solidão, a uma assembleia ou a um tirano que queira ouvi-lo" (**CV**, 80).

As últimas palavras de Sócrates. No contexto da análise do deslocamento da forma política da *parresia* política à filosófico-socrática, Foucault se detém na interpretação das últimas palavras de Sócrates, no *Fédon*: "Críton, devemos um galo a Esculápio. Pague a dívida, não esqueça". Foi Dumézil, segundo nosso autor, quem encontrou uma solução apropriada acerca do sentido que devemos atribuir a essas palavras de Sócrates. A enfermidade da qual ambos, Sócrates e Críton, foram curados é, para Dumézil, a falsa opinião. Ver: Dumézil.

O *Laques* de Platão. Para concluir com a descrição da *parresia* filosófico-socrática, Foucault leva em consideração outro diálogo platônico, o *Laques*. Várias razões justificam essa decisão: a noção de *parresia* ocupa nesse diálogo um lugar central e os três elementos descritos a propósito da *Apologia* são desenvolvidos em detalhe. A relação com a política marca plenamente esse diálogo; toda a discussão entre Sócrates e seus interlocutores é atravessada pelo tema da coragem (**CV**, 113-115). Três questões guiam a leitura foucaultiana do *Laques*: Por que os interlocutores de Sócrates aceitam o jogo socrático da *parresia*? Qual é o âmbito de aplicação desse jogo? O que autoriza Sócrates a usar seu método parresiástico com os outros? Quanto à primeira pergunta, Nícias aceita o jogo, pois conhece Sócrates; Laques, por sua vez, o aceita, apesar de não conhecê-lo. A respeito da segunda, sobre a qual Foucault insiste com ênfase, a *parresia*, à diferença do que acontecia no *Alcibíades*, não se aplica à alma, mas ao modo de vida, ao *bios* (**CV**, 134-135). Quanto à última questão, a resposta pode ser resumida nestes termos: "Quando a vida (o *bios*) daquele que fala concorda com o que diz, quando há uma sinfonia entre os discursos de alguém e o que ele é, nesse momento aceita-se o discurso" (**CV**, 137-138). Não são, então, a forma política nem a técnica discursiva o que autoriza Sócrates a praticar sua *parresia*, mas a sinfonia que existe entre sua vida e seus discursos. • "Como professor de filosofia, é necessário ter feito, ao menos uma vez na vida, um curso sobre Sócrates e sua morte. Está feito. *Salvate animam meam*. A próxima vez, prometo, falaremos dos cínicos" (**CV**, 143).

Estética da existência. Esses dois diálogos platônicos, o *Alcibíades* e o *Laques*, representam para Foucault o ponto em que se enraízam dois desenvolvimentos diferentes da filosofia ocidental (**CV**, 147). No primeiro, o exercício parresiástico de Sócrates leva à necessidade de ocupar-se da alma como realidade ontológica distinta do corpo. No segundo, ao contrário, não conduz à alma, mas ao *bios*, à importância de ocupar-se de si mesmo em termos de *éthos*, da forma que é necessário dar à existência (**CV**, 148). Em um caso, há uma metafísica da alma; no outro, uma estética da existência. • O ideal de uma existência bela e gloriosa não é, por certo, uma invenção platônica: ele remonta à época homérica. No entanto, sustenta Foucault, com Platão entrelaçam-se a arte da existência e o discurso verdadeiro, a existência bela e a vida verdadeira, a vida na verdade e a vida para a verdade (**CV**, 150). Sócrates representa "o momento em que a exigência do dizer verdadeiro e o princípio da beleza da existência se reúnem no cuidado de si" (**CV**, 151). Foucault observa que não há metafísica alguma da alma que não tenha sido acompanhada por uma estética da existência e, inversamente, não há estética alguma da existência que não tenha sido acompanhada por uma metafísica da alma. As relações entre os dois elementos são, no entanto, múltiplas e variáveis. Assim, por exemplo, no ascetismo cristão, a estética da existência tomou formas muito diferentes, mas sempre em referência a uma concepção idêntica da alma. Já no estoicismo encontramos o caso inverso: uma mesma estética da existência foi sustentada a partir de diferentes metafísicas da alma.

Cinismo. O cinismo representa, para Foucault, um caso de particular interesse em relação a essa problemática. Nele, com efeito, a relação entre o dizer verdadeiro e o *bios* é levada a cabo de maneira imediata, sem mediação doutrinal.

Ascetas, revolucionários, artistas. Antes de abordar em detalhe o estudo do cinismo antigo, Foucault se detém no que denomina "cinismo como categoria trans-histórica", como um elemento da história do pensamento e da existência da subjetividade ocidentais (**CV**, 161). Nesse sentido, refere-se às formas em que o cinismo antigo sobreviveu na cultura ocidental por meio do ascetismo cristão medieval, nos movimentos revolucionários do século XIX e na arte. • Quanto à sobrevivência do cinismo nas formas revolucionárias do século XIX, Foucault distingue três momentos diferentes. Em primeiro lugar, a sociabilidade secreta dos movimentos revolucionários no início do século XIX (**CV**, 170). Em segundo lugar, a arte. Nosso autor sustenta que a arte "é capaz de dar à existência uma forma que rompe com todas as outras formas, que é a forma da verdadeira vida" (**CV**, 173). A arte moderna, nesse sentido, recusa e rechaça toda forma adquirida; opõe-se assim "ao consenso da cultura, a coragem da arte, em sua verdade mais bárbara" (**CV**, 174). Em terceiro lugar, no século XIX, esse cinismo da arte combinou-se com outro estilo de vida filosófica herdado dos gregos, o ceticismo, o que deu forma, desse modo, ao niilismo. Nesse sentido, Foucault se distancia das concepções habituais a respeito do niilismo contemporâneo. Não se trata de um destino inscrito na história da metafísica ocidental, como propunham Heidegger ou Derrida, mas de uma maneira de trazer à luz o nexo entre vida e verdade: "Nesse Ocidente que inventou tantas verdades diferentes e modelou múltiplas artes da existência, o cinismo nos lembra o seguinte: que muito pouco de verdade é indispensável para quem quer viver verdadeiramente, e que bem pouco de vida é necessário quando se tem verdadeiramente a verdade" (**CV**, 175).

O cinismo antigo. Foucault assinala as dificuldades encontradas quando se tenta definir com precisão a fisionomia do cinismo antigo. Primeiramente, a variedade de atitudes que foram qualificadas como cínicas. Dois personagens servem para mostrar com clareza o alcance dessa dificuldade: Peregrino, que percorre o Mediterrâneo entrando em contato com os movimentos populares e religiosos, e Demétrio, um aristocrata romano (**CV**, 181). Posteriormente, a ambiguidade das atitudes a respeito do cinismo, que vão desde o elogio até a aversão mais crua. Em terceiro lugar, os poucos textos herdados da tradição cínica, escassez que vai de mãos dadas com o caráter popular dessa filosofia. Por último, o modo de tradicionalidade do cinismo, que tem sido mais uma forma de vida do que um corpo doutrinal.

A vida verdadeira. O cinismo, na descrição de Foucault, é uma forma de *parresia* que faz da vida mesma o lugar de manifestação da verdade; é "a produção da verdade na forma da vida mesma" (**CV**, 200). Por isso, no centro dessa prática parresiástica situa-se a noção de vida verdadeira, tema da aula de 7 de março de 1984 de *Le Courage de la vérité*. Nosso autor distingue quatro sentidos da verdade no pensamento grego clássico: 1) o não oculto, o não dissimulado; 2) aquilo que não está mesclado nem tem nenhum acréscimo; 3) o reto ou direto; e 4) o que existe, se mantém e permanece sem mudança (**CV**, 200-201). Esses sentidos aparecem na concepção platônica da vida verdadeira e, em relação a eles, também no *éthos* cínico (**CV**, 225). • É nesse contexto que deve ser entendido o preceito cínico de Diógenes que teve diferentes traduções – "altera a moeda", "muda o valor da moeda" –, cujo significado é mudar a forma do *bios*: mudar os costumes, romper com as regras e as convenções (**CV**, 223-224).

A vida não dissimulada, a vida sem mescla, a animalidade. Com o objetivo de mostrar a especificidade da vida cínica, nas aulas finais de *Le Courage de la vérité* Foucault retoma cada um dos quatro sentidos da vida verdadeira, para mostrar que o cinismo pode ser visto como "o espelho quebrado da filosofia antiga" (**CV**, 214). Em primeiro lugar, refere-se à vida não dissimulada. Para Platão, no *Fedro* e no *Banquete*, esta aparece descrita através do verdadeiro amor, que não tem nada que ocultar ao olhar do outro: nem ações vergonhosas nem desejos escondidos. Epiteto oferece, em contrapartida, uma versão diferente da vida não dissimulada. Não é aquela que nada oculta ao olhar de outro, mas aquela que se desenvolve de maneira completa diante do próprio olhar interior. Os cínicos, por sua vez, oferecem a própria versão da vida não dissimulada, convertendo-a em escândalo (**CV**, 233). Desse modo, a vida não dissimulada dos cínicos inverte a vida não dissimulada dos outros filósofos; com efeito, aceitar a naturalidade e a materialidade próprias da vida conduz ao abandono das convenções e das regras aceitas. Em segundo lugar, Foucault fala da vida sem mescla. Tanto para Sócrates como para Sêneca, a vida filosófica é uma vida sem riquezas, pobre. Para os cínicos, a pobreza requerida não é uma simples atitude de distância ou despreocupação com relação aos bens e à fortuna, mas pobreza efetiva, ativa e infinita; nunca alcança um nível que possa considerar-se satisfatório, o que leva a buscar inclusive, contra toda a moral grega, a *adoxia* (desonra) (**CV**, 240-241). Em terceiro lugar, expressa-se sobre a vida reta, sem curvatura. Aquilo a respeito do que uma vida se considera reta é, para os cínicos, apenas a ordem da natureza, entendida como uma valoração positiva da animalidade. "A animalidade não é um dado, é um dever. [...] o *bios philosophikos*, como vida reta, é a animalidade do ser humano tomada como um desafio, praticada como um exercício e exposta aos outros como escândalo" (**CV**, 245). Por último, em quarto lugar, fala da vida que se mantém imutável, que é soberana de si mesma. De novo, Foucault toma como ponto de comparação e contraste outras correntes da filosofia antiga. Para Platão, por um lado, existe uma relação estrutural entre o filósofo e o rei: o filósofo deve ser o rei de sua própria alma. Por outro lado, existe o ideal de uma identificação de ambos na figura do filósofo-rei. Também para os estoicos, o filósofo deve exercer a soberania sobre sua própria alma e, ademais, ao fazê-lo, pode governar não só os concidadãos, mas os homens em geral (**CV**, 252).

A missão do cínico. Dessa perspectiva, e a partir das *Dissertações* de Epiteto (livro III, 22), Foucault analisa a soberania do cínico como missão, que não é senão a contrapartida positiva do desprendimento que se exige dele: deve cuidar de todos os homens, o que quer que façam; deve bater às portas e verificar o que está bem e o que está mal. "O cínico é responsável pela humanidade. [...] desse modo aparece agora o cínico, ele, que foi um rei só da miséria, oculto e desconhecido, como o que exerce a função de *politeuesthai*, da *politeia* entendida no verdadeiro sentido do termo, isto é, não referida simplesmente a questões da guerra e da paz, dos impostos, das taxas e dos ganhos em uma cidade, mas da ventura e do infortúnio, da liberdade e da escravidão de todo o gênero humano" (**CV**, 277-278).

A *parresia* cínica. A soberania cínica funda uma missão e também uma prática manifesta da verdade, uma *parresia*: por sua conduta, conforme à aceitação do destino, por meio do conhecimento de si e do trabalho sobre si mesmo, mediante a atenção cuidadosa dos outros etc. Para o cínico, essa *parresia* busca uma mudança não só na conduta dos indivíduos, mas também na configuração geral do mundo.

Dos cínicos ao ascetismo cristão. A última aula do curso *Le Courage de la vérité* é dedicada à evolução do conceito de *parresia* no cristianismo dos primeiros séculos, no ascetismo e na mística cristãos. Há uma continuidade de temas e práticas entre o *bios* cínico e o ascetismo cristão, mas, entre outras, existe uma diferença fundamental: a importância conferida pelo cristianismo à obediência a Deus, como o senhor ao qual se deve servir, e também ao superior. Para abordar as consequências dessa transformação decisiva, Foucault se detém, primeiro, na análise da *parresia* no meio judaico-cristão do helenismo, depois no Novo Testamento e, por último, na literatura apostólica. Na tradição judaico-cristã, por um lado, o conceito de *parresia* aparece vinculado à transparência da alma perante Deus e, em um sentido similar, também a uma qualidade da oração que se eleva a Deus com o coração puro. Por outro lado, é também uma propriedade divina, Deus mesmo é *parresia*. No Novo Testamento, não aparece esse último significado, mas sim o que a entende como uma determinada atitude de abertura perante Deus. A esse sentido se acrescenta a coragem de quem predica o Evangelho. Pois bem, na literatura apostólica, além do sentido positivo da *parresia*, que a entende como a abertura e a confiança perante Deus, aparece um sentido negativo, que a vincula à presunção e à arrogância. O primeiro sentido encontra-se na raiz da tradição mística; o segundo, na da tradição ascética (**CV**, 304).

Discurso e verdade. Os temas das seis conferências do ano 1983 na Universidade da Califórnia, publicadas com o título, precisamente, de *Discours et vérité*, se sobrepõem aos dois cursos no Collège de France. Apesar disso, não se trata de uma mera repetição. Às vezes, Foucault se detém mais em algum ponto, outras vezes apresenta uma versão mais resumida ou mais articulada; porém, sobretudo, o tom das exposições é distinto. À diferença do que acontece nas aulas no Collège de France, nas conferências na Universidade da Califórnia, em Berkeley, como também em outras, encontramos interrupções, perguntas dos presentes e respostas e esclarecimentos por parte de Foucault. • Podemos resumir o conteúdo dessas conferências. Na primeira, de 24 de outubro de 1983, Foucault começa com uma apresentação geral do significado do termo "*parresia*", e depois se ocupa das três transformações experimentadas pelo sentido e pela prática da *parresia* entre o século V a.C. e os primeiros séculos de nossa era: 1) a transformação da relação entre a *parresia* e a retórica – esta última primeiro exclui a *parresia* e, mais tarde, nos escritos de Quintiliano, a incorpora como figura; 2) a transformação política, isto é, o deslocamento da ágora à corte; e 3) a transformação no âmbito da filosofia, de obrigação do mestre a obrigação recíproca, do mestre e do discípulo. O tema central das conferências segunda e terceira, de 31 de outubro e 7 de novembro de 1983, é a análise da *parresia* nas tragédias de Eurípides, que já havia sido abordada em detalhe naquele mesmo ano, nas lições de 19 e 26 de janeiro e de 2 de fevereiro do curso *Le Gouvernement de soi et des autres*. A quarta conferência na Califórnia retoma os temas das lições de *Le Gouvernement de soi et des autres* posteriores às que mencionamos. O eixo, tanto da conferência como das lições, é Platão, e em particular o *Laques*, isto é, a *parresia* socrática e a relação entre *parresia* e cuidado de si mesmo. Na quinta conferência, depois de se deter na transformação da prática da *parresia* desde o contexto político ao filosófico na Grécia clássica, Foucault aborda o escrito de Filodemo de Gádara, *Peri parresias*, e, em geral, à noção de *parresia* no contexto epicurista e cínico. Enquanto nessa conferência, ao analisar a prática da *parresia* nessa época, Foucault põe ênfase na sua dimensão pública, na conferência seguinte, a sexta e última, de 30 de novembro 1983, ele a aborda em termos de relações pessoais, apoiado nos textos de Plutarco e Galeno. • A conferência em Grenoble, "La parrhésie", publicada junto com as conferências na Califórnia, oferece uma visão panorâmica dos temas abordados naquelas. Além disso, é necessário notar que as conferências na Califórnia e, sobretudo, a conferência em Grenoble constituem um aporte relevante, no marco das exposições foucaultianas sobre o tema, acerca da relação entre cuidado de si e *parresia*. • As duas jornadas do seminário na Universidade de Victoria (**DVSM**, 225-286), por sua vez, abordam o desenvolvimento da noção de *parresia* com particular atenção aos textos de Galeno e Sêneca.

238. **PASCAL, BLAISE** (1623-1662)

Foucault considera a obra de Pascal um testemunho da sobrevivência, durante a Época Clássica, do grande tema da loucura da Cruz. Com efeito, esse tema, frequente no Renascimento, começa a desaparecer a partir da separação clássica entre razão e desrazão (**HS**, 204). Ver: *Loucura*.

239. **PEDAGOGIA** / *Pédagogie*

Doença mental. A pedagogia contemporânea acentua a distância entre o mundo infantil e o adulto. Desse modo, segundo Foucault, torna possíveis os comportamentos psicológicos de ordem patológica regressiva. "Se se acrescenta que nas instituições pedagógicas uma sociedade não projeta diretamente sua realidade, com seus conflitos e contradições, mas a reflete de forma indireta por meio dos mitos que a escusam, a justificam e a idealizam em uma coerência quimérica; se se acrescenta que na pedagogia uma sociedade sonha sua época de ouro (seja esta a de Platão, a de Rousseau, a instituição republicana de Durkheim ou o naturalismo pedagógico da República de Weimar), compreende-se que as fixações ou regressões patológicas não são possíveis a não ser em uma determinada cultura, que elas se multiplicam na medida em que as formas sociais não permitem liquidar o passado e assimilá-lo ao conteúdo atual da experiência. As neuroses de regressão não manifestam a natureza neurótica da infância; antes denunciam o caráter arcaico das instituições pedagógicas" (**MMPE**, 84-85). Ver: *Loucura*.

Disciplina. Para Foucault, o exame constitui um dos componentes essenciais das disciplinas; nele se combinam o olhar hierárquico e a qualificação dos indivíduos. Segundo a análise de *Surveiller et punir*, a formação das disciplinas tornou possível o surgimento dos saberes acerca do homem, como a pedagogia (**SP**, 189). Ver: *Disciplina, Exame*. "Da mesma maneira [que a psiquiatria], a pedagogia se formou a partir das próprias adaptações da criança às tarefas escolares, adaptações observadas e extraídas de seu comportamento para se converterem depois nas leis de funcionamento das instituições e das formas de poder exercidas sobre a criança" (**DE2**, 620).

Confissão, sexualidade. Na formação do dispositivo de sexualidade, Foucault concede uma importância decisiva à evolução da confissão. Ver: *Confissão*. Em fins do século XVIII, esse ritual emigra de seu contexto religioso para a pedagogia, para as relações entre pais e filhos e entre familiares em geral, e para a psiquiatria (**HS1**, 91). • Através da pedagogia, da medicina e da economia, o sexo se converteu em uma questão de Estado (**SP**, 154).

Psicagogia. Em *L'Herméneutique du sujet*, isto é, no marco da cultura do cuidado de si mesmo, Foucault distingue pedagogia de psicagogia. Entende ali por "pedagogia" a transmissão de uma verdade que tem por função dotar o sujeito de atitudes, capacidades, saberes; e por "psicagogia" a transmissão de uma verdade que tem por função modificar o modo de ser do sujeito, não só dotá-lo das capacidades que não possui (**HS**, 390).

Parresia. O dizer verdadeiro da *parresia* não é, segundo Foucault, da ordem da pedagogia (**GSA**, 54-55).

240. PITAGORISMO / *Pythagorisme*

Duas práticas de si mesmo que provêm do pitagorismo tiveram um importante desenvolvimento na tradição do cuidado de si: a purificação preparatória do sonho e o exame de consciência. Ambas tiveram uma presença e um desenvolvimento importante na literatura da época helenística (em Plutarco, por exemplo). Para o pitagorismo, sonhar é entrar em contato com o mundo divino, com o mundo da imortalidade, e por isso é necessário purificar a alma: para ser capaz de entrar em contato com o mundo divino e poder compreender as verdades que, de maneira ambígua, se revelam nos sonhos. Essa purificação preparatória implica, por exemplo, ouvir música, haurir perfumes etc., mas sobretudo recordar o dia transcorrido, evocar as faltas que tiverem sido cometidas e, por esse ato de memória, livrar-se delas (**HS**, 48-49). • Foucault insiste também na exigência de silêncio ou, mais precisamente, na relação escuta-silêncio no pitagorismo. Em primeiro lugar, Pitágoras analisava o aspecto e a contextura corporal daqueles que desejavam ser seus discípulos. Uma vez admitidos em sua "seita", impunha-lhes um determinado tempo de silêncio. Durante esse "silêncio pedagógico" não lhes era permitido sequer formular perguntas nem tomar notas dos discursos do mestre. O exercício do silêncio era, nesse sentido, também um exercício de memória (**HS**, 395-396).

241. **PLATÃO** (~428-~347 a.C.)

São numerosas as referências de Foucault a Platão. À diferença do que se passa com outros filósofos presentes em sua obra, nosso autor ocupou-se específica e extensamente de vários textos platônicos: o *Político*, a *Apologia*, o *Laques*, a *República*, o *Alcibíades I*. Do primeiro, serve-se para marcar a oposição conceitual entre duas formas de exercício do poder: o político e o pastoral. Ver: *Poder*. Dos seguintes, ocupa-se em suas análises em particular do conceito de *parresia*. Ver: *Parresia*. Quanto ao último, o *Alcibíades I*, à diferença da maior parte dos especialistas na matéria, Foucault sustenta que se trata de um escrito de Platão (**HS**, 43). A essa obra é dedicado em grande medida o curso dos anos 1981-1982 no Collège de France: *L'Herméneutique du sujet*. Mais precisamente, a primeira parte é dedicada à exposição do tema do cuidado de si na filosofia platônica, sobretudo em *Alcibíades I*; o resto do curso, à tradição que esse texto inaugura, que se estende até a época helenística e os primórdios do cristianismo no Ocidente. Esse diálogo põe de manifesto, para Foucault, a tensão fundamental que domina o pensamento antigo e o pensamento europeu acerca do sujeito (o que constitui, para nosso autor, o paradoxo do platonismo): a tensão entre conhecimento da verdade e cuidado de si (**HS**, 75-76). • Foucault também se ocupa com muito detalhe do *Alcibíades* em *Dire vrai sur soi-même* (**DVSM**, 45-84, 167-186, 190-196) e na conferência intitulada "La culture de soi" (**QQC**, 89-94). • Além dessas referências fundamentais às obras de Platão, várias de suas obras são citadas com frequência nos volumes segundo e terceiro (sobretudo no segundo) de *Histoire de la sexualité*: *L'Usage des plaisirs* e *Le Souci de soi*. Quase todos os temas importantes de *Histoire de la sexualité*, isto é, da ética do cuidado de si, estão acompanhados por alguma referência à obra de Platão. No entato, se trata aqui aqui de uma leitura dos textos platônicos enquadrada no marco geral de uma interpretação da cultura do cuidado de si mesmo. As referências mais relevantes aparecem em relação aos seguintes temas: a imagem dos afeminados, em *Fedro* (**HS2**, 25-26); a relação entre apetite e representação, no *Filebo* (**HS2**, 52-53); a concepção da luxúria como enfermidade do corpo, em *Timeu* (**HS2**, 54); os apetites naturais, e entre eles, os *aphrodísia*, na *República* e nas *Leis* (**HS2**, 58-61); o exercício da temperança como luta na ordem dos *aphrodísia* (**HS2**, 67-70); as virtudes fundamentais (sabedoria, coragem, justiça, temperança), sobretudo na *República* e nas *Leis* (**HS2**, 75-90); a relação governo de si/governo dos outros (**HS2**, 94-95); a função do *lógos* no exercício da temperança (**HS2**, 100-105); a relação medicina/dietética (**HS2**, 113-114); os perigos das dietas e da dietética em geral (**HS2**, 118-123, 136-140); a relação atividade sexual/morte e imortalidade (**HS2**, 150-153); a legislação acerca do matrimônio (**HS2**, 185-188; **HS3**, 193-194); a erótica, isto é, a relação amorosa com os mancebos (**HS2**, 207-219, 225-231); a passagem do amor pelos mancebos ao amor pela verdade (**HS2**, 251-269); a noção de cuidado de si (**HS3**, 58).

242. PLUTARCO (46-~125)

A presença da obra de Plutarco é frequente e importante no marco da análise da cultura antiga do cuidado de si mesmo, especialmente em *L'Herméneutique du sujet*. • O *Diálogo sobre o amor* é objeto de análise em *Le Souci de soi* (**HS3**, 224-242) a propósito da constituição de uma nova erótica na época helenística. "A partir da erótica dualista, atravessada pela questão do verdadeiro e do simulacro, e destinada a fundar essencialmente o amor dos mancebos, mas ao preço de deixar de lado os *aphrodísia* [a erótica platônica], vê-se como se constitui em Plutarco uma nova estilística do amor: ela é monista, já que inclui os *aphrodísia*, mas faz dessa inclusão um critério que lhe permite reter apenas o amor conjugal e excluir as relações com os mancebos em razão da falta que lhes assinala; essas já não podem ter um lugar na grande cadeia única e integradora na qual o amor se vivifica com a reciprocidade do prazer" (**HS3**, 242). • Em *L'Herméneutique du sujet*, as referências a Plutarco aparecem a propósito dos seguintes temas: a origem espartana do conselho que proclama que "é necessário ocupar-se de si mesmo" (**HS**, 32-33); as práticas de si mesmo (**HS**, 48-49, 82); o estatuto da relação de direção de consciência (**HS**, 150-151); a categoria de salvação (**HS**, 175-176); a conversão em geral e, em especial, a conversão do olhar e a questão da curiosidade (**HS**, 210-212); a natureza ambígua da audição e da charlatanice, em *Sobre como se deve ouvir* (**HS**, 318-326); os *hypomnémata* (**HS**, 344-345); a cólera e a adulação (**HS**, 357-358); a atitude do sujeito em relação ao futuro e a noção de estupidez (**HS**, 446-449). • O termo *etho-poiética*, que Foucault utiliza para expressar a maneira pela qual o sujeito se converte em sujeito ético, provém de Plutarco (**HS2**, 19; **HS**, 227). • Em *Le Courage de la vérité*, Foucault utiliza o *Díon*, de Plutarco, para exemplificar a *parresia* filosófico-política. Ver: *Parresia*. • Também em *Subjectivité et vérité* e nos cursos ministrados nos Estados Unidos e no Canadá, em 1982 e 1983, encontramos numerosas referências a Plutarco a propósito de temas como a problematização da prática do matrimônio nos primeiros séculos de nossa época, isto é, a supervalorização do matrimônio, que o converte em modelo do uso dos *aphrodísia* (**SV**, 141-151, 166-171); a desqualificação do amor pelos mancebos (**SV**, 181-203); as práticas de si como a *anachóresis* e a *meditatio* (**DVSM**, 51-59, 86-92); a *parresia* nas épocas helenística e imperial (**DVSM**, 242-246, 254-263; **DV**, 45-51, 58-72, 259-266).

243. PODER / *Pouvoir*

Há que se levar em conta que Foucault não escreveu nenhuma teoria sobre a questão do poder. Encontramos, antes, uma série de análises histórico-filosóficas sobre seu funcionamento, bem como algumas indicações metodológicas para seu estudo. As múltiplas e sucessivas investigações foucaultianas acerca do poder, embora não constituam uma teoria, podem ser lidas como uma história filosófica ou crítica do poder, que busca mostrar, por um lado, a especificidade das diferentes relações de poder e, por outro, de uma perspectiva genealógica, como se desenvolveram e integraram as formas de governo dos indivíduos com as formas de governo da população. Ver: *Crítica*.

As razões da pergunta sobre o poder. Sobre as razões que conduzem Foucault à análise do poder, ver: *Episteme*, *Dispositivo*. A formação do saber requer que sejam levadas em consideração, além das práticas discursivas, as não discursivas, e que se preste particular atenção ao funcionamento entrelaçado de umas e outras. Com efeito, o saber e o poder se apoiam e reforçam mutuamente. Isso não significa, como se pretendeu concluir, que um possa ser reduzido ao outro. A esse respeito, o próprio Foucault sustenta: "reduzir o saber ao poder, para fazer do saber a máscara do poder, em estruturas nas quais o sujeito não tem lugar, só pode ser uma pura e simples caricatura" (**CV**, 10). Por outro lado, a análise do saber e do poder orienta-se, em última instância, ao estudo das práticas de subjetivação e veridicção. Ver: *Experiência*, *Sujeito*. Além dessas razões internas do desenvolvimento das investigações foucaultianas, a interrogação filosófica pelo poder tem outras motivações teóricas e políticas. Os fenômenos políticos da Modernidade (o Estado centralizado, a burocracia, os campos de concentração, as políticas de saúde etc.) põem em relevo o problema da relação entre o processo de racionalização dessa época histórica e as formas de exercício do poder. Grande parte das preocupações e dos temas da Escola de Frankfurt tem a ver precisamente com as formas de exercício do poder que se apresentam como uma extensão asfixiante dos processos de racionalização. Para Foucault, a particularidade histórica das formas políticas da Modernidade, não só do Estado moderno, reside em que em nenhuma outra sociedade se encontra "uma combinação tão complexa de técnicas de individualização e de procedimentos de totalização" (**DE4**, 229). "Ao conseguir combinar esses dois registros – o registro da cidade e o cidadão com o do pastor e o rebanho – naquilo que chamamos de Estados modernos, nossas sociedades revelaram ser verdadeiramente demoníacas" (**DE4**, 147). Pois bem, para Foucault, à diferença da Escola de Frankfurt, não se trata de levar a cabo o processo da razão, mas antes de analisar racionalidades específicas, a racionalidade de determinadas práticas (as disciplinas, a biopolítica). Há vários motivos que determinam essa opção teórica e metodológica de Foucault, assim como a especificidade de sua abordagem do tema do poder: 1) Os resultados de trabalhos como *Histoire de la folie à l'âge classique*, *Les Mots et les choses* e *L'Archéologie du savoir*, que, ao se situarem como antípodas da filosofia da história, mostram o quanto são inadequadas as categorias totalizantes para enfrentar o trabalho histórico. 2) A inadequação das categorias habituais utilizadas: exclusão, repressão, lei, soberania. 3) A eficácia das lutas específicas. Ver: *Luta*. • Na primeira aula do curso *Sécurité, territoire, population*, Foucault apresenta cinco indicações metodológicas: 1) Quanto às análises levadas a cabo acerca do poder, assinala que não se trata de uma teoria geral, nem de uma parte nem de um começo. 2) Observa que as relações de poder não se autogeram nem são autossuficientes; estão entrelaçadas a outras relações (de produção, familiares etc.). 3) Quanto ao seu trabalho, Foucault assinala que pertence por direito próprio à filosofia se esta for concebida como uma política da verdade. Nesse sentido, da filosofia ocupa-se dos efeitos de saber que são produzidos na sociedade a partir das lutas e táticas de poder. 4) Seu trabalho não deve ser visto como um imperativo categórico (não indica o que se deve fazer ou como se deve ser), mas apenas como um imperativo condicional (caso se queira lutar, eis aqui algumas indicações táticas). 5) Nunca fazer política. Com essa observação Foucault quer distanciar-se das formas de fazer política nas quais a relação de luta termina, em última instância, teatralizada (**STP**, 3-6). • A questão do sujeito vincula todas essas motivações à primeira necessidade mencionada, isto é, estudar o funcionamento entrelaçado do saber e do poder. • A partir desse ponto de vista, podem-se distinguir dois sentidos do termo "sujeito": submetido ("sujeitado" pelo controle e pela dependência de outro) e ligado ("sujeitado" à própria identidade pelas práticas e pelo conhecimento de si). Em relação a esses sentidos do termo, Foucault distingue três tipos de luta: 1) lutas que se opõem a formas de dominação étnicas, sociais e religiosas; 2) lutas contra as formas de exploração que separam o indivíduo do produto de seus trabalhos; e 3) lutas que se enfrentam a tudo o que liga o indivíduo consigo mesmo e asseguram assim a submissão aos outros (**DE4**, 227). A análise foucaultiana do poder inscreve-se no terceiro tipo. Para Foucault, o tema do poder é na realidade um modo de enfrentar a questão do sujeito. "Acima de tudo, gostaria de dizer qual foi o objetivo do meu trabalho desses vinte anos. Não foi analisar os fenômenos de poder nem lançar as bases para essa análise. Tratei, antes, de produzir uma história dos diferentes modos de subjetivação-objetivação do ser humano em nossa cultura" (**DE4**, 222-223). Esses três modos de subjetivação-objetivação são: os saberes que pretendem chegar ao estatuto de ciências, as práticas que dividem (louco/lúcido, saudável/enfermo) e a maneira pela qual um ser humano se transforma em sujeito (a sexualidade). "Não é, pois, o poder, mas o sujeito o que constitui o tema geral de minhas investigações" (**DE4**, 223). • Compreende-se, então, por que a análise foucaultiana do poder encontra sua formulação mais adequada na categoria do governo, isto é, da maneira em que se dirige a conduta dos homens (**NB**, 192).

Categorias analíticas. Nos trabalhos de Foucault encontramos, em primeiro lugar, a crítica de certas categorias analíticas com as quais é habitual abordar o tema do poder: inclusão-exclusão, soberania-lei, repressão, luta-guerra; e, em segundo lugar, a formulação de suas próprias categorias: governo e governamentalidade. Ele elaborou tais conceitos a partir do final da década de 1970, mais concretamente a partir do curso *Sécurité, territoire, population*. 1) **Exclusão**. Embora tenha sido de utilidade inclusive em seus próprios trabalhos, para Foucault a exclusão é uma noção ampla demais e, portanto, pouco efetiva na hora da realização de análises precisas. Ademais, assinala que, precisamente, quando se realiza um estudo analítico dos procedimentos histórico-políticos de exclusão, vê-se que esses não se opõem às técnicas de assimilação: "não há exílio nem enclausuramento que não comporte, além daquilo que é caracterizado de maneira geral como expulsão, uma transferência, uma reativação desse poder que impõe, constrange e expulsa" (**LSP**, 4-5). 2) **Soberania-lei**. Segundo Foucault, nas tradições jurídica e marxista o poder sempre foi pensado a partir da economia. Na tradição jurídica, como um bem que está sujeito a um contrato, que pode ser objeto de posse e, portanto, também de alienação. Na tradição marxista, o economicismo não concerne tanto à natureza do poder, mas à sua função histórica: o poder serve para manter determinadas relações de produção e de exploração (**IDS**, 14-15). Quanto ao economicismo jurídico, abandonar os supostos economicistas do poder implica deixar de lado os conceitos de soberania e de lei, que conformam o que Foucault denomina "hipótese Hobbes" acerca do poder (**IDS**, 30-33, 37-39; **DE4**, 185-186). Foucault opõe à visão descendente clássica uma visão ascendente, isto é, ele propõe analisar o poder a partir de suas extremidades, desde baixo (**IDS**, 25), não como algo que se possui, mas como algo que se exerce. Desse modo, por exemplo, em lugar de perguntar-se pela legitimidade do direito de castigar do ponto de vista jurídico, é necessário estudar as técnicas concretas, históricas e efetivas do castigo.

Ver: *Hobbes*, *Guerra*. 3) **Repressão**. Em *La Volonté de savoir*, o primeiro volume de *Histoire de la sexualité*, são apresentadas três perguntas acerca da hipótese repressiva: a repressão é uma evidência histórica? A mecânica do poder é da ordem da repressão? O discurso contra a repressão libera ou na realidade faz parte do próprio poder que denuncia? (**HS1**, 18-19). Não se trata de formular uma contra-hipótese a propósito de cada uma das dúvidas que essas perguntas levantam. A proposta é, antes, ressituar esses elementos em uma economia geral do poder. Ver: *Repressão*. Pois bem, de um ponto de vista teórico, a conclusão mais importante que nosso autor extrai da crítica histórica da hipótese repressiva é que o poder deve ser visto como uma realidade positiva, isto é, como fabricante ou produtor de individualidade (**SP**, 182-184). Assim como não há que supor um indivíduo natural para explicar como este se converte em sujeito jurídico, sujeito de direitos e, por conseguinte, como se gera o soberano e o Estado, tampouco há que supor uma naturalidade do desejo que a sociedade capitalista viria reprimir aliada à religião. A individualidade não é algo passivo, dado de antemão, sobre o qual se aplica o poder; é antes uma espécie de *replay*, onde o indivíduo é ao mesmo tempo receptor e emissor de poder. Nesse sentido, a imagem que melhor descreve o funcionamento do poder é a de uma rede (**IDS**, 26-27). 4) **Luta-guerra**. Em *"Il faut défendre la société"*, Foucault opõe às noções de soberania (hipótese Hobbes) e de repressão (hipótese Reich) a hipótese Nietzsche, que concebe o poder como luta e guerra (**IDS**, 14-19). Nosso autor faz sua essa hipótese, embora logo depois a abandone, e leva a cabo uma genealogia do discurso da guerra de raças. Ver: *Guerra*, *Nietzsche*. Alguns anos antes, no curso de 1972-1973, *La Société punitive*, Foucault também havia se servido das noções de luta e de guerra como categorias analíticas do poder (**LSP**, 15). 5) **Governo**. A partir da crítica das categorias analíticas antes mencionadas, Foucault se propõe a pensar o poder em seus mecanismos, ao mesmo tempo de exclusão e inclusão, a partir de suas formas específicas de formação na base da sociedade e em sua dimensão produtiva. Não se trata de desentranhar o que é o poder, mas sobre como funciona. Por isso, a partir das extremidades, de um ponto de vista positivo e reticular sobre o poder, há que perguntar-se: a) que sistemas de diferenciação permitem que alguns indivíduos atuem sobre outros (diferenças jurídicas, de tradições, econômicas, de competências cognitivas etc.); b) que objetivos estão sendo perseguidos (manter um privilégio, acumular riquezas, exercer uma profissão); c) que instrumentos são utilizados (as palavras, o dinheiro, a vigilância, os registros); d) que instituições estão envolvidas (os costumes, as estruturas jurídicas, os regulamentos, as hierarquias, a burocracia); e) que tipo de racionalidade está em jogo (tecnológica, econômica) (**DE4**, 239-240). Cada uma dessas perguntas busca descrever e analisar "modos de ação que não operam sobre os indivíduos de forma direta e imediata, mas sobre suas ações" (**DE4**, 236). O poder consiste, em termos gerais, em induzir, afastar, facilitar, dificultar, limitar e impedir condutas, para conduzi-las e dispor de sua probabilidade. Essa afirmação afigura-se, sem dúvida, surpreendente, já que não coincide com a ideia da luta como especificidade das relações de poder, isto é, com a hipótese Nietzsche. Com efeito, em seus últimos escritos e cursos no Collège de France, Foucault substitui o conceito de luta (ao menos na função que desempenhava em *"Il faut défendre la société"*) pelos conceitos de governo e governamentalidade. Ver: *Nietzsche*. "O poder, no fundo, é menos da ordem do enfrentamento entre dois adversários ou do compromisso de um frente ao outro que da ordem do governo. [...] o modo de relação próprio do poder não deveria ser buscado, então, do lado da violência e da luta, nem do lado do contrato ou do nexo voluntário (que no máximo podem ser apenas instrumentos), mas do lado desse modo de ação singular, nem guerreiro nem jurídico, que é o governo" (**DE4**, 237).

A especificidade das relações de poder. Se renunciarmos a uma representação economicista do poder, se deixarmos de lado os conceitos de soberania, repressão, luta e guerra, como se analisa o poder? Em primeiro lugar, é necessário ter presente que, para Foucault, o poder não é uma substância ou uma qualidade, algo que se possua ou se tenha; é, antes, uma forma de relação. Para determinar a especificidade das relações de poder, Foucault as distingue das capacidades objetivas e das relações de comunicação. Por "capacidades objetivas" devemos entender "o [poder] que se exerce sobre as coisas e que outorga a capacidade de modificá-las, utilizá-las, consumi-las ou destruí-las". As "relações de comunicação", por sua vez, são aquelas "que transmitem uma informação através de uma língua, um sistema de signos ou qualquer outro meio simbólico" (**DE4**, 233). À diferença dessas, as de poder são relações entre sujeitos, definidas, como se assinalou, como "modos de ação que não operam sobre os indivíduos de forma direta e imediata, mas sobre suas ações" (**DE4**, 236). As relações de poder exigem que "o outro (aquele sobre quem se exerce o poder) seja reconhecido e mantido até o fim como um sujeito de ação, e também que se abra diante da relação de poder todo um campo de respostas, reações, efeitos, invenções possíveis" (**DE4**, 236). É importante apontar algumas características das relações de poder: 1) Não são nem a manifestação de um consenso nem a renúncia à liberdade, embora possam supô-las. 2) Embora sejam distantes das capacidades e das relações de comunicação, estão entrelaçadas com elas. Quando as capacidades, as relações de comunicação e as relações de poder se ajustam umas às outras segundo fórmulas explícitas, então nos encontramos com uma disciplina (**DE4**, 235). 3) São um conjunto de ações que têm por objeto outras ações possíveis. 4) Segundo Foucault, o termo que permite captar melhor a especificidade das relações de poder é "conduta": "O exercício do poder consiste em conduzir condutas e dispor de sua probabilidade" (**DE4**, 237). Esse é o sentido originário do conceito de governo: dirigir a conduta dos indivíduos ou dos grupos. 5) O poder é exercido somente sobre sujeitos livres, isto é, aqueles que dispõem de um campo de várias condutas possíveis. Quando as determinações estão saturadas, não há relações de poder (**DE4**, 237-238).

Das matrizes jurídico-políticas de poder-saber à relação veridicção-governo. Nos primeiros cursos de Foucault no Collège de France, sua hipótese de trabalho foi mostrar como determinadas formas de saber se constituíram a partir do que denomina "matrizes jurídico-políticas". Em suas próprias palavras, tratava-se de revelar "a constituição de algumas formas de saber a partir das matrizes jurídico-políticas que lhes deram nascimento e lhes servem de suporte" (**DE2**, 389). Em *Leçons sur la volonté de savoir*, a matriz estudada é o procedimento judicial grego da medida (*mesure*); em *Théories et institutions pénales*, o procedimento judicial medieval da investigação (*enquête*), e em *La Société punitive*, as disciplinas. Segundo a análise de Foucault, cada uma dessas matrizes deu lugar ao surgimento, respectivamente, das ciências matemáticas, das ciências empíricas e das ciências humanas. Ver: *Investigação*. Essa perspectiva deve ser completada e corrigida, ao menos em parte, com os aportes que ele introduz em seus cursos da década de 1980, em particular *Du gouvernement des vivants* e *Subjectivité et vérité*, em relação à questão da verdade e aos conceitos de veridicção e aleturgia. Foucault sustenta, com efeito, que "não há exercício do poder sem algo assim como uma aleturgia" (**DGDV**, 8), sem manifestação da verdade. Por isso, segundo se explica na lição de 8 de janeiro de 1980, é necessário deslocar-se da noção de saber à de verdade e da de poder à de governo. Ver: *Aleturgia, Artes de governar, Verdade*.

Questões de método. Na seção "Méthode" do capítulo quarto de *Volonté de savoir* (**HS1**, 121-135), Foucault apresenta quatro regras para a análise do poder. Essas regras, enumeradas a seguir, são precedidas por cinco proposições nas quais ele explicita sua concepção acerca do poder: o poder não é uma coisa, mas exerce-se a partir de numerosos pontos de apoio e formação e no quadro de relações móveis; as relações de poder não são exteriores a outro tipo de relações (econômicas, cognitivas, sexuais), não são uma superestrutura, mas imanentes a essas; o poder vem de baixo, de instituições ou práticas múltiplas e específicas (a família, a escola, as formas de produção) e, portanto, seu funcionamento não pode ser abordado simplesmente a partir da dualidade entre sujeitos dominantes e dominados; as relações de poder são intencionais, mas isso não significa que sejam subjetivas, isto é, que dependam das decisões dos indivíduos; para que haja poder é necessário que haja resistência. 1) Regra da imanência: é necessário partir dos núcleos locais de poder-saber (como, por exemplo, a relação entre o penitente e o confessor ou as formas pedagógicas). 2) Regra das variações contínuas: há que analisar as matrizes de transformação das forças que entram em jogo nas relações de poder. 3) Regra do duplo condicionamento: entre a ordem das estratégias e a das táticas, não há descontinuidade (as táticas inscrevem-se nas estratégias, mas essas não funcionam sem as táticas) nem homogeneidade (o pai, por exemplo, não é o representante do Estado). Cada nível de análise tem, por isso, sua própria especificidade. 4) Regra da polivalência tática dos discursos: estes não são uma mera projeção dos mecanismos de poder, mas o lugar onde o saber e o poder se articulam. Os discursos são segmentos descontínuos cuja função tática não é nem uniforme nem estável.

Revolução, práticas de liberdade. Tal como levada a cabo por Foucault, a história das práticas deixa de lado não só o ponto de vista jurídico acerca do poder e a hipótese repressiva, mas também o que podemos considerar como um dos conceitos cardinais da historiografia política moderna: a revolução. Na realidade, tanto a concepção jurídica acerca do poder quanto a marxista e a freudiana podem ser vistas como diferentes versões do ideal revolucionário; cada uma foi, a seu modo, a promessa de uma liberação. A substituição do conceito de guerra pelo de governo tem a ver, precisamente, com o abandono do conceito de revolução. Para Foucault, esse conceito é uma consequência da concepção do poder em termos de totalidade. E esta foi, em grande parte, a causa da ineficácia de certas formas de oposição ao poder. Ver: *Deleuze, Luta, Revolução*. Por isso, a partir do conceito de governo, Foucault opõe as lutas e a resistência como práticas de liberdade à luta contra o poder em forma de revolução ou liberação. Ver: *Liberdade, Luta, Revolução*.

Esquemas teóricos. Em *La Société punitive*, Foucault distingue quatro esquemas teóricos de análise do poder dos quais, sustenta, quer desfazer-se: a apropriação (o poder é algo que se possui), a localização (o poder está localizado em determinadas instituições, em particular no aparato do Estado), a subordinação (o poder é uma expressão das relações de produção) e a ideologia (o poder não produz saber, mas apenas ideologias). Foucault recorre a análises históricas para opor-se a cada um desses esquemas (**LSP**, 231-236).

244. PODER PASTORAL / *Pouvoir pastoral*

No estudo do poder pastoral, em direção ao qual é conduzido a partir da noção de governo, Foucault se serve de um esquema conceitual que funda suas raízes na Antiguidade grega e judaico-cristã: a oposição entre o pastor e o político. Seu interesse pelo poder pastoral provém, ao menos em um primeiro momento, do fato de que, de seu ponto de vista, as formas de racionalidade e exercício do poder na Modernidade apropriaram-se, transformando-as, das práticas do poder pastoral elaboradas pelo cristianismo. Para Foucault, a especificidade do Estado consiste em ter integrado, em uma forma jurídica nova, as técnicas individualizantes do poder pastoral (**DE4**, 229).

Governo dos homens. Até o século XVI, os termos "governar" e "governo" não tinham o sentido vinculado ao Estado que adquiriram mais tarde. Não se governa o Estado, mas os homens. "Quem é governado, portanto, em primeira instância e fundamentalmente, ao menos através dessas localizações iniciais [do termo], são os homens" (**STP**, 126). A ideia de um governo dos homens, assinala Foucault, não provém da Grécia, mas é necessário rastreá-la no Oriente pré-cristão, primeiro, e no cristianismo, depois. O governo dos homens, entendido como poder pastoral, isto é, a partir da relação entre o pastor e o rebanho, é essencialmente, tal como o encontramos na tradição judaica, um poder de tipo religioso. A esse respeito, Foucault assinala três diferenças fundamentais em relação à cultura grega: 1) Para os judeus, essa forma de poder não é exercida sobre um território, mas sobre os homens, sobre uma multidão em movimento. O deus grego, ao contrário, é um deus territorial, intramuros, da cidade. 2) Enquanto os deuses gregos se caracterizam por sua potência resplandecente, o poder do pastor é benfeitor. É um poder que vigia e cuida. 3) Por último, o poder pastoral é individualizante, isto é, exerce-se sobre o rebanho em seu conjunto, mas também sobre cada ovelha em particular: *omnes et singulatim*, sobre todos e sobre cada um. "A Igreja cristã coagulou todos esses temas do poder pastoral em mecanismos precisos e instituições definidas. Organizou realmente um poder pastoral ao mesmo tempo específico e autônomo. Implantou os dispositivos dentro do Império Romano e organizou, no coração deste, um tipo de poder que nenhuma outra civilização, creio, havia conhecido. [...] Essa forma de poder, tão característica do Ocidente, tão única, creio, em toda a história das civilizações, nasceu do pastorado – ou ao menos tomou como modelo o pastorado, a política considerada como uma questão de pastorado" (**STP**, 133-134).

A imagem do pastor na literatura grega, Platão. A imagem do pastor utilizada para exemplificar a relação entre o soberano e seus súditos está presente na literatura grega: no vocabulário homérico, na tradição pitagórica, a partir da relação etimológica entre "*nómos*" (lei) e "*nomeus*" (pastor), e na literatura política clássica. A respeito dessa última, na realidade, a metáfora do pastor quase não aparece, exceto em Platão (**STP**, 142): com efeito, domina seu diálogo intitulado *Político*. Pois bem, se deixamos de lado esse diálogo, encontramos três usos da metáfora do pastor em outros textos platônicos: os deuses são pastores, os magistrados são pastores, o bom magistrado é como um pastor. A esse respeito, Foucault observa, em primeiro lugar, que o magistrado-pastor que aparece nas *Leis* é um magistrado subordinado, não é o fundador da cidade nem quem lhe deu suas leis essenciais; em segundo lugar, que na *República* a imagem do magistrado-pastor é apresentada como uma caricatura. Pois bem, no *Político* é precisamente o político quem aparece como um pastor. Já não se trata apenas dos deuses, como no início do diálogo, nem de um magistrado subordinado. A estratégia discursiva de Platão consiste, no entanto, em desfazer-se dessa imagem comum difundida no mundo indo-europeu e substituí-la pela da arte de tecer. Em conclusão, a metáfora do pastor ou está ausente do vocabulário político da Grécia clássica ou é, como acontece com Platão, questionada de maneira explícita (**STP**, 150).

O pastorado cristão. À diferença do que acontece na tradição grega, o tema do pastor domina, sim, a tradição judaica; no entanto, não existe no judaísmo uma instituição pastoral propriamente dita. O pastorado como tal foi específico da tradição cristã. Foi definido em seus inícios como "técnica das técnicas" e "ciência das ciências", e conhecido depois como "arte das artes" e "regime das almas". Ademais, o pastorado, não a teologia, apresentou-se em suas origens como relevo da filosofia (**STP**, 154). Toda a organização da Igreja terminou por ser concebida em termos pastorais e diferente do poder político, característica que resultaria absolutamente essencial. Para além das interferências, às vezes numerosas, o poder pastoral e o poder político não funcionam da mesma maneira. "O soberano ocidental é o César e não o Cristo. O pastor ocidental não é César, mas Cristo" (**STP**, 159).

Fontes. Foucault remete a uma série de autores e textos que conferiram ao pastorado cristão sua especificidade característica: *Diálogo sobre o sacerdócio*, de João Crisóstomo; *Cartas*, de Cipriano; o *Livro dos ofícios*, de Santo Ambrósio; *Regra pastoral*, de Gregório Magno; *Instituições cenobíticas*, de João Cassiano; *Epistolário*, de São Jerônimo, e *Regra*, de São Bento (**STP**, 169-170).

Especificidade do pastorado cristão: salvação, lei, verdade. Foucault centra sua análise em torno de três temas: as questões da salvação, da lei e da verdade (**STP**, 170). A salvação é um tema comum à cidade grega e ao ofício do pastor. Na concepção grega, como também, por outro lado, na tradição judaica, a relação com a salvação é concebida em termos globais: a cidade é salva ou castigada por sua injustiça, ou o povo por sua ingratidão. A responsabilidade do rei ou do pastor se aplica à cidade ou ao povo como um todo. No pastorado cristão, ao contrário, a relação não é global, mas distributiva, já que concerne a todos e a cada um (*omnes et singulatim*). Trata-se, definitivamente, de uma economia analítica de méritos e deméritos: o pastor deve dar conta dos atos de cada uma de suas ovelhas. Quanto à lei ou, mais precisamente, à obediência à lei, trata-se de uma concepção que está ausente no mundo grego. No pastorado, a obediência, com efeito, é concebida como uma dependência integral: submissão não à lei em si, mas à vontade de outro como mortificação da vontade própria. Trata-se, em poucas palavras, da submissão de um indivíduo a outro. Quanto à verdade, no pastorado cristão seu ensinamento deve estar orientado a dirigir a conduta cotidiana, concepção que também se distancia da grega.

Sujeito. O pastorado constitui o prelúdio da governamentalidade pela maneira em que faz jogar os princípios da salvação, da lei e da verdade, e pelos procedimentos analíticos de constituição da subjetividade que põe em funcionamento (**STP**, 188).

Resistências ao pastorado, contracondutas. Sobre a noção de contraconduta, ver: *Conduta*. • Na aula do 1º de março de 1978 de *Sécurité, territoire, population*, Foucault enumera cinco formas de resistência, de contracondutas a respeito da instauração do poder pastoral:

o ascetismo, as comunidades, a mística, a Escritura e a escatologia (**STP**, 208-220). Cada uma delas põe em questão alguns dos elementos fundamentais do poder pastoral. Assim, no caso do ascetismo, a autoridade ou a presença de outro na relação consigo mesmo é, senão impossível, ao menos desnecessária. Ademais, o ascetismo, à diferença das formas do poder pastoral, propõe uma rejeição do mundo e do corpo. Trata-se de duas estruturas com diferenças profundas. As comunidades, por sua parte, desarticulam a divisão binária entre sacerdotes e leigos, sobre a qual se apoia o funcionamento do poder pastoral, e rejeitam a autoridade do pastor e suas justificações teológicas. A mística, por seu lado, faz valer uma experiência que escapa a toda forma de poder pastoral. No mesmo sentido, também o acesso pessoal à Escritura, à Bíblia, sem a intermediação dos pastores, foi uma forma de resistência. Por último, a escatologia, com a esperança no advento de um verdadeiro pastor, foi uma maneira de rejeitar os pastores das instituições religiosas. "Ou seja, o cristianismo, em sua organização pastoral real, não é uma religião ascética, da comunidade, da mística, da Escritura e, evidentemente, também não é da escatologia" (**STP**, 218). • Três observações a respeito são necessárias: 1) Não há que supor que primeiro se instaurou o pastorado e depois surgiram as contracondutas. O próprio pastorado foi uma reação contra uma forma de contraconduta, a gnose, pois existe "uma correlação imediata e fundacional entre conduta e contraconduta" (**STP**, 199). 2) Essas formas de resistência têm sua própria especificidade, mas não são autônomas, e sim se entrelaçam com as lutas políticas e econômicas. 3) Depois da época de ouro do pastorado cristão, que se estende dos séculos X-XI aos séculos XVI-XVII, quando as formas do governo pastoral passam a integrar o Estado, as modalidades de contraconduta já não buscarão opor-se à instituição religiosa, e sim às instituições políticas (caso dos objetores de consciência, das sociedades secretas, das resistências à medicalização).

Individualização, subjetividade. As contracondutas não buscam se desfazer do pastorado, do fato de que os homens sejam governados de maneira individualizante, mas pretendem que sejam governados de outra maneira, de uma maneira melhor. Nesse sentido, Foucault observa que é necessário ter em conta que, no Ocidente, não se chega a ser indivíduo senão por meio desses processos de subjetivação que tomam forma nas práticas do governo. "Há que converter-se em sujeito para converter-se em indivíduo (em todos os sentidos da palavra 'sujeito')" (**STP**, 237).

Estado moderno. No século XVI, na época da Reforma e da Contrarreforma, assistimos a uma profunda transformação do pastorado cristão; não se trata de um desaparecimento, tampouco de uma transferência global do poder pastoral ao Estado, e sim de uma modificação do problema da condução – em termos privados, no campo da filosofia, e públicos, no da política. Foucault estuda essa apropriação-transformação por intermédio da razão do Estado e do liberalismo. • "É muito significativo que a crítica política tenha questionado o Estado por ser ao mesmo tempo um fator de individualização e um princípio totalitário. Basta observar a racionalidade do Estado nascente e ver qual foi seu primeiro projeto de polícia para dar-se conta de que, desde o começo, o Estado foi individualizante e totalitário. Opor-lhe o indivíduo e seus interesses é tão arriscado quanto opor-lhe a comunidade e suas exigências. A racionalidade política desenvolveu-se e se impôs ao longo da história das sociedades ocidentais. Enraizou-se, primeiro, na ideia de poder pastoral, depois na razão de Estado. A individualização e a totalização são efeitos inevitáveis. A liberação não pode vir do questionamento a um ou outro de seus efeitos, mas das próprias raízes da racionalidade política" (**DE4**, 161).

Funções e imperativos do pastor. No "Annexe 2" de *Les Aveux de la chair*, Foucault leva a cabo uma caracterização geral do poder pastoral centrada em enumerar as funções do pastor e assinalar os imperativos que deve satisfazer para cumpri-las. Suas funções são: 1) reunir as ovelhas dispersas; 2) guiá-las; 3) alimentá-las; 4) cuidar delas/vigiá-las; 5) manter a salvo o rebanho; e 6) dar conta de seu agir. Nessa tarefa, o pastor dos homens, no cristianismo, deve cumprir com quatro imperativos: rigor doutrinal, ensinar, conhecer os indivíduos e ser prudente (**HS4**, 366-395). Ver também: *Biopoder, Biopolítica, Disciplina, Estado, Liberalismo, Norma, Polícia, Razão de Estado*.

245. POLÍCIA / *Police*

Junto com o novo aparato diplomático-militar que começa a configurar-se ao longo dos séculos XVII e XVIII, a polícia constitui o outro grande eixo da prática governamental da razão de Estado. Em termos atuais, o primeiro se ocupa da política exterior e a segunda, da política interior (**STP**, 321). Ver: *Razão de Estado*. • Em fins do século XVI e começo do XVII, o termo "polícia" adquire esse novo sentido. Vários autores dão conta disso: Louis Turquet de Mayerne, Peter K. W. von Hohenthal, Johann von Justi. Segundo a definição dada por este último, trata-se do conjunto de "leis e regulamentos que concernem ao interior de um Estado e que se ocupam de afirmar e de aumentar sua potência, de fazer um bom uso de suas forças" (**STP**, 321). • Segundo Turquet de Mayerne, todo bom governo deve ter quatro grandes oficiais: um chanceler que se ocupe da justiça, um encarregado do exército, um superintendente à frente das finanças e alguém que se dedique a conservar e reformar a polícia em geral (**STP**, 327). As funções desse último são: instruir as crianças e os jovens, e ocupar-se dos pobres, da saúde pública, dos acidentes, das normas do comércio e da fabricação, dos bens imobiliários etc. A finalidade desse funcionário é, definitivamente, a atividade do homem em relação ao Estado e seu controle (**STP**, 329-330). • Segundo a recopilação de normas de polícia em três volumes levada a cabo por Nicolas Delamare, os domínios da polícia são os seguintes: a religião, os costumes, a saúde e as subsistências, as ciências e as artes liberais, o comércio, as manufaturas e as artes mecânicas, os domésticos e os trabalhadores braçais, o teatro e os jogos, e o cuidado dos pobres (**STP**, 342). Foucault assinala que essa multiplicidade de objetos concerne, por um lado, aos problemas urbanos, à cidade, e, por outro, ao mercado, ao intercâmbio de bens e às condições de circulação (**STP**, 344). A partir dessa perspectiva, compreende-se como a prática governamental da polícia estava estreitamente associada à forma de racionalidade política própria do mercantilismo, que propunha, para o Estado, a população o mais numerosa possível, ocupada completamente e com os salários o mais baixos possível, para exportar a preços competitivos. Em poucas palavras, tinha vínculos estreitos com essa forma de racionalidade política cujo objetivo fundamental era o fomento do comércio como técnica de importação de moeda. "Não quero dizer que nesse momento nasceu a cidade-mercado, mas que se converteu no modelo de intervenção estatal sobre a vida dos homens. Creio que esse é o fato fundamental do século XVII" (**STP**, 346).

Direito, golpe de Estado. Embora a polícia estabeleça novos objetos de intervenção política, seus métodos são, no entanto, tradicionais: o poder do rei atua diretamente sobre seus súditos de maneira não judicial (**STP**, 347).

246. POPULAÇÃO / *Population*

O maior problema que a Modernidade colocou para as tecnologias de governo foi a acumulação de indivíduos. Foucault dedicou o curso ministrado no Collège de France nos anos 1977-1978 ao tema segurança-território-população. "Através da análise específica dos dispositivos de segurança, tratei de ver como aparecem os problemas específicos da população e, ao observar de perto esses problemas, fui rapidamente conduzido ao problema do governo" (**DE3**, 635). A expansão demográfica na Europa no século XVIII levou a uma ampla produção teórica no gênero "artes de governar". Foucault interpreta essa situação em termos de "desbloqueio epistemológico" (**DE3**, 650). O surgimento da população como uma realidade específica, por um lado, deslocou o modelo familiar como referência das técnicas de governo e, por outro, conduziu a uma nova definição do conceito de economia ou, de maneira mais simples, levou à ideia de economia política. Até esse momento, as técnicas da estatística haviam funcionado dentro do quadro da soberania, isto é, como instrumento da administração estatal. Pois bem, essa estatística administrativa mostra que os fenômenos da população têm a própria regularidade, irredutível ao modelo familiar; mostra, ademais, que o comportamento da regularidade própria da população tem também efeitos econômicos específicos. A partir desse momento, inverte-se a relação, do ponto de vista do governo, entre a família e a população: a família aparece como um elemento dentro do fenômeno global da população. A população se converte, então, no objetivo último do governo (**DE3**, 652). O surgimento da população como objetivo e instrumento do poder não significa o desaparecimento do conceito de soberania, nem se contrapõe ao processo de disciplinarização (de caráter individualizante). Trata-se, antes, de três fenômenos que é necessário estudar de forma correlata e em suas relações mútuas. Ver: *Governamentalidade*. A ideia de um governo da população fortalece a questão do fundamento da soberania e requer um aprofundamento das disciplinas (**DE3**, 654). • "A descoberta da população é, junto com a descoberta do indivíduo e do corpo adestrável, o outro grande núcleo tecnológico em torno do qual os procedimentos políticos do Ocidente se transformaram" (**DE4**, 193). As disciplinas foram as técnicas políticas do corpo individual; a biopolítica foi a técnica do governo das populações. Ver: *Biopolítica*. • Para Foucault, o conceito de população que surge a partir do século XVIII comporta dois elementos: por um lado, a relação entre o número de habitantes e o território; por outro, os vínculos de coexistência que se estabelecem entre os indivíduos que habitam um mesmo território (taxa de crescimento, de mortalidade) e suas condições de existência (**DE3**, 730). • Acerca da relação entre a questão da população e o desenvolvimento da medicina, ver: *Medicalização*.

Rebelião contra a fiscalidade. Em *Théories et institutions pénales*, Foucault analisa as rebeliões populares contra a fiscalidade na França do século XVII. Nesse contexto sustenta que, nas formas de repressão, a polícia constitui um sistema penal que é uma forma de controle do crescimento e dos deslocamentos da população (**ThIP**, 137).

Razão de Estado. O problema da razão de Estado é a riqueza do Estado, e não a população. Na razão de Estado, o problema da população está apenas implícito (**STP**, 283-284).

247. POSITIVIDADE / *Positivité*

Foucault utiliza esse termo para se referir à análise discursiva dos saberes de um ponto de vista arqueológico. Determinar a positividade de um saber não consiste em referir os discursos à totalidade da significação nem à interioridade de um sujeito, mas à dispersão e à exterioridade. Tampouco consiste em determinar uma origem ou uma finalidade, mas as formas específicas de acumulação discursiva. A positividade de um saber é o regime discursivo ao qual pertence, as condições de exercício da função enunciativa (**AS**, 163-167). "Assim, a positividade desempenha o papel do que se poderia chamar um '*a priori* histórico'" (**AS**, 167). Ver: A priori *histórico, Enunciado, Formação discursiva*.

248. PRÁTICA / *Pratique*

As epistemes e os dispositivos são, em termos gerais, práticas. As epistemes são práticas discursivas, enquanto os dispositivos, por sua vez, integram as práticas discursivas e as não discursivas. O dispositivo como objeto de análise aparece precisamente ante a necessidade de incluir as práticas não discursivas, isto é, as relações de poder, entre as condições de possibilidade da formação dos saberes ou, para expressá-lo de outro modo, para analisar o modo em que as práticas discursivas se articulam com as não discursivas (**DE1**, 686). O domínio das práticas estende-se, então, desde a ordem do saber até a ordem do poder. Por último, Foucault inclui também o estudo das relações do indivíduo consigo mesmo. Por isso, pode-se afirmar que, de fato, utiliza o conceito de prática desde suas primeiras obras, embora nem sempre o determine com precisão. Assim, por exemplo, *Histoire de la folie à l'âge classique* é uma análise da clausura ou do asilo em termos de prática; *Naissance de la clinique*, um estudo histórico da prática médico-clínica; *Surveiller et punir*, um estudo histórico das práticas punitivas. • Pois bem, apesar da importância que o conceito de prática tem em suas obras, em nenhuma ele o desenvolve com uma exposição detalhada; é necessário, então, reconstruí-lo a partir de outras indicações. • O primeiro texto a levar em consideração é "Qu'est-ce que les Lumières?" (**DE4**, 562-578). Ali, Foucault coloca a necessidade de pensar a Modernidade como um *éthos*, isto é, como uma atitude que deve traduzir-se em uma série de investigações ao mesmo tempo arqueológicas e genealógicas acerca das práticas que nos constituem historicamente. Ver: *Éthos*. Foucault atribui a essas investigações três características, que, definitivamente, delimitam e definem o que entende por prática: 1) *Homogeneidade*: essas investigações não se ocupam das representações que os homens têm de si mesmos ou das condições que os determinam, mas, antes, "do que fazem e da maneira em que o fazem"; mais precisamente ainda, "das formas de racionalidade que organizam as maneiras de fazer" (**DE4**, 576). Também poderíamos falar, em lugar de "racionalidade", sobre "regularidade". Em *L'Archéologie du savoir*, Foucault com frequência se vale do conceito de regularidade para caracterizar as práticas discursivas (por exemplo, em **AS**, 98). A propósito da racionalidade ou regularidade das práticas, fala do "aspecto tecnológico". Também é necessário analisar a liberdade com que os sujeitos atuam nesse sistema de práticas: aquilo que Foucault denomina o "jogo estratégico" (**DE4**, 576). 2) *Sistematicidade*: essas investigações exigem, ademais, que se contemple de maneira sistemática o domínio das práticas, isto é, que se leve em conta os eixos do saber (as práticas discursivas), do poder (as relações com os outros) e da ética (as relações do sujeito consigo mesmo) no que têm de específico e em seu entrelaçamento. 3) *Generalidade*: por último, as práticas que Foucault estuda (as relações entre razão e loucura, enfermidade e saúde, crime e lei) têm caráter recorrente. No entanto, não há que interpretar essa generalidade ou recorrência como se se tratasse de uma realidade meta-histórica cuja permanência e variação haveria que reconstruir através da história. A generalidade das práticas é, em si mesma, uma configuração histórica singular (**DE4**, 577). Nesse sentido, Foucault se refere a uma "redução nominalista da antropologia filosófica" (**DE4**, 579). • O segundo texto relevante é a introdução a *L'Usage des plaisirs*, o segundo volume de *Histoire de la sexualité*. A história da sexualidade não é uma história dos comportamentos nem das representações, mas de uma experiência, "se se entende por 'experiência' a correlação, em uma cultura, entre domínios de saber, tipos de normatividade e formas de subjetividade" (**HS2**, 10). • O terceiro texto a se considerar é a introdução geral a *Histoire de la sexualité*, "Préface à l'Histoire de la sexualité" (**DE4**, 578-584). Ali, Foucault interpreta a análise histórica das formas de experiência em termos de pensamento. "Por 'pensamento' entendo o que instaura, em diferentes formas possíveis, o jogo do verdadeiro e do falso e, em consequência, constitui o ser humano como sujeito de conhecimento; o que funda a aceitação ou o rechaço da regra e constitui o ser humano como sujeito social ou jurídico; o que instaura sua relação consigo mesmo e com os outros e constitui o ser humano como sujeito ético. Assim entendido, não há que buscar o pensamento nas formulações teóricas, como as da filosofia ou da ciência; ele pode e deve ser analisado em todas as maneiras de dizer, de fazer, de conduzir-se, nas quais o indivíduo se manifesta e age como sujeito de conhecimento, como sujeito ético ou jurídico, como sujeito consciente de si e dos outros. Nesse sentido, o pensamento é considerado como a forma mesma da ação, como a ação na medida em que esta implica o jogo do verdadeiro e do falso, a aceitação ou o rechaço da regra, a relação do indivíduo consigo mesmo e com os outros" (**DE4**, 579-580). • Em síntese, podemos dizer que Foucault entende por "práticas" a racionalidade ou a regularidade que organiza o que os homens fazem – "sistemas de ação na medida em que estão habitados pelo pensamento" (**DE4**, 580) –, que têm um caráter sistemático – saber, poder, ética – e geral – recorrente –, e que por isso constituem uma experiência ou um pensamento.

249. PRISÃO / *Prison*

Modelos punitivos. Além de *Surveiller et punir*, Foucault dedicou ao tema da prisão ou, mais precisamente, à história do castigo os cursos no Collège de France *Théories et institutions pénales*, ministrado em 1971-1972, e *La Société punitive*, de 1972-1973. O primeiro deles reveste-se de um caráter preliminar e preparatório. Assim como em *Leçons sur la volonté de* *savoir*, de 1970-1971, ocupa-se da relação saber-poder: nenhum saber se constitui sem um sistema de comunicação, de registros, de acumulação, que é uma forma de poder vinculada a outras, e, por outra parte, nenhum poder funciona sem apropriar-se das formas de saber. "Nesse nível, não temos o conhecimento de um lado e a sociedade de outro, ou a ciência e o Estado, mas as formas fundamentais do 'saber-poder'" (**DE2**, 389-390). Em *La Société punitive*, Foucault analisa duas formas de saber-poder: a investigação e o exame. Ver: *Investigação, Exame*. No ano precedente, havia se ocupado da medida na Grécia clássica. Como veremos, o interesse de Foucault pelo tema da prisão articula-se em torno da mesma questão, isto é, o funcionamento das formas de saber-poder. A prisão foi o modelo institucional da sociedade de exame, e seu funcionamento foi o modelo institucional da sociedade disciplinar. • Pois bem, para situar o nascimento da prisão, Foucault parte da análise das formas clássicas do castigo. Nesse sentido, distingue quatro táticas punitivas e quatro formas sociais que lhes correspondem: 1) o exílio (expulsão para além das fronteiras, confisco dos bens); 2) a compensação (conversão do delito em uma obrigação financeira); 3) a exposição (a marca, o signo visível sobre o sujeito castigado); e 4) a clausura. Ainda que seja possível encontrar todas essas formas em diferentes épocas e sociedades, nosso autor distingue quatro tipos de sociedades segundo a técnica punitiva que privilegiaram: sociedades de desterro (por exemplo, a sociedade grega), de ressarcimento (as germânicas), sociedades que marcam (as ocidentais de fins da Idade Média) e sociedades que enclausuram (a sociedade moderna) (**DE2**, 456-457). • Segundo Foucault, as diferentes formas de clausura que se praticavam até fins do século XVIII não se revestiam de um caráter penal; situavam-se, antes, fora do sistema judicial. No século XIX, no entanto, a prisão se converte na forma geral do castigo. Essa implantação da prisão foi acompanhada desde o início por críticas e questionamentos: a prisão impede que o sistema judicial possa controlar a aplicação das penas; com a mescla de diferentes condenados, forma-se uma comunidade homogênea de criminosos; ao fornecer teto e comida aos detentos, a prisão pode converter-se em um lugar com atrativos para os delinquentes; em razão dos hábitos que impõe pode provocar que os condenados se dediquem para sempre ao crime (**DE2**, 458-459). Apesar dessas críticas e dos projetos de reforma que pretenderam dar-lhes solução, o que era criticável terminou por se impor como uma fatalidade do sistema carcerário. "É necessário perguntar-se como foi possível essa inversão; como os efeitos denunciados e criticados, no fim das contas, puderam ser considerados como os dados fundamentais para uma análise científica da criminalidade; como pôde acontecer que a prisão, instituição recente, frágil, criticável e criticada, tenha conseguido enraizar-se no campo institucional com uma profundidade tal que o mecanismo de seus efeitos tenha podido oferecer-se como uma constante antropológica; qual é, em última instância, a razão de ser da prisão; a que exigência funcional respondeu" (**DE2**, 460).

Os reformadores. As múltiplas interrogações acerca da prisão mostram-se tanto mais necessárias na medida em que essa instituição não pode ser vista como o resultado da reforma penal que começa na segunda metade do século XVIII e se cristaliza nos novos códigos penais do século XIX. Nenhum dos reformadores do sistema penal propôs a prisão como forma universal do castigo: nem Beccaria, nem Servan, nem Le Peletier de Saint-Fargeau, nem Brissot. Pois bem, segundo Foucault, o movimento para reformar a penalidade que se esboça a partir da segunda metade do século XVIII não pode ser interpretado em termos de humanização das penas (**SP**, 80). É necessário ter em conta, por um lado, a nova política das ilegalidades; por outro, o discurso dos reformadores, que apresenta coincidências estratégicas. Ver: *Ilegalidade*. Não se trata de uma simples crítica à crueldade do suplício, mas de uma nova economia do poder. "Em síntese, a partir de Beccaria, a maioria dos reformadores tentou definir a noção de crime, o papel da parte pública e a necessidade da punição, mas apenas a partir do interesse da sociedade ou a partir apenas da necessidade de protegê-la. O criminoso lesa, antes de tudo, a sociedade; ao romper o pacto social constitui-se num inimigo interno" (**DE2**, 461). Por isso, porque o castigo não deriva da falta, mas da lesão infligida à comunidade, cada sociedade deve modular a escala das penas e, ademais, assegurar que a pena cumpra a função de protegê-la; toda severidade suplementar constitui um abuso. Em todo caso, na mentalidade dos reformadores, a pena está orientada para o exterior e para o futuro: trata-se de impedir que o crime se repita. Nesse sentido, encontramos três grandes modelos punitivos: a infâmia, o talião e a escravidão em favor da sociedade. Neles, a prisão de nenhuma maneira é a forma geral do castigo, embora às vezes apareça como instrumento. • A partir da ideia de contrato social e da concepção do delinquente como aquele que o rompe, os reformadores propuseram toda uma semiotécnica do castigo que repousa sobre seis princípios gerais: 1) A regra da quantidade mínima: aqueles que cometem crimes o fazem porque acreditam obter certa vantagem. Vinculando-se à ideia de crime uma desvantagem maior, este deixaria de ser desejável. Bastaria, então, uma quase equivalência para evitar o crime. 2) A regra da idealidade suficiente: não se deve aumentar a realidade corporal da pena, mas sua representação. 3) A regra dos efeitos laterais: a pena deve surtir seus efeitos naqueles que não tenham cometido crimes. 4) A regra da certeza perfeita: há que vincular à ideia de cada crime e de suas vantagens a ideia de seus inconvenientes precisos. 5) A regra da verdade comum: há que despojar o aparato judicial de suas práticas inquisitoriais e abrir os procedimentos à razão comum, a todas as verdades; basta que sejam evidentes e sensíveis ao senso comum. 6) A regra da especificação ótima: é necessário ordenar todas as infrações, reuni-las e classificá-las (**SP**, 96-101).

O nascimento da prisão. Segundo Foucault, a forma-prisão como mecanismo essencial do panoptismo moderno preexiste à sua utilização sistemática nas leis penais; foi elaborada no processo geral de disciplinarização da sociedade, em fins do século XVIII. Ver: *Panóptico*. Em poucas palavras, formou-se com a sociedade moderna. Na passagem do século XVIII ao XIX, colonizou finalmente o aparato judicial até converter-se na base do edifício penal, momento em que a nova legislação definiu o poder de castigar como uma prerrogativa geral da sociedade que se exerce sobre todos os seus membros (uma justiça igual para todos e um aparato judicial autônomo) (**SP**, 233-234). A partir de então, apesar dos inconvenientes, a prisão se impôs com uma evidência tal que não se sabe pelo que poderia ser substituída. Para Foucault, essa evidência se apoia sobre suas duas funções: 1) A *privação da liberdade*. Com efeito, em uma sociedade em que a liberdade é um bem que pertence a todos, sua privação se apresenta como a mais igualitária das penas. Ademais, ao medir o tempo de privação da liberdade, a prisão traduz em termos econômicos a ferida que a infração produziu na sociedade. 2) A *transformação dos indivíduos*. A prisão é como "um quartel mais estrito, uma escola sem indulgência, uma fábrica sombria; mas, em última instância, nada qualitativamente diferente" (**SP**, 235). No entanto, desde seu início foi objeto de teorias e de reformas (**SP**, 237-238). • Segundo a expressão de Louis-Pierre Baltard citada por Foucault (**SP**, 238), as prisões devem ser instituições completas e austeras, um reformatório integral onde toda a existência do indivíduo é recodificada; trata-se de muito mais, então, que a simples privação da liberdade e que os mecanismos de representação dos reformadores (**SP**, 239). Foucault assinala três princípios fundamentais da organização das prisões nos quais aparece esse excedente em relação à simples privação da liberdade: 1) *O isolamento*. Trata-se de isolamento em relação ao mundo exterior e também entre os detentos. "O isolamento assegura o 'cara a cara' do detento com o poder que se exerce sobre ele" (**SP**, 240). É uma individualização coercitiva mediante a interrupção de toda relação que não possa ser controlada pelo poder que vigia. 2) *O trabalho*. Não se trata, no entanto, do trabalho concebido como exemplo e reparação social, como o entendiam os reformadores, mas dos efeitos que este produz na mecânica humana: uma máquina "que transforma o detento violento, sem reflexão, em uma peça que desempenha sua função com perfeita regularidade" (**SP**, 245). O trabalho deve assegurar a sujeição ao aparato de produção. 3) *Um instrumento de modulação das penas*. A prisão permite "modular a pena segundo as circunstâncias e dar ao castigo a forma mais ou menos explícita de um salário" (**SP**, 247). Dessa maneira, a duração da pena se ajusta à transformação útil do detento. • Esse excedente da prisão em relação à simples privação da liberdade tem sua raiz "precisamente no fato de que se exige da prisão que seja 'útil', no fato de que a privação da liberdade (essa apropriação jurídica de um bem ideal) deve exercer desde o início uma função técnica positiva: transformar os indivíduos. Para levar a cabo essa operação, o aparato carcerário recorreu a três grandes esquemas: o esquema político-moral do isolamento e da hierarquia, o modelo econômico da força aplicada a um trabalho obrigatório, e o modelo técnico-médico da cura e da normalização; a cela, a fábrica e o hospital, respectivamente. A margem pela qual a prisão excede a detenção é alcançada, de fato, pelas técnicas disciplinares. E esse suplemento disciplinar com relação ao jurídico é o que, em suma, constitui o 'penitenciário'" (**SP**, 251). Esse excedente não foi instalado sem dificuldades, mas terminou por se impor. Para Foucault, o motivo deve ser procurado no fato de que, através do penitenciário, a justiça criminal ingressou no campo das relações de saber. A prisão é, de fato, um lugar de observação dos indivíduos, um sistema de documentação individualizante e permanente. "Mas isso implica que o aparato penitenciário, com todo o aparato tecnológico do qual se acompanha, leva a cabo uma curiosa substituição: das mãos da justiça recebe um condenado; mas aquilo sobre o qual se deve aplicar não é, certamente, a infração, nem exatamente o infrator, mas um objeto diferente e definido por variáveis que, ao menos no início, não eram levadas em conta na sentença, porque eram pertinentes a apenas uma tecnologia corretiva. Esse outro personagem pelo qual o aparato penitenciário substitui o infrator condenado é o delinquente" (**SP**, 255). Enquanto o infrator se caracteriza por seus atos, o delinquente se caracteriza por sua vida. • Foucault considera o ano 1840, mais precisamente o dia 22 de janeiro daquele ano, como a data em que culmina a formação do sistema carcerário. Trata-se do dia da inauguração oficial da colônia penitenciária de Mettray: "A forma disciplinar mais intensa, o modelo no qual se concentram todas as tecnologias coercitivas do comportamento" (**SP**, 300). "É a emergência, ou melhor, a especificação institucional e algo assim como o batismo de um novo tipo de controle (ao mesmo tempo conhecimento e poder) sobre os indivíduos que resistem à normalização disciplinar" (**SP**, 303). O momento é contemporâneo do nascimento da psicologia científica, que teve em Ernst Heinrich Weber seu principal representante. Em suma, trata-se do período de normalização do poder de normalização, etapa em que o universo carcerário se une a todos os mecanismos disciplinares que funcionavam disseminados na sociedade. Essa transposição teve vários efeitos importantes: 1) Estabelece-se uma graduação lenta, contínua e imperceptível que permite passar da desordem da infração, como transgressão da lei, à distância em relação a uma regra, a uma média, à exigência da norma. 2) O carcerário permite recrutar os grandes delinquentes. 3) O carcerário torna natural o poder de castigar e reduz o umbral de tolerância da penalidade. Mescla sem cessar a arte de retificar e o direito de castigar. 4) O carcerário faz valer uma nova forma de lei: a norma, entendida como composição de legalidade e de natureza, de prescrição e de constituição. 5) "O tecido carcerário da sociedade assegura, ao mesmo tempo, as apropriações reais do corpo e sua perpétua colocação em observação; é, por suas propriedades intrínsecas, o aparato de castigo mais conforme à nova economia do poder e o instrumento para a formação do saber do qual essa economia tem necessidade" (**SP**, 311). 6) Tudo isso explica, para além das controvérsias que suscita, a extrema solidez da prisão (**SP**, 305-313).

Uma história política do corpo. Para Foucault, a história da penalidade no século XIX não faz parte da história das ideias morais, e sim da história geral do corpo. A substituição do suplício pela prisão significa substituir o corpo marcado pelo corpo dirigido, cujo tempo é medido e cujas forças são ordenadas em torno do trabalho. A prisão e a fábrica são, nesse sentido, correlatas. Por isso, a medicina, como ciência da normalidade do corpo, instalou-se no coração da prática penal. Porém, a prisão é um capítulo não só da história do corpo, mas também das relações entre o corpo e o poder político. Nesse sentido, para Foucault haveria que escrever uma *física* do poder, uma nova óptica (órgão de vigilância generalizada e constante), uma nova *mecânica* (isolamento e reagrupamento dos indivíduos) e uma nova *fisiologia* (definição das normas, exclusão do que não se ajusta a elas, intervenções corretivas) (**DE2**, 469).

A justificação da prisão. A delinquência. Como dissemos, a prisão tem sido, desde seu início, objeto de críticas e denúncias: não diminui a taxa de criminalidade, provoca a reincidência, fabrica delinquentes, favorece a organização do meio delitivo etc. (**SP**, 269-273). Mas a resposta sempre foi propor de novo a prisão (**SP**, 275-276). A prisão não corrige; antes constitui uma população marginalizada que serve para controlar as irregularidades e ilegalidades que não podem ser toleradas: ao converter as ilegalidades na infração da lei, ao integrar os delinquentes ao sistema geral de vigilância, ao canalizar os delinquentes para as regiões da população que requerem uma maior vigilância (**DE2**, 269-270; **SP**, 282-283). "Se, então, retomamos a questão do início: por que essa estranha instituição, a prisão? Por que escolher uma penalidade cuja disfunção foi logo em seguida denunciada? Talvez seja necessário buscar uma resposta nesta direção: a prisão tem a vantagem de produzir delinquência e de ser um instrumento de controle e pressão sobre a ilegalidade, peça que não pode ser desprezada no exercício do poder sobre o corpo, elemento dessa física do poder que suscitou a psicologia do sujeito" (**DE2**, 470). • Sobre a relação entre procedimentos disciplinares, formas de saber e ciências humanas, ver: *Disciplina*. • Para completar a análise foucaultiana da forma-prisão, ver: *Panóptico*.

Penitenciário. Opondo-se à ideia de que o penitenciário é um elemento agregado à prisão, em *La Société punitive* Foucault sustenta que, ao contrário, a prisão nasce do penitenciário e, mais precisamente, das instituições surgidas na Filadélfia após a Independência dos Estados Unidos, em 1776. Essas instituições respondiam às ideias religiosas dos *quakers* (**LSP**, 91). Os teóricos europeus da reforma penal distinguiam infração de culpa. Concebiam a infração em relação ao dano causado à sociedade, e o delito em relação ao que as leis estabeleciam de forma explícita. Para os *quakers*, por sua vez, a política em geral, e a penalidade em particular, deviam ser pensadas em relação a esse mal que habitava nos indivíduos e na sociedade e requeria ser combatido mediante a penitência. Os delitos, portanto, não eram apenas infrações, mas sobretudo faltas morais, que deviam ser corrigidas moralmente, o que acrescentava à clausura as formas cristãs da penitência e da punição (silêncio, isolamento, restrições alimentares, conversações de caráter moral etc.). Desse modo, no cárcere, o registro judicial do delito se entrelaça, apesar de sua heterogeneidade, com o registro moral da falta e do pecado (**LSP**, 92). Desse fato, Foucault extrai três consequências: a moral cristã se insere na justiça criminal, conhecer o prisioneiro se converte em uma questão central ("o que o hospital é para o corpo, a prisão é para a alma", **LSP**, 93) e o homem da religião se torna uma presença eminente no âmbito da prisão (**LSP**, 92-94).

250. PSICANÁLISE / *Psychanalyse*

Nos textos de Foucault, encontramos frequentes referências à psicanálise. Nenhuma delas, no entanto, faz uma exposição mais ou menos sistemática dos conceitos psicanalíticos; são antes observações a partir da perspectiva do próprio Foucault. Em geral, e desde seus primeiros escritos, trata-se de observações de caráter crítico.

Evolução, história. Em *Maladie mentale et personnalité*, Foucault insiste na necessidade de compreender a enfermidade mental a partir do "homem mesmo". Mais precisamente, a doença mental não pode ser dissociada da história concreta, da relação entre o sujeito e os conflitos sócio-históricos com os quais tem de se enfrentar. Ver: *Loucura*. Só a partir da história é que o mecanismo de formação e o sentido da doença mental tornam-se compreensíveis. Em poucas palavras, a alienação histórica é a condição de possibilidade da alienação psicológica. Por isso, Foucault distingue entre evolução e história, entre desenvolvimento da natureza e condições socioculturais, e opõe esses conceitos. A regressão psicológica, como involução, é apenas um efeito provocado pelas condições históricas; é apenas a descrição da doença mental, não a sua explicação. Dessa perspectiva, encontramos várias referências críticas à psicanálise. • O erro originário da psicanálise consiste em não ter distinguido de modo suficiente a dimensão evolutiva e a dimensão histórica. Algumas análises inscrevem-se na dimensão evolutiva (como *Três ensaios sobre a sexualidade*, de Freud), e outras na dimensão da história individual (como *Cinco lições de psicanálise*, também de Freud) (**MMPE**, 37). • A psicanálise situa a origem dos conflitos (traumas, mecanismos de defesa, angústia) nas fronteiras da mitologia: a luta entre o instinto de vida e o instinto de morte, entre o prazer e a repetição, entre *eros* e *thánatos*. Mas desse modo erigem-se os dados do problema como princípio de solução (**MMPE**, 86). • Com a noção de inconsciente, a psicanálise só penetra nos mecanismos internos da doença recorrendo às astúcias do instinto e à latência do passado (**MMPE**, 108). • É uma psicoterapia abstrata: desenvolve-se em um meio artificial, atribui um sentido psicológico aos conflitos reais do indivíduo e propõe soluções substitutivas (**MMPE**, 109).

Psiquiatria, antipsiquiatria. *Histoire de la folie à l'âge classique* não chega até o surgimento da psicanálise; no entanto, inclui numerosas observações que a vinculam à história da loucura e da desrazão. Para Foucault, o gesto liberador de Pinel é na realidade um novo modo de sujeição da loucura nas estruturas do asilo moderno e do discurso psiquiátrico. Ver: *Loucura*. • "Freud deslocou para o médico todas as estruturas que Pinel e Tuke haviam acomodado na internação. [...] O médico, como figura alienante, ainda é a chave da psicanálise" (**HF**, 631). • A psicanálise busca apenas ressituar, com algumas modificações, as relações de poder da psiquiatria tradicional (**DE2**, 639). • À diferença da psicologia, a psicanálise restitui à medicina a possibilidade de um diálogo com a desrazão. Freud, com efeito, aborda a loucura a partir de sua linguagem (**HF**, 428). Desse modo, substitui o olhar asilar, que vigia, pelo monólogo incessante do vigiado. Mas nessa substituição, na reciprocidade assimétrica de uma linguagem sem resposta, conserva a antiga estrutura não recíproca do asilo (**HF**, 605). • A ausência da linguagem na estrutura do asilo clássico (a regra do silêncio) tem como correlato a confissão, o reconhecimento da culpa. Ainda que a psicanálise recupere a linguagem da loucura no monólogo psicanalítico, as formulações também serão da ordem da culpa (**HF**, 616). • "A psicanálise pode desembaraçar algumas formas da loucura; mas permanece alheia ao trabalho soberano da desrazão. Não pode liberar nem transcrever nem, com mais razão ainda, explicar o que há de essencial nesse trabalho" (**HF**, 632). • Na mesma linha devem ser colocadas as considerações de Foucault acerca da psicanálise como empresa despsiquiatrizadora. Ver: *Despsiquiatrização*. • Acerca do surgimento da psicanálise em relação ao estudo da histeria levado a cabo por Charcot, ver: *Psiquiatria*.

Contraciências humanas. Sobre a psicanálise como uma contraciência humana, ver: *Homem*.

Sexualidade, família. O primeiro volume de *Histoire de la sexualité, La Volonté de savoir*, é, em grande medida, uma descrição do dispositivo de sexualidade, cuja história, segundo Foucault, "pode valer como arqueologia da psicanálise" (**HS1**, 172). A psicanálise, de acordo com essa história, desempenha várias funções no dispositivo de sexualidade: é um mecanismo que articula a sexualidade no sistema da aliança, opõe-se à teoria da degeneração, funciona como elemento diferenciador na tecnologia geral do sexo, confere um novo sentido ao antigo procedimento da confissão. • Foucault distingue entre o dispositivo de sexualidade e o dispositivo de aliança. Ver: *Sexualidade*. Esse último estrutura-se em torno de um sistema de regras que definem o permitido e o proibido; busca manter a lei que rege o jogo das relações; concerne ao nexo entre os membros do casal com estatuto definido; está fortemente articulado com a economia através da circulação e da transmissão da riqueza. O dispositivo de sexualidade, por sua vez, funciona segundo técnicas móveis e polimorfas; engendra uma extensão permanente das formas de controle; concerne às sensações do corpo, à qualidade dos prazeres; está vinculado à economia de maneira múltipla e através do corpo (**HS1**, 140-141). Embora os dispositivos de aliança e de sexualidade se oponham termo a termo, Foucault não sustenta que o segundo tenha substituído o primeiro, mas que o dispositivo de sexualidade tenha se articulado sobre o sistema de aliança. Pois bem, para Foucault, a psicanálise foi um dos mecanismos pelos quais se produziu essa articulação (**HS1**, 148-150). • A psicanálise rompe com o sistema da degeneração e retoma o projeto de uma tecnologia médica do instinto sexual, mas independentemente de suas correlações com os fenômenos da herança (**HS1**, 157-158). Ver: *Degeneração*. Nesse sentido, a psicanálise foi contemporânea da articulação de uma rede administrativa e judicial contra as práticas incestuosas. E a descoberta do Édipo foi contemporânea das leis que organizam juridicamente o declínio da autoridade paterna (**HS1**, 171-172). • Foucault aborda com detalhe a questão da psicanálise como tecnologia do instinto na aula de 12 de março de 1975 de *Les Anormaux*.

Liberação, normalização. "Seria perigoso supor que Freud e a psicanálise, ao falar de sexualidade, ao desanuviar mediante suas técnicas a sexualidade do sujeito, realizam com todo direito uma obra de liberação. A metáfora da liberação não parece apropriada para definir a prática psicanalítica; por isso, tentei fazer uma arqueologia da confissão e da confissão da sexualidade, e mostrar como as técnicas essenciais da psicanálise preexistem (a questão da originalidade não é importante) dentro do sistema de poder" (**DE2**, 813-814). A respeito da psicanálise como forma de normalização ou de familiarização e não de liberação, Foucault se apoia sobretudo na obra de Gilles Deleuze e Félix Guattari, o *Anti-Édipo* (**DE2**, 779). Ver: *Deleuze*. Acerca da relação entre as técnicas da confissão e a psicanálise, ver: *Confissão*.

Fenomenologia. Por ter desconhecido que, como fato de expressão, a experiência onírica necessariamente envolve uma estrutura de linguagem, a psicanálise freudiana nunca pôde captar o sentido dos sonhos de maneira completa (**DE1**, 71). Ver: *Antropologia, Fenomenologia*.

Hermenêutica do sujeito. A partir do século XIX, com Freud e a psicanálise, a hermenêutica do sujeito, o deciframento do si mesmo, desenvolve-se com um método diferente e afastado do exame e da verbalização exaustiva das faltas que haviam sido elaborados pelo cristianismo (**MFDV**, 224).

Ética. "A psicanálise é mais uma técnica ética [uma prática de subjetivação] do que uma ciência" (**QQC**, 114).

Ver: *Deleuze, Édipo, Freud, Lacan*.

251. PSICOLOGIA / *Psychologie*

Há uma marcada presença de e preocupação por temas psicológicos nos primeiros trabalhos de Foucault – *Maladie mentale et personnalité, Maladie mentale et psychologie*, com certeza, e também os artigos de 1957, posteriores ao primeiro, que são: "La psychologie de 1850 à 1950" (**DE1**, 120-137) e "La recherche scientifique et la psychologie" (**DE1**, 137-158). Em todos esses textos, a psicologia é apresentada em termos problemáticos. Nesse sentido, as considerações de Foucault podem inscrever-se no amplo debate da época acerca da metodologia das ciências humanas. Desse modo, *Maladie mentale et personnalité* começa com a oposição entre uma patologia orgânica e outra mental, e com a existência de uma metapatologia que domina ambas e cujas dificuldades só podem ser superadas a partir de uma reflexão sobre o homem concreto. Ver: *Loucura*. Em "La psychologie de 1850 à 1950", Foucault aborda as dificuldades metodológicas da psicologia a partir de sua herança filosófica.

A psicologia do século XIX herdou do Iluminismo duas exigências: alinhar-se às ciências da natureza e encontrar no homem a prolongação das leis que regem os fenômenos naturais. Ou, para expressá-lo de outro modo, exige-se dela que o caminho do conhecimento científico passe pela determinação de relações quantitativas, pela formulação de hipóteses, pela verificação experimental, e que o ser do homem se esgote em seu ser natural (**DE1**, 120). Segundo Foucault, a história da psicologia até meados do século XX é a história paradoxal das contradições entre o projeto de converter-se em uma ciência como as ciências naturais e o postulado segundo o qual o homem não é apenas um ser natural. Com efeito, como consequência da exigência científica de objetividade, a psicologia foi levada a abandonar a ideia de que o homem está submetido à objetividade natural; por isso, teve de reformular seus métodos e seu projeto como ciência. Nessa breve história da psicologia que é "La psychologie de 1850 à 1950", a conclusão de Foucault é a mesma que em *Maladie mentale et personnalité* e na primeira parte de *Maladie mentale et psychologie*: nem o esforço de construir uma psicologia que se apoie na causalidade estatística (o behaviorismo) nem a tentativa de levar a cabo uma reflexão antropológica sobre a existência podem liberar a psicologia de suas contradições; somente uma reflexão sobre o homem concreto e sua história concreta pode aplanar seu caminho. • A partir dos pressupostos da filosofia do século XVIII, a psicologia pôde definir-se como uma ciência da alma, da consciência ou do indivíduo. Desse modo, opunha-se à fisiologia como a alma ao corpo, e à sociologia como o indivíduo à coletividade. Na época de Schopenhauer e Nietzsche, a psicologia se opõe à filosofia como a consciência ao inconsciente. A partir de Freud, no entanto, essa oposição se reorganiza (**DE1**, 440). Mas a descoberta do inconsciente "não é uma extensão da psicologia; é na realidade o confisco, por parte da psicologia, da maior parte dos domínios que eram cobertos pelas ciências humanas; desse modo, pode-se dizer que a partir de Freud todas as ciências humanas se converteram, de uma maneira ou outra, em ciências da *psyché*" (**DE1**, 441). • Mais tarde, Foucault reorienta a análise da problemática metodológica da psicologia em duas direções (essa afirmação concerne só à primeira parte de *Maladie mentale et psychologie*, que retoma o texto da primeira parte de *Maladie mentale et personnalité*). Por um lado, segundo afirma em *Les Mots et les choses*, as anfibologias metodológicas da psicologia provêm de sua situação epistêmica, mais precisamente, do fato de que a psicologia é uma projeção da biologia em direção à analítica da finitude, isto é, à posição do homem na episteme moderna (é ao mesmo tempo sujeito e objeto do saber). Ver: *Homem*. Por outro lado, as dificuldades metodológicas da psicologia ou, com maior precisão, seu estatuto científico é analisado por Foucault de um ponto de vista histórico-político, isto é, a partir das relações entre o saber e o poder, entre práticas discursivas e práticas não discursivas. Nessa linha situam-se *Histoire de la folie à l'âge classique*, *Surveiller et punir*, o primeiro volume de *Histoire de la sexualité* e *Les Anormaux*. Em termos gerais, nosso autor se ocupa do papel da psicologia na organização e no funcionamento das formas modernas do poder. Enquanto, em *Les Mots et les choses*, analisa as condições de possibilidade da psicologia como prática discursiva, nos outros textos mencionados, as práticas em geral (discursivas e não discursivas) aparecem como condições de possibilidade do conhecimento psicológico. Foucault enfoca sua análise nos laços mútuos entre as formas de saber e as formas de poder. Ver: *Poder*. Assim, em *Histoire de la folie à l'âge classique,* empreende uma arqueologia da psicologia a partir da experiência da loucura. A psicologia aparece nessa obra como a composição de um discurso liberador e de uma prática de sujeição. Ver: *Loucura*. "Na reconstituição dessa experiência da loucura, uma história das condições de possibilidade da psicologia foi escrita como por si mesma" (**DE1**, 166). Em *Surveiller et punir*, defende-se que a psicologia foi possível a partir da formação da disciplina moderna e que, por sua vez, o conhecimento psicológico tornou possíveis as disciplinas. Ver: *Disciplina*. *Les Anormaux* analisa as relações entre o discurso psicológico e as práticas de normalização. Ver: *Psiquiatria*. • Pois bem, nessas duas reorientações da problemática da psicologia, é necessário ter presente a posição de Foucault acerca da questão do sujeito, isto é, o questionamento da noção cartesiana de sujeito e de suas reelaborações por parte da fenomenologia e do existencialismo. Ver: *Homem, Sujeito*. Nesse sentido, o método de análise de Foucault deve ser considerado profundamente antipsicológico. Em resposta a uma pergunta acerca da exigência de desprender-se de todo psicologismo, nosso autor afirma: "Deve-se poder fazer uma análise histórica das transformações do discurso sem ter de recorrer ao pensamento dos homens, ao seu modo de percepção, aos seus hábitos, às influências que sofreram etc." (**DE1**, 773). • Faz-se necessária uma última observação para compreender a posição de Foucault a respeito da psicologia. Em *Les Mots et les choses*, as condições discursivas de possibilidade da psicologia se situam na disposição epistêmica do século XIX. Em *Histoire de la folie à l'âge classique, Surveiller et punir, La Volonté de savoir* e *Les Anormaux* – no que se poderia chamar, mais que uma arqueologia, uma "genealogia da psicologia", isto é, uma análise histórica das práticas em geral –, a história da psicologia é compreensível apenas a partir de uma história que remonta a muito além do Iluminismo, que começa com as práticas de si mesmo na Antiguidade e continua com a reelaboração dessas práticas na época helenística, no cristianismo e nos séculos XVII e XVIII. "Não penso que seja necessário tratar de definir a psicologia como ciência, mas, talvez, como uma forma cultural que se inscreve em toda uma série de fenômenos que a cultura ocidental conheceu há bastante tempo e nos quais puderam nascer procedimentos como a confissão, a casuística, os diálogos, discursos e argumentações que era possível ter em certos círculos da Idade Média, os cursos de amor ou também em alguns círculos do século XVII" (**DE1**, 438). • Para ter uma visão mais abrangente da problemática da psicologia nos textos de Foucault, ver: *Disciplina, Episteme, Freud, Homem, Loucura, Poder, Psicanálise, Psiquiatria, Sexualidade*.

252. PSIQUIATRIA / *Psychiatrie*

Foucault ocupou-se detalhadamente da história da psiquiatria. Em *Maladie mentale et personnalité* e na primeira parte de *Maladie mentale et psychologie*, embora não faltem considerações sobre a história dessa disciplina, o interesse de Foucault centra-se sobretudo nas condições para uma compreensão da doença mental a partir das contradições histórico-sociais nas quais o indivíduo ou o homem concreto se encontra imerso. Ver: *Loucura*. Em *Histoire de la folie à l'âge classique*, ocupa-se das experiências da loucura até o surgimento da psiquiatria. E, no primeiro volume de *Histoire de la sexualité, La Volonté de savoir*, estuda a formação do dispositivo de sexualidade. A análise específica da história da psiquiatria aparece em *Le Pouvoir psychiatrique* e *Les Anormaux*. Pois bem, não se trata de uma história dos conceitos nem, falando em sentido estrito, das instituições psiquiátricas, mas das práticas psiquiátricas, isto é, dos dispositivos de saber e poder em torno da loucura e do louco. Ver: *Prática*. Nesses últimos textos, ademais, a análise das práticas psiquiátricas transcende o âmbito da loucura e se estende até a constituição do que é chamado, em termos gerais, de "anormalidade" e do que Foucault denomina a "função-psi".

O poder psiquiátrico. 1) Deslocamentos. *Le Pouvoir psychiatrique* se apresenta como a continuação do trabalho iniciado com *Histoire de la folie à l'âge classique*, como um segundo volume (**PP**, 14). *Histoire de la folie à l'âge classique* chega até Pinel e o nascimento do asilo; *Le Pouvoir psychiatrique* começa com Pinel e o asilo e estende a análise ao longo do século XIX até Charcot. Mas, como observa o próprio Foucault (**PP**, 14-18), apesar da continuidade, existem importantes diferenças entre as duas obras: a) *Representação/dispositivo de poder*. *Histoire de la folie à l'âge classique* é uma análise de representações que privilegia a percepção da loucura. Nesse sentido, faz parte do gênero "história das mentalidades". *Le Pouvoir psychiatrique*, por seu turno, coloca como ponto de partida da análise os dispositivos de poder; mais precisamente, trata-se de estudar os dispositivos de poder como produtores de enunciados, de analisar as relações entre esses dispositivos e os jogos de verdade. b) *Violência, instituição, família*. Foucault não se propõe abandonar essas noções, mas sim deslocá-las. A noção de violência parece sugerir que haveria um poder "bom", na medida em que atuasse sem violência, e, sobretudo, se não fosse um poder físico. No entanto, para Foucault, o corpo é essencial ao poder. "Todo poder é físico e há uma conexão direta entre o corpo e o poder político" (**PP**, 15). Além disso, a noção de violência também sugere que o uso de uma força desequilibrada não faz parte do jogo racional e calculado de poder; no entanto, um poder físico, uma força, é sempre irregular e, ao mesmo tempo, é parte de um cálculo. A noção de instituição apresenta, aos olhos de Foucault, duas dificuldades. Por um lado, no funcionamento do poder, são mais importantes as diferenças potenciais que os regulamentos institucionais. Por outro lado, partir da instituição implica supor a existência dos indivíduos e das coletividades; mas ambos são, de fato, efeitos das táticas de poder das quais fazem parte as instituições. No caso da noção de família, assistimos não só a um deslocamento, mas também a uma correção. Com efeito, em *Histoire de la folie à l'âge classique*, Foucault sustenta que a família foi o modelo da instituição asilar. Em *Le Pouvoir psychiatrique*, ao contrário, retifica essa afirmação. A conexão entre psiquiatria e família é mais tardia, de fins do século XIX, e não do XVIII. **2) Asilo e disciplina. As cenas de cura.** Foucault centra grande parte de suas análises no que denomina "cenas de cura", que desempenharam um papel fundamental nos primeiros 25 ou 30 anos do século XIX, período fundacional da psiquiatria (**PP**, 30-32). "Por 'cena', não há que se entender um episódio teatral, mas um ritual, uma estratégia, uma batalha" (**PP**, 34). Essas cenas evoluíram, transformaram-se ao longo da história das "disciplinas psi": psiquiatria, psicologia, psicanálise. A esse respeito, Foucault estabelece uma tipologia cronológica: a) as cenas da protopsiquiatria (fins do século XVIII e primeiras décadas do século XIX); b) as cenas do "tratamento moral" (1840-1870); c) as cenas de cura com a descoberta da hipnose e a análise da histeria; d) as cenas psicanalíticas; e e) as cenas da antipsiquiatria. Todas mantêm um vínculo estreito com a cena de Jorge III da Inglaterra, considerada por Foucault como fundacional do saber psi. Com a análise dessas cenas, nosso autor busca mostrar como os dispositivos disciplinares foram a condição histórica de formação do saber psi. • O curso *Le Pouvoir psychiatrique* não abre com uma cena histórica, mas com a descrição da construção de um asilo ideal, elaborada por François-Emmanuel Fodéré. Mas, pergunta-se Foucault, o que acontece dentro desse cenário? Ali deve reinar a ordem, que rodeia os corpos, penetra-os, trabalha-os, até chegar às "mórbidas fibras do cérebro" (**PP**, 4). Essa ordem é necessária, em primeiro lugar, para que se constitua o saber do médico (a observação exata, por exemplo, requer um esquema perceptivo de regularidades: distribuição dos corpos, dos gestos, dos comportamentos, dos discursos); o saber psi só é possível dentro de uma distribuição regulada do poder. Em segundo lugar, a ordem é fundamental para a operação terapêutica. No asilo, a instância médica funciona como poder antes que como saber. Em relação ao primeiro ponto, o texto de Fodéré é muito significativo quanto aos critérios para escolher o pessoal médico: deve ter um belo aspecto físico, nobre e masculino, cabelo escuro e embranquecido pela idade, membros e abdome que anunciem a força e a saúde, voz forte e expressiva. Esses requisitos são necessários para que sua presença tenha efeito sobre aqueles "que se acreditam acima dos demais" (**PP**, 5-6). Exigências similares valem para o resto do pessoal, para aqueles que desempenham as funções de vigilância, para o pessoal de serviços gerais. Toda essa rede, que abrange o médico, os enfermeiros e o pessoal de serviço, deve servir para impor aos "loucos" a autoridade anônima do regulamento ou da vontade particular do médico. Foucault insiste sobretudo nesse aspecto tático, de ordem e força, que constitui a essência do asilo. O louco, antes de ser uma questão de conhecimento e de cura, coloca o problema de uma vitória. É necessário, com efeito, dominar a força daquele que se "acredita acima dos demais". Nesse sentido, há que destacar que, à diferença do que acontecia nos séculos precedentes da Época Clássica, o critério com que se percebe a loucura é a força, e não o erro. Já não se trata de reconhecer o erro, mas de localizar o ponto de onde a força da loucura emerge: a característica força dos "furiosos", dos instintos e das paixões; a mania concebida como uma luta entre ideias, o melancólico dominado pela potência de uma ideia particular etc. Quanto ao segundo aspecto, a cura, trata-se de uma submissão, de colocar alguém sob a dependência de outro que exerce sobre ele a força da autoridade mediante suas qualidades físicas e morais. A cura, com efeito, não passa pelo reconhecimento médico das causas da doença; não é a aplicação de uma técnica terapêutica, mas um enfrentamento entre duas forças que deve suscitar no alienado, ademais, um segundo combate, no plano de suas ideias e representações, entre seu delírio e o castigo. Finalmente, somente quando o alienado é submetido surge a verdade. Trata-se daquilo que na época foi denominado "tratamento moral", do qual o inglês John Haslam foi um dos principais teóricos e representantes. Foucault faz notar, por outro lado, as diferenças entre os processos de formação da psiquiatria e da clínica. No caso da clínica, durante a mesma época, constituía-se um modelo epistemológico da verdade médica (**PP**, 13). **3) Soberania e disciplina. A cena de Jorge III.** Em *Histoire de la folie à l'âge classique*, há numerosas referências à cena em que Pinel, em Bicêtre, leva a cabo a "liberação" dos loucos, que costuma ser considerada como fundadora da psiquiatria moderna ou, simplesmente, da psiquiatria. A partir desse momento, os loucos, os "furiosos", ingressam no caminho da cura. O quarto capítulo da terceira parte de *Histoire de la folie à l'âge classique*, "Naissance de l'asile", é especialmente dedicado ao gesto de Pinel. Para além de quais tenham sido as intenções do médico, Foucault insiste no caráter ambígüo do gesto, isto é, nos novos modos de sujeição da loucura liberada. Ver: *Loucura*. Em *Le Pouvoir psychiatrique*, para descrever o momento fundacional da psiquiatria, nosso autor elege outra

cena, ocorrida em 1788 e narrada no *Traité médico-philosophique sur l'aliénation mentale*, obra do próprio Pinel do ano 1800. Trata-se da cura de Jorge III, rei da Inglaterra. Foucault interessa-se particularmente por essa cena e a analisa em detalhe, porque, a partir dela, descreverá a passagem de um dispositivo de poder a outro, da soberania à disciplina. Com efeito, nessa cena enfrentam-se a macrofísica da soberania (característica de um poder pós-feudal e pré-industrial) e a microfísica da disciplina (**PP**, 28). Vejamos a análise da cena de Jorge III. a) Encontramos, em primeiro lugar, uma espécie de destituição, de coroação ao contrário. Aquele que leva a cabo o tratamento adverte Jorge III: "Não és mais soberano, deves ser dócil e submisso". Os acolchoados que revestem as paredes do aposento em que Jorge III foi alojado também desempenham uma função nessa operação de destituição, já que isolam o rei do mundo exterior e o impedem de transmitir ordens. São uma espécie de "colocação entre parênteses" de seu poder soberano. b) Mas a destituição, segundo observa Foucault, não é como as que podemos encontrar em um drama de Shakespeare. Aqui, o rei não está submetido a outro poder soberano, mas a uma forma diferente de poder: "Anônimo, sem nome, sem rosto, é um poder repartido entre diferentes pessoas" (**PP**, 23). c) O ponto que assinala a passagem do poder de soberania, em vias de desaparecer, ao poder disciplinar, em seu processo de constituição, encontra-se no enfrentamento entre a força selvagem do rei "destituído" e a dos serviçais, disciplinada e serena. d) A força disciplinada da criadagem está a serviço do rei, mas desconectada de sua vontade; não deve obedecer à vontade do rei, mas à do médico. e) Nessas condições, aparece o gesto insurrecional de Jorge III, que retoma o gesto de protesto próprio dos mais pobres entre os pobres: quando o poder médico entra no quarto, arremessa-lhe suas imundícies. f) Nesse momento, entra um dos serviçais, amarra o rei à cama, desnuda-o, lava-o e se retira. Segundo Foucault, trata-se de uma cena de suplício invertida. Mas aqui o agressor não é executado, mas dominado. Não encontramos um corpo morto, mas um corpo limpo e verdadeiro. De acordo com Pinel, a partir de então produz-se uma cura sólida e duradoura. • Como vemos, nessa cena não encontramos nem descrição, nem análise, nem diagnóstico, nem conhecimento verdadeiro da enfermidade do rei, mas um enfrentamento de forças ou, melhor dizendo, a confrontação entre dois dispositivos de força, de submissão à vontade de outro. Nesse sentido, a cena é comparável à da liberação de Pinel, que também representa a passagem de um dispositivo de poder a outro: da ordem da violência (prisão, correntes) à disciplina. A cena de Jorge III inscreve-se, ademais, em toda uma série de cenas de cura que encontramos nos textos de Haslam, Pinel, Esquirol e Fodéré, entre outros (**PP**, 33). • A partir da descrição da cena de Jorge III, Foucault se ocupa das modalidades de exercício do poder nos dispositivos de soberania e nos disciplinares; esboça, além disso, as grandes linhas de uma história da disciplina, até a extensão desses mecanismos no século XVIII. Ver: *Disciplina, Soberania*.
4) **Família e asilo**. Estabelecido o contexto em que nasce o asilo, isto é, a extensão dos dispositivos disciplinares, Foucault se ocupa de seu funcionamento, ou melhor, das especificidades que o caracterizam. A análise articula-se em torno dos vínculos que se estabelecem entre família e asilo, visto que: a) o asilo manteve uma relação específica com a família; b) foi o lugar de um determinado discurso verdadeiro; e c) sobretudo, porque essas duas especificidades apoiam-se mutuamente, isto é, o discurso verdadeiro que se forma dentro do espaço asilar é um discurso da família e sobre a família (**PP**, 96). Pois bem, a relação entre asilo e família não é linear; sofreu profundas transformações. Na história desse vínculo, é necessário distinguir

entre uma primeira etapa, a situação do asilo na protopsiquiatria (Pinel, Fodéré, Esquirol), e outra, na qual assistimos ao duplo movimento de familiarização da psiquiatria e do asilo, e de psiquiatrização da família. "Contrariamente a uma hipótese excessivamente fácil, que inclusive eu mesmo havia sustentado, segundo a qual o asilo havia-se constituído como um prolongamento do modelo familiar, o asilo do século XIX funcionou de acordo com um modelo de micropoder, próximo ao que poderíamos denominar poder disciplinar, que é em si mesmo, em seu funcionamento, completamente heterogêneo à família" (**PP**, 123). É necessário assinalar que a infância foi o eixo em torno do qual se levou a cabo a psiquiatrização da família. Dotou-se a família de um olhar psicológico de vigilância sobre os filhos e da função de decidir entre o normal e o patológico. Nessa transformação, a família incorporou muitos dos mecanismos e instrumentos disciplinares que haviam se desenvolvido no âmbito do asilo: atadura de mãos, exigência de manter-se ereto, controle da estatura, dos gestos, das condutas etc. (**PP**, 124). A seguir, desenvolveremos as duas etapas dessa transformação. a) *Asilo e família na protopsiquiatria*. Foucault concentra sua análise nas mudanças introduzidas pela lei francesa de 1838 a respeito da internação psiquiátrica. Antes dessa lei, o procedimento legal que regia as relações entre a família e o "alienado" era a interdição, que consistia em transferir os direitos civis do indivíduo alienado à família. Em suma, tratava-se de um episódio pertencente ao direito familiar. Durante a Época Clássica, pode-se afirmar que a internação, embora com frequência viesse após a interdição, era, no entanto, independente dela. Não era obtida por via judicial, mas mediante a intervenção, no geral também a pedido da família, do chefe de polícia (*lieutenant*), do intendente ou de outro representante da autoridade do rei. A partir da lei de 1838, porém, a internação será a peça fundamental, e a interdição se converterá em uma medida judicial eventual e suplementar. A internação, segundo a lei de 1838, consiste em apoderar-se do corpo do louco. Em princípio, não se requer o pedido por parte da família, sendo decidida pela autoridade do prefeito acompanhada da autoridade médica, que determina o caráter alienado do sujeito em questão. Desse modo, assistimos ao surgimento de um campo técnico-administrativo ou médico-estatal de intervenção, em relação ao qual o louco emerge, antes de tudo, como um inimigo e um perigo para a sociedade. No contexto da lei de 1838, trata-se também de proteger a família dos perigos que o alienado representa e de resguardar a família nuclear dos poderes que podem ser exercidos sobre ela pela família estendida. Mas, para além dessa proteção, a lei de 1838 marca uma ruptura entre a família e a internação. • Do ponto de vista do saber médico, também se produz uma ruptura: jamais se pode curar um alienado no âmbito de sua família; ela é absolutamente incompatível com a cura (**PP**, 99). Nos textos da época, sobretudo em Fodéré, encontramos vários princípios que fundamentam a exclusão da família do âmbito asilar. O princípio de distração (ou de não associação): o louco não deve pensar na sua loucura. A família pode ser, se não a causa, ao menos a ocasião da alienação, devido a contrariedades, preocupações, ciúmes, penas etc. O princípio da suspeita sintomática: segundo essa noção introduzida por Esquirol, o louco supõe que suas alterações não provêm de sua enfermidade, mas de seu entorno. Por exemplo, a existência na família de relações de poder que favoreçam a loucura, em particular, o caráter tirânico do pai. • Pois bem, se abordamos o asilo uma vez que o louco tenha sido isolado da família e nos interrogamos a respeito de sua capacidade terapêutica, vemos que a capacidade curativa do hospital radica simplesmente em sua organização como tal: a disposição arquitetônica, a distribuição do espaço, a maneira como se circula por ele, o modo como se olha e se é olhado (**PP**, 103). A partir daqui, Foucault mostra que se trata de princípios idênticos aos que estavam presentes no panóptico, a formalização de Bentham dos dispositivos disciplinares: visibilidade permanente, vigilância centralizada, isolamento, punição incessante. • Quanto aos mecanismos de punição, deparamos nessa época com uma alternativa: um não à coerção física, ou, segundo a expressão proveniente da Inglaterra por volta de 1840, *no restraint*, isto é, abolição dos instrumentos físicos de punição e controle. Na realidade, na opinião de Foucault, trata-se apenas de uma alternativa de superfície com relação ao mecanismo profundo de punição incessante que opera no asilo. De fato, nessa época se produz uma maravilhosa proliferação de novos instrumentos técnicos para o castigo: a cadeira fixa, a cadeira giratória, a camisa de força (inventada em 1790 por um tapeceiro de Bicêtre chamado Guilleret), as algemas, os colares com pontas internas (**PP**, 106). Foucault se detém na análise desses instrumentos que põem de manifesto uma tecnologia específica do corpo. Ver: *Corpo*. b) *A familiarização do asilo*. A partir de 1850-1860, assistimos, ao contrário, a uma aproximação estreita entre asilo e família. Começa a formular-se a ideia de que o louco é uma criança e deve ser situado em um meio análogo ao familiar. Por essa mesma época, também começa a se estabelecer uma similaridade entre os loucos e os delinquentes (resíduos da sociedade) e os povos colonizados (resíduos da história). São concebidos, então, como despojos da humanidade. A esse respeito, é importante fazer duas observações. Em primeiro lugar, assim como na história da colonização, também na história da psiquiatria encontramos duas épocas: aquela em que se utilizavam as correntes e a época dos sentimentos humanitários. Em segundo lugar, essa importante mudança que assemelha o louco à criança e ao primitivo, da qual Foucault toma como referência um texto de Jules Fournet que aparece nos *Annales Médico-Psychologiques* em 1854, é alguns anos anterior ao darwinismo (a *Origem das espécies* é, com efeito, de 1859). A propósito dessa assimilação, pergunta-se nietzschianamente: "Quem fala?". Trata-se de um discurso que provém sobretudo dos estabelecimentos privados de saúde, paralelos às e muito diferentes das instituições públicas (**PP**, 111), um discurso que procura integrar as anomalias ao circuito dos ganhos econômicos. Assim, enquanto os dispositivos disciplinares procuravam, durante o século XVIII, ajustar a acumulação de indivíduos ao processo de acumulação de capital, durante o século XIX tentarão integrar os anormais, efeitos de seus próprios dispositivos, ao circuito econômico. • Paralelamente, assistimos a um processo de colonização disciplinar do dispositivo de soberania da família: "Assim, o poder disciplinar parasita a soberania familiar; requer que a família desempenhe o papel de instância de decisão entre o normal e o anormal, entre o regular e o irregular; exige que lhe envie esses anormais, esses irregulares etc.; disso obtém um ganho que entra no sistema geral de ganhos e que pode ser denominado, digamos, de 'benefício econômico da irregularidade'" (**PP**, 116-117). 5) **Cura psiquiátrica e disciplina asilar**. a) *Do erro ao poder psiquiátrico*. O sistema disciplinar asilar justifica a si mesmo por sua função terapêutica; Foucault interroga-se precisamente acerca da metodologia e dos alcances terapêuticos do asilo disciplinar. Para fazê-lo, analisa dois casos que retratam as estratégias de cura da Época Clássica, um de Pinel e outro de Mason Cox. Aqui tomaremos apenas o primeiro: trata-se de um enfermo que acreditava que os revolucionários o perseguissem, que seria julgado e justiçado (**PP**, 129). Para curá-lo, Pinel armou um pseudoprocesso no qual foi absolvido. Esses procedimentos supõem que o núcleo da loucura seja o erro e a ilusão, o que define, em geral, a concepção na Época Clássica a esse respeito. A única diferença entre o erro extravagante dos loucos e outros erros extravagantes, como os que poderíamos encontrar, por exemplo, em Descartes, radica em que esses últimos podem ser corrigidos mediante demonstrações. No caso dos loucos, ao contrário, é necessário manipular a realidade, estabelecer uma correlação entre esta e a ilusão, oferecer um conteúdo real para a loucura. Pois bem, no asilo disciplinarizado, na psiquiatria asilar, o psiquiatra já não será, como Pinel ou Cox, o contrabandista da realidade: passará totalmente para o lado da realidade. A tarefa do psiquiatra, no asilo, será oferecer à realidade "o suplemento de poder necessário" para que se imponha à loucura e a impeça de evadir-se. Aqui, o erro e a ilusão deixam de constituir o núcleo da loucura e a questão da verdade; por conseguinte, essa última já não será colocada em relação à loucura, como ainda sucedia em Pinel e Cox, mas apenas a propósito do próprio poder psiquiátrico. Nesse sentido, Foucault oferece a seguinte definição provisória do poder psiquiátrico: "É o suplemento de poder pelo qual o real é imposto à loucura em nome de uma verdade que esse poder detém, de uma vez por todas, sob o nome de ciência médica, de psiquiatria" (**PP**, 132). b) *A questão da verdade, a simulação*. A psiquiatria do século XIX constituiu-se como discurso científico, por um lado, ao tomar como referência o discurso clínico ou classificatório, isto é, ao tentar estabelecer uma nosologia da patologia mental; por outro, através de uma anatomopatologia que colocava a questão da correlação orgânica das doenças mentais. No entanto, a distribuição dos enfermos no espaço do asilo, o regime ao qual estavam submetidos, as tarefas que lhes eram impostas, a maneira como se decidia a respeito de sua cura ou de seu caráter incurável não levavam em conta os discursos nosológico e anatomopatológico. "Esses dois discursos eram, simplesmente, uma espécie de garantia da verdade de uma prática psiquiátrica que queria que essa verdade lhe fosse concedida de uma vez por todas e que nunca fosse questionada" (**PP**, 133). Segundo Foucault, a razão da falta de articulação entre o discurso verdadeiro e a prática psiquiátrica se encontra na função de acréscimo do poder do real que define o poder psiquiátrico. O psiquiatra, com efeito, é quem deve conferir à realidade a força necessária para apoderar-se da loucura, atravessá-la, fazê-la desaparecer (**PP**, 131). A partir daqui, pode-se compreender a importância de um problema que dominou a história da psiquiatria no século XIX até Charcot: a questão da simulação, aquela que a loucura exerce a respeito de si mesma, a maneira como a histeria simula a histeria, a maneira como um sintoma verdadeiro é um modo de mentir e um falso é uma forma de estar enfermo (**PP**, 135). • Como veremos a seguir, no enfrentamento entre verdade e mentira, saber e simulação, psiquiatria e loucura, a histeria desempenhou um papel de primeira ordem. • Com frequência considera-se que a psicanálise, ao levantar a questão da verdade dos sintomas, significou o primeiro retrocesso da psiquiatria. Para Foucault, ao contrário, trata-se de uma primeira linha de defesa no enfrentamento entre saber e loucura. A primeira despsiquiatrização deve ser buscada nesse fenômeno da simulação (**PP**, 137). c) *Estratégias da cura no dispositivo asilar*. Como dissemos, no asilo, o poder psiquiátrico funciona como um intensificador da realidade, isto é, como um suplemento de força que é acrescentado à realidade a fim de apoderar-se da loucura, de impor-se a ela; assim, por essa via, consegue-se a cura. Para descrever os mecanismos desse suplemento de poder, Foucault analisa em detalhe a cura de M. Dupré levada a cabo por François Leuret, "o homem do tratamento moral", que em sua opinião exemplifica melhor esses mecanismos (**PP**, 144). O caso encontra-se na obra de 1840 *O tratamento moral da* *loucura*, de Leuret. A partir dessa análise, nosso autor enumera as estratégias do poder psiquiátrico. Em primeiro lugar, a dissimetria disciplinar. No primeiro contato entre o médico e o louco, assistimos ao primeiro ato do ritual asilar. Uma demonstração inicial de força, uma marca diferencial de poder: o médico repreende o louco por seus discursos e sua conduta, obriga-o a ouvi-lo, o mantém em pé diante da sua presença etc. "Toda a realidade está concentrada em uma vontade alheia, que é a vontade onipotente do médico" (**PP**, 146). Busca-se, definitivamente, estabelecer um estado de docilidade e, assim, debilitar a afirmação de onipotência característica da loucura. Em segundo lugar, reaprender o uso imperativo da linguagem. Trata-se de combater o delírio das denominações polimorfas, obrigando (com banhos e duchas de água fria, por exemplo) a aprender de novo o significado dos termos, a ler livros e recitar versos. Procura-se, sobretudo, que o enfermo se torne acessível a todos os usos imperativos da linguagem. Em todo caso, nesses exercícios em torno da linguagem, não se trata de combater a falsidade com a verdade mediante um uso dialético da linguagem, mas de impor a linguagem do asilo, a linguagem do amo. Em terceiro lugar, organização das penúrias e das necessidades: obriga-se o enfermo a usar uma vestimenta grotesca; ele é alimentado com uma ração moderada, um pouco abaixo da média; ele deve usar uniforme, não pode vestir-se à vontade; impõe-se-lhe um trabalho etc. Mas, sobretudo, o asilo organizou a carência e a necessidade de liberdade. Em quarto lugar, imposição de uma identidade estatutária: é necessário conseguir que o enfermo diga a verdade, que conte sua vida e inclusive que a coloque por escrito (nome, lugar de origem, idade, profissão, lugares e períodos de internação etc.). É fundamental ligar a individualidade do louco a uma identidade social. "Mas os senhores se dão conta de que essa verdade não é a da loucura que fala em seu próprio nome, é o enunciado de uma loucura que aceita reconhecer-se na primeira pessoa em uma determinada realidade administrativa e médica constituída pelo poder asilar. E, no momento em que o enfermo se reconhece nessa identidade, cumpre-se a operação de verdade" (**PP**, 160). Em quinto lugar, des-hedonização da loucura: busca-se aniquilar o prazer do sintoma e substituí-lo pelo da cura. O enfermo pode integrar o tratamento à sua loucura pela via do prazer e, desse modo, aceitá-lo sem se queixar. Nesse ponto, Foucault observa que Leuret vai além dos psiquiatras de sua época, aos quais bastava que o enfermo aceitasse o tratamento. Para Leuret, em vez disso, é necessário desarticular a possível conexão entre o tratamento e o prazer da loucura; para isso, irá acrescentar ao tratamento alguns elementos particularmente dolorosos (**PP**, 162).

d) *Poder psiquiátrico e "direção"*: as marcas do saber. O poder psiquiátrico é, então, mais que uma intervenção terapêutica, uma determinada maneira de dirigir e administrar. O psiquiatra dirige o funcionamento do hospital e dos indivíduos; sua "direção" consiste essencialmente em fazer com que a realidade tenha poder de coerção, que se imponha à loucura. Segundo Foucault, desse modo foram importados para o espaço do asilo técnicas e objetos que haviam sido desenvolvidos durante os séculos precedentes na prática religiosa da direção de consciência (**PP**, 172). • Pois bem, enquanto dispositivo disciplinar, o asilo tem a mesma estrutura que a escola, o quartel, a fábrica. Há, no entanto, um elemento que marca sua especificidade: o asilo se justifica por sua função terapêutica, pela presença do médico em seu interior, pelo entrelaçamento entre disciplinarização e medicalização. A aula de 9 de janeiro de 1974 de *Le Pouvoir psychiatrique* (**PP**, 171-198) é dedicada por inteiro a estabelecer em que consiste a função de direção do médico no âmbito do asilo. Em primeiro lugar, é necessário ter presente que o que se introduz como "realidade" no asilo é a vontade alheia (do médico, dos enfermeiros, dos vigias); a imposição da anamnese, do reconhecimento da própria loucura (há que mostrar ao louco que ele está de fato enfermo, que em sua loucura há presunção, maldade, um desejo maligno que a anima); a obrigação de satisfazer as próprias necessidades. Por um lado, cada uma dessas "realidades" instaura uma série de problemáticas próprias da psiquiatria e dos saberes psi: as questões da submissão, da confissão, do desejo, da compensação econômica; por outro lado, essas realidades permitem, além disso, definir em que consiste o indivíduo saudável: deve ser portador da lei do outro, da identidade própria, do desejo admissível, e ser capaz de inserir suas necessidades no sistema econômico. Em segundo lugar, deve-se observar que existe uma distância entre o saber médico (nosologia, anatomopatologia) e as práticas do médico psiquiatra no âmbito asilar. Por um lado, como já dissemos, a distribuição dos loucos no asilo não segue a taxonomia das enfermidades; por outro, a medicalização não é utilizada com fins terapêuticos, mas como técnica de direção. Assim, por exemplo, a prática do banho de água fria respondia à necessidade de melhorar a circulação do sangue; no entanto, era utilizada como instrumento de disciplinarização. Em suma, não é tanto o conhecimento, o saber médico, o que se faz presente no asilo através da pessoa do psiquiatra, do médico, mas sobretudo seu corpo (**PP**, 179). Toda terapia começa com a presença em pessoa do psiquiatra. A arquitetura do asilo está calculada para que este possa estar virtualmente em toda parte. O corpo do psiquiatra deve estar em comunicação direta com todas as unidades da administração do asilo. Foucault enumera uma série de marcas do saber do psiquiatra no asilo, como a informação coletada (através da família, por exemplo) da biografia do enfermo, o interrogatório psiquiátrico, a constituição de um informe permanente sobre o enfermo, a punição terapêutica, a clínica para instruir os estudantes e mostrar ao enfermo que se tem conhecimento de sua enfermidade. "São essas marcas do saber, e não o conteúdo de uma ciência, o que permitirá ao alienista funcionar como médico dentro do asilo" (**PP**, 185). 6) **Generalização e transformação do poder psiquiátrico**. a) *A psiquiatrização da infância; o idiota e o retardado*. A generalização do poder psiquiátrico não é um episódio tardio, consequência da difusão da psicanálise, mas um acontecimento precoce na história da psiquiatria, que se produz nas primeiras décadas do século XIX. A hipótese de Foucault é que essa generalização não se levou a cabo a partir do indivíduo adulto, mas da criança e, mais precisamente, por meio de duas figuras infantis, o idiota e o retardado, e não da criança louca (**PP**, 200-201). A propósito do idiota e do retardado, assistimos, nas primeiras décadas do século XIX, a dois processos em grande medida inversos: a elaboração teórica das noções de idiotia e imbecilidade e a institucionalização dos idiotas e dos retardados. Quanto à elaboração teórica, é necessário assinalar, em primeiro lugar, que, até o final do século XVIII, a idiotia, a imbecilidade, a estupidez não tinham nenhum caráter distintivo que as separasse da loucura; formavam parte da mesma série. As nuances eram, em certo sentido, apenas quantitativas. A diferenciação entre loucura e idiotia começa a se delinear com clareza a partir dos textos de Jean-Étienne Esquirol (por exemplo, no verbete "Idiotisme", do *Dictionnaire des sciences médicales*, 1818) e Jacques Étienne Belhomme (*Essai sur l'idiotie: propositions sur l'éducation des idiots mise en rapport avec leur degré d'intelligence*, 1824). Com eles, aparece uma nova definição da idiotia: já não se trata de uma doença, mas de um estado em que as faculdades intelectuais não se desenvolveram. Édouard Séguin (*Traitement moral, hygiène et éducation des idiots et des autres enfants arriérés...*,

1846), por sua vez, distingue entre o idiota, cujo desenvolvimento se encontra detido, e o retardado, que evolui mais lentamente que outras crianças da mesma idade. Mesmo que exista uma patologia orgânica na base de ambos os fenômenos, o eixo das novas definições do idiota e do retardado não é a noção de enfermidade, mas a ideia de desenvolvimento, de um processo que afeta a vida orgânica e psicológica do indivíduo. Além disso, quanto ao desenvolvimento, encontramos uma dupla normatividade: a do adulto, o estado terminal que se deveria alcançar, e a da média das crianças, que permite estabelecer a maior ou menor velocidade desse processo (**PP**, 205-206). Foucault assinala também dois importantes elementos teóricos nessa nova concepção da idiotia e da imbecilidade. Por um lado, no idiota e no retardado, emerge um componente do indivíduo que não foi integrado como seria devido: o instinto. Por outro, embora o idiota ou o retardado não sejam enfermos, a presença do instinto não integrado os converte em anormais (em relação à normatividade do adulto e das outras crianças). Assim, o que os sintomas são para a enfermidade os instintos são para a anomalia (**PP**, 208). Pois bem, quanto ao processo de institucionalização, assistimos, como dissemos, a um movimento inverso: as instituições e as disposições administrativas tendem a assimilar, apesar da separação teórica, loucura e idiotia. Os idiotas e os imbecis, com efeito, são colocados dentro do espaço asilar, reunidos na categoria de alienados mentais (**PP**, 212). Foucault menciona alguns casos concretos de idiotas e imbecis alojados dentro do espaço asilar, mas merece menção particular uma disposição do ministro do Interior francês em 1840, segundo a qual a lei de internação de 1838 devia ser aplicada também aos casos em questão. • Os processos de especificação teórica e anexação prática deram lugar a um movimento de medicalização da idiotia e, através dele, entrelaçaram-se. Para Foucault, isso se entende sobretudo a partir de uma razão econômica: a necessidade de obter os recursos financeiros necessários para ocupar-se dos idiotas e dos imbecis e atendê-los. E, para obter fundos, os médicos da época elaboraram a noção de periculosidade social de idiotas e imbecis. "O perigo é o terceiro elemento que permitirá iniciar o procedimento de internação e de assistência, e os médicos, com efeito, fazem certificados nesse sentido" (**PP**, 217). • Desse primeiro movimento de generalização do poder psiquiátrico Foucault extrai três importantes consequências. Em primeiro lugar, a psiquiatria, como ciência e poder do anormal, poderá conectar-se com toda a série de regimes disciplinares da época. Em segundo lugar, como poder sobre a loucura e sobre o anormal, irá ver-se na obrigação de definir as relações que possam existir entre a criança anormal e o adulto louco. A noção de instinto (elemento natural em sua existência, mas anormal em seu funcionamento) lhe permitirá vincular esses dois âmbitos. Aqui surgirá outra noção importantíssima, a de degeneração, de restos de loucura que uma criança herda dos pais ou ascendentes. Foucault observa que essa noção, elaborada em grande medida por Morel, surge antes de Darwin e do evolucionismo (**PP**, 220). Ver: *Degeneração*. Em terceiro lugar, é nesse movimento e no espaço de interrogação acerca do destino familiar do instinto que surgirá a psicanálise (**PP**, 221). b) *A questão da verdade e a noção de crise*. Como vimos, Foucault sustenta que o poder psiquiátrico não busca fundamentar uma prática terapêutica na verdade da loucura, mas organizar e administrar um dispositivo disciplinar em torno dela. Isso não significa, no entanto, que, na história do poder psiquiátrico, não se tenha levantado a questão da verdade. No período que vai de 1820 a 1870, essa questão emerge através da prática do interrogatório, dos procedimentos de magnetismo e hipnose e do uso de determinadas drogas, como o éter, o clorofórmio ou o ópio, e, especialmente, na crise histérica. Ainda que se trate de elementos cuja presença foi dispersa e fragmentária, provocaram uma transformação interna e externa do poder psiquiátrico (**PP**, 233-234). Para descrevê-la, Foucault contrapõe duas concepções da verdade: a verdade-demonstração e a verdade-acontecimento. Ver: *Verdade*. • Na história da medicina ou, mais precisamente, da prática médica até o século XVIII, há um elemento que não pertence à história da verdade-demonstração, mas à da verdade-acontecimento: a noção de crise. Antes da constituição da anatomia patológica, a crise era definida como o momento da batalha entre a natureza e o mal, a substância mórbida. Essa batalha tem o próprio calendário na evolução da doença, aqueles momentos em que a enfermidade produz sua verdade, quando o médico, tendo-os previsto, deve intervir para reforçar as energias da natureza. Em sua forma geral, a técnica da crise na medicina grega não é diferente da do juiz; trata-se de uma técnica que se enquadra em um modelo de matriz jurídico-política (**PP**, 244). Na história da prática médica, a passagem da verdade-acontecimento à verdade-demonstração está ligada à extensão dos processos políticos da investigação (*enquête*). Ver: *Investigação*. Desse modo, na medicina em geral, quando, ao final do século XVIII, constitui-se a anatomia patológica, a noção de crise deixa de ser o eixo de organização da prática médica e desaparece (**PP**, 247). Também a psiquiatria e o asilo psiquiátrico excluem essa noção, por várias razões. Em primeiro lugar, como vimos, porque o dispositivo disciplinar do asilo procura que o enfermo não fique absorvido pelo pensamento da loucura, que não pense nela, que se afaste da loucura mediante as atividades previstas no asilo (trabalho, passeios, leituras etc.). Em segundo lugar, porque a prática da anatomia patológica permite rechaçar a existência de uma crise a propósito da loucura. A verdade da loucura, com efeito, não está no que os loucos dizem ou fazem, mas nos nervos e em seu cérebro. Em terceiro lugar, pela relação estabelecida entre loucura e crime, em especial mediante a noção de monomania, que permite considerar que todo louco é um possível criminoso. Desse modo, o psiquiatra funda sua prática na defesa da sociedade e não na verdade. No entanto, no campo da psiquiatria e do asilo, em paralelo à exclusão da noção de crise, encontramos um processo que a faz reaparecer ou que a transforma. "Não mais essa crise de verdade jogada entre as forças da enfermidade e as da natureza, e que caracteriza a crise médica tal como funcionou no século XVIII, mas o que eu chamaria de uma crise 'de realidade', jogada entre o louco e o poder que o interna, o poder-saber do médico" (**PP**, 251). Desse modo, o poder psiquiátrico começará a colocar para si a questão da verdade da loucura. Foucault assinala que essa transformação acontece já que, por um lado, nem o regime disciplinar nem a anatomia patológica haviam permitido à psiquiatria fundamentar sua prática na verdade; por outro, porque o saber psiquiátrico não intervém para especificar ou classificar a enfermidade, mas essencialmente para decidir se ela existe ou não, se um indivíduo está louco ou não está. • Encontramos, então, um duplo funcionamento do poder psiquiátrico: rechaço e transformação da noção clássica de crise. Duas figuras atestam esse duplo movimento. Por um lado, o demente, que responde com exatidão ao funcionamento da instituição asilar. No demente, com efeito, foram silenciadas todas as especificidades dos sintomas: já não apresenta manifestação, nem exteriorização, nem crise. Por outro lado, o histérico, aquele que "está tão seduzido pela existência dos sintomas mais específicos, mais precisos, aqueles que se apresentam precisamente nas enfermidades orgânicas, que os retoma por conta própria" (**PP**, 253). • Ao se fazer um resumo esquemático da análise de Foucault, pode-se dizer que a prova (*épreuve*) de verdade que estava em jogo na noção clássica de crise se dissocia: por um lado, na medicina geral, através da anatomia patológica, desaparecerá com a incorporação dos procedimentos e dos métodos da verdade-demonstração; por outro, no campo da psiquiatria, converter-se-á em uma prova, não de verdade, mas de realidade (**PP**, 269). Mas é importante assinalar que não se trata necessariamente de uma prova no sentido da constatação empírica ou da demonstração dedutiva. "*Épreuve*", com efeito, tem o sentido de confrontação, de enfrentamento, de competição. Ver: *Investigação*. No caso da medicina geral, o médico devia elaborar um diagnóstico diferencial, isto é, distinguir as enfermidades a partir da especificidade dos sintomas. No campo da psiquiatria, no entanto, deve, sobretudo, decidir acerca da existência ou não da loucura. Na medicina geral, ademais, a anatomia patológica permitiu trabalhar diretamente sobre o corpo, sobre os componentes orgânicos localizados da enfermidade. Na psiquiatria, ao contrário, exceto no caso da paralisia geral, o psiquiatra não dispõe dessa possibilidade. De todo modo, é necessário assinalar que alguns psiquiatras, como Jules Baillarger, sustentam que mesmo no caso da paralisia geral não há loucura, mas um entrelaçamento entre paralisia e demência. • A prova de realidade, transformação da antiga prova de verdade da noção de crise, buscará transcrever em termos de sintoma e de enfermidade os elementos que motivaram o pedido de internação de um indivíduo e, ao mesmo tempo, fazer existir como saber médico o poder disciplinar do psiquiatra. "Isso significa que a prova psiquiátrica é uma dupla prova de entronização. Entroniza a vida de um indivíduo como tecido de sintomas patológicos, mas entroniza sem cessar o psiquiatra como médico, ou a instância disciplinar suprema como instância médica" (**PP**, 270). Foucault analisa três procedimentos de prova de realidade na prática psiquiátrica: o interrogatório, o uso de drogas, e a hipnose e o magnetismo. c) *O interrogatório*. É um procedimento disciplinar que busca que um indivíduo reconheça sua identidade social. Mas essa é apenas uma das funções do interrogatório; como prova de realidade, será um procedimento para dar realidade à loucura e, no limite, provocá-la. Nesse sentido, Foucault enumera quatro estratégias do interrogatório psiquiátrico: a busca dos antecedentes familiares; a busca dos antecedentes individuais (situar a loucura no contexto das anomalias individuais); a conexão ou desconexão entre a responsabilidade e a subjetividade (se os sintomas são reconhecidos, exime-se da responsabilidade); e a tentativa de que o indivíduo atualize com efeito os sintomas no quadro do interrogatório (**PP**, 277). d) *O uso de drogas*. Embora também se dê a elas um uso disciplinar, as drogas tiveram outra função de primeira ordem na transformação do poder-saber psiquiátrico. A esse respeito, Foucault toma como referência fundamental a obra de Jacques-Joseph Moreau de Tours, *Du hachisch et de la aliénation mentale*, de 1845. Segundo Moreau de Tours, que experimentou em si mesmo, a intoxicação com haxixe passa pelas seguintes fases: sentimento de bem-estar, excitação e dissociação das ideias, erro acerca do tempo e do lugar, exageração das sensações visuais e auditivas, ideias fixas, convicções delirantes, intensificação dos medos, ilusões, alucinações. À exceção do primeiro da lista, todos os sintomas da loucura se encontram nessa série. Desse modo, ao confiscar mediante a psiquiatria os efeitos da droga, o haxixe oferece a Moreau de Tours a possibilidade de reproduzir os sintomas da loucura. A partir daqui, à diferença do que acontecia com Pinel e Esquirol, já não se buscará determinar que faculdade está afetada pela enfermidade mental, mas se conceberá a loucura como uma enfermidade que, em sua evolução, afeta toda a vida do indivíduo.

Além do mais, a experimentação com haxixe permitiu estabelecer a base a partir da qual a loucura se desenvolve e evolui, o que Moreau denominou "modificação intelectual primitiva" ou "modificação primordial", a excitação primitiva. • Mas a experimentação com haxixe teve outra importante consequência: permitiu que o psiquiatra repetisse na própria pessoa a experiência do louco. • Por último, também permitiu reconstituir o fundo primordial que é o modelo da loucura no indivíduo normal: o sonho (**PP**, 283). O sonho aparece, então, como a lei comum da vida normal e da vida patológica. Por certo, não é a primeira vez que se vincula a loucura ao sonho, mas é, sim, a primeira vez que a comparação entre ambos se converte em princípio de análise. e) *O magnetismo e a hipnose*. Embora, durante as primeiras décadas do século XIX, a hipnose já fosse aplicada nos asilos psiquiátricos, sua inserção verdadeira na prática psiquiátrica tem lugar mais tarde, entre 1858 e 1859, quando Paul Broca introduz na França as experiências de James Braid, autor de *Neurypnology; or the Rationale of Nervous Sleep, Considered in Relation with Animal Magnetism*, de 1843. À diferença das experiências anteriores, com Braid a hipnose aparece como uma abertura através da qual o saber médico se aproxima do enfermo. O médico, com efeito, pode dispor do comportamento e da conduta do enfermo hipnotizado. Isso lhe permite, entre outras coisas, anular os sintomas da enfermidade, provocar determinados sintomas, como contraturas e paralisia, ou modificar as funções automáticas do organismo, como a circulação e a respiração. f) *O surgimento do corpo neurológico*. Esses três procedimentos de prova de realidade (o interrogatório, o uso de drogas e a hipnose e o magnetismo) irão adquirir uma nova dimensão e maior importância com a descoberta, no âmbito da medicina orgânica, do corpo neurológico, com as experiências de Guillaume Duchenne de Boulogne por volta das décadas de 1850 e 1860. • Embora não caiba dizer que o corpo neurológico e o corpo da anatomia patológica sejam distintos, os procedimentos para ajustar a localização anatômica e a observação clínica não são os mesmos. Enquanto a anatomia patológica buscava uma descrição detalhada do órgão profundo que havia sido lesionado, a neurologia, ao contrário, procede mediante uma observação de superfície. Nessa mudança, modifica-se também o valor dos signos analisados. A anatomia patológica estimulava o paciente (por exemplo, mediante golpes no abdome) a obter determinado efeito (o ruído que esses golpes produziam); esse efeito é o signo que deve ser decifrado, que deve indicar as lesões profundas. Na neuropatologia, por sua vez, o signo que se busca estudar não é um simples efeito, mas, de forma mais precisa, uma resposta determinada (por exemplo, a resposta de um músculo à aplicação superficial de eletricidade sobre a pele umedecida). A partir das respostas aos diferentes estímulos, é possível estudar as diferenças funcionais entre os distintos tipos de comportamento: reflexo, automático, voluntário espontâneo, voluntário ordenado desde o exterior. Surge, assim, um novo dispositivo médico-clínico, diferente do dispositivo da anatomia patológica e também do dispositivo do poder psiquiátrico. Com efeito, o dispositivo neurológico substitui o interrogatório do dispositivo psiquiátrico por ordens que buscam obter uma resposta do sujeito; essas respostas, no entanto, não são verbais, mas corporais. Por isso, o neurologista pode estabelecer um diagnóstico diferencial no qual já não há espaço para a simulação. "A prova de realidade já não é necessária: a clínica neurológica oferecerá, ao menos em determinado domínio, a possibilidade de estabelecer um diagnóstico diferencial, como a medicina orgânica, mas a partir de um dispositivo diferente. Em suma, o neurologista diz: 'obedeça às minhas ordens, mas se cale, e seu corpo falará por você dando as respostas que apenas eu, porque sou médico, poderei decifrar e analisar em termos de verdade'" (**PP**, 306). • De acordo com Foucault, pode-se dizer que, até o surgimento da neurologia clínica com seu novo dispositivo, existiam duas espécies de enfermidades: as mentais e as orgânicas. A esse respeito, observa que não seria correto sobrepor essa oposição à oposição entre o espírito e o corpo. Com efeito, algumas enfermidades mentais são concebidas, na prática médico-psiquiátrica, como enfermidades do corpo acompanhadas de sintomas psíquicos. A linha divisória entre ambas passa, antes, pela possibilidade do diagnóstico. Para as enfermidades orgânicas, era possível efetuar-se um diagnóstico diferencial; para as mentais, ao contrário, era requerida uma prova de realidade que permitisse estabelecer se o indivíduo em questão estava efetivamente louco ou não (**PP**, 307). Entre esses dois tipos de enfermidade encontramos, além disso, os casos intermediários, que podem ser bons ou maus em termos epistemológicos. Entre os primeiros, aparece a paralisia geral, na qual se encontram ambos os gêneros de sintomas e torna-se possível passar de uns aos outros. Entre os segundos, estão as neuroses, que, de acordo com a concepção corrente em meados do século XIX, são enfermidades com problemas nas funções de relação (motrizes ou sensitivas), mas sem correlações anatômicas atribuíveis. No âmbito das neuroses entravam as convulsões, a epilepsia, a histeria, a hipocondria etc. (**PP**, 308). Essas enfermidades eram pouco fecundas em termos epistemológicos por dois motivos: porque seus sintomas eram irregulares e não era possível estabelecer uma correlação orgânica, e porque costumavam prestar-se à simulação. O surgimento do corpo neurológico permite eliminar a desqualificação epistemológica desse grupo de enfermidades; e o novo dispositivo de diagnóstico diferencial com efeito possibilita, por exemplo, passar dos distúrbios neurológicos, como os tumores, às convulsões. Desse modo, produz-se uma espécie de consagração patológica do amplo domínio das neuroses e, em particular, da histeria. g) *A histeria*. A partir do surgimento do dispositivo neurológico e da formação do corpo neurológico, Foucault ocupa-se da análise dos fenômenos histéricos nas experiências de Charcot. Para sermos mais precisos, não se trata na realidade de uma história da histeria nem dos conhecimentos psiquiátricos acerca da histeria, mas de abordá-la como um episódio de luta, de confrontação, de batalha entre o psiquiatra e o histérico (**PP**, 310). A esse respeito, Foucault descreve três grandes manobras relacionadas à histeria. A primeira manobra é a organização do cenário sintomatológico. Para poder situar a histeria no mesmo plano que as enfermidades orgânicas, é necessário poder referir-se a uma sintomatologia estável, codificada e regular. Desse modo surgiu, com Charcot e seus sucessores, a noção de estigmas histéricos, isto é, os fenômenos que se encontram em todos os casos de histeria: diminuição do campo visual, hemianestesia simples ou dupla, anestesia faríngea, contratura provocada por um nexo muscular em torno de uma articulação. Ademais, foi necessário codificar as crises histéricas, isto é, ordenar, em sua regularidade, a evolução desses sintomas. "Ao solicitar seus estigmas e a regularidade de suas crises, o médico solicita ao histérico que lhe dê a possibilidade de levar a cabo um ato estritamente médico, isto é, um diagnóstico diferencial" (**PP**, 312). Mas, ao mesmo tempo, o histérico deixa de ser um louco dentro do asilo para se converter em um enfermo dentro de um hospital digno desse nome (**PP**, 312-313). A segunda é a manobra do manequim funcional (reprodução dos sintomas histéricos provocada mediante hipnose). A organização do cenário sintomatológico provoca uma proliferação de sintomas e crises histéricas. Um paciente de Charcot teve 4.506 crises em treze dias e, mais tarde, 17.083 em catorze dias. Diante da necessidade de controlar essa pletora de sintomas, recorre-se, então, à hipnose e à sugestão para poder isolar perfeitamente um sintoma histérico. Mas essa técnica tem o inconveniente e o perigo de que pode ser apenas o efeito de determinada solicitação, e não exatamente uma resposta no sentido neurológico do termo. Em outras palavras, era necessário dispor de um sintoma histérico em estado natural, fora do âmbito do hospital e sem se servir da hipnose. Aqui desempenhou um papel de primeira ordem o surgimento de uma nova categoria de enfermos: os enfermos segurados, em geral vítimas de acidentes de trabalho, que apresentavam, com efeito, distúrbios pós-traumáticos (paralisia, anestesia) sem um suporte anatômico atribuível. Desse modo, é possível autenticar como naturais os sintomas que se reproduzem nos histéricos hipnotizados. Mas, ao mesmo tempo, o estudo dos sintomas histéricos permite estabelecer que na verdade trata-se de enfermos, e não de simuladores. Nesse sentido, o histérico autentica a enfermidade do traumatizado. "Naturalização do histérico pelo traumatizado, denúncia da possível simulação no traumatizado pelo histérico" (**PP**, 316). Existe uma terceira manobra. Também é necessário estabelecer que os sintomas não são uma consequência dos poderes médicos que se exercem sobre o histérico, isto é, de poder inscrever em um esquema patológico estrito os sintomas histéricos. Para conseguir isso, Charcot elabora a noção de traumatismo. Trata-se de um acontecimento, um golpe, uma queda, um medo, um espetáculo, que pode provocar uma espécie de hipnose discreta, localizada, mas de longa duração. O trauma aparece, então, como a etiologia da histeria. Desse modo, surge a necessidade de que os histéricos, sob hipnose ou não, contem sua vida, em especial sua infância, para se buscar e encontrar o acontecimento fundamental e essencial que se prolonga em seus sintomas. Para Foucault, a partir dessa exigência, será posto em funcionamento o que denomina "contramanobra dos histéricos": eles começarão a relatar sua vida sexual. Mas é curioso que Charcot não pudesse admitir esse surgimento da sexualidade. De acordo com a análise de Foucault, a razão dessa impossibilidade reside em que a presença da sexualidade havia sido a causa da desqualificação da neurose como enfermidade por volta de 1840. A preocupação de Charcot era, com efeito, qualificar a histeria como enfermidade (**PP**, 322), e para isso era indispensável despojá-la de seu componente sexual. A esse respeito, Foucault narra o episódio das declarações que Freud ouviu na casa de Charcot, para onde havia sido convidado durante seu semestre parisiense. Charcot disse: "Ah! A histeria, todo o mundo sabe que se trata de sexualidade". Freud comentou: "Quando ouvi isso, fiquei inteiramente surpreso, e disse a mim mesmo: 'Mas, se ele sabe disso, por que não o declara?'" (**PP**, 323). O relato de Freud (que não coincide exatamente, embora o faça substancialmente, com o texto de Foucault) encontra-se em *Contribuição à história do movimento psicanalítico*, de 1914. • Surge assim um novo corpo, que já não é o corpo neurológico, nem o anatomopatológico, nem o disciplinar, mas o corpo sexual. Abrem-se, então, dois caminhos: a desqualificação da histeria como enfermidade e a apropriação médica da sexualidade (**PP**, 325).

Os anormais. O curso *Les Anormaux*, ministrado nos anos 1974-1975, no Collège de France, é dedicado, como o título sugere, a levar a cabo uma genealogia do conceito de anormalidade, o que consiste, em grande medida, em uma genealogia do poder psiquiátrico. 1) **Perícias médico-legais**. Como introdução à problemática do conceito de anormalidade, Foucault começa o curso com a leitura de algumas perícias psiquiátricas realizadas entre os anos 1955 e 1974. Os relatórios médico-legais aparecem, a seus olhos, sob um duplo aspecto:

ao mesmo tempo como produtores de poder e como ubuescos. Ver: *Ubuesco*. Por isso, pergunta-se se o discurso dos relatórios médico-legais (da medicina/psiquiatria penal), o discurso das perícias, deslocou-se da normatividade própria do discurso médico e se submeteu a novas regras de formação. Em primeiro lugar, são discursos que não devem simplesmente optar entre o crime ou a loucura. Não se trata apenas de estabelecer se o acusado se encontrava em estado de demência no momento do crime. Neles, está presente antes o jogo de uma dupla qualificação (médica e legal), que circunscreve o domínio daquilo que, a partir de meados do século XIX, passará a denominar-se "perversidade": uma série de elementos biográficos que qualificam o criminoso (preguiça, orgulho, teimosia, maldade). Em segundo lugar, não se trata de optar entre a prisão e o hospital. Os relatórios médico-legais buscam, mais que essa alternativa institucional (já que, em sentido estrito, o sujeito/objeto desses discursos não é um enfermo nem um criminoso), estabelecer a figura do indivíduo perigoso e os mecanismos sociais para controlá-lo. O objeto dos relatórios médico-legais é, em sentido estrito, o indivíduo "perverso" e "perigoso". Segundo Foucault, na formação desses discursos, observam-se dois elementos característicos: a reativação das categorias elementares da moralidade e a semelhança do vocabulário e dos argumentos com aqueles que os pais utilizam para tratar de infundir temor em seus filhos. São discursos de caráter parento-infantil. Desse ponto de vista, a formação do discurso médico-legal aparece vinculada a dois fenômenos históricos. Em primeiro lugar, trata-se de uma regressão em relação aos relatórios de Esquirol, por exemplo, que mostram a irrupção no tribunal de um discurso que se havia formado em outra parte, no hospital. Agora, encontramos um discurso que se localiza por debaixo da situação epistemológica da psiquiatria. Em segundo lugar, tal discurso insere-se em um longo processo de reivindicação do poder de castigar, que com frequência se apresentou sob o aspecto de uma modernização da justiça. Foucault põe em evidência que o discurso médico-legal não é homólogo ao discurso médico nem ao jurídico; ambas as categorias encontram-se nele adulteradas. Não se trata do enfermo nem do criminoso, mas de um terceiro conceito: a anormalidade e o poder de normalização (**AN**, 3-19). 2) **Instinto e psiquiatria criminal**. Para Foucault, a figura do anormal é a de um monstro empalidecido. Ver: *Anormal*. A aula de 5 de fevereiro de 1975 de *Les Anormaux* (**AN**, 101-125) trata precisamente de como a figura do monstro se transformou na do anormal, na do perverso. Sua análise, centrada no nascimento e na formação da psiquiatria criminal, menciona e diferencia três casos judiciais ocorridos entre 1817 e 1826: o caso da mulher de Sélestat (matou a filha, despedaçou-a, cozinhou uma de suas coxas com repolho e comeu), o caso Papavoine (matou duas crianças pequenas em um bosque) e o caso Henriette Cornier (pediu a uma vizinha que deixasse a filha dela sob seus cuidados, levou-a ao seu quarto, onde tinha tudo preparado – navalha, recipiente para o sangue – e degolou-a). No primeiro caso, embora pareça inverossímil, argumentou-se que a mulher tinha uma forte razão para cometer o assassinato e comer a filha. Nessa época, de fato, toda a região encontrava-se assolada por uma grande fome. No segundo caso, o sujeito apresentou como desculpa que acreditara reconhecer as crianças assassinadas como filhos de nobres. Tratar-se-ia, então, de um delírio. No terceiro, ao contrário, não aparecem sinais de loucura nem de alguma razão ou motivo aparente para o crime. Foucault enfoca, em sua análise, esse último caso, já que, a partir dessa situação (que não é única, mas é a mais exemplar), surge uma interessante série de problemas que concernem tanto ao sistema judicial quanto ao saber médico sobre a criminalidade.

1) *Do ponto de vista judicial.* O artigo 64 do Código Penal da época (o código da reforma) exigia, para castigar, que o sujeito da infração não se encontrasse em estado de demência no momento de cometer o delito; caso contrário, estaríamos diante de um sujeito inimputável. Mas, embora a situação seja essa da perspectiva do código penal, ela é muito diferente pela óptica da tecnologia da punição. O objetivo da reforma penal burguesa era corrigir mediante o que se denominava o interesse ou a razão do crime. Para expressá-lo de outro modo, o sistema jurídico-penal exige uma dupla racionalidade: a do sujeito para ser imputável e a do delito para ser punível, isto é, corrigível. O caso de Henriette Cornier coloca justamente o problema de o sujeito aparecer como racional no momento do ato e, no entanto, o crime carecer de razão. Apresenta-se, então, como imputável, mas não como punível. 2) *Do ponto de vista da psiquiatria criminal.* Foucault realiza uma observação histórica acerca da situação da psiquiatria na época em questão. A psiquiatria criminal não se apresentava como uma parte da medicina, mas como um ramo especializado da higiene pública. Na psiquiatria criminal, entrecruzavam-se, desse modo, o saber médico e o saber da higiene social. Na dupla codificação que é feita da loucura, podemos ver o jogo desse múltiplo pertencimento. Por um lado, a loucura aparece como uma enfermidade, mas, por outro, como um perigo. Nesse sentido, a noção psiquiátrica de degeneração permitiu isolar um aspecto do perigo social e tematizá-lo em termos de enfermidade. Nesse contexto, desenvolveram-se duas grandes operações: dentro do asilo, a psiquiatria deslocou o núcleo essencial da loucura, fazendo-o passar do delírio (ponto de vista tradicional) para a resistência, a desobediência, a insurreição; fora dele, preocupou-se em detectar o caráter perigoso implícito em toda loucura para justificar sua intervenção científica e autoritária na sociedade. • Podemos compreender, então, a propósito dos crimes sem razão, como o sistema penal e a psiquiatria criminal irão engrenar seus mecanismos. Por um lado, a economia da punição exigirá da psiquiatria penal que determine a condição da correção, isto é, a racionalidade do crime (não do sujeito no momento do ato). Por outro lado, a psiquiatria, para justificar sua necessidade e seu poder, mostrará o componente de loucura de todo crime. No caso de Henriette Cornier, podemos ver como funcionam esses dois mecanismos acoplados. Por caminhos diferentes, os peritos psiquiatras da acusação, entre os quais se encontrava Esquirol, e os da defesa se interrogam não sobre a demência do sujeito no momento do ato, mas sobre sua racionalidade; em outras palavras, perguntam-se se o sujeito é punível. Para mostrar que existe uma estreita semelhança entre o ato e o sujeito, a acusação argumentará que o crime encontra na condição do sujeito a justificativa do castigo e da correção, isto é, que o ato carece de razão, mas o sujeito não. Por um lado, esgrime-se a história pessoal de Henriette: foi abandonada pelo marido, entregou-se à libertinagem, teve dois filhos e os abandonou à assistência social. Por outro lado, enfatiza-se a premeditação com que cometeu a degola: preparou os instrumentos em seu quarto, pensou o diálogo com a mãe da vítima, executou o plano com lucidez (exclamou, depois de ter cometido o crime: "Isso merece a pena de morte"; tentou ocultar o corpo da vítima e impedir que a mãe entrasse no quarto onde havia assassinado a criança). A defesa, por sua vez, segue outro caminho. Em primeiro lugar, argumenta certo estado de enfermidade em Henriette Cornier: as situações de desenfreio, a alternância entre estado de alegria e tristeza etc. Em segundo lugar, assinala sua lucidez moral. Em terceiro lugar – e aqui encontramos a questão decisiva –, sustenta que o fato de a consciência moral da mulher ter permanecido intacta no momento do crime mostra que

se está em presença de algo que não é o sujeito consciente, mas um agente extraordinário, estranho às leis regulares da organização humana: o instinto. Passamos, assim, do ato sem razão ao ato instintivo. • Foucault atribui uma importância capital ao surgimento do conceito de instinto entendido nesses termos. O instinto tem sido, segundo seu julgamento, o grande vetor da anormalidade, porque permitiu, precisamente, encontrar um princípio de coordenação entre monstruosidade e patologia. Seu surgimento determinou, ademais: a) instaurar de um modo novo a problemática patológica da loucura. Até fins do século XIX, a loucura encontrava sua condição de possibilidade no delírio; a partir de agora, era possível pensá-la a partir do instinto patológico. Aparecem, assim, as pulsões e as obsessões, e emerge a loucura sem erro: a histeria; b) a inscrição da psiquiatria no marco de uma patologia evolucionista; c) o surgimento das tecnologias do instinto: as políticas de eugenia (das quais se vale Hitler, por exemplo) e a psicanálise. 3) **A psiquiatria como saber e técnica do normal**. Pois bem, a história da psiquiatria nos impõe explicar um tema que Foucault abordou na aula de 12 de fevereiro de 1975 de *Les Anormaux*: como a loucura instintiva chegou a dominar todo o campo da psiquiatria (**AN**, 127-151). Porque, no início, o instintivo dizia respeito apenas àquela forma de loucura que afetava todos os comportamentos, exceto a inteligência, e que levava ao assassinato. De um ponto de vista genealógico, isto é, da inserção do saber psiquiátrico nos mecanismos do poder, Foucault analisa três processos centrais. 1) *A lei de 1838*. Essa lei se ocupa da internação por ordem de uma autoridade policial-administrativa: o prefeito. Quanto ao significado que adquire na história da psiquiatria, destacam-se três pontos: a) Consagra a psiquiatria como um ramo legal da medicina e da higiene pública. A internação dos alienados requer uma instituição adaptada a receber enfermos e que ofereça a possibilidade de curá-los (corrigi-los). b) A internação de ofício deve ser motivada por alguma forma de alienação que comprometa a ordem e a segurança públicas. c) Pede-se, então, à psiquiatria que responda acerca dos núcleos de periculosidade no nível do comportamento dos indivíduos. Antes, a intervenção dos especialistas era apenas para saber se o estado de demência de um sujeito o inabilitava como sujeito de direitos, como sujeito jurídico; a partir da lei de 1838, contudo, estabelece-se, através da própria administração, um nexo entre loucura e perigo. 2) *A reorganização da solicitação familiar*. A solicitação familiar de internação muda não só a respeito da forma, mas também do conteúdo. Quanto à forma, já não se trata da família reunida em conselho, mas do círculo dos achegados, os mais próximos. Quanto ao conteúdo, trata-se agora daqueles comportamentos que afetam as relações familiares (irmão-irmã, marido-mulher, pais-filho etc.), isto é, das perturbações e da desordem que o enfermo pode induzir ou provocar na família, estabelecidas em relação ao campo disciplinar definido pela família, a escola, os vizinhos etc. O psiquiatra converte-se no médico da família. 3) *Uma exigência política para a psiquiatria*. Cada revolução, segundo o entender de Foucault, introduziu algum critério de discriminação. A Revolução Inglesa, no século XVII, introduziu um critério jurídico-político para distinguir entre regimes políticos legítimos e ilegítimos (pacto, representação, soberania); a Revolução Francesa, um critério histórico: determinar que parte da revolução era necessário conservar e fazer prosseguir; as diferentes revoluções europeias ocorridas entre os anos 1848 e 1871 recorreram à psiquiatria. Foucault cita o caso de Lombroso, na Itália, que utilizou a antropologia para fornecer, aparentemente, os meios que permitiam diferenciar a verdadeira revolução da rebelião e da desordem social. • Essas transformações determinam, para expressá-lo de alguma maneira, um referencial triplo para a psiquiatria: um referencial administrativo, um familiar e um político. A partir daqui serão produzidas as mudanças fundamentais no campo da psiquiatria, que adaptará seu saber às novas formas do poder psiquiátrico: 1) *A reunificação da loucura*. Deixa-se de lado a ideia de uma loucura parcial, que afeta apenas um setor da personalidade. Embora as manifestações de loucura sejam parciais e descontínuas, o indivíduo, em um sentido profundo e global, é louco. 2) *O eixo voluntário/involuntário*. A reunificação das manifestações da loucura e sua referência ao indivíduo louco articulam-se através do eixo voluntário/involuntário. Se antes a loucura era aparentada ao delírio, à ilogicidade do pensamento, agora o que está em jogo é a vontade ou, melhor dizendo, a falta de controle sobre a vontade. No coração da loucura, situa-se o jogo do voluntário e do involuntário, do instintivo e do automático. • Vemos como o campo da sintomatologia da loucura mudou; ampliou-se e deslocou-se. Todos os comportamentos que se afastem das regras da ordem administrativa, familiar ou política podem parecer sintomas da loucura e, portanto, fenômenos de interesse psiquiátrico. Mas, para compreender o estatuto do conceito de norma na psiquiatria do século XIX (se é que há outra), é necessário ter presente, ademais, seu vínculo com a medicina. Dessa perspectiva, o eixo voluntário/involuntário permitiu estabelecer um nexo entre a psiquiatria e a medicina através da neurologia, isto é, a partir das alterações funcionais do sistema nervoso que perturbam as condutas voluntárias. O conceito psiquiátrico de normalidade e, por conseguinte, o de anormalidade articulam ambos os sentidos: 1) a norma como regra de conduta, como lei informal, cujo oposto seria a desordem, a excentricidade; 2) a norma como regularidade funcional, cujo oposto seria o patológico. A psiquiatria se converte assim na ciência e na técnica do normal. A regularidade de seu domínio de análise e aplicação é definida pela loucura e pelo crime em suas relações. 4) **Psiquiatria, infância, racismo**. Na última aula do curso *Les Anormaux*, Foucault reúne uma série de considerações acerca do desenvolvimento da psiquiatria na segunda metade do século XIX, especialmente sobre a psiquiatrização da infância e a relação entre psiquiatria e racismo (**AN**, 275-301). 1) *O novo funcionamento da psiquiatria*. Foucault compara o funcionamento da psiquiatria no caso de Henriette Cornier com o caso de Charles Jouy (1867). Charles Jouy tinha uns 40 anos no momento dos fatos que lhe foram imputados e vivia na periferia do povoado, solitário, bêbado, mal pago. Sua mãe havia morrido quando ele era pequeno, e ele havia sido escolarizado precariamente. Os acontecimentos: fez-se masturbar por uma menina e depois a teria "quase" violentado. A primeira coisa a se levar em conta é que a psiquiatrização do caso Jouy não chegou de cima, mas de baixo: a família denunciou-o, o alcaide se interessou, depois interveio o prefeito etc. Toda a população, em última instância, pediu uma psiquiatrização profunda do caso (trata-se de uma psiquiatrização reclamada, não imposta). Em segundo lugar, é necessário analisar o modo como a psiquiatra procede. No caso de Henriette Cornier, o patológico inscreve-se em um processo cronológico; o instinto aparece em seu caráter de excesso, de exagero, e a enfermidade é intrínseca ao instinto. No de Jouy, em vez disso, o patológico inscreve-se em uma espécie de constelação física permanente; não há enfermidade intrínseca ao instinto; este aparece, antes, em seu desequilíbrio funcional, como falta, estagnação. Em ambas as situações – e esse é um ponto fundamental –, leva-se em consideração a biografia dos indivíduos, mas segundo registros totalmente diferentes. Os alienistas (a escola de Pinel e Esquirol, que se haviam ocupado do caso Cornier) separavam o patológico da infância. A nova psiquiatria vincula os dois aspectos, visto que o patológico é pensado em termos de um desequilíbrio originado por um atraso. Esse ponto é importante, porque a infância foi, na análise de Foucault, o princípio de generalização da psiquiatria. 2) *O funcionamento da infância na psiquiatria*. Na nova psiquiatria, basta notar a presença de um elemento de infantilidade para que determinado indivíduo ou conduta sejam enquadrados em seu campo. A partir daqui, foi possível integrar o prazer, o instinto e a imbecilidade. Deve-se recordar que para os alienistas o instinto funcionava na medida em que não implicava o prazer. A nova psiquiatria leva a cabo, em vez disso, uma patologização do prazer sexual a partir do infantil. A fim de constituir uma ciência, a psicopatologia dos alienistas era uma imitação da medicina orgânica: estabelecia sintomas, classificava e organizava as enfermidades. A nova psiquiatria se encontra antes em uma relação de correlação, ao situar-se no espaço que foi aberto pela neurologia do desenvolvimento e, por conseguinte, do atraso. O que a infância lhe oferece não é tanto uma enfermidade ou um processo patológico, mas um estado de desequilíbrio, isto é, um estado caracterizado pela presença anormal de um elemento não necessariamente patológico. Trata-se, definitivamente, de uma despatologização da anormalidade. 3) *Uma nova nosografia*. Nas grandes construções teóricas da nova psiquiatria, encontramos uma nova nosografia com as seguintes características: a) *Não busca sintomas, mas síndromes*. As síndromes são configurações parciais e estáveis do anormal; em suma, excentricidades consolidadas. As primeiras síndromes foram a agorafobia, as manias incendiárias, a cleptomania, o exibicionismo, a inversão, o masoquismo, a mania antivivissecção. b) *O retorno do delírio*. A reinscrição do anormal no patológico foi de mãos dadas com a reincorporação do delírio, se bem que já não se trata de um delírio referido ao objeto, mas de um delírio de raiz instintiva e sexual. c) *O surgimento da noção de estado*. Constitui uma espécie de fundo causal permanente de anormalidade. O estado consiste essencialmente em uma espécie de déficit geral das instâncias de coordenação do indivíduo. 4) *A metassomatização do anormal*, que percorreu o tema da herança. Aparece assim uma espécie de grande corpo formado pela rede de relações hereditárias. A partir daí, a psiquiatria não será apenas uma técnica do prazer e do instinto sexual, mas também uma tecnologia do matrimônio saudável, útil e benéfico. Por essa via, além disso, vinculará a nova nosografia do anormal às teorias da degeneração. Foucault dá particular importância a esse último tema, porque torna possível um vínculo estreito entre psiquiatria e racismo: "Todas as formas de racismo que surgiram na Europa ao final do século XIX e começo do XX devem ser referidas historicamente à psiquiatria" (**AN**, 299).

Sexualidade. Acerca da função da psiquiatria na formação do dispositivo de sexualidade, ver: *Sexualidade*.

Corpo coletivo. "A psiquiatria, no século XIX e, mais especificamente, no começo do século XIX, parece-me menos uma medicina da alma individual do que uma medicina do corpo coletivo" (**MFDV**, 217).

R

253. RAÇA / *Race*

Como Foucault mostra em *"Il faut défendre la société"*, a origem do conceito de raça não é necessariamente biológica; designa, antes, um determinado corte histórico-político. Fala-se em duas raças, por exemplo, quando há dois grupos que não têm a mesma origem local, nem a mesma língua, nem a mesma religião. E também quando, no seio de uma sociedade, coabitam dois grupos que não têm os mesmos costumes nem iguais direitos (IDS, 67). Assim funciona o conceito de raça no discurso histórico da guerra de raças a partir do século XVII. Ver: Guerra. "A ideia da pureza da raça [no singular], com tudo o que envolve de monista, de estatal e de biológico, substituirá a ideia de luta de raças" (IDS, 71).

254. RACIONALIDADE / *Rationalité*

"Penso que o termo 'racionalização' seja perigoso. O que há que fazer é analisar as racionalidades específicas, mais que invocar sem cessar os progressos da racionalização em geral" (**DE4**, 225). Essa citação resume a postura de Foucault acerca da racionalidade e da razão: por um lado, uma crítica à posição filosófica, como a representada pela fenomenologia, pelo marxismo ou pelas obras de Weber, que aborda a história da razão a partir do ato fundador do sujeito, da oposição racionalidade/irracionalidade, ou em termos de um processo de racionalização; por outro lado, tem-se uma afirmação da especificidade das diferentes formas de racionalidade e, portanto, de seu caráter histórico-fragmentário. Com efeito, para Foucault, não se trata de abordar a história da razão como um processo que, apesar de seus retrocessos, reveste-se de um caráter global e unitário, mas de analisar as diferentes formas de racionalidade que organizam a ordem das práticas. Ver: *Prática*.

Fenomenologia, marxismo. A oposição entre a fenomenologia e a arqueologia não poderia ser maior. Ver: *Fenomenologia*. Tanto *Les Mots et les choses* como *L'Archéologie du savoir* podem ser lidos como anti-*Krisis*. Precisamente a propósito da história da razão, em *L'Archéologie du savoir*, Foucault marca com nitidez suas diferenças em relação à concepção fenomenológica, em cujo marco o sujeito ou, mais precisamente, os atos fundadores da consciência constituem um horizonte de racionalidade que, por seu caráter originário, é também o *télos*, a finalidade da humanidade (**AS**, 22, 73). A partir dessa concepção, então, a história da razão só pode ser a história de seu progressivo desdobramento e dos obstáculos que o têm impedido ou dificultado. Mas Foucault se opõe não só à concepção fenomenológica da história da razão, mas também a certo modelo marxista: "Inclusive, para falar de maneira muito, muito esquemática, o que quis fazer nos anos 1960 foi abandonar tanto o tema fenomenológico, segundo o qual houve uma fundação e um projeto essencial da razão (do qual esta ter-se-ia desviado por um esquecimento, e que seria necessário retomar agora), quanto o tema marxista ou lukacsiano (havia uma racionalidade que era a forma por excelência da própria razão, mas um determinado número de condições sociais – o capitalismo, ou melhor, a passagem de uma forma de capitalismo a outra – introduziram uma crise nessa racionalidade, isto é, um esquecimento da razão e uma queda no irracionalismo). Esses são os dois grandes modelos, apresentados de maneira muito esquemática e muito injusta, dos quais tentei me diferenciar" (**DE4**, 441-442). Essa posição acerca da razão tem vínculos estreitos com a concepção foucaultiana do sujeito. Com efeito, uma das dificuldades da fenomenologia consiste em que ela remete a racionalidade aos atos fundadores de um sujeito, mas, para Foucault, o próprio sujeito tem uma história (**DE4**, 436).

Práticas, técnicas. "Digamos que não se trata de julgar as práticas com a régua de uma racionalidade que permitiria apreciá-las como formas mais ou menos perfeitas de racionalidade, mas, antes, de ver como as formas de racionalização se inscrevem nas práticas ou nos sistemas de práticas, e que papel desempenham neles. Porque, por certo, não há 'práticas' sem um determinado regime de racionalidade" (**DE4**, 26). Como vemos, para Foucault, a racionalidade tem acima de tudo um sentido instrumental: é um modo de organizar os meios para alcançar um fim (**DE4**, 241). Em relação a isso, utiliza também os termos "técnica" e "tecnologia": a regularidade que organiza um modo de fazer ou de agir para orientá-lo a um fim. Ver: *Técnica*. Nesse contexto, há que tomar esses dois termos em um sentido amplo, isto é, sem restringi-los à nossa concepção atual da tecnologia como aplicação das ciências chamadas "exatas" (**DE4**, 285). • Ainda que essa via de acesso ao problema da racionalidade, ou melhor, da história da racionalidade, pudesse se inscrever na linha dos trabalhos de Weber ou, em geral, da Escola de Frankfurt, o próprio Foucault marca algumas diferenças notáveis que o distanciam. Em primeiro lugar, a eclosão da racionalidade técnica não é um acontecimento ligado ao advento do Iluminismo, nem se trata da simples bifurcação entre razão teórica e razão prática (**DE4**, 440). Foucault se propõe, de fato, a levar a cabo uma história das diferentes formas de racionalidade estratégica ou tecnológica, isto é, da racionalidade das práticas. • As práticas constituem o domínio de trabalho de Foucault. Uma prática se define pela racionalidade dos modos de fazer ou de agir dos homens, que tem sua sistematicidade e sua generalidade; abrange os âmbitos do saber (as práticas discursivas), o poder (as relações entre os sujeitos) e a ética (as relações do sujeito consigo mesmo), e tem, além disso, um caráter recorrente. Mas essa condição sistemática e recorrente não nega sua historicidade. Ver: *Prática*. Os trabalhos de Foucault são, em suma, análises históricas da formação e da transformação da racionalidade das práticas.

Verdade. Para Foucault, não se trata de levar a cabo uma história da razão ou da racionalidade, mas de realizar uma história da verdade. "É aqui onde a leitura de Nietzsche tem sido para mim muito importante. Não é suficiente fazer uma história da racionalidade, mas há que elaborar a história da própria verdade" (**DE4**, 54).

Genealogia. A história das formas de racionalidade inscrita na história da verdade reveste-se, além disso, de um caráter genealógico ou político (**DE4**, 160).

Veridicção. Foucault, concebe seu trabalho como uma história dos regimes de veridicção, não de verdade. Isso o situa nos antípodas da crítica dos excessos da racionalidade europeia, que caracteriza numerosas correntes dos séculos XIX e XX, desde o romantismo até a Escola de Frankfurt. "A crítica do saber que lhes proponho não consiste em denunciar o que haveria de opressão contínua na razão – ia dizer 'monótona', mas isso não se diz –; então, acreditem: depois de tudo, a desrazão é igualmente opressiva" (**NB**, 37).

Racionalidade governamental. O advento da nova razão governamental é contemporâneo da formação da racionalidade científica moderna (**STP**, 293). Ver: *Razão de Estado*.

255. RACISMO / *Racisme*

"Creio que [o racismo] seja muito mais profundo que uma velha tradição, muito mais profundo que uma velha ideologia; é outra coisa. A especificidade do racismo moderno, o que constitui sua especificidade, não está ligado às mentalidades, às ideologias, às mentiras do poder. Está ligado à técnica do poder, à tecnologia do poder" (**IDS**, 230). O que inscreveu o racismo nos mecanismos do Estado é a emergência do biopoder (**IDS**, 227). • Para além de algumas referências dispersas em artigos e intervenções, na obra de Foucault a problemática do racismo emerge em *La Volonté de savoir*, o primeiro volume de *Histoire de la sexualité*, e em *"Il faut défendre la société"*, o curso ministrado no Collège de France em 1976. Em ambos os textos, Foucault se ocupa do racismo moderno, isto é, do racismo biológico e de Estado, em relação à formação do biopoder, e no segundo aborda-o também em relação à evolução do conceito de luta de raças. Ver: *Biopoder, Guerra, Luta*.

Degeneração. A primeira forma de racismo biologicista aparece no século XIX, com a teoria da degeneração. Surge, desse modo, não como uma ideologia política, mas como uma ideologia científica vinculada ao socialismo do século XIX e aos movimentos de esquerda (**DE4**, 324). Ver: *Degeneração*.

Sexualidade, sangue. Em *La Volonté de savoir*, Foucault distingue, a propósito dos mecanismos de poder, entre uma simbólica do sangue e uma analítica da sexualidade. O sangue foi um dos elementos essenciais e característicos dos mecanismos de poder até o final do século XVIII: diferenças de casta, linhagens, suplícios etc. O poder falava e se manifestava através do sangue. Com a formação do dispositivo de sexualidade, os mecanismos de poder se direcionam para o corpo, para a vida, a progenitura, a população (**HS1**, 193-194). Ver: *Sexualidade*. Pois bem, segundo a análise de Foucault, a analítica da sexualidade não se limita a suceder a simbólica do sangue; ambos os mecanismos têm pontos de interação e de interferência. O racismo moderno, estatal e biológico, forma-se nesse ponto com o objetivo de ordenar a sociedade de acordo com os princípios da eugenia (**HS1**, 196-197).

Racismo biológico e de Estado. *"Il faut défendre la société"* é uma genealogia do conceito de luta de raças, de guerra de raças, que Foucault remonta ao século XVII e à formação da historiografia moderna com Henri de Boulainvilliers. Ver: *Boulainvilliers, Guerra*. A esse respeito, depois da Revolução Francesa, no século XIX ocorrem duas grandes transformações: por um lado, constitui-se o discurso da luta de classes, o discurso revolucionário no qual o racismo aparece como o instrumento da luta de uma classe contra outra; por outro lado, produz-se sua transcrição biológica – o racismo moderno –, que o entende como uma estratégia global do Estado que a sociedade exerce sobre si mesma em termos de purificação permanente e normalização social (**IDS**, 52-53). O tema da guerra histórica (batalhas, invasões, vitórias) é substituído, então, pela questão biológica, pós-evolucionista, da luta pela vida; a luta adquire, assim, um sentido biológico: diferenciação das espécies, seleção do mais forte, preservação das raças mais bem adaptadas. Também ocorre a substituição do conceito de uma sociedade binária (duas raças, dois grupos diferentes) por um monismo biológico que se encontra ameaçado pelos elementos heterogêneos infiltrados. O Estado não será, então, o instrumento de uma raça contra outra, mas o garantidor da integridade, da superioridade e da pureza da raça (**IDS**, 70). Pois bem, essa transcrição do discurso da guerra de raças em termos biológicos e estatais se apresenta como um discurso antirrevolucionário, em posse da soberania estatal (**IDS**, 71). No século XX, a transcrição biológica do discurso da guerra de raças sofre duas transformações. A transformação nazista, por um lado, utiliza toda uma mitologia popular, dramática e, ao mesmo tempo, teatral; reimplanta o racismo biológico no discurso da guerra de raças e retoma o caráter profético e apocalítico do discurso revolucionário. A transformação soviética, por outro lado, procede por outros caminhos, sem dramaturgia nem teatralização, mas de maneira sub-reptícia e "científica", e retoma o discurso revolucionário da luta de raças sob a forma de uma gestão policial que assegura a higiene da sociedade (**IDS**, 72). • A primeira função do racismo moderno é introduzir uma ruptura naquele domínio da vida do qual o poder tomou conta; uma ruptura entre o que deve viver e o que deve morrer. A segunda é renovar a antiga relação de guerra ("se você quer viver, é necessário que possa matar"): entre a própria vida e a morte do outro existe agora uma relação biológica; a morte do outro não é uma simples condição para a própria vida, mas para a vida em geral; a morte do outro tornará a vida mais saudável e mais pura (**IDS**, 227-228). Desse ponto de vista, o racismo é a condição do exercício do direito moderno de matar e aparece ali onde a morte é requerida: a colonização, a guerra, a criminalidade, os fenômenos da loucura e da doença mental etc. Assim, por exemplo, a guerra "vai aparecer, por volta do final do século XIX, não como uma simples maneira de fortalecer a raça própria ao eliminar a raça adversa (segundo os temas da seleção e da luta pela vida), mas também como uma maneira de regenerar a própria raça. Quanto maior a quantidade de indivíduos que morrem entre nós, mais pura será a raça à qual pertencemos" (**IDS**, 230).

Antissemitismo. Foucault assinala que o discurso da guerra de raças dos séculos XVI e XVII, que antecipa as noções de luta de classes, não se identifica com o racismo de tipo religioso, antissemita. Foucault não se propõe levar a cabo uma história do racismo em geral, mas analisar a formação dos mecanismos modernos do poder, entre os quais se inscreve o racismo biológico. No entanto, é necessário assinalar que o racismo biológico e de Estado reutilizou o antigo antissemitismo, que em sua origem tinha outras razões (**IDS**, 75-77).

Nazismo. Para Foucault, o nazismo desenvolve até o paroxismo os mecanismos de poder que se estabeleceram no século XVIII: a disciplina e o biopoder. Nenhum Estado foi mais disciplinador e, ao mesmo tempo, mais assassino que o Estado nazista. No nazismo, o direito sobre a vida e sobre a morte era exercido não só pelo Estado, mas também por qualquer indivíduo, ainda que fosse por meio da denúncia. Por isso, pode-se afirmar que, nesse caso, o poder de matar e o poder soberano estão disseminados por todo o corpo social. A guerra, por outro lado, não é um simples objetivo político, nem sequer um objetivo da política, mas, mais precisamente, a fase última e decisiva de todos os processos políticos, de tal maneira que se persegue a eliminação da outra raça, mas também a exposição à morte da própria raça (**IDS**, 231-232).

Socialismo. O racismo evolucionista de tipo biológico está presente não só nos Estados socialistas do século XX, como a União Soviética, mas também nos movimentos socialistas do século XIX. Quando o socialismo insistiu na transformação das condições econômicas como requisito para passar da sociedade capitalista à socialista, não recorreu ao racismo; mas o fez quando insistiu no problema da luta. "Consequentemente, cada vez que os senhores encontram esses socialismos, momentos do socialismo que acentuam o problema da luta, encontram o racismo" (**IDS**, 234).

Genética. Com relação à importância da genética para a economia contemporânea, Foucault sustenta: "Não creio que seja útil ou interessante recodificar a inquietude a propósito da genética nos termos tradicionais do racismo" (**NB**, 234).

256. RAZÃO DE ESTADO / *Raison d'État*

"A racionalidade política desenvolveu-se e se impôs no curso das sociedades ocidentais. Enraizou-se, em primeiro lugar, na ideia de poder pastoral e, depois, na de razão de Estado. A individualização e a totalização são seus efeitos inevitáveis" (**DE4**, 161). Para Foucault, a característica fundamental da racionalidade política moderna não é a constituição do Estado nem o surgimento do individualismo burguês; tampouco é o esforço constante para integrar os indivíduos à totalidade política, mas a correlação direito/ordem (**DE4**, 827). Enquanto o direito remete a um sistema jurídico, a ordem remete a um sistema administrativo. Ao longo da história, a busca da conciliação entre o direito e a ordem foi apenas um esforço para integrar o direito à ordem do Estado (**DE4**, 828).

Surgimento da razão de Estado. Ao longo do século XVII, assistimos a uma profunda reorganização do poder pastoral. Ver: *Poder pastoral*. Nesse contexto, sem que se possa falar de uma transferência global da religião para a política, o exercício do poder soberano dotou-se de seu próprio poder pastoral. Segundo as expressões de Foucault, em relação ao que pode denominar-se *ratio pastoralis* (razão pastoral), propôs-se a necessidade de formular uma *ratio governatoria* (razão governamental) (**STP**, 238). Nesse processo surgiram duas questões fundamentais: que tipo de racionalidade é necessária para governar no marco da soberania, e quais devem ser os objetos da ação governamental do Estado? • Para esclarecer o primeiro ponto, nosso autor parte de Tomás de Aquino, para quem o rei, o soberano, deve exercer o governo. São Tomás concebe a ação de governo segundo uma série de analogias: com Deus, com a natureza, com o pastor, com o pai de família. Dessas, a mais relevante é a primeira, que postula de que maneira Deus, que é soberano, exerce um governo pastoral sobre o mundo: "Um mundo por inteiro de causas finais, um mundo antropocêntrico, um mundo de prodígios, de maravilhas e de signos, um mundo, enfim, de analogias e de cifras; tudo isso constitui a forma manifesta de um governo pastoral de Deus sobre o mundo. Pois bem, isso desaparece. Em que época? Exatamente entre os anos 1580 e 1650, no momento da fundação da episteme clássica" (**STP**, 241-242). As causas finais pouco a pouco vão desaparecer, o antropocentrismo será questionado, e o mundo purgado dos signos e dos prodígios. Assistimos, assim, a uma desgovernamentalização do cosmos, onde Deus só irá reger, em todo caso, através de leis gerais que possam ser expressas na linguagem da matemática. Ganha forma assim, paralelamente à constituição de uma nova racionalidade científica, a necessidade de definir uma nova racionalidade política que confira ao exercício da soberania uma espécie de suplemento de poder (**STP**, 242). Definir a nova racionalidade política será a tarefa da razão de Estado (**STP**, 243). • Em relação ao surgimento da problemática da razão de Estado, Foucault assinala que, tal como se depreende dos trabalhos de Giovanni Botero e, sobretudo, de Bogislaw von Chemnitz, a definição de uma razão de Estado é percebida na época como uma novidade. Esse último, além disso, é consciente da analogia entre as duas novidades: a racionalidade política e a racionalidade científica moderna (**STP**, 246). Ver: *Botero, Chemnitz*. A esse respeito, nosso autor faz algumas observações sobre os termos "Maquiavel", "política" e "Estado".

Maquiavel. Segundo Foucault, em Maquiavel não se desenvolve a arte de governar, porque o problema não é manter o poder do Estado, mas o poder do príncipe. Apesar disso, foi através de Maquiavel, da polêmica contra ele, que se definiu a arte de governar. De todo modo, é necessário esclarecer que alguns defensores da razão de Estado buscaram em Maquiavel alguns elementos da arte de governar, embora não no *Príncipe*, mas nos *Discursos sobre a primeira década de Tito Lívio* (**STP**, 250). Ver: *Maquiavel*.

Política. A esse respeito, "o que aparece em primeiro lugar no Ocidente do século XVI e do século XVII não é a política como domínio, como conjunto de objetos; nem a política como profissão ou vocação: são os políticos ou, se quisermos, uma determinada maneira de propor, de pensar, de programar a especificidade do governo em relação com o exercício da soberania. Em oposição ao problema jurídico-teológico do fundamento da soberania, os políticos são aqueles que buscarão pensar, programar a especificidade do governo em relação com o exercício da soberania" (**STP**, 251). Os políticos são vistos, nesse sentido, como uma seita, um grupo que beira a heresia. Somente em meados do século XVII o termo "política" passará a significar determinado domínio ou uma forma de ação.

Estado. Não se pode, por certo, sustentar que o conjunto das instituições que compõem o Estado tenha surgido entre os anos 1580 e 1650. O exército ou a fiscalidade existiam desde muito antes. Mas nessa época o Estado começa a ser objeto da prática reflexiva do homem ocidental através da problemática da governamentalidade: "O governo não é um instrumento do Estado, mas o Estado é uma peripécia do governo. Ou, em todo caso, o Estado é uma peripécia da 'governamentalidade'" (**STP**, 253).

Temporalidade. A razão de Estado, segundo uma definição de Giovanni Antonio Palazzo citada por Foucault, consiste na arte "que nos faz conhecer os meios para obter a integridade, a tranquilidade ou a paz da república" (**STP**, 263). Por um lado, essa definição não faz referência à ordem natural nem à ordem divina. Trata-se, simplesmente, da maneira de conservar a potência do Estado. Por outro lado, introduz também uma temporalidade que se distingue da que havia predominado tanto na Idade Média quanto no Renascimento. Essa temporalidade não se define a partir do problema da origem nem de um ponto terminal, mas é antes indefinida. Tanto a questão das condições originárias de legitimidade quanto a de um ponto terminal da ação de governar são deixadas de lado (**STP**, 265).

Especificidade da razão de Estado com relação ao poder pastoral. Foucault analisa a configuração própria do poder pastoral a partir de três conceitos: salvação, obediência, verdade. Ver: *Poder pastoral*. A partir desses mesmos conceitos, mostra também a especificidade da razão de Estado.

Golpe de Estado. Foucault se ocupa da noção de golpe de Estado no que concerne à questão da salvação. Ver: *Estado*.

Desobediência, sedição. Com relação a essas questões no marco da razão de Estado, Foucault toma como eixo de análise o texto de Francis Bacon "Of Seditions and Troubles". Ver: *Bacon*.

Estatística, segredo. Quanto à questão da verdade, o relevante para quem governa não é o conhecimento dos membros da comunidade, como era para o pastor, nem das leis divinas e humanas, como nas representações que havia até essa época da prudência do rei, mas o conhecimento do que permite manter a potência do Estado; trata-se, em particular, do que começou a ser chamado, por essa época, de estatística (**STP**, 280). O conhecimento que o Estado tem acerca de si mesmo, de suas riquezas e debilidades, não deve ser descoberto pelos possíveis rivais. Daí a necessidade dos segredos do poder, dos *arcana imperii*.

Público, população. Também em relação à verdade, a arte de governar da razão de Estado exige que se possa manejar a opinião das pessoas para que atuem e se comportem de determinada maneira, ou seja, é essencial o governo da opinião pública. Aparece aqui de algum modo a problemática da população, mas em filigrana. O problema da razão de Estado é a riqueza do Estado, não a população (**STP**, 283-284).

A teoria do Estado na razão de Estado. Embora a comparação com o poder pastoral esteja presente ao longo de toda a exposição de Foucault acerca da razão de Estado, e embora a genealogia da ideia de governo torne necessário, de sua perspectiva, remeter-se ao governo pastoral dos homens, isso não significa que o processo de transformação política ocorrido nos séculos XVI e XVII possa ser lido como um deslocamento, da ordem religiosa para a ordem política, de determinada prática de governar. "Não é que o rei tenha se convertido em pastor, que tenha se tornado pastor dos corpos e das vidas, um pouco como o outro pastor, o pastor espiritual, que era o pastor das almas e de suas vidas no além. O que vê a luz, e é isso que tratei de lhes mostrar, é uma arte absolutamente específica de governar, que tinha ela mesma a própria razão, a própria racionalidade, a própria *ratio*. Trata-se de um acontecimento na história da razão ocidental que, sem dúvida, não é menos importante que aquilo que na mesma época, isto é, final do século XVI e ao longo do XVII, representaram Kepler, Galileu, Descartes etc." (**STP**, 293). Esse acontecimento da racionalidade política ocidental consistiu em fazer do Estado o princípio de inteligibilidade da ação de governar. Ver: *Estado*.

Diplomacia, exército, Europa. O desaparecimento do sonho imperial e do universalismo eclesiástico durante os séculos XVI e XVII determinou que a prática política da razão de Estado não pudesse reduzir seus objetivos à manutenção de cada Estado particular e ao seu crescimento. Por um lado, será necessário um aparato diplomático-militar capaz de conservar as relações de força entre os diferentes Estados; por outro, um dispositivo de polícia capaz de assegurar as forças do próprio Estado. Ver: *Polícia*. O aparato diplomático-militar deverá enfrentar os desafios da nova configuração da Europa: uma unidade sem vocação universal, recortada pela geografia, sem forma hierárquica, plural e que mantém com o resto dos países relações sobretudo de dominação econômica ou colonial. Sob a expressão latina *"trutina Europae"*, surge a problemática da balança europeia, entendida como o necessário equilíbrio para que os Estados mais fortes não terminassem por se impor aos mais fracos (**STP**, 306-307). Três pilares definem o funcionamento desse novo aparato diplomático-militar. Em primeiro lugar, a guerra, que, enquanto modo legítimo de assegurar o equilíbrio entre os Estados caso se mostre necessário, deixa de ser uma questão jurídica, justa ou injusta, e adquire uma profunda dimensão política (**STP**, 309). Em segundo lugar, a função diplomática específica, com a elaboração do *jus gentium*, o direito das gentes (**STP**, 311). Em terceiro lugar, o desenvolvimento dos exércitos profissionais.

Polícia. Junto ao aparato diplomático-militar, a polícia constitui o outro grande eixo da prática governamental da razão de Estado. Enquanto o aparato diplomático-militar tem como tarefa essencial assegurar o equilíbrio entre os diferentes Estados da Europa, a polícia tem como objetivo fortalecer as forças do próprio Estado. O primeiro se ocupa, em suma, da política exterior, e a segunda, da política interior. Na linguagem da época, na realidade, o termo "política" estava reservado às relações entre Estados, e o termo "polícia", à administração interna (**STP**, 321). Ver: *Polícia*.

Da razão de Estado à razão econômica. Durante a segunda metade do século XVIII, assistimos a um desmantelamento do Estado-polícia, por várias razões. 1) O auge das teorias econômicas dos fisiocratas, que promovem uma forma de desurbanização e de agrocentrismo. A cidade-mercado é substituída, como fator de riqueza, pela agricultura. 2) O surgimento de uma nova teoria do preço, que extrai as consequências teóricas do efeito nocivo e inútil da regulamentação policial do mercado. 3) A colocação em dúvida, nas teorias econômicas, da existência de um valor absoluto da população. 4) A necessidade de outorgar uma função à liberdade de comércio. No conjunto, essas razões encontraram seu ponto de ancoragem nas dificuldades enfrentadas pelas políticas agrícolas, sobretudo de grãos, instrumentalizadas a partir de uma perspectiva mercantilista. A governamentalidade subordinada à razão de Estado começa a ceder seu lugar, então, à governamentalidade econômica (**STP**, 356).

Naturalidade, liberdade. A governamentalidade econômica introduz, segundo Foucault, quatro importantes diferenças em relação à razão de Estado. 1) Reaparece o problema da natureza ou, mais precisamente, de uma naturalidade específica das relações humanas, não no sentido da oposição entre natureza e artificialidade da política (**STP**, 357). 2) A racionalidade científica que havia sido descuidada pelos mercantilistas passa a ser reivindicada pelos economistas. 3) O problema da população adquire uma nova forma. Ver: *População*. Em primeiro lugar, uma nova forma relativa, com relação aos salários e ao mercado do trabalho; em segundo lugar, específica, segundo suas próprias leis de transformação e seus processos naturais. Nesse contexto surge a medicina social. 4) Modifica-se sobremaneira a ideia da governamentalidade. Foucault destaca que a ação do Estado já não será em essência concebida em termos negativos, como na governamentalidade policial, mas em termos positivos: "Os mecanismos de segurança ou a intervenção, digamos assim, do Estado terão por função essencial garantir a segurança desses fenômenos naturais que são os processos econômicos ou os processos intrínsecos da população. Esse será o objetivo fundamental da governamentalidade" (**STP**, 361). • A liberdade aparecerá, então, como uma condição da governamentalidade. A ausência de respeito à liberdade já não será apenas uma forma de transgressão da lei, mas também uma maneira inadequada de governo (**STP**, 362).

Contracondutas. Acerca das formas de oposição à razão de Estado, isto é, das contracondutas, ver: *Conduta*.

Aleturgia, manifestação da verdade. "Dito de outra forma, a ideia de uma razão de Estado me parece que foi, na Europa moderna, a primeira maneira de refletir e de tratar de dar um estatuto preciso, atribuível, manejável, utilizável à relação entre o exercício do poder e a manifestação da verdade. Definitivamente, seria a ideia de que a racionalidade da ação governamental é a razão de Estado e que a verdade que é necessário manifestar é a verdade do Estado como objeto de ação governamental" (**DGDV**, 14-15).

Caça às bruxas. A formação da razão de Estado nos séculos XVI e XVII esteve acompanhada da necessidade de excluir dos âmbitos do poder e perseguir todas essas formas de manifestação de uma verdade que formavam parte das cortes, como os adivinhos ou os astrólogos (**DGDV**, 11-12).

257. REICH, WILHELM (1897-1957)

Foucault chama de "hipótese Reich" a concepção do poder em termos de repressão. • "Penso que o esquema de Reich deva ser abandonado por completo" (**DE3**, 397). Ver: *Repressão*. • Foucault se refere em particular à obra de Reich *A irrupção da moral sexual repressiva: estudo das origens do caráter compulsivo da moral sexual*, de 1932.

258. RELIGIÃO / *Religion*

Cristianismo. Foucault não se ocupa da religião em geral, mas sobretudo do cristianismo em suas configurações históricas e em relação à formação da hermenêutica de si, à experiência ética da carne, à prática da confissão e ao poder pastoral. Por um lado, no que concerne à formação da hermenêutica de si e à experiência ética da carne, poder-se-ia falar de um processo de teologização de práticas e categorias herdadas da Antiguidade greco-romana, embora Foucault não utilize o termo "teologização", que só aparece uma vez em seus escritos, em referência ao século XIX (**DE1**, 664). Nosso autor, de todo modo, coloca ênfase, mais que na continuidade, nas especificidades introduzidas pelo cristianismo. Por outro lado, a respeito da prática da confissão e do poder pastoral em geral, poder-se-ia falar de um processo de laicização ou secularização, que vai no sentido inverso ao anterior. As práticas e categorias elaboradas no seio do cristianismo perdem seu conteúdo religioso e se incorporam às novas formas de governo. A arte de governar os homens, elaborada no seio do cristianismo, foi, para Foucault, "o ponto embrionário" da governamentalidade política moderna, e, por isso, é aí que se há que buscar "o umbral do Estado moderno" (**STP**, 169). De novo, é necessário ter em conta que, para além das continuidades, a análise foucaultiana busca descrever as especificidades. Precisamente por isso, à diferença de outros autores, não utiliza os conceitos de teologização, laicização ou secularização como categorias gerais de explicação, mas no contexto de análises históricas precisas e detalhadas. • Antes de tudo, é necessário ter presente que o interesse de Foucault pela religião cristã se inscreve no marco da história da governamentalidade ocidental à qual se dedicou a partir da década de 1970 e, sobretudo, em relação à questão da sexualidade. • Dessa perspectiva, que se diferencia, por exemplo, da de Nietzsche, a relação entre a moral cristã e a moral antiga não é de simples oposição, como se o cristianismo representasse uma cultura da austeridade (monogamia, abstenção, virgindade) e o paganismo, uma cultura permissiva ou tolerante; trata-se, antes, de uma relação de continuidade e diferenciação (**DE4**, 402-406). Ver: *Cristianismo*. No caso da moral sexual, não há que buscar o aporte do cristianismo na introdução de novas proibições, isto é, em termos do código, mas nas práticas e nas novas técnicas para estabelecer as relações entre os sujeitos e os códigos de conduta (**DE3**, 560). Por isso, o cristianismo deu lugar a novas formas de relação do indivíduo consigo mesmo (**HS2**, 74), pois encontrou um modo novo de controlar os indivíduos através de sua sexualidade (**DE3**, 565). Essas novas formas de relação do indivíduo consigo mesmo correspondem ao poder pastoral. Ver: *Confissão, Exame*. Segundo as distinções que Foucault estabelece a propósito da noção de ética, trata-se de uma transformação que concerne ao trabalho ético, às formas de problematizá-lo e elaborá-lo. Ver: *Ética*. • Também em *Histoire de la folie à l'âge classique* as relações entre o cristianismo e a história da subjetividade ocidental – nesse caso, da subjetividade excluída: o louco – ocupam um lugar considerável. Com o advento da Modernidade, entendida em um sentido amplo que inclui a Época Clássica, ocorre um processo que não é de exclusão da religião, mas de moralização. Assim, por exemplo, a propósito das consequências da Reforma e da constituição da experiência clássica da loucura, Foucault fala de um processo de laicização da caridade, que começa nas igrejas reformadas, mas que alcança por fim a Igreja Católica (**HF**, 83-84). Por outro lado, também em relação à experiência da loucura, no asilo de Tuke, que segue um modelo religioso, a religião é utilizada como meio moral para equilibrar a violência da loucura (**HF**, 599-600). Para Pinel, no entanto, o substrato da vida moral do asilo deve estar livre de religião, mas não de moralidade (**HF**, 609-610); converte-se então em um domínio religioso sem religião, no espaço da moralidade pura (**HF**, 612). Ver: *Loucura*. • Outro exemplo importantíssimo dos processos de teologização e laicização é a interpretação que Foucault oferece do conceito de salvação. Não se trata de um conceito cujas origens sejam necessariamente religiosas. Essa categoria, dotada de uma ampla gama de sentidos, foi uma das categorias fundamentais da cultura antiga do cuidado de si mesmo. Ver: *Salvação*. Ao introduzir a ideia de uma salvação para além desta vida, o cristianismo transforma a temática do cuidado de si mesmo, que, embora seja necessário para alcançar a salvação, a partir de então imporá como condição a renúncia a si mesmo (**DE4**, 717). Foucault destaca como o termo *"salut"* (saúde) mudou de sentido nos séculos XVII e XVIII, em relação à formação do novo poder pastoral. Passa-se da salvação no outro mundo à ideia de assegurar a salvação neste mundo. A partir de então, o termo *"salut"* toma vários significados: saúde, bem-estar, segurança, proteção contra os acidentes (**DE4**, 230). • Para além da importância desses exemplos, o grande aporte ético-político do cristianismo à história da subjetividade ocidental foi a formação do que Foucault chama "poder pastoral", em que começa a genealogia das disciplinas modernas. Ver: *Poder pastoral*. Nesse sentido, concede particular relevância às formas de saber características do poder disciplinar: a confissão, o exame. Ver: *Confissão, Exame, Cristianismo*.

Zen. O interesse de Foucault pelo zen-budismo também está relacionado à questão da subjetividade (**DE3**, 592). • "Penso que o zen seja inteiramente diferente do misticismo cristão. [...] Quanto ao zen, parece-me que todas as técnicas ligadas à espiritualidade tendem, ao contrário [do cristianismo], à atenuação do indivíduo" (**DE3**, 621). O cristianismo, no entanto, é uma religião da individualização. • Embora, em ambos os casos, trate-se de práticas religiosas, as diferenças de atitude entre o zen-budismo e o cristianismo com relação ao corpo são notáveis. No cristianismo, o corpo é objeto de exame; no zen-budismo, serve de instrumento, porquanto é submetido a regras estritas para alcançar outra coisa através dele (**DE3**, 527).

Poder pastoral. Segundo Foucault, a formação da racionalidade política moderna é levada a cabo a partir de um processo de apropriação-transformação das técnicas de governo elaboradas pelo cristianismo. Ver: *Poder pastoral*.

259. REPRESSÃO / *Répression*

No primeiro volume de *Histoire de la sexualité*, *La Volonté de savoir*, Foucault formula três perguntas acerca da hipótese repressiva: a repressão é uma evidência histórica? A mecânica do poder é da ordem da repressão? O discurso contra a repressão libera ou, na realidade, faz parte do próprio poder que denuncia? (**HS1**, 18-19). Ver: *Poder*. Não se trata de formular uma contra-hipótese para cada uma das dúvidas levantadas por essas perguntas, mas de mostrar se elas são capazes de resistir a uma análise histórica. • Para uma análise detalhada da segunda questão, isto é, da natureza repressiva do poder, ver: *Poder*. Sobre a terceira pergunta, ver: *Sexualidade*. • Aqui abordaremos a primeira questão, da qual Foucault se ocupa amplamente em *La Volonté de savoir*, em relação à problemática da sexualidade (**HS1**, 23-67). Para além de suas razões teóricas, às quais voltaremos mais adiante, a posição de Foucault acerca da noção de repressão se constrói em termos históricos: essa noção não dá conta do funcionamento real, histórico, do poder. Do ponto de vista da hipótese repressiva, o século XVII teria sido o início de uma época de repressão sexual própria das sociedades burguesas. Uma das finalidades de *La Volonté de savoir* é mostrar que a história dos últimos três séculos com relação à sexualidade é totalmente diferente. Não só é impossível interpretar os mecanismos de poder, seu funcionamento, suas formas de exercício, em termos de repressão; mais que isso, tais mecanismos construíram o que Foucault denomina "dispositivo de sexualidade". Ver: *Sexualidade*. No nível do discurso, mais que a uma repressão, assistimos a uma extraordinária proliferação discursiva (**HS1**, 25). Houve, por certo, uma depuração do vocabulário e também das formas de controle dos enunciados; mas o essencial foi a incitação contínua e crescente a falar de sexo. A esse respeito, Foucault concede particular relevância à evolução da pastoral da carne a partir da Reforma. Ver: *Carne*. Por um lado, incrementa-se a frequência da confissão e sua extensão; por outro, tende-se a fazer da carne a raiz de todos os pecados e a deslocar o momento mais importante do ato sexual para o desejo (**HS1**, 29). Trata-se, definitivamente, do projeto de converter todo desejo em discurso. Segundo Foucault, seria possível estabelecer uma linha reta que fosse da pastoral da carne à literatura em geral, e à literatura escandalosa, em particular (**HS1**, 30). Para além da espiritualidade cristã, mas a partir dela, a técnica de converter o desejo em discurso foi retomada por outros mecanismos do poder. Nesse sentido, também houve uma incitação política, econômica e técnica para que se falasse de sexo, embora já não mais de uma perspectiva moral, mas a partir do racional; isto é, de uma maneira que não estivesse subordinada à separação entre o lícito e o ilícito, como algo que se tolera ou se condena, mas como algo que havia que administrar e inserir nos sistemas de utilidade. O sexo se converte em uma questão de administração. Foucault refere-se ao surgimento, no século XVIII, de uma "polícia do sexo", de uma administração pública do sexo (**HS1**, 35). Acerca da noção de polícia no século XVIII, ver: *Razão de Estado*. Assim, por exemplo, uma das novidades nas técnicas de poder do século XVIII foi o surgimento do problema econômico e político da população, em cujo centro se situa o sexo: é necessário analisar a taxa de natalidade, a precocidade sexual, a quantidade de nascimentos legítimos e ilegítimos (**HS1**, 37). Ver: *População*. Encontramos nos estabelecimentos educacionais, nos colégios, outro exemplo revelador da extensão que teve a problemática do sexo no século XVIII. Na disposição arquitetônica, nos regramentos de disciplina e na organização interna, o sexo está presente em toda parte. Por outro lado, seria inexato, segundo Foucault, sustentar que as instituições pedagógicas impuseram em massa o silêncio acerca do sexo; antes, multiplicaram as formas e os pontos de implantação do discurso sexual, codificaram seus conteúdos e estabeleceram aqueles que podiam ser seus porta-vozes autorizados. Outro espaço de proliferação desse discurso foi a medicina, a partir do surgimento da "enfermidade dos nervos" (**HS1**, 39-41). "Desde o século XVIII, o sexo não cessou de provocar uma espécie de erotismo discursivo generalizado" (**HS1**, 45). Além disso, à diferença do que ocorria na Idade Média, que havia organizado um discurso unitário sobre a carne, a incitação a falar de sexo a partir do século XVIII expõe uma multiplicidade regrada, mas polimorfa, variada. Como assinala Foucault, poder-se-ia objetar que a finalidade de todos esses discursos, sempre mais numerosos e variados, foi excluir os prazeres e reduzir o sexo à reprodução. Na realidade, essa época foi também a da implantação das heterogeneidades sexuais (**HS1**, 50-51). Até o século XVIII, os códigos do direito canônico, a pastoral cristã e a lei civil – todos centrados na relação conjugal e estruturados em torno dos dispositivos da aliança matrimonial – fixavam a separação entre o lícito e o ilícito. Os múltiplos discursos que se desdobram acerca do sexo modificam esses códigos em dois sentidos. Por um lado, a sexualidade no contexto do matrimônio se torna cada vez mais discreta; por outro, interroga-se a sexualidade infantil, a dos loucos, a dos criminosos, as obsessões, a sexualidade dos que não amam o outro sexo etc. Mais que proibir, o poder levou a cabo, através dos discursos sobre a sexualidade, quatro operações: penetrou de forma ilimitada na sexualidade infantil (dispositivos de vigilância, exigência de confessar, discursos moralizadores, advertências aos pais); incorporou as perversões ao discurso sobre a sexualidade e estabeleceu uma nova especificação dos indivíduos (se a sodomia era um relapso,[2] a homossexualidade é uma espécie); gerou espirais perpétuas de poder e de prazer (exames, observações insistentes); e introduziu dispositivos de saturação sexual (separação entre adultos e crianças, entre homens e mulheres; vigilância da masturbação) (**HS1**, 57-66). "É necessário, então, abandonar a hipótese de que as sociedades industriais modernas inauguraram a respeito do sexo uma época de repressão crescente. Não só se assiste a uma explosão visível das sexualidades heréticas, mas, além disso – e aqui está o ponto importante –, um dispositivo muito diferente da lei, mesmo quando tenha um apoio local nos procedimentos de interdição, assegura, mediante uma rede de mecanismos que se encadeiam, a proliferação de prazeres específicos e a multiplicação das sexualidades díspares" (**HS1**, 67). Ver: *Sexualidade*. • A psicanálise vulgarizou a ideia segundo a qual interiorizamos a repressão. Da perspectiva de Foucault, não se trata de interiorização, mas de estarmos ainda investidos pelo controle social. Nesse sentido, a individualização não se opõe ao poder; a "individualidade obrigatória" é um efeito e um instrumento de poder (**DE2**, 662-663). • À sublevação do corpo sexuado o poder não responde com o controle-repressão, mas com o controle-estímulo (uma exploração econômica da erotização): "você precisa estar magro, lindo, bronzeado" (**DE2**, 755). • Se o poder fosse apenas repressão, então seria fraco. O poder é forte porque produz efeitos positivos no plano do desejo e do saber. Mais que impedir o saber, ele o produz (**DE2**, 757). • A noção de repressão é inadequada para pensar os mecanismos de poder e seu funcionamento. Quando os efeitos do poder são definidos apenas em termos negativos, chega-se a uma concepção jurídica pura do poder; ele é identificado com a lei que proíbe. Na realidade, o poder induz prazeres; produz saberes, discursos (**DE3**, 148). • A noção de repressão é jurídico-disciplinar: por um lado, faz referência à teoria dos direitos soberanos do indivíduo; por outro, à concepção psicológica de normalização proveniente das ciências humanas (**DE3**, 189). • Toda uma corrente psicanalítica, representada por Melanie Klein, Donald Winnicott e Jacques Lacan, quis mostrar que a repressão não é um mecanismo secundário e tardio para controlar o jogo dos instintos. Nesse sentido, foi reelaborado o esquema freudiano em que a repressão se opõe ao instinto, e a cultura às pulsões. "A necessidade, a castração, a ausência, a proibição, a lei são já elementos através dos quais o desejo se constitui como desejo sexual" (**DE4**, 183).

260. **RESISTÊNCIA** / *Résistance*

Com frequência Foucault foi criticado, porque, ao fazer circular o poder por toda parte, inibe-se qualquer possibilidade de resistência. De seu ponto de vista, no entanto, trata-se de fazer aparecer "a luta perpétua e multiforme, mais que a dominação obscura e estável de um aparato que uniformiza" (**DE3**, 407). Se não houvesse resistência, não haveria poder (**DE4**, 720). • Para Foucault, a resistência ao poder não é externa; é contemporânea e integrável às estratégias de poder (**DE3**, 425). Dessa perspectiva, as possibilidades reais de resistência começam quando deixamos de nos perguntar se o poder é bom ou mau, legítimo ou ilegítimo, e interrogamos suas condições de existência. Isso implica, em primeiro lugar,

---

[2] Relapso, "reincidência num pecado". (N.T.)

despojar o poder de suas sobrecargas morais e jurídicas (**DE3**, 540). • As formas múltiplas de resistência, por outro lado, podem ser tomadas como ponto de partida para uma análise empírica e histórica das relações de poder (**DE4**, 225). • A possibilidade de resistência não é para Foucault essencialmente da ordem da denúncia moral ou da reivindicação de um direito determinado, mas de ordem estratégica e de luta. Para uma caracterização da resistência a partir dessa perspectiva, ver: *Luta*.

Poder pastoral. Acerca das formas de resistência ao poder pastoral e à governamentalidade moderna, ver: *Crítica, Poder pastoral*.

261. REVOLUÇÃO / *Révolution*

Em geral, Foucault evita servir-se do conceito de revolução para analisar a formação do saber, tampouco o utiliza para estudar as relações de poder. Isso corresponde com clareza à concepção que Foucault tem da história ou, melhor dizendo, da relação entre a história e a subjetividade. Por um lado, rechaça a concepção da história em termos de totalidade, isto é, de um processo contínuo e progressivo, orientado a uma finalidade que estaria presente desde a origem. Ver: *História*. Por outro lado, também se opõe à ideia de um sujeito cujo caráter originário permitiria dar conta da constituição da história e que, por conseguinte, apresentar-se-ia como o fundamento de sua continuidade. Ver: *Sujeito, Subjetivação, Subjetividade*. Na realidade, conceber a história em termos de continuidade e fazer da consciência humana o sujeito originário de todo saber e de toda prática são as duas faces da mesma moeda: o tempo concebido como totalidade e a revolução como tomada de consciência (**DE1**, 699-700). Ver: *Arqueologia*. • Na ordem do saber, um dos problemas metodológicos fundamentais do conceito de revolução reside em sua atribuição. A análise epistemológica dos conceitos coloca questões que com frequência se situam em um nível metaindividual (**DE2**, 59-60). Como assinala Foucault em *L'Archéologie du savoir*, a análise discursiva da arqueologia desarticula a sincronia das rupturas. Nesse sentido, a noção de época só é pertinente em relação às formações discursivas, não como uma espécie de forma vazia que imporia sua unidade a todos os discursos. Consequentemente, a ruptura também não é uma espécie de limite, mas o nome de uma série de transformações (**AS**, 231), que a arqueologia descreve na medida em que mantenham determinadas relações discursivas e modifiquem outras. Essas afirmações – é necessário destacá-lo – correspondem a *L'Archéologie du savoir*, em que Foucault reformula a noção de episteme que havia postulado em *Les Mots et les choses*. Ver: *Episteme*. • Na ordem do poder, as consequências de abandonar os conceitos de história e sujeito pensados em termos de totalidade são semelhantes às que se produzem na ordem da análise discursiva, e também são solidárias a elas. Para Foucault, a oposição ao poder não pode ser efetuada em termos de totalidade, de ruptura abrupta. Por um lado, é necessário pensar o poder em suas variantes históricas, empíricas, múltiplas e específicas; por outro, a oposição ao poder adota, a rigor, a forma da resistência das lutas múltiplas, não da revolução. Ver: *Luta, Poder*. Nesse sentido, Foucault afirma: "Quem sabe estejamos vivendo o fim de um período histórico que, desde 1789-1793, tem sido dominado, ao menos no Ocidente, pelo monopólio da revolução" (**DE3**, 547).

Discurso histórico. Em *"Il faut défendre la société"*, Foucault leva a cabo uma genealogia da formação da historiografia moderna; em particular, do discurso histórico da guerra de raças que se havia formado com Henri de Boulainvilliers. Ver: *Boulainvilliers*. Esse discurso sofre um duplo processo durante a Revolução. Em primeiro lugar, generaliza-se: converte-se em um instrumento de todas as lutas políticas, não só da nobreza, precisamente como tática de luta. Em segundo lugar, essa tática se desdobra em três direções: a) nas nacionalidades, em continuidade essencial com os fenômenos da língua; b) nas classes sociais, cujo fenômeno central é a dominação econômica; c) na raça, mediante as especificações e seleções vitais. Três direções, então: filologia, economia política, biologia; falar, trabalhar, viver. Percebemos aqui as correspondências com as análises de *Les Mots et les choses*. Pois bem, por que ocorre essa generalização do discurso histórico-político? Segundo Foucault, podemos compreender as razões a partir das análises do próprio Boulainvilliers, que fez da dualidade nacional o princípio de inteligibilidade da história. Nesse contexto, "inteligibilidade" quer dizer busca do conflito inicial, genealogia das lutas, exame de consciência histórico. Daqui seguem-se duas consequências: 1) *Constituição e revolução, uma história cíclica*. A inteligibilidade busca repor uma relação de forças boa e verdadeira em termos históricos. Através dessa forma de inteligibilidade da história, foi possível acoplar as noções de constituição e revolução. "Constituição" tem aqui um sentido médico-militar: trata-se da constituição adequada, do equilíbrio de forças. A revolução seria, então, o retorno a uma relação de forças originária, à primeira constituição. No ponto em que se cruzam as noções de revolução e constituição, encontramos uma filosofia cíclica da história. 2) *O selvagem e o bárbaro*. A relação de forças verdadeira e justa deve ser buscada na história, não na natureza. O grande inimigo do discurso de Boulainvilliers é o selvagem, o homem bom por natureza, o homem prévio à sociedade, o que intercambia bens e direitos. À figura do selvagem herdada de Rousseau o discurso histórico-político opõe o bárbaro, cuja identidade e condição supõem uma civilização em relação à qual ele se posiciona como algo externo, sendo, nesse sentido, um personagem histórico. À diferença do selvagem que intercambia bens e direitos (forma jurídica da bondade), o bárbaro é signo de dominação (invasão, incêndio, destruição, subjugação). Os discursos histórico-políticos do século XVIII foram dominados por esta questão: como combinar, em um ajuste de forças conveniente, a barbárie e a revolução? Como adequar o que o bárbaro traz de liberdade e de violência à constituição do Estado? Em outras palavras, o problema que se coloca é como filtrar a barbárie. Podemos distinguir três grandes modelos de filtragem: 1) A filtragem absoluta: trata-se de eliminar da história o elemento bárbaro. Por exemplo, alguns historiadores, como Dubos e Moreau, sustentarão que os francos não existem, que se trata de um mito, de uma ilusão. 2) A conservação da liberdade dos bárbaros-germânicos, mas negando seu caráter aristocrático. De acordo com esse modelo, a invasão não introduz a aristocracia, mas a democracia. Mably sustenta essa linha quando afirma que os francos não teriam sido uma aristocracia guerreira, mas um povo armado. 3) A oposição entre barbárie má e boa: trata-se de um modelo com maior projeção histórica – apesar de não imediata –, que consiste em opor aos bárbaros maus – por exemplo, os francos – os bárbaros bons – por exemplo, os gauleses; outros exemplos são a separação de liberdade e germanidade, de romanidade e absolutismo. É a tese utilizada por Bréquigny e Chapsal, e retomada pelos historiadores burgueses do século XIX, como Thierry e Guizot. Isso significava, em termos políticos, que a liberdade pertencia à cidade; era um fenômeno urbano. • Um percurso pelas diferentes filtragens da barbárie mostra que os menos interessados em historicizar a luta política foram a burguesia e o Terceiro Estado. Com efeito, para eles era difícil encontrar a si mesmos na Idade Média. Esse anti-historicismo burguês aparece com nitidez em seus ideais de despotismo ilustrado: uma espécie de controle administrativo do poder real. No entanto, com a Revolução, a burguesia, para fazer frente às reivindicações da nobreza, precisou servir-se de uma nova reativação do conhecimento histórico, e uma de suas formas foi a reinterpretação da Revolução Francesa em termos de luta de raças (**IDS**, 169-189). • Por paradoxal que possa parecer, a partir da Revolução assistimos à eliminação, à metamorfose ou à colonização da guerra como constitutivo essencial da inteligibilidade da história. O discurso histórico nascido da Revolução quis evitar o duplo perigo da guerra como fundo da história e da dominação como elemento principal da política. Nessa transformação, a guerra reaparece, mas dessa vez com um papel negativo: não como constitutiva da história, mas como conservadora da sociedade; não como condição de existência da sociedade, mas como requisito para a sobrevivência das relações políticas. Assistimos, desse modo, ao aburguesamento do discurso histórico, à elaboração por parte da burguesia, que havia sido o setor mais reticente ao discurso da guerra, de uma nova forma da história. O que tornou possível tal transformação foi a reelaboração da ideia de nação. Até então, era possível encontrar dois sentidos para o termo. Um era próprio da monarquia, que fazia coincidir a nação com o rei. Não existia uma nação porque houvesse um grupo de indivíduos, uma massa que habitava um território, que tinha a mesma língua e as mesmas leis. O que os convertia em uma nação era a relação que mantinham como indivíduos, de um ponto de vista jurídico e físico, com a pessoa do rei. O outro sentido era próprio da nobreza, para a qual não havia uma nação, e via a sociedade dividida ao menos em duas; era a nação, por sua condição de existência, que dava a si mesma um rei. • Foucault se apoia no famoso texto de Sieyès *O que é Terceiro Estado?* para mostrar a reelaboração sofrida pelo conceito de nação. Segundo Sieyès, a nação requer dois elementos. Por um lado, uma condição jurídica: a existência de uma lei comum e uma legislatura. Por outro lado, uma condição efetiva, não mais formal, mas substancial, que Sieyès denomina "os trabalhos" (a agricultura, os artesanatos e a indústria, o comércio e as artes liberais). Uma nação não pode existir como tal, não pode subsistir na história, a menos que seja capaz de cultivar o solo, produzir bens e exercer o comércio. Mas quem assegura tais funções? O Terceiro Estado. Da perspectiva de Sieyès, na França existia uma nação em termos de funcionamento, mas não ainda em termos jurídicos. Disso decorre uma série de consequências: 1) Desenvolve-se uma nova relação entre a universalidade e a particularidade. A reação nobiliária, manifesta no discurso de Boulainvilliers, extraía da universalidade do Estado um direito particular: o da nobreza, precisamente. Agora é o Terceiro Estado, uma parte do Estado, o único capaz de assegurar, em suas condições funcionais, efetivas e substanciais, a totalidade da nação e, consequentemente, a totalidade do próprio Estado. Já não se trata de reivindicar um direito passado, mas de articular a ação política sobre um futuro iminente, virtualmente presente (nesse caso, a existência do Terceiro Estado, que ainda não encontrou sua forma jurídica: a lei comum e a legislatura). 2) O que caracteriza uma nação não é a relação horizontal com outras nações, com outros grupos, mas a relação vertical que vai dos indivíduos capazes de constituir um Estado à existência efetiva desse Estado. 3) A força de uma nação está constituída pelo ordenamento das capacidades em relação à figura do Estado. 4) A função histórica da nação não é dominar, mas administrar e administrar-se, governar e assegurar a Constituição. 5) Reintroduz-se no discurso histórico o problema do Estado; a história deixa de ser antiestatal para retomar a função que assegurava a história jupiteriana: ser um discurso de justificação do Estado. 6) Já não se trata de levar a cabo uma revolução entendida como retorno a um Estado anterior, como reconstituição, mas de projetá-la para o futuro em uma temporalidade retilínea. O problema histórico será passar da totalidade nacional à universalidade do Estado. 7) A guerra já não se levará a cabo pela dominação, mas será um esforço, uma rivalidade, uma tensão para a universalidade do Estado. O problema central da história e da política dos séculos XIX e XX será como pensar as lutas em termos civis. • Nessa nova forma da história, justapõem-se, entrelaçam-se, dois padrões de inteligibilidade: por um lado, o que se havia constituído no discurso histórico do século XVIII, isto é, a ideia de que, na origem da história, há uma relação de força, de luta; por outro lado, a noção de que o momento fundamental não é a origem, mas o presente. Inverte-se, nesse último caso, o valor do presente no discurso histórico: o presente revela e analisa o passado. A história reacionária, aristocrática, de direita, concederá privilégio ao primeiro padrão (por exemplo, Montlosier). A história de tipo liberal e burguês, ao contrário, ao segundo (por exemplo, Augustin Thierry). Como vemos, o que funciona no coração do próprio discurso da história política é a possibilidade de uma filosofia da história que encontre no presente o universal. O que é, no presente, a verdade do universal? Esse será o problema da filosofia da história. Assim nasce a dialética moderna (**IDS**, 193-212).

Kant. Para Foucault, Kant se encontra na origem das duas grandes tradições da filosofia moderna e contemporânea: a analítica da verdade e a ontologia do presente. Ver: *Kant*. Em relação a essa última, além da célebre resposta de Kant à pergunta "O que é o Iluminismo?", de 1784, Foucault leva em consideração o texto *O conflito das faculdades*, de 1798, no qual Kant postula que a revolução emerge quando se trata de responder se existe um progresso contínuo do gênero humano. A possibilidade de afirmar que existe um progresso não pode se apoiar somente na constatação de uma trama teleológica de acontecimentos; exige também que se possa atribuir a ele uma causa. Para Kant, a revolução é o acontecimento-signo dessa causa; um signo *rememorativum*, *demostrativum* e *pronosticum*, isto é, um signo que mostra que as coisas foram sempre assim, que acontecem também assim no presente e que sucederão sempre da mesma maneira. Esse caráter de signo histórico da revolução não reside, para Kant, em seu êxito ou em seu fracasso, nem sequer nos grandes gestos que a constituem, mas no entusiasmo que gera (**DE4**, 685). Foucault afirma que "a questão para a filosofia não é determinar que parte da revolução conviria preservar e fazer valer como modelo. Consiste em saber o que há que fazer com a vontade de revolução, com o 'entusiasmo' pela revolução, que é algo distinto da empresa revolucionária em si mesma. As duas questões, 'O que é o Iluminismo?' e 'O que fazer com a vontade de revolução?', definem [...] o campo de interrogação filosófica que se ocupa do que somos na atualidade" (**DE4**, 687). • Foucault retoma essas análises em 1982, no início do curso *Le Gouvernement de soi et des autres*. "O significativo é a maneira como a revolução se converte em espetáculo, a forma como é recebida, em torno dela mesma, pelos espectadores que não participam dela [...]. Por isso, a revolução, o que se faz na revolução, não é importante. Ou, melhor ainda, fazer a revolução é na verdade algo que não há que fazer" (**GSA**, 19).

Loucura. Acerca das transformações da experiência da loucura na época da Revolução Francesa, ver: *Loucura.*

Clínica. Acerca da Revolução Francesa e da organização da medicina clínica, ver: *Clínica.*

Poder pastoral. "Houve revoluções antifeudais, nunca houve revoluções antipastorais. O pastorado ainda não conheceu o processo de revolução profunda que o teria tirado definitivamente da história" (**STP**, 153). Ver: *Poder pastoral.*

Subjetividade revolucionária. Em 1982, Foucault destacava a necessidade de estudar a subjetividade revolucionária, da perspectiva de seus trabalhos sobre a ascese antiga. "Depois de estudar o dilema histórico da subjetividade através do problema da loucura, do crime, do sexo, quis estudar o problema da subjetividade revolucionária. Chegou o momento de estudar a revolução não só como movimento social ou como transformação política, mas também como experiência subjetiva, como um tipo de subjetividade. E penso que a fascinação exercida pela ideia de revolução na vida pessoal dos indivíduos se deva, em parte, à promessa de que essas duas formas da ascese poderiam ser praticadas em conjunto: renunciar a essa realidade e ir em direção a outra realidade mediante a aquisição da verdade e a constituição de si mesmo como sujeito que conhece a verdade" (**DVSM**, 110). A revolução no século XIX, sustenta Foucault, foi como a verdade no século XVI: requer pureza moral. "O ascetismo revolucionário foi algo de extrema importância, cujas consequências mais sinistras são sentidas ainda hoje" (**QQC**, 179).

262. RICHELIEU, ARMAND-JEAN DU PLESSIS, CARDEAL E DUQUE DE (1585-1642)

"Richelieu inventou a campanha política por meio de libelos e panfletos, e inventou essa profissão de manipuladores da opinião, que naquela época eram chamados de 'publicistas'. Nascimento dos economistas, nascimento dos publicistas" (**STP**, 278). Ver: *Razão de Estado.*

263. ROUSSEL, RAYMOND (1877-1933)

O único autor a quem Foucault dedicou um livro, que tem por título seu nome, é Raymond Roussel ("La pensée du dehors", dedicado a Maurice Blanchot, era em sua origem um artigo). "Este livro [*Raymond Roussel*] constitui uma pequena investigação, aparentemente marginal. Roussel, com efeito, foi curado pelos psiquiatras, em particular por Pierre Janet, que lhe diagnosticou um lindo caso de neurose obsessiva; coisa que, por outro lado, correspondia à realidade. A linguagem de Roussel, em fins do século passado [XIX] e começo deste [XX], não podia ser outra coisa senão uma linguagem louca, identificada como tal. E eis que hoje perdeu sua significação de loucura, de pura e simples neurose, para ser assimilada a um modo de ser literário. De forma brusca, os textos de Roussel alcançaram um modo de existência dentro do discurso literário. Foi justamente essa modificação que me interessou e me levou a empreender uma análise dele" (**DE1**, 605). Foucault interessou-se, com efeito, pela obra de Roussel a partir de sua relação com a loucura ou, mais precisamente, com o ressurgimento da linguagem da loucura (Ver: *Loucura*), e a partir do vínculo entre linguagem literária e morte do homem (Ver: *Homem, Literatura*). • Na entrevista com Claude Bonnefoy, publicada como *Le Beau danger*, Foucault detalha que não lhe interessa a natureza da enfermidade mental de Roussel ou de Artaud, mas o fato de que seus textos foram aparentados de imediato com a enfermidade mental (**LBD**, 50). A propósito dos escritos de Roussel, Foucault indaga: "Qual deveria ser o estado, o funcionamento, o sistema de regulação interna da literatura para que os exercícios incrivelmente ingênuos e perfeitamente patológicos de Roussel [...] tenham conseguido entrar para a literatura?" (**LBD**, 52).

Sofistas. "Os verdadeiros sofistas de nosso tempo não são os lógicos, mas Roussel, Brisset, Wolfson" (**LVS**, 61). Ver: *Vontade de saber*.

S

264. SABER / Savoir

A obra de Foucault de 1969 tem como título *L'Archéologie du savoir*. O termo "saber" define, precisamente, o objeto da arqueologia. Se levamos em conta as obras precedentes (já que *L'Archéologie du savoir* propõe ser uma atualização do método utilizado nelas), o saber compreende a história natural, a gramática geral, a medicina clínica, a economia política etc. Foucault procede mediante sucessivas delimitações para determinar que sentido atribui ao saber em cada um desses domínios. Em primeiro lugar, se entendermos por "disciplina" um conjunto de enunciados que se organizam a partir de modelos científicos (isto é, que tendem à coerência, estão institucionalizados, são ensinados como ciências), mas que não alcançaram ainda o estatuto de ciência, é necessário dizer que a arqueologia não descreve disciplinas. Estas podem servir como ponto de partida para a análise arqueológica, mas não fixam os limites da descrição arqueológica. Foucault assinala como exemplo o surgimento de uma disciplina psiquiátrica no início do século XIX. Nesse caso, o que torna possíveis as mudanças conceituais e os modos de demonstração é o jogo de relações entre a hospitalização, a internação, os procedimentos de exclusão social, a jurisprudência, a moral burguesa e as normas do trabalho. O que caracteriza a disciplina psiquiátrica como prática discursiva aparece não só nos textos que pretendem ter um estatuto científico; também está presente nos textos jurídicos, nas expressões literárias, nas reflexões filosóficas, nas decisões políticas, nas opiniões etc. Por outro lado, não encontramos nenhuma disciplina precedente a partir da qual a disciplina psiquiátrica pudesse ter se desenvolvido. Na Época Clássica não há nenhuma disciplina que se possa comparar à psiquiatria. Por isso, em primeiro lugar, o objeto da arqueologia, o saber, não é simplesmente a contrapartida de uma disciplina institucionalizada. Em segundo lugar, também não é o esboço de uma ciência futura. A história natural não é o projeto futuro de uma ciência da vida. Ocorre antes o contrário: a disposição epistêmica da história natural exclui a possibilidade de pensar o conceito de vida no século XIX. Em terceiro lugar, o saber não só não se encontra em uma relação de precedência cronológica em relação à ciência, como também não constitui uma alternativa. A medicina clínica, como saber, deu lugar a discursos que devem ser considerados como ciência; por exemplo, a anatomia patológica (**AS**, 232-236). • Foucault entende por "saber" as delimitações e as relações entre: 1) aquilo de que se pode falar em uma prática discursiva (o domínio dos objetos); 2) o espaço onde o sujeito pode se situar para falar dos objetos (posições subjetivas); 3) o campo de coordenação e de subordinação dos enunciados em que os conceitos aparecem, definem-se, aplicam-se e transformam-se; 4) as possibilidades de utilização e de apropriação dos discursos (**AS**, 238). "O conjunto assim estabelecido a partir do sistema de positividade e manifestado na unidade de uma formação discursiva é o que se poderia chamar 'saber', que não é uma soma de conhecimentos, porque destes se deve poder dizer sempre se são verdadeiros ou falsos, exatos ou não, aproximados ou definidos, contraditórios ou coerentes. Nenhuma dessas distinções é pertinente para descrever um saber, que é o conjunto dos elementos (objetos, tipos de formulação, conceitos e eleições teóricas) estabelecido a partir de uma única e mesma positividade, no campo de uma formação discursiva unitária" (**DE1**, 723). Ver: *Formação discursiva*. • Em *Leçons sur la volonté de savoir*, Foucault define o saber nos seguintes termos: "O que é necessário arrebatar à interioridade do conhecimento para encontrar aí o objeto de um querer, a finalidade de um desejo, o instrumento de uma dominação, o que está em jogo em uma luta" (**LVS**, 18), isto é, acontecimentos na superfície de processos que não são da ordem do conhecimento (**LVS**, 31), ou o conhecimento "liberado da relação sujeito-objeto" (**LVS**, 205).

Verdade. A partir do curso de 1979-1980, *Du gouvernement des vivants*, Foucault propõe um deslocamento em suas investigações, da questão do poder à do governo, e da do saber à da verdade, de governo mediante a verdade (**DGDV**, 12). Ver: *Aleturgia, Verdade*.

265. SADE, DONATIEN ALPHONSE FRANÇOIS, MARQUÊS DE
(1740-1814)

"Para mim, Sade é o sintoma de um curioso movimento que se produz no seio de nossa cultura no momento em que um pensamento dominado fundamentalmente pela representação, pelo cálculo, pela ordem, pela classificação cede seu lugar, durante a Revolução Francesa, a um elemento que até então jamais havia sido pensado dessa maneira; refiro-me ao desejo, à voluptuosidade" (**DE2**, 375). Desde o momento em que Sade tenta situar, nas combinações da representação, a força do desejo, é obrigado a retirar o sujeito de sua posição privilegiada (**DE2**, 376). • Sade é contemporâneo da passagem do sanguíneo ao sexual. Ver: *Sexualidade*. Mas, diferentemente dos partidários da eugenia, refere a análise do sexo aos velhos prestígios do sangue. Em Sade, o sexo não tem nenhuma norma intrínseca que provenha de sua natureza e está submetido a um poder ilimitado que, como o do Antigo Regime, só conhece o direito irrestrito à monstruosidade onipotente (**HS1**, 195-196). • Entre os personagens de Sade, encontramos dois tipos de monstro: o homem potente e o homem do povo; em ambos os casos se trata de uma monstruosidade ligada ao desvio do poder. O abuso do poder é um operador da libertinagem. O monstro de Sade não representa simplesmente uma natureza intensificada, mas é a sede onde o poder coloca a natureza contra si mesma (**AN**, 93-94). • O erotismo de Sade é disciplinar. Sade é um "sargento do sexo". Segundo Foucault, é necessário abandonar esse erotismo; inventar com o corpo um erotismo não disciplinar

(**DE2**, 821-822). • No erotismo de Sade, o homem não participa: "O que se desdobra e se expressa por si mesmo é a linguagem e a sexualidade: uma linguagem sem ninguém que a fale, uma sexualidade anônima sem um sujeito que goze dela" (**DE1**, 661). • Embora Sade tenha nascido no século XVIII e pertença à Época Clássica, desde o momento em que redige sua obra na prisão se converte no fundador da literatura moderna (**DE2**, 109). Sua obra foi possível, com efeito, a partir de tudo o que nossa cultura moderna exclui: a anomalia sexual, a monstruosidade sexual. Ver: *Literatura*. • O surgimento do sadismo se situa no momento em que a desrazão, encerrada durante mais de um século e reduzida ao silêncio, reaparece não como figura do mundo nem como imagem, mas como discurso e desejo (**HF**, 453). Ver: *Loucura*. • "O grande intento de Sade, com tudo o que possa ter de patético, reside no fato de que trata de introduzir a desordem do desejo em um mundo dominado pela ordem e pela classificação. É isso o que significa exatamente o que ele denomina 'libertinagem'" (**DE2**, 375). Ver: *Libertinagem*. • *La Grande étrangère* inclui uma conferência sobre Sade de março de 1970, dividida em duas sessões (**LGE**, 149-218). Na primeira, Foucault se ocupa, sobretudo, da relação entre o verossímil, a verdade, o desejo e a escritura, em *Justine ou os infortúnios da virtude*. Para Foucault, a escritura de Sade "é o desejo convertido em verdade, a verdade que tomou a forma do desejo, do desejo repetitivo, do desejo ilimitado, do desejo sem lei, do desejo sem restrição, do desejo sem exterior, e é a supressão da exterioridade em relação ao desejo. É isso, sem dúvida, o que a escritura realiza na obra de Sade e a razão pela qual Sade escreve" (**LGE**, 172). Na segunda sessão, analisa o sentido das alternâncias entre discursos teóricos e cenas eróticas na obra de Sade. A esse respeito, propõe evitar os modelos interpretativos de corte freudiano e marcusiano quanto à relação entre desejo e verdade. Enquanto Freud quis dizer a verdade sobre o desejo, Sade quis restaurar a função desejante da verdade. Seus discursos são rigorosamente incompatíveis (**LGE**, 215). Marcuse, por sua vez, tentou desterrar a culpabilidade e restaurar a inocência; já para Sade, o nexo entre verdade e desejo se encontra no crime cometido e na desordem permanente (**LGE**, 217).

266. SALVAÇÃO / *Salut*

Na cultura do cuidado de si, a salvação se apresenta como o objetivo de suas práticas, embora com diferentes sentidos e alcances. Ver: *Cuidado*. A exigência de salvação se articula segundo a dialética todos/poucos, ou seja, é um mandato que alcança a todos, mas que apenas alguns podem realizar (**HS**, 116-118). • Nos séculos I e II de nossa era, a noção de salvação adquire, com relação à cultura clássica grega, maior extensão e uma estrutura interna particular. Em primeiro lugar, sob a influência do cristianismo, a salvação se inscreve em um sistema binário: é o que permite a passagem da vida à morte, da mortalidade à imortalidade, deste mundo a outro mundo; mas também do mal ao bem, da impureza à pureza. Em segundo lugar, a salvação está ligada à dramaticidade de um acontecimento que se situa em nossa história ou em uma meta-história: transgressão, a falta original, a queda, a conversão, a encarnação de Cristo. Em terceiro lugar, a salvação é uma operação que o sujeito deve realizar sobre si mesmo, mas que não pode levar a cabo sozinho; necessita da ajuda do outro. Esses três elementos, então, estruturam a categoria de salvação em um sentido religioso primário: caráter binário, dramaticidade de um acontecimento, caráter duplo da operação (operação de si mesmo e de outro). Mas, na cultura do cuidado de si, o conceito de salvação funciona também como categoria filosófica. Em grego, o verbo "*sózein*" e o substantivo "*soteria*" têm vários sentidos: livrar-se de um perigo (de um naufrágio ou de uma enfermidade, por exemplo), proteger (para os pitagóricos, o corpo é um cinturão – *peribolós* – que protege – *sózetai* – a alma), conservar (a honra, o pudor), salvar-se em um sentido jurídico (de uma acusação), subsistir, fazer o bem. Em latim, a expressão "*salus augusta*" faz referência a Augusto como princípio do bem público. No contexto dessas múltiplas significações, o sentido do termo "salvação" não pode ser reduzido à dramaticidade de um acontecimento que permite passar da mortalidade à imortalidade ou do mal ao bem. Esse conceito, ademais, é em ampla medida positivo. Assim, a alma ou uma cidade se salvam se têm as defesas suficientes e adequadas (**HS**, 175-177). • Na cultura filosófica do cuidado de si, a finalidade da salvação é não ter necessidade a não ser de si mesmo, isto é, a ataraxia e a autarquia. Mas isso não significa que a salvação de si mesmo esteja desconectada da salvação dos outros. Segundo a análise de Foucault, na época helenística assistimos a uma inversão das relações que se estabeleciam entre o cuidado de si e o cuidado dos outros na concepção platônica. Com efeito, para Platão, a salvação da cidade incluía como consequência a salvação do indivíduo. Na época helenística, em vez disso, a salvação dos outros é uma consequência suplementar da salvação de si mesmo. A esse respeito, Foucault se refere à concepção epicurista da amizade e à concepção do homem como ser comunitário no estoicismo (**HS**, 184-190). • Com a formação do poder pastoral, o cristianismo modifica a relação entre o sujeito e a salvação que se forjara na Antiguidade Clássica, que passa de ser estabelecida em termos globais a fazê-lo em termos individuais e analíticos. Acerca da laicização da categoria de salvação na Modernidade, ver: *Poder pastoral*. • Em *Du gouvernement des vivants*, Foucault se propõe estudar, no seio do cristianismo, a relação entre conhecimento de si, manifestação da verdade e salvação de todos e cada um (**DGDV**, 74). Dessa perspectiva, aborda a discussão acerca do batismo, isto é, a diferença entre o batismo de penitência e o de salvação, no pensamento de Tertuliano (**DGDV**, 125-127).

Religião de salvação. Foucault fala de religião de salvação para referir-se àquelas religiões que se propõem conduzir o indivíduo de uma realidade a outra, da morte à vida, do tempo à eternidade, deste mundo a outro mundo (**DVSM**, 136-137). • Nosso autor sustenta que o cristianismo é uma religião de salvação dentro da não perfeição (**DGDV**, 253), o que o diferencia das correntes gnósticas dos primeiros séculos. Por isso, o cristianismo, também diferentemente de outros movimentos da época, é uma religião da confissão, da penitência (**DVSM**, 137). No cristianismo, e mais precisamente no monasticismo, além da salvação na não perfeição, encontramos também uma economia da salvação no aperfeiçoamento, na ascese (**DGDV**, 254).

Ver também: *Ascese, Conversão*.

267. SEXUALIDADE / *Sexualité*

"Não há que imaginar uma instância autônoma do sexo que produziria, como consequência secundária, os efeitos múltiplos da sexualidade ao longo de sua superfície de contato com o poder. O sexo é, pelo contrário, o elemento mais especulativo, o mais ideal, e também o mais interior de um dispositivo de sexualidade que o poder organiza em suas capturas dos corpos, de sua materialidade, suas forças, suas energias, suas sensações, seus prazeres" (**HS1**, 205). • A questão da sexualidade esteve sempre presente nos trabalhos de Foucault, e todo o seu projeto intelectual conclui com uma história da sexualidade em quatro volumes, dos quais três apareceram com o autor em vida (*La Volonté de savoir*, *L'Usage des plaisirs* e *Le Souci de soi*) e o quarto e último foi publicado em 2018, mais de três décadas depois de seu falecimento (*Les Aveux de la chair*). A esse respeito, nosso autor sustenta: "Meu problema não é saber quais foram as formas sucessivas que foram impostas a título de regulamentação ao comportamento sexual, mas saber como foi que o comportamento sexual se converteu, em um momento dado, não só em objeto de preocupações práticas, mas também de preocupações teóricas" (**MFDV**, 248). O que define a abordagem foucaultiana da sexualidade não é, então, a relação do sexo com a lei ou com a repressão, mas com a verdade, o modo como o sexo se inscreve em um regime de verdade e de veridicção, de obrigação de dizer a verdade acerca do sexo. Mais precisamente, trata-se de uma obrigação de dizer a verdade, em que o sujeito encontra sua verdade na verdade de sua sexualidade, de seu desejo (**SV**, 242). • Guiado por essa problemática que atravessa os quatro volumes da *Histoire de la sexualité*, Foucault se ocupa da questão dos *aphrodísia* na cultura clássica grega e helenística (nos volumes segundo e terceiro), da carne no cristianismo dos primeiros séculos (no volume quarto) e da sexualidade nos séculos XIX e XX (no primeiro volume). Os termos "*aphrodísia*", "carne" e "sexualidade" nomeiam diferentes experiências do prazer e do desejo. Em seu conjunto, os quatro volumes que conformam essa obra poderiam chamar-se, de maneira mais apropriada, uma "história do homem de desejo" (**HS2**, 12) ou uma "genealogia do homem de desejo" (**HS2**, 18). Embora a sexualidade seja o tema do primeiro volume de *Histoire de la sexualité*, que se ocupa precisamente do dispositivo de sexualidade, nos volumes terceiro e quarto (se excetuamos a nota do editor), o termo "sexualidade" aparece apenas duas vezes em cada um; e, quanto ao volume segundo, aparece sobretudo na longa introdução, na qual Foucault dá conta da modificação de seu projeto iniciado oito anos antes com a publicação de *La Volonté de savoir*.

O dispositivo de sexualidade. A quarta parte de *La Volonté de savoir*, primeiro volume de *Histoire de la sexualité*, é dedicada ao que Foucault denomina "dispositivo de sexualidade" (**HS1**, 99-173) e vem depois das partes sobre a hipótese repressiva e a *scientia sexualis*. Em todas elas, mostra-se que, a partir dos séculos XVII e XVIII, a história da sexualidade nas sociedades modernas ocidentais não se caracteriza por uma repressão contínua, mas pela incitação constante e crescente a falar de sexo, a verter a sexualidade no discurso. "Situamos a nós mesmos sob o signo do sexo, porém dentro de uma Lógica do sexo, mais do que de uma Física" (**HS1**, 102). As perguntas que Foucault levanta são: por que essa caça à verdade do sexo, à verdade no sexo? Qual é a história dessa vontade de verdade? (**HS1**, 104-105). • A análise da hipótese repressiva implica uma crítica geral à concepção do poder em termos de repressão. Ver: *Poder, Repressão*. Aqui Foucault deve fazer frente a uma objeção fundamental. Ainda que se deixe de lado o conceito de repressão, isso não acarreta necessariamente o abandono da concepção jurídica do poder, isto é, a conceptualização do poder em termos de lei. Mais ainda, a consequência fundamental de um poder entendido em termos jurídicos permanece: não há como escapar do poder, assim como não há como escapar da lei

(**HS1**, 108). Por isso, para levar a cabo a história da vontade de verdade acerca do sexo, é necessário precisar o que se entende por "poder". Nesse sentido, Foucault não se propõe uma teoria do poder, mas uma analítica do poder, que tem como finalidade desprender-se da concepção jurídico-discursiva, tanto naquelas análises que consideram o poder como repressão do desejo, quanto naquelas para as quais a lei é constitutiva do desejo. Cinco elementos definem esse pressuposto comum: 1) *A relação negativa*: o poder não pode fazer com o sexo nenhuma outra coisa a não ser dizer-lhe "não". 2) *A instância da regra*: o poder essencialmente dita ao sexo sua lei segundo o regime binário do lícito e do ilícito, do permitido e do proibido. 3) *O ciclo da proibição*: não se aproximar, não tocar, não consumir, não experimentar prazer. O objetivo do poder é que o sexo renuncie a si mesmo; seu instrumento é a ameaça de um castigo. 4) *A lógica da censura*: afirmar que algo não está permitido, impedir que se fale disso, negar sua existência. 5) *A unidade do dispositivo*: o poder sobre o sexo é exercido da mesma maneira em todos os níveis (**HS1**, 110-113). Segundo Foucault, a razão pela qual se aceita com facilidade essa concepção é que o poder só é tolerável sob a condição de que oculte uma parte importante de si mesmo. O segredo é parte de seu funcionamento (**HS1**, 114). É necessário deixar de lado essa concepção jurídica do poder, que oculta seu verdadeiro funcionamento, para escrever a história da formação do dispositivo de sexualidade. Em outros termos, é necessário "pensar ao mesmo tempo o sexo sem a lei e o poder sem o rei" (**HS1**, 120). • "Por 'poder', parece-me que é necessário entender, antes de tudo, a multiplicidade de relações de força que são imanentes ao domínio no qual elas se exercem e são constitutivas de sua organização; o jogo que através de lutas e enfrentamentos incessantes as transforma, as reforça, as inverte; os apoios que essas relações de força encontram umas nas outras e que lhes permitem formar uma cadeia ou sistema, ou, ao contrário, os deslocamentos, as contradições que as isolam; e, por último, as estratégias nas quais entram em vigor e cujo projeto geral ou cristalização institucional toma corpo nos aparatos estatais, na formulação da lei, nas hegemonias sociais" (**HS1**, 121-122). Como vemos, em *La Volonté de savoir*, Foucault se move no marco do que em outros textos denomina a "hipótese Nietzsche", isto é, o poder concebido como luta, enfrentamento, relações de força. Também se pergunta, como em *"Il faut défendre la société"*, se não haveria que inverter a fórmula de Clausewitz e dizer que a política é a continuação da guerra por outros meios. Essa concepção entenderá o poder principalmente em termos de governo e não de luta ou enfrentamento, embora, certamente, a partir de uma categoria de governo que não exclui o enfrentamento e as lutas. Ver: *Poder*. Mas *La Volonté de savoir* se situa ainda no marco da hipótese Nietzsche. Pois bem, para estudar a relação entre o poder e a sexualidade, ou, melhor dizendo, a sexualidade como problema político, nosso autor enumera um conjunto de regras metodológicas que valem para a análise do poder em geral: o poder não é uma coisa, mas algo que se exerce; as relações de poder não são transcendentes, mas imanentes a outros tipos de relações (econômicas, cognitivas, sexuais); o poder se forma a partir de baixo; as relações de poder se formam na base da sociedade, são intencionais e não são subjetivas (são inteligíveis e estão saturadas pelo cálculo, mas não são o resultado da decisão de um sujeito individual); onde há poder, há resistência (**HS1**, 123-129). Em relação à sexualidade, essa perspectiva metodológica alcança uma formulação precisa nas seguintes quatro regras: 1) *Regra da imanência*: A sexualidade se constitui como um domínio de conhecimento a partir das relações de poder que a instituem como objeto. 2) *Regra das variações contínuas*: Não se trata de buscar quem tem o poder e quem está privado dele, ou quem tem o direito de conhecê-lo, e sim de buscar as modificações que as relações de poder implicam em si mesmas. Por exemplo, em um primeiro momento, a sexualidade infantil foi abordada a partir da relação entre o médico e os pais; em uma segunda instância, a partir da relação entre o psiquiatra e a criança, problematizou-se a sexualidade dos adultos. 3) *Regra do duplo condicionamento*: Nenhum centro local de relações de poder pode funcionar sem inscrever-se em uma estratégia global, e esta, por sua vez, nunca pode produzir seus efeitos sem o apoio de relações precisas. Entre os níveis microscópico e macroscópico, não há nem descontinuidade nem homogeneidade, mas um duplo condicionamento. 4) *Regra da polivalência tática dos discursos*: Os discursos sobre o sexo não são a mera projeção dos mecanismos de poder. Saber e poder articulam-se entre si. Por isso, a função tática do discurso não é nem uniforme nem estável. Entre o discurso e o poder instaura-se um jogo complexo. Os discursos podem ser instrumentos do poder, efeitos do poder, obstáculos, pontos de resistência (**HS1**, 129-135). • Por isso, não há que descrever a sexualidade como uma força monstruosa e indócil, mas como um ponto de passagem particularmente denso nas relações de poder entre homens e mulheres, jovens e idosos, pais e filhos, educadores e alunos, administradores e a população. Segundo Foucault, a partir do século XVIII, desenvolveram-se quatro grandes dispositivos de saber e poder: 1) *A histerização do corpo da mulher*: trata-se de um processo tríplice pelo qual o corpo feminino é analisado como integralmente saturado de sexualidade, é integrado ao campo das práticas médicas e, por último, estabelece-se sua comunicação orgânica com o corpo social, o espaço familiar e a vida dos filhos. 2) *A pedagogização do sexo das crianças*: todas ou quase todas as crianças se abandonam a práticas sexuais que envolvem perigos morais e físicos para o indivíduo e a população. Os pais, as famílias, os educadores e os médicos devem, portanto, encarregar-se dessas atividades que poderiam ser perigosas. 3) *A socialização das condutas procriadoras*: foi levada adiante através da socialização econômica para incitar ou frear a fecundidade dos casais, da socialização política apelando à responsabilidade do casal, da socialização médica mediante o controle dos nascimentos. 4) *A psiquiatrização dos prazeres perversos*: o instinto sexual foi isolado como um instinto biológico e psíquico autônomo; suas formas anômalas foram analisadas do ponto de vista clínico; as condutas foram normalizadas e patologizadas (**HS1**, 137-139). Nenhuma dessas estratégias busca lutar contra a sexualidade ou ocultá-la, mas se trata de produzi-la (**HS1**, 139). • A evolução da formação do dispositivo de sexualidade coloca duas questões: a cronologia das técnicas de saber-poder e a cronologia da difusão delas. Quanto à primeira, há que buscar o ponto de formação nas práticas penitenciais do cristianismo medieval e nos métodos do ascetismo que se desenvolveram com particular intensidade a partir do século XIV (**HS1**, 153). Em *L'Usage des plaisirs* e *Le Souci de soi*, os volumes segundo e terceiro de *Histoire de la sexualité*, Foucault estende essa cronologia até alcançar a Antiguidade Clássica e a irrupção do cristianismo no Ocidente. No século XVIII, nasce uma nova tecnologia do sexo, independente da temática do pecado e da instituição eclesiástica, que se articula em torno de três eixos: a pedagogia, a medicina e a demografia; e habilita, por sua vez, outras modificações, em especial duas: a formação da teoria da degeneração e da psicanálise (**HS1**, 154-155). Ver: *Degeneração, Psicanálise*. Quanto à cronologia da difusão das técnicas da sexualidade, as mais rigorosas, como a direção espiritual e a prática minuciosa do exame de consciência, foram aplicadas primeiro às classes com uma posição econômica privilegiada. As classes populares, no entanto, permaneceram durante longo tempo à margem do dispositivo de sexualidade. Como vemos, a cronologia da formação das técnicas e de sua difusão levanta dúvidas sobre o "ciclo repressivo" que supunha o surgimento dos mecanismos de repressão a partir do século XVII e sua decomposição no século XX (**HS1**, 152, 161-162).

Dispositivo de aliança e dispositivo de sexualidade. Em todas as sociedades, existe um dispositivo de aliança que determina os sistemas matrimoniais, o desenvolvimento da paternidade, a transmissão do nome e dos bens. As sociedades ocidentais modernas inventaram, a partir do século XVIII, o dispositivo de sexualidade. Ambos se articulam sobre o casal, mas de maneiras diferentes. Foucault assinala quatro oposições fundamentais: 1) O dispositivo de aliança se estrutura em torno de um sistema de regras que definem o permitido e o proibido, o lícito e o ilícito; o dispositivo de sexualidade, por sua vez, funciona mediante técnicas móveis, polimorfas e conjunturais de poder. 2) Um dos principais objetivos do dispositivo de aliança é reproduzir o jogo de relações e manter a lei que as rege; o dispositivo de sexualidade estende de maneira incessante seu domínio e engendra novas formas de controle. 3) O dispositivo de aliança gira em torno do nexo entre os membros do casal, que possuem um estatuto definido; o dispositivo de sexualidade articula-se em torno das sensações do corpo, da qualidade dos prazeres, da natureza das impressões. 4) O dispositivo de aliança está vinculado de maneira significativa à economia, mediante a transmissão e a circulação dos bens; o dispositivo de sexualidade também está ligado à economia, mas através do corpo (**HS1**, 140-141). Em resumo, o fundamental no dispositivo de aliança é a reprodução; no dispositivo de sexualidade, em vez disso, o relevante é a penetração e o controle do corpo individual e social. • Apesar dessas diferenças e oposições, seria incorreto sustentar que historicamente o dispositivo de sexualidade tenha substituído o dispositivo de aliança. Antes, ambos se sobrepuseram através da família (**HS1**, 143).

Dispositivo de duplo impulso, disciplina, biopolítica. A importância política do sexo deve-se ao fato de ser a dobradiça entre os mecanismos das disciplinas e as técnicas biopolíticas, isto é, os dois eixos da tecnologia política da vida (**HS1**, 191). Ver: *Biopolítica*. • "Na mesma época, os séculos XVI e XVII, vê-se crescer no exército, nos colégios, nas oficinas e nas escolas todo um adestramento do corpo, que é o adestramento do corpo útil. São instaurados novos procedimentos de vigilância, de controle, de distribuição no espaço, de qualificação etc. Encontramo-nos, por parte dos mecanismos de poder, com todo um investimento sobre o corpo, que busca torná-lo, ao mesmo tempo, dócil e útil. Encontramo-nos com uma nova anatomia política do corpo. Pois bem, se, em lugar de atentar para o exército, as oficinas, as escolas primárias etc., observarmos as técnicas da penitência, o que se praticava nos seminários e nos colégios que surgiram deles, veremos aparecer um investimento sobre o corpo que não é o do corpo útil nem um investimento que teria lugar segundo o registro das aptidões, mas que se faz no nível do desejo" (**AN**, 179-180). Já não se trata, como vemos, simplesmente do corpo como aquilo que é necessário adestrar, mas, para retomar as expressões de Foucault, da "fisiologia moral da carne", do "corpo encarnado", da "carne incorporada" (**AN**, 180), do "corpo solitário e desejante" (**AN**, 179). Tampouco se trata apenas de afirmar a superioridade de uma força em relação a outra, como ocorre nos dispositivos asilares, mas de um jogo que, em *La Volonté de savoir*, é definido como "de enfrentamento e reforço recíproco" (**HS1**, 62).

A passagem do corpo útil ao corpo desejante tornou necessária uma ampliação do conceito, que determinou que os dispositivos já não fossem apenas de poder, mas também de verdade, e que funcionassem segundo um "mecanismo de duplo impulso" entre o prazer e o poder, que, de acordo com Foucault, "os pais e os filhos, o adulto e o adolescente, o educador e os alunos, os médicos e os pacientes, o psiquiatra, com sua histérica, e seus perversos não deixaram de jogar [...] desde o século XIX" (**HS1**, 62).

A modificação do plano da história da sexualidade. A contracapa de *La Volonté de savoir*, de 1976, apresentava o seguinte plano de publicação dividido em seis volumes: 1. *La Volonté de savoir*, 2. *La Chair et le corps*, 3. *La Croisade des enfants*, 4. *La Femme, la mère et l'hystérique*, 5. *Les Pervers* e 6. *Population et races*. Como podemos ver, os volumes segundo ao quinto explorariam cada um dos elementos que compõem o dispositivo de sexualidade, e o sexto retomaria o tema do biopoder introduzido na última parte do primeiro volume. Esse plano de publicação foi abandonado por Foucault. Oito anos depois de *La Volonté de savoir*, apareceram *L'Usage des plaisirs* e *Le Souci de soi*, como segundo e terceiro volumes, e em 2018 foi publicado, de maneira póstuma, *Les Aveux de la chair*, o quarto volume. No início de *L'Usage des plaisirs*, Foucault explica as razões dessas mudanças. Uma genealogia do homem de desejo implicava, com efeito, remontar à Antiguidade e aos primeiros séculos do cristianismo.

Sexo e sexualidade. A história do dispositivo de sexualidade é a história de um dispositivo político que se articula diretamente sobre o corpo, isto é, sobretudo o material e vivente, que tem funções e processos fisiológicos, sensações, prazeres etc. Convém insistir no advérbio "diretamente"; com efeito, a história da sexualidade não se ocupa de saber como o corpo tem sido percebido ou pensado; não é uma história das mentalidades, mas do corpo em sua materialidade. Pois bem, pode surgir aqui a seguinte pergunta: essa materialidade, os elementos fisiológicos, as sensações, os prazeres não são o sexo? Foucault propõe a interrogação de maneira explícita nos seguintes termos: "Será que é 'o sexo' o ponto de ancoragem que suporta as manifestações da 'sexualidade' na realidade ou, antes, é uma ideia complexa que se formou ao longo da história dentro do dispositivo de sexualidade?" (**HS1**, 201). A resposta de Foucault é que é possível mostrar de que maneira a ideia de sexo – a ideia de que o sexo existe como algo mais que os corpos, os órgãos, as funções, os sistemas anatomofisiológicos, as sensações, os prazeres – se formou através das estratégias de poder que constituem o dispositivo de sexualidade. Desse modo, no processo de histerização da mulher, o sexo se define de três maneiras: algo comum ao homem e à mulher; algo que pertence por excelência ao homem; ou aquilo que constitui o corpo da mulher. Na sexualização da infância, o sexo está presente em termos anatômicos, mas ausente em termos fisiológicos; presente em sua atividade, mas reprodutivamente ineficiente; presente em suas manifestações, mas ausente em seus efeitos. Na psiquiatrização das perversões, o sexo é referido às funções biológicas e a um aparato anatomofisiológico que lhe confere sentido e finalidade, mas também a um instinto que torna possível o surgimento das condutas perversas. Na socialização das condutas procriadoras, o sexo é descrito como capturado entre a lei da realidade e a economia do prazer (**HS1**, 201-203). "Vê-se nitidamente: o dispositivo de sexualidade, em suas diferentes estratégias, instala essa ideia de 'sexo'" (**HS1**, 203). • A ideia de sexo desempenhou três funções no dispositivo de sexualidade. Em primeiro lugar, permitiu agrupar em uma unidade elementos anatômicos, funções biológicas, condutas, sensações, prazeres; essa do curso *"Il faut défendre la société"* (**IDS**, 21-36), Foucault questiona se o conceito de guerra é adequado para analisar as relações de poder. Nesse contexto, nosso autor diferencia entre uma análise do poder em termos de confrontação e de lutas, isto é, a partir do conceito de guerra, e uma análise em termos jurídicos, de direito. Nessa discussão, opõe o conceito de soberania (categoria jurídica central da filosofia política moderna) ao de dominação (entendida não no sentido marxista de exploração, mas no de luta). Para Foucault, desde a Idade Média, a elaboração do pensamento jurídico ocidental sempre teve como eixo a figura do rei. No Ocidente, o direito é *direito real*. Os direitos legítimos da soberania e sua contrapartida, a obrigação legal da obediência, serviram para dissolver as formas de dominação (as formas de um exercício do poder ilegítimo do ponto de vista jurídico). Foucault inverte a perspectiva de análise. Para isso, estabelece cinco precauções metodológicas: 1) Não há que se ocupar das *relações de soberania*, mas das *relações de dominação*, que não devem ser entendidas como um fato massivo, global, do domínio de um grupo sobre outro, mas em suas formas múltiplas, nas conexões recíprocas entre sujeitos (**IDS**, 24-26). Trata-se de estudar o poder em suas extremidades, em suas formas capilares. Por exemplo, em lugar de se perguntar pelo fundamento do direito de castigar, há que se estudar as técnicas concretas, históricas e efetivas com que se castiga. A ideia é situar-se no ponto de vista dos procedimentos de *sujeição* (*assujettissement*). 2) *Deve-se estudar o poder em sua face externa*, não no sujeito que o encarna ou em suas intenções. A questão não é, como era para Hobbes, como se forma essa alma do corpo político unificado que é a soberania, mas como se constituem os sujeitos por meio dos efeitos do poder, a partir da multiplicidade dos corpos, das forças, das energias. Não interessa a gênese do soberano, mas a constituição dos sujeitos. 3) *O poder funciona em rede*. O indivíduo não é simplesmente o que está frente ao poder; nunca é um alvo inerte: sempre se encontra em posição de padecer e exercer o poder. É, na realidade, receptor-emissor (*relê*). 4) *A análise do poder deve ser feita em sentido ascendente, não descendente*. Uma vez mais, não se trata de realizar uma dedução do poder que parta de cima e do seu centro, mas antes do contrário: uma análise ascendente do modo como as tecnologias e os mecanismos de poder locais, com sua própria história, são colonizados por outros mecanismos mais gerais. Nesse ponto de seu desenvolvimento, Foucault discute de maneira breve o uso que se faz da noção de burguesia. Da ideia de dominação da classe burguesa pode-se deduzir qualquer coisa; por exemplo, o enclausuramento dos loucos ou os controles sobre a sexualidade infantil, mas também o contrário. O interesse da burguesia reside, antes, no benefício econômico dos mecanismos de exclusão e controle. Mais que excluir ou controlar, o que importa é a técnica, o procedimento de exclusão e controle. Trata-se, nesse sentido, de uma "micromecânica do poder". 5) Na base dos micromecanismos do poder não é a ideologia o que se forma, mas instrumentos efetivos de acumulação de saber, métodos de observação, registros, procedimentos de investigação, de busca, de verificação (**IDS**, 25-30). • A teoria da soberania desempenhou quatro funções fundamentais na constituição política das sociedades ocidentais: 1) favoreceu o estabelecimento do sistema feudal; 2) permitiu que se constituíssem as monarquias administrativas; 3) serviu como instrumento da luta política nos séculos XVI e XVII; e 4) contribuiu para a formação das monarquias parlamentares (**IDS**, 30-31). • No entanto, a partir dos séculos XVII e XVIII, surge uma nova forma de poder: a disciplina. Se a teoria da soberania sobreviveu a essa reorganização do poder, é porque permitiu o desenvolvimento das disciplinas como mecanismos de dominação e conseguiu ocultar o exercício efetivo do poder. Contudo, embora a teoria da soberania tenha servido para a formação histórica do poder disciplinar, é claro que se trata de duas formas diferentes de poder, que podem ser descritas da seguinte maneira. A soberania se exerce sobre os bens, a terra e seus produtos; seus objetos fundamentais são o território e as riquezas; é exercida de maneira descontínua (por exemplo, a arrecadação de impostos); trata-se, definitivamente, de uma obrigação jurídica; supõe a existência de um soberano: o corpo do rei. A disciplina, em vez disso, orienta-se para os corpos e para o que fazem: seu objetivo é extrair deles tempo e trabalho; exerce-se de maneira contínua mediante a vigilância; exige uma reticulação precisa de coerções materiais (**IDS**, 32-33). • Em *Le Pouvoir psychiatrique*, Foucault desenvolve amplamente a contraposição entre as relações de soberania e as disciplinares, e confere importância particular à relação entre poder e corpo (**PP**, 48-59). 1) Em primeiro lugar, Foucault observa que a relação de soberania é assimétrica. O soberano se apropria dos frutos da terra, dos objetos fabricados, das armas, da coragem, do tempo de seus súditos. Mas também gasta suas riquezas para celebrar, por exemplo, as festas ou os serviços religiosos. Não obstante, entre o que toma dos indivíduos e o que lhes dá, existe uma dissimetria fundamental: os gastos que o soberano realiza com seus súditos são menores que a riqueza que extrai deles. O dispositivo disciplinar, no entanto, não efetua uma apropriação parcial dos produtos da terra, do tempo dos súditos ou de seus serviços, mas uma *apropriação total e completa*. Com relação ao indivíduo, o dispositivo disciplinar é "uma ocupação de seu corpo, de sua vida e de seu tempo" (**PP**, 49). 2) *Anterioridade fundadora*. A relação de soberania se funda em algum acontecimento anterior: o direito divino, a conquista, a vitória. Esse acontecimento fundador que pertence ao passado necessita ser reatualizado mediante o relato dessas conquistas ou vitórias, ou durante a celebração das festas e competições. Nesse sentido, a relação de soberania é intangível e frágil; pode romper-se, cair em desuso, e por isso requer, por parte do soberano, um suplemento de ameaça, de violência. O dispositivo disciplinar, por sua vez, está orientado para um estado ótimo, para o resultado. Aqui não encontramos a referência a um acontecimento passado ou a um direito originário, mas um dispositivo orientado para o futuro. 3) *Não isotopia*. As relações de soberania não são isotópicas; dão lugar a diferenciações, mas não a uma classificação exaustiva e planificada. Entrelaçam-se umas às outras, sem que exista entre elas uma medida comum. Não é possível identificar um sistema único. Além do mais, os elementos de uma relação de soberania não são necessariamente equivalentes aos de outra; pode tratar-se de multiplicidades humanas (uma família, uma coletividade), da terra, de um caminho, de um instrumento de produção etc. No sentido inverso, os dispositivos disciplinares tendem à isotopia. Isso significa várias coisas: a) cada elemento, cada indivíduo, tem um lugar bem determinado em sua classe, em seu posto, na hierarquia dos valores e dos êxitos. b) os deslocamentos não podem ser feitos por descontinuidade (litígio, guerra, favores), mas por um movimento regulado (exame, concurso, antiguidade); c) os diferentes sistemas (a escola, o trabalho etc.) não atravessam conflitos ou incompatibilidades, articulam-se entre si; e d) o sistema de classificação exaustivo produz, ademais e sobretudo, o inclassificável, a anomia (o desertor, o débil mental, o delinquente). 4) *Assunto múltiplo*. O elemento-sujeito da relação de soberania não é um corpo individual ou, segundo outra expressão de Foucault, uma "singularidade somática" (*singularité somatique*). Nas relações de soberania, a função-sujeito se desloca por cima ou por baixo da singularidade somática. No caso dos súditos, as relações de soberania dizem respeito a seus corpos de maneira descontínua (nas cerimônias, por exemplo), através de marcas (por um signo, por um gesto) ou do suplício. Mas o corpo marcado ou supliciado é um corpo fragmentado. Não há coincidência entre o sujeito de uma relação de soberania e a singularidade somática. Nesse sentido, as relações de soberania não levam a cabo uma individualização dos sujeitos aos quais se aplicam; marcam os corpos, submetem-nos ao suplício, mas não os convertem em indivíduos. Eles, com efeito, não têm uma identidade individual. No entanto, a individualidade alcança seu maior grau em relação ao corpo do soberano; este deve ser perfeitamente visível e identificável. A finalidade dos dispositivos disciplinares é a *individualização* dos sujeitos, "o indivíduo não é outra coisa senão o corpo sujeitado" (**PP**, 47). O mecanismo de disciplina articula (*épingle*) a função sujeito com a singularidade somática (**PP**, 57). • Duas razões explicam a vigência da teoria jurídica da soberania. Em primeiro lugar, desempenhou um papel crítico contra a monarquia e contra todos os obstáculos que podiam opor-se ao estabelecimento da sociedade disciplinar. Em segundo lugar, permitiu a formação de um sistema jurídico que oculta a implantação do poder disciplinar. Temos assistido a uma democratização da soberania (um direito público articulado na soberania coletiva), mas carregada de mecanismos disciplinares. • Foucault atribui à teoria da soberania um tríplice caráter primigênio: 1) *Primitividade ou ciclo do sujeito*: propõe-se mostrar como um sujeito dotado de direitos e de capacidades se converte em sujeito, no sentido político do termo, de uma relação de poder. 2) *Primitividade ou ciclo da unidade do poder*: propõe-se mostrar de que modo múltiplos poderes, enquanto capacidades, podem adquirir um caráter político em relação à unidade fundamental do poder. 3) *Primitividade ou ciclo da legitimidade*: propõe-se mostrar como se pode constituir um poder sobre a base de uma lei fundamental, sobre uma legitimidade de base. Uma análise em termos de relações de dominação, por sua vez: 1) não considera o indivíduo como algo dado do qual partir, mas se interroga acerca de como as relações efetivas de poder fabricam os indivíduos; 2) quer mostrar a multiplicidade das relações de poder em suas diferenças e especificidades, como se apoiam e remetem umas às outras; 3) busca trazer à luz os instrumentos técnicos que tornam possível o funcionamento das relações de dominação (**IDS**, 37-40). Em poucas palavras, em lugar de estudar a gênese do soberano, que tem sido a finalidade da teoria da soberania, a genealogia foucaultiana ocupa-se da fabricação dos sujeitos.

Dispositivos de segurança. Nas primeiras aulas do curso *Sécurité, territoire, population*, Foucault compara os dispositivos de segurança com os disciplinares e de soberania. A formação dos dispositivos de segurança não implica o desaparecimento dos dispositivos de soberania nem dos disciplinares. Esses três dispositivos formam um triângulo, e ao longo da história acentuou-se mais um vértice do que outro. Ver: *Dispositivo*.

271. SOFISTAS / *Sophistes*

Foucault ocupa-se extensamente dos sofistas em sua análise da morfologia da vontade de saber, em *Leçons sur la volonté de savoir*, primeiro curso no Collège de France nos anos

1970-1971, em relação à questão da materialidade dos enunciados e à noção de acontecimento discursivo. • A questão da materialidade dos enunciados domina, com efeito, o eixo da reconstrução da interpretação aristotélica dos sofistas que nosso autor leva adiante nesse curso. Foucault se ocupa de mostrar como, para Aristóteles, os sofismas não são arrazoados falsos ou defeituosos, mas falsos arrazoados, que, em lugar de funcionar simplesmente a partir da materialidade da linguagem, fazem-no nessa materialidade mesma. Os sofistas manejam os enunciados como se fossem coisas, nesse caso, coisas ditas. A exclusão dessa materialidade, que é expressa na expulsão aristotélica dos sofistas do campo da história da filosofia (**LVS**, 32), tornou possíveis, segundo Foucault, os fenômenos que dariam lugar à formação da ciência e da filosofia ocidentais: a constituição de uma lógica apofântica, a soberania da relação significado-significante e a primazia outorgada ao pensamento como lugar de aparição da verdade (**LVS**, 66). Em relação a essa leitura dos sofistas, Foucault enumera quatro dimensões da materialidade dos enunciados: a linearidade do discurso que torna possível o deslocamento de seus elementos, a série ou sucessão em que cada discurso se inscreve, sua condição de acontecimento (constituir-se em coisas ditas) e seu caráter estratégico (o contexto de luta ou rivalidade em que as coisas são ditas) (**LVS**, 46). • A interpretação foucaultiana dos sofistas também permite oferecer uma conceptualização acerca da noção de acontecimento enunciativo. Na lógica apofântica, a realidade do discurso racional toma forma, por um lado, através de um conjunto de regras anônimas e universais, e, por outro, em uma relação com o ser e a verdade, que passa pela idealidade do significado. O discurso sofístico, por sua vez, é jogado no nível do acontecimento, isto é, do fato de que determinadas coisas foram ditas, e sua verdade depende da capacidade de continuar dizendo-as até silenciar o oponente (**LVS**, 60). Ver: *Vontade de saber*.

272. SUJEITO, SUBJETIVAÇÃO, SUBJETIVIDADE /
Sujet, Subjectivation, Subjectivité

A empresa teórica de Foucault pode ser vista como um deslocamento da questão do sujeito à das formas de subjetivação (**GSA**, 6). • A morte do homem e o conceito de episteme foram, sem nenhuma dúvida, os dois temas de *Les Mots et les choses* que maior difusão e repercussão tiveram na época de sua publicação. Foucault via no surgimento da psicanálise, da etnologia, da formalização da linguagem e da literatura moderna o fim da episteme do século XIX, aquela que despertara do sonho dogmático, mas mergulhara em outro, profundamente antropológico, do qual surgiram as ciências humanas. O subtítulo de *Les Mots et les choses* é, nesse sentido, bastante explícito: *Une archéologie des sciences humaines*. O tema da morte do homem é uma expressão hiperbólica dessa mutação no campo do saber. Ver: *Homem*. A isso se deve acrescentar a constante polêmica de Foucault contra o humanismo (Ver: *Humanismo*) e a premissa metodológica de *L'Archéologie du savoir*, isto é, introduzir na história a categoria de descontinuidade para desantropologizá-la. "A história contínua é o correlato indispensável da função fundadora do sujeito" (**AS**, 21-2). Não pode surpreender-nos, então, que o pensamento de Foucault tenha sido com frequência qualificado de antiantropológico. Isso é certo em relação ao homem do humanismo e das ciências humanas, à subjetividade cartesiana e à tradição fenomenológica, mas não o é a respeito do sujeito em geral. Quer se trate da experiência da loucura, do nascimento da clínica, da arqueologia das ciências humanas, da história do castigo, das disciplinas ou da sexualidade, a preocupação geral de Foucault foi a problemática do sujeito. "Não é, pois, o poder, mas o sujeito, o que constitui o tema geral das minhas investigações" (**DE4**, 223). • Pois bem, em primeiro lugar, para compreender a evolução da problemática do sujeito em sua obra, há que ter presente que, antes de tudo, trata-se de uma abordagem histórica da questão da subjetividade. Em clara oposição à tradição cartesiana, Foucault sustenta que o sujeito "não é uma substância. É uma forma e, sobretudo, essa forma não é sempre idêntica a si mesma" (**DE4**, 718). O que entende aqui por "forma" depende, precisamente, dessa não identidade. Com efeito, o problema do sujeito é para Foucault o problema da história da forma-sujeito. "A primeira regra do método para esse gênero de trabalho é, portanto, a seguinte: delimitar o máximo que seja possível, para interrogá-los em sua constituição histórica, os universais antropológicos (e, é claro, também os de um humanismo que faria valer os direitos, os privilégios e a natureza de um ser humano [entendido] como verdade imediata e intemporal do sujeito)" (**DE4**, 634). O que Foucault, segundo suas próprias palavras, sempre teve em mente foi levar a cabo uma "história do sujeito" ou, melhor dizendo, do que denomina "modos de subjetivação" (**DE4**, 697). Em segundo lugar, é necessário ter presente que essa história do sujeito muda de estilo, de objetos e de metodologia à medida que Foucault se desloca da questão da episteme para o dispositivo e, por último, para as práticas de si mesmo. Ver: *Dispositivo, Episteme, Prática*. Pelas razões expostas em cada um desses verbetes, Foucault desenvolve uma história das práticas nas quais o sujeito aparece não como instância de fundação, mas como efeito de uma constituição. Os modos de subjetivação são precisamente as práticas de constituição do sujeito. • É possível distinguir dois sentidos distintos da expressão "modos de subjetivação" em sua obra: um sentido amplo e outro mais restrito, em relação ao conceito foucaultiano de ética. • Em sentido amplo, Foucault se refere aos modos de subjetivação como modos de objetivação do sujeito, isto é, modos em que o sujeito aparece como objeto de determinada relação de conhecimento e de poder (**DE4**, 223). Com efeito, os modos de subjetivação e de objetivação não são independentes uns dos outros; seu desenvolvimento é mútuo. Se, de acordo com Foucault, entende-se por "pensamento" o ato que instaura, segundo diferentes relações possíveis, um sujeito e um objeto, uma história do pensamento seria a análise das condições nas quais foram estabelecidas e modificadas as relações entre o sujeito e o objeto para tornar possível uma forma de saber. Para Foucault, essas condições não são formais nem empíricas; devem estabelecer, por exemplo, ao que o sujeito deve se submeter, que estatuto deve ter, que posição deve ocupar para poder ser sujeito legítimo de conhecimento, em que condições algo pode converter-se em objeto de conhecimento, como é problematizado, a que delimitações está submetido. Essas condições estabelecem os jogos de verdade, as regras segundo as quais o que um sujeito pode dizer se inscreve no campo do verdadeiro e do falso (**DE4**, 631-632). Dessa perspectiva, Foucault concebe seu trabalho, de maneira retrospectiva, como uma história dos modos de subjetivação/objetivação do ser humano em nossa cultura. Em outras palavras, trata-se de uma história dos jogos de verdade nos quais o sujeito, enquanto tal, pode converter-se em objeto de conhecimento. Nessa história é possível distinguir três modos de subjetivação/objetivação dos seres humanos. 1) Modos de investigação que pretendem acessar o estatuto de ciências; por exemplo, objetivação do sujeito falante na gramática geral ou na linguística, objetivação do sujeito produtivo na economia política. Trata-se dos modos analisados sobretudo em *Les Mots et les choses*. 2) Modos de objetivação do sujeito levados a cabo naquilo que Foucault denomina "práticas que dividem" (*pratiques divisantes*): o sujeito é dividido em si mesmo ou dividido com relação aos outros. Por exemplo, a separação entre o sujeito louco ou enfermo e o sujeito saudável, e entre o criminoso e o indivíduo bom. Aqui há que situar *Histoire de la folie à l'âge classique*, *Naissance de la clinique* e *Surveiller et punir*. 3) O modo como o ser humano se transforma em sujeito. Por exemplo, a maneira como se reconhece como sujeito de uma sexualidade. Nessa linha se situa *Histoire de la sexualité* (**DE4**, 222-223). • A propósito do conceito de ética, Foucault distingue quatro elementos: a substância ética; os modos de sujeição; as formas de elaboração do trabalho ético; a teleologia do sujeito moral. Ver: *Ética*. Esses elementos definem a relação do sujeito consigo mesmo ou, para expressá-lo de outro modo, a maneira como o sujeito se constitui como sujeito moral. "A ação moral é indissociável dessas formas de atividade sobre si mesmo que, de uma moral a outra, são tão diferentes quanto o sistema de valores, de regras e de proibições" (**HS2**, 35-36). Nesse segundo sentido, então, Foucault denomina "modos de subjetivação" as "formas de atividade sobre si mesmo". Apesar de toda moral sempre comportar um código de comportamentos e de que, em algumas formas morais, o modo de subjetivação adquire quase essencialmente uma forma jurídica (o sujeito se submete à lei, cuja infração implica um castigo), em outras, ao contrário, o sistema de regras de comportamento pode ser bastante rudimentar. Nessas últimas, acentua-se o elemento dinâmico dos modos de subjetivação: as formas de relação consigo mesmo, os procedimentos e as técnicas mediante as quais se elabora essa relação, os exercícios que levam o sujeito a constituir-se como objeto de conhecimento, as práticas que lhe permitem transformar seu próprio ser (**HS2**, 37). Na moral penitencial do cristianismo, desde princípios do século XIII até o começo da Reforma, encontramos um exemplo das formas morais que adquirem uma forma jurídica; na moral da Grécia clássica, um caso de sistema de regras rudimentares. Ver: *Ascese*.

Poder pastoral. "A individualização do homem ocidental durante o longo milênio do pastorado cristão foi levada a cabo pagando o preço da subjetividade" (**STP**, 237). Ver: *Poder pastoral*.

Parresia. Os dois últimos cursos que Foucault ministra no Collège de France têm como eixo a noção e a prática da *parresia*. Ver: *Parresia*. Esta pode ser entendida como uma forma de subjetivação, em particular no que concerne aos cínicos, aos quais Foucault dedica uma atenção particular. Ver: *Cinismo*.

Subjetividade, verdade.Quanto à relação entre subjetividade e verdade, podemos fazer a Foucault três perguntas. 1) Filosófica: acerca da possibilidade de uma verdade para o sujeito em geral (como pode conhecê-la). 2) Positivista: busca averiguar se podemos conhecer a verdade do sujeito. 3) Histórico-filosófica: trata-se de sua própria interrogação, que indaga, nas relações que o sujeito estabelece consigo mesmo desde o momento em que essa relação deve passar pela verdade acerca dele mesmo, que experiência fazemos de nós mesmos desde o momento em que existem esses discursos (**SV**, 11-14). Na terceira modalidade, "a verdade é concebida essencialmente como um sistema de obrigações" (**SV**, 15), e não do ponto de vista do conteúdo do conhecimento. Em resumo, Foucault afirma que seu interesse se concentra na maneira como "as subjetividades como experiências de si e dos outros se constituem através das obrigações de verdade, através dos nexos do que se poderia chamar a veridicção" (**SV**, 15). As obrigações de verdade pelas quais Foucault se interessa particularmente são as que concernem à sexualidade.

Sujeito de desejo, sujeito de direito. O tema geral de *Les Aveux de la chair*, o quarto volume da *Histoire de la sexualité*, é a formação da experiência cristã da carne; mas também se poderia dizer que trata, em última instância, da constituição da subjetividade cristã, na qual funda suas raízes a subjetividade moderna. Por um lado, Foucault mostra, a partir da apropriação-reformulação das práticas filosóficas da Antiguidade, em particular do exame de consciência, como o sujeito fez de sua própria subjetividade, dos movimentos de seu pensamento, dos segredos de sua consciência um objeto de conhecimento que devia explorar de maneira contínua para descobrir sua própria verdade. Por outro lado, em particular com Santo Agostinho, a experiência cristã da carne tornou possível a conjunção do sujeito de desejo com o sujeito de direito; desse modo, permitiu articular em torno do sujeito as formas de veridicção com as jurídicas, o dizer verdadeiro com a codificação das condutas (**HS4**, 360). Ver a sessão *Confissões da carne* do verbete *Carne*. Ver também: *Si mesmo*.

273. TÁTICA / *Tactique*

Segundo Foucault, haveria que estudar os jogos de poder "em termos de tática e estratégia, em termos de regra e de acaso, de aposta e objetivos" (**DE3**, 542). Os conceitos de tática e estratégia se inscrevem, em um primeiro momento, no marco da hipótese Nietzsche, isto é, do poder considerado como luta (**IDS**, 40). Em *Surveiller et punir*, por exemplo, propõe abordar a problemática do castigo da perspectiva da tática política (**SP**, 28), considerar a disciplina como uma tática (**SP**, 151). Nesse contexto, Foucault define a tática nos seguintes termos: "A arte de construir, com os corpos localizados, as atividades codificadas e as aptidões formadas, aparatos nos quais o produto de diferentes forças se encontra potencializado por sua combinação calculada" (**SP**, 169). Com relação à estratégia e à tática no âmbito militar, observa que, nos grandes Estados do século XVIII, o exército garantia a paz civil por duas razões: por um lado, porque era uma espécie de espada cuja ameaça era constante; por outro, porque sua técnica e seu saber podiam projetar-se sobre todo o corpo social. "A estratégia é o que permite compreender a guerra como uma maneira de conduzir a política entre os Estados; a tática é o que permite compreender o exército como um princípio para manter a ausência de guerra na sociedade civil" (**SP**, 170). • As disciplinas definem uma tática de poder que responde a três critérios: fazer com que o exercício do poder seja o menos custoso possível em termos econômicos e políticos (tornar o poder menos exterior, menos visível), conseguir o maior efeito sobre o corpo social e acrescentar a utilidade e a docilidade de todos os elementos do sistema (**SP**, 219-220). • Foucault também se refere à polivalência tática dos discursos; nesse caso, trata-se de uma consideração metodológica que consiste em tomar os discursos como segmentos descontínuos, cuja função não é nem uniforme nem estável. A multiplicidade dos elementos discursivos pode, com efeito, desempenhar diversos papéis em diferentes estratégias (**HS1**, 132-133). • Uma tática discursiva é um dispositivo de saber e poder que, enquanto tática, pode transferir-se a outra situação de enfrentamento entre forças e também converter-se na lei de formação de um saber; por exemplo, a tática discursiva do discurso histórico (**IDS**, 169-170). Ver: *Estratégia*, *Técnica*.

274. TÉCNICA, TECNOLOGIA / *Technique, Technologie*

As práticas definem o campo de estudo de Foucault, incluídos os dispositivos e as epistemes. Ver: *Prática*. Estas se definem pela regularidade e pela racionalidade que acompanham os modos de fazer, e que têm, por outro lado, um caráter reflexo: são objeto de reflexão e análise. Os termos "técnica" e "tecnologia" agregam à ideia de prática os conceitos de estratégia e tática. Com efeito, estudar as práticas como técnicas ou tecnologia consiste em situá-las em um campo que se define pela relação entre meios (táticas) e fins (estratégia). Foucault utilizou esses termos e conceitos, em primeiro lugar, para estabelecer uma metodologia de análise do poder (a disciplina e o biopoder), e depois estendeu-os ao estudo da ética. • Abordar o estudo do poder em termos de estratégia e de tática, e não em termos jurídicos, implica analisar o poder como uma tecnologia (**DE3**, 229). Afirma Foucault: "Os mecanismos do poder, os procedimentos de poder, devem ser considerados como técnicas, isto é, como procedimentos que foram inventados, aperfeiçoados, que se desenvolvem sem cessar. Existe uma verdadeira tecnologia do poder ou, mais precisamente, dos poderes, que tem sua própria história" (**DE4**, 189). • Foucault assinala a obra de Pierre Clastres, *A sociedade contra o Estado: ensaios de antropologia política*, de 1974, como um esforço para deixar de lado as concepções do poder em termos de regra e proibição (que são sustentadas, por exemplo, por Durkheim e Lévi-Strauss) e abordá-lo em termos de tecnologia (**DE4**, 184).

Tecnologia política do corpo. Segundo as regras de método propostas em *Surveiller et punir*, trata-se de "tentar estudar a metamorfose dos métodos punitivos a partir de uma tecnologia política do corpo na qual se poderia ler uma história comum às relações de poder e às relações de objeto [relações de saber]" (**SP**, 28). O estudo dessa metamorfose mostra, com efeito, que existe uma matriz comum, por exemplo, à história do direito penal e à das ciências humanas. A expressão "tecnologia política do corpo" quer dar conta, precisamente, dessa matriz comum às relações de poder e às relações de saber que têm por objeto o corpo. Para sermos mais precisos, Foucault quer mostrar que há um saber do corpo que não só se ocupa de entender seu funcionamento, mas também se apresenta como cálculo, organização, e que, em relação às forças do corpo, é muito mais que a capacidade de vencê-lo (como ocorria no suplício): é, antes, a capacidade de manejá-lo. Foucault sustenta que esse saber e esse manejo (*maîtrise*) constituem o que se poderia chamar "tecnologia política do corpo" (**SP**, 31), cujo objetivo consiste em obter corpos úteis e dóceis. Por isso, a disciplina é uma tecnologia, não uma instituição ou um aparato (**SP**, 217). Ver: *Disciplina*. No mesmo sentido, como conjunção do saber e do poder sobre o corpo, pode-se falar de uma tecnologia do sexo, de uma tecnologia cristã da carne e de uma tecnologia política da vida (**HS1**, 119, 149, 191). Para se referir às tecnologias do poder, Foucault também fala da tecnologia de governo, da tecnologia política dos indivíduos e da tecnologia reguladora da vida (por exemplo, em **DE4**, 814, 820; **IDS**, 222).

Tékhne toû bioû (técnica de vida). Para os gregos, a própria vida era objeto de uma técnica, de uma arte de vida (**DE4**, 615). • A propósito da evolução da cultura de si mesmo na Antiguidade, Foucault sustenta que o grande problema grego não era a *técnica de si mesmo*, mas a *técnica de vida* (**DE4**, 390). Acerca dessa evolução em termos de autofinalização do cuidado, ver: *Cuidado*. • A tecnologia de si implica a reflexão sobre os modos de vida, sobre a escolha da existência, sobre a maneira de regular a conduta, de fixar para si mesmo os fins e os meios (**DE4**, 215). • Também encontramos em Foucault, com um sentido idêntico, a expressão "técnica de existência" (**DE4**, 215).

Tecnologia da verdade. A ciência e a filosofia têm pressuposto que a verdade é algo que espera ser desvelado na medida em que nosso olhar se oriente na direção correta. Foucault sustenta outra ideia, ancorada de maneira profunda em nossa civilização, segundo a qual a verdade não é algo que nos espera, mas algo que se produz. A verdade não seria, então, da ordem do que é, mas da ordem do acontecimento (*événement*). Nosso autor afirma que a verdade "não se dá pela mediação dos instrumentos; é provocada mediante rituais; é atraída pelas astúcias, captada de acordo com a ocasião: mediante a estratégia, não através do método" (**DE2**, 694). Por isso pode-se falar de uma *tecnologia da verdade* a propósito dos meios para produzi-la: do conhecimento dos lugares onde se produz, dos tempos em que é produzida, dos rituais que a produzem (**DE2**, 693-694). Um exemplo dessa tecnologia é o duelo como prova judicial da verdade. Outro exemplo é a tecnologia da confissão.

Dispositivos de poder. Enquanto o termo "técnica" faz referência a determinado mecanismo de poder, o termo "tecnologia" remete ao conjunto de mecanismos e, em particular, às correlações que se instauram entre eles (**STP**, 10-11). Ver: *Dispositivo*.

275. TELEOLOGIA / *Téléologie*

Arqueologia. A arqueologia quer liberar-se do que constitui a filosofia da história, a racionalidade e a teleologia do devir (**AS**, 20). Aborda a história das práticas discursivas "em uma descontinuidade que nenhuma teleologia reduziria de antemão" (**AS**, 264).

Ética. A teleologia moral define um dos quatro elementos da noção foucaultiana de ética. Ver: *Ética*.

276. TERRITÓRIO / *Territoire*

A propósito das metáforas espaciais que utiliza em seus trabalhos, em particular nas descrições arqueológicas, Foucault realiza algumas precisões. "Território" é uma noção geográfica, mas antes de tudo é uma noção jurídico-política que designa o que é controlado por determinado tipo de poder. "Campo" é uma noção econômico-jurídica. Quanto a "deslocamento", assinala que o que se desloca é um exército, a tropa, a população. "Domínio" é uma noção econômico-jurídica. "Solo" é uma noção histórico-geológica. "Horizonte", uma noção pictórica e também estratégica. A única noção autenticamente geográfica é "arquipélago", e Foucault a emprega na expressão "arquipélago carcerário" (**DE3**, 32). "Campo", "posição", "território", como termos político-estratégicos, indicam como o militar ou o administrador se inscrevem com efeito no solo ou nas diferentes formas de discurso. "Metaforizar as transformações do discurso mediante um vocabulário temporal conduz necessariamente à utilização do modelo da consciência individual, com sua temporalidade própria. Tentar decifrá-las, em vez disso, através de metáforas espaciais estratégicas permite captar, precisamente, os pontos pelos quais os discursos se transformam em, através e a partir das relações de poder"

(**DE3**, 33). • O curso no Collège de France nos anos 1977-1978 tem por título *Sécurité, territoire, population*. O território é o elemento fundamental do principado de Maquiavel e da soberania jurídica do soberano na definição dos filósofos e teóricos do direito da época. Na literatura das artes de governar, a definição de governo não se refere ao território. O objeto do governo é uma espécie de conjunto complexo constituído pelos homens e pelas coisas: os homens em suas relações e seus nexos, em seu entrelaçamento com as coisas (as riquezas, os recursos e também o território) (**DE3**, 643). A soberania sobre o território se converte, desse modo, em um elemento secundário da arte de governar. • A ciência da polícia é uma arte de governar e um método para analisar a população que habita um território (**DE4**, 160). O que interessa à polícia é a coexistência dos homens em um território, suas relações de propriedade, o que produzem, o que intercambiam etc. Ver: *Razão de Estado*. "Em sua origem, a noção de polícia designava unicamente um conjunto de regramentos destinados a assegurar a tranquilidade de uma cidade, mas nesse momento [século XVIII] a polícia se converte no tipo de racionalidade para o governo de todo o território. O modelo da cidade se converte na matriz a partir da qual se produzem os regramentos que se aplicam ao conjunto do Estado" (**DE4**, 272). • Embora a ideia de um território vazio seja aceitável do ponto de vista político e jurídico, o exercício da soberania supõe uma multiplicidade de sujeitos políticos e jurídicos (**STP**, 13). "Quer se trate de um soberano coletivo ou individual, um bom soberano é aquele que está bem situado dentro de um território. E um território que está bem governado no nível de sua obediência ao soberano é um território que tem uma boa disposição espacial" (**STP**, 16). Na primeira lição do curso *Sécurité, territoire, population*, Foucault se ocupa da espacialidade da soberania, isto é, do território, a propósito das correntes de urbanismo dos séculos XVI e XVII e, sobretudo, dos dispositivos de segurança. • À diferença do poder do político grego, que se exerce sobre o território, o poder do pastor se exerce sobre os indivíduos (**DE3**, 719).

277. TERTULIANO (~160-~220)

A figura de Tertuliano ocupa lugar central nas últimas investigações de Foucault, em particular nos cursos *Du gouvernement des vivants* e *Subjectivité et vérité* e no quarto volume da *Histoire de la sexualité*, *Les Aveux de la chair*, a propósito das questões da confissão, do exame, dos *aphrodísia* e da carne. Graças às obras de Tertuliano, afirma Foucault, o cristianismo e sua moral têm sido o que são (**DGDV**, 105). Ver: *Confissão, Exame, Aphrodísia, Carne*.

278. TOTALIDADE / *Totalité*

Se a filosofia foi, a partir de Hegel, um pensamento da totalidade, a arqueologia e a genealogia foucaultianas buscam pensar o saber e o poder sem os referir a nenhuma forma de totalidade (**AS**, 155). A formação discursiva não é uma totalidade em desenvolvimento, é antes um espaço no qual encontramos lacunas, vazios, ausências e limites (**AS**, 156). Por isso, para Foucault, a tarefa não consiste em descrever os enunciados como uma totalidade fechada e pletórica de significação, mas como uma figura lacunar e desgarrada (**AS**, 164). •

No mesmo sentido, e assim como Deleuze, em lugar de pensar o poder em termos de totalidade, Foucault busca a relação entre teoria e práxis em termos fragmentários e parciais. Ver: *Deleuze*. • A ideia de uma filosofia em busca da totalidade é, para Foucault, relativamente recente, própria do século XIX; a filosofia atual, por sua vez, abandonou essa ideia em favor de uma concepção da disciplina como atividade de diagnóstico (**DE1**, 611-612).

Economia. A economia é, para Foucault, uma disciplina que não tem acesso à totalidade e, por isso, é ateia (**NB**, 285-286).

279. TRADIÇÃO / *Tradition*

A arqueologia deve levar a cabo um trabalho negativo, isto é, liberar-se de todas as categorias utilizadas na análise histórica para manter a ideia de continuidade. Entre elas encontra-se a noção de tradição, que permite oferecer um estatuto temporal singular a um conjunto de fenômenos ao mesmo tempo sucessivos e idênticos e retomar a dispersão da história na forma do mesmo (**AS**, 31).

280. TRANSCENDENTAL / *Trascendental*

A problemática do transcendental aparece vinculada a duas temáticas centrais do pensamento de Foucault: a formação da analítica da finitude e a constituição da metodologia arqueológica e genealógica. • O homem, na analítica da finitude, é uma "estranha dualidade empírico-transcendental, visto que é um ser tal que nele se tomará conhecimento daquilo que faz" (**MC**, 329). Ver: *Homem*. • A arqueologia não remete a análise do saber a nenhuma instância transcendental que o funde (**AS**, 251). Ver: *A priori histórico, Arqueologia*.

281. TRANSGRESSÃO / *Transgression*

"A ideia de uma experiência do limite, que subtrai o sujeito a si mesmo, foi para mim o mais importante na leitura de Nietzsche, Bataille e Blanchot, e o que, por tediosos, por eruditos que sejam meus livros, fez que sempre os concebesse como experiências diretas, tendentes a arrancar-me de mim mesmo, a impedir-me de continuar sendo o mesmo" (**DE4**, 43). As experiências do limite às quais se refere Foucault são a *morte de Deus*, em Nietzsche; a *transgressão*, em Bataille; e o *fora*, em Blanchot, pelas quais se interessou sobretudo em seus trabalhos da década de 1960, quando a literatura desempenhou para ele um papel fundamental na hora de se orientar filosoficamente. Essas experiências do limite animam todo o seu trabalho filosófico, e pode-se ver nelas uma parte do que desenvolverá mais tarde a partir das noções de *éthos*, de atitude de Modernidade e de ontologia histórica de nós mesmos. Essa última, com efeito, não é uma teoria, e sim uma atitude na qual a análise dos limites traz, em si mesma, a prova de sua possível transgressão. Ver: *Éthos, Ontologia do presente*. • A transgressão é um gesto que concerne ao limite, ambos se implicam mutuamente. Mas transgredir, para Bataille, não consiste em opor-se ao limite ou negá-lo, mas antes o contrário: em afirmá-lo (**DE1**, 236-237). A transgressão não opõe nada a nada, não é da ordem do escandaloso ou do subversivo, nem da dialética, nem da revolução. A transgressão afirma o limite como ilimitado (**DE1**, 238). Só se pode compreender a relação entre transgressão e limite a partir da morte de Deus. A transgressão, com efeito, é um gesto de profanação em um mundo que já não reconhece nenhum sentido positivo no sagrado. A morte de Deus suprime, em nossa existência, o limite do Ilimitado. Mas a supressão do Ilimitado como limite de nossa existência não é a supressão do limite, é experiência do limite, da finitude, do "reino ilimitado do Limite" (**DE1**, 235). • "A morte de Deus não nos restitui a um mundo limitado e positivo, mas a um mundo que se desenrola na experiência do limite, faz-se e se desfaz no excesso que a transgride" (**DE1**, 236). Por isso, essas experiências do limite (a transgressão, o fora e a morte de Deus), à diferença da *analítica da finitude* (ver: Homem), não buscam fundar o limite a partir do limitado ou, segundo a expressão usada em *Les Mots et les choses*, pensar o finito a partir do finito (**MC**, 329). Nessas experiências do limite, a existência finita, que já não está limitada pelo limite do Ilimitado, é conduzida ao seu próprio limite, ao seu desaparecimento (**DE1**, 235). A experiência do erotismo, da sexualidade, em Bataille, a da linguagem, em Blanchot, são experiências da dissolução e do desaparecimento do sujeito (**DE1**, 614-615). • Essas experiências do limite, como experiências de dessubjetivização, constituem um dos caminhos pelos quais Foucault se afasta da fenomenologia e da filosofia dialética, do hegelianismo e do marxismo, que buscam estabelecer e recuperar, para além de toda dispersão, a função fundadora do sujeito (**DE4**, 43, 48-49). As experiências do limite representam a possibilidade de outro pensamento, nem fenomenológico nem dialético. A partir de um movimento exatamente inverso ao da sabedoria ocidental, isto é, ao que prometia a unidade serena de uma subjetividade triunfante, essa outra possibilidade do pensamento se situa nessa linguagem sem sujeito que aparece nas obras de Bataille ou Blanchot, na literatura em seu sentido moderno (**DE1**, 244). • Em um primeiro momento, Foucault liga as experiências do limite ao estruturalismo e ao funcionalismo, a Dumézil e a Lévi-Strauss, nos quais o sujeito da fenomenologia e da dialética se dissolve (**DE1**, 615). Mais tarde, a noção de transgressão e as experiências do limite em geral se articulam com as noções de práticas de si mesmo e de resistência. Ver: *Luta, Prática, Resistência, Sujeito*. Por isso, como dissemos, nessas experiências do limite, pode-se ver uma parte do que constitui o trabalho de Foucault em seus últimos anos; mas apenas uma parte. O desaparecimento do sujeito-fundamento nas experiências do limite conjuga-se, agora, com a análise da constituição histórica do sujeito. A noção foucaultiana de ética busca, precisamente, problematizar a relação do sujeito consigo mesmo, pela qual este se dá historicamente uma forma. Em idêntico sentido, no registro político de seu pensamento, a noção de resistência articula o conteúdo histórico das lutas. Como na experiência da transgressão, nas práticas de subjetividade e nas lutas de resistência, não se trata de situar-se para além do limite – isto é, em termos arqueológicos e genealógicos, além do saber e do poder – ou de fundar a finitude mediante uma analítica. Nem fundamento infinito nem fundamento finito. Mas nelas já não se busca apenas afirmar um limite cuja transgressão implique o desaparecimento do sujeito, mas também articular relações de saber e de poder como possibilidades de subjetivação e de liberdade. Ver: *Liberdade*. • "É evidente que Sade foi o primeiro a articular, até fins do século XVIII, a palavra 'transgressão'. Podemos até dizer que sua obra é o ponto que, ao mesmo tempo, retoma e torna possível toda palavra de transgressão" (**LGE**, 86).

U

282. UBUESCO / *Ubuesque*

O termo "ubuesco", como permitem precisar as notas da publicação do curso *Les Anormaux*, faz referência à obra de Alfred Jarry *Ubu rei*. O adjetivo foi introduzido na língua francesa em 1922 para se referir a alguém de caráter absurdo e caricatural (**AN**, 26, nota 20). Foucault o utiliza para falar do poder. Refere-se ao poder ubuesco como "maximização dos efeitos de poder a partir da desqualificação daquele que os produz" (**AN**, 12). Se a relação entre verdade e justiça foi uma das preocupações maiores da filosofia ocidental, se o pensamento ocidental sempre quis dotar o poder de um discurso de verdade, na medida em que o poder é capaz de funcionar do outro extremo da racionalidade (e se mostra, por isso, como inevitável), o ubuesco aparece como "uma categoria exata da análise histórico-política" (**AN**, 12). "O grotesco é um dos procedimentos essenciais da soberania arbitrária. O grotesco é também um procedimento inerente à burocracia aplicada. Que a máquina administrativa, com seus efeitos de poder inevitáveis, passe pelo funcionário medíocre, nulo, imbecil, cheio de caspa, ridículo, arruinado, pobre, impotente, tudo isso foi uma das características essenciais das grandes burocracias ocidentais" (**AN**, 13). • *Ubu rei* é, para dizê-lo brutalmente, uma paródia de *Macbeth*. O poder, que em Shakespeare aparece em seu aspecto trágico, em *Ubu rei* mostra, em vez disso, seu reverso ridículo e grotesco.

283. UTOPIA / *Utopie*

Clássica, moderna. Para a Época Clássica, a utopia era sobretudo o sonho da origem, de um mundo que assegurava o desdobramento ideal de um quadro ordenado no qual cada coisa, com suas identidades e diferenças, tinha seu lugar. Essa apreciação foucaultiana da utopia clássica tem um vínculo estreito, como vemos, com a descrição da episteme clássica em termos de ordem e representação. Ver: *Episteme clássica*. Na episteme do século XIX, por sua vez, quando o saber já não persegue o ideal de um quadro ordenado de representações, mas o encadeamento temporal do devir, a utopia consiste, precisamente, no desdobramento desse devir. Já não se trata da utopia da origem, mas do desenlace, do fim da história (**MC**, 274-275).

Poder, disciplina. O "modelo peste", atravessado pelas hierarquias, pela vigilância, pelo olhar e pela escritura, expressa a utopia de uma cidade perfeitamente governada (**SP**, 200). Ver: *Lepra*. • O modelo da prisão de Bentham, por sua vez, expressa a utopia do aprisionamento perfeito (**SP**, 207). • O panóptico é a utopia de uma sociedade e de um tipo de poder: a sociedade que conhecemos na atualidade. "Vivemos em uma sociedade onde reina o panoptismo" (**DE2**, 594). • Há dois tipos de utopias: as utopias proletárias e socialistas, que têm a propriedade de não se realizar, e as utopias capitalistas, que têm a má tendência de se cumprir. A utopia da fábrica-prisão se realizou (**DE2**, 611), embora – como detalha Foucault – não como estava escrita e descrita (**DE3**, 628).

Experiência. "Eu oporia […] a experiência à utopia. A sociedade futura se esboça, talvez, através de experiências como a droga, o sexo, a vida comunitária, outra consciência, outro tipo de individualidade… Se no século XIX o socialismo científico derivava das utopias, no século XX a socialização real quem sabe derive das experiências" (**DE2**, 234).

Liberalismo. "Não se pode dizer, então, que o liberalismo seja uma utopia que nunca se realizou, exceto se se considera que o núcleo do liberalismo sejam as projeções que teve de formular de suas análises e de suas críticas. Não se trata de um sonho que se chocou com uma realidade e não conseguiu inscrever-se nela. Constitui, e essa é a razão de seu polimorfismo e de sua recorrência, um instrumento crítico da realidade" (**DE3**, 821). Ver: *Liberalismo*.

Habermas. Foucault considera utópica a ideia de um estado de comunicação em que os jogos de verdade possam circular sem obstáculos: a ideia de uma comunicação perfeitamente transparente (**DE4**, 727). Ver: *Habermas*.

Corpo. "Le corps utopique" é o título de uma conferência de Foucault de 1966, publicada em 2009. "A utopia é um lugar fora de todos os lugares, mas um lugar onde teria um corpo sem corpo, um corpo que seria belo, límpido, transparente, luminoso, veloz, colossal em sua potência, infinito em sua duração, delgado, invisível, protegido, sempre transfigurado. Talvez a primeira utopia, a mais difícil de se desenraizar do coração dos homens, tenha sido justamente a utopia de um corpo incorpóreo" (**CUH**, 10).

V

284. VERDADE, VERIDICÇÃO / *Vérité, Véridiction*

No verbete "Foucault" do *Dictionnaire des philosophes*, o próprio Foucault, sob o pseudônimo de Maurice Florence, define seu projeto intelectual em relação à verdade (**DE4**, 632). Ali sustenta que quis realizar uma história crítica do pensamento, uma história da emergência dos jogos de verdade, isto é, "não da descoberta das coisas verdadeiras, mas das regras segundo as quais, a propósito de determinadas coisas, o que um sujeito pode dizer remete à questão do verdadeiro e do falso" (**DE4**, 632). Dessa perspectiva, Foucault também caracteriza seu trabalho como uma história política da verdade (**HS1**, 81; **DE3**, 257; **SV**, 239), isto é, uma história das relações entre verdade e poder. • Pois bem, é necessário ter em conta que, desde seu primeiro curso no Collège de France, as *Leçons sur la volonté de savoir*, com a introdução da noção de vontade na arqueologia do saber, até seus últimos cursos, nos quais emergem os conceitos de regime de verdade e, sobretudo, de veridicção e *parresia*, a concepção foucaultiana das relações entre poder e verdade, em grande medida, inverteu-se. O interesse de Foucault, para expressá-lo em poucas palavras, deslocou-se da verdade do poder para o poder da verdade.

Um momento de transição. De acordo com o estado atual das publicações de Foucault, a expressão "história da verdade" aparece pela primeira vez nas *Leçons sur la volonté de savoir* (**LVS**, 36, 195, 100, 208), em que Foucault trata de estabelecer "uma teoria da vontade de saber que possa servir de fundamento para as análises históricas" (**LVS**, 3), que ele se propõe levar a cabo. Com esse propósito, Foucault retoma os problemas e conceitos dos quais se havia ocupado anteriormente, sobretudo em *L'Archéologie du savoir* e *L'Ordre du discours*, acerca da arqueologia dos discursos. Com efeito, com a introdução da noção de vontade, tema geral do curso de 1970-1971, busca resolver um dos maiores desafios de sua arqueologia: oferecer uma explicação das mutações epistêmicas. Para isso, Foucault recorrerá à ideia de "uma vontade de saber, anônima e polimorfa, suscetível de transformações regulares" (**LVS**, 218). Com relação a essa época, isto é, aos inícios da década de 1970, na qual introduz a noção de vontade na arqueologia dos saberes e em cujo marco aparece a ideia de uma história da verdade, em uma conversação de 1977, Foucault sustentará que por essa época tinha uma concepção inadequada do poder e, portanto, também das relações entre poder e verdade. Segundo suas palavras, trata-se de um momento de transição (**DE3**, 228).

Acontecimento e dominação. No percurso pela cultura clássica grega que Foucault realiza nas *Leçons sur la volonté de savoir*, nosso autor aborda o *Édipo Rei*, de Sófocles. Édipo não é visto como o personagem que narra o "destino de nossos instintos ou de nosso desejo", mas como quem traz à luz "o sistema de coerção ao qual obedece, desde os gregos, o discurso de verdade nas sociedades ocidentais" (**LVS**, 185), isto é, a submissão aos fatos verificáveis. Desse ponto de vista, referindo-se à configuração que se estabelece entre poder e verdade nessa tragédia de Sófocles, Foucault introduz algumas precisões acerca da noção de acontecimento discursivo: não é um fato histórico determinado, situado no espaço e no tempo, nem algo que tenha lugar no discurso, no texto, mas algo policéfalo, "sempre uma dispersão, uma multiplicidade" cujo efeito é definir "o lugar e a função de determinado tipo de discurso, a qualificação de quem pode fazê-lo, o domínio de objetos ao qual se refere, a classe de enunciados aos quais dá lugar" (**LVS**, 187). Por isso, continua Foucault, retomando Nietzsche, em lugar de estabelecer uma origem a partir da qual toma forma e se desenvolve, uma história da verdade em termos de acontecimentos enunciativos busca mostrar "a verdade como um efeito, no nível das práticas discursivas dessas lutas" (**LVS**, 188). Foucault se refere às lutas, que analisa ao longo do curso, na sociedade grega da época de Platão e Aristóteles: o endividamento dos camponeses, a introdução da moeda, o deslocamento dos rituais de purificação etc. Mas de imediato, na mesma página, a relação entre lutas de classes e verdade é levada à sua formulação mais geral. Uma história da verdade em termos de acontecimento deve mostrar: como as lutas de classes recorrem a determinado discurso, como os discursos são a colocação em jogo nas lutas, como nas lutas de classes se estabelece quem pode ter determinados discursos, os objetos do discurso e, em última instância, como os discursos ocultam também as lutas que os tornaram possíveis. • Em um anexo incluído nas *Leçons sur la volonté de savoir*, imediatamente depois das páginas que acabamos de citar, os editores incorporam um fragmento da transcrição do curso. O anexo começa com algumas observações sobre as interpretações do *Édipo Rei*, de Sófocles, e prossegue com outras que, a nosso ver, são de caráter metodológico e, ao mesmo tempo, permitem-lhe recapitular a tarefa de levar a cabo uma história da verdade da perspectiva nietzschiana, que Foucault assume nesse momento de transição. A "aplicabilidade do modelo nietzschiano", segundo a expressão da qual se vale o próprio autor, implica a tarefa de pôr em prática quatro princípios: o de exterioridade ("por trás do saber há algo distinto do saber"), o de ficção ("a verdade é um efeito da ficção e do erro"), o de dispersão (não é o sujeito o que tem a verdade, ela passa por uma multiplicidade de acontecimentos) e o de acontecimento (**LVS**, 190). Foucault sustenta que a aplicação desses princípios permite subtrair-se ao princípio da exegese e da textualidade, para situar-se na história dos acontecimentos discursivos e reencontrar a função do discurso dentro da sociedade (**LVS**, 191-192). • Na "Leçon sur Nietzsche" incluída em *Leçons sur la volonté de savoir*, Foucault volta ao modo como a "aplicabilidade do modelo nietzschiano", a articulação das "análises dos sistemas de signos na análise das formas de violência e de dominação", permite-lhe abordar o estudo dos discursos ao eludir a primazia tanto do signo quanto da interpretação, isto é, dos modelos estruturalista e, de acordo com a terminologia utilizada aqui, fenomenológico. Nesse contexto, Foucault define o saber como o "conhecimento liberado da relação sujeito-objeto" (**LVS**, 205) ou, positivamente, retomando uma formulação do começo do curso, como um conjunto de acontecimentos discursivos (**LVS**, 31). • A introdução da noção de vontade na arqueologia dos saberes é levada a cabo então, por um lado, através de uma leitura histórica das morfologias da verdade na antiga Grécia e, por outro, a partir dos conceitos nietzschianos. Por esse caminho, que rompe com grande parte da tradição filosófica, a noção de vontade não remete aqui à capacidade de um sujeito de determinar suas ações em relação ao que considera o verdadeiro e o bom, mas a um conjunto disperso de acontecimentos anônimos: luta, violência, dominação. Nesse sentido, a vontade é um lugar de dessubjetivação. A articulação entre vontade e verdade não se dá através da liberdade, mas da violência (**LVS**, 206-207).

Duas histórias da verdade. O curso no Collège de France ministrado entre novembro de 1973 e fevereiro de 1974, *Le Pouvoir psychiatrique*, ocupa um lugar de muita relevância na trajetória teórica de Foucault. Se, em *L'Archéologie du savoir,* nosso autor enfrentava a dupla tarefa de desfazer-se das categorias tradicionais da história do conhecimento e elaborar os novos instrumentos conceituais da arqueologia do saber, a partir de *Le Pouvoir psychiatrique*, a questão do poder será objeto de uma operação similar. Por um lado, deixará de lado categorias tradicionais como ideologia, dominação da classe burguesa ou repressão; por outro, ensaiará outras formas de análise do poder que o conduzirão, alguns anos mais tarde, à centralidade da noção de governo. Por esse caminho, como veremos, Foucault tomará distância do modelo nietzschiano ao qual havia recorrido em seus trabalhos dos anos 1970-1976. • Mas, para alcançar uma compreensão adequada dessa reorientação de seu pensamento, é necessário considerar as projeções das *Leçons sur la volonté de savoir* em *Le Pouvoir psychiatrique*, para além do fato de esse curso ter marcado um ponto de inflexão em relação aos trabalhos anteriores. Entre as projeções, a distinção entre conhecimento e saber, precisamente nos termos em que aparece no curso de 1970-1971, dá lugar a um extenso parêntese, no qual Foucault expõe uma "pequena história da verdade em geral" (**PP**, 235), onde encontramos, por um lado, a verdade-demonstração, e, por outro, a verdade-acontecimento. Embora o vocabulário utilizado não seja uniforme, a primeira corresponde à história do conhecimento, e a segunda, à história do saber. • Foucault define a verdade-demonstração mediante os conceitos de universalidade e método. Em princípio, está presente em todas as partes e é acessível a todos, sob a condição de que se utilizem os procedimentos adequados; a ciência, por exemplo, pertence a essa concepção da verdade. A verdade-acontecimento, em vez disso, tem lugares e tempos próprios, sujeitos e vias de acesso privilegiados; os oráculos ou as práticas jurídicas são exemplos dessa concepção. Foucault resume isso nos seguintes termos: "Vemos, consequentemente, duas séries na história ocidental da verdade. A série da verdade descoberta, constante, constituída, demonstrada, e a série da verdade que não é da ordem do que é, mas do que acontece; uma verdade, portanto, que não se apresenta na forma do descobrimento, mas do acontecimento; uma verdade que não se constata, e sim que suscita, é perseguida e se produz de maneira mais que apofântica; uma verdade que não se dá por meio de instrumentos, mas é provocada por rituais, captada por artimanhas, que é aferrada quando surge a ocasião" (**PP**, 237). • A propósito dessas duas séries da verdade, Foucault propõe três teses: a verdade-demonstração deriva da verdade-acontecimento, a verdade-demonstração colonizou a verdade-acontecimento e, apesar disso, a verdade-acontecimento persiste até nossos dias. Quanto a esse último aspecto, Foucault pensa, com efeito, nas formas jurídicas da verdade, na psiquiatria e nas ciências humanas em geral. Dessa perspectiva, sustenta que a tarefa que define a arqueologia do saber consiste em revelar como a verdade-demonstração é, em suma, uma forma derivada da verdade-acontecimento (**PP**, 238). • Para falar da história da verdade-acontecimento, Foucault se serve também da expressão "história política da verdade" (**DE2**, 550, 1994; **DE3**, 14, 158; **HS1**, 81; **STP**, 5; **SV**, 239, 241). Ele a introduz em "La vérité et les formes juridiques" como contraposição às concepções do conhecimento nietzschiana e kantiana, seguindo a mesma linha argumentativa das *Leçons sur la volonté de savoir*. Definitivamente, a verdade, como sustenta em *La Volonté de savoir*, não é livre por natureza: está sempre atravessada por relações de poder (**LVS**, 81).

Regime de verdade, veridicção. *Le Pouvoir psychiatrique* se situa no momento muito significativo nas investigações de Foucault em que certas categorias habituais no estudo do poder são objeto de crítica (representação, violência, ideologia etc.), e, como consequência disso, são introduzidas as noções de microfísica do poder e dispositivo. Ao longo de sua exposição, Foucault sustenta, precisamente para opor-se às noções de ideologia e representação, que o poder é algo físico. Insiste com ênfase em que todo poder é físico (**PP**, 15). Isso não significa que a questão da verdade tenha sido deixada de lado. Ao contrário, a análise das relações entre dispositivos de poder e jogos de verdade constitui um dos objetivos centrais do curso. A tese interpretativa de Foucault consiste em afirmar que a constituição de um discurso de verdade no campo da psiquiatria é um efeito da disposição espacial da instituição asilar (**PP**, 103). A reticulação celular do espaço e a distribuição dos corpos e do olhar tornam possível essa visibilidade individualizante que constitui, para nosso autor, a condição material para a formação do discurso e da verdade das disciplinas, em particular daquelas que começam com o prefixo "psico". • Pois bem, no marco dessa tese interpretativa acerca das relações entre dispositivos de poder e jogos de verdade, o próprio Foucault assinala de forma explícita uma dificuldade que terá relevância maior em suas investigações posteriores. A propósito das práticas do tratamento moral da loucura no século XIX e de um de seus representantes mais significativos, o doutor François Leuret, com suas célebres duchas de água gelada nas quais exige-se do paciente que confesse sua loucura, Foucault observa: "Coloca-se um problema que atualmente não sou capaz de resolver, [...] de que maneira, com efeito, o relato da própria vida do paciente pôde converter-se em uma peça essencial, com usos múltiplos, em todos esses procedimentos para encarregar-se dos indivíduos e discipliná-los. Por que contar sua vida se converteu em um episódio da empresa disciplinar?" (**PP**, 158). Para além desse caso particular, a observação de Foucault aponta para um problema de maior alcance, o das relações entre a verdade do poder – encarnada aqui pelo doutor Leuret e seu saber psiquiátrico – e o poder da verdade, a confissão do paciente. • Foucault analisará em duas outras oportunidades a cena do doutor Leuret e seu paciente. Em 1980, durante um ciclo de conferências no Dartmouth College publicadas sob o título *L'Origine de l'herméneutique de soi*, e no ano seguinte, em *Mal faire, dire vrai: fonction de l'aveu en justice*, um curso na Universidade Católica de Louvain. No primeiro caso, utiliza a cena para introduzir-se nesse horizonte muito mais amplo que o da história da psiquiatria do curso dos anos 1973-1974, que Foucault denomina uma genealogia da subjetividade moderna (**OHS**, 33). A cena do doutor Leuret aparece, desse modo, como um dos exemplos paradigmáticos das relações entre discurso e verdade acerca de si mesmo, que atravessam a história da subjetividade ocidental desde os gregos até nossos dias. No segundo caso, a cena do doutor Leuret inaugura uma série de exposições nas quais Foucault leva a cabo, também desde os gregos até nossos dias, um percurso pelas diferentes formas da confissão (**MFDV**, 2-3). • *L'Origine de l'herméneutique de soi* e *Mal faire, dire vrai* haviam sido precedidos pelo curso no Collège de France de 1979-1980, *Du gouvernement des vivants*, também dedicado à questão da confissão. Ali não aparece a cena de Leuret, mas são elaborados os conceitos, em especial o de regime de verdade (*régime de vérité*), a partir dos quais é abordada posteriormente a prática da confissão e são enfrentadas as questões que haviam ficado pendentes em *Le Pouvoir psychiatrique*.

Veridicção. Embora alcance seu maior desenvolvimento em *Du gouvernement des vivants*, é necessário assinalar que a noção de regime de verdade não é nova nas investigações de Foucault. Se deixamos de lado algumas aparições dispersas, seus primeiros esboços são encontrados no curso *Naissance de la biopolitique*. Também nesse curso aparece, embora nessa oportunidade, sim, pela primeira vez, a noção de veridicção, não em relação à confissão, à qual logo será aplicada, mas ao liberalismo e, mais precisamente, ao mercado. • Com efeito, em *Naissance de la biopolitique*, o surgimento dos conceitos de regime de verdade e de veridicção está estreitamente vinculado ao que Foucault denomina "época da política" (**NB**, 20), isto é, ao processo pelo qual, durante os séculos XVII e XVIII, com o surgimento do liberalismo, busca-se estabelecer um princípio de autolimitação da ação de governar. É necessário ressaltar que se trata de um princípio interno à própria ação de governar e, portanto, diferente da instância jurídica do direito, que funciona, por sua vez, como uma limitação externa da política. Precisamente em relação ao princípio de autolimitação, Foucault fala de regime de verdade e de veridicção, de uma manifestação da verdade que tem lugar na própria ação de governar. Segundo Foucault, no liberalismo, essa função é desempenhada pelo mercado. Por isso, mais que como um mecanismo para a determinação dos preços através do jogo da oferta e da procura, na análise da racionalidade política moderna, na época da política, é necessário abordar o mercado como um dispositivo de veridicção intrínseco à prática governamental, como um regime de verdade que nos diz, precisamente, se se está governando bem ou mal. Já não se trata, então, de ver apenas como determinados dispositivos de poder produzem determinadas verdades, mas do modo como a veridicção, nesse caso do mercado, entra em relação com o poder para estabelecer os limites de seu exercício. • A propósito da emergência da noção de veridicção, é necessário assinalar que, com *Naissance de la biopolitique* e com o curso anterior, *Sécurité, territoire, population*, Foucault em certa medida fecha o ciclo de investigações acerca do poder que havia iniciado quase uma década antes. Esse ciclo conclui com a afirmação da centralidade das noções de governo e de governamentalidade como categorias analíticas do poder. Como dirá em termos sucintos: "O modelo de relação próprio do poder não deve ser buscado, então, do lado da violência e da luta, nem do lado do contrato e do nexo voluntário (que no máximo só podem ser instrumentos), mas do lado desse modo de ação singular, nem guerreiro nem jurídico, que é o governo" (**DE4**, 237). Também é importante assinalar que, a partir das noções de governo e governamentalidade, Foucault embarcará em uma nova leitura dos gregos, que o conduzirá, como veremos, à análise da veridicção no mundo clássico e helenístico. Como consequência desses deslocamentos, a questão da verdade já não poderá ser enfrentada por Foucault nos mesmos termos em que o fazia no período que ele mesmo denominou como seu momento de transição. • Em *Du gouvernement des vivants*, cujo tema geral já não é o liberalismo nem o neoliberalismo, mas a confissão na Grécia clássica e, sobretudo, na história do cristianismo, a noção de regime de verdade adquire outras conotações. Em primeiro lugar, Foucault fala de regime de verdade para referir-se ao modo como o ato de manifestação da verdade (**DGDV**, 77-78), nesse caso da confissão, está acompanhado de determinadas formas de obediência, coerção política e obrigações jurídicas que, precisamente, exigem-na e regulam em suas formas (**DGDV**, 92). Como ocorre com as expressões "regime político" ou "regime penal", para retomar os exemplos aduzidos pelo autor, o termo "regime" remete aos elementos institucionais nos quais se inscreve determinada manifestação da verdade. Mas, em segundo lugar, Foucault também fala de regime de verdade para referir-se à "força da verdade", à coerção que ela mesma pode exercer na medida em que é reconhecida como tal. • Duas observações serão suficientes para pôr em evidência o alcance das modificações que Foucault introduziu em sua concepção das relações entre poder e verdade com relação àquelas que propôs nas *Leçons sur la volonté de savoir*. Em *Du gouvernement des vivants*, com efeito, encontramos a seguinte definição do saber: "O regime do saber é o ponto em que se articulam um regime político de obrigações e coerções e esse regime de obrigações e coerções particular que é o regime de verdade" (**DGDV**, 99). A partir dessa perspectiva, Foucault volta a se estender sobre o *Édipo Rei*, de Sófocles. Mas, em consonância com o que acabamos de dizer sobre a noção de regime de verdade e, em especial, sobre a ideia de uma força da verdade como limite do poder, a interpretação que nos oferece dez anos depois de seu primeiro curso põe a ênfase agora na relação entre tirania e verdade, entre o jogo do poder e o jogo da verdade (**DGDV**, 59), ou, uma vez mais, na verdade como limite do poder.

Parresia. as noções de regime de verdade e de veridicção, como assinalamos, remetem ao contexto institucional no qual se inscreve determinado ato de manifestação da verdade, mas também à força mesma da verdade e do dizer verdadeiro. A consideração de ambos os sentidos resulta necessária para uma abordagem histórica e teórica do dispositivo da confissão, que – diga-se de passagem – é aquilo ao qual Foucault, em última instância, dedicou maior atenção e espaço em suas investigações. Com efeito, na confissão, em que se trata de manifestar a verdade na forma da subjetividade, de dizer a verdade acerca de si mesmo, deparamos com as formas institucionais nas quais se inscrevem os atos de fala e com os efeitos que esses atos produzem no sujeito que os leva a cabo. Em seu curso na Universidade de Louvain de 1981, Foucault resume esses dois aspectos: "A confissão é um ato verbal pelo qual o sujeito faz uma afirmação acerca do que é, liga-se a essa verdade, situa-se em uma relação de dependência com relação aos outros e, ao mesmo tempo, modifica a relação que tem consigo mesmo" (**MFDV**, 7). Com efeito, é o que acontece quando alguém diz: "Te amo", "Pequei", "Cometi um delito" etc., e a especificidade da confissão, seja judicial, religiosa ou simplesmente interpessoal, depende, se tomarmos o conceito em um sentido amplo, da maneira como os efeitos da manifestação da verdade se articulam com os elementos institucionais nos quais têm lugar. • Em *Subjectivité et vérité* – em que retoma os desenvolvimentos teóricos de *Du gouvernement des vivants* e os aplica ao material que será objeto dos volumes segundo e terceiro da *Histoire de la sexualité* –, a respeito da relação do sujeito com a verdade em determinado regime de verdade, Foucault precisa: "Trata-se da verdade como nexo, da verdade como obrigação, da verdade também como política, e não da verdade como conteúdo do conhecimento nem como estrutura da forma do conhecimento" (**SV**, 15). A verdade é, em resumo, um sistema de obrigações. • Pois bem, em seus dois últimos cursos no Collège de France, entre os anos 1982 e 1984, *Le Gouvernement de soi et des autres* e *Le Courage de la vérité,* Foucault se interessa por uma forma de manifestação da verdade acerca de si mesmo que não funciona em termos performativos, e sim dramáticos: não se inscreve nem se articula com formas institucionais, define-se, antes, por seu caráter disruptivo em relação a elas e pela implicação do sujeito, no sentido de que aquilo que diz é com efeito verdadeiro, em uma espécie de pacto consigo mesmo, não com os outros, e com independência de seu status ou sua função social (**GSA**, 64). Trata-se da forma do dizer verdadeiro que os antigos denominaram *parresia*, o falar livre e franco, ao qual nosso autor dedica um pormenorizado estudo na tradição platônica e cínica. Ver: *Parresia*.

Liberdade. Nas *Leçons sur la volonté de savoir*, seu curso de 1970-1971, Foucault afirma que, em Nietzsche, vontade e verdade não se articulam entre si através da liberdade, mas da violência, e desse modo rompe com a tradição filosófica ocidental (**LVS**, 206). Pois bem, nos enunciados parresiásticos, sobretudo porque não se definem em termos performativos e, portanto, não se caracterizam a partir do estatuto social do sujeito do enunciado, o indivíduo faz valer sua liberdade como sujeito que fala. Segundo a descrição de Foucault, "há *parresia* quando há liberdade na enunciação da verdade, liberdade do ato pelo qual o sujeito diz a verdade e liberdade também do pacto pelo qual o sujeito que fala se vincula com o enunciado e com a enunciação da verdade" (**GSA**, 63). Essa relação entre verdade e liberdade se converte, ademais, em "uma característica recorrente, permanente e fundamental da relação da filosofia com a política" (**GSA**, 265-266). Foucault sustenta, com efeito, que deve haver uma correlação entre a filosofia e a política, pois é essencial para a racionalidade política entrar em relação com o dizer verdadeiro da filosofia e, para esta, passar pela instância de realidade do político. Dessa perspectiva, nosso autor afirma: "É indispensável, para que uma filosofia – tanto na atualidade como na época de Platão – faça sua prova de realidade, que ela seja capaz de um dizer verdadeiro a respeito da ação [política], que diga o verdadeiro em nome de uma análise crítica, de uma filosofia, de uma concepção dos direitos, de uma concepção da soberania etc." (**GSA**, 266). Desse modo, a *parresia*, como prática que se constitui a partir de uma relação entre verdade e liberdade, termina por definir, para Foucault, a tarefa da filosofia e a figura do filósofo.

Jogos de verdade. A "Introduction" a *L'Usage des plaisirs*, segundo volume de *Histoire de la sexualité*, reveste-se de um caráter metodológico e ao mesmo tempo retrospectivo. Por um lado, Foucault explica as modificações e os deslocamentos teóricos que teve de enfrentar para abordar a questão do sujeito. Por outro, à luz desses deslocamentos, oferece uma visão de conjunto de todos os seus trabalhos. Nesse contexto, aparece pela primeira vez, ao menos entre os textos publicados até o momento, a expressão "jogos de verdade". Depois de estudar os jogos de verdade na ordem do saber e na ordem do poder, Foucault se propõe agora "estudar os jogos de verdade na relação do sujeito consigo mesmo" (**HS2**, 12). • "O termo 'jogo' pode induzir a erro; quando digo 'jogo', refiro-me a um conjunto de regras de produção da verdade. Não é um jogo no sentido de imitar ou fazer a comédia de... é um conjunto de procedimentos que conduzem a determinado resultado, que não pode ser considerado, em função de seus princípios e de suas regras de procedimento, como válido ou não, vencedor ou perdedor" (**DE4**, 725).

Regime de veridicção. Em *Naissance de la biopolitique*, Foucault apresenta uma recapitulação de seu trabalho a partir da perspectiva dos regimes de veridicção. De acordo com ela, desde a época de *Histoire de la folie à l'âge classique*, tentou uma história dos regimes de veridicção acoplada a uma história do direito (**NB**, 36). No caso da loucura, por exemplo, tratava-se de mostrar o surgimento da psiquiatria a partir das instituições de enclausuramento, que se articulavam mediante mecanismos jurisdicionais. No caso das instituições penais, o objetivo era revelar como estas, ligadas desde o princípio aos mecanismos jurisdicionais, desenvolveram determinada prática veridiccional. É a mesma função que desempenhou o mercado na formação da governamentalidade moderna. "A crítica que lhes proponho consiste em determinar em que condições e com quais efeitos se exerce uma veridicção, isto é, uma vez mais, um tipo de formulação que remete a determinadas regras de verificação e de falsificação" (**NB**, 37). • Em *Le Courage de la vérité*, seu último curso no Collège de France (1984), Foucault compara quatro figuras do dizer verdadeiro na Antiguidade, a fim de distinguir a primeira das outras três: a *parresia*, a profecia, a sabedoria e a técnica. O profeta não fala em seu nome, mas no de outro, busca entabular uma espécie de mediação entre presente e futuro e nunca se expressa com total clareza, senão, antes, mediante enigmas; o parresiasta, ao contrário, fala em seu nome, refere-se ao que são nesse momento aqueles que o ouvem e expõe com nitidez a verdade (**CV**, 16-17). O sábio remete a uma verdade recebida por tradição acerca do ser do mundo e das coisas que acontecem. É uma figura ligada ao silêncio e à distância, inclusive ao retiro da vida pública. O parresiasta não mantém distância e, em vez disso, corre o risco de dizer toda a verdade; não revela a seu interlocutor quem é, mas o ajuda em seu próprio reconhecimento (**CV**, 18-19). Quanto ao termo "técnica", é necessário tomá-lo com o sentido e o alcance que possui no grego clássico (*tékhne*). Assim, Platão fala de "técnicos" para referir-se ao médico, ao músico, ao diretor de um ginásio etc., isto é, àqueles que possuem determinado saber fazer, que receberam e, além disso, devem transmitir. Em termos mais atuais, essa figura do dizer verdadeiro corresponde à do professor, o que ensina. O técnico ou o professor se diferenciam do parresiasta por não correm nenhum risco pelo fato de transmitirem o saber que receberam; pelo contrário, essa atividade os une e os vincula àqueles que recebem o saber que lhes comunicam. • Cada uma dessas quatro figuras do dizer verdadeiro, da veridicção, implica personagens diferentes (o profeta, o sábio, o técnico, o parresiasta), formas diferentes da palavra (enigmática, apodítica, demonstrativa, polêmica) e também domínios diferentes (o destino, o ser, a *tékhne*, o *éthos*) (**CV**, 25, 27).

Vontade de verdade. Além do exposto acerca da vontade de verdade nas *Leçons sur la volonté de savoir*, é necessário ter em conta os desenvolvimentos de *L'Ordre du discours*. Ali, entre as formas de exclusão discursiva, procedimentos para conjurar os poderes e os perigos do discurso, Foucault enumera a divisão entre o verdadeiro e o falso (**OD**, 15). Ver: *Discurso*. A propósito do caráter histórico e modificável da separação entre o verdadeiro e o falso, assinala como, na época dos poetas gregos do século VI a.C., o discurso verdadeiro era pronunciado por quem tinha o direito de fazê-lo e segundo o ritual requerido. Um século mais tarde, ao contrário, a verdade do discurso não residia naquilo que o orador era ou fazia, mas no que dizia. "Entre Hesíodo e Platão estabeleceu-se determinada divisão que separou o discurso verdadeiro e o falso; uma separação nova, porque daí em diante o discurso verdadeiro já não será mais o discurso precioso e desejável, já não será mais o discurso ligado ao exercício do poder" (**OD**, 17-18). Essa separação deu a forma geral à vontade de verdade: a verdade é da ordem daquilo que o discurso diz. Mas essa forma geral também sofreu modificações. A vontade de verdade do século XIX não coincide com a da Época Clássica, que consiste mais em ver, em verificar, do que em comentar: trata-se da aplicação técnica dos conhecimentos. A vontade de verdade, ademais, apoia-se nos suportes institucionais: as práticas pedagógicas, os sistemas de edição, as bibliotecas, os laboratórios. Mas, por outro lado, exerce uma espécie de pressão ou coerção sobre os outros discursos. A literatura ocidental, por exemplo, teve de se apoiar no natural, no verossímil, na ciência, isto é, no discurso verdadeiro. Os outros sistemas de exclusão – a palavra proibida e a separação entre razão e loucura – tornaram-se cada vez mais frágeis e derivaram para a vontade de verdade. Apesar disso, para Foucault, a vontade de verdade é, entre todos os sistemas de exclusão, aquele do qual menos falamos. "Como se para nós a vontade de verdade e suas peripécias estivessem mascaradas pela verdade mesma em seu desenvolvimento necessário. E a razão talvez seja esta: se o discurso verdadeiro já não é mais, desde os gregos, o que responde ao desejo ou o que exerce o poder, na vontade de verdade, na vontade de dizê-la, nesse discurso verdadeiro, o que está em jogo, senão o desejo e o poder? O discurso verdadeiro, que a necessidade de sua forma torna independente do desejo e libera do poder, não pode reconhecer a vontade de verdade que o atravessa; e a vontade de verdade, que nos foi imposta há muito tempo, é tal que a verdade que ela quer não pode não mascará-la" (**OD**, 21-22). • Ao propor uma verdade ideal como lei do discurso, o discurso filosófico fortaleceu essas formas de controle discursivo que são as formas de exclusão que mencionamos (**OD**, 47-48). • Restituir ao discurso seu caráter de acontecimento é uma maneira de questionar nossa vontade de verdade (**OD**, 53).

Predicação, universidade. Na Antiguidade, os modos de dizer verdadeiro da sabedoria e da *parresia* se entrelaçaram e deram lugar a uma forma filosófica do dizer verdadeiro. Mais adiante, na Idade Média, as figuras do profeta e do parresiasta se acoplaram à do predicador; e as do sábio e do professor, à do mestre universitário. "Parece-me que a Predicação e a Universidade são instituições próprias da Idade Média, nas quais vemos agrupar-se, de duas em duas, as funções das quais lhes falei e que definem um regime de veridicção, um regime de dizer verdadeiro muito diferente daquele que se podia encontrar no mundo helenístico e greco-romano, onde a *parresia* e a sabedoria estavam mais bem combinadas" (**CV**, 29).

Discurso filosófico, revolucionário e científico. Na época moderna, a forma do dizer verdadeiro do profeta foi assumida pelo discurso revolucionário; a modalidade do sábio, pelo discurso filosófico; a modalidade técnica, pelo discurso científico (**CV**, 29-30).

Ontologia do discurso de verdade. Uma ontologia dos discursos de verdade deve se propor três questões: 1) qual é a função própria de determinado discurso a partir do momento em que introduz determinado jogo de verdade?; 2) que modo de ser esse discurso confere ao real?; 3) que modo de ser esse discurso impõe ao sujeito de sua enunciação? (**GSA**, 285). Essa ontologia implica considerar o discurso como uma prática, conceber a verdade a partir dos jogos de veridicção e entender toda ontologia como uma ficção (**GSA**, 285-286).

Exercício do poder e manifestação da verdade. Em *Du gouvernement des vivants*, Foucault distingue cinco maneiras de conceber as relações entre exercício do poder e manifestação da verdade. 1) O princípio da razão de Estado: a verdade que há que manifestar é a do Estado como objeto da ação governamental (Giovanni Botero). 2) O princípio da razão econômica: a verdade à qual o Estado deve adequar-se é a das coisas, a de seus processos (François Quesnay). 3) O princípio de competência: a verdade provém de saberes específicos (Henri de Saint-Simon). 4) O princípio Rosa Luxemburgo: o poder funciona na medida em que oculta uma verdade da qual há que apoderar-se. 5) O princípio Soljenítsin: o poder funciona fazendo conhecer a verdade para produzir medo e terror (**DGDV**, 14-17).

Ver: *Aleturgia, Parresia.*

285. VONTADE DE SABER / *Volonté de savoir*

O curso no Collège de France dos anos 1970-1971, *Leçons sur la volonté de savoir*, tem por objeto o estudo do que Foucault denomina "morfologia da vontade de saber" (**LVS**, 3), em particular, o estudo das formas como terminou por se inscrever ou subordinar-se ao conhecimento e à verdade. Essa subordinação deu lugar, segundo suas próprias palavras, ao "dilema kantiano": "Como conhecer o conhecimento fora do conhecimento?" (**LVS**, 26). O propósito de Foucault ao estudar a morfologia da vontade de saber é responder a essa pergunta e, assim, abrir o caminho para uma análise histórica do saber de cunho diferente do que costumam empreender os historiadores da filosofia e das ciências, para quem o conhecimento e a verdade são os conceitos-guia. Foucault, por sua vez, entende por saber "o que é necessário arrebatar à interioridade do conhecimento para encontrar aí o objeto de um querer, o fim de um desejo, o instrumento de uma dominação, o que está em jogo em uma luta" (**LVS**, 18). Por isso, *Leçons sur la volonté de savoir* poderia ser considerado um curso-dobradiça no pensamento de Foucault. O caráter material do discurso, que já havia saído à luz em *L'Archéologie du savoir*, adquire ali sua dimensão genealógica específica.

Aristóteles. Foucault começa com um exame detalhado do texto inicial da *Metafísica*, em que Aristóteles sustenta que o desejo de conhecer é natural para todos os homens. Esse texto, que foi determinante para a cultura ocidental, por um lado sanciona a subordinação do saber ao conhecimento e à verdade, de modo que o corpo e o desejo (de onde a princípio havia partido o estagirita ao sustentar que o prazer das sensações é a prova da naturalidade do conhecimento) são deixados à parte. Por outro lado, ao subordinar o saber ao conhecimento e à verdade, exclui, ao mesmo tempo, uma série de saberes: o saber trágico (que mata e cega), o saber dos sofistas (objeto de uma aprendizagem convertida em mercadoria) e o saber platônico da reminiscência (**LVS**, 16-17). Foucault sustenta que, na argumentação aristotélica, a verdade assegura a passagem do desejo ao conhecimento, funda a anterioridade do conhecimento em relação ao desejo e torna possível a identificação do sujeito do desejo e do conhecimento (**LVS**, 24). Ao modelo aristotélico Foucault opõe o modelo nietzschiano, no qual o saber é um acontecimento na superfície de processos que não são da ordem do conhecimento (**LVS**, 31).

Os sofistas. Mais adiante na *Metafísica*, Aristóteles remete ao prazer que podem produzir as sensações inúteis, e assim prova a afirmação da naturalidade do conhecimento, ao mesmo tempo que elabora uma história da filosofia que pode ser considerada paradigmática com relação ao modo de encarar a historicidade do saber. Esta é possível, com efeito, pela função metodológica desempenhada pela noção de verdade. De acordo com o sistema aristotélico das causas, a verdade é a causa eficiente, material, formal e final da história da filosofia: produz o movimento da filosofia, é seu conteúdo, e o vínculo com a verdade constitui a filosofia que, como tal, dirige-se a ela (**LVS**, 33-34). Dito de outra maneira, na história da filosofia, sempre nos movemos dentro da filosofia mesma, na interioridade da verdade. Pois bem, a respeito dessa interioridade, os sofistas situam-se fora: representam a exterioridade pura. O discurso dos sofistas, com efeito, não está constituído, para Aristóteles, por argumentos falsos, mas por falsos argumentos. Seus discursos são, simplesmente, argumentos aparentes, não reais. Isso se deve a que os sofistas se movem na dimensão material do discurso. Não se trata apenas de que as palavras sejam escassas em relação aos seres e, portanto, deem lugar, entre outros, ao jogo das homonímias, senão da própria materialidade do discurso. Segundo Foucault, está em jogo uma quádrupla materialidade do discurso: linear (a sucessão de palavras e seus possíveis deslocamentos), serial (a inscrição no conjunto de discursos anteriores), "acontecimental" (o fato de algo ter sido dito) e agônica (o fato de remeter a lutas e rivalidades) (**LVS**, 46, 58). Em suma, "o sofista não se apoia na estrutura elementar da proposição, mas na existência do enunciado", em suas condições materiais de existência (**LVS**, 59). As palavras são como coisas e, portanto, não podem estabelecer com as outras coisas uma relação de significação. Desse modo, por um lado, o funcionamento dos sofismas se assemelha ao juramento e ao nexo jurídico entre uma declaração e o sujeito que a emite. Por outro, dá lugar a um jogo de luta e enfrentamento. A oposição fundamental não é verdadeiro/falso, mas vencedor/vencido. Em última instância, para um sofista, trata-se de defender seu discurso; em termos materiais, de poder mantê-lo contra os embates de quem se opõe a ele, e não de alcançar a verdade. • No outro extremo do discurso sofístico, o *lógos* apofântico busca estabelecer a relação do ser com a idealidade. A exclusão da materialidade, a soberania outorgada à relação entre o significante e o significado e o privilégio concedido ao pensamento são, para Foucault, solidários dessa operação que estabeleceu os fundamentos da ciência e da filosofia no Ocidente (**LVS**, 66).

As formas jurídicas da verdade. Depois de contrapor o modelo apofântico aristotélico ao modelo discursivo dos sofistas, Foucault retrocede para mostrar o lugar de emergência da noção de verdade. A análise se dirige, então, às transformações que a prática judicial sofreu na Grécia. Nesse processo, o ponto inicial está constituído pelas disputas judiciais entre os guerreiros homéricos; o estado final, pelas formas jurídicas da época de Demóstenes. Assim, abrange desde os séculos VIII e VII até o século IV a.C. No momento inicial, a verdade não é da ordem do que se diz; situa-se, antes, em uma dimensão agônica: os contendores aceitam, mediante juramento, enfrentar a potência dos deuses (em particular, a de Zeus), que, por sua vez, não estão submetidos à verdade (**LVS**, 73-74). A verdade, nesse sentido, não é algo que deva ou exija ser verificado, mas algo que se jura pelos deuses. Na Grécia clássica, em vez disso, a palavra verdadeira é da ordem do testemunho. Pois bem, já em Hesíodo, na oposição entre *dikazein* e *krinein*, vemos como vai tomando forma a distância entre essas duas diferentes formas jurídicas da verdade. Na prática judicial expressa pelo verbo "*dikazein*", a verdade ainda é da ordem do juramento; mas já não se trata de submeter-se só à memória futura dos deuses, mas também à memória presente das leis que possuem os reis ou, em todo caso, determinada classe. Por isso, além de enfrentar os deuses, os contendores, ao jurar a verdade, enfrentam-se entre si. Dessa maneira, a vitória estará determinada pela posição social e pela riqueza dos rivais, e pelos favores ou dons que possam brindar àqueles que aplicam uma lei confiada à memória de uma classe. Na prática que expressa o verbo "*krinein*", ao contrário, é o juiz quem presta juramento e quem decide, mas sua decisão está submetida a uma lei escrita. No âmbito do *krinein,* aparece a noção do justo (*dikaion*) vinculada à lei como *nómos*. Desse modo, evita-se que mediante a prática de jurar a verdade se possa cometer uma injustiça. A prática judicial se entrelaça, assim, com o discurso político do exercício da soberania e com o discurso do saber da ordem do mundo e da medida (**LVS**, 93). Foucault analisa, nesse contexto, uma série de deslocamentos sobre os quais se apoia a decisão do juiz: já não está em jogo a lei concebida como *thesmós*, a memória das leis, mas uma lei escrita (*nómos*); a verdade-desafio cede seu lugar à verdade-saber; a soberania dos deuses é deslocada pela soberania política (**LVS**, 103-104). Mais adiante nessa série de transformações, a relação entre o justo e o verdadeiro sofrerá um novo deslocamento. O saber do justo se dissociará do aparato do Estado e do exercício direto do poder político. Desse modo, não só a verdade-desafio-enfrentamento será deixada de lado, mas também a verdade-poder característica dos regimes políticos orientais que inspiraram as transformações gregas. Esse abandono e deslocamento em direção à verdade-saber do justo, da ordem e da medida tem lugar no contexto das transformações políticas e sociais dos séculos VII e VI a.C.: empobrecimento das classes mais pobres, transformações do exército com a aparição dos hoplitas, constituição do artesanato, novas formas de organização política. O estabelecimento do justo responde, então, à necessidade de implantar novas formas de distribuição e de ordenamento do poder e da riqueza. Para isso, foram necessárias a aparição da moeda, a disposição de leis escritas e a formação de um aparato judicial inspirado em um modelo religioso (**LVS**, 123).

A moeda (*nomisma*), a lei (*nómos*), novas práticas jurídicas e religiosas. No que concerne à instauração da moeda, Foucault se afasta da interpretação tradicional segundo a qual sua origem se explica pelas razões comerciais do intercâmbio e, nesse sentido, é um signo das coisas que funcionaria em termos similares aos fetiches. De seu ponto de vista, ao menos em relação à instauração da moeda na Grécia, o registro econômico se cruza com o religioso. Através da moeda, os mecanismos rituais do sacrifício se convertem em uma prática social que busca resolver os conflitos de classe (**LVS**, 130). Por isso, mais que como um signo, funciona como um simulacro (**LVS**, 131). A moeda é o instrumento de medida que, ao evitar o excesso, permite manter a ordem na cidade com uma nova distribuição do poder nos âmbitos religioso, econômico e político. Desse modo, serve para estabelecer a relação entre o justo e o verdadeiro, ao determinar, por exemplo, o valor de uma dívida. • Também a interpretação foucaultiana do *nómos*, em oposição ao *thesmós*, toma distância de posições habitualmente aceitas. Com efeito, para Foucault, o fundamental da regra não radica em seu caráter escrito – algo que, por outro lado, nem sempre ocorria –, mas no fato de que rompe o nexo que existia entre a oralidade do *thesmós* e a "fulguração do evento" no qual se exerce a justiça, e se desvincula do exercício personalizado do poder (**LVS**, 145). O *nómos* busca garantir a igualdade de ricos e pobres perante a lei. Foucault sublinha que desse modo aparece uma noção absolutamente nova: a pólis, a cidade-Estado, na qual todos os cidadãos têm o poder. Portanto, o poder já não é patrimônio exclusivo de alguns enquanto outros o padecem, mas aparece como "o que se exerce de maneira pontual e instantânea nos gestos, nas palavras, nas ordens ou nas formas ritualizadas de arrecadação" (**LVS**, 153). Essa distribuição do poder, no entanto, serve para manter determinada atribuição das riquezas; por isso, Foucault sustenta que a moeda, em última instância, funciona como instrumento para ocultar a distância entre a ordem política e a ordem econômica ou, em sentido mais estrito, a dependência da política em relação à economia. • Com a instauração da moeda e do *nómos*, a lei escrita, constroem-se, como vemos, novas relações entre o poder e a verdade. O mesmo ocorre com a sobreposição entre o jurídico e o religioso, entre crime e impureza. À diferença do que sucedia na Grécia arcaica, através das mudanças que se produzem entre os séculos VII e VI a.C., o estabelecimento da verdade se converterá em uma condição necessária para os rituais de purificação. Será preciso, então, determinar quais foram os fatos e quem é o impuro. Não basta, como antes, enfrentar aos deuses mediante o juramento. Desse modo, o registro do puro e do impuro se distribuirá segundo a separação entre o verdadeiro e o não verdadeiro. Mas esse não é o único vínculo entre impureza-crime e verdade. O impuro, o criminoso, é, por sua vez, o que desconhece a verdade do *nómos* (**LVS**, 180-181). Essa reorganização das relações entre criminalidade, impureza e verdade tem lugar, segundo a análise detalhada de Foucault, na adaptação das práticas religiosas às novas formas políticas da pólis; por exemplo, a integração dos cultos familiares à religião da cidade. Em relação à nova configuração dos vínculos entre o religioso, o jurídico e o político, Foucault volta, a propósito do criminal-impuro, a uma tese interpretativa que já havia sustentado, em *Histoire de la folie à l'âge classique*, acerca da loucura: "A prática da exclusão é constitutiva da separação entre o puro e o impuro, não seu resultado" (**LVS**, 173).

O sábio, o povo e o tirano. Em torno das relações entre a verdade e a nova configuração religioso-jurídico-política, perfilam-se, segundo Foucault, as figuras do sábio, que conhece a ordem das coisas, do poder popular, que ignora o *nómos* e segue apenas seus interesses, e do tirano, que oscila entre ambos (**LVS**, 183-184).

Acontecimento. *Leçons sur la volonté de savoir* conclui, como assinala seu editor, de uma maneira abrupta, pois faltam algumas páginas nos arquivos de Foucault. Numa tentativa de sanar esse fato, o editor incluiu, junto às notas do curso, as conferências sobre Nietzsche e sobre "Le savoir d'Œdipe". Mas o final abrupto não carece, porém, de conclusão. As conclusões, breves, a modo de observações, concernem à noção de acontecimento discursivo. Em primeiro lugar, assinala Foucault, um acontecimento é sempre uma dispersão, uma multiplicidade. "Por acontecimento discursivo não entendo um fato que teria lugar em um discurso, em um texto, mas um acontecimento que se dispersa nas instituições, nas leis, nas vitórias ou derrotas políticas, nas reivindicações, nos comportamentos, nas revoltas, nas reações" (**LVS**, 187). A verdade aparece, então, como um efeito das lutas no nível do discurso. Mas esse efeito, observa Foucault em segundo lugar, não é da ordem da expressão nem do reflexo.

Nietzsche, conhecimento, verdade. A conferência sobre Nietzsche, que a edição francesa coloca ao final do curso dos anos 1970-1971, foi proferida em 1971 na Universidade McGill, no Canadá, e é contemporânea da publicação do célebre artigo "Nietzsche, la généalogie, l'histoire", em homenagem a Jean Hyppolite. Os temas dos dois, além disso, têm vínculos estreitos. Um dos eixos principais é a afirmação do caráter inventado do conhecimento, com a qual Nietzsche se opõe à tese aristotélica sobre a naturalidade do ato de conhecer. Pois bem, enquanto, em "Nietzsche, la généalogie, l'histoire", a preocupação fundamental de Foucault é trazer à luz o sentido da tarefa genealógica em relação à questão da origem, em "Leçon sur

Nietzsche", tal como o explicita o subtítulo, trata-se de "como pensar a história da verdade sem apoiar-se na verdade" (**LVS**, 195). Em primeiro lugar, Foucault retoma os textos nietzschianos para mostrar em que sentido o conhecimento é uma invenção. O mundo, com efeito, é para Nietzsche essencialmente diferente: é um conjunto de relações sempre diferentes entre si. O fato de que o conhecimento tenha sido inventado significa que foi imposto a essas diferenças, a fim de agrupá-las, o jogo das analogias e das semelhanças, e, para nomeá-las, os signos. O sujeito aparece, então, como a vontade, o princípio dessas imposições, e o objeto, por sua vez, como o ponto de aplicação dos signos, das marcas, das palavras. Por isso, o conhecimento, em Nietzsche, não é abordado a partir da relação entre um sujeito (um *cogito*, uma consciência) e uma coisa. Em lugar dessa relação, encontramos o jogo das imposições, dos signos, das interpretações. Desse modo, ressalta Foucault, o signo e a interpretação podem ser pensados para além da fenomenologia e do estruturalismo (**LVS**, 205). Em segundo lugar, Foucault se ocupa da noção de verdade em Nietzsche. Assim como o conhecimento, também esta foi inventada, e depois dele sua raiz está também na vontade. Já Platão e Kant haviam sustentado essa relação constitutiva entre vontade e verdade; também Heidegger, com sua noção de abertura (**LVS**, 206). O que diferencia Nietzsche é que essa relação não passa pela liberdade, mas pela dominação. A verdade é a violência que a vontade exerce sobre o conhecimento: é um conhecimento deformado, dominado. Entre a vontade e o saber, existe uma relação de *crueldade e destruição*. "A vontade de potência é o ponto de desintegração onde se separam e se destroem reciprocamente a verdade e o conhecimento" (**LVS**, 209-210). Ver: *Nietzsche*.

O saber de Édipo. A história de Édipo, segundo Foucault, não conta "o destino de nossos instintos e de nosso desejo", mas "a forma que a Grécia deu à verdade e a suas relações com o poder e a impureza". "Não estamos submetidos a uma determinação edípica no nível de nosso desejo, mas no nível de nosso discurso verdadeiro" (**LVS**, 185). Assim como a propósito da moeda, do *nómos* e do crime-impureza, a leitura que Foucault faz do *Édipo Rei*, de Sófocles, também se distancia das habituais (nesse caso, das psicanalíticas). Com efeito, Édipo não é a figura do inconsciente ou do desconhecimento, mas do saber excessivo, cujo modelo, a ponto de desaparecer, é o do saber dos monarcas orientais (**LVS**, 250). A tragédia de Édipo é lida como uma confrontação entre diferentes saberes e entre diferentes procedimentos, religiosos e jurídicos, para estabelecer a verdade. A respeito dos saberes, as duas partes que se ajustam, com o mecanismo do *symbolon*, para produzir a verdade são, por um lado, o saber dos deuses e, por outro, o dos escravos, do povo. No caso dos procedimentos para estabelecer a verdade, há um encontro entre a consulta do oráculo, o juramento purificatório e a *enquête du pays* (investigação junto aos habitantes de uma região) (**LVS**, 245). O saber de Édipo é o saber-poder do rei que, para escapar do saber dos deuses, do oráculo, recorre ao saber da gente; mas, desse modo, termina por anular o próprio saber, pois, no saber testemunhal do povo, confirma-se o conteúdo do oráculo. Em outros termos, o saber dos deuses toma a forma das leis da cidade. Os *nómoi* da pólis são agora o corpo visível do que os deuses quiseram. Desse modo, o rei, com seu saber excessivo e transgressor, tornado cego, é condenado a ouvir, isto é, a obedecer. "Não é, pois, a *ignorância* ou o *inconsciente* de Édipo o que aparece em primeiro plano na tragédia de Sófocles, mas, antes, a multiplicidade de saberes, a diversidade dos procedimentos que os produzem e a luta dos poderes que tem lugar através de seu enfrentamento. Em *Édipo Rei* há uma pletora de saberes. Demasiado saber" (**LVS**, 245).

286. WEBER, MAX (1864-1920)

Foucault inscreve seu trabalho na linha, entre outros, de Weber: a reflexão histórica acerca de nós mesmos, a análise histórica das relações entre a reflexão e as práticas nas sociedades ocidentais (**DE4**, 814). Mas marca com relação a Weber várias diferenças que os distanciam.

Tipo ideal. O "tipo ideal" é uma categoria de interpretação histórica com a qual o historiador vincula determinados dados, capta uma essência (por exemplo, do calvinismo ou do capitalismo) a partir de princípios gerais que, ainda que não estejam presentes em seu pensamento, permitem compreender o comportamento dos indivíduos. Para Foucault, a análise do aprisionamento penal, da psiquiatrização da loucura ou da organização de domínio da sexualidade não é uma análise em termos de tipos ideais, por várias razões. Os esquemas racionais da prisão ou do hospital não são princípios gerais que só o trabalho interpretativo do historiador permitiria descobrir; são programas explícitos. A disciplina, por exemplo, não é a expressão de um tipo ideal, mas a generalização e a vinculação de diferentes técnicas ordenadas em torno de objetivos locais (o ensino, o adestramento militar etc.). Esses programas não passam de forma integral pelas instituições. "Programas, tecnologias, dispositivos; nada disso é um tipo ideal" (**DE4**, 28).

Ascetismo. Weber colocou a questão de saber a que parte de si mesmo é necessário renunciar se se quer adotar um comportamento racional e regular a conduta em função de princípios verdadeiros. Foucault colocou a questão inversa: "O que se deve conhecer de si mesmo a fim de aceitar a renúncia?" (**DE4**, 784). Nosso autor toma o termo "ascetismo" em um sentido mais geral que Weber: não como moral da renúncia, mas como exercício do sujeito sobre si mesmo (**DE4**, 709). Ver: *Ascese*.

Iluminismo. Na França, a história das ciências serviu de suporte à questão filosófica do Iluminismo, na qual se inscreve o projeto de Max Weber (**DE4**, 766). A partir deste, a Escola de Frankfurt e muitos historiadores das ciências buscam determinar qual é a forma de racionalidade que se apresenta como dominante e como modelo da razão, para fazê-la aparecer apenas como uma das formas possíveis da racionalidade (**DE4**, 449).

Marx. "Se Marx tratou de definir e de analisar o que, em poucas palavras, poder-se-ia chamar de 'lógica contraditória do capital', o problema de Max Weber e o que Max Weber introduziu ao mesmo tempo na reflexão sociológica, na reflexão econômica e na reflexão política alemã não é o problema da lógica contraditória do capital, mas o da racionalidade irracional da sociedade capitalista" (**NB**, 109).

287. **XENOFONTE** (~430-~354 a.C.)

Encontramos em Foucault numerosas referências às obras de Xenofonte situadas no contexto da análise do tema do cuidado de si mesmo na Antiguidade e da prática da *parresia*. Essas referências contemplam uma variedade de temas: 1) Em Agesilau, de Xenofonte, o protagonista aparece como um modelo de domínio sobre si mesmo, pois renuncia a abraçar aqueles que ama (**HS2**, 27, 71; **DE4**, 552). 2) A relação entre o olhar e o prazer, isto é, a necessidade de dominar essa abertura direta à alma (**HS2**, 50). 3) O caráter dos *aphrodísia*, comum aos homens e aos animais (**HS2**, 59). 4) Os preceitos de conduta de Sócrates quanto aos prazeres da bebida, da comida e do amor (**HS2**, 61-66). 5) Sobre Ciro como exemplo de temperança, e sobre a temperança em geral (**HS2**, 69-78, 105). 6) A intemperança como mau governo de si mesmo (**HS2**, 82-84). • A valoração positiva da educação espartana. A continuidade entre o governo da própria casa, da cidade e de si mesmo. A necessidade de exercitar-se no governo de si mesmo (**HS2**, 87-92, 138; **DE4**, 721). 7) O elogio da "alma viril" da esposa (**HS2**, 97-98). 8) A relação entre liberdade e temperança, e entre temperança e dialética (**HS2**, 99-101). 9) Os deveres conjugais e o governo da própria casa. Aqui as referências fundamentais são a *Econômica*, de Xenofonte (**HS2**, 166-167, 171-195; **HS3**, 97, 173, 188-189; **HS**, 82; **DE4**, 399, **SV**, 126-145; **DV**, 160-161). 10) As relações amorosas com os mancebos (**HS2**, 220-225, 245-246, 256-257, 261). A opção entre mulheres ou homens não expressa duas tendências opostas do desejo (**HS2**, 209). 11) A figura do conselheiro do governante (**GSA**, 185-186, 277). 12) A crítica do poder pessoal, tirânico ou monárquico (**CV**, 55).

AS OBRAS E AS PÁGINAS

Com a finalidade de facilitar a localização das referências às obras de Foucault nas diferentes edições francesas e suas respectivas traduções, elaborei, para cada obra, um quadro de correspondências. Esses quadros estão ordenados alfabeticamente de acordo com as abreviaturas das obras. Adotei os seguintes critérios:

1. A cada obra foi dedicado um quadro, dividido em colunas. A última coluna da direita é reservada às entradas do índice das obras. As colunas à esquerda são utilizadas para indicar o número das páginas correspondentes.

2. As colunas que contêm os números das páginas estão encabeçadas por uma letra. Utilizo a letra "F" para a coluna que corresponde à edição na língua original (francês), a partir da qual elaborei este vocabulário. A sigla "F2", para outras edições na língua original. Para cada obra, esclareço a que edição remete à letra do cabeçalho.

3. O ponto de partida e de referência para a elaboração de cada quadro é a edição na língua original à qual se faz referência no corpo dos verbetes. A primeira coluna à esquerda corresponde a essa edição.

1. AN

F.: *Les Anormaux. Cours au Collège de France. 1974-1975*, Paris: Gallimard-Seuil, 1999.
Ed. bras.: *Os anormais*, São Paulo: Martins Fontes, 2001.

F	Índice
3	Aula de 8 de janeiro de 1975
29	Aula de 15 de janeiro de 1975
51	Aula de 22 de janeiro de 1975
75	Aula de 29 de janeiro de 1975
101	Aula de 5 de fevereiro de 1975
127	Aula de 12 de fevereiro de 1975
155	Aula de 19 de fevereiro de 1975
187	Aula de 26 de fevereiro de 1975
217	Aula de 5 de março de 1975
249	Aula de 12 de março de 1975
275	Aula de 19 de março de 1975

2. AS

F.: *L'Archéologie du savoir*, Paris: Gallimard, 1984.
F2.: *Œuvres II*, Paris: Gallimard, Bibliothèque de la Pléiade, 2015.
Ed. bras.: *A arqueologia do saber*, Rio de Janeiro: Forense Universitária, 2008.

F	F2	Índice
7	3	Introdução
29	21	I. As regularidades discursivas
31	21	1. As unidades do discurso
44	32	2. As formações discursivas
55	41	3. A formação dos objetos
68	52	4. A formação das modalidades enunciativas
75	58	5. A formação dos conceitos
85	67	6. A formação das estratégias
94	76	7. Observações e consequências
103	83	II. O enunciado e o arquivo
105	83	1. Definir o enunciado
116	92	2. A função enunciativa
139	112	3. A descrição dos enunciados
155	126	4. Raridade, exterioridade, acumulação
166	135	5. O *a priori* histórico e o arquivo
175	142	III. A descrição arqueológica
177	142	1. Arqueologia e história das ideias
184	148	2. O original e o regular
195	157	3. As contradições
205	165	4. Os fatos comparativos
216	174	5. A mudança e as transformações
232	189	6. Ciência e saber
257	210	Conclusão

3. CUH

F.: *Le Corps utopique, Les Hétérotopies*, Paris: Lignes, 2009.
F2.: *Œuvres II*, Paris: Gallimard, Bibliothèque de la Pléiade, 2015.
Ed. bras.: *O corpo utópico, as heterotopias*, São Paulo: n-1, 2013.

F	F2	Índice
7	1248	O corpo utópico
21	1238	As heterotopias

4. CV

F.: *Le Courage de la vérité: le gouvernement de soi et des autres II. Cours au Collège de France.1983-1984*, Paris: Gallimard-Seuil, 2008.
Ed. bras.: *A coragem da verdade*, São Paulo: Martins Fontes, 2011.

F	Índice
3	Aula de 1º de fevereiro de 1984. Primeira hora
23	Aula de 1º de fevereiro de 1984. Segunda hora
33	Aula de 8 de fevereiro de 1984. Primeira hora
54	Aula de 8 de fevereiro de 1984. Segunda hora
67	Aula de 15 de fevereiro de 1984. Primeira hora
87	Aula de 15 de fevereiro de 1984. Segunda hora

109	Aula de 22 de fevereiro de 1984. Primeira hora
131	Aula de 22 de fevereiro de 1984. Segunda hora
145	Aula de 29 de fevereiro de 1984. Primeira hora
163	Aula de 29 de fevereiro de 1984. Segunda hora
177	Aula de 7 de março de 1984. Primeira hora
200	Aula de 7 de março de 1984. Segunda hora
213	Aula de 14 de março de 1984. Primeira hora
231	Aula de 14 de março de 1984. Segunda hora
247	Aula de 21 de março de 1984. Primeira hora
267	Aula de 21 de março de 1984. Segunda hora
281	Aula de 28 de março de 1984. Primeira hora
296	Aula de 28 de março de 1984. Segunda hora

5. DE1

F.: *Dits et écrits I*, Paris: Gallimard, 1994.
F2.: *Dits et écrits I*, Paris: Gallimard, Collection Quarto, 2001.

Existem duas edições em francês de *Dits et écrits*. A primeira, de 1994, em quatro volumes. A segunda de 2001, em dois volumes. Para passar da numeração da primeira à da segunda, basta aplicar a seguinte fórmula, na qual "e" representa o número de página:

Dits et écrits, 1994	*Dits et écrits*, 2001
Vol. 1, e	Vol. 1, e + 28
Vol. 2, e	Vol. 1, e + 868
Vol. 3, e	Vol. 2, e
Vol. 4, e	Vol. 2, e + 819

Além dessa fórmula, na coluna "F" do quadro de cada volume da edição de *Dits et écrits*, indico a numeração correspondente à edição de 1994; na coluna "F2", a numeração de 2001.

Em português, a série *Dits et écrits* foi traduzida em vários volumes: *Ditos e escritos*, Rio de Janeiro: Forense Universitária, 1999-2014. 10 v. Utilizamos as seguintes edições: v. I: 1999, v. II: 2000, v. III: 2009, v. IV: 2006, v. V: 2006, v. VI: 2010, v. VII: 2011, v. VIII: 2012, v. IX: 2014, v. X: 2014.

F	F2	**Índice**
		1954
65	93	1. Introdução [*in* Ludwig Binswanger, *Le Rêve et l'existance*]
		1957
120	148	2. A psicologia de 1850 a 1950
137	165	3. A investigação científica e a psicologia
		1961
159	187	4. Prefácio [*in* Michel Foucault, *Historia de la locura en la Época Clásica*, 1961]
167	195	5. A loucura só existe em uma sociedade
170	198	6. Alexandre Koyré, *La Révolution astronomique: Copernic, Kepler, Borelli*

		1962
172	200	7. Introdução [*in* Jean-Jacques Rousseau, *Rousseau juiz de Jean-Jacques Rousseau: Diálogos*]
189	217	8. O "não" do pai
203	231	9. O ciclo das rãs
205	233	10. Dizer e ver em Raymond Roussel
215	243	11. Um saber tão cruel
		1963
229	257	12. Sereno da noite dos homens. Sobre Rolf Italiaander
233	261	13. Prefácio à transgressão [em homenagem a Georges Bataille]
250	278	14. A linguagem ao infinito
261	289	15. Espreitar o dia que vem
268	296	16. A água e a loucura
272	300	17. Distância, aspecto, origem
285	313	18. Uma "nova novela" de terror
		1964
288	316	19. Notícia histórica, *in* Immanuel Kant, *Antropologia no sentido pragmático*
293	321	20. Sem título [posfácio a Gustave Flaubert, *As tentações de Santo Antão*]
326	354	21. A prosa de Acteão
338	366	22. Debate sobre o romance
390	418	23. Debate sobre a poesia
407	435	24. A linguagem do espaço
412	440	25. A loucura, a ausência de obra
421	449	26. Por que se reedita a obra de Raymond Roussel? Um precursor da nossa literatura moderna
424	452	27. As palavras que sangram [sobre *A Eneida* de Pierre Klossowski]
427	455	28. O *Mallarmé* de Jean-Pierre Richard [sobre *L'Universe imaginaire de Mallarmé*, de J.-P. Richard, Seuil, 1962]
437	465	29. A obrigação de escrever
		1965
438	466	30. Filosofia e psicologia
448	476	31. Filosofia e verdade
464	492	32. *As meninas*
		1966
479	507	33. A prosa do mundo
498	526	34. Michel Foucault, *As palavras e as coisas* [entrevista a R. Bellour (*Les Lettres françaises*)]
504	532	35. Em busca do presente perdido
506	534	36. A fábula posterior
513	541	37. Conversação com Madeleine Chapsal
518	546	38. O pensamento do fora

540	568	39. O homem está morto?
545	573	40. Uma história que ficou muda
549	577	41. Michel Foucault e Gilles Deleuze querem devolver a Nietzsche seu o verdadeiro rosto [entrevista a C. Jannoud (*Le Figaro littéraire*)]
552	580	42. Que é um filósofo?
554	582	43. Era um nadador entre duas palavras
557	585	44. Mensagem ou ruído?

1967

561	589	45. Introdução geral com G. Deleuze ao volume V das *Œuvres philosophiques complètes*, de Friedrich Nietzsche
564	592	46. Nietzsche, Freud, Marx
580	608	47. A filosofia estruturalista permite diagnosticar o que é a "atualidade"
585	613	48. Sobre as maneiras de escrever a história
600	628	49. *Gramática Geral* de Port-Royal
601	629	50. Quem é o senhor, professor Foucault?
620	648	51. As palavras e as imagens

1968

624	652	52. Os desvios religiosos e o saber médico
635	663	53. Isto não é um cachimbo
651	679	54. Entrevista com Michel Foucault. Tudo se converte em objeto de um discurso
662	690	55. Foucault responde a Sartre [entrevista]
669	697	56. Um esclarecimento sobre Michel Foucault
670	698	57. Carta de Michel Foucault a Jacques Proust
673	701	58. Resposta a uma pergunta
696	724	59. Sobre a arqueologia das ciências. Resposta ao Círculo de Epistemologia

1969

732	760	60. Introdução, *in* Antoine Arnauld e Claude Lancelot, *Gramática geral e arrazoada*
752	780	61. Conversação com Michel Foucault
753	781	62. Médicos, juízes e bruxas no século XVII
766	794	63. Maxime Defert
767	795	64. Ariane enforcou-se
771	799	65. Precisão
771	799	66. Michel Foucault explica seu último livro
779	807	67. Jean Hyppolite. 1907-1968
786	814	68. O nascimento de um mundo
789	817	69. Que é um autor?
821	849	70. Linguística e ciências sociais
842	870	71. Títulos e trabalhos [apresentação para o concurso no Collège de France]

6. DE2

F.: *Dits et écrits II*, Paris: Gallimard, 1994.
F2.: *Dits et écrits I*, Paris: Gallimard, Collection Quarto, 2001.

F	F2	Índice
		1970
7	875	72. Prefácio à edição inglesa de *Les Mots et les choses*
13	881	73. Sete sentenças sobre o sétimo anjo
25	893	74. Apresentação à edição francesa das obras completas de Georges Bataille
27	895	75. A biblioteca fantástica
27	895	76. Discussão sobre uma exposição de François Dagognet: "Cuvier" [*in Revue d'histoire des sciences et des leurs applications*]
30	898	77. A situação de Cuvier na história da biologia
67	935	78. A armadilha de Vincennes
74	942	79. Haverá escândalo, mas [sobre Pierre Guyotat]
75	945	80. *Theatrum philosophicum*
99	967	81. Crescer e multiplicar [sobre François Jacob]
104	972	82. Loucura, literatura, sociedade
128	996	83. A loucura e a sociedade
		1971
136	1004	84. Nietzsche, a genealogia, a história
157	1025	85. O que é a arqueologia? Entrevista com Michel Foucault
174	1042	86. Folheto. Manifesto do GIP, 8 de fevereiro de 1971
175	1043	87. Sobre as prisões, [*in J'accuse*, n. 3, 15 de março De 1971, p. 26, Grupo de Informação sobre as Prisões]
176	1044	88. Investigação sobre as prisões: rompamos as grades do silêncio
182	1050	89. Conversação com Michel Foucault
193	1061	90. A prisão por todos os lados
195	1063	91. Prefácio a *Enquête dans vingt prisons* [Pesquisa em vinte prisões]
198	1066	92. O artigo 15. O caso Jaubert
199	1067	93. Relatórios da comissão de informação sobre o caso Jaubert
203	1071	94. Percebo o intolerável
205	1073	95. Um problema me interessa há muito tempo: o do sistema penal
209	1077	96. Carta de Michel Foucault
214	1082	97. As monstruosidades da crítica
223	1091	98. Para além do bem e do mal (Entrevista, *Actuel*)
236	1104	99. O discurso de Toul
239	1107	100. Foucault responde [a G. Steiner]

240	1108	101. A vontade de saber [resumo do curso no Collège de France]

1972

245	1113	102. Meu corpo, este papel, este fogo
268	1136	103. Voltar à história
281	1149	104. Resposta a Derrida
296	1164	105. A grande clausura
306	1174	106. Os intelectuais e o poder
316	1184	107. Mesa-redonda [entrevista]
340	1208	108. Sobre a justiça popular. Debate com os maoístas
369	1237	109. Os problemas da cultura, um debate Foucault-Preti
380	1248	110. As grandes funções da medicina na nossa sociedade
382	1250	111. Capturar a própria cultura
383	1251	112. Encontro Verdade-Justiça, 1.500 grenobleses acusam
385	1253	113. Um respingo de sangue ou um incêndio
386	1254	114. As duas mortes de Pompidou
389	1257	115. Teorias e instituições penais [resumo do curso no Collège de France]

1973

394	1262	116. Prefácio, *in* S. Livrozet, *De la prison à la révolte* [Da prisão à revolta]
399	1267	117. Para uma crônica da memória operária
401	1269	118. A força de fugir
405	1273	119. Da arqueologia à dinástica
416	1284	120. À guisa de conclusão
419	1287	121. Um novo jornal?
420	1288	122. Em torno a *Édipo*
421	1289	123. O intelectual serve para reunir ideias, mas seu saber é parcial em relação ao saber operário
423	1291	124. Foucault, o filósofo, está falando. Pensem.
425	1293	125. Prisões e revoltas nas prisões
433	1301	126. O mundo é um grande hospício
435	1303	127. A propósito da reclusão penitenciária
445	1313	128. Convocados à P.J. [assinado junto com A. Landau e J.-Y. Petit]
447	1315	129. Primeiras discussões, primeiros balbucios: a cidade é uma força produtiva ou de antiprodução?
452	1320	130. Erradicados por enérgicas intervenções de nossa eufórica estadia na história, elaboramos trabalhosamente as "categorias lógicas" [diálogo com G. Deleuze e F. Guattari]
456	1324	131. A sociedade punitiva [resumo do curso no Collège de France]

1974

471	1339	132. Da natureza humana: *Justiça contra poder*

513	1381	133. Sobre *La Seconde Révolution chinoise* [entrevista com K. S. Karol]
515	1383	134. *La Seconde Révolution chinoise* [segunda parte da entrevista]
518	1386	135. Paris, Galeria Karl Flinker, 15 de fevereiro de 1974. Apresentação dos desenhos de D. Byzantios
521	1389	136. Prisões e asilos no mecanismo do poder
525	1393	137. Sobre a prisão de Attica
536	1404	138. Sexualidade e política
538	1406	139. A verdade e as formas jurídicas
646	1514	140. Anti-Rétro
660	1528	141. Loucura, uma questão de poder
664	1532	142. Mesa-redonda sobre a perícia psiquiátrica
675	1543	143. O poder psiquiátrico [resumo do curso no Collège de France]

1975

687	1555	144. Prefácio *in* B. Jackson, *Leurs prisons: autobiographies de prisonniers américains* [Suas prisões: autobiografias de prisioneiros norte-americanos]
692	1560	145. Carta em M. Clavel, *Ce que je crois* [O que eu creio]
693	1561	146. A casa dos loucos
698	1566	147. Um bombeiro revela o segredo
702	1570	148. A política é a continuação da guerra por outros meios
704	1572	149. Com o que sonham os filósofos?
707	1575	150. A pintura fotogênica
716	1584	151. Dos suplícios às celas
720	1588	152. No banco dos réus
725	1593	153. A prisão vista por um filósofo francês
731	1599	154. A festa da escritura
734	1602	155. A morte do pai
740	1608	156. Entrevista sobre a prisão: o livro e seu método
754	1622	157. Poder e corpo
760	1628	158. Ir a Madri
763	1631	159. A propósito de Marguerite Duras
771	1639	160. Asilos, sexualidade, prisões
783	1651	161. Radioscopia de Michel Foucault [entrevista]
802	1670	162. Fazer-se de louco
805	1673	163. Michel Foucault. As respostas do filósofo [entrevista]
818	1686	164. Sade, sargento do sexo
822	1690	165. Os anormais [resumo do curso no Collège de France]

7. DE3

F.: *Dits et écrits III*, Paris: Gallimard, 1994.

F2.: *Dits et écrits II*, Paris: Gallimard, Collection Quarto, 2001.

F	F2	Índice
		1976
7	7	166. Uma morte inaceitável. O caso Mirval
9	9	167. As cabeças da política
13	13	168. A política de saúde no século XVIII
28	28	169. Perguntas a Michel Foucault sobre a geografia
40	40	170. Crise da medicina ou crise da antimedicina?
58	58	171. Sobre *Histoire de Paul* [entrevista]
63	63	172. Michel Foucault: crimes e castigos na URSS e em outros lugares [entrevista]
74	74	173. A extensão social da norma
79	79	174. O saber como crime
86	86	175. Michel Foucault, a ilegalidade e a arte de punir [entrevista]
89	89	176. Bruxaria e loucura
93	93	177. Pontos de vista
94	94	178. Perguntas de Michel Foucault à *Hérodote*
95	95	179. Bio-história e biopolítica
97	97	180. Conversa com Michel Foucault: *Moi, Pierre Rivière*
101	101	181. O Ocidente e a verdade do sexo
106	106	182. Por que o crime de Pierre Rivière?
108	108	183. Disseram de Malraux
109	109	184. A função política do intelectual
114	114	185. O retorno de Pierre Rivière
123	123	186. O discurso não deve ser tomado como...
124	124	187. Em defesa da sociedade [resumo do curso no Collège de France]
		1977
131	131	188. Prefácio à obra anônima *My Secret Life*
133	133	189. Prefácio [à edição americana de Gilles Deleuze e Félix Guattari, *O Anti-Édipo: capitalismo e esquizofrenia*]
136	136	190. Sexualidade e verdade
138	138	191. Prefácio a Mathieu Debard e Jean-Luc Hennig, *Les Juges kaki*
140	140	192. Entrevista a Michel Foucault
160	160	193. Aula de 7 de janeiro de 1976
175	175	194. Aula de 14 de janeiro de 1976
190	190	195. O olho do poder
207	207	196. O nascimento da medicina social
228	228	197. As relações de poder passam pelo interior dos corpos
237	237	198. A vida dos homens infames
253	253	199. O pôster do inimigo público n. 1
256	256	200. Não ao sexo rei
269	269	201. As manhãs cinzentas da tolerância
271	271	202. O asilo ilimitado

275	275	203. Paris, Galeria Bastida-Navazo, abril de 1977 [sobre o pintor Maxime Defert]
277	277	204. A grande cólera dos fatos [sobre André Glucksmann]
282	282	205. A angústia de julgar
298	298	206. O jogo de Michel Foucault, entrevista sobre *História da sexualidade*
329	329	207. Uma mobilização cultural
331	331	208. O suplício da verdade
332	332	209. Clausura, psiquiatria, prisão
361	361	210. Vai-se extraditar Klaus Croissant?
366	366	211. Michel Foucault: "Doravante a segurança está acima das leis" [entrevista]
368	368	212. O poder, uma besta magnífica
383	383	213. Michel Foucault: a segurança e o Estado [entrevista]
388	388	214. Carta a alguns líderes da esquerda
390	390	215. A tortura é a razão
399	399	216. Poder e saber
415	415	217. Sentimo-nos como uma espécie imunda
418	418	218. Poderes e estratégias
		1978
429	429	219. Introdução por Michel Foucault [*in* G. Canguilhem, *On the Normal and the Pathological*]
443	443	220. A evolução da noção de "indivíduo perigoso" na psiquiatria legal do século XIX
464	464	221. Diálogo sobre o poder [com estudantes de Los Angeles]
477	477	222. A loucura e a sociedade
499	499	223. Texto de quarta capa de *Herculine Barbin, dite Alexina B.*
500	500	224. O Eugène Sue que eu amo
503	503	225. Uma erudição atordoante
505	505	226. Alain Peyrefitte se explica… e Michel Foucault lhe responde
506	506	227. A grande política tradicional
507	507	228. Atenção, perigo
508	508	229. A incorporação do hospital à tecnologia moderna
522	522	230. Sexualidade e política
532	532	231. A sociedade disciplinar em crise
534	534	232. A filosofia analítica da política
552	552	233. Sexualidade e poder
571	571	234. A cena da filosofia
595	595	235. Metodologia para o conhecimento do mundo: como desfazer-se do marxismo
618	618	236. Michel Foucault e o zen: uma estada em um templo zen
624	624	237. O misterioso hermafrodita
625	625	238. Precisões sobre o poder. Respostas a algumas críticas [entrevista]

635	635	239. A "governamentalidade"
657	657	240. Do bom uso do criminoso
662	662	241. O exército, quando a terra treme
669	669	242. Michel Foucault. Conversação sem complexos com o filósofo que analisa as "estruturas do poder" [entrevista]
679	679	243. O Xá tem cem anos de atraso
683	683	244. Teerã: a fé contra o Xá
688	688	245. Com o que sonham os iranianos?
695	695	246. O limão e o leite
698	698	247. Uma enorme surpresa
701	701	248. Uma revolta com as mãos desnudas
704	704	249. Desafio à oposição
706	706	250. As "reportagens" de ideias
708	708	251. Resposta de Michel Foucault a uma leitora iraniana
709	709	252. A revolta do Irã se propaga nas fitas cassete
713	713	253. O chefe mítico da revolta iraniana
717	717	254. Carta de Foucault a *L'Unità*
719	719	255. Segurança, território e população [resumo do curso no Collège de France]
		1979
724	724	256. Prefácio de Michel Foucault a *Staatsfeinde* [Inimigos do Estado] de P. Brückner e A. Krovoza, 1972 [traduzido para o francês]
725	725	257. A política da saúde no século XVIII
742	742	258. O que é um autor?
743	743	259. O espírito de um mundo sem espírito
755	755	260. Maneiras de justiça
759	759	261. Um barril de pólvora chamado Islã
762	762	262. Michel Foucault e o Irã
763	763	263. A lei do pudor
777	777	264. Um prazer tão simples
780	780	265. Carta aberta a Mehdi Bazargan
783	783	266. Por uma moral do desconforto
788	788	267. Michel Foucault: o momento da verdade
788	788	268. Viver o tempo de outra maneira
790	790	269. É inútil sublevar-se?
794	794	270. A estratégia de amedrontar
798	798	271. "O problema dos refugiados é um presságio da grande migração do século XXI." Entrevista exclusiva ao filósofo francês Michel Foucault
801	801	272. Foucault estuda a razão de Estado [entrevista]
806	806	273. Luta em torno das prisões
818	818	274. Nascimento da biopolítica [resumo do curso no Collège de France]

8. DE4

F.: *Dits et écrits IV*, Paris: Gallimard, 1994.
F2.: *Dits et écrits II*, Paris: Gallimard, Collection Quarto, 2001.

F	F2	Índice
		1980
7	826	275. Prefácio, *in* Roger Knobelspiess, *Q.H.S.: quartier de haute sécurité*
9	828	276. Introdução, *in Herculine Barbin: Being the Recently Discovered Memoirs of a Nineteenth-Century French Hermaphrodite*
10	829	277. O pó e a nuvem
20	849	278. Mesa-redonda de 20 de maio de 1978 [*in* Michelle Perrot (ed.), *L'Impossible prison: recherches sur le système pénitentiaire au XIXe siècle*]
35	854	279. Posfácio, *in* Michelle Perrot (ed.), *L'Impossible prison: recherches sur le système pénitentiaire au XIXe siècle*
37	856	280. Foucault estuda a razão de Estado [entrevista]
41	860	281. Entrevista com Michel Foucault. O livro como experiência
96	915	282. Sempre as prisões
100	919	283. *Le Nouvel Observateur* e a União da Esquerda
102	921	284. Os quatro cavaleiros do Apocalipse e os vermes cotidianos
104	923	285. O filósofo mascarado [entrevista]
111	930	286. A imaginação do século XIX
115	934	287. O verdadeiro sexo
124	943	288. Roland Barthes (12 de novembro de 1915 – 26 de março de 1980)
125	944	289. Sobre o governo dos viventes [resumo do curso no Collège de France]
		1981
130	949	290. Prefácio à segunda edição, *in* Jacques Vergès, *De la stratégie judiciaire*
134	953	291. *Omnes et singulatim*: para uma crítica da "razão política"
162	981	292. A Roger Caillois
163	982	293. Da amizade como modo de vida
168	987	294. O dossiê "pena de morte". Eles escreveram contra
168	987	295. Sexualidade e solidão
178	997	296. É importante pensar?
182	1001	297. As redes do poder. Primeira parte.
202	1021	298. Michel Foucault: há que repensar tudo, a lei e a prisão
204	1023	299. Lacan, o liberador da psicanálise
205	1024	300. Contra as penas substitutivas
208	1027	301. Castigar é a coisa mais difícil que existe
210	1029	302. As respostas de Pierre Vidal-Naquet e de Michel Foucault. O estado de guerra na Polônia

211	1030	303. Notas sobre o que se lê e se entende
213	1032	304. Subjetividade e verdade [resumo do curso no Collège de France]

1982

219	1038	305. Pierre Boulez, a tela atravessada
222	1041	306. O sujeito e o poder
243	1062	307. O pensamento, a emoção
251	1070	308. Conversa com Werner Schroeter
261	1080	309. Um primeiro passo da colonização do Ocidente
270	1089	310. Espaço, saber e poder
286	1105	311. Conversa com Michel Foucault. Desejar um mundo onde outras formas de relação sejam possíveis
295	1114	312. O combate da castidade
308	1127	313. O triunfo social do prazer sexual: uma conversa com Michel Foucault
315	1134	314. As carícias de homens consideradas como uma arte
317	1136	315. As redes do poder. Segunda parte.
318	1137	316. O terrorismo aqui e ali
320	1139	317. Escolha sexual, ato sexual
336	1155	318. Foucault: não aos compromissos
338	1157	319. Michel Foucault: "Não há neutralidade possível" [entrevista]
340	1159	320. "Abandonando os poloneses, renunciamos a uma parte de nós mesmos" [entrevista]
343	1162	321. Michel Foucault: "A experiência moral e social dos poloneses não pode ser apagada" [entrevista]
351	1170	322. A época de ouro da *lettre de cachet*
353	1172	323. A hermenêutica do sujeito [resumo do curso no Collège de France]

1983

366	1185	324. Trabalhos
367	1186	325. Um sistema finito diante de uma exigência infinita
383	1202	326. Acerca da genealogia da ética: um panorama do trabalho em curso
412	1231	327. Isto não me interessa
412	1231	328. A propósito dos intrigantes
415	1234	329. A escritura de si
431	1250	330. Estruturalismo e pós-estruturalismo
458	1277	331. Entrevista com Michel Foucault
462	1281	332. Sonhar com os prazeres. Sobre *A chave dos sonhos* de Artemidoro
488	1307	333. Michel Foucault e Pierre Boulez. A música contemporânea e o público
496	1315	334. Polônia, e depois?
522	1341	335. "O senhor é perigoso"
525	1344	336. Uma entrevista com Michel Foucault, por Stephen Riggins

463

538	1357	337. [...] eles declararam [...] sobre o pacifismo: sua natureza, seus perigos, suas ilusões
539	1358	338. Uso dos prazeres e técnicas de si mesmo
		1984
562	1381	339. O que é o Iluminismo?
578	1397	340. *História da sexualidade*: um Prefácio
584	1403	341. Política e ética: uma entrevista
591	1410	342. Polêmica, política e problematizações
599	1418	343. Arqueologia de uma paixão. Sobre Raymond Roussel
609	1428	344. Acerca da genealogia da ética: panorama do trabalho em curso
631	1450	345. Foucault [*in* D. Huisman, *Dictionnaire des philosophes*]
636	1455	346. O que chamamos punir?
646	1465	347. A inquietude pela verdade
649	1468	348. O estilo da história
656	1475	349. Entrevista com Michel Foucault
668	1487	350. O cuidado com a verdade
679	1498	351. O que é o Iluminismo?
688	1507	352. Nas fontes do prazer
688	1507	353. Entrevista com Michel Foucault
696	1515	354. O retorno da moral
707	1526	355. Frente aos governos, os direitos do homem
708	1527	356. A ética do cuidado de si como prática da liberdade
730	1549	357. Uma estética da existência
735	1554	358. Michel Foucault, uma entrevista: sexo, poder e política da identidade
747	1566	359. O intelectual e os poderes
752	1571	360. Outros espaços
		1985
763	1582	361. A vida: a experiência e a ciência
		1988
777	1596	362. Verdade, poder e si mesmo
783	1602	363. As técnicas de si / Tecnologias do eu
813	1632	364. A tecnologia política dos indivíduos

9. DFA

F.: *Dialogue*, Paris: Lignes, 2007.

F	Índice
9	Diálogo

10. DVDV

F.: *Du gouvernement des vivants. Cours au Collège de France. 1979-1980*, Paris: EHESS-Gallimard-Seuil, 2012.
Ed. bras.: *O governo dos vivos*, São Paulo: Martins Fontes, 2014.

F	Índice
3	Aula de 9 de janeiro de 1980
23	Aula de 16 de janeiro de 1980
47	Aula de 23 de janeiro de 1980
71	Aula de 30 de janeiro de 1980
91	Aula de 6 de fevereiro de 1980
111	Aula de 13 de fevereiro de 1980
139	Aula de 20 de fevereiro de 1980
165	Aula de 27 de fevereiro de 1980
189	Aula de 5 de março de 1980
219	Aula de 12 de março de 1980
247	Aula de 19 de março de 1980
293	Aula de 26 de março de 1980

11. DV

F.: *Discours et vérité: précedé de* La parrêsia, Paris: Vrin, 2016.

F	Índice
21	*La Parresia* (18 de maio de 1982)
77	Discurso e verdade (outubro-novembro de 1983)
79	Conferência de 24 de outubro de 1983
115	Conferência de 31 de outubro de 1983
149	Conferência de 7 de novembro de 1983
179	Conferência de 14 de novembro de 1983
219	Conferência de 21 de novembro de 1983
259	Conferência de 30 de novembro de 1983

12. DVSM

F.: *Dire vrai sur soi-même*, Paris: Vrin, 2017.
Ed. bras.: *Dizer a verdade sobre si: conferências na Universidade Victoria, Toronto, 1982*, São Paulo: Ubu, 2022.

F	Índice
25	Conferência na Universidade de Victoria em Toronto
155	Seminário na Universidade de Victoria em Toronto

13. EP1

F.: *Œuvres I*, Paris: Gallimard, Bibliothèque de la Pléiade, 2015.
Este volume contém as seguintes obras de Michel Foucault: *História da loucura na Época Clássica, Raymond Roussel, Nascimento da clínica, As palavras e as coisas*. Na abreviatura correspondente a cada uma delas, na coluna encabeçada pela letra "P", encontramos as equivalências entre as páginas desta edição, a utilizada neste vocabulário, e a respectiva tradução para o espanhol.

14. EP2

F.: *Œuvres II*, Paris: Gallimard, Bibliothèque de la Pléiade, 2015.

Este volume contém as seguintes obras de Michel Foucault: *A arqueologia do saber, A ordem do discurso, Vigiar e punir, A vontade de saber, O uso dos prazeres* e *A inquietude de si*. Na abreviatura correspondente a cada uma delas, na coluna encabeçada pela letra "P", encontramos as equivalências entre as páginas desta edição, utilizada neste vocabulário, e a respectiva tradução para o espanhol.

15. GSA

F.: *Le Gouvernement de soi et des autres. Cours au Collège de France. 1982-1983*, Paris: Gallimard-Seuil, 2008.
Ed. bras.: *O governo de si e dos outros*, São Paulo: Martins Fontes, 2010.

F	Índice
3	Aula de 5 de janeiro de 1983. Primeira hora
25	Aula de 5 de janeiro de 1983. Segunda hora
41	Aula de 12 de janeiro de 1983. Primeira hora
59	Aula de 12 de janeiro de 1983. Segunda hora
71	Aula de 19 de janeiro de 1983. Primeira hora
91	Aula de 19 de janeiro de 1983. Segunda hora
105	Aula de 26 de janeiro de 1983. Primeira hora
122	Aula de 26 de janeiro de 1983. Segunda hora
137	Aula de 2 de fevereiro de 1983. Primeira hora
157	Aula de 2 de fevereiro de 1983. Segunda hora
171	Aula de 9 de fevereiro de 1983. Primeira hora
192	Aula de 9 de fevereiro de 1983. Segunda hora
205	Aula de 16 de fevereiro de 1983. Primeira hora
226	Aula de 16 de fevereiro de 1983. Segunda hora
239	Aula de 23 de fevereiro de 1983. Primeira hora
263	Aula de 23 de fevereiro de 1983. Segunda hora
275	Aula de 2 de março de 1983. Primeira hora
298	Aula de 2 de março de 1983. Segunda hora
311	Aula de 9 de março de 1983. Primeira hora
328	Aula de 9 de março de 1983. Segunda hora

16. HF

F.: *Histoire de la folie à l'âge classique*, Paris: Gallimard, 1999.
F2.: *Œuvres I*, Paris: Gallimard, Bibliothèque de la Pléiade, 2015.
Ed. bras.: *História da loucura na Idade Clássica*, São Paulo: Perspectiva, 2009.

F	F2	Índice
7	5	Prólogo
		Primeira parte
15	9	I. "Stultifera Navis"
67	56	II. A Grande Clausura
110	95	III. O mundo correcional
148	130	IV. Experiências da loucura
179	159	V. Los insensatos
		Segunda parte

215	190	Introdução
229	203	I. O louco no jardim das espécies
268	238	II. A transcendência do delírio
319	286	III. Figuras da loucura
375	338	IV. Médicos e enfermos
		Terceira parte
431	388	Introdução
443	398	I. O grande medo
477	429	II. A nova divisão
525	472	III. Do bom uso da liberdade
576	519	IV. Nascimento do asilo
633	571	V. O círculo antropológico
667	601	Notas – História do Hospital Geral
681	651	Bibliografia

17. HRED

F.: *"Homère, les récits, l'éducation, les discours"*, in *La Nouvelle Revue Française*, n. 616, janeiro de 2016, p. 111-150.
Este texto não contém divisões na edição original.

18. HS

F.: *L'Herméneutique du sujet. Cours au Collège de France. 1981-1982*, Paris: Gallimard-Seuil, 2001.
Ed. bras.: *A hermenêutica do sujeito*, São Paulo: Martins Fontes, 2006.

F	Índice
3	Aula de 6 de janeiro de 1982. Primeira hora
27	Aula de 6 de janeiro de 1982. Segunda hora
43	Aula de 13 de janeiro de 1982. Primeira hora
64	Aula de 13 de janeiro de 1982. Segunda hora
79	Aula de 20 de janeiro de 1982. Primeira hora
104	Aula de 20 de janeiro de 1982. Segunda hora
121	Aula de 27 de janeiro de 1982. Primeira hora
144	Aula de 27 de janeiro de 1982. Segunda hora
163	Aula de 3 de fevereiro de 1982. Primeira hora
180	Aula de 3 de fevereiro de 1982. Segunda hora
197	Aula de 10 de fevereiro de 1982. Primeira hora
220	Aula de 10 de fevereiro de 1982. Segunda hora
237	Aula de 17 de fevereiro de 1982. Primeira hora
260	Aula de 17 de fevereiro de 1982. Segunda hora
277	Aula de 24 de fevereiro de 1982. Primeira hora
301	Aula de 24 de fevereiro de 1982. Segunda hora
315	Aula de 3 de março de 1982. Primeira hora
338	Aula de 3 de março de 1982. Segunda hora
355	Aula de 10 de março de 1982. Primeira hora
378	Aula de 10 de março de 1982. Segunda hora

395		Aula de 17 de março de 1982. Primeira hora
419		Aula de 17 de março de 1982. Segunda hora
435		Aula de 24 de março de 1982. Primeira hora
457		Aula de 24 de março de 1982. Segunda hora

19. HS1

F.: *La volonté de savoir: Histoire de la sexualité I*, Paris: Gallimard, 1986.
F2.: *Œuvres II*, Paris: Gallimard, Bibliothèque de la Pléiade, 2015.
Ed. bras.: *A vontade de saber*, Rio de Janeiro: Graal, 1999.

F	F2	Índice
7	617	1. Nós, vitorianos
23	626	2. A hipótese repressiva
25	626	A incitação aos discursos
50	641	A implantação perversa
69	653	3. *Scientia sexualis*
99	671	4. O dispositivo de sexualidade
107	674	O que está em jogo
121	682	Método
136	691	Domínio
152	701	Periodização
175	715	5. Direito de morte e poder sobre a vida

20. HS2

F.: *L'Usage des plaisirs: Histoire de la sexualité II*, Paris: Gallimard, 1984.
F2.: *Œuvres II*, Paris: Gallimard, Bibliothèque de la Pléiade, 2015.
Ed. bras.: *O uso dos prazeres*, Rio de Janeiro: Graal, 1998.

F	F2	Índice
7	739	Introdução
	739	Modificações
	748	As formas de problematização
	758	Moral e prática de si
41	765	1. A problematização moral dos prazeres
47	767	*Aphrodísia*
63	781	*Chrêsis*
74	790	*Enkráteia*
91	805	Liberdade e verdade
109	821	2. Dietética
113	822	Do regime em geral
124	831	A dieta dos prazeres
133	838	Riscos e perigos
141	845	O ato, o gasto, a morte
157		3. Econômica
159	860	A sabedoria do casamento
169	868	A casa de Isômaco

184	881	Três políticas da temperança
205		4. Erótica
207	899	Uma relação problemática
225	914	A honra de um rapaz
237	924	O objeto do prazer
249	935	5. O verdadeiro amor
271	952	Conclusão

21. HS3

F.: *Le Souci de soi: Histoire de la sexualité III*, Paris: Gallimard, 1984.
F2.: *Œuvres II*, Paris: Gallimard, Bibliothèque de la Pléiade, 2015.
Ed. bras.: *O cuidado de si,* Rio de Janeiro: Graal, 2005.

F	F2	Índice
13	971	1. Sonhar com os próprios prazeres
16	971	O método de Artemidoro
30	984	A análise
39	991	O sonho e o ato
51	1002	2. A cultura de si
87	1032	3. Si mesmo e os outros
90	1033	O papel matrimonial
101	1041	O jogo político
119	1057	4. O corpo
127	1062	Galeno
134	1068	Eles são bons, eles são maus?
147	1079	O regime dos prazeres
157	1087	O trabalho da alma
171	1099	5. A mulher
177	1101	O nexo conjugal
193	1115	A questão do monopólio
206	1125	Os prazeres do casamento
217	1136	6. Os rapazes
224	1139	Plutarco
243	1156	O Pseudo-Luciano
262	1172	Uma nova erótica
267	1176	Conclusão

22. HS4

F.: *Les Aveux de la chair: Histoire de la sexualité IV*, Paris: Gallimard, 2018.
Ed. port.: *As confissões da carne: História da sexualidade*, Lisboa: Relógio D'Água, 2019.

F	Índice
7	I. A formação de uma nova experiência
9	1. Criação, procriação
52	2. O batismo laborioso
78	3. A segunda penitência

106	4. A arte das artes
147	II. Ser virgem
154	1. Virgindade e continência
177	2. Sobre as artes da virgindade
206	3. Virgindade e conhecimento de si
247	III. Estar casado
249	1. O dever dos esposos
283	2. O bem ou os bens do matrimônio
325	3. A libidinização do sexo
365	Anexo 1
366	Anexo 2
396	Anexo 3
404	Anexo 4

23. IAK

F.: *Introduction à l'*Anthropologie *de Kant*, Paris: Vrin, 2008.
Ed. bras.: *Gênese e estrutura da* Antropologia *de Kant*, São Paulo: Loyola, 2011.
Este texto não contém divisões na edição original.

24. IDS

F.: *"Il faut défendre la société"*. *Cours au Collège de France. 1976*, Paris: Gallimard-Seuil, 1997.
Ed. bras.: *Em defesa da sociedade*, São Paulo: Martins Fontes, 2005.

F	Índice
3	Aula de 7 de janeiro de 1976
21	Aula de 14 de janeiro de 1976
37	Aula de 21 de janeiro de 1976
57	Aula de 28 de janeiro de 1976
75	Aula de 4 de fevereiro de 1976
101	Aula de 11 de fevereiro de 1976
125	Aula de 18 de fevereiro de 1976
149	Aula de 25 de fevereiro de 1976
169	Aula de 4 de março de 1976
193	Aula de 11 de março de 1976
213	Aula de 18 de março de 1976

25. LBD

F.: *Le Beau danger*, Paris: EHESS, 2011.
Ed. bras.: *O belo perigo* e *A grande estrangeira*, Belo Horizonte: Autêntica, 2016.

F	Índice
25	Entrevista com Michel Foucault e Claude Bonnefoy

26. LF

F.: "La littérature et la folie", *Critique*, n. 835, 2016, p. 965-981.
Este texto não contém divisões na edição original.

27. LGE

F.: *La Grande étrangère*, Paris: EHESS, 2013.
Ed. bras.: *O belo perigo* e *A grande estrangeira*, Belo Horizonte: Autêntica, 2016.

F	Índice
23	A linguagem da loucura
27	O silêncio dos loucos
51	A linguagem como loucura
71	Literatura e linguagem
105	Primeira sessão
75	Segunda sessão
145	Conferências sobre Sade
149	Primeira sessão
173	Segunda sessão

28. LS

F.: "Le livre et le sujet", in *L'Herne Foucault*, Paris: L'Herne, 2011, p. 70-91.
Este texto não contém divisões na edição original.

29. LSP

F.: *La Société punitive. Cours au Collège de France. 1972-1973*, Paris: EHESS-Gallimard-Seuil, 2013.
Ed. bras.: *A sociedade punitiva*, São Paulo: Martins Fontes, 2016.

F	Índice
2	Aula de 3 de janeiro de 1973
23	Aula de 10 de janeiro de 1973
45	Aula de 17 de janeiro de 1973
63	Aula de 24 de janeiro de 1973
85	Aula de 31 de janeiro de 1973
103	Aula de 7 de fevereiro de 1973
125	Aula de 14 de fevereiro de 1973
143	Aula de 21 de fevereiro de 1973
159	Aula de 28 de fevereiro de 1973
175	Aula de 7 de março de 1973
191	Aula de 14 de março de 1973
207	Aula de 21 de março de 1973
229	Aula de 28 de março de 1973

30. LVS

F.: *Leçons sur la volonté de savoir. Cours au Collège de France. 1970-1971. Suivi de Le Savoir d'Œdipe*, Paris: Gallimard-Seuil, 2011.
Ed. bras.: *Aulas sobre a vontade de saber*, São Paulo: Martins Fontes, 2014.

F	Índice
3	Aula de 9 de dezembro de 1970

23		Aula de 16 de dezembro de 1970
31		Aula de 6 de janeiro de 1971
55		Aula de 13 de janeiro de 1971
69		Aula de 27 de janeiro de 1971
81		Aula de 3 de fevereiro de 1971
97		Aula de 10 de fevereiro de 1971
111		Aula de 17 de fevereiro de 1971
127		Aula de 24 de fevereiro de 1971
143		Aula de 3 de março de 1971
161		Aula de 10 de março de 1971
177		Aula de 17 de março de 1971
195		Aula sobre Nietzsche
223		O saber de Édipo

31. MC

F.: *Les Mots et les choses: une archéologie des sciences humaines*, Paris: Gallimard, 1986.
F2.: *Œuvres I*, Paris: Gallimard, Bibliothèque de la Pléiade, 2015.
Ed. bras.: *As palavras e as coisas*, São Paulo: Martins Fontes, 2000.

F	F2	Índice
7	1035	Prefácio
19	1047	Capítulo I. As meninas
32	1061	Capítulo II. A prosa do mundo
32	1061	1. As quatro similitudes
40	1070	2. As assinalações
45	1076	3. Os limites do mundo
49	1080	4. A escrita das coisas
57	1089	5. O ser da linguagem
60	1092	Capítulo III. Representar
60	1092	1. Dom Quixote
64	1096	2. A ordem
72	1105	3. A representação do signo
77	1111	4. A representação duplicada
81	1115	5. A imaginação da semelhança
86	1120	6. *Máthesis* e taxonomia
92	1126	Capítulo IV. Falar
92	1126	1. Crítica e comentário
95	1130	2. A gramática geral
107	1142	3. A teoria do verbo
111	1147	4. A articulação
119	1156	5. A designação
125	1163	6. A derivação
131	1169	7. O quadrilátero da linguagem
137	1174	Capítulo V. Classificar

137	1174	1. O que dizem os historiadores
140	1177	2. A história natural
144	1182	3. A estrutura
150	1189	4. O caráter
158	1197	5. O contínuo e a catástrofe
163	1203	6. Monstros e fósseis
170	1211	7. O discurso da natureza
177	1217	Capítulo VI. Trocar
177	1217	1. A análise das riquezas
180	1220	2. Moeda e preço
185	1226	3. O mercantilismo
192	1234	4. O penhor e o preço
202	1245	5. A formação do valor
209	1252	6. A utilidade
214	1257	7. Quadro geral
221	1265	8. O desejo e a representação
229	1271	Capítulo VII. Os limites da representação
229	1271	1. A idade da história
233	1276	2. A medida do trabalho
238	1281	3. A organização dos seres
245	1289	4. A flexão das palavras
249	1293	5. Ideologia e crítica
256	1301	6. As sínteses objetivas
262	1307	Capítulo VIII. Trabalho, vida, linguagem
262	1307	1. As novas empiricidades
265	1311	2. Ricardo
275	1322	3. Cuvier
292	1341	4. Bopp
307	1358	5. A linguagem tornada objeto
314	1365	Capítulo IX. O homem e seus duplos
314	1365	1. O retorno da linguagem
318	1370	2. O lugar do rei
323	1375	3. A analítica da finitude
329	1382	4. O empírico e o transcendental
333	1386	5. O *cogito* e o impensado
339	1393	6. O retrocesso e o retorno da origem
346	1401	7. O discurso e o ser do homem
351	1406	8. O sonho antropológico
355	1409	Capítulo X. As ciências humanas
355	1409	1. O triedro dos saberes
360	1414	2. A forma das ciências humanas
366	1422	3. Os três modelos
378	1435	4. A história
385	1442	5. Psicanálise, etnologia
398	1456	6. [Sem título]

32. MFDR

F.: *Mal faire, dire vrai: fonction de l'aveux en justice. Cours de Louvain. 1981*, Louvain la Neuve-Chicago: Presses Universitaires de Chicago-University of Chicago Press, 2012.
Ed. bras.: *Malfazer, dizer verdadeiro*, São Paulo: WMF Martins Fontes, 2018.

F	Índice
1	Conferência inaugural de 2 de abril de 1981
17	Aula de 22 de abril de 1981
47	Aula de 28 de abril de 1981
89	Aula de 29 de abril de 1981
123	Aula de 6 de maio de 1981
161	Aula de 13 de maio de 1981
199	Aula de 20 de maio de 1981
235	Entrevista de Michel Foucault com André Berten, 7 de maio de 1981
247	Entrevista de Michel Foucault com Jean François e John de Wit, 22 de maio de 1981

33. MMPE

F.: *Maladie mentale et personnalité*, Paris: PUF, 1954.

F	Índice
1	Introdução
3	I. Medicina mental e medicina orgânica
19	Primeira parte. As dimensões psicológicas da doença
19	II. A doença e a evolução
36	III. A doença e a história individual
53	IV. A doença e a existência
71	Segunda parte. As condições da doença
71	Introdução
76	V. O sentido histórico da alienação mental
91	VI. A psicologia do conflito
103	Conclusão
111	Algumas datas da história da psiquiatria

34. MMPS

F.: *Maladie mentale et psychologie*, Paris: PUF, 1997.
Ed. bras.: *Doença mental e psicologia*, Rio de Janeiro: Tempo Brasileiro, 1975.

F	Índice
1	Introdução
3	I. Medicina mental e medicina orgânica
19	Primeira parte. As dimensões psicológicas da doença
19	II. A doença e a evolução
36	III. A doença e a história individual
53	IV. A doença e a existência
71	Segunda parte. Loucura e cultura

71	Introdução
76	V. A constituição histórica da doença mental
90	VI. A loucura, estrutura global
102	Conclusão
105	Algumas datas da história da psiquiatria

35. NB

F.: *Naissance de la biopolitique. Cours au Collège de France. 1978-1979*, Paris: Gallimard-Seuil, 2004.
Ed. bras.: *Nascimento da biopolítica*, São Paulo: Martins Fontes, 2008.

F	Índice
3	Aula de 10 de janeiro de 1979
29	Aula de 17 de janeiro de 1979
53	Aula de 24 de janeiro de 1979
77	Aula de 31 de janeiro de 1979
105	Aula de 7 de fevereiro de 1979
135	Aula de 14 de fevereiro de 1979
165	Aula de 21 de fevereiro de 1979
191	Aula de 7 de março de 1979
221	Aula de 14 de março de 1979
245	Aula de 21 de março de 1979
271	Aula de 28 de março de 1979
295	Aula de 4 de abril de 1979

36. NC

F.: *Naissance de la clinique*, Paris: PUF, 1988.
F2.: *Œuvres I*, Paris: Gallimard, Bibliothèque de la Pléiade, 2015.
Ed. bras.: *O nascimento da clínica*, Rio de Janeiro: Forense Universitária, 1977.

F	F2	Índice
V	673	Prefácio
1	685	1. Espaços e classes
21	705	2. Uma consciência política
37	721	3. O campo livre
53	737	4. Antiguidade da clínica
63	748	5. A lição dos hospitais
87	773	6. Signos e casos
107	793	7. Ver, saber
125	811	8. Abram alguns cadáveres
151	837	9. O invisível visível
177	864	10. A crise das febres
199	887	Conclusão

37. OD

F.: *L'Ordre du discours*, Paris: Gallimard, 1986.
F2.: *Œuvres II*, Paris: Gallimard, Bibliothèque de la Pléiade, 2015, p. 227-259.

Ed. bras.: *A ordem do discurso*, São Paulo: Loyola, 1996.
Este texto não contém divisões na edição original.

38. OHS

F.: *L'Origine de l'herméneutique de soi. Conférences prononcées au Dartmouth College, 1980*, Paris: Vrin, 2013.

F	Índice
31	Subjetividade e verdade
65	Cristianismo e confissão
107	Debate sobre "Subjetividade e verdade", 23 de outubro de 1980
143	Esses são meus valores. Entrevista com Michel Foucault, 3 de novembro de 1980

39. PM

F.: *La Peinture de Manet*, Paris: Seuil, 2004.
Ed. bras.: "A pintura de Manet", Goiânia, v. 8, n. 2, p. 259-285, jul.-dez. 2010.
Este texto não contém divisões na edição original.

40. PP

F.: *Le Pouvoir psychiatrique. Cours au Collège de France. 1973-1974*, Paris: Gallimard-Seuil, 2003.
Ed. bras.: *O poder psiquiátrico*, São Paulo: Martins Fontes, 2006.

F	Índice
3	Aula de 7 de novembro de 1973
21	Aula de 14 de novembro de 1973
41	Aula de 21 de novembro de 1973
65	Aula de 28 de novembro de 1973
95	Aula de 5 de dezembro de 1973
123	Aula de 12 de dezembro de 1973
143	Aula de 19 de dezembro de 1973
171	Aula de 9 de janeiro de 1974
199	Aula de 16 de janeiro de 1974
233	Aula de 23 de janeiro de 1974
267	Aula de 30 de janeiro de 1974
299	Aula de 6 de fevereiro de 1974

41. QQC

F.: *Qu'est-ce que la critique? Suivi de* La culture de soi, Paris: Vrin, 2015.
Ed. port.: *O que é a crítica*, Lisboa: Texto & Grafia, 2017.

F	Índice
33	O que é a crítica? (27 de maio de 1978)
81	A cultura de si (12 de abril de 1983)
111	Debate no Departamento de Filosofia da Universidade da Califórnia
127	Debate no Departamento de História da Universidade da Califórnia
153	Debate no Departamento de Francês da Universidade da Califórnia

42. RR

F.: *Raymond Roussel*, Paris: Gallimard, 1992.
F2.: *Œuvres I*, Paris: Gallimard, Bibliothèque de la Pléiade, 2015.
Ed. bras.: *Raymond Roussel*, Rio de Janeiro: Forense Universitária, 1999.

F	F2	Índice
7	905	I. O umbral e a chave
21	913	II. As bordas do bilhar
41	926	III. Rima e razão
65	940	IV. Alvoradas, mina, cristal
96	959	V. A metamorfose e o labirinto
125	977	VI. A superfície das coisas
157	997	VII. A lentícula vazia
195	1021	VIII. O sol aprisionado

43. SP

F.: *Surveiller et punir: naissance de la prison*, Paris: Gallimard, 1987.
F2.: *Œuvres II*, Paris: Gallimard, Bibliothèque de la Pléiade, 2015.
Ed. bras.: *Vigiar e punir*, Petrópolis: Vozes, 2014.

F	F2	Índice
7	263	I. Suplício
9	263	1. O corpo dos condenados
36	292	2. A espetaculosidade dos suplícios
73	333	II. Punição
75	333	3. A punição generalizada
106	367	4. A mitigação das penas
135	399	III. Disciplina
137	399	5. Os corpos dóceis
172	444	6. Os meios para o bom encaminhamento
197	474	7. O panoptismo
231	512	IV. Prisão
233	512	8. Instituições completas e austeras
261	551	9. Ilegalidades e delinquência
300	592	10. O carcerário

44. STP

F.: *Sécurité, territoire, population. Cours au Collège de France. 1977-1978*, Paris: Gallimard-Seuil, 2004.
Ed. bras.: *Segurança, território, população*, São Paulo: Martins Fontes, 2008.

F	Índice
3	Aula de 11 de janeiro de 1979
31	Aula de 18 de janeiro de 1979
57	Aula de 25 de janeiro de 1979
91	Aula de 1 de fevereiro de 1979
119	Aula de 8 de fevereiro de 1979

139	Aula de 15 de fevereiro de 1979
167	Aula de 22 de fevereiro de 1979
195	Aula de 1 de março de 1979
233	Aula de 8 de março de 1979
261	Aula de 15 de março de 1979
293	Aula de 22 de março de 1979
319	Aula de 29 de março de 1979
341	Aula de 5 de abril de 1979

45. SV

F.: *Subjectivité et vérité. Cours au Collège de France. 1980-1981*, Paris: EHESS-Gallimard-Seuil, 2014.
Ed. bras.: *Subjetividade e verdade*, São Paulo: Martins Fontes, 2016.

F	Índice
3	Aula de 7 de janeiro de 1981
27	Aula de 14 de janeiro de 1981
49	Aula de 21 de janeiro de 1981
77	Aula de 28 de janeiro de 1981
99	Aula de 4 de fevereiro de 1981
125	Aula de 11 de fevereiro de 1981
149	Aula de 25 de fevereiro de 1981
177	Aula de 4 de março de 1981
205	Aula de 11 de março de 1981
229	Aula de 18 de março de 1981
251	Aula de 25 de março de 1981
273	Aula de 1 de abril de 1981

46. ThIP

F.: *Théories et institutions pénales. Cours au Collège de France. 1971-1972*, Paris: EHESS-Gallimard-Seuil, 2015.
Ed. bras.: *Teorias e instituições penais*, São Paulo: WMF Martins Fontes, 2020.

F	Índice
3	Aula de 24 de novembro de 1971
19	Aula de 1 de dezembro de 1971
39	Aula de 15 de dezembro de 1971
57	Aula de 22 de dezembro de 1971
67	Aula de 12 de janeiro de 1972
85	Aula de 19 de janeiro de 1972
101	Aula de 26 de janeiro de 1972
111	Aula de 2 de fevereiro de 1972
127	Aula de 9 de fevereiro de 1972
149	Aula de 16 de fevereiro de 1972
167	Aula de 23 de fevereiro de 1972
183	Aula de 1 de março de 1972
197	Aula de 8 de março de 1972

Este livro foi composto com tipografia Minion Pro e impresso em papel Offset 75 g/m² na Formato Artes Gráficas.